丛书策划　陈义望　朱宝元

看世界 | 区域国别史经典丛书

A Concise History of the MIDDLE EAST

中东史

从沙漠史诗到现代挑战

Arthur Goldschmidt Jr.　　Lawrence Davidson

[美] 小阿瑟·戈尔德施密特　[美] 劳伦斯·戴维森——著

哈全安　刘志华——译

中国出版集团　東方出版中心

图书在版编目（CIP）数据

中东史 /（美）戈尔德施密特，（美）戴维森著；哈全安，刘志华译. —上海：东方出版中心，2015.5（2024.2 重印）
（东方·剑桥世界历史文库）
ISBN 978-7-5473-0788-5

Ⅰ.①中… Ⅱ.①戈… ②戴… ③哈 ④刘… Ⅲ.①中东—历史 Ⅳ.①K37

中国版本图书馆 CIP 数据核字(2015)第 073072 号

上海市版权局著作权合同登记：图字 09-2023-0978 号

A Concise History of the Middle East 8th Edition / by Arthur Goldschmidt Jr. and Lawrence Davidson / ISBN: 9780813342757

中东史

著　　者　[美] 戈尔德施密特　[美] 戴维森
译　　者　哈全安　刘志华
丛书策划　陈义望　朱宝元
责任编辑　赵　明　刘玉伟
装帧设计　钟　颖

出 版 人　陈义望
出版发行　东方出版中心
地　　址　上海市仙霞路 345 号
邮政编码　200336
电　　话　021-62417400
印 刷 者　上海盛通时代印刷有限公司

开　　本　710mm × 1000mm　1/16
印　　张　41.25
字　　数　570 千字
版　　次　2015 年 5 月第 1 版
印　　次　2024 年 2 月第 7 次印刷
定　　价　148.00 元

目 录 Contents

第八版序言

这本教科书如今渐成“经典”，而其原作者业已从教学岗位退休，故 xv
西切斯特大学教授劳伦斯·戴维森便与小阿瑟·戈尔德施密特合著此书的最新版本。由于发生在中东地区的重大事件逐渐增多，而我们也尽量删减自己的表述，因此该书应被命名为“一本被不断压缩的中东简史”。

2001 年的“9 · 11”事件、阿富汗战争和伊拉克战争，使美国人比之前更加关注中东。结果，美军被派至中东作战，并导致始料未及的后果。在此情势下，教师与学生都需要一本反映学术动态、不再写给学究们看的伪学术风格中隐藏它的观点，并且不再强化政治偏见与民族歧视的教科书。学生们——以及更为广泛的英语受众——需要我们清楚地阐释阿拉伯—以色列冲突、中东在能源危机中的地位、伊斯兰教的复兴以及伊拉克战争。尽管有其他通史问世，但本书重印七版，并在大学中更为普及。

越来越多的中东学者与西方学者正在扩展我们对中东史的认知。我们能够——而且也必须——与大学生一起分享他们的研究成果，这既是为了激发大学生对中东的兴趣，也是为了使大学生通过了解其他生活方式、其他地区和其他时代而加深对自身的理解。教师和教科书无法使自身摆脱偏见，但是两位作者希望我们的学生能够了解古今重大问题的多个侧面。我们也将向更为广泛的公众介绍我们的研究所 xvi

得。许多人——不仅是学生——关注中东的现状以及现状的由来。

任何艺术作品或学术著作都遵循一定的惯例。当一本书向学生和大众读者介绍一门深奥学问时，该书作者必须将这些惯例告诉读者：英制度量衡已被公制度量衡所取代，而本书兼用两种度量衡。古今外国货币的美元等量均以 2005 年为准。所有日期遵循格列高利历。然而人们不应忘记，伊斯兰教历是阴历，每年十二个月，并以穆罕默德及其追随者从麦加移居麦地那为元年。穆斯林在教授或者学习伊斯兰史之时很自然地使用伊斯兰教历。两种历法间的转换十分复杂而且容易出错。统治者名字之后出现的年代插入语均表示其在位时间。我们根据《中东研究国际学刊》的规范将阿拉伯文中的人名翻译成英文，但删去了变音符号(报纸杂志中常用的人名地名除外)。这一原则同样适用于一些不易被准确译为英文的专业词汇。

我们的妻子露易丝·戈尔德施密特与珍妮特·阿迈吉因其对我们的鼓励、耐心、建议和深爱而应受到特别感谢。我们为书中出现的史实错讹和解释谬误负责。我们始终乐见读者的评论与建议。因特网和文字处理机加快了本书的修改。当我们能够通过互联网彼此沟通时，写邮件就等同于写教科书，这些邮件类似教科书的原初形态，而一封封邮件都被发送到对方这一假定的学生。如果读者想通过计算机和我们联系，小阿瑟·戈尔德施密特的邮箱地址为 axg2@psu.edu，劳伦斯·戴维森的邮箱地址为 ldavidson@wcupa.edu。

一位伟大教师的努力绝不会被湮没，因此小阿瑟·戈尔德施密特谨以此书纪念他的小学老师兼校长，她的知识、观念和激情至今仍然感染着其从前的学生；而劳伦斯·戴维森则将此书献给亨利·布鲁梦塔尔与胡姆夫里·奥斯门德，并这样写道：“他们两人均是高尚的人道主义者，而我因结识他们而在很大程度上成为更好的教师、学者与个人。”

我们也乐于合作，即便在我们必须争执之时。

小阿瑟·戈尔德施密特

劳伦斯·戴维森

第一章 导 论

本书将向学生和其他非专业性读者介绍关于中东的历史。不幸的 1
是，对于大多数的美国人来说，了解这一地区是从2001年“9·11”恐怖袭击开始的。尽管许多公民过去和现在并不清楚，早在“9·11”恐怖袭击发生之前很久，美国政府已经深深地卷入了中东的事务。本书将对美国政府的这些活动加以详述。眼下不要忘记的是，许多的历史事件通常缘起于复杂的背景环境。如果美国人在未来用理性和有效的行动减少类似恐怖袭击的可能性，他们必须关注和清楚地认识这些事件得以发生的背景环境。我们希望本书能够帮助读者做到这些。中东是相当模糊的地理区域概念，泛指埃及和阿富汗之间的广大地区，伊斯兰教诞生和发展于这一地区。本章试图对中东的概念作进一步的界定。首先，让我们告诉读者，为什么说历史学是帮助读者走进中东的最佳学科。毕竟，读者可以从政治学的角度，通过权力结构和价值体系观察中东。经济学家关注那里的居民通过何种组织方式满足自身的物质需求。比较宗教学的研究者研究中东的信仰体系和崇拜对象。地理学家探讨中东的居民与其所处的自然环境之间的关系。社会学家和文化人类学家则分析中东不同民族的习俗和群体行为。读者亦可通过语言、文学、建筑、艺术、民歌和饮食，观察中东地区不同类型的文化。

2 一、什么是历史学？

什么是历史学？一些读者已经通过学校和课本获得相当乏味的描述。历史学通常被看作是研究过去发生的事件，这些事件被精心地搜集在一起，被认真地核实，被蹒跚于尘封的古籍和发霉的档案之间的历史学家，也就是怪诞的古董们按照时间的顺序记录下来。历史教师通过讲授课本，向青年人传述这些内容。这些内容按照王朝的更替或民族国家的兴衰，被划分为若干个时间单元。学习者背诵这样的“历史”，尽可能多地熟记史实、名称和日期。只有偶尔出现的和模糊不清的概念，给枯燥的内容注入些许的佐料。好的教师告诉学生体会“历史的趋势”。在缺乏史料支持的情况下，研究者通过含糊的分析解释这些趋势。这样看来，历史学是一门乏味的和死板的学科，仅仅适合怪癖的古董爱好者，或许还有为数不多的研究者，这些研究者只是寻找与同伴交流的话题。历史学是无用的，研究历史学的人是难以找到职业的。历史学不能预测未来将会发生什么事情。历史本身也不会重现。历史学家只是重复着其他历史学家的看法。

然而，历史学在我们看来并非如此。关于历史学是什么、历史学应当如何研究和讲述、为什么应当不厌其烦地研究历史学，我们有不同的看法。如果读者已经接触过大学的历史课程，或者阅读过大量的历史书籍，那么我们的一些看法可能是不难理解的。我们的看法可能在未来会发生改变。也许，读者试图纠正我们的看法。不过，先让我们告诉读者，我们是如何看待历史这门学科的，历史学是如何引领读者走进中东的。

历史属于我们中的每一个人。无论什么时候，当谈及你本人、你的朋友、你的族群或者你的国家所经历的事情，你已经是在通过追溯往事的方式谈及历史。每个人都会或多或少地谈及关于历史的内容。历史学并没有技术性的词汇，除非需要描述特殊的时间和地点，需要描述特殊的社会和文化。历史可以包括政治、经济、生活方式、宗教信仰、文学艺术作品、城市和乡村、你所记忆的事件、长辈讲给你听的故事和你所读过的书籍。在广义上,所有发生过的事情都属于历史学或者往事研究的范畴。

作为一个专门的学术领域,历史学主要是考察通过文字记载或口耳相传的方式流传至今的诸多往事。历史学家无法撰写或讲述从未记 3
载的往事。从未记载的往事可能是无足轻重的内容,如哥伦布在1492年10月12日的早餐是什么。从未记载的往事也可能是非常重要的内容,如穆罕默德在公元632年6月8日去世时希望何人继承自己的权位。历史学家并不对于所有被记载的往事给予同等的重视。历史学家在评价往事的时候强调其中的一些内容,忽视甚至省略其中的另一些内容。历史学家认为值得提及的内容,也可能随着时间的流逝和空间的移动而发生改变。我们在后面会看到这样的修史特点。

历史学家如何选择所提及的和所强调的事件?他们通常依据其所产生的影响作为选择事件的标准。正如化学不仅仅是将各个元素放置在周期表上,历史学处理的也不仅仅是孤立的事件。历史学涉及的是相互关联的事件,历史学家关注的是因果关系。香客于1620年乘船来到普利茅斯,因为他们想用自己独特的方式崇拜上帝。俄国的知识分子、工人和农民憎恨沙皇尼古拉二世的独裁统治和无能的政府,因此在1917年密谋策划暴动,直至推翻沙皇尼古拉二世。我们不仅要问发生了什么事情,而且要问为什么发生这样的事情。

美国的内战是由奴隶制引起的吗?大萧条结束的原因是罗斯福实行的新政吗?1948年以色列国的建立是二战期间希特勒企图灭绝欧洲犹太人的结果吗?在分析事件的因果关系时,我们在研究事件发生的过程。导致个人或群体采取行动的原因是什么?导致个人或群体作出决定的原因又是什么?答案通常需要到特定的背景中寻找。我们对于何种力量促使个人或群体采取行动有自己的看法。当历史的画卷展开的时候,我们将具体阐述这样的看法。我们越是研究晚近的事件,越是认为对于个人或群体的行为动机有更多的了解,尽管我们的看法可能会夹杂着某种程度的感情成分。我们也许会在缺乏诸如回忆录和政府文件等必要资料的情况下作出判断,因为这些资料通常由于保护个人隐私和声誉的需要而在相当长的时期内无法公布于众。

历史学还有另外一个不被引起重视的特点,尽管这个特点经常影响我们的思考。那就是,我们的社会和文明,我们的国家和文化,何以区别于其他的社会和文明,何以区别于其他的国家和文化?21 世纪的美国人何以区别于 19 世纪的美国人?换言之,不同的现代文化是否具有共同
4 的属性,使现代的美国和埃及彼此相似,从而区别于一个世纪之前的美国和埃及?英国人是否具有某种能够跨越时空界限的特殊属性?1800 年的英国人与现代的英国人的相似之处,是否比 1800 年的伊朗人与现代的伊朗人的相似之处更加明显?历史学家经常进行这样的比较。

下面我们进入另一个话题。在历史学研究领域,最有意义的对象是什么?西方人素有研究国家历史的传统,研究美国史、英国史、法国史、俄国史,除此之外还有中国史和日本史。在包括中东在内的世界其他地区,由于政治疆域处于频繁变动的状态,直至晚近时期之前,尚无民族国家可言,将民族国家作为研究对象更是无从谈起。伊斯兰世界和中东的历史学传统,通常将历时久远和疆域辽阔的统治王朝作为关注的核心。例如,奥斯曼帝国是一个由土耳其人、阿拉伯人、希腊人和其他许多种族组成的庞大国家,称做苏丹的最高统治者皆为突厥武士、奥斯曼家族的后裔;奥斯曼帝国并非民族国家,而只是君主制的政权,这个君主制政权持续久远,对于其他许多民族影响极大。现代的中东历史学家正在构建一种周期性体系,从重点关注政治史转向重点关注民众经济社会生活的变化。本书试图兼顾政治史和经济社会史两个方面。一方面,在时空领域沿袭王朝更替的传统,就近代而言,从国家疆域的角度,将重要的战争和危机作为划分历史进程的标志。另一方面,从专题的角度考察诸如“伊斯兰文明”或“西方化改革”之类的历史现象。随着职业历史学家对于中东的认识的不断深入,历史著作将会变得更加系统和复杂。

从目前所知的关于中东的历史内容,我们相信最有意义的研究对象不再是王朝或民族国家,而是文明。虽然“文明”一词的界定具有一定的难度,本书关注统治者与民众之间的互动、政府与法律、艺术与文

学、文化与习俗、城市与乡村,简言之,本书关注 7 世纪以来流行于西亚和北非大部分地区、与伊斯兰教密切相关的文明,本书的最初数章尤其如此。读者将会看到伊斯兰教的信仰和实践如何影响中东人民生活的几乎所有的领域。读者将会看到穆斯林的信仰和行为模式如何与西方的影响发生碰撞。读者将会看到中东的民众应对西方影响的方式、如何吸收欧美文化的精华和如何抵制欧美文化的糟粕。读者也将会看到中东的民众如何赢得政治的独立,如何实现文明的复兴。我们相信,这是开始认识中东的最佳路径。

二、过去和现在,那里和这里 5

读者或许会问,为什么不仅要研究伊斯兰文明史,还要研究中东?我们认为,无论研究哲学和科学的哪个学科,都蕴含着思想的进步。伊斯兰史无疑是值得研究的学科。由于时间久远,空间辽阔,思想和生活方式千差万别,我们对于自身的情况,包括我们的时代、我们的家园、我们的信仰和我们的习俗,有着更多的了解。伊斯兰教与基督教、佛教之间既存在相似之处,亦不尽相同。中东的文明(如同西方的文明)继承了希腊文明和罗马文明的某些传统。与此同时,伊斯兰文明在很大程度上直接继承了早期埃及文明、美索不达米亚文明、波斯文明和古代中东的其他文明。因此,伊斯兰文明经历了独特的演进过程。伊斯兰文明如同西方文明的远亲,两者之间既非同宗,亦非毫无干系。

另一方面,西方文明曾经是伊斯兰文明的汲取者。西方的宗教信仰和礼仪来源于伊斯兰教诞生前生活在中东地区的希伯来人、美索不达米亚人、埃及人、波斯人和希腊人。然而,许多西方人并不知道伊斯兰文明对于西方文明所产生的影响。伊斯兰文明与西方文明之间在包括哲学、数学和自然科学的诸多专门领域的交往情况,将在后面的相应章节加以叙述。伊斯兰文明对西方文明的影响,仅从英语日常用语的词汇背景,亦可窥见一斑。

先从与我们的日常生活密切相关的词汇即关于衣着的词汇说起。我们经常使用的几个词汇均源于中东的语言:“棉花”一词源于阿拉伯语,宽松裤和拖鞋源于波斯语,长袍和头巾亦明显具有中东的背景。“平纹细布”一词源于伊拉克城市摩苏尔,“锦缎”一词源于叙利亚城市大马士革。我们所说的“斑猫”一词,源于一种名为阿塔比的布料,这种布料产自巴格达的阿塔比区。阿拉伯人声称,网球的发源地是中世纪的埃及城市提尼斯,提尼斯曾经是闻名遐迩的棉布产地,提尼斯出产的棉布是当时用来制作网球的主要面料。还需要进一步的说明吗?是的,我们所用的网球拍源于阿拉伯语“握在手中”一词。十五子棋、象棋、马球和纸牌均为从中东传入西方的游戏。象棋中的棋子“车”源于波斯语“城堡或战车”一词,“将死”源于波斯语“国王殒命”。在家具方面,“沙发”、“褥垫”、“地毯”和“脚凳”等词,亦来自中东。

读者或许知道,诸如烤肉串、酸奶、塔伯勒色拉、鹰嘴豆泥和皮塔饼
6 等食物的名称来自中东。其他许多种类的植物,包括杏、洋姜、柠檬、酸橙、柑橘、番红花和甘蔗,经历漫长的移植过程,从中东传入西方。“哈什什”一词源于阿拉伯语,在不同的情况下分别意为大麻制品和杂草。“舍尔贝特”和“赛鲁普”源于阿拉伯语,分别用来指果汁牛奶冻和果子露。穆斯林或许不饮用醉人的饮料,但是“酒精”一词显然来自阿拉伯语。其他许多的日常饮品存在同样的现象,如咖啡、苏打(“苏打”一词源于阿拉伯语,特指用于治疗头痛的植物)和冰镇薄荷酒(源于波斯语,意为玫瑰水)。

自然科学中的许多词汇,如蒸馏器、方位角和天底,也是来自阿拉伯语。在数学方面,“代数学”一词源于公元 9 世纪数学家花拉子密提到的正骨和算法。阿拉伯语“齐塔尔”一词经西班牙传入西方,是为吉他。源于中东的乐器,还包括琵琶、手鼓和齐特琴。面具和染眉毛膏在阿拉伯语中本义为小丑。最后还有一些五花八门的词汇:“壁龛”、“旗舰”、“军械库”、“滑石粉”、“关税”和“历书”。总而言之,我们生活中的许多现象与中东的历史具有不同程度的联系。

回到更加现实的领域,我们必须通过探讨中东的近代历史来解释当前发生的各种现象。中东正在成为国际社会关注的焦点:阿以战争与阿以和平进程、形形色色的暴力事件、石油资源、伊朗革命、恐怖主

义、海湾战争和伊拉克战争。当前的中东形势影响着我们，影响着我们的宗教群体和种族群体，影响着我们的国家。历史能否为我们提供相应的思路，使我们对于形势的变化作出必要的反应？我们的答案是肯定的。本书涉及的内容包括中东的过去和现在。作为历史学家，我们关注的是发生过什么事件、这些事件是如何发生的和这些事件为什么会发生。然而，我们中的每一个人都希望了解各种历史事件对于现实生活所带来的影响。

在即将踏上中东历史旅途之际，我们祝愿读者一路顺风。

三、自然环境

在谈及历史进程之前，首先需要对于中东的范围作出相应的界定。尽管许多历史学家和旅行家经常提到“中东”一词，然而关于中东的范围却没有一致的看法。就地理学而言，“中东”一词并无特殊的意义。从整个地球的角度来看，任何一个地区都不能称做中心。法国人和意大利人眼中的东方，却是印度人和中国人眼中的西方。如果我们在地 7
理上将中东的范围界定为西南亚，那么“中东”一词则无法包含埃及和土耳其的欧洲部分。欧洲、亚洲和非洲习惯上统称为“旧大陆”，然而所谓旧大陆的各个地区在自然环境和人文地理方面无疑存在明显的差异。亚洲与非洲的分界线是苏伊士运河，还是埃以边境，或者是西奈半岛东侧的某个位置？生活在乌拉尔山两侧的居民，或者说生活在博斯普鲁斯海峡两侧的居民，究竟在哪些方面有不同之处？对于人类来说，大陆并非划分活动区域的真正界限。

我们通过媒体所熟知的“中东”是应当予以界定的。尽管关于中东的地理范围仍然存在不同的解释，本书认为中东包括西起尼罗河谷，东至中亚穆斯林的家园，北起欧洲东南部，南至阿拉伯海的广大地区。中东的范围在不同的历史时期可能经历变动的过程，政治格局的变化或许导致中东的界限发生相应的变化。我们的祖先曾经将地中海的南岸和东岸视做东方；当我们的祖先到达印度和中国以后，穆斯林的世界被视做近东。二战结束后，中东开始取代近东，用于指穆斯林生活的家园，尽管美国人试图使用“西亚”的称谓。无论就航海和航空而言，还是就商业贸易和军事战略而言，或者就新闻媒体和政治生活而言，中东可谓世人关注的焦点。

四、需要说明的地理背景

历史现象发生于一定的自然环境之中，正如戏剧的表演需要相应的舞台背景。我们应当注意到地貌、气候、植被分布、动物种类以及自然环境的其他方面。教科书中所描述的自然环境，往往只是让读者联想到诸如单纯记忆山脉、河流、国家首都和主要物产之类的枯燥乏味的教学方式。读者在开始了解中东历史之前，有必要首先熟悉一些需要掌握的基本内容。

（一）气候

中东具有炎热和干燥的气候环境。大多数地区不无降雨的现象，然而在通常的情况下，降雨量十分有限，加之降雨分布不均，难以满足8定居农业的需要。尽管如此，考古学家在安纳托利亚高原、波斯和巴勒斯坦发现了世界上最古老的农业村落遗址。还有一些最古老的农业村落遗址分布在撒哈拉沙漠的西部。这里曾经发生过什么？可能的情况是，在大约一万年前，当极地冰盖逐渐消退，北非和西南亚的降雨量不断减少。人们曾经生活在仿佛是伊甸园的土地上，猎取动物，采集果实，此时不得不适应环境的变化，寻找新的食物来源。雨水浇灌的地区逐渐远去，人们开始移入诸如尼罗河、底格里斯河和幼发拉底河沿岸的河谷湿地。大约在公元前 3500 年的时候，人们已经开始利用定期泛滥的洪水灌溉土地。另外一些人从事着游牧的生活，在群山峻岭和沙漠绿洲追逐水草，为羊和驴直至骆驼和马匹寻找饲料。

依靠河水生活的定居农民需要相应的政府，以便组织必要的人力建造堤坝、沟渠和水道，维护大型的灌溉系统，合理分配水源。他们还需要获得保护，免遭居无定所的游牧民的侵扰。这些游牧民有时充当定居者的保护者，贩运货物，提供畜牧产品，有时却成为侵扰定居者的祸患，掠夺庄稼，洗劫城镇。游牧民与定居者通常处于争斗的状态，如同亚当和夏娃的两个儿子该隐和亚伯，然而两者亦彼此需要对方的存在。在干涸的土地上，在漫长而炎热的夏季和寒冷的冬季夜晚，游牧民与定居者不得不相依为命，维持着生命的延续。

（二）位置

中东是亚非欧大陆的十字路口，被称为“七海之地”。这里扼守着从乌克兰南部经黑海、博斯普鲁斯海峡、马尔马拉海、达达尼尔海峡和爱琴海通向地中海的水路。在不同的历史时期，尼罗河三角洲与西奈半岛之间的区域构成连接地中海与红海的航运通道。自从大约公元前3000年驯服单峰骆驼开始，人们携带各种货物穿越沙漠。人们利用马匹、驴和双峰骆驼，翻过安纳托利亚和波斯的崇山峻岭。早在史前时代，入侵者和商人从中亚、欧洲和非洲的不同方向深入中东腹地。在已经过去的4 000年里，中东的居民始终经受着来自外部世界的压力和影响。

与世界上的其他一些地区相比，不难发现中东地区适合与外部交往。中国古代文明形成于相对闭塞的环境之中，中国古代的政治体系不 9
断驯服和同化着入侵的蛮夷。英国人在许多世纪中生活在他们引以为豪的“光荣孤立”的状态；在他们看来，外部的世界所发生的一切“只是其他人的事情，这些事情通常是令人讨厌的”。美国人长期保持着置身事外的姿态。作为关注中东政治形势的美国人，我们会问自己这样一些问题：美国本土何时经历过持续的战争？我们何时经历过来自外部的军事占领？相比之下，中东人在历史的长河中屡屡经历征服战争的洗礼和外族的统治，来自东方和西方的诸多文化亦在中东留下深刻的印记。

（三）自然资源

上苍并没有慷慨给予中东地区以北美和欧洲那样富饶的自然资源。中东没有更多的辽阔草原，森林几乎已经砍伐殆尽，植被匮乏，淡水奇缺，淡水资源的争夺成为导致战争的重要诱因。煤炭资源分布在安纳托利亚高原，铜矿、铁矿和其他一些金属矿藏分布在某些山区。自古以来，人们开采着有限的矿产资源。中东地区所富有的是沙石、建筑材料和炎热的日光（如果太阳能得到进一步的开发利用，炎热的日光或许成为上苍赐予的厚礼）。

说到石油，在一些地区，特别是波斯湾沿岸，储藏量超过世界已探明储藏量的一半。丰富的石油资源提高了中东的重要地位。石油资源的开采带来丰厚的回报，然而受益的对象却局限于沙特阿拉伯、伊朗、伊拉克和阿拉伯联合酋长国。进入 20 世纪，中东开始成为重要的石油产地；1945 年以后，中东的石油产量呈明显的上升趋势。在此之前，原油只是被用作药材，或者被用于涂抹船只的表面，或者被用作祭祀神灵时焚烧的燃料，却始终没有像当今时代那样，成为财富和权力的源泉。然而，谁知道石油资源带来的滚滚财富会持续多久？

（四）人口多样性

中东特定的自然环境导致人口构成的千差万别。一方面，不同的地貌——山区和平原、河谷和沙漠——形成不同的生活方式。在黎巴嫩、也门和伊朗等地，崎岖的山区，加之冬春时节暴涨的河水，成为阻隔交往的屏障，提供了少数派宗教群体和种族群体的天然庇护所。另一方面，频繁的入侵带来了新的种族和文化，进而形成马赛克式的分布格局，中东仿佛成为包含诸多人种、宗教、语言和文化的现代博物馆。

人种的多样性或许无法通过统计学的图表，如本书结尾处的统计数字获得充分的说明。尽管如此，我们仍然需要记住，中东十分之九的人口信奉伊斯兰教，大约二分之一的人口操阿拉伯语，土耳其语和波斯语是仅次于阿拉伯语的重要语言。不同的族群和教派所形成的马赛克式镶嵌已经开始消失。日益普及的学校教育、步行者录放机、激光唱机、卫星电视、DVDs 和移动电话正在传播着普世性的文化，年轻一代所受的影响尤为明显。石油财富的增长、工业化的长足发展和城市生活的繁荣，正在缩小着人们之间的差异。

尽管如此，文化和宗教的差异尚未退出历史舞台，依然是引发冲突的隐患。黎巴嫩内战的原因在一定程度上表现为穆斯林与基督徒之间的对抗;许多穆斯林认为,自己并没有获得与主导国家政治生活的基督徒同等的权利和地位。目前叙利亚的政治精英属于称做阿拉维派的宗教少数派,他们通过军事独裁的方式统治着数量居多的逊尼派穆斯林,他们的人数与其掌握的国家权力极不相称。信奉基督教的阿拉伯人,特别是属于东正教派的阿拉伯人在叙利亚不足总人口的5%,在黎巴嫩不足总人口的10%,却在阿拉伯民族主义运动的早期阶段发挥了比信奉伊斯兰教的阿拉伯人更为重要的作用。逊尼派阿拉伯人与什叶派阿拉伯人的差异长期困扰着伊拉克的政治生活。另一方面,逊尼派阿拉伯人和什叶派阿拉伯人共同抵制着库尔德人(约占伊拉克总人口的五分之一)的分离倾向,而库尔德人的分离活动经常得到以色列和美国的支持。以色列尽管是犹太人居多的国家,却在1967年战争之前的疆域内生活着众达百万的阿拉伯人,另有约350万阿拉伯人生活在1967年战争之后所占领的土地上。以色列境内的犹太人划分为称做阿什肯纳兹的欧裔犹太人和称做米兹拉兹或东方人的亚非裔犹太人。形形色色的教派和族群或许令读者眼花缭乱,而本书将会对此予以详述。如果读者希望早一些了解这些教派和族群的情况,可以在本书所附的词汇表中找到相应的答案。

五、结论

自然环境对于人类社会的影响,是研究者乐此不疲的有趣话题。读者在了解历史事件的过程中不要忽略沙漠、山脉、河流、海洋的重要性,而是应当充分认识到自然环境的巨大影响,以及中东的居民应对自然环境的不懈努力。当读者走进中东的历史,不难注意到各种地理数 11
据,诸如农业村落遭遇游牧部落、外族军队入侵定居城镇、石油的开采带给沙漠荒野以突如其来的财富。历史不只是酋长、国王、总统和政治家的舞台,商人、学者、工匠、农夫、羊群的放牧者和马背上的战士同样在历史的舞台上扮演着重要的角色。在下一章,读者将会看到,形形色色的人如何利用中东的群山、平原和峡谷,建立众多的城市和王国,直至形成民族国家。

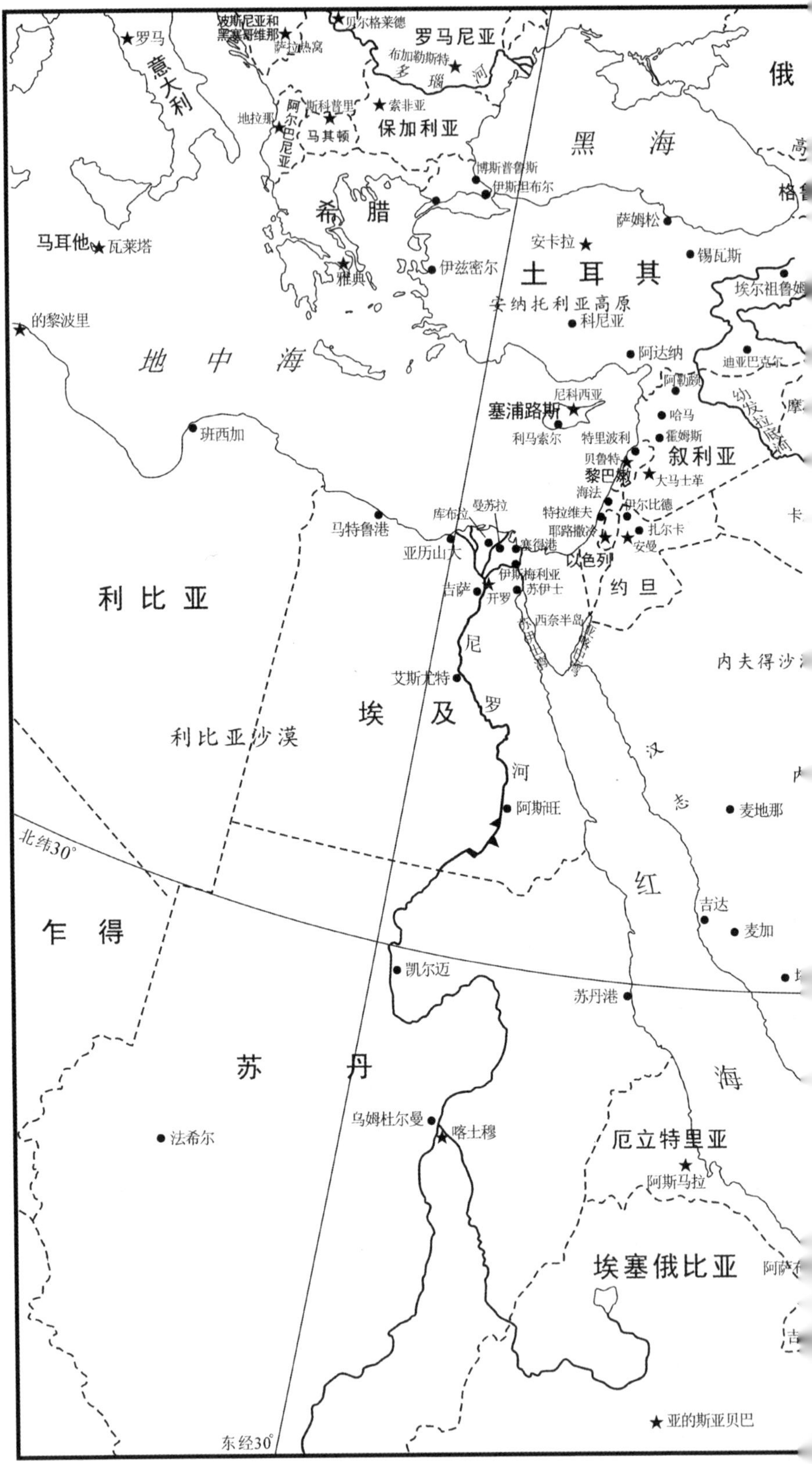

罗马
意大利
波斯尼亚和黑塞哥维那
萨拉热窝
贝尔格莱德
罗马尼亚
布加勒斯特
多瑙河
俄
索非亚
保加利亚
斯科普里
马其顿
地拉那
阿尔巴尼亚
黑海
博斯普鲁斯
伊斯坦布尔
希腊
萨姆松
马耳他
瓦莱塔
安卡拉
锡瓦斯
雅典
伊兹密尔
土耳其
埃尔祖鲁姆
安纳托利亚高原
科尼亚
的黎波里
阿达纳
地中海
迪亚巴克尔
阿勒颇
幼发拉底河
尼科西亚
塞浦路斯
哈马
利马索尔
特里波利
霍姆斯
贝鲁特
叙利亚
黎巴嫩
大马士革
班西加
海法
伊尔比德
特拉维夫
马特鲁港
库布拉
曼苏拉
耶路撒冷
扎尔卡
安曼
塞得港
亚历山大
以色列
伊斯梅利亚
吉萨
开罗
苏伊士
约旦
利比亚
西奈半岛
尼罗河
内夫得沙
艾斯尤特
埃及
利比亚沙漠
汉志
阿斯旺
麦地那
北纬30°
红海
吉达
乍得
麦加
凯尔迈
苏丹港
苏丹
乌姆杜尔曼
喀土穆
法希尔
厄立特里亚
阿斯马拉
埃塞俄比亚
亚的斯亚贝巴
东经30°

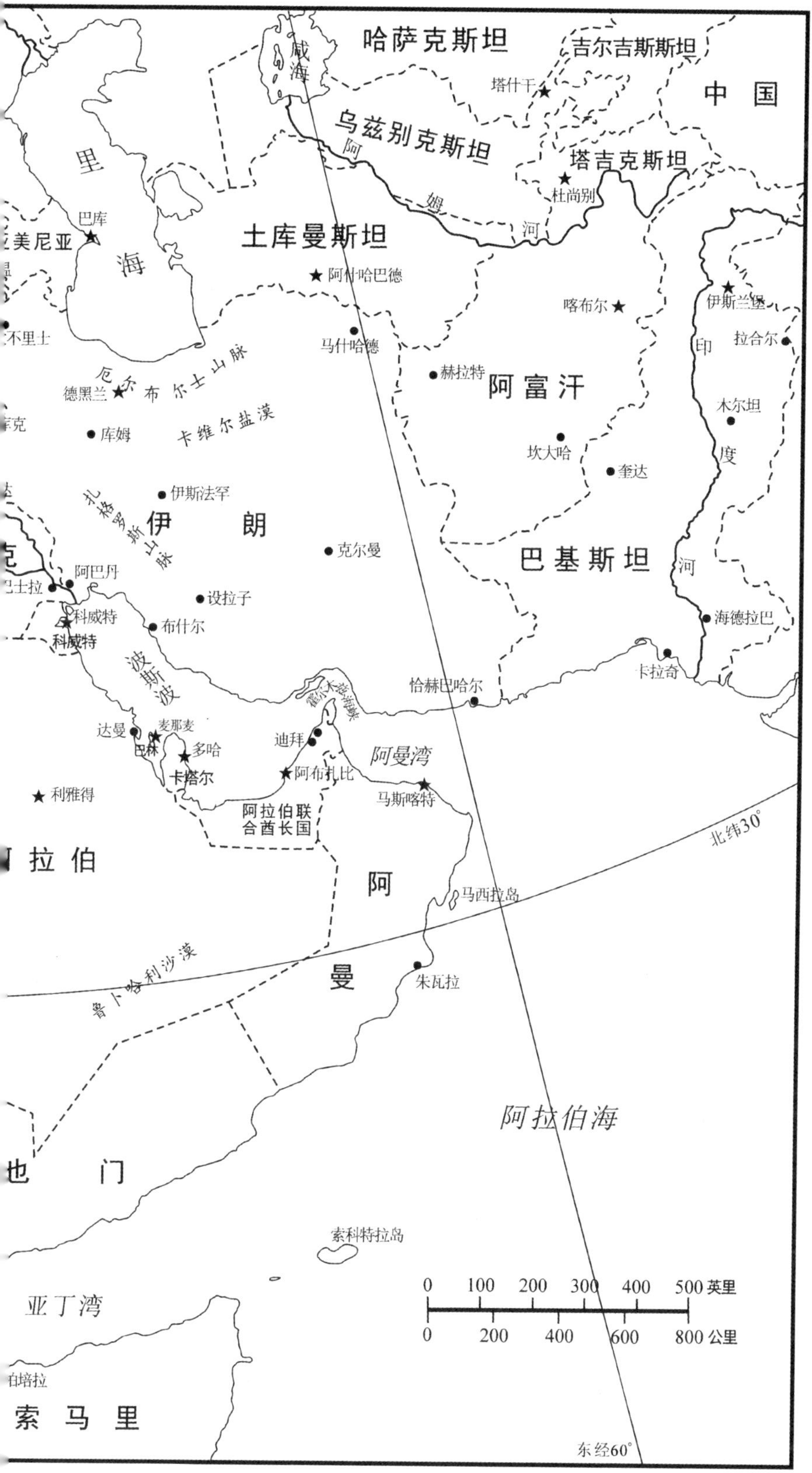

哈萨克斯坦
吉尔吉斯斯坦
中 国
咸海
塔什干
乌兹别克斯坦
阿姆河
塔吉克斯坦
杜尚别
里海
巴库
美尼亚
土库曼斯坦
阿什哈巴德
喀布尔
伊斯兰堡
拉合尔
马什哈德
赫拉特
阿富汗
厄尔布尔士山脉
德黑兰
卡维尔盐漠
库姆
木尔坦
坎大哈
奎达
印度河
伊斯法罕
扎格罗斯山脉
伊 朗
克尔曼
巴基斯坦
阿巴丹
设拉子
科威特
布什尔
海德拉巴
卡拉奇
波斯湾
恰赫巴哈尔
霍尔木兹海峡
达曼
麦那麦
巴林
多哈
迪拜
阿曼湾
卡塔尔
阿布扎比
马斯喀特
利雅得
阿拉伯联合酋长国
拉 伯
北纬30°
阿 曼
马西拉岛
鲁卜哈利沙漠
朱瓦拉
阿拉伯海
门
索科特拉岛
0 100 200 300 400 500 英里
0 200 400 600 800 公里
亚丁湾
索 马 里
东经60°

地图 1.1 中东普通地图

第二章 穆罕默德诞生前的中东

15 中东的历史从何时开始？本书应当从何处说起？每一种职业都有各自的风险。历史学家需要尽可能从长时段的角度探寻历史进程的因果联系。在历史学家看来，所有的历史现象具有内在的逻辑联系。那么，这样的探寻是否需要我们追溯到亚当、夏娃和伊甸园中的撒旦？如果历史可以界定为自有记载以来的人类往事，那么中东具有世界上最久远的历史。尽管人类的祖先或许起源于非洲，中东无疑是人类文明的肇始之处。中东的居民最早培植了大多数的主要农作物，最早驯服了大多数的家畜，最早建立起农业村落。世界上最古老的城市、最初的国家、最早的宗教和法律，同样出现在中东。中东的历史具有人类最早的文字记载。没有这些文字记载，历史将会无法想象。

同样无法想象的是，通过有限的篇幅完整叙述中东历史的所有内容。我们可以轻松地删除一些琐碎的记载，却难以回避从大河流域的早期文明到罗马帝国走向衰落的演进历程。后者绝非无足轻重的内容。然而，对于后者的简略叙述，可以使我们不必关注长达 6 000 年的人类文明，而集中探寻 1 500 年来的历史变迁。公元 476 年西罗马帝国的灭亡，标志着西方文明抑或古典世界开始与中东历史分道扬镳。
16 此后，罗马帝国的政治重心和文化重心移至地中海世界的东部，持续长达千年之久。本书将以西方古典文明的衰落作为起点，叙述中东的历程进程。

一、对古代历史的简述

令人钦佩的是，人类通过各种方式适应着似乎截然不同的生存环境：利比亚的炎热和西伯利亚的寒冷、加尔各答的拥挤和北美草原的空旷、千篇一律的大学校园与独具特色的专业学院。人们不断地将不利的环境转化为有利的条件：新英格兰的农夫在山石之间寻找着维持生命的食物，骆驼的牧养者在贫瘠的荒漠之上追逐水草，建筑师在地形奇特的城市街区设计出精美的楼宇。人类适应生存环境的不懈努力，在中东的历史进程中随处可见。

在公元前的一万年里，中东的居民创造出各种各样的技艺，适应着所处的自然环境。他们驯服驴和牛，用来承载货物，耕种土地。他们建造炉灶，使用黏土烧制陶器。随着高地的逐渐干旱，他们开始利用河水灌溉土地，播种作物。他们使用青铜制作的工具和兵器，继而锻造铁器作为工具和兵器。他们发明了用于传递信息的字母文字，并且使用泥板和纸草作为书写材料。他们丰富了祭祀的仪式，用以表达对于神灵的敬奉和崇拜。他们经历了来自北方的米底人和波斯人，以及来自阿拉伯半岛的闪米特人的入侵。他们曾经在公元前 4 世纪一度屈从于亚历山大大帝率领的马其顿军队；然而，他们的固有文化很快便同化了征服者。公元前 1 世纪，地中海东岸和南岸的土地被纳入罗马帝国的版图。

二、波斯与罗马

公元初年，波斯和罗马两大帝国已经各自走过了漫长的历程。阿黑门尼德王朝（公元前 550 — 330 年）时期，波斯（即现在的伊朗）的国王统治着生活在东起印度河、西至尼罗河的广大地区的诸多种族和教派群体。波斯的国王和贵族信奉琐罗亚斯德教（拜火教），琐罗亚斯德教的创始人琐罗亚斯德生活在公元前 6 世纪。琐罗亚斯德声称，阿胡 17
拉·马兹达（智慧之主）是最高的神灵、物质世界和精神世界的创造者、光明和黑暗的源泉、道德秩序的建立者、法律的制定者和万物的判决者。阿胡拉·马兹达的对立面是阿里曼,后者代表黑暗和无序。琐罗亚斯德预言,芸芸众生可以在善与恶之间、光明与黑暗之间、真理与谬误之间作出自由的选择,而阿胡拉·马兹达将最终取得宇宙大战的胜利。琐罗亚斯德教徒崇拜光明,敬奉圣火,建立庙宇,拥有人数众多的僧侣。琐罗亚斯德教徒主要来自出身高贵的波斯人,至于平民和处于波斯人统治下的其他人,鲜有信奉琐罗亚斯德教者。阿黑门尼德王朝的历代国王通常奉行宗教宽容的政策;民众只要服从法律、缴纳赋税和服兵役,可以信奉其他的宗教和崇拜其他的神灵。阿黑门尼德王朝统治下的波斯帝国在古代世界树立起典范,为其后兴起的诸多王朝所效仿。亚历山大大帝在灭亡阿黑门尼德王朝和吞并波斯帝国的领土以后,试图融合希腊文化和中东文化。在昙花一现的辽阔疆域,亚历山大大帝吸纳来自埃及、叙利亚、美索不达米亚和波斯的思想、制度和官员。

继亚历山大帝国之后,罗马统治下的中东经历了同样的文化融合。罗马帝国将整个地中海世界置于自己的统治之下,发展商业贸易,扩大民众交往。不同的宗教在罗马帝国的疆域内得到广泛地传播,其中包括密特拉教和基督教。密特拉教发源于波斯,在罗马军团中影响甚大。基督教最初是犹太教的分支,在包括保罗在内的早期使徒的努力下,传播范围逐渐扩大。早期的神父大都生活在安纳托利亚、叙利亚、埃及和北非。基督教的教义和组织最初便形成于这些地区,而这些地区后来成为伊斯兰教的核心舞台。至公元 3 世纪末,基督教尽管尚未取得罗马帝国的承认,却已经在地中海世界的东部逐渐流行。与同时期的其他宗教相比,基督教之所以广泛地得到传播,或许是由于其成功地借用了早期宗教信仰中具有吸引力的思想内容。例如在埃及,人们将复活的基督比作尼罗河流域的古代神灵奥西里斯。

罗马皇帝君士坦丁(313 — 337 年在位)皈依基督教以后,中东和西方的历史进程发生改变。罗马成为基督教的帝国。罗马皇帝颁布敕令,在黑海与爱琴海之间具有战略意义的海峡要地营建新都,名为君士坦丁堡。君士坦丁堡的前身是拜占庭;历史学家将新的帝国称做拜占庭帝国,“拜占庭”一词因此得以延续使用。实际上,在 4 世纪以及其后相当长的时期内,人们依旧将这个新的帝国称做罗马帝国。不仅如此,阿拉伯人、波斯人和突厥人使用“鲁姆”一词,用来称呼拜占庭帝国、拜 18
占庭帝国的土地(特别是安纳托利亚)以及东正教的信徒。“鲁姆”并非指台伯河畔的意大利城市罗马,而是指具有普世性和文化多元性的罗马传统理念,进而指尊奉基督教信仰的拜占庭帝国。后来的阿拉伯人和其他的穆斯林延续了这样的理念,并且将这样的理念改造为适应自身需要的理念。

罗马帝国的统治给中东的居民带来一定程度的益处,许多工商业城市恢复了往日的繁荣。希腊商人、叙利亚商人和埃及商人在欧洲、亚洲和东非诸地贩运货物,获利颇丰。阿拉伯半岛的贝都因人驼队穿越沙漠,运送布匹、香料以及众所周知的黄金、乳香和没药。在中东的其他地区,商人航行于红海、波斯湾和印度洋水域,直至到达遥远的东方。大莱普提斯(位于利比亚境内)、杰拉什(位于约旦境内)和巴勒贝克(位于黎巴嫩境内)的断壁残垣,见证着罗马时代中东城市的富丽堂皇。

罗马帝国的统治带给中东的负面影响同样显而易见。罗马帝国的统治者向叙利亚和埃及征收高额赋税;叙利亚和埃及成为古典世界的粮仓,叙利亚和埃及的丰富物产供应着规模庞大的罗马军团,以及罗马和君士坦丁堡的官僚贵族。农民为逃避赋税流入城市无以为生,聚众骚乱的现象随处可见。罗马时代的城市通常宽容外来的信仰和习俗。然而,在罗马帝国承认基督教的合法地位之前,罗马军团曾经镇压犹太人的叛乱,将耶路撒冷的第二圣殿夷为平地,耶稣的许多早期门徒亦曾由于拒绝崇拜罗马皇帝而遭受酷刑和杀戮。

尊奉基督教的罗马帝国继续实行高压政策。随着基督教的广泛传播,希腊哲学的影响逐渐扩大。基督徒围绕着基督的属性争执不休,由此形成教义学的明显分歧,而争执的焦点直至今日依然令基督徒和其他人感到费解和困惑。简单地说,基督教区别于犹太教和伊斯兰教以及其他一神信仰的核心内容,在于上帝关爱罪孽之中的芸芸众生,委派圣子耶稣降临尘世拯救世人摆脱罪孽，历经苦难，直至受难于十字架上。世人只有将耶稣视作基督（希腊语中意为救世主）和拯救者，死后方可在彼岸世界得到解脱。基督被视作沟通上帝与世人的中介和桥梁，而早期的基督徒对于基督的属性则有不同的看法。

19 （一）基督教异端派别

基督教的阿里乌派出现于4世纪初。阿里乌派认为，基督尽管负有上帝赋予的使命和受上帝的委派，但只是常人，不可将基督与上帝等同视之。反对阿里乌派的基督徒认为，如果基督只是常人，那么基督受难、基督之死和基督复活将无法拯救芸芸众生。基督教会于公元325年召开的尼西亚会议，正式承认基督具有神性。阿里乌派成为基督教的异端（区别于正统信仰的教派），阿里乌派的追随者被视做罗马帝国的叛逆而受到迫害。尽管大多数的基督徒接受圣父、圣子和圣灵三位一体的信条，但基督是否等同于上帝依然是悬而未决的神学命题。如果将基督视做上帝，那么福音书中所说的内容，诸如圣母受孕、基督诞生、洗礼、传教和受难，却皆表现为常人的属性。早期的教会，神父受内涵丰富的希腊思想传统的影响，讨论着上述的神学命题。即使在那些贫困、卑贱和大字不识的下层信众中间，特别是在包括亚历山大、安条克和君士坦丁堡在内的基督教的中心城市，基督的属性同样引起热烈的讨论。在宗教学者讨论基督属性的同时，下层信众的争吵和骚动亵渎着耶稣基督的和平使命。

基督教的另一派别聂斯脱里派起源于安条克。聂斯脱里派认为，基督具有神和常人的双重属性，基督的神性和人性相互独立，亦不可分割。基督教会于公元430年召开的以弗所会议，谴责聂斯脱里派的神学观点。随后，罗马皇帝和正统教会在整个帝国的范围内迫害聂斯脱里派。聂斯脱里派的许多信众逃往波斯帝国境内寻求庇护，进而派遣传教士进入中亚、印度、中国和高卢。一性派反对聂斯脱里派关于基督双重属性的神学观点，强调基督具有单一的神性。一性派的神学中心是亚历山大，追随者分布在埃及、叙利亚和亚美尼亚。埃及的一性派基督教自称科普特派,叙利亚的一性派基督徒称做雅各派,至今尚存。公元 451 年,正统教会在卡尔西顿召开主教会议,宣布一性派与阿里乌派、聂斯脱里派同为异端派别。正统教会制定折衷的信条:救世主基督既是上帝亦是常人;尽管救世主基督的神性和人性各自独立,但耶稣基督却同时具有神性和人性。当拜占庭皇帝尊奉卡尔西顿信条时,正统教会的主教便会利用政治权力迫害埃及和叙利亚的一性派和聂斯脱里派基督徒。长期的宗教迫害,加剧着异端派别对于君士坦丁堡的不满,直至成为阿拉伯人征服和伊斯兰教得以在中东取代基督教的契机。

读者或许觉得这是微不足道的问题。一些现代历史学家认为,物 20
质层面的原因导致中东基督徒内部的争执。高额的赋税无疑引起埃及人和叙利亚人对于拜占庭帝国的不满,君士坦丁堡的主教凌驾于其他地区的主教之上亦是引发对立的重要原因,古代中东的神秘主义与希腊的理性主义则不可避免地发生碰撞。由于基督徒的主教通常表现为过多的世俗色彩,个人之间的冲突和对权力的角逐开始呈上升的趋势。在中东的信众看来,关于基督的属性的争执是至关重要的。他们生活在尘世,接受宗教的引领,期待着末日的审判和未来的彼岸世界。也许有一天,我们的后代将会对于我们所面临的诸如人工流产、慈善活动和枪支管理之类的问题感到费解。

(二)罗马的敌手波斯

罗马帝国从未完全控制中东地区,波斯帝国是罗马帝国称霸中东的敌人。波斯帝国的疆域不仅包括现在的伊朗,而且包括现在的伊拉克(美索不达米亚),以及伊朗以东的阿富汗、巴基斯坦和中亚一带。绵延的山系,诸如波斯湾北侧的扎格罗斯山、里海南侧的厄尔布尔士山、呼罗珊高地,积聚着丰富的雨雪资源,山间坡地分布着数以百计的农业村落。聪明的波斯农民利用复杂的灌溉系统,即称做“卡纳特”的地下暗渠,在干涸的低地发展农业,建设家园。波斯人发明了比罗马人更为先进的青铜器和铁器制作技术。波斯人的建筑风格,诸如拱形穹顶、遮阳庭院和巨型浮雕壁饰，在古代世界产生了广泛的影响。

公元前 250 年至公元 226 年，波斯处于安息王朝的统治之下。关于安息王朝的记载十分贫乏，散见于罗马帝国和萨珊王朝的史书。罗马帝国从未征服过安息王朝，萨珊王朝则是继安息王朝之后统治波斯的政权。我们无法从这些记载中完整地了解安息王朝的历史。从考古发掘的文化遗存来看，安息人热衷于骑术和狩猎，对建筑和手工业情有独钟。安息人继承了波斯文化，信奉琐罗亚斯德教，同时允许佛教徒和犹太人生活在他们的国家之中。

安息王朝的继承者是萨珊王朝。萨珊王朝统治期间，波斯帝国得以重振雄风。公元 3－7 世纪，萨珊王朝统治着辽阔的疆域，尊奉琐罗亚斯德教为国教，建立起强有力的中央政府。萨珊王朝建立初
21 期，派遣学者遍访各地，搜集文献典籍并译成帕拉维语(中古波斯语)，并广泛交流科学技术知识。众多的学者从四面八方来到波斯这个兼容并蓄的国度，聂斯脱里派基督徒、犹太人和佛教徒在这里信仰着各自的宗教。公元 5 世纪，聂斯脱里派的宗教学者被逐出拜占庭帝国，移居希腊化时代的波斯文化名城军迪沙浦尔，而军迪沙浦尔堪称传承古典世界人文遗产的重要据点。来自欧洲和亚洲各地的学者在军迪沙浦尔从事着文化的创造活动，不再受到种族偏见、神学信条和政治约束的限制。

波斯文化的影响十分广泛。琐罗亚斯德教的传播主要局限于波斯人的范围，然而摩尼教的二元信仰显然受到琐罗亚斯德教的影响，摩尼教的信徒在萨珊王朝时期遍及欧亚诸多地区。波斯的艺术风格在西方和东方的建筑、雕刻、绘画、珠宝加工和纺织技术领域具有广泛的影响。萨珊王朝都城泰西封位于今巴格达南侧，其颇具特色的拱形建筑规模宏大，远非已知的罗马城市可比。文化昌盛的波斯帝国对于罗马帝国以及其后的拜占庭帝国的蔑视，亦不足为奇。波斯帝国的军队借助于来自阿拉伯半岛的游牧部落的支持，在 7 世纪初席卷叙利亚、巴勒斯坦和埃及诸地。然而，波斯帝国的霸业未能持久。

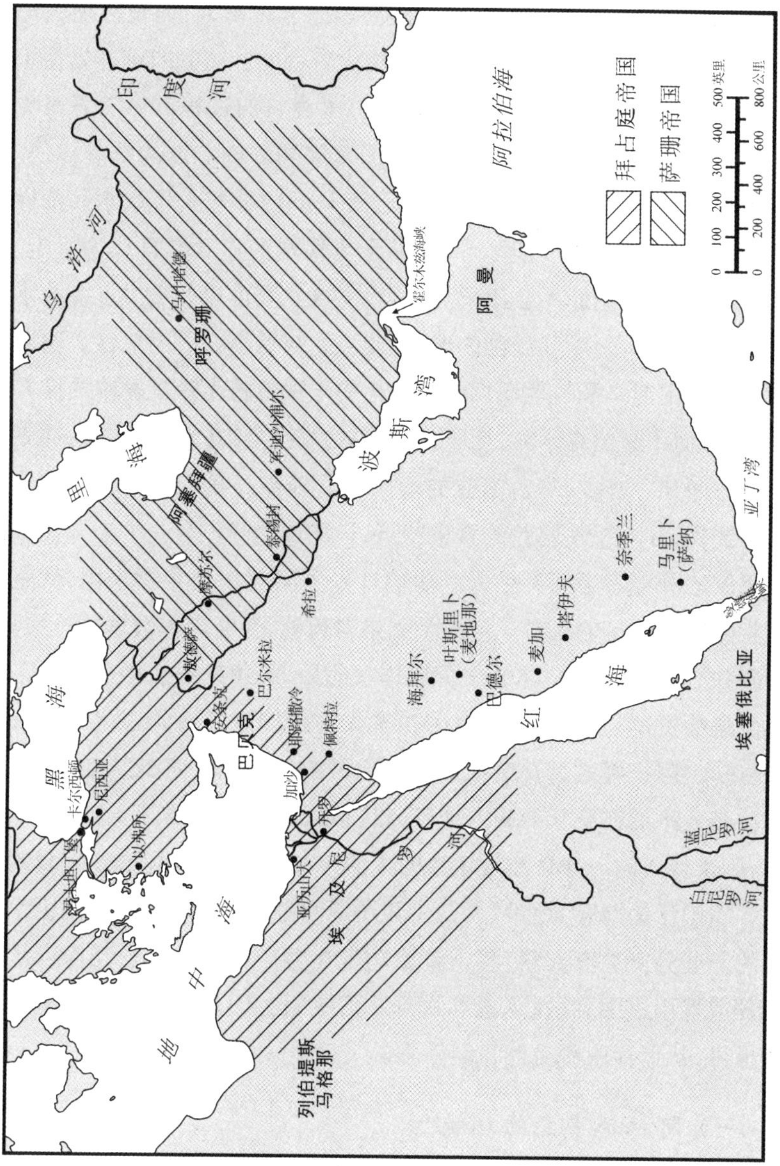

地图 2.1　约公元 600 年的拜占庭与萨珊帝国

三、阿拉伯人

结束希腊人在中东的统治地位的力量并非波斯人,而是波斯人的盟友阿拉伯人。阿拉伯人是如何登上历史舞台的?骆驼的驯养发生于公元前3000年到公元前1000年间,经历了漫长的过程。伴随着骆驼的驯养,人类得以深入阿拉伯半岛、波斯东部和非洲北部的浩瀚沙漠。阿拉伯骆驼亦称单峰骆驼,不仅具有在短时间内补充大量饮水并加以储存的功能,而且熟记沙漠水源,能够无需饮水而连续数日长途行走。与其他动物相比,骆驼不会由于流汗、表皮蒸发和排尿而丧失过多的水分。柔软的脚掌、短毛和纤细的形体,使骆驼具有良好的耐热性。骆驼能够依靠食用灌木和其他动物无法消化的干草维持生命。驼峰内储存
23 大量脂肪,而不是储存水分,用于食物短缺之时延续生命。西方人在驾驭骆驼方面知之甚少,却对骆驼的形象嗤之以鼻。我们常将骆驼作为恶搞的笑柄,并非反映骆驼的真实特点,只能说明我们自身的无知。

骆驼的驯养者是阿拉伯人。他们首先将骆驼作为食物来源,后来逐渐将骆驼作为运输工具。阿拉伯人来自何处,至今尚无准确的答案。相传阿拉伯人是亚伯拉罕之子伊斯玛仪的后裔,伊斯玛仪的妻子是来自埃及的哈贾尔。研究者认为,阿拉伯人与操闪米特语的古代希伯来人、亚述人、阿拉姆人具有亲缘关系,所不同的是古代希伯来人、亚述人和阿拉姆人生活在肥沃的新月地带(叙利亚和美索不达米亚)。在上古时代,闪米特人的一部分接受定居的生活方式,另一部分则离开定居的区域。当肥沃的“新月地带”无法满足不断增长的人口的需要时,闪米特人的一些分支放弃农耕,移入荒凉之地牧养羊群。他们甚至深入沙漠绿洲或群山之中,寻找水源和牧草。驾驭骆驼的闪米特人通常远离农耕世界,从而摆脱税吏的盘剥勒索。

(一)阿拉伯半岛的环境

阿拉伯半岛位置闭塞,水源匮乏,长期处于与世隔绝的状态,只有入侵者偶尔光顾(半岛南部的也门山区除外,详见后文)。冬季从地中

海吹来的海风，带给叙利亚和安纳托利亚较为充沛的降雨，却难以惠泽地处南方的阿拉伯半岛。半岛西侧希贾兹的绵延群山构成天然的屏障，阻隔着海风的吹拂，形成半岛内陆干燥的气候环境。有时，突如其来的滂沱暴雨引发洪水，冲刷着干涸的山谷，却因地表坚硬而无法存储。零星的绿洲分布在地下水源的周围，枣椰树生长在绿洲之上。阿拉伯人根据季节的变化寻找水源，牧养牲畜。驼乳和椰枣，以及少量的肉和谷物，构成阿拉伯人的典型食物。

在阿拉伯半岛极度恶劣的环境之中，组成群体是生命得以延续的前提条件。军事帝国和商业城邦无法存在于这样的环境。阿拉伯人按照血缘关系组成氏族部落，共同生活，共同支配有限的财富。尤其重要的是，每个部落保护着自己的成员免遭其他游牧群体和定居人口的攻击。阿拉伯人十分看重自由和荣誉，不惜为之付出生命的代价，而相互之间的冲突现象时有发生。在部落内部，由来自各个氏族的成年男子 24
组成的大会负责日常事务的管理。称做“舍赫”的酋长由部落大会选举产生，由于勇敢和豪侠而备受尊重通常是出任酋长的首要条件。在个别的部落，存在酋长职位的家族世袭现象。部落大会决定诸如与其他部落交战、媾和等重大事务，劫掠其他部落的财富和保护往返于叙利亚与印度洋之间的商队，关系到整个部落的收益。许多阿拉伯人在波斯帝国和罗马帝国充当雇佣军；公元 3 世纪的一位罗马皇帝曾被称做“阿拉伯人菲利普”。还有许多阿拉伯人在定居地区的边缘建立商业据点，其中包括叙利亚的帕尔米拉、约旦的皮特拉和也门的纳季兰。在有些地区，例如叶斯里卜（现在的麦地那），阿拉伯人开垦荒地，从事定居农业。尽管如此，游牧和劫掠无疑构成阿拉伯人最重要的谋生方式和最向往的职业。

（二）阿拉伯半岛的文化

阿拉伯贝都因人长期生活在沙漠旷野之中，或许不像罗马人和波斯人那样儒雅，却非尚未开化的野蛮人。他们生性好战；由于贫瘠环境，他们相互劫掠，或者袭击周边地区。由于居无定所，他们无缘从事诸如建筑、雕塑和绘画之类的艺术创作，诗歌是其最重要的艺术表现方式。前伊斯兰时代的诗歌浓缩着称做“穆鲁沃”的伦理准则（“穆鲁沃”在阿拉伯语中意为口传心记——译者注）：勇敢、忍耐、复仇、保护弱者、蔑视强者、乐善好施、慷慨豪侠、恪守诺言。对于生活在沙漠中的阿拉伯人而言，只有具备这样的品格才能维持生命的延续，而人们正是通过诗歌的吟唱将“穆鲁沃”牢记于心中。通过口传心记的方式所吟唱的诗句，表达着阿拉伯人游牧生活的喜怒哀乐，称颂自己的部落，讥讽对手的无能。阿拉伯人酷爱诗歌，他们在每年的一个月内中止杀戮和劫掠，以便诗人诵读新创作的诗句，举行诗歌竞赛。前伊斯兰时代的诗歌是阿拉伯语以及阿拉伯文学和阿拉伯文化得以形成的重要因素，其对于阿拉伯人的思想和行为的深远影响至今依稀可见。

25 （三）阿拉伯半岛南部

在罗马帝国与波斯帝国激烈角逐的时代，在中东的一隅，存在着尚且不被重视的第三方势力。阿拉伯半岛南部处于季风的影响之下，降雨充沛，植被茂盛，宛如世外桃源。这里曾经出现过数个城邦，赛伯伊是其中最为著名的城邦。据《圣经·旧约》记载，赛伯伊国女王示巴曾经向希伯来人国王所罗门馈赠礼物。早在公元之前，赛伯伊人长期在也门与印度洋沿岸之间贩运货物。赛伯伊人最早将印度洋沿岸的物产展现给罗马世界，并且在东非建立商业据点。赛伯伊人建坝蓄水，在也门山区修筑台田，发展农业。赛伯伊国出产的乳香销往罗马世界，用于在焚烧死者尸体时清除异味。随着基督教的广泛传播，死者尸体的处理方式逐渐由火葬演变为土葬，乳香贸易逐渐衰落。埃塞俄比亚人皈依基督教以后，与拜占庭帝国结为盟友，却与也门地区尊奉犹太教的阿拉伯人交恶。至公元 6 世纪，随着马里卜水坝的坍塌、埃塞俄比亚人的入侵和贸易的萧条，阿拉伯半岛南部曾经的繁荣逐渐消失。

（四）6 世纪形势

6 世纪的阿拉伯半岛处于复杂和混乱的状态。公元 525 年，埃塞俄比亚人占领也门。阿拉伯半岛受到来自三个方面的威胁：一是尊崇基督教正统教派的拜占庭帝国；二是尊崇琐罗亚斯德教，同时宽容聂斯脱里派基督徒、犹太人、佛教徒、摩尼教徒和其他宗教派别的萨珊王朝；三是与拜占庭帝国的反叛臣民埃及科普特人同属一性派基督徒的埃塞俄比亚人。半岛周边的阿拉伯人部落分别依附于拜占庭帝国、波斯帝国和埃塞俄比亚人，领取俸禄，提供辅助兵源。生活在半岛西北部的加萨尼部落依附于拜占庭帝国，生活在幼发拉底河流域和希拉周围的莱赫米部落依附于波斯帝国，生活在半岛中部和信奉基督教的肯德部落则是埃塞俄比亚人的重要盟友。其他诸多阿拉伯人部落大都沿袭多神崇拜的宗教习俗，亦有少数阿拉伯人信奉琐罗亚斯德教、犹太教和异端派别的基督教。公元 525 － 575 年，半岛南部处于埃塞俄比亚人的统治之下；公元575 － 625年，则处于波斯人的统治之下。

（五）麦加 26

相比之下，阿拉伯半岛内陆依旧处于封闭和独立的状态，穿行着往返于叙利亚与也门之间的商旅驼队。尽管地中海世界的乳香需求呈下降的趋势，但相比于暗礁密布和海盗泛滥的红海水域，途经半岛西部的陆路无疑具有明显的商业优势。拜占庭帝国与波斯帝国之间长期的征战，亦是导致阿拉伯半岛西部过境贸易兴起的重要因素。麦加在赛伯伊王国时代曾经被视做宗教圣城，至 6 世纪，成为商贾辐辏的著名商埠。麦加毗邻红海，地处希贾兹的群山之中，炎热干燥，荒凉不毛，商业是麦加居民的重要谋生方式。麦加之所以成为阿拉伯半岛西部的贸易中心，具有得天独厚的三个条件：欧卡兹位于麦加以东，是阿拉伯半岛的著名集市所在，每年举行赛诗会；麦加郊外的阿拉法特山是阿拉伯人朝觐的圣地；克尔白始建于远古时代，其内供奉着阿拉伯人崇拜已久的众多神祇。而多神崇拜者敬奉的祭坛，包括女神拉特、欧萨和默纳的祭坛，亦位于麦加的附近。

后来的一些穆斯林将前伊斯兰时代的麦加视做邪恶的滥觞。他们认为，伊卜拉欣和伊斯玛仪所建造的克尔白尽管曾经是敬奉安拉的所在，却在其后的漫长岁月中演变为多神崇拜的渊薮。实际上，麦加是善恶参半的商业中心。麦加的主人是称做古莱西的定居部落，这个部落在伊斯兰教的历史上曾经声名显赫，亦曾成为毁损的对象。在长达6个世纪中，历任哈里发均出自兼有商人、圣族和政治家多重成分的古莱西部落。在古莱西哈里发的统治下，阿拉伯半岛和肥沃的新月地带取代地中海和伊朗高原，成为中东政治的重心所在。历史学家通常认为，政治重心的转移标志着中东古代历史的终结和中世纪时代的开端，而政治重心转移的首要原因在于伊斯兰教的封印先知穆罕默德来自麦加和古莱西部落。

四、结语

研究西南亚的历史学家习惯于将这一地区的历史划分为古代史、
27 中世纪伊斯兰史和中东现代史三个阶段。尽管研究上述三个阶段的历史需要不同的知识基础，特别是需要掌握不同的语言，初学者也应当全面了解中东历史的演变过程。古代埃及和美索不达米亚的水利灌溉成就至今尚存，世界上最早的成文法典诞生于汉谟拉比统治下的美索不达米亚，基督教和伊斯兰教无疑继承了古代埃及人和犹太人一神信仰的宗教理念，希腊哲学和罗马法律则是中东和西方的共同遗产。天主教以及新教的神学源头可以追溯到早期基督教世界的教派分歧，而教派之间的分歧和对立削弱着基督教对于伊斯兰教影响的抵御能力。君主集权、官僚组织和宗教宽容的历史传统，可谓是波斯萨珊王朝给予其后出现的诸多伊斯兰政权的丰厚遗产。前伊斯兰时代阿拉伯人的生活境况，孕育着先知穆罕默德的神圣使命。古代的传统与伊斯兰时代的中东历史具有密切的内在联系，古代的制度和习俗深刻影响着中世纪的欧洲和早期的伊斯兰世界。

第三章　麦加的先知

大约在公元570年，一支埃塞俄比亚军队驱赶庞大的象群，从也门 29
出发进攻麦加，无果而终。相传，众多飞鸟曾经掠过埃塞俄比亚军队的上空，衔石俯冲，并由于天花在军中流行，埃塞俄比亚人撤回也门。不久之后，埃塞俄比亚人被赶出阿拉伯半岛。从那时起，所谓的象年被阿拉伯人特别是麦加人视做吉祥的年份。通常认为，穆罕默德出生于象年。穆罕默德出生时，其父已经离世数月。穆罕默德未及6岁，其母亦染病身亡。此后，穆罕默德由其祖父照管，并被寄养于邻近的游牧部落。麦加人经常将幼童寄养于沙漠牧场，以便使出生于城市的幼童能够更好地掌握语言交流的能力和锤炼更加强壮的身躯。穆罕默德在其祖父死后由其伯父阿布·塔里卜抚养。阿布·塔里卜以经商为生；穆罕默德跟随阿布·塔里卜贩运货物，买进卖出。穆罕默德属于古莱西部落的分支哈希姆家族。哈希姆家族曾经在麦加颇具声望，此时却已家道中落，日渐式微。穆罕默德缘何成为安拉的使者，缘何成为备受景仰的宗教领袖，缘何成为塑造世界历史的重要人物，除去不足凭信的传闻轶事，文献资料记载甚少。

一、穆罕默德的早期经历

历史学家往往从心理学的角度分析卓有影响的历史人物。然而，

30 关于穆罕默德的早年生活，研究者知之甚少。《古兰经》的相关启示曾经提及穆罕默德的早年境况，“圣训”亦是研究穆罕默德早年生活的重要文献资料。研究者对于穆罕默德的了解超过对于耶稣的了解。尽管如此，穆罕默德作为宗教先知和政治领袖，与其相关的传闻和所处的环境缺乏信史的翔实记载。早期的传记所提及的相关传闻，诸如穆罕默德 5 岁时曾经被天使剖开胸膛，涤除邪魔，以及基督教隐修士曾经指出穆罕默德的先知身份，其背后究竟隐藏着怎样的历史真相，尚且不得而知。

穆罕默德尽管幼年沦为孤儿，家境一贫如洗，但后来却成为颇具才干的、诚实的商人。年轻的穆罕默德受雇于麦加富孀赫蒂彻，贩运货物。赫蒂彻青睐穆罕默德的出色表现，继而摒弃传统习俗，与穆罕默德结为夫妻。赫蒂彻年长穆罕默德 15 岁，与穆罕默德成婚之时已经年届 40。两人婚后生活美满，家境殷实，生有六子，穆罕默德在赫蒂彻生前未曾另娶他人。穆罕默德在与赫蒂彻成婚之后，摆脱了早年的贫寒境况，进而赢得了相应的地位和声望。然而，倭马亚家族在古莱西部落中地位显赫，与穆罕默德所属的哈希姆家族积怨甚深。

（一）与异教阿拉伯人价值观的冲突

穆罕默德并未满足于安逸的生活。麦加的显贵作为商人和圣地的监护者，极尽所能地牟取私利，不再恪守传统的伦理准则。勇敢和慷慨是游牧世界伦理准则的最高境界，然而麦加的定居者却对经商致富情有独钟。

麦加人信仰什么？传统的多神崇拜和祖先崇拜不再具有往日的吸引力，尽管阿拉伯人依旧在克尔白和其他祭坛举行相应的祭祀活动，而朝圣贸易继续构成麦加人的重要财源。贝都因人信奉诸多的神灵，尤其敬畏被称作精尼的妖怪；在阿拉伯人看来，这种妖怪无影无踪，却能降临福祉和灾祸。在麦加和阿拉伯半岛的其他一些地区，基督教和犹
31 太教亦有相当的影响。被称作哈尼夫的阿拉伯人崇尚一神信仰，却不同于基督徒和犹太人。麦加的商人迷恋尘世，对于诸如所谓躯体复活

和末日审判的宗教观念,以及不利于牟取财富的宗教习俗嗤之以鼻。在穆罕默德看来,犹太教、基督教和哈尼夫的宗教思想或许有助于解决麦加社会面临的诸多问题。在很多夜晚,穆罕默德前往麦加附近的一处山洞,沉思冥想。

(二)最初的启示

在公元610年莱麦丹月的一个夜晚,天使突然出现在穆罕默德的面前,告诫穆罕默德高声诵读。穆罕默德胆怯地回答:“我不会诵读。”(穆斯林相信,穆罕默德是一位不识字的先知)天使紧紧地搂抱着穆罕默德,令穆罕默德感到窒息。然后,天使再次告诫:

> 你应当奉你的创造主的名义而宣读,
> 他曾用血块创造人。
> 你应当宣读,你的主是最尊严的,
> 他曾教人用笔写字,
> 他曾教人知道自己所不知道的东西。(《古兰经》96:1—5)

穆罕默德环顾四周,只是看到天使在望着自己,说道:“哦,穆罕默德,你是安拉的使者,我是哲卜勒伊莱。”穆罕默德担心自己已经失去理智,慌忙返回家中,吩咐赫蒂彻用厚被将其身体盖上,心神逐渐平定。然而,天使再次出现在穆罕默德的面前,告诫穆罕默德:

> 盖被的人啊!
> 你应当起来,你应当警告,
> 你应当赞颂你的主宰,
> 你应当洗涤你的衣服,
> 你应当远离污秽。(《古兰经》74:1—5)

赫蒂彻碰巧有一位亲戚是哈尼夫(也有人说,这个亲戚是基督徒)。

赫蒂彻向这位亲戚讲述了穆罕默德的遭遇，后者确信穆罕默德绝非丧失理智，一定是阿拉伯人企盼已久的安拉差遣的使者来呼唤他。赫蒂彻回到家中，成为穆罕默德的最初支持者。反复思考之后，穆罕默德意识到，自己所经历的并非幻觉，而是来自安拉的告诫。与此同时，穆罕默德意识到呼唤世人皈依安拉的信仰是自己的使命。正如安拉此前曾经差遣先知警告犹太人和基督徒一样，穆罕默德需要警告世人信仰世界末日：

32 当大地猛烈地震断，
抛其重担，
说“大地怎么啦？”
在那日，大地将报告它的消息。
因为你的主已启示了它；
在那日，人们将纷纷地离散，
以便他们得见自己行为的报应。

行一件小蚂蚁重的善事者，将见其善报；做一件小蚂蚁重的恶事者，将见其恶报。（《古兰经》99：1－8）

穆罕默德只是一位不识字的中年商人，并不具备高贵的身世和显赫的地位，以安拉的名义在阿拉伯人中间传布启示，对于穆罕默德而言绝非易事。穆罕默德最初似乎不甚热衷于这样的使命；然而，当天使不再继续颁降安拉的启示时，穆罕默德担心安拉会抛弃自己。此间，穆罕默德一度怀疑自己是否真的会成为安拉差遣的使者。然而，赫蒂彻和少数亲戚朋友却对穆罕默德作为安拉的使者深信不疑。当新的启示再度降临，穆罕默德开始相信自己的使命。

（三）早期穆斯林

最初的皈依者主要是家境富庶的青年人，尽管他们分别来自不同的社会阶层和古莱西部落的各个家族。一部分皈依者是麦加富商的子弟，另一部分皈依者属于家道中落的麦加显贵。还有少数称做“弱者”的皈依者，他们并非古莱西部落的成员，缺乏血缘群体的保护。穆罕默德的伯父阿布·塔里卜尽管未曾皈依伊斯兰教，却始终履行保护穆罕默德的传统义务。阿布·塔里卜之子阿里由穆罕默德长期抚养，成为第一位男性皈依者，因此被看做是从未崇拜偶像和身世纯粹的穆斯林。阿里成年以后，娶穆罕默德之女法蒂玛为妻，是早期伊斯兰国家的著名哈里发。穆罕默德的主要追随者包括阿布·伯克尔、阿尔卡姆、欧默尔、奥斯曼、比拉勒和栽德·哈里萨。阿布·伯克尔是穆罕默德的挚友，亦是麦加颇有成就的商人。阿尔卡姆来自地位显赫的家族，早期皈依者通常在其家中秘密聚会。欧默尔来自古莱西部落中并无显赫地位的家族，身材魁梧。奥斯曼来自倭马亚家族，处事精明，性格温和。比拉勒系埃塞俄比亚血统的奴隶，栽德·哈里萨则是作为战俘流落在麦加的奴仆。

早期的皈依者尽管人数有限，却引起麦加显贵的关注和敌视。麦 33
加的穆斯林与多神崇拜者通常具有亲缘关系，而穆罕默德传布的启示倡导地域色彩的信仰原则，威胁着麦加传统的社会秩序。瓦特是研究先知生平经历的著名学者，曾经将穆罕默德在麦加时期传布的启示概括为以下五个方面：一、安拉是仁慈的和全能的；二、芸芸众生将在世界末日依照其各自生前所为接受安拉的审判；三、世人应当通过履行拜功的方式表达对安拉的感谢；四、世人应当施舍财富和救济穷人；五、穆罕默德是安拉差遣到阿拉伯人中间的使者。根据后来颁降的启示，穆罕默德作为先知负有教化全人类的使命。

我们需要对某些重要的词语作出相应的说明。在穆罕默德传布启示的过程中，相信穆罕默德是安拉的使者的人被称作穆斯林。“穆斯林”一词在阿拉伯语中本意为顺从，特指顺从安拉的意志。伊斯兰在阿拉伯语中意为顺从的行为，特指顺从安拉的宗教。以往的相关著作有时将伊斯兰教称做穆罕默德教，然而穆斯林憎恶这样的称谓。“阿里成为伊斯兰教”的用法是错误的，应当说“阿里成为穆斯林”。同样，“麦加是一座伊斯兰教城市”的用法是错误的，应当说“麦加是一座穆斯林生活的城市”。一些用法常常被人们混淆。“伊斯兰学者”可以用来指有学问的穆斯林,也可以用来指研究伊斯兰教的非穆斯林。“伊斯兰史”可以用来指伊斯兰教的历史,也可以用来指区别于穆斯林世界的历史,而穆斯林世界的反义词是非穆斯林世界。我们需要尽可能清晰地使用诸如此类的词语。

(四) 麦加的抵制

穆罕默德以安拉的名义传布启示,在麦加遭到抵制。抵制者担心,穆罕默德的行为将会损害他们的利益。穆罕默德有什么权力抨击令他们得以成功的商业活动?安拉为什么不选择麦加的显贵作为传布启示的使者?穆斯林最初为什么以耶路撒冷作为礼拜的朝向?多神崇拜的诸多部落如果接受穆罕默德传布的启示,是否会放弃一年一度的朝觐克尔白以及其他祭坛的传统习俗?实际上,穆罕默德承认克尔白的神圣地位,无意否认克尔白作为朝拜的所在。穆罕默德亦无意损害麦加作为贸易中心的地位。相传,穆罕默德一度作出让步,接纳崇拜拉特、欧萨和默纳三女神的宗教习俗,试图借此争取麦加显贵的皈依。穆罕
34 默德的妥协态度令穆斯林深感惊讶。随后,穆罕默德意识到自己的过失,公开表明否认三女神的立场。《古兰经》曾经提及此事:

> 难道男孩归你们,女孩却归安拉吗?
> 然而,这是不公平的分配。
> 这些偶像只是你们和你们的祖先所定的名称,安拉并未加以证实,他们只是凭猜想和私欲。
> 正道却已从他们的主降临他们。(《古兰经》53:21—23)

穆罕默德否认三女神的神圣地位,引起麦加显贵的强烈不满。三女神的祭坛位于麦加的附近,祭坛的监护者是古莱西部落的盟友。然而,穆罕默德处于阿布·塔里卜的保护之下,麦加的显贵无法加害于穆罕默德。他们试图煽动古莱西部落的其他家族组成联盟,共同抵制哈希姆家族,却未能如愿。尽管如此,他们依然极尽所能地攻击那些缺乏

保护的穆斯林,迫使其中的一部分人背井离乡,移居埃塞俄比亚,寻求基督徒的保护。穆罕默德传布的另外的启示,亦令麦加显贵无法接受。穆罕默德声称,自己曾经乘坐长有翅膀的白马,在一夜之间经历神奇的旅行,从麦加来到耶路撒冷,继而升入七层天园,目睹天园中的克尔白,从安拉那里获得伊斯兰教信仰的真谛,并在返回途中与摩西交谈。《古兰经》的相关启示确认了穆罕默德的上述说法,然而抵制伊斯兰教的麦加显贵却将穆罕默德的神奇经历视做无稽之谈。他们断言,穆罕默德整夜只是睡在自己的家中,未曾离开半步。

公元 619 年,穆罕默德痛失两位亲人,即赫蒂彻和阿布·塔里卜,两人给予其传布启示以莫大的帮助。尽管穆罕默德此后曾经娶数人为妻,却无一人可与赫蒂彻相提并论。阿布·塔里卜的去世,使穆罕默德失去了哈希姆家族的保护。穆罕默德面临的境况,险恶程度日甚一日。穆斯林意识到,他必须离开麦加,另寻安全的去处。穆罕默德试图前往塔伊夫寻求庇护,遭到拒绝。此后,穆罕默德不得不返回麦加,在古莱西部落忍辱寻求新的保护者。穆罕默德和穆斯林在麦加几乎深陷绝境,无路可走。

二、徙志("希吉拉")

在公元 620 年的禁月期间,穆罕默德与来自叶斯里卜的六名阿拉伯人邂逅。叶斯里卜位于麦加以北 430 公里,是一处定居农业的绿洲。他们刚刚完成在克尔白的朝觐活动,向穆罕默德讲述了发生在叶斯里卜的情况。他们告诉穆罕默德,阿拉伯人的两个部落,以及犹太人的三 35
个部落共同生活在叶斯里卜绿洲,阿拉伯人的两个部落相互之间激烈仇杀,以至于人人自危。他们邀请穆罕默德前往叶斯里卜,作为仲裁者调解纠纷,制止战祸。翌年,更多的朝觐者从叶斯里卜来到麦加,其中一部分人接受了伊斯兰教的信仰。他们再次要求穆罕默德前往叶斯里卜仲裁纠纷,并且承诺为麦加的穆斯林提供庇护的场所。

穆罕默德的事业出现了转机。他很快意识到,自己将不再只是备受迫害的穆斯林的精神领袖,而是即将成为一座城市的仲裁者。不仅如此，穆罕默德相信，叶斯里卜的犹太人与穆斯林同为一神崇拜者，理应接受安拉的启示和承认安拉的使者。此后数月，麦加的穆斯林按照穆罕默德的吩咐陆续移居叶斯里卜。公元 622 年 9 月，穆罕默德在阿布·伯克尔的陪同下离开麦加。

所谓的“徙志”，即穆罕默德从麦加移居叶斯里卜，在伊斯兰教的历史上具有重要的意义。徙志并非人们所说的逃亡，而是穆罕默德应叶斯里卜阿拉伯人的要求而精心策划的迁徙过程。徙志的发生，使穆罕默德得以建立起由穆斯林组成的宗教共同体和神权国家，是为“温麦”。自徙志开始，穆罕默德获得了先知和立法者的身份，兼有宗教和政治的双重权力。伊斯兰教既是独尊安拉的信仰，亦包含特定的社会政治秩序。穆罕默德及其追随者颁布《麦地那宪章》，规定了温麦的基本框架。正因为如此，后来的穆斯林将徙志之年作为伊斯兰历的元年。

（一）为生存而斗争

徙志之后，叶斯里卜改称麦地那，意为先知的城市。穆罕默德在麦地那面临新的挑战。麦地那的阿拉伯人尚未完全皈依伊斯兰教，家族仇杀亦未完全终止，并非绿洲的所有人都顺从穆罕默德的权力。犹太人的信仰与穆罕默德传布的启示尽管不无相似之处，然而新的宗教毕竟区别于《圣经》的教诲，麦地那的犹太人拒绝承认穆罕默德是安拉的
36 使者。另一方面，在穆罕默德看来，伊斯兰教并非犹太教和基督教的翻版，而是独尊安拉的崭新宗教。穆罕默德传布的启示反复强调，伊卜拉欣是独尊安拉和顺从安拉意志的穆斯林。与此同时，穆罕默德希望犹太人承认亚当、诺亚、伊卜拉欣和犹太教之前的其他众多先知具有传承的关系。穆罕默德吸收了犹太教中诸如赎罪日斋戒等宗教习俗，将耶路撒冷作为穆斯林礼拜的朝向。然而，犹太人并不为之所动。麦地那的穆斯林尽管被称做辅士，然而其中许多人厌倦来自麦加的所谓迁士，后者并不擅长麦地那绿洲的务农之道。迁士无法依靠自已擅长的经商之道维持生计，因为麦加的多神崇拜者勾结商路沿途的游牧部落，控制转运贸易。

如果穆罕默德成为麦地那的犹太人和辅士的首领，众多的迁士只能自食其力。因此，穆罕默德以安拉的名义颁降启示，授权迁士可以袭击麦加的商队：

被进攻者，已获得反抗的许可，因为他们是受压迫的。安拉对于援助他们，确是全能的。（《古兰经》22：39）

他们或许最终会控制麦加与叙利亚之间的商路，进而削弱麦加人的力量。然而，控制麦加与叙利亚之间的商路并非易事，因为麦加的商队通常携带武器，得到沿途游牧部落的支持。穆罕默德及其追随者尽管祖先亦来自沙漠牧场，却早已告别游牧的生活方式，对于劫掠活动知之甚少。他们屡屡发动袭击，在经历数次挫折之后终于得手。为了达到目的，他们不惜违背阿拉伯人的传统习俗，在禁月期间发动袭击。他们的行为遭到许多人的谴责，而穆罕默德则以安拉的名义表示赞许：

他们问你禁月内可以作战吗？
你说："禁月内作战是大罪；
妨碍主道，不信安拉，妨碍（朝觐）禁寺，
驱逐禁寺区的居民出境，这些行为，在安拉看来，其罪更大。
迫害是比杀戮还残酷的。"（《古兰经》2：213。应为2：217——译者注）

麦加人不肯罢休。在徙志后的第二年，确切地说，在公元624年3月，穆斯林准备拦截一支从叙利亚返回的倭马亚人商队，麦加派出近千 37
人的队伍前往接应。他们与穆罕默德率领的队伍在麦地那西南方的巴德尔绿洲相遇，穆罕默德的队伍包括86名迁士和238名辅士。穆斯林采取灵活的战术击败麦加的队伍，取得胜利。在穆斯林看来，巴德尔战斗的胜利证明了安拉的力量。穆斯林俘获了许多麦加人，夺取了大量的战利品。五分之四的战利品由参加战斗的穆斯林战士分享，另外五分之一的战利品由先知支配，分发给温麦中的贫困者。

巴德尔战斗的胜利提高了伊斯兰教和麦地那在阿拉伯人中的声望。公元 625 年，麦加人卷土重来，在麦地那以北的伍侯德再度向穆斯林发动进攻，却未能夺取绿洲的土地。伊斯兰教已经在麦地那形成稳固的基础。公元 627 年，麦加人组成庞大的队伍，试图占领麦地那。穆斯林在绿洲的北侧挖掘壕沟，抵御麦加队伍的攻势。麦加的庞大队伍面对壕沟无计可施，只能望而却步，无功而返。与此同时，穆斯林以麦地那作为据点，屡屡袭击麦加商队。诸多阿拉伯人部落开始放弃支持麦加，纷纷与穆罕默德缔约结盟，进而加入穆斯林的队伍。

（二）穆斯林在麦地那的生活

穆罕默德同时成为一个大家族的首领和一个小国家的首领。穆罕默德传布的启示不仅阐述安拉的权威和末日审判的宗教信条，而且成为规范婚姻行为和财产继承原则、惩处偷盗和其他犯罪活动，以及确定人际关系的法律。与此同时，穆斯林效仿穆罕默德的言行，处理《古兰经》和阿拉伯传统习俗尚未涉及的诸多具体现象。非穆斯林通常钦佩穆罕默德的杰出声望，将穆罕默德视做穆斯林的楷模。然而，我们不应当用现代人的眼光评判一位生活在 7 世纪的阿拉伯人。我们所能做到的只是提供相关的史实，读者可以得出自己的看法。

（三）穆罕默德的婚姻

在伊斯兰教诞生前的阿拉伯半岛，男子通常根据自己的生活境况
38 娶多名女子为妻，母权制盛行的部落则另当别论。婚姻行为缺乏严格的限制，婚姻关系亦无明确的规定。《古兰经》极力排斥杂乱无序的婚姻习俗，规定男子所娶妻子不得超过 4 人，男子必须给予各位妻子以同等的对待。需要说明的是，《古兰经》的相关启示大都与规定助养孤儿寡母的社会义务联系在一起；穆罕默德本人早年曾经遭遇孤儿寡母的生活窘况，圣战中死去的穆斯林家眷亦面临类似的艰难境遇。赫蒂彻去世后，穆罕默德确曾相继娶妻多达 7 人，其中数人系圣战遇难者的遗

孀，被穆罕默德待为家眷，另有数人出自与穆罕默德结盟的部落首领的家庭。穆罕默德所宠爱的妻子阿以莎，乃是其挚友阿布·伯克尔之女。阿以莎与穆罕默德成婚之时年方9岁。宰纳卜原系穆罕默德的养子栽德之妻；穆罕默德与宰纳卜的婚姻经常遭到非议。《古兰经》的相关启示准许栽德与其妻宰纳卜解除婚约，准许宰纳卜嫁与穆罕默德，然而阿以莎曾经对此事表示不满。穆罕默德认为，自己与宰纳卜的婚姻乃是奉安拉之命。穆罕默德曾经告诫穆斯林不得大声号哭、捶胸顿足，在自己的幼子死去时只是潸然泪下。穆罕默德曾经宽恕兵戎相见的许多仇敌，却不肯宽恕嘲讽自己作为安拉使者的诗人。先知乃是一介凡人，并非不食人间烟火的天使。

（四）穆罕默德与犹太人

随着穆罕默德的权力的不断扩大，其与麦地那的犹太人之间的关系日趋恶化。西方人往往对穆斯林持有偏见，这种偏见可以追溯到十字军东征的时代。他们试图夸大穆罕默德与犹太人之间的对立，进而寻找现代中东冲突的根源。穆罕默德曾经将《圣经》提及的许多古代人物视做安拉差遣的先知，尊称犹太人和基督徒是“有经典的人”，因为犹太人、基督徒与穆斯林崇拜共同的造物主。穆罕默德之所以没有对麦地那的犹太人表现出进一步的宽容，原因在于穆罕默德承认犹太人的先知是安拉的使者，同时期望犹太人承认自己亦是安拉的使者，而犹太人拒绝接受穆罕默德传布的启示是安拉颁降的经典。犹太人抵制穆罕默德的权力，反对《麦地那宪章》，煽动辅士放弃支持穆罕默德，恶意嘲讽穆罕默德及其追随者。犹太人或许将穆罕默德视做宗教上的潜在对手。穆罕默德与犹太人之间的裂痕不断加深，直至穆罕默德以安拉的名义颁布启示，规定穆斯林礼拜的朝向从北方的耶路撒冷转向南方的麦加。

阿以莎·本·阿布·伯克尔

阿以莎是先知穆罕默德的第三位妻子，据说最受宠幸，系早期伊斯兰世界的女主角之一。她生于公元614年，是穆罕默德的最亲信门徒暨伊斯兰世界首任哈里发阿布·伯克尔之女。阿以莎与穆罕默德的结合是一场政治婚姻,婚约旨在巩固先知与阿布·伯克尔家族的联系,因此这场婚姻并未过多在意两人悬殊的年龄。阿以莎 6 岁之时便被许配给了穆罕默德,9 岁时就和穆罕默德完婚(公元 623 年)。先知此时已经年届五旬。这样的婚姻在圣经时代与公元 7 世纪屡见不鲜。

多条“哈迪斯”的传述体系均以阿以莎为第一传述人,而以“哈迪斯”为主要依据的历史记载,则讲述了先知在公元 632 年逝世以前与阿以莎的幸福婚姻。阿以莎在其丈夫过世后继续活跃在穆斯林世界长达 50 年左右。

阿以莎因其与先知关系亲密而对理解“逊奈”(关于穆斯林正确信仰与行为的穆罕默德言行)贡献很大。因此,阿以莎所讲述的穆罕默德生活与训诫构成了伊斯兰教法(沙里亚)的绝大部分早期依据。阿以莎刚毅自信并积极参政,从而使她有时与圣门弟子特别是阿里产生冲突。

其中一次冲突起因于阿以莎刚刚出嫁后的一件小事。阿以莎在穿越阿拉伯沙漠时与穆罕默德及其随从走散。穆罕默德派人寻找,后来一位穆斯林小伙子(即萨福旺·穆尔达勒——译者注)找到阿以莎并将其带回队伍。阿以莎与她的这位年轻护送者很可能独处了数个小时。流言蜚语很快传开,阿以莎的名声、穆罕默德与阿布·伯克尔的荣誉危在旦夕。此时,穆罕默德的堂弟兼女婿阿里建议穆罕默德休掉阿以莎。后来,穆罕默德收到了安拉颁降的一条启示(《古兰经》24：11－21——译者注),启示谴责所有此类谣传,并作出了证明通奸的严格规定,然而阿以莎永远不会原谅阿里。数年之后,当阿里成为第四任哈里发时,阿以莎加入一支反叛阿里的队伍,借此发泄私愤。她参与领导了“骆驼之战”,此战因阿以莎乘坐驮轿鼓励叛军而得名。

长期以来,阿以莎一直是逊尼派穆斯林妇女的楷模,而她的举动至今依然鼓舞着穆斯林世界的妇女向维护性别等级的父权制传统发起挑战。当代穆斯林妇女的女权运动可谓是很久以前阿以莎这位先知宠妻举动的历史延续。

40 穆罕默德宣布废止安息日斋戒的宗教规定,代之以将莱麦丹月作为穆斯林的斋月,而莱麦丹月是安拉开始向穆罕默德颁降启示的月份。主麻日的聚礼取代守安息日的习俗,犹太人的饮食教规被宣布废除。伊斯兰教的特色变得更加鲜明,伊斯兰教的习俗变得更加具有阿拉伯化的色彩。

巴德尔战斗胜利后,穆罕默德指责一个犹太人部落暗中勾结麦加的古莱西部落,强迫该部落的犹太人携带财产离开麦地那绿洲。伍侯德战斗结束后,穆斯林将另外一个犹太人部落逐出麦地那绿洲,并夺取该部落的土地。相传,第三个离开麦地那绿洲的犹太人部落其命运最为凄惨:男子悉遭杀戮,妇女和儿童被卖为奴隶。穆罕默德认为,该部落尽管表面顺从,却在公元 627 年壕沟之战期间支持麦加人。穆罕默德向一名辅士询问如何处置该部落的犹太人,这名辅士似乎持中立的立场,实际上却觊觎犹太人的财产。根据这名辅士的建议,该部落的犹太人战士被穆斯林处死,所遗财产成为穆斯林的战利品。穆斯林的胜利提高了穆罕默德在阿拉伯人中的声望。后人应当站在当事者的角度作出评判。犹太人并非不堪一击,而穆斯林如若战败,将会失去对于麦地那绿洲的控制,并将无以抗衡反对伊斯兰教的麦加人及其盟友。孤立对手是穆斯林反对麦加古莱西人的关键。或许由于当时的环境,《古兰经》的相关启示表现出抨击犹太人的明显倾向。然而,穆罕默德在麦地那期间的遭遇,并未导致其后穆斯林与犹太人之间关系的恶化,穆罕默德驱逐犹太人的行为,亦非引发阿以冲突的原因。

(五)麦加的臣服

具有讽刺意味的是,敬奉多神的麦加人最初反对伊斯兰教,继而屈从于穆罕默德,直至在伊斯兰世界获得极大的荣耀;而生活在阿拉伯半岛的犹太人,其宗教信仰与伊斯兰教颇具相似之处,却对穆罕默德持抵制的立场,直至陷入悲惨的境地。麦加的最终降服极具戏剧色彩。移居麦地那的迁士背井离乡,他们中的许多人原本出自麦加的名门望族。公元 628 年,穆罕默德携众穆斯林以朝觐的名义前往麦加。他们在麦加以北的侯德比耶遭遇古莱西人的队伍,双方订立休战协议。根据协议,穆罕默德放弃该年的朝觐,返回麦地那,古莱西人承诺允许穆斯林于翌年进入麦加并朝觐克尔白。协议的签署,标志着麦加人初步承认了穆斯林的地位。《侯德比耶协议》签署三个月后，两名最出色的阿拉伯战士哈立德和阿慕尔皈依伊斯兰教。他们在温麦的事业中战功卓
41 著，声名显赫。公元 629 年朝觐期间，一些颇具影响力的麦加人皈依伊斯兰教。公元 630 年，穆罕默德声称古莱西人违背《侯德比耶协议》，率达万人的队伍进军麦加。麦加显贵深感大势已去，遂放弃抵抗，不战而降。古莱西人纷纷加入穆斯林的行列，麦加成为伊斯兰教的城市。

穆罕默德降服麦加之后，率领穆斯林战士发动新的攻势，击败盘踞在塔伊夫的阿拉伯人部落，进而将整个希贾兹纳入温麦的范围。此后，许多阿拉伯人部落相继承认穆罕默德的权力，派出使团前往麦地那谒见穆罕默德。穆罕默德要求各个部落接受伊斯兰教的信仰并完纳天课，作为换取保护的条件。然而，麦加的古莱西部落却未被要求承担完纳天课的宗教义务。至公元 632 年，据说几乎所有的阿拉伯部落都加入了穆斯林的行列。然而，实际情况可能是，在许多阿拉伯人部落中，只有一些氏族、派别和个人皈依伊斯兰教，其余的阿拉伯人直至穆罕默德去世以后才陆续加入穆斯林的行列。

（六）穆罕默德的辞世

在先知的晚年，阿拉伯半岛出现了许多潜在的竞争者，新兴的温麦面临严峻的政治形势。穆罕默德痛失爱子，疾病缠身。公元 632 年 3 月，穆罕默德前往麦加，主持其生前的最后一次朝觐活动。穆罕默德确定了朝觐的相关仪式，清除了克尔白内供奉的诸多偶像。穆罕默德在此次朝觐期间发表了生平最后的演讲：“众人啊！静听我的话，并将我的话牢记在心中：每个穆斯林都是其他穆斯林的兄弟，所有的穆斯林应当互为兄弟。”

不久，穆罕默德离开麦加，返回麦地那，下榻阿以莎的房间。穆罕默德指定阿以莎的父亲阿布·伯克尔代替自己主持聚礼。公元 632 年 6 月 8 日，穆罕默德溘然长逝。

三、评价

应当如何评价穆罕默德和他的事业？在穆斯林看来，穆罕默德具

有诸如虔诚、耐心、诙谐、友善、慷慨和节制的优良品格，是世人的楷模和典范。而西方人则长期以来对基督徒与穆斯林之间的战争和争执耿耿于怀，往往恶意诋毁穆罕默德，直至将穆罕默德描绘为觊觎教皇职位的基督教异端、沦为盗匪的商人、呼风唤雨的巫师、癫痫病人和精神错乱者。尽管这样的诋毁毫无道理，然而对于穆罕默德的评价无疑存在 42
不同的看法。与穆斯林截然相反的是，恪守教规的犹太人和虔诚的基督徒否认安拉通过伽伯利天使向穆罕默德颁降启示。

人们通常将名人的生平作为观察自身和观察世界的一面镜子。传记作家和历史学家往往对一部分事实倍加渲染，却对其他的事实轻描淡写。读者或许夸张其中的一部分事实，进而满足自己的想象。那么，如何评价穆罕默德呢？穆罕默德无疑是一个善良的和虔诚的人……相信安拉的启示，相信自己是“封印的先知”。穆罕默德向阿拉伯人和其他的民族宣传关于审判日即将到来的宗教信条。穆罕默德创建称做温麦的宗教共同体，以便穆斯林更好地履行安拉规定的宗教功修。他即便在匍匐礼拜之际，也容许外孙们爬到他的背上。穆罕默德以其高超的政治智慧和军事才能，在历史上第一次实现了阿拉伯人的统一。穆罕默德在传布启示之初曾经身处险境，直至背井离乡。穆罕默德在徙志以后方才拥有权力，去世以后方才赢得崇高的声望。读者对于穆罕默德生平的评价，取决于如何理解伊斯兰教，而穆罕默德为伊斯兰教的事业付出了毕生的精力。关于伊斯兰教的基本情况，第四章中有相应的阐释。

第四章　什么是伊斯兰教？

43 说起伊斯兰教以及其他具有久远历史的宗教，不要忘记这些宗教均曾在历史的长河中留下各自的印记，而且将会继续影响历史的进程。在不同的时代和不同的地区、不同的社会成员对于伊斯兰教的认识和理解不尽相同。作为个人的信仰体系，宗教难以得到准确的描述，因为洞悉他人的内心世界是十分困难的事情。下面让我们做一下初步的尝试。

一、基本信仰

伊斯兰教的本意，是顺从安拉意志的宗教。在广义上，宇宙万物皆须顺从安拉的意志，皆须遵守安拉规定的法则，无神论者将这种法则称做自然法则。无论是山岩和树木，还是飞禽和野兽，皆为安拉造化，皆须顺从安拉的意志。人类作为具有理性的生命，自行选择是否顺从安拉的意志，以及如何顺从安拉的意志。许多人由于无知，或者由于背弃安拉曾经颁降的启示，拒绝顺从安拉的意志。基督徒和犹太人由于其经典的误导而迷失信仰的方向。凡顺从安拉的意志、敬畏安拉、相信来世之天堂和地狱的人，被称做穆斯林。

（一）安拉

穆斯林相信，穆罕默德作为最后的先知，通过《古兰经》的方式向全

人类传布安拉的启示。何谓安拉？在穆斯林看来，安拉是无所不能的 44
和无所不知的造物主，是过去、现在和将来的创造者，安拉通过差遣使者和颁降启示指引男女众人，安拉将对人类的善行和恶举予以公正的审判。安拉无与伦比，没有伴侣，没有子嗣，没有人类的属性，无始无终。

“除安拉外绝无神灵，穆罕默德是安拉的使者。”这是伊斯兰教著名的五项功修中的第一项。称做“穆安津”的宣礼员每日五次高声诵读“除安拉外绝无神灵，穆罕默德是安拉的使者”，呼唤穆斯林履行拜功。“除安拉外绝无神灵，穆罕默德是安拉的使者”的白色字体，出现在沙特阿拉伯绿色的国旗之上。犹太教徒和基督徒同样承认除造物主外别无神灵，然而伊斯兰教并非仅仅反对崇拜男女诸神，他们认为，除安拉外，并无绝对的美好可言，其他的美好仅仅具有相对的意义。物质领域的所有福祉，诸如房屋、家具、汽车、衣物和食品，皆为安拉的恩赐。世人可以追求美好的乐趣（如果这样的美好是合法的），然而更应当顺从安拉的意志。对于世人而言，妻子丈夫、父母儿女和朋友同伴固然重要，却不能超过安拉在自己心中的位置。世人的生死来自安拉的赐予。一些穆斯林认为，安拉主宰着世人的所有行为。也有一些穆斯林认为，安拉赐予世人以自由的意志，因此世人必须对自己选择的行为承担责任。安拉青睐的是发自内心的敬畏者，而不是盲目的崇拜者。

（二）天使

穆斯林相信，安拉主宰的世界包括不同的受造之物，并非所有的受造之物皆为世人所能看到、听到和感觉到，例如《古兰经》的相关启示所提及的精灵……天使亦为安拉所造，遵照安拉的意志各司其职。安拉并未直接向穆罕默德颁降启示，而是差遣天使伽伯利向穆罕默德转达安拉的启示。天使伽伯利向穆罕默德传授礼拜的程序。一位天使将会吹响号角，宣告审判日的来临。世人在生命结束的时刻，将会受到一对天使的询问。所谓的撒旦，在阿拉伯语中称做“伊卜劣斯”或“沙伊坦”，系违背安拉的吩咐而不肯向阿丹行叩拜之礼的精尼。撒旦受到安拉的惩罚并被逐出天园之后引诱世人弃善从恶。撒旦似乎正在收获着引诱世人弃善从恶的果实。

（三）经典

安拉的存在如何为世人所知晓？安拉如何启示世人？基督徒声
45 称,造物主的启示……与世人同在,上帝变成了人。穆斯林则认为,安拉通过钦定的先知向世人颁降启示。先知传布的启示被世人编订成书,包括犹太教的"讨拉特"(即《圣经》的前五卷)、基督教的"福音书"和伊斯兰教的《古兰经》。穆斯林相信,安拉曾经颁降的启示已经遭到世人的篡改,只有《古兰经》是天启的原本。现代学者的研究表明,《圣经》各卷乃是经过后人的加工而编订成书。因此,穆斯林质疑犹太人曾经改动"讨拉特"的某些内容,将自己描述为"上帝的选民"(穆斯林拒绝接受该项信条),质疑基督徒曾经改动"福音书"的某些内容,进而证明拿撒勒人尔撒具有神性(穆斯林认为世人绝无神性可言)。在穆斯林看来,《古兰经》是安拉颁降的天启原本,是来自天园的永恒经典。《古兰经》永远不会被任何其他的经典所替代。穆罕默德去世后,圣门弟子将穆罕默德传布的启示编订成书。相传,圣门弟子在穆罕默德生前将先知颁降的启示记录在羊皮纸、石板和棕榈叶上,牢记在自己的心中。早在穆罕默德晚年,圣门弟子已经开始编订启示。如果有人在诵读启示时出现误差,立刻由圣门弟子依照穆罕默德本人的读法予以纠正。7世纪的阿拉伯人显然具有非凡的记忆力。

《古兰经》的诵读并非易事。《古兰经》所记录的,是安拉通过伽伯利天使颁降于穆罕默德的启示。《古兰经》包括法律、古代传说和祈祷词,用于穆斯林的日常诵读,并无过分华丽的辞藻。《古兰经》共有114章,其中大部分内容颁降于不同的时间。《古兰经》除第一章外,其余各章均按内容的长短排列顺序。穆罕默德在麦地那时期传布的启示主要涉及律法和禁令,通常排序在前,而麦加各章大都是强调安拉的威严和告诫世人相信审判日的到来,通常排序在后。因为《古兰经》系阿拉伯语的启示,穆斯林往往不赞成将《古兰经》译成其他语言。《古兰经》的行文保留了当时麦加的语言风格，因此即使阿拉伯穆斯林在诵读时亦往往对其中的部分内容感到难以理解。《古兰经》的语言具有韵文的特征，熟练的诵经者所诵读的经文颇具抒情色彩。读者可以通过亲耳聆听而加以体会。《古兰经》在许多方面值得穆斯林赞叹：《古兰经》的语言风格是无与伦比的，《古兰经》使得伊斯兰教区别于其他的所有宗教，《古兰经》阐述的信仰经受了时代的考验。《古兰经》的表现风格在穆斯林的艺术创作中随处可见。没有任何其他作品能够如此久远地和深刻地影响着无数人的心灵。

（四）使者

传布安拉的启示的人称做“先知”或“使者”。伊斯兰教强调穆罕默 46
德是最后的先知，同时承认包括阿丹、努哈、易卜拉欣、穆萨、优努斯和艾优卜在内的诸多先知。《圣经》提及的许多人物，如所罗门王，均以先知的身份出现在《古兰经》中。穆斯林甚至将尔撒视做安拉的使者之一，常令基督徒感到惊讶。根据《古兰经》的相关启示，尔撒系圣母麦尔彦所生之子，是传布安拉的启示的先知，将在审判日到来之际重返人间。然而，《古兰经》否认尔撒曾经被钉死在十字架上，否认尔撒是安拉之子。他们认为所有的先知均应受到崇敬，包括穆罕默德在内的所有的先知具有同等的地位。除非安拉意欲，先知不能预测未来发生的事情，不能创造奇迹。先知只是品行端正的凡人，受安拉的差遣向世人传布启示。穆罕默德是最后的先知，直至审判日的到来。

（五）末日审判

穆斯林相信世界末日。在穆斯林看来，无人能够逃脱世界末日的审判。在世界末日到来之时，所有的生灵都将像前辈一样死去，所有死者的灵魂都将复活，依其生前的善行和恶举而接受安拉的审判。后来的穆斯林曾经根据想象对审判日加以如下的描述：火狱之上悬挂着一条绷紧的绳索，只有行善的人能够安然无恙地经过这条绳索跨入天堂的大门。《古兰经》将天堂描述为绿树成荫的花园，凉爽的泉水从花园流过，丰盛的佳肴和美貌的女子陪伴着那里的男人。行善的女子也将与男子一样进入天堂，然而，《古兰经》并未特别描述行善的女子在天堂的生活。穆斯林通常认为，天堂的男人和女人皆处妙龄之时，生活丰富多彩，彼此相安无事，永享快乐。地狱则是穆斯林想象中的充满恐怖的世界：可怕的野兽、严酷的刑罚、弥漫的浓烟、肮脏的食物和足以溶化五脏的沸水。地狱中永无安宁之日，地狱中的刑罚永无止境。

二、伊斯兰教的“五功”

穆斯林如何表现对于安拉的顺从呢？安拉的命令是什么？伊斯兰教（如同犹太教一样）涉及行为和法律的诸多方面，《古兰经》和“圣训”明确规定了穆斯林应当从事的行为和禁止从事的行为。我们无法列举伊斯兰教关于穆斯林行为的所有规定，只能从五项必须履行的义务窥见一斑，即所谓的“五功”。

47 （一）念功

前文曾经提到的念功是伊斯兰教的第一项功修。所谓念功即诵念清真言：“除安拉外绝无神灵，穆罕默德是安拉的使者。”凡诵念清真言并且相信其中内容的人，被视做穆斯林。穆斯林如果相信安拉之外存在其他的神灵，或者拒绝承认穆罕默德以及其他众先知是安拉的使者，则被视做叛教者。穆斯林可以处死叛教者。

（二）礼拜

伊斯兰教的第二项功修是拜功。所谓的拜功，包括朝向麦加的克尔白而进行的一系列叩拜动作，穆斯林在叩拜的过程中诵读《古兰经》的相关章节。穆斯林通过履行拜功摆脱世俗的杂念，体会自身与安拉之间的关系。穆斯林必须按照穆安津在清真寺宣礼塔上呼唤的时刻每日五次履行拜功，而宣礼塔的功能是呼唤穆斯林前往清真寺举行聚礼。穆斯林可以在任何地点履行拜功；伊斯兰教鼓励男性穆斯林参加清真寺的聚礼，女性穆斯林则通常在家中履行拜功。所有的成年男性穆斯林必须在星期五的中午参加清真寺举行的聚礼;聚礼之前,由伊马目讲授教义,并就重大事务告知众人。穆斯林在履行拜功之前需做小净:洗涤手脚和脸部。穆斯林在履行拜功时可以表达各自的心愿,祈求安拉佑护自己和自己的亲人。这样的祈求在阿拉伯语中称做“都瓦”,区别于萨拉特(“萨拉特”是拜功一词的阿拉伯语音译——译者注)。

(三)斋戒

穆斯林必须在莱麦丹月斋戒,从黎明至日落停止进食、饮水、吸烟和性交。虔诚的穆斯林在斋月期间增加拜功的次数,诵读《古兰经》,思考信仰的问题。其他穆斯林往往选择在白天睡觉,因为只有夜晚方可解除斋戒的限制。伊斯兰教的教规告诫富人怜惜穷人,教育严格遵守宗教功修的穆斯林控制自己的欲望,通过斋戒期间的体验增强穆斯林之间的团结。伊斯兰历系阴历,每年包括 12 个月。如同犹太人的历法,伊斯兰历不设闰月,每年只有 354 天。因此,与公历相比,每年的 48
“莱麦丹月”提前 11 — 12 天到来。在北半球,莱麦丹月如果恰逢公历 12 月,斋戒的穆斯林感到相对轻松,而如果“莱麦丹月”恰逢公历 6 月,斋戒的穆斯林则需要付出极大的忍耐。穆斯林如果在“莱麦丹月”恰逢生病或出门旅行,可以暂时终止履行斋戒义务,直到病愈或旅行归来后补足。未成年人、孕妇、哺乳期的妇女、征战的士兵和长年患病的人无需斋戒。然而,几乎所有的穆斯林,甚至包括那些放弃其他宗教功修的穆斯林,都在“莱麦丹月”恪守斋戒的义务。

(四)天课

所有的穆斯林必须按照一定的比例拿出自己的财产,提供给需要帮助的人。这种宗教义务称做“宰卡提”,意为施舍,最初特指温麦的全体成年人必须缴纳的宗教税。现代的许多穆斯林国家不再将“宰卡提”视做赋税,然而穆斯林依旧需要履行该项宗教义务。最近,一些穆斯林的政府试图恢复征纳传统的宗教税。家境富庶的穆斯林和虔诚的穆斯林往往不仅按照规定恪守宰卡提的义务,而且额外拿出自己的财富救济穷人，赞助慈善事业。许多公共设施、清真寺、学校和医院依靠称做“瓦克夫”的慈善机构提供赞助，后文将详细介绍瓦克夫的相关情况。伊斯兰教的第四项功修，其实质在于财富的分享。

（五）朝觐

伊斯兰教的第五项功修称做“哈只”，即在伊斯兰历的12月前往麦加履行朝觐的义务。所有的成年穆斯林，在条件允许和有能力负担旅行费用的情况下，一生中应当前往麦加履行朝觐义务至少一次。每年的朝觐期间，来自世界各地的虔诚的穆斯林，身着未经缝制的素质戒衣聚集在麦加，效仿先知穆罕默德举行朝觐仪式。朝觐仪式包括环绕克尔白行走、亲吻镶嵌在克尔白墙壁的玄石、在麦加城外的赛法和麦尔沃两丘之间奔跑、在米那山射石驱邪、宰牲、在阿拉法特山谷集体站立。朝觐过程中的某些仪式可能起源于查希里叶时代的传统习俗，而穆罕默德则按照一神信仰的宗教理论赋予这些传统仪式以崭新的内涵。穆斯林相信，正是亚伯拉罕和伊斯玛仪建造了克尔白，并且将玄石安放于克尔白的墙壁之中。

相传，哈贾尔和伊斯玛仪曾经被易卜拉欣赶出家门，哈贾尔奔跑于
49 赛法与麦尔沃两丘之间寻找水源；穆斯林在朝觐期间的七次奔跑意在纪念此事。又传，易卜拉欣曾经遵照安拉的旨意欲亲手宰杀其子伊斯玛仪，直至安拉差遣天使吩咐易卜拉欣宰杀羔羊作为替代；穆斯林在朝觐期间的宰牲活动意在纪念此事。宰牲之日是朝觐过程的高潮，亦是穆斯林普天同庆的重要节日。朝觐活动贯穿伊斯兰教的历史；朝觐期间，来自世界各地的穆斯林摒弃种族、语言和政治隔阂，汇集在一起。

三、其他宗教义务和禁忌

所谓的“五功”并非穆斯林的全部宗教义务。“为主道而奋斗”，通常被视做伊斯兰教的又一功修。非穆斯林往往认为，圣战是伊斯兰教反对其他所有宗教的战争。这种看法不尽正确。《古兰经》确曾命令穆斯林“当抵抗不信安拉和末日，不尊安拉及其使者的戒律，不尊真教的

人，即曾受天经的人，你们要与他们战斗，直到他们依照自己的能力，规规矩矩地缴纳丁税”（《古兰经》9：29）。上述启示表明，伊斯兰教的圣战包括在一定情况下对基督徒和犹太人发动圣战，以及在任何情况下对多神崇拜者发动圣战（该启示颁降的背景是麦地那的穆斯林与麦加的多神崇拜者处于交战的状态）。《古兰经》明确规定，穆斯林应当宽容基督徒和犹太人的宗教。

穆斯林应当成为怎样的战士？我们首先对这个问题作出初步的回答，后面的相关章节中将有进一步的回答。穆斯林致力于扩大温麦的疆域，却无意强迫被征服的基督徒和犹太人改宗伊斯兰教。基督徒和犹太人在放弃抵抗和缴纳贡税的前提下，享有得到穆斯林保护的权利。拒绝承认温麦的权力和反叛伊斯兰教的人，将丧失穆斯林的保护而遭到镇压。在现代的穆斯林看来，圣战意味着保卫伊斯兰教免遭来自异教徒的暴力的和非暴力的进攻。穆斯林必须净化内心世界，保卫温麦。伊斯兰教是普世的宗教，穆斯林相互之间系兄弟姊妹的关系。倘若穆斯林中有人忽略对于安拉所承担的义务和对于其他穆斯林所承担的责任，其他的穆斯林必须对这样的行为予以纠正。

穆斯林的行为禁忌包括禁止饮酒、吸毒、赌博和放高利贷，不得食用猪肉和未以安拉的名义宰杀的任何动物。男人不得身着绸缎和佩戴金银珠宝。《古兰经》对于凶杀、偷盗和其他犯罪行为规定了严厉的惩罚方式。伊斯兰教禁止穆斯林崇拜偶像，却非如想象的那样完全禁止对于具有生命之物的艺术描绘。尽管如此，直到进入现代社会之前，穆斯林拒绝从事雕塑，清真寺内亦极少摆设具有生命之物的画像（详见第 50
八章伊斯兰艺术）。

在穆斯林看来，两性关系意味着生儿育女，强调两性关系不得超越婚姻家庭的界限。男女之间的婚姻通常由父母安排。根据以往的习俗，新郎和新娘只有在举行婚礼之日方可初次相见。关于两性隔离的严格规定，旨在阻止男女之间的淫乱行为。由于两性隔离的严格规定，女性被排斥于政治和社会生活的主流之外，往往处于从属父亲、兄长和丈夫的地位。在古代的中东地区，头戴面纱是城市妇女的传统习俗。

根据《古兰经》的相关启示，穆罕默德的众妻曾经被要求在外出时头戴面纱；此后，许多穆斯林妇女，尤其是城市的穆斯林妇女竞相效仿。在现代社会，越来越多的穆斯林妇女不再恪守传统的习俗，亦有许多妇女依旧用纱巾遮掩头发。成年男女穿着庄重，尤其避免在他人面前赤身裸体。同性恋的行为亦在伊斯兰教的禁忌之列。尽管个别的穆斯林存在私下的随意之举，然而绝大多数的穆斯林无疑恪守着伊斯兰教关于行为禁忌的相关规定。

清洁是虔诚的条件。穆斯林不仅在礼拜之前必须净身，而且强调饭前便后和接触不洁之物后洗除污秽。男女行房之后，以及妇女在经期和分娩之后，必须大净。许多穆斯林男子沿袭传统的习俗，只剃头发而保留胡须。妇女则可以剪除头发。

四、结论

本章简要地介绍了关于伊斯兰教的基本情况。不计其数的著述试图回答同样的问题：何谓伊斯兰教？穆斯林的日常生活中渗透着伊斯兰教的影响。穆斯林遍布当今世界的各个角落，多数的穆斯林分布在亚洲的南部和西部以及非洲的北部，总数超过 10 亿人。伊斯兰教规定着穆斯林生活方式的各个方面。读者将在后面的相关章节了解到沙里亚的内容；“沙里亚”意为伊斯兰教法，形成于穆罕默德去世后的最初三个世纪中。可以这样讲，《古兰经》以及穆罕默德的教诲和实践全面地
51 和深刻地影响着穆斯林的行为和内心世界。伊斯兰教中并无主教和教士的概念，即使称做欧莱玛的宗教学者，亦非与其他穆斯林截然区分的社会阶层。所有的穆斯林处于同等的地位，只是在虔诚的程度上表现各异。男人和女人、青年和老者、朋友和邻居，彼此承担着伊斯兰教规定的责任和义务。所有的穆斯林能够在今生和后世平安地寻找自由。伊斯兰教不只是一种信仰，更是一种生活方式。

第五章　早期的阿拉伯人扩张

穆罕默德去世后，穆斯林社会即温麦的内部出现了巨大的权力真 53
空。穆罕默德在生前不仅是安拉的使者，而且是仲裁者、立法者和军事统帅。事实上，之前穆斯林内部出现的任何纷争皆需诉诸穆罕默德予以裁决。失去穆罕默德，穆斯林应当如何就重大的事务作出决定呢？温麦面临着严峻的局面，直至穆斯林找到新的领袖。温麦首先平息了阿拉伯部落的反叛，继而开疆拓土。阿拉伯人在伊斯兰教的旗帜下征服了雄踞中东的两大帝国，即拜占庭帝国和波斯帝国。与此同时，温麦内部的矛盾逐渐加剧，直至引发教派的分裂。穆斯林始终未能消除教派之间的分裂局面，然而扩张的势头却没有因此减缓。早期的穆斯林克服了内部的危机，伊斯兰教的信仰得以延续，伊斯兰文明得以走向繁荣，进而对世界历史产生深远的影响。

一、权位的继承

穆罕默德在生前从未指定自己的继承人。有人认为，这是穆罕默德疏忽的结果。然而，在当时的阿拉伯半岛，并无部族首领指定继承人选的习俗。不仅如此，穆罕默德无法确定将自己的哪些职责移交他人。穆罕默德或许未曾想到自己即将离世，未曾考虑指定他人作为安拉的使者，因为自己是封印的先知。穆罕默德去世后，安拉不会再向任何人

颁降启示。安拉不需要再向任何人颁降启示,因为审判日在穆斯林看
54 来随时都会到来。然而,温麦尽管不再需要新的先知,却无疑需要如同部族长老一样的新的首领。新的首领应当继续掌管温麦的事务,直到末日的来临。

温麦需要立即选出新的首领。穆罕默德去世的消息刚刚传出,众多的辅士就试图选举自己的首领作为先知的继承人。然而,辅士内部积怨甚深,无法就先知的继承人选形成一致的意见。况且,来自麦地那的辅士难以驾驭初皈伊斯兰教的诸多游牧部落,后者有可能提名本部落的长老出任先知的继承人。最理想的结果是,选择久负声望的古莱西人作为温麦的新首领。当然,新的首领不应当是穆罕默德在麦加传布启示期间曾经抵制伊斯兰教和维护多神崇拜的古莱西人,而应当是率先皈依伊斯兰教和追随穆罕默德移居麦地那的古莱西人。欧默尔在圣门弟子中具有举足轻重的地位,他举荐阿布·伯克尔作为先知的继承人。阿布·伯克尔与欧默尔同属古莱西部落,却非倭马亚家族的成员,亦非哈希姆家族的成员。阿布·伯克尔性格温和,深谙阿拉伯部落的谱系。阿布·伯克尔是穆罕默德的挚友,是除穆罕默德的家室成员外第一个皈依伊斯兰教的古莱西人,其女阿以莎是穆罕默德晚年最宠爱的妻子。穆罕默德在弥留之际,指定阿布·伯克尔在麦地那主持穆斯林的聚礼。

后来,有些穆斯林声称,温麦的首领应当出自穆罕默德的家室成员,由于穆罕默德去世时并无男性子嗣,先知的权位理应由其堂弟和女婿阿里继承,阿里是(穆罕默德的伯父)阿布·塔里卜之子。然而,阿里在公元 632 年(穆罕默德去世后)无缘成为先知的继承人。如若穆罕默德确曾青睐阿里,阿里不无可能在穆罕默德去世后继承先知的权位。后文将会提到称做什叶派的穆斯林,他们确信穆罕默德生前指定阿里作为自己的继承人,而其他的圣门弟子篡改了先知的遗嘱。

阿布·伯克尔自称哈里发(公元 632 — 634 年在位),意为“安拉的使者的继承人”,穆斯林则通常将哈里发称做“信士的长官”。阿布·伯克尔无愧于“安拉的使者的继承人”的称号。在获悉穆罕默德去世的消息后,许多阿拉伯人部落宣布断绝与温麦的联系。后来的穆斯林将这

一事件称做“里达”，将里达视做背叛伊斯兰教的行为。在这些部落看来，他们向麦地那缴纳天课的义务由于穆罕默德的去世而自行终结。阿布·伯克尔深知，如果这些部落拒绝向麦地那缴纳天课，阿拉伯人的统一大业将会受到严重的损害，温麦将会失去必要的财源，伊斯兰教亦将面临夭折的危险。为了完成先知生前未竟的事业，阿布·伯克尔派遣最优秀的将领哈立德·瓦里德和阿慕尔·阿绥率军征讨，平息反叛。温麦由于平息里达的战争而付出巨大的牺牲，反叛的部落毕竟相继归顺温麦，直至得到哈里发的宽恕。然而，仅仅依靠表面的顺从和来自哈里发的武力威慑，恐难以长久地维持阿拉伯人的统一。

二、最初的征服 55

哈里发所采取的措施是，将游牧部落内耗的能量转化为对外扩张的动力，驱使贝都因人征服北方的定居部落，夺取拜占庭帝国和波斯帝国的土地。阿布·伯克尔的继承人欧默尔(公元 634 － 644 年在位)赦免原本参与里达的反叛部落，征募曾经反叛的贝都因人作为哈里发的战士加入圣战者的行列，令其走上对外扩张的道路。由此带来的后果是，哈里发仅用短短十余年的时间便占领了拜占庭帝国在中东的属地(巴勒斯坦、叙利亚、埃及和昔兰尼加)，将整个波斯帝国的疆域纳入温麦的版图。一个世纪后，哈里发的战士驻扎在西起西班牙、东至中国西部边陲的广大地区。西方历史学家曾经将阿拉伯人的胜利视做古代与中世纪的重要分界线，欧洲人与世界其他地区之间的交往几乎因此中断。基督教世界的范围明显缩小，特别是基督教缘起的土地从此落入穆斯林的手中。不仅如此，伴随着阿拉伯人的征服，北非的埃及、叙利亚、伊拉克和波斯的诸多文化逐渐融合。在此基础之上形成的崭新文明，足以与希腊、罗马文明相提并论。

在公元 625 年的大马士革街头(或者任何其他地点)，如果有人被问道，谁将是中东未来的统治者？答案一定是拜占庭皇帝，或者是波斯国王，或者是拜占庭和波斯的新兴王朝，而绝对没有人会预料到即将统治中东的竟然是来自麦加的阿拉伯人。阿拉伯人扩张的速度之快，超出了人们的想象，堪称历史的奇迹。阿拉伯人创造的奇迹原因何在，常令后人百思不解。以下几个方面的分析，或许有助于回答这样的问题。

1. 阿拉伯人的军队规模较小，通常仅有千余人，除具有较强的凝聚力外，在数量和装备上均不及拜占庭帝国和波斯帝国的军队。他们避免与对手过多交锋，精心选择攻击的目标。他们通过战场上的胜利夺取大片的土地。战马提高了他们的行军速度，骆驼则为他们提供了穿越沙漠所需要的辎重给养。他们通常选择沙漠边缘作为战场，以便在必要的时候摆脱拜占庭军队和波斯军队的追击。阿拉伯人常用的战术是将敌人引入称做“瓦迪”的河谷，利用有利的地形伏击敌人。在公元 636 年的雅姆克河战役中，哈立德·瓦里德指挥的阿拉伯军队利用骤起的沙尘发动攻势，击败拜占庭军队。雅姆克河战役后，叙利亚被纳入
56 哈里发的国家版图。在公元 637 年的卡迪希叶战役中，阿拉伯人再次利用弥漫的沙尘击败波斯军队，进而征服伊拉克。

2. 与人们通常的想象所不同的是，并非所有的阿拉伯战士皆出于狂热的宗教情感投入圣战。许多人来自信奉基督教的阿拉伯部落，他们由于不满拜占庭帝国的统治而加入穆斯林的圣战行列。信仰基督教并没有妨碍阿拉伯人成为哈里发的战士。一些穆斯林将领和部落成员或许相信安拉的前定，将圣战视做通往天堂的桥梁。相比之下，大多数的阿拉伯人出于抢劫战利品的目的。由于阿拉伯半岛环境恶劣和生活贫困，阿拉伯人徘徊于饥饿的边缘。人口增长的压力，导致闪米特人自阿拉伯半岛向周边地区持续不断的迁徙浪潮。继阿卡德人和阿拉米人之后，阿拉伯人的征服导致新的迁徙浪潮。

3. 波斯与拜占庭两大帝国之间的长期征战，导致两败俱伤。至公元 620 年前后，波斯帝国似乎即将控制整个中东地区。随后，拜占庭皇帝希拉克略重整旗鼓，发动反击，波斯帝国军队被迫退守伊拉克和伊朗高原。交战双方皆有相当数量的雇佣军，这些雇佣军主要来自阿拉伯人部落。当拜占庭帝国停止向加萨尼部落的阿拉伯雇佣军支付补助金以后，巴勒斯坦南部门户顿开，在穆罕默德晚年即已处于穆斯林的威胁之下。波斯人自恃国势强盛，不再需要莱赫米部落提供辅助兵源。结

果是至公元 632 年穆斯林发动征服战争时，原本处于附庸地位的诸多阿拉伯部落已经不再是拜占庭帝国和波斯帝国的可靠盟友，这些部落中的许多人甚至加入穆斯林的行列。

4. 在中东地区的下层民众中间，特别是在拜占庭帝国统治下的叙利亚人和埃及人中间，不满的情绪日渐蔓延。他们不仅在文化上区别于拜占庭帝国和波斯帝国的统治者，在经济上亦受到拜占庭帝国和波斯帝国的盘剥勒索，而且与两大帝国的统治者之间存在尖锐的教派对立。拜占庭皇帝尊奉正统教派，推崇卡尔西顿信条，强调耶稣基督兼具神性和人性。而埃及的科普特派和叙利亚的雅各派尊奉一性论信条，强调耶稣基督具有单一的神性。希拉克略皇帝为了安抚埃及和叙利亚的基督徒，试图调和正统教派与科普特派以及雅各派之间的教派分歧，声称基督的神性与人性原本一体。希拉克略的折衷信条并未得到基督徒的认可(只有黎巴嫩山区的马龙派除外)。心存不满的叙利亚基督徒和埃及基督徒渴望摆脱拜占庭帝国的枷锁，将信仰伊斯兰教的阿拉伯人视做救星，以至于穆斯林战士在叙利亚和埃及经常受到当地基督徒的欢迎。公元 640 年，科普特人甚至将埃及拱手让与阿慕尔·阿绥率领的阿拉伯战士，而后者即便在新的援军加入以后亦尚且不足万人。同样的情况发生在巴勒斯坦和叙利亚。生活在那里的犹太人苦于拜占庭 57
帝国的迫害，对于阿拉伯征服者的到来亦未表现出敌视的态度。

5. 萨珊王朝曾经是埃及和叙利亚的统治者，阿拉伯半岛的诸多地区在公元 625 年以前亦曾隶属于萨珊王朝。波斯帝国覆灭后，阿拉伯人迅速填补上述地区的权力真空。波斯帝国衰落的重要原因，在于都城泰西封的动荡政治局势。萨珊王朝内部的权力角逐削弱了中央政府对于地方事务的控制，进而导致底格里斯河和幼发拉底河流域水利失修，耕地荒芜，民众怨声载道。此外，伊拉克农民大都分别信奉基督教、犹太教和摩尼教，他们与琐罗亚斯德教祭司之间存在明显的宗教对立，亦与远在伊朗腹地的在外地主积怨甚深。公元 637 年卡迪希叶战役之后，穆斯林征服伊拉克，萨珊王朝的统治土崩瓦解。阿拉伯战士席卷伊朗腹地，萨珊王朝末代国王于公元 651 年死于逃亡的途中。

综上所述，穆罕默德生前，温麦的疆域局限于北至亚喀巴湾的阿拉伯半岛西部，以及阿拉伯半岛内陆皈依伊斯兰教的部落所在的地区。阿布·伯克尔当政期间，麦地那击败反叛伊斯兰教的诸多阿拉伯人部落。阿布·伯克尔在平息里达之后，派出军队攻入叙利亚和伊拉克的边境地带。公元634年阿布·伯克尔死后，欧默尔继任哈里发。欧默尔宽恕了曾经反叛的阿拉伯人部落，进而促使零星的劫掠转化为大规模的领土扩张。欧默尔及其继任者奥斯曼当政期间，叙利亚、伊拉克、埃及和昔兰尼加诸地皆被纳入温麦的版图。然而，麦地那最初尚无完善的政府机构，穆罕默德和阿布·伯克尔甚至不得不依靠经商维持生计，在自己的住所处理公共事务。温麦迫切需要进一步完善政府职能，以有效地统治穆斯林征服的辽阔疆域。

三、伊斯兰政府的起源

欧默尔是一个意志坚定、性情急躁和精明强悍的早期伊斯兰教皈依者，来自古莱西部落中并无显赫地位的家族。欧默尔深知，许多阿拉伯部落成员投身圣战的目的在于夺取丰厚的战利品，而当战事告一段落，极易发生反叛。这些阿拉伯战士军纪涣散，尤其不屑于听从并非本
58 部落成员的将领的号令。一旦这些阿拉伯战士取代拜占庭帝国和波斯帝国行使统治权力，中东将会处于何种境地？他们是否会将宫殿和图书馆夷为平地？美酒和舞女是否会使他们沉沦？

（一）军事训练

在以往的岁月，许多游牧部落和来自远方的军队屡屡征服中东的定居世界，继而在被征服者的同化下销声匿迹。欧默尔决意避免穆斯林重蹈前人的覆辙。欧默尔经常穿行于麦地那的街道和巴扎，手握皮鞭，随时准备惩罚那些不守拜功的穆斯林和在莱麦丹月不守斋功的穆斯林。欧默尔赞赏著名将领哈立德在征服拜占庭帝国和波斯帝国的过程中所表现出的雄才伟略，却由于其生活放荡和沉迷歌舞而被革除“安拉之剑”的军职，以儆效尤。

阿拉伯战士一旦停止征战，其行为必须受到军纪的严格约束。欧默尔采取的政策是，将阿拉伯战士安置在位于沙漠与农耕地区之间的军事营地。欧默尔时代建造的军事营地，包括伊拉克的库法、巴士拉和埃及的弗斯塔特(位于今开罗南郊)。欧默尔时代建造军事营地的目的是，保持阿拉伯战士与被征服地区的定居人口处于隔离的状态。欧默尔禁止阿拉伯战士在阿拉伯半岛以外购置地产，禁止阿拉伯战士擅自侵吞被征服地区的房屋和其他不动产。欧默尔规定，全部战利品的五分之一必须上缴麦地那的哈里发。在此基础上，欧默尔建立迪万制度，按照不同的标准将战利品分配给穆罕默德的遗孀和圣门弟子，以及所有的阿拉伯战士。

（二）行政管理

在被征服的诸多行省，阿拉伯将领和麦加商人通常把持最高权力，同时沿用拜占庭帝国和波斯帝国原有的文职官吏。与公元 625 年的情景相比，公元 650 年的大马士革街头并未出现明显的变化，地方官吏依旧各司其职。在阿拉伯人征服的过程中，未予抵抗的城市和行省各种赋税较从前有所减轻。所不同的是，土著居民需要向麦地那缴纳赋税，而不再向泰西封或君士坦丁堡缴纳赋税。官方语言亦无变化：埃及的居民沿用希腊语和科普特语，叙利亚的居民沿用希腊语和阿拉马语，伊拉克和伊朗的居民沿用波斯语和古叙利亚语。被征服者继续操原有的语言。犹太人和基督徒作为“有经典的人”处于哈里发国家的保护之 59
下，犹太人和基督徒中皈依伊斯兰教者并不多见。生活在伊拉克和伊朗的琐罗亚斯德教徒和摩尼教徒，由于其信仰的宗教并未得到哈里发国家的承认，境况不及犹太人和基督徒，皈依伊斯兰教者为数较多，然而改宗的过程十分缓慢。早期的穆斯林并不热衷于迫使非阿拉伯人皈依伊斯兰教。在他们看来，穆罕默德只是安拉差遣到阿拉伯人中间的使者，而非阿拉伯人皈依伊斯兰教则被视做分享阿拉伯人的殊荣。非阿拉伯人在皈依伊斯兰教之后，通常成为阿拉伯部落的依附者(阿拉伯语中称做“麦瓦利”)。聚集在阿拉伯人军营城市的波斯人和阿拉马人大都改宗伊斯兰教，加入穆斯林的行列。在诸如库法和巴士拉的军营城市，麦瓦利的数量逐渐超过阿拉伯人。具有讽刺意味的是，哈里发国家建造这些城市的本意是避免阿拉伯人受到波斯文明的同化，而这些城市不久就变成了不同文化汇聚的熔炉。

四、温麦的分裂

阿拉伯人的军营城市不仅是不同文化汇聚的熔炉，而且在欧默尔遭到暗杀以后逐渐成为滋生不满和充斥阴谋的温床。欧默尔在弥留之际任命组成称做“舒拉”的协商会议，负责推举第三任哈里发。一些现代学者以舒拉为例，强调早期伊斯兰教的民主性。所谓的“舒拉”包括六名来自麦加的圣门弟子，他们都曾经是古莱西部落的商人。或许由于个人之间恩怨的缘故，舒拉最终推举其中唯一来自声名显赫的倭马亚家族的成员作为欧默尔的继承人，而正是倭马亚家族曾经长期抵制穆罕默德传布的启示。

在许多的历史学家看来，欧默尔的继承人奥斯曼(公元 644 － 656 年在位)是软弱无能的哈里发，极力取悦麦加富商，起用倭马亚家族之人并委以重任。然而，这样的评价对于奥斯曼并不公平。奥斯曼曾经背弃自己的家族，成为伊斯兰教的早期皈依者。奥斯曼出任哈里发以后，置众多圣门弟子的反对于不顾，编订《古兰经》的唯一权威版本，下令焚毁《古兰经》的其他不同版本。许多穆斯林目睹自己珍藏的不同版本的《古兰经》被付之一炬，感到十分震惊。然而，如若七种不同版本的《古兰经》长期流传于穆斯林中间，伊斯兰教又将会变成怎样?

至于奥斯曼起用的倭马亚家族的成员，其中不乏觊觎权力的野心家和碌碌无为的平庸之辈。然而，奥斯曼起用倭马亚家族成员的目的，在于进一步克服国家权力的松散状态。奥斯曼的堂弟穆阿维叶先后被欧默尔和奥斯曼任命为叙利亚总督，政绩颇佳。穆阿维叶
60 与其胞弟在埃及首创穆斯林舰队，并于公元 655 年占领塞浦路斯岛。奥斯曼的错误是缺乏欧默尔的果断性格，在更为复杂的环境下延续欧默尔的政策。正是由于这样的原因，伊拉克军营城市的阿拉伯战

士开始蓄谋向奥斯曼发难。

（一）奥斯曼时期混乱的哈里发国家

第三任哈里发留给人们的印象明显不同于第二任哈里发。“欧默尔的裹尸布掩盖了伊斯兰教的命运”,时人这样评价。奥斯曼在先知寺的讲坛向麦地那人抱怨道:“你们称赞欧默尔,即使欧默尔鞭打过你们。然而,你们为什么不肯称赞一个和蔼的和善待你们的人呢?”究竟是什么原因,身为哈里发的欧默尔睡在棕榈叶铺成的床上,只穿一件缝满补丁的外衣。相比之下,奥斯曼在出任哈里发期间购置的地产价值超过5千万美元。

现代学者不再重视人品的差异,而是强调温麦内部的环境变化。巨额的财富源源不断地流入麦地那和麦加两座圣城,远非穆罕默德始料所及,直至令圣门弟子目不暇接。贪婪和邪恶的风气开始显现,特别是在青年人中间尤为明显,以至于引起长辈的抱怨。奥斯曼当政期间,穆斯林征服了西起昔兰尼加、北起安纳托利亚高原南侧的陶鲁斯山、东至呼罗珊、南至印度洋和尼罗河上游的广大地区,阿拉伯人的早期扩张达到极限。此后,开疆拓土的阿拉伯战士失去了进攻的目标,闲居在各地的军营城市,为无法获取新的战利品而感到沮丧,遂将目光转向远方的麦地那。

从公元650年开始,奥斯曼的统治面临着来自多方面的挑战。倭马亚人曾经与伊斯兰教水火不容,现在却掌握着温麦的权力;麦地那的虔诚的穆斯林对此十分不满。奥斯曼钦定《古兰经》的唯一合法版本,被许多穆斯林视做篡夺宗教权力的非分之举。阿拉伯部落成员无法获得新的土地和战利品,焦躁的情绪逐渐蔓延。在所有的军营城市中,库法的形势最为严峻。公元655年,库法的阿拉伯战士发动叛乱,波及阿拉伯半岛各地。公元656年,反叛的阿拉伯战士进入麦地那,包围奥斯曼的住所,而圣门弟子却无人出面保护哈里发。来自埃及的反叛者冲进房间,年迈的哈里发正在家中诵读《古兰经》,遂死于反叛者的刀下。五天后,阿里(公元656－661年在位)不甚情愿地被反叛者拥立为第四任哈里发。

（二）阿里时期的哈里发国家

随着阿里的即位，伊斯兰世界内战的序幕徐徐拉开。然而，阿里具
61 备出任哈里发的充分资格，内战的爆发对于阿里来说并不公平。阿里
是穆罕默德的伯父和保护者阿布·塔里卜之子，是最早皈依伊斯兰教
的男性穆斯林，是先知之女法蒂玛的丈夫，是先知仅有的两名外孙哈桑
和侯赛因的父亲。公元622年穆罕默德逃离麦加之时，阿里曾经舍命
相助。阿里屡次陪伴先知在圣战中出生入死，辅佐最初的哈里发治理
温麦。阿里信仰虔诚，慷慨仗义。令人遗憾的是，阿里并未成为强有力
的哈里发。阿里面对温麦内部的巨大裂痕已无回天之力。

（三）对阿里的挑战

阿里继任哈里发以后离开麦地那，从此未再返回；库法成为国家新的都城。然而，阿里在巴士拉遇到挑战，圣门弟子泰勒哈和祖拜尔拒绝承认阿里作为哈里发的权力。阿以莎支持泰勒哈和祖拜尔，指责阿里未尽保护奥斯曼的义务，声称阿里并非哈里发的适宜人选。这样的指责显然毫无道理，因为泰勒哈和祖拜尔亦未在第三任哈里发遇害之时挺身而出。他们对于阿里的指责，完全是出于政治动机和个人目的。据传，阿里拒绝任用泰勒哈和祖拜尔，阿以莎则对阿里曾经猜疑自己而耿耿于怀。阿里率军发动进攻，击败自己的挑战者。由于双方在阿以莎乘坐的驼轿周围展开厮杀，此次交战史称“骆驼之战”。泰勒哈和祖拜尔以及超过1万名战士死于“骆驼之战”，阿以莎则被遣返麦地那。“骆驼之战”发生于穆斯林战士之间，首开伊斯兰世界内战的先河。

阿里面临着更加危险的挑战，挑战者是奥斯曼的堂弟穆阿维叶。穆阿维叶时任叙利亚总督，阿里有意罢免穆阿维叶的职位。奥斯曼的遇害、来自哈希姆家族的阿里出任哈里发和阿里似乎无意惩办凶手的态度，这一系列事件激起了倭马亚人的愤怒。在大马士革，穆阿维叶向人们展示奥斯曼遇害时身着的血衣和奥斯曼的遗孀在试图保护丈夫时被凶手砍断的手指，使得许多穆斯林相信奥斯曼死于蓄意而为的政治

阴谋。阿拉伯人恪守着血亲复仇的传统习俗,特别是在凶手依然逍遥法外的情况下。穆阿维叶拥有一支忠实于自己的军队,穆阿维叶凭借着这支军队抗衡阿里的权力。公元 657 年,双方在叙利亚北部的绥芬平原发生冲突,阿里一方占据上风。危急关头,老奸巨猾的将领阿慕尔·阿绥向穆阿维叶建议,吩咐士兵用矛尖挑起《古兰经》要求停止厮杀,通过和平的方式仲裁双方的纠纷。阿里曾经怀疑对方的诚意,然而其部下劝说阿里接受仲裁的建议。

阿里和穆阿维叶派出各自的代表举行和谈,商讨倭马亚人是否具备为奥斯曼复仇的合法权利。然而,阿里一方的部分战士反对与穆阿 62
维叶举行和谈,这些人称做哈瓦立及派,阿拉伯语中意为“出走者”。哈瓦立及派成为威胁阿里政权的政治隐患,尽管公元 659 年遭到阿里军队的重创。在阿里的队伍出现分裂之前,阿里和穆阿维叶指派的代表如约会面。或许看到哈瓦立及派反叛阿里所带来的转机,穆阿维叶指派的代表阿慕尔·阿绥哄骗阿里指派的代表接受自己的建议,同时剥夺穆阿维叶和阿里两人出任哈里发的合法资格。尽管阿里并未因此辞去哈里发的职务,但仲裁的结果无疑削弱了阿里的地位。许多战士离开了阿里的阵营。穆阿维叶控制的地区不断扩大,直至公元 660 年在耶路撒冷被拥立为哈里发。公元 661 年,一名哈瓦立及派成员决意为死去的同伴复仇,将阿里杀害。

五、伊斯兰政体的变化

阿里的遇害,结束了伊斯兰史上的正统哈里发时代。正统哈里发时代的四任哈里发均与穆罕默德具有亲缘关系,皆由圣门弟子推举产生。后来的穆斯林常将正统哈里发时代视做伊斯兰史上的黄金时代,推崇备至。在后来的许多穆斯林看来,麦地那和库法的国家具有朴素民主的浓厚色彩,不同于大马士革和巴格达之哈里发权位世袭的官僚制国家。正统哈里发大都受到穆斯林的赞许,此间当政的四位哈里发亦皆为后人所长期关注。然而,在正统哈里发时代的末期,随着所处环境的变化,穆斯林内部纷争不断,危机四伏,甚至哈里发本身亦失去必要的权威。疆域、人口和财富的膨胀深刻地影响着哈里发国家的政治生活。至阿里遇害后,原有的政体已经陷于困境。

(一) 穆阿维叶

从混乱和动荡之中拯救温麦和哈里发国家的人,是来自倭马亚家族的叙利亚总督穆阿维叶。穆阿维叶从未动摇其诋毁阿里谋害奥斯曼的决心,叙利亚的阿拉伯战士(其中许多人系基督徒)则是穆阿维叶角逐权力的有力支持者。穆阿维叶崇尚的原则是,避免诉诸武力解决内部纷争,除非局势迫不得已。穆阿维叶声称:“用鞭子就可以的地方,我不用宝剑。用舌头就可以的地方,我不用鞭子。在我和我的同胞之间,即使只有一根头发在联系着,我也不会让它断了。他们拉紧的时候,我就放松一些。他们放松了,我就拉紧一些。”阿里遇害后,追随阿里的库法人试图推举其子哈桑继续角逐哈里发的权位,然而穆阿维叶通过诱惑的手段,劝说哈桑放弃继承哈里发权位的要求。哈桑退居麦地那,告别政坛的权力角逐,沉迷于富庶安逸的生活。

63 **穆阿维叶·伊本·阿比·苏福彦**

穆阿维叶(公元 602 — 680 年)系倭马亚王朝开国君主。倭马亚人是麦加的显赫家族;他们与穆罕默德亲随并无关联。事实上,直至公元 630 年麦加城向先知投降后,穆阿维叶才皈依伊斯兰教。改宗伊斯兰教后的穆阿维叶很快受到穆罕默德器重,并一度为其做笔录。后来穆阿维叶被第二任哈里发欧默尔任命为叙利亚总督,并且治理有方。

公元 656 年 6 月,第三任哈里发奥斯曼在麦地那遇刺身亡。先知堂弟兼女婿阿里继任哈里发。阿里平息了由阿以莎和两名圣门弟子发动的反叛,并决定罢免由之前几任哈里发任命的各省总督,以保证各省的臣服。穆阿维叶拒绝离任并与阿里发生对抗。穆阿维叶是前任哈里发奥斯曼的堂弟,这一事实进一步加剧了他与阿里的冲突。穆阿维叶认定阿里是刺杀团的组织者,或者至少是谋杀奥斯曼的帮凶。

穆阿维叶与阿里的斗争非常曲折,时而表现为兵戎相见,时而诉诸仲裁。最后，一位心怀不满的哈瓦立及在公元661年刺杀阿里，穆阿维叶便就任伊斯兰世界新任哈里发。

穆阿维叶任叙利亚总督期间明智强力，这为其日后成功打下了基础。在此期间，穆阿维叶成功经营20年，使叙利亚成为繁荣省份并赢得了叙利亚人的忠诚。穆阿维叶驾轻就熟地把当地阿拉伯部落锤炼成伊斯兰世界一支训练有素、装备精良的军队，并创造了伊斯兰世界第一支海军。穆阿维叶在就任哈里发之后依然待在叙利亚。大马士革由此取代麦地那而成为不断扩张中的伊斯兰帝国的首都。

穆阿维叶的统治在其他方面也和传统决裂。随着帝国的迅速扩张，穆阿维叶在国内面临着严峻挑战。穆阿维叶的革新能力是其成功法宝。与较多依赖传统的、个人的和协商的方式进行统治的前任们不同，穆阿维叶更多地采取了帝国式的、官僚制的统治制度，而且这些制度借鉴了新近被阿拉伯人击败的拜占庭帝国与波斯萨珊王朝的统治制度。由此建立的政权通常会使珍视先知及圣门弟子时代实践的那些人倍感疏远。后来，大马士革宫廷的世俗色彩激怒了来自阿拉伯半岛的虔诚穆斯林。

以上这些均使后世穆斯林史学家极力抨击穆阿维叶。这些穆斯林史学家中有很多人或者支持什叶派的“阿里使命”；或者受到了后来推翻倭马亚王朝的阿拔斯哈里发的御用史学记录的影响，这些史学记录极力丑化穆阿维叶。然而，穆阿维叶显然是一位伟大的改革家，一位灵活操纵权柄的人。穆阿维叶很可能挽救了在阿里死后陷入混乱的新生伊斯兰国家，并建立了一套稳定的行政制度，促使这个伊斯兰国家成长为一个更为伟大的帝国。

令人感到费解的是，穆阿维叶选择在耶路撒冷继任哈里发，而耶路 64
撒冷被视做犹太人、基督徒和穆斯林共同的宗教圣城。阿拉伯人和穆斯林的统治者从未选择耶路撒冷作为都城。穆阿维叶如果定都耶路撒冷，将会面临怎样的形势？穆阿维叶出身麦加商人。穆阿维叶选择叙利亚首府大马士革作为都城的原因在于，大马士革地处叙利亚与也门之间的商路要冲。穆阿维叶或许将叙利亚视做征服整个拜占庭帝国的出发点。我们何以得出这样的解释？一旦穆斯林之间的内战得以平息，阿拉伯人势必将发动新的扩张，而拜占庭帝国无疑是阿拉伯人的首要进攻目标。每年的夏季，哈里发的军队都会深入安纳托利亚高原的腹地。与此同时，穆阿维叶的海军将拜占庭帝国的舰队赶出地中海水域的南部，直至两次兵抵君士坦丁堡城下。尽管阿拉伯人并未实现征服拜占庭帝国的目标，然而西部的突尼斯和东部的呼罗珊在穆阿维叶当政期间成为哈里发国家的属地。

（二）行政变革

穆阿维叶曾经被哈里发欧默尔称作“阿拉伯人的恺撒”。与正统时代的诸位哈里发相比，穆阿维叶的统治政策表现出明显的世俗倾向。然而，公元661年以后所发生的变化不应被解释为由于穆阿维叶个人性格的原因。家长制的国家机构形成于麦地那的特定环境之中，沿袭阿拉伯人的部落传统，具有伊斯兰教的浓厚色彩，无法适应在辽阔的疆域内统治诸多民族和宗教的需要。因此穆阿维叶借鉴拜占庭帝国在埃及和叙利亚实行的统治模式和官僚制度，起用拜占庭帝国的贵族出任军政职务。

穆阿维叶深知必须依靠阿拉伯部落民提供兵源，避免伤害阿拉伯人引以为骄傲的部族传统。与此同时，穆阿维叶邀请各个部落派出自己的代表(实际上作为人质)生活在大马士革的宫中。伊拉克和其他一些地区在阿里当政期间局势动荡；穆阿维叶将这些地区交由地方长官治理，实行高压的恐怖政策。齐亚德是闻名遐迩的伊拉克总督，早年追随阿里，穆阿维叶即位后被重金收买，并与穆阿维叶兄弟相称(齐亚德的母亲出身女奴，其生父不详，故有绰号“齐亚德·阿比希”，阿拉伯语中意为他父亲的儿子齐亚德)。齐亚德在巴士拉(应为库法——译者注)上任伊始，便登上清真寺的讲坛向伊拉克人发出警告：

65 你们只是顾及家族的义务，却忽视宗教的责任。你们只是为自己所犯的罪行狡辩，却无视宗教的法度。你们不得在夜晚四处游荡；你们如果出现在夜晚的街道上将会被我处死。你们不得凭借家族的关系而为所欲为;我将割去蛊惑人心者的舌头。溺杀他人者、纵火焚烧他人房屋者、私闯他人住宅者和掘挖坟墓者,将会受到严厉的惩罚。我可以宽恕你们对于我本人的怨恨,但是绝不能容忍你们的犯罪行为。一些人或许对我的到来心存恐惧,他们将会为我的出现感到愉悦。一些人或许对我的到来寄予希望,他们将会变得更加清醒。我将依照安拉的法度行使权力,我将保证你们从安拉的温麦分享应得的福利。我要求你们顺从,你们可以向我要求公正。我或许无法满足你们所有的要求,却可以向你们作出以下的承诺:我将随时倾听你们的申诉,我将保证支付你们应当得到的年金,我将不会强迫你们去远方征讨敌人,不会强迫你们过久地滞留于战场。你们不要沉溺于对我的仇视和愤恨,否则将会自食恶果。我看见许多的头颅正在摇晃,你们应当庆幸自己还没有变得身首异处。

穆阿维叶在自知不久于人世之时,指定其子叶齐德作为哈里发的继承人。穆阿维叶此举后来遭到众多穆斯林史家的谴责(尽管此前阿里曾经有意指定哈桑作为哈里发的继承人)。自穆阿维叶指定其子继承哈里发的权位,至 1924 年哈里发制度遭到废止,伊斯兰世界最高领袖的职位长期实行家族世袭,选举产生哈里发的制度名存实亡。

无法假设的是,倘若穆阿维叶未曾建立倭马亚王朝,伊斯兰世界将会变得怎样。毋庸置疑,如果任由阿拉伯部落民作出选择,哈瓦立及派所主张的原则——任何成年男性穆斯林,不分种族和身世,皆可出任哈里发;每一位哈里发,如若犯有罪过,皆须放弃权位而让予他人——显然具有更大的吸引力。哈瓦立及派的思想在伊斯兰世界曾经产生广泛的影响,其在阿拉伯半岛和北非的游牧地区所产生的影响尤为深远。实际上,直至现代,依然有许多穆斯林希望恢复哈里发制度,只是拒绝接受古莱西人的后裔出任哈里发的特权。然而,哈瓦立及派所主张的原则,即选举产生哈里发的原则,在 7 世纪以及其后的历史背景下,势必导致混乱的政治局面。尽管阿里以及包括祖拜尔在内的其他圣门弟子的后裔各有自己的支持者，但他们的诉求只是局限于个别的城市。穆阿维叶在叙利亚和埃及具有广泛的社会基础，穆阿维叶的盟友控制着阿拉伯半岛、伊拉克和伊朗诸地。然而，倭马亚人被视做信仰不甚
66 虔诚的穆斯林。穆阿维叶曾经反对安拉的使者，直到穆斯林占领麦加以后皈依伊斯兰教，转而追随穆罕默德。穆阿维叶的后裔中不乏酗酒和纵欲之徒，其所作所为在当时引起穆斯林的强烈不满。尽管如此，倭马亚人控制着叙利亚与也门之间的过境贸易；倭马亚家族的统治者以商人特有的精明安抚民众，化解危机。倭马亚王朝在道德水准方面无疑遭到大多数穆斯林史家的非议，然而却建立起庞大的阿拉伯帝国。

（三）穆阿维叶的继承人

穆阿维叶死于公元 680 年。穆阿维叶生前的努力，随着其生命的终结而几乎付诸东流。叶齐德作为穆阿维叶指定的继承人，尽管在对拜占庭帝国发动的圣战中功勋卓著，却在即位之初面临来自圣门弟子和阿拉伯部落民的挑战。后者的仇恨缘起于叶齐德的童年。叶齐德的生母系穆阿维叶最宠幸的妻子，但她厌倦倭马亚宫廷的生活，向往儿时的游牧生活。叶齐德的生母曾经为此赋诗一首，向穆阿维叶表达自己和年幼的儿子对于沙漠的渴望。叶齐德在其生母所属的凯勒卜部落度过童年时代并成为勇敢的战士，但却染上酗酒的恶习。叶齐德即位以后，青睐凯勒卜部落，排斥与凯勒卜部落积怨甚深的凯斯部落。在早期扩张的时代，作为圣战者的阿拉伯部落民形成两大部落联盟，即包括凯勒卜部落在内的南方阿拉伯人部落联盟和包括凯斯部落在内的北方阿拉伯人部落联盟。叶齐德当政期间，部落之间的对立演变为大规模的冲突，直至成为伊斯兰世界第二次内战的重要组成部分。

（四）侯赛因的反叛：什叶派的起源

在第二次内战爆发之前，伊斯兰世界曾经发生过一次战斗。这次战斗尽管规模不大，亦未直接威胁叶齐德的统治，却在伊斯兰史上占据

十分重要的地位。许多穆斯林始终憎恨穆阿维叶建立的倭马亚王朝，企盼哈希姆人重新掌管温麦的最高权力，进而将希望寄托于先知的直系后裔的身上。穆罕默德并无男性子嗣，穆罕默德的女婿阿里以及阿里的长子哈桑亦已不在人世，阿里的次子侯赛因作为穆罕默德的外孙被视做哈希姆家族仅存的权位继承人。侯赛因是一位虔诚的穆斯林，时年 54 岁，隐居于麦地那的家中。公元 680 年叶齐德即位以后，侯赛因拒绝承认叶齐德作为哈里发的合法继承人。库法的阿拉伯人大都是 67
倭马亚家族的宿敌，意欲发动叛乱，拥立侯赛因取代叶齐德作为哈里发。然而，由于受到伊拉克总督的恫吓和威胁，库法的阿拉伯人在侯赛因身处险境之时放弃反对倭马亚王朝的立场。先知的外孙偕 72 名随从抵达伊拉克的卡尔巴拉以后，遭遇众达万人的倭马亚军队的袭击。侯赛因及其随从拼死迎战，终因寡不敌众悉遭杀害。卡尔巴拉事件发生在伊斯兰历 61 年穆哈兰月 10 日，即公历 680 年 10 月 10 日。侯赛因的头颅被伊拉克总督送到大马士革的宫廷，倭马亚人似乎再一次赢得了胜利。

卡尔巴拉事件发生后，先知的“殉难”的后裔阿里和侯赛因的支持者发誓推翻倭马亚王朝，他们被称做“阿里的追随者”。“追随者”一词在阿拉伯语中读做“什叶”，什叶派由此得名。什叶派发源于伊拉克，成员遍及伊斯兰世界各地，从事反对倭马亚王朝的活动。什叶派目前是伊斯兰教中第二大教派，区别于多数穆斯林尊奉的逊尼派，后者承认包括倭马亚哈里发在内的历任哈里发具有合法的地位。逊尼派与什叶派的不同之处在于，后者强调只有阿里及其后裔具有出任哈里发的合法资格。在什叶派穆斯林看来，不仅穆阿维叶及其子嗣是哈里发权位的篡夺者，即使阿布·伯克尔、欧默尔和奥斯曼出任哈里发亦为非分之举，只有阿里及其后裔是先知的合法继承人。

随着时间的流逝，什叶派的内部由于权力的角逐而形成不同的分支。什叶派穆斯林试图建立国家，对抗逊尼派的哈里发政权。大约自 1500 年开始，什叶派穆斯林成为波斯的统治者(详见第九章)。与 7 世纪的形势相比，16 世纪的什叶派更加符合波斯民族主义的需要。无论是在阿拉伯人中还是在波斯人中，什叶派兼有特定的宗教思想和相应的政治内涵。什叶派穆斯林通过在纳杰夫和卡尔巴拉（分别为阿里和侯赛因的遇难地）举行纪念活动，通过每年一度的对侯赛因殉难的哀悼活动表达自身的宗教情感。

（五）其他挑战

倭马亚王朝也面临着来自其他方面的挑战，这些挑战已经被后人所淡忘，而在当时却比什叶派更具威胁。死于“骆驼之战”的祖拜尔之子阿卜杜拉拒绝宣誓效忠叶齐德，遂逃离麦地那。阿卜杜拉并未像侯赛因那样指望库法人的帮助，而是留居麦加，伺机发动反叛。叶齐德死于公元 683 年，其体弱多病的幼子承袭父职，阿卜杜拉亦在麦加被拥立
68 为哈里发。各地的穆斯林，甚至包括一部分叙利亚的穆斯林，宣布支持阿卜杜拉。包括凯斯部落在内的北方阿拉伯人部落联盟反叛倭马亚王朝，他们将倭马亚王朝视做凯勒卜部落和南方阿拉伯人部落联盟的政权。不久，年幼的哈里发暴病身亡，倭马亚王朝的哈里发出现空位。然而，阿卜杜拉此时却错失良机，未能进兵大马士革。阿卜杜拉寻求与圣门弟子的后裔建立联盟，后者大都生活在麦加和麦地那两座圣城，痛恨大马士革和那里的倭马亚人，阿卜杜拉于是继续留在麦加。麦尔旺作为倭马亚家族中年资最长和最受尊敬的成员，挽救了倭马亚王朝。公元 684 年，倭马亚王朝的支持者击败反叛的阿拉伯人部落，将后者赶出了叙利亚。

69 反叛的活动持续长达 10 年之久。公元 685－687 年，称做“悔罪者”的什叶派穆斯林在库法反叛倭马亚王朝，得到非阿拉伯血统穆斯林的支持。与此同时，哈瓦立及派亦在各地发动叛乱，与阿卜杜拉的支持者以及什叶派穆斯林遥相呼应。倭马亚王朝用历时数年的时间平息阿卜杜拉的反叛。此后，迁士和辅士的后裔放弃哈里发的权位角逐，进而退出伊斯兰世界的政治舞台，麦加在伊斯兰世界的政治影响亦不复存在。

表 5.1　哈希姆家族的族谱

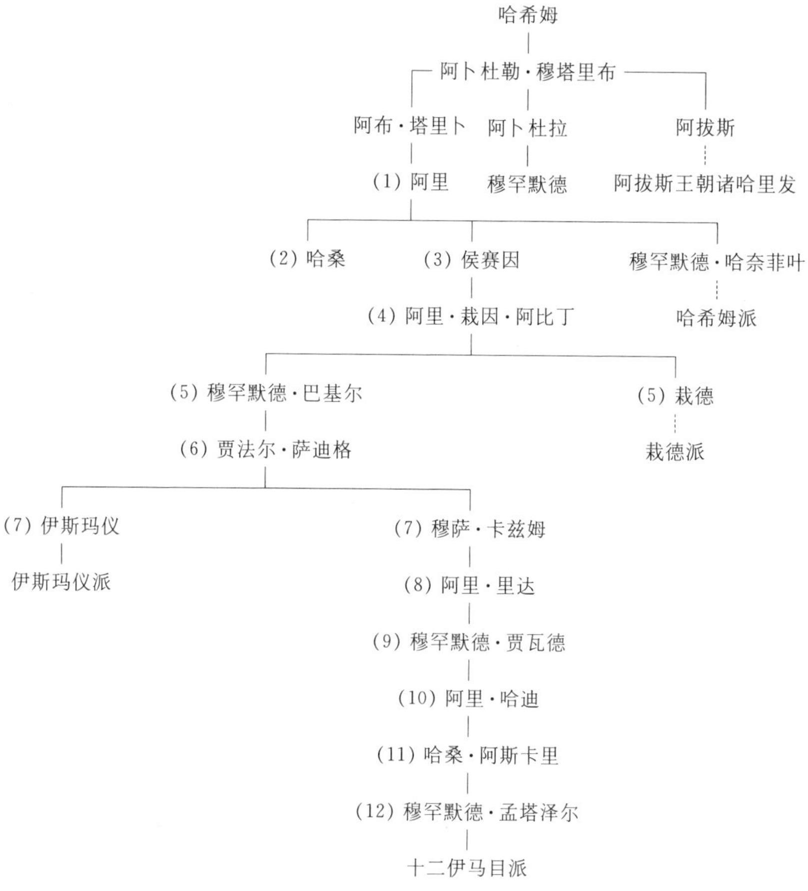

六、结论

自穆罕默德去世至第二次内战之间，温麦的疆域经历了急剧扩展的过程，阿拉伯半岛不再是伊斯兰世界政治舞台的核心所在。曾经为哈里发国家开疆拓土的阿拉伯部落民，在温麦的辽阔疆域内构成颇具权势的贵族阶层。与此同时，他们的政治影响却由于相互之间的对立而明显削弱。温麦的统治丧失了阿拉伯部落的民主制传统，亦丧失了先知时代的宗教威望。盘踞在叙利亚的倭马亚人执掌着温麦的权力，阿拉伯人和叙利亚人垄断着军政要职，他们中的许多人系基督徒，拜占庭帝国的痕迹在政治生活中随处可见。许多阿拉伯人,无论是居无定所的贝都因人,还是定居的麦加商人和麦地那农民,甚至生活在军营城市的战士,对于倭马亚王朝之罗马色彩的统治风格普遍感到陌生。越来越多的非阿拉伯血统的臣民加入穆斯林的行列,伊拉克的情况尤为明显。这些人被称做“麦瓦利”,处于二等公民的地位,对于享有特权的阿拉伯穆斯林心存不满。什叶派和哈瓦立及派与倭马亚王朝之间的对立反映出日趋尖锐的社会矛盾。哈里发国家的臣民,大都尚未皈依伊斯兰教,分别信奉犹太教、基督教和琐罗亚斯德教,一旦出现危险的情况,温麦无法指望得到他们的支持。总而言之,伊斯兰教不仅没有因为穆罕默德的去世而陷入夭折的境地,而是经历了迅猛的扩张过程,直至与拜占庭帝国和波斯帝国所承载的古代文明实现融合。尽管这一过程持续大约半个世纪,但伊斯兰教尚未获得坚实的根基。

第六章　哈里发国家的全盛时代

在长达千年的时间里，历史似乎始终在捉弄着阿拉伯人。内部的 71
宗派纷争、来自外部世界的入侵、外族的统治、自然灾害、期望和恐惧，困扰着阿拉伯人的生活。然而，正是在这样极其黯淡的时代，中东地区操阿拉伯语的诸多民族欣慰地回忆着他们的祖先曾经统治着东半球的大部分区域，他们的语言曾经是文学创作和科学成就的最重要的表达工具，一度令欧洲人和中国人相形见绌。阿拉伯人感到欣慰的时代，便是倭马亚哈里发国家和阿拔斯哈里发国家所处的时代。本章包括公元 685 年至 945 年的中东历史，马歇尔·霍杰森称之为哈里发国家的全盛时代。

在哈里发国家的全盛时代，伊斯兰世界相继处于大马士革的麦尔旺系的倭马亚王朝和巴格达的阿拔斯王朝的统治之下。倭马亚王朝和阿拔斯王朝的哈里发均属于古莱西部落的分支，得到逊尼派穆斯林的支持。倭马亚哈里发国家和阿拔斯哈里发国家的军事力量超过西欧、拜占庭帝国、印度和中国。倭马亚王朝致力于疆域的扩张，直至阿拔斯王朝于公元 750 年取代倭马亚王朝成为伊斯兰世界新的统治者。阿拔斯王朝建立后，哈里发国家经历疆域缩小和政治分裂的演变过程。哈里发国家统治下的伊斯兰世界融入了罗马、叙利亚、波斯的政治遗产和文化传统，商业和手工业的发展促进了农业经济的繁荣。特定的历史环境助长着人口的迁徙和思想的传播，推动着伊斯兰文明的成长。

72 在哈里发国家的全盛时代，诸多民族在伊斯兰世界的地位经历着此消彼长的过程。至迟在阿拔斯王朝建立后，随着非阿拉伯血统穆斯林人数的增多和阿拉伯语的广泛传播，阿拉伯人的地位呈逐渐下降的趋势。不宜夸大阿拉伯人的影响。“阿拉伯”一词的内涵并无明确的界定，可特指延续部落传统的贝都因人，亦可泛指操阿拉伯语的人，阿拉伯国家统治的臣民有时也被称做“阿拉伯人”。当阿拉伯人被视做某个群体时，需要确定这个群体是否承担圣战的义务，以及依靠何种方式谋生。在哈里发国家的全盛时代，延续部落传统的阿拉伯战士逐渐被来自呼罗珊的波斯雇佣军和领取封邑的突厥骑兵所取代。

由于疆域的不断扩大和人口的不断增长，哈里发国家需要不断地完善政府机构和强化政府职能。倭马亚王朝最初沿袭拜占庭帝国的政治传统，继而吸纳波斯萨珊王朝的政治遗产。与此同时，新兴的穆斯林官吏逐渐登上哈里发国家的政治舞台。他们谙熟经训，精通阿拉伯语和伊斯兰教法，被称做“欧莱玛”，意为宗教学者。不仅如此，穆斯林青睐古典哲学、科学和医学，将希腊语的文献典籍译成阿拉伯语，直至创立系统完整的伊斯兰教义学。此外，穆斯林发展了神秘主义的思想和仪式，苏菲派由此悄然兴起。

哈里发国家面临着来自哈瓦立及派和什叶派的挑战，哈瓦立及派反对任何形式的权位世袭，什叶派否认非阿里家族的后裔之出任哈里发的合法性。在哈里发国家全盛时代的后期，伊斯兰世界的大部分地区处于什叶派政权的统治之下。直至1000年，非穆斯林臣民占据伊斯兰世界人口的多数，然而其权力和影响无疑呈逐渐下降的趋势。

一、倭马亚王朝的重建

研究者通常认为，哈里发欧默尔、穆阿维叶和阿卜杜勒·马立克是伊斯兰政治体制的重要奠基人。读者已经了解到，哈里发国家在欧默尔当政期间经历大规模的对外扩张，而穆阿维叶首开哈里发权位之家族世袭的先河，那么，阿卜杜勒·马立克是何许人也？第二次内战期间，年迈的哈里发麦尔旺曾经拯救倭马亚王朝于危难之际。麦尔旺死后，阿卜杜勒·马立克承袭父位。阿卜杜勒·马立克即位之初即面临着北方阿拉伯人部落联盟反叛倭马亚王朝的严峻形势。北方阿拉伯人部落联盟支持阿卜杜拉·祖拜尔，后者在麦加自称哈里发。除叙利亚外，其余的省份皆反对大马士革的倭马亚家族。先知的外孙侯赛因（在卡尔巴拉）的遇害，导致穆斯林内部矛盾骤然加剧，尤其是什叶派开始成为倭马亚王朝的死敌。阿卜杜勒·马立克面临的威胁首先是称做"悔罪者"的什叶派穆斯林在库法发动的起义（库法的什叶派穆斯林由于没有在公元 680 年侯赛因身陷困境之时出手相助而悔恨不已，故名）。什叶派穆斯林在库法发动的起义未能成功，穆赫塔尔是什叶派穆斯林在库法起义的首领。穆赫塔尔领导的起义得到了皈依伊斯兰教的波斯人和阿拉马人即所谓的"麦瓦利"的支持，他们是受阿拉伯人歧视的穆斯林。阿卜杜勒·马立克无力平息什叶派穆斯林在库法的起义，而麦加的阿卜杜拉·祖拜尔却为倭马亚王朝解除了心腹之患。此时，麦加的阿卜杜拉·祖拜尔拥有超过大马士革的倭马亚王朝的实力。

（一）阿卜杜勒·马立克的胜利

阿卜杜勒·马立克于公元 685 年即位，至公元 691 年平息伊拉克的反叛。公元 692 年，曾经在伊拉克和伊朗实施高压统治而名声大振的倭马亚王朝将领哈查只占领阿拉伯半岛。哈查只的军队使用弩炮轰击麦加（克尔白甚至因此受损），直至迫使阿卜杜拉·祖拜尔的支持者俯首称臣。此后两年间，哈查只平息哈瓦立及派在阿拉伯半岛发动的反叛。公元 694 年，哈查只出任库法总督。哈查只乔装打扮进入库法的大清真寺，他登上讲坛掀开围在脸上的头巾告诫库法的叛民："我看见许多头颅已经成熟。伊拉克人啊！我不会让自己变成任人随意摆弄的无花果……信士的长官（指阿卜杜勒·马立克）已经张弓搭箭，要我采取最严厉的手段……以安拉起誓，我将像剥树皮那样剥去你们的皮……我将像抽打迷路的骆驼那样抽打你们。"库法人开始变得胆怯而成为哈里发的顺民。在哈查只的统治下，倭马亚王朝东部诸省的局势逐渐恢复平静。

阿卜杜勒·马立克不再以阿拉伯人部落首领的形象出现在众人的面前，而是行使着古代中东至高无上的君主权力，进而确立了哈里发的绝对统治地位。阿卜杜勒·马立克当政期间，不仅任命哈查只在行省实施高压统治，而且颁布法令，强制推行阿拉伯语作为官方语言。在此之前，哈里发国家的诸多地区沿袭原有的传统，一部分行省的官方文书使用希腊语，另一部分行省的官方文书则使用波斯语、阿拉马语或科普74特语。许多地方官员，特别是波斯血统的地方官员不肯放弃原本熟知的行政语言，不肯接受牧养骆驼的贝都因人和商人所使用的新的语言。然而，正是这些波斯人系统整理了阿拉伯人的语法，因为他们很快认识到，如果不去学习这种复杂的新语言，便不会获得政府的官职。

阿卜杜勒·马立克模仿罗马时代的建筑风格，在耶路撒冷的圣殿山顶部建造气势恢宏的岩石清真寺。该清真寺内的圣石相传系亚伯拉罕献祭之处，亦被穆斯林视做穆罕默德升宵的起点。在基督徒看来，岩石清真寺的建造标志着伊斯兰教开始成为圣城耶路撒冷的宗教。岩石清真寺毗邻犹太教第二圣殿的仅存遗迹哭墙，且地势高于哭墙。正是由于这样的原因，阿拉伯人和犹太人长期以来围绕着作为三大宗教圣城的耶路撒冷老城的归属问题争执不休。阿卜杜勒·马立克当政期间的另一重要举措是，发行新的穆斯林货币，取代原有的拜占庭货币和波斯货币，以便于阿拉伯人的使用。阿卜杜勒·马立克发行的新币铸有阿拉伯语铭文(多为《古兰经》的启示)，以示区别于拜占庭帝国发行的铸有耶稣头像的货币。后来的穆斯林统治者逐渐以个人的名义发行货币，作为统治权力的象征。后来的穆斯林统治者竞相建造大清真寺，亦出于同样的目的。

（二）重开征服

哈里发统治的国家正在成为疆域辽阔的帝国。第二次内战结束后，阿拉伯人发动了新的对外扩张。阿拉伯人的军队在西部横扫北非地区，哈里发国家的海军将拜占庭帝国的舰队逐出地中海西部水域。北非的柏柏尔人被阿拉伯人降服后皈依伊斯兰教，加入穆斯林的队伍。

阿卜杜勒·马立克之子韦里德当政期间，穆斯林跨过直布罗陀海峡占领伊比利亚半岛大部。直到公元 732 年——先知去世后 100 年——欧洲基督徒的军队在法国中部遏止了穆斯林的攻势。在东部战场，阿拉伯人自波斯出发，掀起更大规模的扩张浪潮。穆斯林攻入突厥人的家园，征服包括布哈拉和撒马尔罕在内的河外地区（指阿姆河右岸诸地，相当于现在的阿富汗）。中国西北边境成为阿拉伯人在东部征服的最远端。随后，阿拉伯人又从河外地区出发，向北攻入咸海沿岸，将花剌子模纳入伊斯兰世界的版图。从河外地区出发的阿拉伯人向南扩张，征服俾路支斯坦、信德和旁遮普，这些地区现在是巴基斯坦的领土。

阿拉伯人的扩张只是在拜占庭帝国遇到顽强的抵抗。阿拉伯人占 75
领叙利亚以后，始终将征服整个拜占庭帝国视做安拉赋予的神圣使命。阿拉伯人眼中的拜占庭帝国，正如 19 世纪美国人眼中的加拿大和墨西哥一样。拜占庭帝国尽管丧失叙利亚和北非诸地，加之海军被逐出地中海西部水域，实力大减，但依然将阿拉伯人视做尚未开化的乡巴佬。他们相信，上帝将会使阿拉伯人的梦想化为泡影。拜占庭帝国重振军备，利用安纳托利亚的高原地势阻挡阿拉伯人的攻势。拜占庭人在君士坦丁堡据险固守，先后三次令倭马亚王朝的军队无功而返。公元 716－718 年，倭马亚王朝的军队第三次兵临君士坦丁堡城下，阿拉伯人出动由千艘战船组成的庞大舰队。拜占庭人使用希腊火（一种燃烧剂）焚烧阿拉伯人的战船，倭马亚王朝的舰队损失惨重。此后，阿拉伯人被迫放弃攻打君士坦丁堡的军事计划。哈里发不再奢望取代拜占庭帝国，波斯帝国的传统在伊斯兰世界的影响逐渐扩大。

（三）财政改革

哈里发尽管借用拜占庭帝国和波斯帝国的宫廷礼仪，却依然青睐阿拉伯人，依靠阿拉伯人的支持。然而，哈里发国家的臣民大都不具有阿拉伯人的血统，政府的岁入主要来自非阿拉伯人缴纳的赋税。非阿拉伯人即使加入穆斯林的行列，其向倭马亚王朝缴纳的税额也并未由于改奉伊斯兰教而减少。倭马亚王朝征纳的赋税主要包括以下几种：

一、天课，即穆斯林按照《古兰经》的相关规定而缴纳的宗教税；二、生活在阿拉伯半岛以外地区的非穆斯林缴纳的财产税；三、基督徒、犹太人和琐罗亚斯德教徒缴纳的人丁税。各种赋税名目繁多，征纳程序混乱，导致麦瓦利的不满，而麦瓦利在数量上已与阿拉伯人相差无几。

欧默尔二世(公元 717 — 720 年在位)即位后，着手推行税制改革。欧默尔二世由于信仰虔诚，成为倭马亚王朝唯一受到后世穆斯林史家称颂的哈里发。欧默尔二世试图废除阿拉伯人所享有的特权，缓解麦瓦利与阿拉伯人之间的对立情绪。欧默尔二世的幕僚曾经提醒哈里发，减轻麦瓦利的赋负将会诱使更多的人皈依伊斯兰教，进而导致国家岁入的下降。欧默尔二世却表示，哈里发的职责并不是向信士征收更多的赋税，拒绝接受幕僚的建议。由于欧默尔二世削减军费支出，国家财政状况并未因税制改革受到明显的影响，而皈依伊斯兰教的人数无疑出现上升的趋势。欧默尔二世为了鼓励更多的非穆斯林皈依伊斯兰教，还曾颁布歧视和限制非穆斯林的宗教法令。根据欧默尔二世颁布的法令，非穆斯林不得骑马和骆驼，只能骑驴和骡子；犹太人和基督徒必须身着特殊颜色的服饰，不得擅自新建教堂。这些法令史称“欧默尔的契约”。后来的许多哈里发曾经效法欧默尔二世，亦有许多哈里发对非穆斯林持相对宽容的态度，犹太人和基督徒在穆斯林统治下的具体境况不可一概而论。然而，促使非穆斯林皈依伊斯兰教的主要原因，无疑来自寻求改变社会地位和经济地位的愿望，并非哈里发强制的结果。哈里发希沙姆(公元 724 — 743 年在位)最终确立了伊斯兰国家的税制，并在此后的千年中得以延续：穆斯林缴纳天课，财产所有者缴纳称做“哈拉吉”的财产税，基督徒和犹太人缴纳称做“吉兹叶”的人丁税。

二、倭马亚王朝的覆灭

尽管欧默尔二世和希沙姆相继推行税制改革，但倭马亚哈里发国家依然是阿拉伯人统治的政权。大规模的对外扩张遏制着穆斯林内部不满情绪的蔓延。进入 8 世纪 40 年代，对外扩张的浪潮逐渐平息，原本为对外扩张提供主要兵源的阿拉伯部落相互之间的纷争骤然加剧。

76

倭马亚王朝末期的哈里发们大都在沙漠行宫寻欢作乐,沉溺于花天酒地的生活。阿拉伯部落的不同派系轮流执掌着大马士革的朝政,受到排斥的阿拉伯部落开始倒向倭马亚王朝的宿敌什叶派和哈瓦立及派。希沙姆当政期间,极力缓解阿拉伯人内部的纷争。希沙姆死后,倭马亚王朝面临的形势急转直下。

麦瓦利在人数上呈明显上升的趋势,其在温麦的影响不断扩大。由于在政治和社会生活领域备受歧视,麦瓦利与倭马亚王朝之间的矛盾逐渐加剧。加入反对倭马亚王朝的行列,成为麦瓦利发泄不满的首要方式。在麦瓦利中,最具影响力的政治派别是什叶派的分支哈希姆派。该派的名称源于先知的家族,即哈希姆家族。哈希姆派处于秘密的状态,其内部情况鲜为外人所知。哈希姆派的首领阿布·哈希姆系阿里的嫡孙,却非穆罕默德之女法蒂玛的直系后裔。8 世纪初,哈希姆派的一部分成员追随阿拔斯派,阿拔斯派系穆罕默德的叔父阿拔斯的后裔创立的政治派别。阿拔斯派利用什叶派与倭马亚王朝之间的矛盾,以及麦瓦利的不满情绪角逐于哈里发国家的政治舞台。波斯东部的呼罗珊成为阿拔斯派反对倭马亚王朝的主要据点。

77

倭马亚王朝的衰落,为阿拔斯派角逐政坛提供了契机。阿拉伯部落之间纷争不已,倭马亚军队士气低落,伊拉克由于水利设施的修建而获得超越叙利亚的经济实力,反对阿拉伯人的特权和实现穆斯林的平等成为民众渴望的政治诉求。在呼罗珊,成千上万的阿拉伯人与土著的波斯人杂居一处。公元 747 年,波斯人阿布·穆斯林在呼罗珊发动起义,成为阿拔斯派的追随者。倭马亚王朝的末代哈里发和呼罗珊总督竭尽全力,却无法阻止起义军西进的浪潮。公元 749 年,阿拔斯人进入库法,拥立阿布·阿拔斯出任哈里发。阿布·穆斯林的军队于公元 750 年歼灭倭马亚王朝的军队,倭马亚王朝末代哈里发在逃亡的途中死于埃及。随后,阿拔斯人将残存的倭马亚王族成员悉数处死,毁坏倭马亚王朝历代哈里发的陵墓。阿卜杜勒·拉赫曼作为倭马亚王族的唯一幸存者,历尽艰辛,经北非逃往西班牙,割据自立。阿卜杜勒·拉赫曼建立的政权与阿拔斯王朝分庭抗礼,长达三个世纪之久。

三、阿拔斯王朝

研究者普遍认为,阿拔斯革命是伊斯兰历史的重要转折点。许多人甚至认为,阿拔斯王朝的建立标志着波斯人取代阿拉伯人成为伊斯兰世界的统治民族。然而,这种看法不尽正确。阿拔斯人具有阿拉伯血统,系先知的叔父阿拔斯的后裔。阿拔斯人支持者兼有阿拉伯人和波斯人,包括逊尼派穆斯林和什叶派穆斯林,其共同的愿望是结束阿拉伯部落贵族的特权地位,在伊斯兰教的基础上实现穆斯林广泛的政治参与和权力分享。如同历史上的其他革命运动,倭马亚王朝的覆灭助长了原本存在的变动趋势:哈里发国家的政治重心从叙利亚转移至伊拉克,波斯的政治传统取代了穆阿维叶和阿卜杜勒·马立克当政期间形成的拜占庭—阿拉伯的政治色彩,哈里发国家逐渐放弃征服整个欧洲基督教世界的圣战意向,伊斯兰文明开始步入文化繁荣的时代。

大多数的西方人或许不知道阿拔斯人是何许人。然而,巴格达的哈里发或哈伦·拉希德的故事却在西方世界广为流传,迪士尼乐园的阿拉丁和天方夜谭的魔法足以引起西方人的遐想——荒无人烟的旷野中随风飘荡的飞毯、魔光下出现的妖怪、数不尽的金银珠宝。在人们的想象中,哈里发国家是一个富庶的世界,那里的统治者拥有对于臣民的78生杀权力,统治者和他们的臣民信奉着伊斯兰教。人们想象中的世界,正是第五任哈里发哈伦·拉希德(公元 786 — 809 年在位)统治下的阿拔斯帝国。

(一)巴格达的营建

巴格达位于底格里斯河沿岸的萨珊王朝旧都泰西封附近,在公元 749 年阿布·阿拔斯被库法人拥立为阿拔斯王朝第一任哈里发时,只是一处规模不大的波斯村落。阿拔斯王朝建立后,伊斯兰世界的政治重心移至伊拉克。阿布·阿拔斯的胞弟和继承人阿布·贾法尔·曼苏尔几经选择,最终于公元 762 年确定巴格达作为新都的所在。曼苏尔将新都命名为“和平之城”,然而更多的人却按照波斯村落的最初名称将新

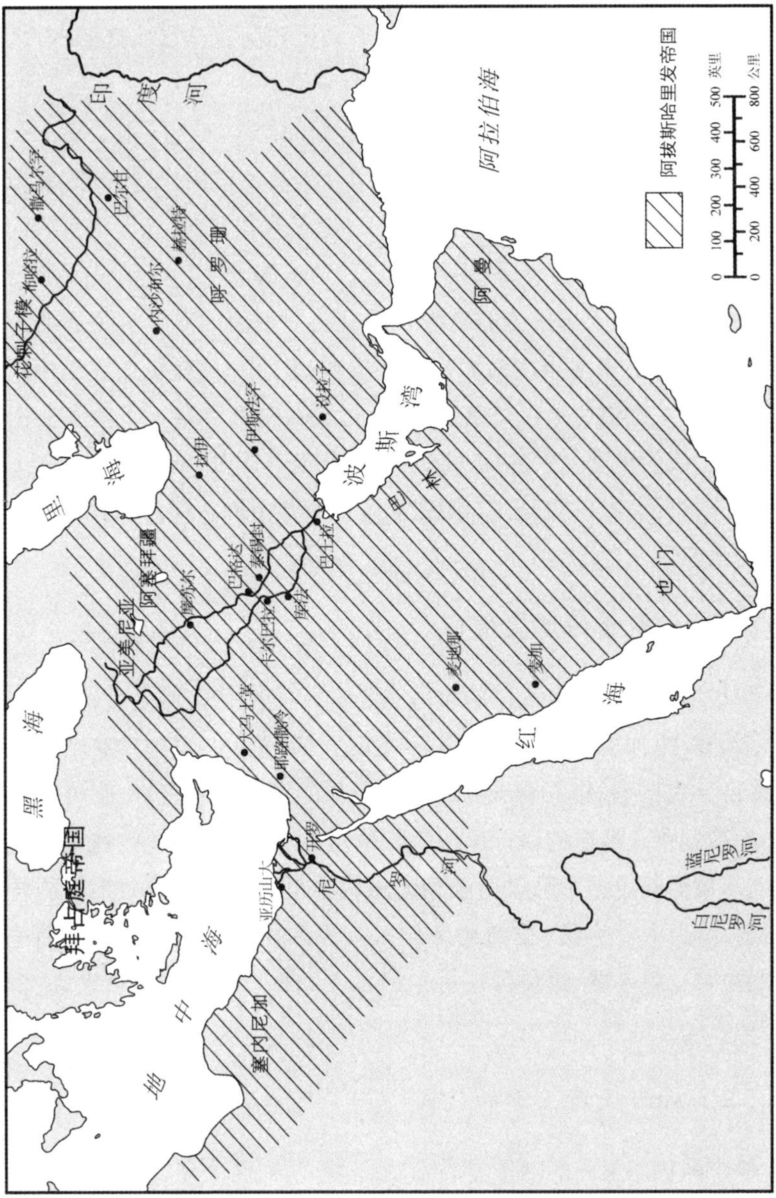

地图 6.1　约公元 800 年的阿拔斯哈里发帝国

都称做“巴格达”。巴格达位于底格里斯河与幼发拉底河的交汇处，周围河网密布，易守难攻，地处波斯湾与地中海之间的商路要冲。巴格达所在的伊拉克水渠众多，物产丰富，波斯文化和阿拉马文化底蕴深厚，加之地处伊斯兰世界的核心区域，交通十分便利。

曼苏尔需要的是精心设计的新都，新都的结构应当区别于诸如库法和大马士革的原有城市。新都采用圆形的城市布局，哈里发的宫殿和大清真寺位于城市的中心所在，周围分布着兵营、官衙和军政贵族的府邸。新都的内城和外城各有四个城门，众多的民宅和店铺位于城门的两侧，曼苏尔之子马赫迪的宫殿位于底格里斯河的对岸。其后的历代哈里发大都沿底格里斯河兴建新的宫殿，并且在底格里斯河上用木船搭建浮桥。巴格达不仅是哈里发的宫廷所在，而且聚集了众多的人口和财富，成为伊斯兰世界的工商业中心。与此同时，诸多城市大兴土木，广建清真寺、学校和商栈。阿拔斯王朝统治下的伊斯兰世界呈现出繁荣的景象。

（二）哈里发的虔诚信仰

阿拔斯派运动具有浓厚的宗教色彩。阿拔斯王朝建立后，极力强化伊斯兰教的神权秩序。阿拔斯王朝第三任哈里发马赫迪尽管嗜酒如
80 命，终日寻欢作乐，却不惜斥巨资扩建麦加的克尔白清真寺，改善阿拉伯半岛朝觐路线沿途的通行环境。哈伦·拉希德一生数次前往麦加朝觐，以示信仰的虔诚。阿拔斯王朝的历代哈里发通常在斋月期间施舍财富，救济穷人。哈伦·拉希德亲自率军深入安纳托利亚腹地发动圣战，威胁君士坦丁堡，迫使拜占庭皇帝称臣纳贡。在穆斯林看来，施舍财富和发动圣战均为哈里发的重要宗教职责。

（三）对阿拔斯王朝的反叛

尽管阿拔斯王朝的哈里发自命信仰虔诚，依然未能避免伊斯兰世界内部如同倭马亚时代发生的教派叛乱。相反，与倭马亚时代相比，阿拔斯时代的教派叛乱更加频繁，反映出此间伊斯兰世界内部贫富差距

的扩大和社会不满情绪的进一步蔓延。哈瓦立及派在阿曼和北非反叛阿拔斯王朝，直至割据自立。什叶派曾经是阿拔斯派反对倭马亚王朝的重要盟友，倭马亚王朝覆灭后与阿拔斯王朝分道扬镳，其对于阿拔斯王朝的威胁更加明显。什叶派伊马目哈桑的后裔于公元 762 年分别在麦加和巴士拉发动起义，反叛阿拔斯王朝，数以千计的什叶派反叛者被曼苏尔的军队处死。公元 788 年，什叶派在北非的柏柏尔人地区发动起义，占据摩洛哥一带。此外，什叶派亦曾在其他诸多地区发动起义。与此同时，什叶派逐渐形成三个主要的分支流派。关于什叶派各流派的情况，详见第七章。

异教徒的反叛亦时有发生，反叛者多为波斯人。异教徒为何发动叛乱？因为阿拉伯人的征服结束了波斯人的辉煌时代。此后的百余年中，波斯人的地位一落千丈。倭马亚时代，越来越多的波斯人加入穆斯林的行列，学习阿拉伯语，进而出任哈里发国家的官职。公元 750 年倭马亚王朝灭亡后，伊拉克在伊斯兰世界的地位日渐提高，波斯传统文化死灰复燃，重振往日的辉煌开始成为波斯人新的梦想。

阿布·穆斯林在呼罗珊备受推崇。阿布·穆斯林不仅是阿拔斯革命的旗手，更被视做波斯人的英雄。阿拔斯王朝的最初两任哈里发阿布·阿拔斯和曼苏尔借助阿布·穆斯林的力量击败倭马亚王朝的军队，平息什叶派的反叛。然而，曼苏尔唯恐新的政权被波斯人推翻，遂将阿布·穆斯林招至宫中处死。曼苏尔的行为受到波斯人的指责。一些阿拉伯人 81
将阿布·穆斯林称做“精迪格”（意为异端），指责阿布·穆斯林企图复兴前伊斯兰时代的波斯宗教。关于阿布·穆斯林的评价，众说纷纭。

处死阿布·穆斯林并没有给阿拔斯王朝带来安宁。阿布·穆斯林被阿拔斯王朝处死后不久，呼罗珊地区发生叛乱。阿布·穆斯林的一个生前好友，可能是琐罗亚斯德教徒，试图毁坏麦加的克尔白清真寺。“蒙面的先知”以阿布·穆斯林的名义聚众反叛阿拔斯王朝，持续长达约 20 年之久。“蒙面的先知”得到数以千计的反叛者的支持，他们占据呼罗珊，劫掠商队，焚毁清真寺。继“蒙面的先知”之后，波斯人巴贝克自称阿布·穆斯林的转世化身，在阿塞拜疆发动反叛，历时亦长达 20 余年。

上述反叛表现出前伊斯兰时代波斯宗教琐罗亚斯德教,以及农民起义马兹达克运动的历史传承。摩尼教哲学的二元论思想亦在波斯根深蒂固,然而称做“精迪格”的摩尼教信众作为独立的社会群体似乎已经销声匿迹,虔诚的穆斯林将伊斯兰世界的形形色色的异端统称为“精迪格”。

(四)当政的波斯人

波斯传统的复兴并非只是表现为宗教异端的形式。阿拔斯王朝建立后,来自伊拉克和呼罗珊地区的波斯人取代倭马亚时代备受宠幸的阿拉伯人和叙利亚人,在哈里发国家出任军政要职。与阿拉伯人相比,波斯人更加青睐印度和波斯的古代文明,同时接受阿拉伯文化和阿拔斯王朝的宗教。一些波斯人成为伊斯兰教的宗教学者,致力于完善伊斯兰教的信仰体系。波斯人成为阿拔斯王朝的重要政治基础,参与平息宗教异端发动的反叛,进而在诸多方面赋予阿拔斯王朝以浓厚的波斯色彩。

随着阿拔斯王朝集权统治的不断强化,波斯贵族在哈里发国家的官僚机构获得举足轻重的地位。在曼苏尔至哈伦·拉希德当政期间,巴尔麦克家族是最具权势的波斯贵族,巴尔麦克家族成员长期掌管哈里发国家的财政税收,出任行省总督、军事将领和宫廷幕僚。“维齐尔”作为巴尔麦克家族成员采用的称谓,成为阿拔斯王朝的重要官职。“维齐尔”一词在阿拉伯语中本意为辅弼,阿拔斯王朝建立后特指宫廷大臣。哈伦·拉希德当政初期,给予巴尔麦克家族的维齐尔以广泛的权力,直至巴尔麦克家族的维齐尔贾法尔所拥有的权势和财富引起哈里发的妒意。据说,哈里发曾经命贾法尔与哈里发的御妹哈巴赛结为名义上的夫妻,而两人偷食禁果,通奸生子。公元 803 年,哈伦·拉希德下令处死贾法尔。这样的罪名或许出于宫廷的虚构,而真正的原因应当是巴尔麦克家族的权势已经威胁到哈里发的地位,致使哈伦·拉希德和阿拔斯家族别无选择。如果每个人都去寻求巴尔麦克家族的庇护,哈伦·拉希德何以作为安拉在尘世的代治者和公正的化身?

称做“舒欧比耶”的文学运动从一个侧面反映出此时波斯影响的扩

大。波斯人,特别是出任各级官职的波斯人,自恃文学素养深厚,不肯屈居于阿拉伯人之下。他们声称,在阿拉伯人游牧于沙漠的时候,波斯人已经建立起庞大的帝国,统治着众多的人口,创造了发达的文明。尽管阿拉伯人指责波斯人的所谓舒欧比耶运动意在诋毁伊斯兰教和先知,然而波斯人在文化和政治领域之影响的扩大,无疑成为不可否认的事实。

阿拔斯王朝面临的最大的威胁来自割据自立的波斯政权,其中包括塔希尔家族政权(公元 820－873 年)和萨法尔家族政权(公元 861－1465 年)。不仅如此,阿拔斯王朝的后宫亦存在波斯化的现象。波斯女子成为阿拔斯哈里发娶妻纳妾的重要对象,致使 9 世纪时的哈里发所具有的波斯血统甚至超过了阿拉伯的血统。哈伦的生母即为波斯女子。哈伦死后,其子艾敏和马蒙之间爆发内战,而艾敏的生母系阿拉伯女子,马蒙则为波斯女子所生。

(五)马蒙时期的哈里发国家

马蒙(公元 813－833 年在位)是阿拔斯时代声名显赫的哈里发,尽管其与艾敏之间角逐权位的内战几乎使首都巴格达毁于一旦。马蒙作为学术的赞助者,在萨珊王朝旧城军迪沙普尔的废墟之上创建称做"智慧宫"的伊斯兰文化研究中心。该中心包括 7 所学校以及位于巴格达和大马士革的天文观测站、一处规模庞大的图书馆和翻译局,希腊语、阿拉马语和波斯语的科学和哲学典籍被翻译成阿拉伯语。

马蒙偏爱哲学和神学辩论,对于称做穆尔太齐勒派的伊斯兰教义学派情有独钟。穆尔太齐勒派最初旨在驳斥波斯的精迪格和抵制舒欧比耶运动,后来逐渐演变为伊斯兰世界理性主义的代表,强调意志自由高于安拉前定。

马　蒙 83

马蒙(公元 786－833 年)是哈里发哈伦·拉希德与波斯女奴马拉吉勒之子。马蒙的母亲及诸多非阿拉伯血统的家庭教师,使他自幼对研究知识的哲学方法和科学方法产生了广泛兴趣。

马蒙的同父兄长艾敏之母是阿拉伯古莱西部落后裔。马蒙为争夺哈里发之位不得不与艾敏进行战争。长期以来,非阿拉伯穆斯林(主要是波斯人)一直要求在穆斯林世界享有与阿拉伯征服者同等的地位,并要求代表传统文化的阿拉伯人接受非阿拉伯人的文化与艺术遗产;马蒙与艾敏的夺位之争可谓非阿拉伯穆斯林与阿拉伯征服者长期斗争的尾声。马蒙的支持者主要是非阿拉伯穆斯林。随着战事的进行,最优秀将领纷纷叛离艾敏这位不称职的哈里发。

作为阿拔斯王朝第七任哈里发,马蒙不仅热心赞助艺术与科学,而且是伊斯兰世界罕见的文化素质最高的统治者。马蒙在内心深处无疑崇尚理性,因此他深受更为普遍的伊斯兰教信条中某些内在矛盾与悖论的困扰。例如,绝大多数穆斯林笃信这样一个正统观念:《古兰经》是一部永恒作品,它早在被颁降给穆罕默德之前就已存在。他们也相信安拉前定所有的人类行为。马蒙哈里发及其所支持的穆尔太齐勒运动则根本不相信上述观念。一位穆斯林怎么可能既坚信安拉是世界上唯一的永恒实体,同时又认为《古兰经》也是永恒的呢?如果安拉至仁至慈且主持正义,那么他怎会创造出这样一个世界:生活于其中的个体因安拉的前定行为而可能受到安拉的惩罚呢?马蒙在公元827年强迫法官和行政官员接受自己的宗教观念。他发布敕令,惩罚那些墨守正统观念的人,从而招致更多穆斯林的反抗。

马蒙即便在强迫臣民接受其宗教观念时,也支持翻译希腊的哲学和科学典籍,以此鼓励研究新知识。他向西西里岛和君士坦丁堡如此遥远的地方派遣使者,收集其翻译与研究中心"智慧宫"所需的手稿。古代希腊思想在翻译努力中得到保存,并在后来通过穆斯林统治下的西班牙传回西方,这可能是马蒙最为重要的遗产。

马蒙不仅是一位知识分子,还是一个征服者。马蒙于公元830年和公元833年两次率军攻打拜占庭帝国。在第二次战役中,马蒙因食用当地椰枣而突发"高烧"并很快驾崩,时年48岁,在位22年有余。

84 在马蒙以及其后两代哈里发当政期间,所有担任官方职务的伊斯兰教学者必须接受穆尔太齐勒派阐释的信条,承认安拉创造包括《古兰经》在内的一切事物。肯定的回答代表穆尔太齐勒派的观点,反对者则认为《古兰经》系先于安拉降示穆罕默德的永恒存在。穆尔太齐勒派倡导的理性主义具有极端的色彩,指责后来的阿拔斯哈里发终止甄别信仰,反对非穆尔太齐勒派的穆斯林将《古兰经》视做安拉的元始语言和相信世人的行为均为安拉前定。马蒙还曾提名什叶派伊马目作为自己的继承人,试图缓解什叶派与逊尼派之间的对立。然而,马蒙的做法招致了伊拉克人的激烈反对,马蒙提名作为哈里发继承人的什叶派伊马目也中毒身亡。

四、阿拔斯王朝的衰落

在公元 750 — 945 年的伊斯兰世界,尖锐的教派对立、频繁的反叛、离心倾向的加剧和文化背景的深刻差异,威胁着阿拔斯王朝的统治地位。随着时光的流逝,阿拔斯王朝逐渐衰落。什叶派和哈瓦立及派在哈里发国家的边缘地带建立起许多独立的政权,阿拔斯王朝任命的行省总督亦不断扩大各自的势力范围。哈伦于公元 800 年任命的突尼斯总督在其所辖的地区建立阿格拉布王朝,领有今突尼斯和阿尔及利亚东部。阿格拉布王朝广施仁政,修缮水利设施,兴建清真寺和其他公共建筑。阿拉伯人和柏柏尔人时有反叛,却未能阻止阿格拉布王朝在西西里岛、意大利和法国南部发动一系列圣战。对于基督徒发动的圣战提高了阿格拉布王朝在伊斯兰世界的声望,而哈伦的子嗣此时正为哈里发的权位继承展开激烈的厮杀。公元 832 年,埃及的基督徒赶走阿拔斯王朝任命的总督;大约 20 年后,拜占庭帝国舰队亦曾入侵尼罗河三角洲。公元 868 年,阿拔斯王朝委派艾哈迈德·土伦出任埃及总督,平息基督徒的反叛,然而其进而在尼罗河流域割据自立。与此同时,拜占庭帝国经历了复兴的过程。在马其顿王朝统治的 10 世纪,拜占庭帝国一度收复安纳托利亚南部,直至攻入叙利亚。

艾哈迈德·土伦是突厥人。9 世纪,突厥人诸部落离开祖居的中亚进入中东地区,寻找新的牧场和劫掠对象。亦有许多突厥人加入阿拔斯王朝的军队,成为哈里发的奴仆。穆尔台绥姆(公元 833 — 842 年在

位)当政期间,哈里发国家的军队中突厥人的数量急剧增多。大批的突
85 厥男童被商人从中亚贩运到巴格达,继而皈依伊斯兰教,接受军事训练,直至在哈里发国家出任官职。他们被哈里发视做忠实的奴仆;在哈里发看来,这些突厥奴隶远比波斯雇佣军更加值得信任。许多突厥人后来成为哈里发国家的重要将领,执掌兵权,直至操纵宫廷和决定哈里发的废立。桀骜不驯的突厥人逐渐成为哈里发国家的主人,控制着首都和诸多行省。

五、结论

阿拉伯人的政治势力在哈里发国家的全盛时代达到顶峰。倭马亚王朝和阿拔斯王朝俨然是阿拉伯人统治的象征,尽管许多哈里发实际上处于相对软弱的地位。一些哈里发无疑声名显赫,然而多数哈里发早已淡出人们的记忆。阿拉伯史家称颂着哈里发的睿智和高尚,却不屑于维齐尔和欧莱玛、商人和航海家以及工匠和农民所创造的历史。水利设施的修缮和远程贸易的繁荣,给伊斯兰世界带来巨大的财富。阿拉伯人的征服,密切了操不同语言的民族以及诸多宗教、文化、思想之间的交往。在此基础上,伊斯兰世界的艺术和文化进入繁荣的时代。

政治舞台暗流涌动,充斥着宫廷阴谋、官宦倾轧和乡村叛乱。伊斯兰教的信仰并未消除种族之间的隔阂。穆斯林内部派别林立,温麦的统一徒具虚名。阿拔斯王朝的大厦并未由于内部的反叛而倾覆。阿拔斯哈里发的权势尽管在 9－10 世纪出现凋谢的趋势,然而其作为穆斯林的宗教领袖的地位却始终未被他人取代。阿拔斯王朝的哈里发在巴格达延续到 1258 年,在开罗延续到 1517 年。阿拔斯王朝衰落的征兆,至迟在哈伦·拉希德和马蒙当政期间已渐露端倪。自公元 750 年起,倭马亚人在西班牙割据自立,标志着温麦统一的时代已经成为历史。9 世纪末 10 世纪初,北非、叙利亚和波斯分布着形形色色的割据政权。公元 945 年,尊奉什叶派的白益王朝入主巴格达,阿拔斯哈里发的统治权力丧失殆尽。

阿拔斯王朝的衰落并未改变中东历史的进程。伴随着阿拔斯哈里发统治权力的丧失,伊斯兰世界出现诸多新的政权。各种新的机构行使着哈里发国家的原有职能,成为维系温麦的纽带。以下两章将对此间的中东历史予以进一步的阐释。

第七章　什叶派与突厥人以及十字军与蒙古人

87 从10世纪到13世纪的中东历史往往被后人所忽略。在这个时期,没有一个王朝或国家引起人们的注意,文献资料中只有零散的记载。阿拉伯人失去了原有的统治地位。在北非,柏柏尔人取代了阿拉伯人的统治地位;在幼发拉底河以东的地区,波斯人和突厥人取代阿拉伯人而成为主宰。来自中亚的游牧部落崇尚波斯文化和突厥文化,统治着曾经属于阿拔斯王朝的广大地区,这些地区原本听从巴格达哈里发的号令,此时迎来了新的主人。中亚的突厥人大都作为阿拔斯王朝以及诸多割据势力的奴隶和战士登上伊斯兰世界的政治舞台。久而久之,突厥人皈依伊斯兰教,接受阿拉伯语和波斯语,进而融入中东的文化之中。至10世纪末,马背上的突厥人掀起东迁的浪潮,加兹尼王朝和塞尔柱王朝建立起疆域辽阔的庞大帝国。

在这个时期,中东的许多地区控制在什叶派手中,什叶派穆斯林与逊尼派穆斯林形成分庭抗礼的局面。什叶派与逊尼派之间的教派对立无疑影响着人们的思想和行动,权力的角逐和经济利益的争夺产生着更加深远的影响。此时,伊斯兰世界开始形成什叶派穆斯林与逊尼派穆斯林的明显差异。随着教派对立的加深,政治斗争逐渐演化为什叶派与逊尼派之间的激烈冲突,诸多政权开始表现出教派统治的浓厚色彩。

随着阿拔斯王朝的衰落，拜占庭帝国一度攻占叙利亚，基督徒在伊比利亚半岛亦卷土重来，尤其是欧洲大陆的基督徒发动十字军东征，试 88
图从穆斯林手中夺回“神圣的土地”。面对基督徒的攻势，并非所有的穆斯林统治者都同仇敌忾，携手圣战的事业。伊斯兰世界由于教派的纷争和利益的冲突，陷入四分五裂的状态。然而，来自基督教世界的战争威胁，无疑促使伊斯兰世界在 12 世纪出现前所未有的宗教狂热。11 世纪，拜占庭帝国日渐衰落，信奉伊斯兰教的突厥人开始攻入安纳托利亚腹地，那里曾经是操希腊语的东正教基督徒祖居的家园。在不同的地区，基督徒与穆斯林互有胜负。然而，两个世纪后，伊斯兰世界的腹地经历了灾难性的打击——蒙古人自东向西发动扩张，成吉思汗及其后裔建立起庞大的帝国，征服了西亚几乎所有的穆斯林政权。只是埃及马木鲁克王朝的一次意外的胜利遏制了蒙古人的西征步伐，北非的穆斯林得以免遭蒙古征服的厄运。

这个时期似乎是伊斯兰史上最黑暗的一页，外敌入侵与内部纷争错综交织。然而，尽管教派纷争不已，突厥人入主西亚，但伊斯兰文明依然表现出繁荣的势头。基督徒发动的十字军东征无功而返，蒙古人建立的庞大帝国亦只是昙花一现。穆斯林培育的文明之花并未枯萎凋谢，伊斯兰教发挥着凝聚社会成员的历史功能。伊斯兰教并未退出历史舞台。在危机时代，新的领袖掌握着国家的权力，统治着中东诸多的地区和广大的民众。在长达一个世纪的时期内，新的领袖所建立的政权经历着周而复始的兴衰过程。下面提到的王朝名称或许早已被人们淡忘，但是读者需要了解此间中东的历史脉络。

一、什叶派伊斯兰教政权

历史的发展往往表现为周而复始的过程，伊斯兰世界的历史亦不例外。问题的关键在于，如何确定一个周期的结束和另一个周期的开始。许多的研究者依据哈里发当政的始末或王朝的更替作为划分周期的标志。本书试图拓宽视野，从社会和政治的角度尝试划分伊斯兰世界的历史周期。本章叙述的内容，将公元 909 年法蒂玛人占领突尼斯，建立挑战巴格达哈里发国家的什叶派政权和移都开罗作为起点。本章叙述的另一起点，是公元 945 年尊奉什叶派的白益家族占领阿拔斯哈里发国家的首都巴格达。由于法蒂玛人和白益家族均属什叶派穆斯林，因此首先需要了解什叶派作为伊斯兰世界之政治力量的兴起过程。

89 ### （一）什叶派的主要分支

穆斯林通常被划分为逊尼派、什叶派和哈瓦立及派。在一些穆斯林看来，逊尼派系先知的道路即所谓逊奈的遵循者。然而，多数人认为，凡承认正统时代以及倭马亚王朝和阿拔斯王朝诸哈里发作为温麦的领袖之合法地位的穆斯林均被视做逊尼派。质疑上述原则的人，或许包括神秘主义者、唯理主义者和伊斯兰教法的反叛者。逊尼派不仅表现为神学的倾向，更具有特定的政治内涵。不仅如此，逊尼派穆斯林尊奉伊斯兰教的四大教法学派(关于伊斯兰教法的情况，详见第八章)。伊斯兰教四大教法学派的思想体系直至 9－10 世纪最终确立，而区别于什叶派的穆斯林统称逊尼派。逊尼派穆斯林的另一特点，在于承认温麦的神圣地位。

与逊尼派相比，什叶派穆斯林特指阿里家族的追随者。在什叶派穆斯林看来，阿里是穆罕默德的真正继承人，是伊斯兰世界的伊玛目，即精神领袖(关于阿里家族的世系，详见第五章)。什叶派穆斯林拒绝承认除阿里以外的历任哈里发作为温麦的领袖之合法地位。什叶派穆斯林认为，只有阿里家族的伊玛目通晓《古兰经》的内在含义和穆罕默德传布的全部启示。由于阿里的后裔包括不同的世系，什叶派内部存在不同的分支派别。哈希姆派是什叶派的早期分支，该派所追随的伊玛目虽为阿里之子，却非先知之女法蒂玛所生。倭马亚王朝末期，哈希姆派曾经支持阿拔斯家族角逐政坛，至阿拔斯王朝建立后销声匿迹。什叶派的其他许多分支在阿拔斯王朝鼎盛时期一度偃旗息鼓。自 9 世纪起，阿拔斯王朝逐渐衰落，什叶派成为逐鹿伊斯兰世界的重要政治力量。

什叶派最重要的三个派别，是十二伊玛目派（亦称贾法里派）、伊斯玛仪派（亦称“七伊玛目派”）和栽德派（亦称“五伊玛目派”）。十二伊玛目派认为，不谬的伊玛目历经自阿里至穆罕默德·孟塔泽尔的传承，穆罕默德·孟塔泽尔于公元 878 年进入隐遁状态，将会在未来的某个时日重返人间，匡扶正义。伊斯玛仪派与十二伊玛目派的区别，在于强调伊玛目的七代传承，尊奉伊斯玛仪作为第七代伊玛目即末代伊玛目。公元 760 年伊斯玛仪死后，伊斯玛仪的追随者诉诸暴力革命，在阿拉伯半岛和巴林建立卡尔玛特派政权，继而在突尼斯建立法蒂玛王朝，直至在叙利亚和伊朗形成阿萨辛派。印度现代的霍加派，亦属伊斯玛仪派的延续。栽德派脱离十二伊玛目派的时间早于伊斯玛仪派。栽德于哈里发希沙姆（公元 724 — 743 年在位）当政期间反叛倭马亚王朝，后兵败身亡，旋即被其追随者尊奉为第五代伊玛目。公元 900 年，栽德派在也门和里海南岸的山区创建独立的政权。 90
栽德派规定，伊玛目从其家族成员中指定继承人。栽德派伊玛目统治也门山区数百年。1962 年，也门发生军事政变，推翻栽德派伊玛目政权。此后，也门陷入长期的内战状态。

哈瓦立及派是公元 657 年与阿里分道扬镳的穆斯林派别。哈瓦立及派认为，无论是阿里及其后裔，还是倭马亚家族和阿拔斯家族，均无出任温麦领袖的特殊权利。在哈瓦立及派看来，任何一个成年男性穆斯林，只要遵循伊斯兰教法，皆可被拥立为哈里发；如果哈里发违背伊斯兰教法，则可被穆斯林罢免。哈瓦立及派的信条具有无政府主义的政治倾向，然而哈瓦立及派的穆斯林却曾经在北非和阿曼建立君主制的国家。

9 — 10 世纪，随着温麦的逐渐分裂，中东和北非出现众多的独立政权，旨在满足不同地区的经济和社会需要。此间形成的政权大都已经淡出人们的记忆，然而什叶派穆斯林建立的两个政权曾经对巴格达的逊尼派政权阿拔斯王朝构成严重的威胁，在中东的历史上留下了深刻的印记：法蒂玛王朝挑战着阿拔斯王朝的合法性，白益王朝的统治则使阿拔斯哈里发的权力丧失殆尽。

（二）法蒂玛王朝

法蒂玛王朝是先于白益王朝建立的什叶派政权。法蒂玛王朝的称谓源于穆罕默德之女法蒂玛;法蒂玛系阿里的妻子,亦是哈桑和侯赛因的生母。法蒂玛王朝的称谓具有特殊的含义。法蒂玛王朝的创立者自称阿里和法蒂玛的直系后裔,被逊尼派穆斯林称做“欧拜杜拉”,被其追随者称做“马赫迪”。欧拜杜拉呼吁推翻阿拔斯哈里发国家,恢复阿里家族作为伊斯兰世界的领袖地位,得到什叶派特别是伊斯玛仪派的支持。什叶派的其他分支或者拥戴尚且在世的伊玛目,或者由于屡次反叛均遭到镇压而无力继续逐鹿伊斯兰世界。伊斯玛仪之子早年夭折,伊斯玛仪派致力于秘密的政治活动,叙利亚则是伊斯玛仪派的主要据点。8 世纪末至 9 世纪,伊斯玛仪派极力扩大其在伊斯兰世界社会下层的政治影响。伊斯玛仪派通过分布在各地的传教师从事秘密的宣传活动,声称该派思想源于穆罕默德,经阿里及其后裔传至伊斯玛仪。

伊斯玛仪派的秘密组织遍布伊斯兰世界的诸多地区,宣传反对现存秩序的政治主张。卡尔玛特派是伊斯玛仪派的重要分支,曾经在巴林创建独立的政权,卡尔玛特派的国家由于背弃伊斯兰教的社会准则,被穆斯林视为异端。卡尔玛特派在伊斯兰世界的其他地区亦有一定的
91 影响,却与叙利亚的伊斯玛仪派首领分道扬镳。公元 909 年,欧拜杜拉联合柏柏尔人发动反叛,推翻阿拔斯王朝的附庸阿格拉布家族政权,占领北非广大地区。由于阿格拉布家族尊奉逊尼派伊斯兰教,北非的反叛者加入了什叶派穆斯林的行列。

在法蒂玛人看来,突尼斯地处伊斯兰世界的边陲,不足以作为新的穆斯林政权的大本营,而取代日薄西山的阿拔斯王朝是这个新政权的最终目标。法蒂玛人致力于扩大伊斯玛仪派在整个伊斯兰世界的政治影响,欲求占领巴格达。法蒂玛人将目光转向埃及,而埃及在伊斯兰历史的早期阶段并没有引起穆斯林的足够重视。自从公元 868 年艾哈迈德·土伦入主埃及以来,尼罗河流域的统治者频繁更替。法蒂玛王朝

的将领昭海尔一方面与拜占庭舰队交战于地中海水域，另一方面开始着手准备讨伐埃及。公元 969 年，昭海尔的军队在几乎未遇抵抗的情况下攻入弗斯塔特，埃及取代突尼斯成为伊斯玛仪派政权的大本营。法蒂玛王朝哈里发穆伊兹随后偕家眷和官吏抵达埃及。相传，曾经有一位颇具声望的欧莱玛质疑穆伊兹是阿里的后裔，穆伊兹拔出宝剑说道："这就是我的家谱。"随后，穆伊兹向人们分发财物，再次说道："这就是我的证据。"埃及于是成为法蒂玛王朝的属地。

法蒂玛王朝在弗斯塔特北侧选择一处地点作为新的都城，法蒂玛人希望能够在新的都城统治新的伊斯兰帝国。法蒂玛人将新都称做"嘎希莱"，西方人则将"嘎希莱"讹称为"开罗"。新都嘎希莱很快令旧城弗斯塔特黯然失色，在中东地区足以与阿拔斯王朝的都城巴格达并驾齐驱。法蒂玛人建造的爱资哈尔清真寺，标志着嘎希莱成为伊斯兰世界的宗教文化中心。在长达两个世纪的时间里，法蒂玛人将爱资哈尔清真寺作为培养伊斯玛仪派传教师的基地。法蒂玛王朝灭亡后，开罗和爱资哈尔清真寺依然在伊斯兰世界闻名遐迩。直至 1517 年奥斯曼帝国征服埃及之前，开罗是伊斯兰世界最大的城市，爱资哈尔清真寺则是伊斯兰世界最负盛名的宗教教育中心。目前的开罗拥有 1 500 万人口，规模具伊斯兰城市的首位，而爱资哈尔大学吸引着来自世界各地的众多学者。

法蒂玛人在埃及实行中央集权和等级森严的统治制度。法蒂玛王朝统治时期，埃及的远程过境贸易得到发展。然而，由于法蒂玛王朝忽视尼罗河流域的水利工程，埃及的农业生产处于停滞不前的状态。如同当时和其后的许多穆斯林政权一样，法蒂玛王朝从亚洲诸地输入奴隶，建立由奴隶组成的庞大军队。法蒂玛王朝依靠海军的支持，占领巴勒斯坦、叙利亚和希贾兹的广大地区。与此同时，法蒂玛王朝对于北非内陆的控制逐渐削弱。

令人感到不解的是，法蒂玛王朝并未强迫逊尼派穆斯林臣民接受伊斯玛仪派的宗教信条，并给予基督教和犹太教臣民以自由选择信仰的权利。哈里发哈基姆(公元 996 — 1021 年在位)曾经被描述为疯狂

92

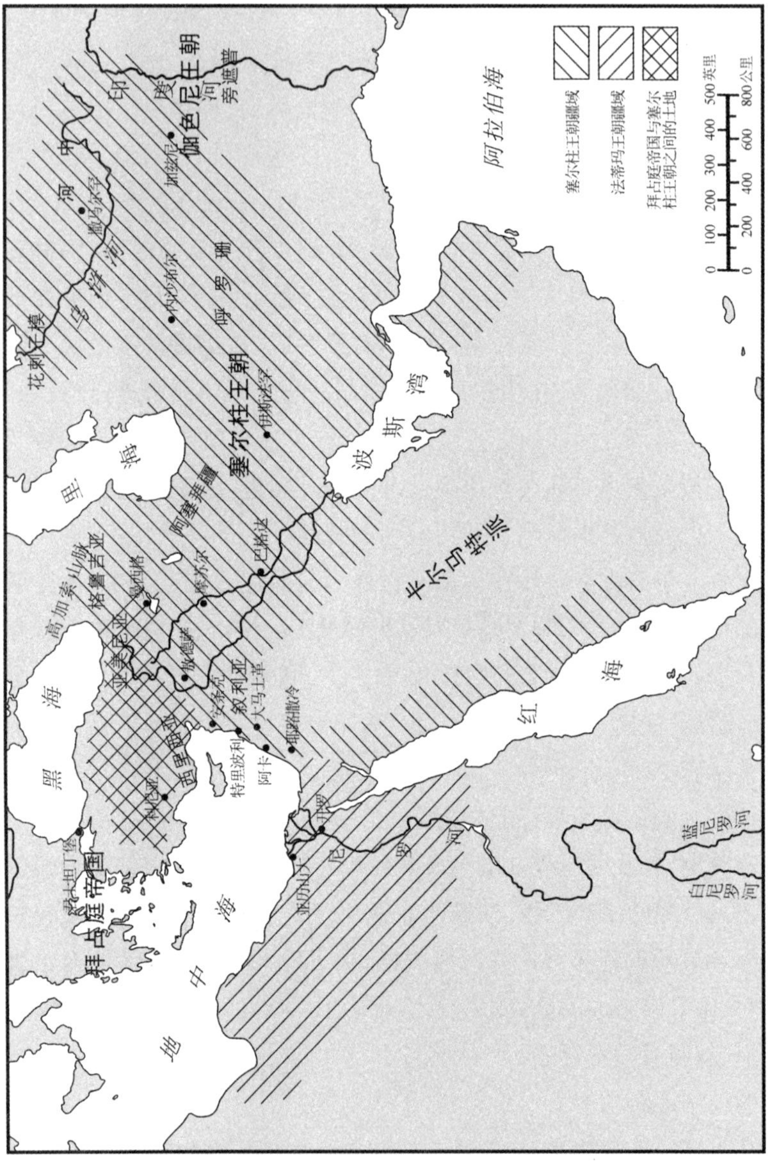

地图 7.1 约公元 1090 年的法蒂玛王朝和塞尔柱王朝

的统治者，他迫害基督徒，毁坏基督徒的教堂，屠杀迷路的狗，强化食物禁忌，直至自称具有神性。现代学者认为，哈基姆推行的宗教狂热政策旨在反对东正教会，指责基督徒支持拜占庭帝国在叙利亚的军事行动。哈基姆颁布法令禁止浪费财富，旨在克服此前历任统治者由于忽视尼罗河的水利工程而引发的灾荒。哈基姆并没有自诩为安拉的化身，却致力于缓解伊斯玛仪派与其他教派之间的矛盾。1021 年的一天，哈基姆在开罗以东的山中消失，人们始终没有发现哈基姆的尸首。

哈基姆之所以在穆斯林中声名狼藉，原因是伊斯玛仪派的传教师德拉齐曾经以哈基姆的名义传布异端信条，使得叙利亚山区的许多人相信哈基姆是安拉的化身，直至形成什叶派新的派别。这个派别称做“德鲁兹派”。德鲁兹派吸收伊斯玛仪派的神秘主义思想和中东地区其他宗教的相关信条，建立秘密的教派组织。德鲁兹派信众盘踞山区，独树一帜。穆斯林史家将德鲁兹派称做反叛者和宗教异端。德鲁兹派延续至今，在叙利亚和黎巴嫩的政治舞台扮演着重要的角色。德鲁兹派中的一些人拥有地产，许多人出任军职。在以色列北部，一些德鲁兹派成员支持犹太人的国家，加入以色列军队。德鲁兹派具有桀骜不驯的特点，继承了阿拉伯人的语言和文化传统，而特有的宗教信条构成凝聚德鲁兹派成员的主要纽带。

法蒂玛王朝统治埃及长达两个世纪，建立起规模庞大的舰队，伊斯玛仪派的宗教思想得到了广泛地传播，尼罗河流域经历了空前的贸易繁荣。法蒂玛人能够赢得更多的穆斯林加入伊斯玛仪派的行列吗？在 10－11 世纪的伊斯兰世界，逊尼派穆斯林似乎处于下风的状态。阿拔斯哈里发不再行使至高无上的统治权力，而是成为尊奉什叶派的波斯人白益家族掌控之下的傀儡。实际上，抵御法蒂玛王朝进一步扩张的力量来自巴格达的什叶派穆斯林政权白益王朝，阿拔斯哈里发国家名存实亡。

（三）白益王朝

公元 945 年，白益家族占领巴格达，控制阿拔斯哈里发的宫廷。白益王朝的建立,标志着阿拔斯王朝后期波斯人权力的膨胀和波斯文化的复兴。白益王朝统治期间,自阿拉伯人征服开始的波斯复兴过程达到顶峰。波斯复兴的过程包括阿布·穆斯林的起义、以阿布·穆斯林的名义发动的教派骚乱、文化领域的舒欧比耶运动、巴尔麦克家族的兴起、哈里发权位角逐的过程中马蒙的胜利和 9 世纪诸多波斯政权的建
94 立。10 世纪,波斯的西部处于尊奉什叶派的白益王朝的统治之下,波斯的东部臣服于尊奉逊尼派的萨曼王朝。白益王朝和萨曼王朝致力于复兴前伊斯兰时代的波斯文化和萨珊王朝的统治制度。波斯的语言文学和文化艺术经历了长足的发展,然而,琐罗亚斯德教的信仰却未能因此死灰复燃。

白益家族的不同分支统治伊拉克和伊朗西部的各个地区。白益王朝由白益家族三兄弟共同建立,白益家族的三兄弟各有自己的都城。伊斯法罕是白益王朝最著名的都城,位于富庶的法尔斯省。与伊斯法罕相比,巴格达秩序混乱,经济凋敝。白益家族尊奉什叶派的十二伊马目派,同时宽容穆斯林的其他教派。白益家族统治期间,阿拔斯王朝名存实亡,阿拔斯哈里发的权力仅局限于巴格达的宫廷。阿拔斯王朝的一位哈里发成为盲人,另一位哈里发成为街头乞丐。尽管如此,阿拔斯王朝的哈里发依然被视做温麦统一的象征。白益家族与尊奉基督教的拜占庭帝国以及埃及的统治者和伊斯玛仪派的分支卡尔马特派保持良好的关系。白益家族的敌人是摩苏尔的什叶派十二伊马目派政权哈姆丹王朝以及呼罗珊的波斯人政权萨曼王朝。简言之,经济利益的争夺而不是种族和信仰的差异,决定着白益家族的对外政策。

白益家族委托维齐尔管理其所统治的各个地区,发展手工业和商业贸易。白益家族的统治者沿袭阿拔斯王朝的传统,实行伊克塔制度,将相当数量的地产赐予将领和官吏作为军饷和俸禄。伊克塔制度是将一定的国家权力在短期之内给予接受地产赐封的将领和官吏。白益家族统治期间,受封者有权以国家的名义征收称做“哈拉吉”的土地税,有权将自己的地产传给子嗣。伊克塔制度存在诸多的弊端,受封者通常

采取各种方式盘剥农民，尤其是忽略维护水利设施，而维护水利设施对于中东的农业生产具有至关重要的意义。传统商路从伊拉克移至埃及和遥远的东方，严重损害了白益王朝的财政岁入。

二、突厥人

在讲述白益家族的结局之前，我们需要将目光转向中亚。中亚发
生的变化，特别是突厥人的兴起，对于10世纪什叶派的统治和波斯的 95
复兴产生了深刻的影响。关于突厥人，早期历史的记载主要来自古老的传说，大都不足凭信。考古学家在中亚和蒙古草原的大规模发掘，提供了追溯突厥人起源的历史依据。就目前所知，早期的突厥人处于游牧的状态，生活在马背之上，以双峰骆驼作为载运货物的工具；亦有少量的突厥人从事农耕或商业贸易。突厥人最初信奉萨满教。在他们看来，萨满是驱病除妖的巫师和联结尘世与神灵的中介，萨满的灵魂可以随意脱离躯体，萨满是部落习俗的守护神。

（一）早期突厥文明

公元550年前后，突厥人建立称做“高克突尔克”的部落联盟，中国史书称之为突厥帝国。突厥帝国的活动区域东起蒙古草原，西至乌克兰平原。不久，突厥帝国分裂为东西两部，其中东突厥帝国成为中国唐朝的藩属，西突厥帝国曾经与拜占庭帝国结盟，对抗萨珊王朝统治的波斯帝国，至阿拉伯人征服前夕逐渐衰落。公元6世纪的主要文明，即拜占庭文明、波斯文明、中国文明和印度文明对于早期的突厥帝国产生了广泛的影响，相当数量的突厥人分别改奉聂斯脱里派基督教、摩尼教或佛教，突厥人的文字亦于此间初露端倪。

欧亚大陆的不同文明经历了广泛交往的过程。长期以来，商旅驼队穿越高原和沙漠，形成东西方之间最古老的贸易通道，即“丝绸之路”。8世纪，东突厥人的一支回鹘人在中国西北边陲建立新的帝国，尊奉摩尼教，采用与阿拉姆文相似的文字书写形式。由此可以看出，突厥人成为传播中东文化和习俗的重要载体。与此同时，西突厥人的一

支哈扎尔人皈依犹太教,成为基督徒和穆斯林的贸易伙伴。

(二)突厥人的伊斯兰化

然而,大部分的突厥人最终加入了穆斯林的行列。突厥人的伊斯兰化经历了缓慢的过程,不同的部落表现出明显的差异。阿拉伯人越过阿姆河以后开始进入突厥人的世界。早在倭马亚王朝时期,一些突厥人皈依伊斯兰教,加入阿拉伯人的军队,在河中地区以及呼罗珊从事征战。阿拔斯王朝时期,突厥人在哈里发国家的影响进一步扩大。在
96 伊斯兰世界,最早的突厥战士似乎来自战争中的俘虏,他们擅长骑射,以奴隶的身份加入哈里发国家的军队。历史学家通常认为,阿拔斯王朝时期,奴隶制盛行,许多突厥男童作为奴隶流入伊斯兰世界,在接受必要的军事训练之后成为哈里发国家的战士,直至出任各级官吏。这些奴隶深受伊斯兰文化的影响,部族意识淡漠。与此同时,更多的突厥人以部落作为单位改奉伊斯兰教,受雇于阿拔斯哈里发以及包括萨曼王朝在内的诸多地方政权,成为圣战者,保卫伊斯兰世界的东北边陲,抵御尚未皈依伊斯兰教的突厥人的进攻。皈依伊斯兰教的突厥人在教派方面的倾向,往往取决于其所效忠的政权是尊奉逊尼派还是什叶派。致力于圣战的突厥人尤其缺乏教派意识,却延续着前伊斯兰时代的传统习俗。

(三)加兹尼王朝

萨曼王朝时期皈依伊斯兰教的圣战者建立起两个逊尼派的突厥人政权:加兹尼王朝和塞尔柱王朝。加兹尼王朝得名于加兹纳城,该城位于喀布尔西南145公里处,萨曼王朝曾经将该城作为伊克塔赐予突厥人首领。加兹尼王朝的创立者是苏卜克特金(公元977－997年在位)以及其子马哈茂德(公元998－1030年在位)。苏卜克特金和马哈茂德父子以加兹纳作为据点发动扩张,建立疆域辽阔的帝国。加兹尼王朝在鼎盛时期曾经领有伊朗东部、阿富汗和印度北部的广大地区。加兹尼王朝统治时期,伊斯兰教开始传入印度次大陆。

（四）塞尔柱帝国

另一个主要王朝是塞尔柱王朝,得名于一位在公元 956 年左右皈依伊斯兰教的突厥异教酋长。后来他率领整个氏族为萨曼王朝而战。塞尔柱的后人成为伊斯兰历史上最有作为的统治家族之一(参见地图 7.1)。他们在河中地区与突厥异教徒作战,先后成为萨曼王朝和加兹尼王朝举足轻重的“加齐”(即伊斯兰教圣战士兵——译者注)。作为回报,他们获得了“伊克塔”,用于放牧马匹并招徕其他伊斯兰化的突厥部 97
落,这些部落在这片牧场上饲养绵羊和山羊,以及马匹与骆驼。随着更多突厥部落的加盟,塞尔柱人的军事实力有所增强,土地贪欲开始膨胀。涓涓细流汇集成汩汩波涛;1040 年,塞尔柱人及其同盟军击败加兹尼王朝,并占据呼罗珊。白益王朝日渐衰落,而阿拔斯哈里发本人也期盼逊尼派穆斯林的到来。于是,波斯西部与伊拉克在这些军事冒险者面前已经门户洞开。

当这些受到哈里发鼓励的突厥人于 1055 年进占巴格达时,阿拉伯的主权并未丧失,而哈里发的权威反倒在名义上得到了恢复。塞尔柱首领迎娶哈里发的妹妹从而巩固了突厥—阿拔斯联盟,而哈里发承认塞尔柱首领为帝国摄政与东西方苏丹(可译为“权柄”)。塞尔柱人攻克阿塞拜疆、亚美尼亚,最终在 1071 年的曼齐卡特战役中击败拜占庭人并夺取安纳托利亚大部,此时苏丹这一头衔很快便名副其实。回顾历史我们就会发现,只有在 9 世纪阿格拉布王朝占领西西里岛并进袭法兰西与意大利海岸时,才是穆斯林统治者对基督教国家发动的一场成功的战事。自阿拔斯王朝初期以来,尚未有一个穆斯林王朝拥有如此广袤的国土。塞尔柱人全盛时期的苏丹马立克沙统治着巴勒斯坦、叙利亚、安纳托利亚一部、高加索山脉、伊拉克与波斯全境,直到咸海与阿姆河右岸的中亚部分地区。于是塞尔柱人自诩为伊斯兰教的拯救者。

然而塞尔柱人好景不长。1092 年马立克沙死后,帝国便开始崩溃。到 12 世纪末,唯有安纳托利亚部分地区尚处于塞尔柱人的分支罗姆塞尔柱人统治之下。“罗姆”意为安纳托利亚,这一地区曾是自称“罗马”的拜占庭帝国一部，因此阿拉伯人、波斯人和突厥人均称这一区域为“罗姆”。突厥人的“罗马”定都科尼亚，王朝延续至 1300 年左右。塞尔柱人的遗产有助于中东的变革，可概括如下：(1) 大批突厥人从中亚迁来；(2) 波斯东部、伊拉克北部、阿塞拜疆大部以及后来的安纳托利亚(我们称其为土耳其)的突厥化；(3) 逊尼派恢复了对西南亚的统治；(4) 受塞尔柱人艳羡的波斯制度与文化的传播；(5) 旨在培养伊斯兰教法学家欧莱玛的“麦德莱赛”(在阿拉伯语中原意为研究，引申为研究场所，进一步引申为附属清真寺的高等宗教学校——译者注)的发展；(6) 作为部落兵酬劳的“伊克塔”(在阿拉伯语中的原型是“克塔尔·穆台加维拉”，即“邻近的区域”；“伊克塔”是这一概念的延伸，特指“整体地产之一部的赐封”——译者注)制度的规范化；(7) 拜占庭帝国丧失了其统治核心安纳托利亚，并日益衰落。

98

三、十字军东征

上文列举的塞尔柱人统治后果的最后一项标志着基督徒-穆斯林关系史的新纪元。拜占庭人害怕伊斯兰化的突厥部落侵占希腊基督教农民的土地，而 11 世纪塞尔柱人的势力扩张也让他们忧心忡忡——事实上，尽管希腊正教会在整整 40 年前就与天主教会分道扬镳，但拜占庭皇帝已经恐惧到了向罗马教皇求援，以便摆脱穆斯林威胁的地步。教皇乌尔班二世很难说是拜占庭帝国的好友，却出于自身考虑而同意救援。为极力表明教皇对基督教王国世俗君主的权威，乌尔班在 1095 年发表演说，鼓动所有基督徒投身战事，从“邪恶种族”手中收复耶路撒冷圣墓。这一战争鼓动揭开了一系列基督徒战争暨十字军东征的序幕。

由于以十字军东征为题材的小说、电影和电视节目数不胜数，因此读者可能以为这似乎是中世纪欧洲的一段浪漫史诗，并对其有一定了解。由于受宗教教育的影响，许多天主教徒和新教徒都积极评价十字军东征。许多校园体育小组被称为“十字军”；几乎没有一个小组被称为“萨拉森”(十字军对阿拉伯人的称谓)的。然而，所有穆斯林特别是叙利亚人与巴勒斯坦人均对中东与西方的这场早期冲突没有好感。

（一）开端

正值突厥人崛起于中东之际，挪威人（也称北方人、诺曼人，或维金人）也在欧洲发迹，并给这块贫穷落后的土地注入了活力。基督徒军队由此成功地将穆斯林赶出西班牙和西西里岛，并鼓舞了欧洲诸多统治者。在此期间，经由陆路或地中海前往中东经商或朝觐的人逐渐增多。教皇乌尔班二世谴责穆斯林（很可能是塞尔柱人）正在破坏基督徒对耶路撒冷的朝觐，这一说辞的确耸人听闻。

成千上万的志愿者，人无论贫富贵贱，地不分东西南北，均响应教皇号召而背井离乡。大贵族的幼子们无法继承父辈地产，遂渴望为自身谋取新的土地。1097 年，十字军战士在欧洲当时最为优秀的将领而
非君王率领之下与拜占庭帝国军队会师。他们在围困九个月之后攻陷 99
安条克，沿着叙利亚海岸南进，并于 1099 年进抵耶路撒冷城下。当时仅有法蒂玛王朝 1 000 士兵驻防该城。经过六周战斗，15 000 名十字军士兵破城而入。随后，十字军对反抗的犹太人、穆斯林甚至土著基督徒施以斩首、剑刺、坠楼、拷打、火刑等种种暴行，无论穆斯林还是基督徒的记录均证实了这一大屠杀。耶路撒冷大街人血横流直达膝盖。十字军抢走了岩石清真寺（即萨赫莱清真寺或圆顶清真寺——译者注）数以百计的银制烛台和数十金制烛台，并将这座清真寺改为教堂。

占领耶路撒冷之后，部分十字军战士与拜占庭军队返回故土，但仍有多人驻守于此并开始殖民。他们建立了四个十字军国家：耶路撒冷王国、安条克公国、的黎波里伯国和埃德萨伯国。十字军还扶植从塞尔柱人占领区逃至安纳托利亚西南部的亚美尼亚基督徒建立了所谓的小亚美尼亚国家。亚美尼亚人此后依旧是十字军最为忠顺的盟友。

（二）穆斯林的反应

读者可能会问，被涌入的突厥人注入活力的伊斯兰世界为何会放任基督徒入侵。十字军在一定程度上是幸运的。在 11 世纪末，塞尔柱

王朝已经丧失对叙利亚和巴勒斯坦的控制力。分裂诸国正在彼此攻伐。南部的法蒂玛王朝尊奉什叶派伊斯兰教，在十字军攻打耶路撒冷之前对逊尼派统治者所遭受的入侵漠不关心。巴格达的哈里发孤立无援；他并非伊斯兰世界的教皇，无法命令全体穆斯林对十字军发动圣战。除此之外，基督徒所攻占的土地多为各派基督徒聚居区，其中许多人根本不管统治者是天主教徒、犹太人、德鲁兹派抑或敌对的穆斯林。十字军并未攻占诸如阿勒颇、大马士革、摩苏尔、巴格达或开罗等伊斯兰世界真正的政治经济中心。对 1100 年左右的整个穆斯林世界而言，第一次十字军东征并不重要。

那么穆斯林为何历时长久才赶走十字军呢？原因之一是，当时的
100 与现今的穆斯林均分属于混战诸国。一些穆斯林统治者甚至和十字军结盟以便攻打教友。埃及法蒂玛王朝与十字军国家过从甚密，因为亚历山大与威尼斯和热那亚等意大利港口的贸易往来利润丰厚。

1144 年，第一次转折点来临了。摩苏尔的统治者，暨从垂死的塞尔柱帝国之手夺占叙利亚东部的赞吉，将十字军赶出了埃德萨。在神圣罗马帝国皇帝和法兰西国王统率之下，第二次十字军企图攻占大马士革，并夺取包括埃德萨在内的叙利亚腹地。然而，十字军攻势虚弱，穆斯林重新反攻。与此同时，赞吉被自己的一个奴隶所杀。但是赞吉之子努尔丁却功绩卓著，他迅速控制了除十字军盘踞的沿海地带以外的叙利亚全境。

（三）萨拉丁的崛起

此时法蒂玛哈里发统治下的埃及日益衰落。法蒂玛哈里发的统治权已经旁落至他们的维齐尔手中，由维齐尔统率军队并操纵行政。无论大马士革的努尔丁还是耶路撒冷的十字军国王，均觊觎这块肥沃的尼罗河谷地和三角洲。但是努尔丁处于更为有利的地位，因其麾下有一位聪明敏锐的得力干将——库尔德人希尔库。希尔库之侄萨拉丁随军佐任。希尔库与萨拉丁替努尔丁赶走了入侵埃及的十字军，并荣任法蒂玛王朝维齐尔。1171 年，萨拉丁悄悄命令埃及穆斯林在周五聚礼

中停止祝福奄奄一息的法蒂玛王朝哈里发，代之以祝福阿拔斯王朝哈里发。实际上，在埃及居多数的逊尼派穆斯林反对什叶派的统治，并欢庆这一改变。同年，法蒂玛王朝末代哈里发驾崩，萨拉丁自称苏丹，埃及统治权业已落入叙利亚统治者努尔丁的这位部将之手。

三年后，努尔丁去世，萨拉丁遂夺取叙利亚统治权，此后数十年他一直致力于平息什叶派，特别是其分支伊斯玛仪派阿萨辛派的挑战。从 1187 年至 1192 年，萨拉丁从十字军手中收复耶路撒冷和巴勒斯坦大部。萨拉丁是一位能够及时洞悉并利用敌方弱点和己方优势的军事统帅。穆斯林史学家与基督徒史学家均认为，萨拉丁是勇武和宽厚（我们称之为“骑士精神”，而阿拉伯人称之为“穆鲁瓦”，即恪守伊斯兰教道德规范——译者注）的典范。他的某些基督徒对手却并不具备这些美德。例如，一位十字军君主暨卡提顿的瑞吉纳德洗劫了朝觐麦加的穆
斯林商队，当萨拉丁进行报复时，他听说瑞吉纳德城堡内正在举办一场 101
婚礼，即暂停攻击。但是萨拉丁会报复持有异见的穆斯林；他在开罗公开迫害法蒂玛王朝旧臣与诗人。他曾下令处死穆斯林神秘主义者苏哈拉瓦迪耶。

绝大多数欧洲人认为，萨拉丁拥有一项将十字军赶出中东的宏伟计划。如果从这个意义上讲，萨拉丁并未完胜，因为他未能将十字军赶出我们现今称之为黎巴嫩的大部分地区。法王菲利普、英王狮心查理加盟第三次十字军，并于 1191 年从萨拉丁手中夺取阿克。一些学者相信，萨拉丁意欲恢复阿拔斯哈里发对全体穆斯林的统治，然而他的目的并非如此高尚。萨拉丁的确实现了本家族所建的阿尤布王朝对埃及和叙利亚的统治。在萨拉丁死后，阿尤布王朝继续统治上述地区长达两代人的时间，尽管这种统治并不总是英明或者有效。尽管此时阿拔斯哈里发一度中兴，但也只是恢复了对伊拉克和波斯的管辖。更为奇怪的是，1129 年，开罗的阿尤布王朝苏丹将耶路撒冷租给了仍旧占据叙利亚和巴勒斯坦沿海地带的十字军。十字军两次入侵埃及的尼罗河三角洲地区，埃及阿尤布王朝的突厥奴隶雇佣军抗击基督徒入侵，后来马木鲁克则夺取了埃及政权。

总而言之,在应对十字军挑战过程中,穆斯林的军事力量与不宽容性都有所增长,而阿尤布王朝的奠基人萨拉丁则被誉为穆斯林抗击西方基督徒的典范。萨拉丁从十字军手中收复了耶路撒冷,从而适得其时地使穆斯林有信心应对来自东方的更加残酷的挑战。

四、蒙古人的入侵

从亚洲强行闯入的是突厥人的近亲——蒙古人。这些游牧部落坚韧耐劳,数百年来世代居住于戈壁滩以北的狂风劲吹的高原之上,偶尔南下侵扰中国,或者劫掠连接中国、印度与波斯的“丝绸之路”上的商旅。绝大多数蒙古人对周边的文明和宗教知之甚少,他们崇拜着自己的女神与长生天。然而在 12 世纪末,一位名叫成吉思汗的军事首领统一了蒙古东部各部。他开始袭击中国北部,但后来突然西征中亚,以便援助突厥人,这些人正在遭受敌对的蒙古部落联盟哈剌契丹人(即黑契丹人,西辽人——译者注)的压迫。在兼并哈剌契丹部落土地之后,成吉思汗面临着野心勃勃却有勇无谋的突厥花剌子模国王穆罕默德(即
102 摩珂末——译者注)。从 1218 年至 1221 年,蒙古人追歼穆罕默德的军队,摧毁了河中地区花剌子模与呼罗珊的都市与部分农田。蒙古军队滥施暴行,罄竹难书:他们屠杀了梅尔夫的 70 万居民;他们的工兵在玉龙杰赤城沦陷之后掘开左近河堤(即阿姆河堤——译者注)引水灌城;他们将融化的金水灌入一位穆斯林地方官的咽喉;他们将成千上万的被俘穆斯林解往蒙古,其中多数工匠死于中途;他们将尼沙布尔的男人、妇女与儿童的尸首堆积成山;他们甚至在大街上屠杀猫狗。蒙古人希望以此恐吓穆斯林,使他们不敢反抗。

1227 年成吉思汗去世,他的继承人蹂躏了中国、俄罗斯和东欧,穆斯林暂时躲过一劫。但是蒙古军队奉成吉思汗儿子(窝阔台——译者注)之命远征阿塞拜疆,并威胁高加索山脉的基督教王国与伊拉克和安纳托利亚的穆斯林。1243 年,入侵的蒙古军队打败了罗姆塞尔柱人。蒙古人将罗姆塞尔柱人降为部曲,并把安纳托利亚的突厥部落肢解成数十个公国。这次入侵也促成了蒙古人与小亚美尼亚国的结盟(该国

此前曾支持十字军进攻伊斯兰世界)。这一事件促使更多的欧洲人相信,西方基督徒能够与东方的蒙古人结为更为强大的同盟,以便永久粉碎伊斯兰世界。

(一)哈里发国家的崩溃

事实上蒙古人根本无需外援。1256 年,成吉思汗之孙旭烈兀再次西征。旭烈兀可能受到了欧洲君主派往蒙古王廷(即斡耳朵——译者注)使团的蛊惑。旭烈兀是一位异教徒,但是其妻是一位景教徒,她可能点燃了旭烈兀心中对伊斯兰教的仇恨之火。阿拔斯哈里发依旧存在,甚至在名义上受到众多穆斯林的尊崇,这使旭烈兀大为光火,他无法容忍竞争对手的存在。蒙古军队首先摧毁了袭扰逊尼派穆斯林长达两个世纪之久的阿萨辛派,接着穿越扎格罗斯山侵入伊拉克。哈里发的军队进行了殊死抵抗,但蒙古人引大水灌入军营,溺毙敌军数千士兵。

旭烈兀汗 103

旭烈兀汗(1216－1265)系成吉思汗之孙,蒙哥汗之弟。1255 年,蒙古大汗蒙哥派旭烈兀统率大军西征穆斯林世界的波斯、伊拉克与大叙利亚。

尽管旭烈兀年轻时喜欢哲学和科学,但是他在应诏统率蒙古大军后放弃了这些追求。他在宗教信仰上始终是一位多神教徒,但是他的母亲与宠妻均信奉景教。

旭烈兀及其大军缓进西南并渡过阿姆河,这条河在 1256 年曾是蒙古统治区与波斯的界河。接着他迅速击溃了伊斯玛仪派,并摧毁了该派在阿拉木图所建的臭名昭著的阿萨辛派老巢。1257 年,旭烈兀派密使前往巴格达面见哈里发穆斯台耳绥木,并要求后者仿效前任哈里发屈从塞尔柱人的先例,承认蒙古人的宗主权。阿拔斯王朝第三十七任哈里发穆斯台耳绥木坚信,如果蒙古人攻击巴格达,那么哈里发身后的穆斯林世界会联合抗敌,故拒绝了蒙古人的要求。旭烈兀这样回答:

> 如果我在盛怒之下率领大军攻打巴格达,无论你窜入天空还是

躲在地下，我都会将你抓获；我会像狮子一样把你扔到空中。我将使你的帝国无人幸存。我将焚毁你的城池、你的土地还有你本人。如果你希望拯救自己及你的尊贵家族，就应认真聆听我的建议。否则，你将像长生天所乐见的那样死无葬身之地。（参见［瑞典］多桑著，冯承钧译：《多桑蒙古史》下册，中华书局 1962 年版，第 76 页："……汝若能从，则汝可保汝之土地、人民、军队；然若不从，如愿战斗，则集汝军，指定战地，吾人已严阵以待也。但汝应知，吾人一怒之下，进兵报答，汝虽藏于天空地腹，亦不能逃。如汝欲保全汝身汝朝，须敬聆吾等之言，否则吾人将见天意之所属也。"——译者注）

旭烈兀在 1258 年 1 月和 2 月兑现了他的恐吓。他摧毁了巴格达，屠戮了至少 80 万当地居民，其中包括哈里发本人。之后，他将军队撤至阿塞拜疆，并以此地为中心建立了蒙古人的伊儿汗国，统辖穆斯林世界东半部。1258 年底，旭烈兀再次出兵攻陷叙利亚，轻松夺占阿勒颇与大马士革。到 1260 年，蒙古人的势力已经延伸至巴勒斯坦南部和埃及的西奈半岛边界。

正在此时，旭烈兀获悉其兄蒙哥汗驾崩，而由此引发的斗争促使他率领大部士卒回国。这一转折点使从埃及赶来的马木鲁克军队得以在 1260 年的艾因·扎鲁特战役中击败一支人数减少的蒙古军队。

即便蒙古人全力维持其军队，他们也很可能无法征服埃及。蒙古军队与成千上万的马群以及数十万羊群、牛群一起迁徙。游牧社会需要大片土地以便牧养牲畜，而西奈半岛与阿拉伯沙漠或许成为旭烈兀大军无法逾越的天然障碍。

104 旭烈兀大军进抵巴格达城下，用弩炮向城内投掷巨石，迫使哈里发于 1258 年 2 月屈膝投降。接着，蒙古人劫掠全城，焚毁学校和图书馆，破坏清真寺与王宫，屠戮了大约 100 万穆斯林（基督徒和犹太人幸免于难），最后将阿拔斯家族全体成员塞入袋中，用马蹄践踏至死。熏天尸臭迫使旭烈兀及其麾下撤出巴格达，临行前他们将黄金、珍珠和宝石装上自己的战马，填满废弃的剑鞘，甚至塞入路边的死尸，然后连拖带拽满载回都(即哈拉和林——译者注)。独立的阿拔斯哈里发国家不复存在,巴格达的经济繁荣与文化辉煌荡然无存,在某些史学家看来,甚至连阿拉伯文明本身也随之消散,这真是一个悲惨的结局。

(二)马木鲁克的抵抗

伊斯兰世界并未消亡。埃及的马木鲁克(直译为“奴隶”)于1250年攫取了阿尤布王朝君主即萨拉丁后人的统治权,并拯救了伊斯兰世界。1259－1260年,旭烈兀大军在渴望协助其消灭穆斯林仇敌的格鲁吉亚和亚美尼亚基督徒支持下向西挺进。他们包围并攻陷了阿勒颇,屠杀了城中居民。被阿尤布王朝统治者弃守的大马士革不战而降。接着旭烈兀派使团去开罗传话:

> 你们业已耳闻我辈是如何征服一个广袤帝国并荡涤这片陷入混乱的土地。你欲逃窜而我们要追击,但是你究竟想逃到哪里呢?你能在哪条路上躲避我们?我们的战马迅疾如飞,我们的箭支锐利无比,我们的刀剑快如雷电,我们的决心坚定如山,我们的士卒多如细沙。城堡也不能迟滞我们。我们的警告已经言明,因为现在你们是我们未来进军途中仅存的敌人。(参见[瑞典]多桑著,冯承钧译:《多桑蒙古史》下册,中华书局1962年版,第101页:“……吾人所略之国,所灭之民,如辈应知其数,在汝辈只有逃亡,在吾人只有追讨。然汝辈有何路可逃,有何地可庇欤?吾人兵威所临,无可为汝辈之保障者。吾人之马如电,刀如雷,胸如磐石之坚,战士如沙碟之众,其欲抵抗吾人者必致后悔,其求宥者必获救……”——译者注)

但是旭烈兀忽闻其兄蒙古大汗(蒙哥汗——译者注)驾崩,或许是由于过度悲伤,或许是为了攫取大权,他率领大部士卒从叙利亚班师东归。与此同时,马木鲁克处死旭烈兀的使团并进军巴勒斯坦,于1260年9月在艾因·扎鲁特击败蒙古军队。此役无疑是历史上的高潮,因为它标志着蒙古人在伊斯兰世界扩张的顶峰。但是此役很难说是阿拉伯人的胜利,因为马木鲁克主要是从中亚草原迁来的一代突厥人。亲蒙古的史学家着重指出,马木鲁克是蒙古军队人数的 12 倍。此时旭烈兀正在蒙古帝国争权夺利,因此未能进行反攻。穆斯林世界由此经受住了蒙古人的严峻考验。

105 五、结论

旭烈兀及其后人在伊拉克和伊朗定居并建立伊儿汗国,从而结束了这段可怕的历史。他们最终接受了包括伊斯兰教在内的波斯文化,并部分重建了被他们毁坏的东西。马木鲁克延续数百年并于 1293 年将残余十字军赶出了巴勒斯坦。他们在埃及与叙利亚所建立的王国在此后两百年中成为穆斯林主要的政治中心、经济中心和文化中心。

从这段充满血泪的入侵、征服和毁灭的编年史中,从令人眼花缭乱的而且很少为非中东地区所知的一系列王朝中,我们究竟能够看到什么呢?什叶派权力的沉浮与突厥人的涌入使中东受益;然而,十字军与蒙古人给中东带来的损害远大于收益。然而,人们不能企图消除在他们生活中业已发生的糟糕事情,一个国家也不能期望抹去其历史上的不幸事件。人们能够从自己的不幸中吸取教训并超越这些不幸。伊斯兰教和伊斯兰文化幸存下来并且愈发坚韧。伊斯兰生命力的源泉将是第八章所要讨论的话题。

第八章　伊斯兰文明

我们已经讲述了近 7 个世纪的政治史，因此现在应该从整体上考 107
察一下这一文明。我们应该如何称呼这一文明呢？有的学者主张用“伊斯兰的”，有的学者则主张用“阿拉伯的”。部分学者认为，由于伊斯兰教是联结信奉此教的各个民族——主要是阿拉伯人、波斯人和突厥人的纽带，因此这一文明应叫“伊斯兰文明”。伊斯兰教也影响了伊斯兰世界的政治、贸易、生活方式、观念以及艺术表达形式。然而迟至公元 1000 年前后，穆斯林在伊斯兰世界依旧不占多数。起初阿拉伯穆斯林文化水平很低，因此在伊斯兰文明内部活跃的学者与科学家主要是犹太人、基督徒、琐罗亚斯德教徒，或刚刚改宗伊斯兰教的人，这些人的观念依旧受到此前宗教信仰的影响，在中东形成的这一文明从诸多宗教传统与哲学积淀中汲取了营养。

另一个称谓是“阿拉伯文明”，突出了阿拉伯人在文化发展中的作用。这不仅是因为阿拉伯语是《古兰经》语言，阿拉伯人是征服者，而且由于阿拉伯人善于吸收新的观念，阿拉伯语在公元 750－1250 年间几乎成为艺术、科学和文学的通用语言。这一文明的建设者来自温麦内部的各个民族，尽管其中有许多阿拉伯化的柏柏尔人、埃及人、叙利亚人和伊拉克人，他们的后代至今仍然自称“阿拉伯人”，然而仅有很少一部分人的祖先是地地道道的阿拉伯部落民。由于“伊斯兰的”一词比

"阿拉伯的"含义更为宽泛,因此我们将"伊斯兰文明"作为本章标题。

108 ## 一、伊斯兰教的准则与律法

伊斯兰教发端于信仰的传布,却由穆斯林应做什么与谴责什么来加以表现和阐释。穆斯林尽管知晓行将到来的末日审判,却希望了解并恪守那些能够取悦安拉并维持社会和谐的行为准则。穆斯林认真汇纂了这些准则,并将其系统化为律法《沙里亚》(在阿拉伯语中意为"道路")。《沙里亚》相当于正统犹太教中的《塔木德》;而在基督教中并无类似内容。《沙里亚》试图描述一切可能的人类行为,并根据最高立法者安拉的旨意将这些行为划分为义务性、嘉许性、准许性、谴责性和禁止性等类型。《沙里亚》在商法与民法上的规定涉及结婚、离异、养育子女、其他人际关系、财产、饮食、服饰、卫生以及礼拜等诸多方面。《沙里亚》对穆斯林的约束迟至蒙古人入侵时期仍然无处不在。

二、法学的发展

首批穆斯林根据他们所熟知的阿拉伯半岛西部的社会规范来判断是非。沙漠商旅在商品买卖与财产权利方面业已制定出详细规则,但是民法依旧恪守根据部落道德规范(即"穆鲁瓦")进行财产再分配的原则。穆罕默德传布的启示拓宽并巩固了权利与义务的范畴,《古兰经》对此有许多规定。穆罕默德的格言与行为(后世穆斯林称之为"逊奈")成为原初温麦法律的一部分。先知逝世后,他的继承人试图根据先知生前的言行,以及先知对他们该做什么不该做什么的训诫来规范人们的生活。穆罕默德的追随者,特别是最初的四大哈里发,成为此后穆斯林的模范;事实上,四大哈里发的行为成为后世哈里发与地方官的"逊奈"。由于穆罕默德的追随者向其子孙灌输《古兰经》与"逊奈"的价值观,并指导新近改宗伊斯兰教的人,阿拉伯半岛的传统规范逐渐成为穆斯林的行为准则。即便在认识穆罕默德的男男女女均已故去之后,伊斯兰教规定的义务和戒律依旧通过口耳相传延续了一个世纪。

阿拉伯人的征服行动,使早期穆斯林得以借用罗马法和波斯法中

的诸多概念与组织结构。熟知此前一些帝国的既有法律与程序的仲裁 109
官和法官取代了《古兰经》记诵人和穆罕默德的追随者。随着温麦的扩大，关于温麦内部穆斯林权利和义务的争执有所增多，无论统治者抑或公众，均已认识到伊斯兰教法必须清晰化、统一化、系统化，适用于绝大多数穆斯林，并且能够执行。到公元750年阿拔斯王朝建立之时，穆斯林研习《古兰经》义，了解先知生平，并学习传述人所讲的先知言行。一个特殊的判断是非的伊斯兰教法学由此形成。伊斯兰教法学的阿拉伯语名称是“斐赫”，原意“学习”，而穆斯林迄今仍然认为，教法学家“福卡赫”与穆斯林宗教学者“欧莱玛”（原意“有知识的人”）两者之间具有密切联系。

（一）法律渊源

伊斯兰教史学家认为，《沙里亚》从诸多法律制度中汲取了养分，然而穆斯林通常认为他们的律法具有四种或者至多五种主要的法律渊源：《古兰经》、穆罕默德的“逊奈”、类比解释、欧莱玛公议，以及（在某些场合中）法官意见。从严格意义上说，只有前两种才是确定无疑的法律渊源。《古兰经》是安拉颁降给穆罕默德的启示记录。它包括许多命令与戒律，以及对诸多历史人物行为的价值评判。这里有一些例子，《古兰经》在离婚（2：226－238）、确定债务关系（2：281－283）与财产继承（4：11－17）方面规定详尽，这些规定被全体穆斯林遵奉至今。而当《古兰经》描述赛莫德人的罪恶时（7：78－82），其言辞比较模糊：他们的行为对穆斯林而言是非法的。然而《古兰经》根本无法涵盖人类行为的方方面面。它可能命令人们做礼拜，但是只有穆罕默德的示范才能教穆斯林如何礼拜。

先知的“逊奈”比《古兰经》内容宽泛，但是穆斯林只有克服某些意想不到的困难才能将其作为《沙里亚》渊源之一。他们如何才能确定某一行为是先知践行的，或者下令去做的呢？必须存在一个说明先知做过或者说过这一行为的“哈迪斯”（口头传述——即“圣训”——译者注）。“哈迪斯”应由一系列传述人（伊斯纳德）来证实。“哈迪斯”的记录者应说明谁讲述了这条新消息，他从何人那里听传了圣训，谁向他的传述人口传了圣训，并回溯至证实此存疑言行的人那里。传述人的作用相当于一份
110 学期论文的脚注；传述人通过与已知权威挂钩来证实信息。由于“哈迪斯”在100多年后才记录成书，所以传述体系有助于剔除那些附会先知的虚假传述内容。如果传述体系也是伪造的呢？为了剔除“哈迪斯”中的伪造传述体系，早期欧莱玛变成了研究先知生平、先知家族、先知追随者以及第一代穆斯林的专家。如果传述体系中某位当事人是一个骗子，或者无法追溯至以前的传述人，那么就说明这一传述体系链条的某个环节经不起推敲，这条“哈迪斯”本身就不可信。经过众多学者长达100年的辛勤劳动，若干权威的圣训集出现了——逊尼派穆斯林有六种，什叶派穆斯林有其他几种。当代穆斯林依旧遵奉上述圣训。

与此同时，一些学者制定了《沙里亚》本身。他们通过将伊斯兰教法汇纂成书用作参考或指导来制定《沙里亚》。温麦在先知逝世后发生了巨大变化，因此绝大多数欧莱玛认为，《古兰经》与“圣训”无法解答所有难题。因此“欧莱玛”采用了类比推理的方式，即将法律尚未规定的一种情况与法律已作规定的另一种情况进行类比。由于《古兰经》禁止穆斯林饮酒，因此欧莱玛引申为禁止穆斯林引用各种醉人汁液。穆斯林学者也常常依靠欧莱玛的公议来解决法律难题。这并不意味着穆斯林学者就此条戒律对西起科尔多瓦，东至撒马尔罕的穆斯林进行了民意测验。相反，公议意味着法律研究者内部的协商一致。这一实践使《沙里亚》吸纳了先前社会中的许多规定。伊斯兰教法由此覆盖了远不为穆罕默德所熟知的人们的生活：印度洋上的一位航海者，伊拉克南部沼泽地一位种植水稻的农民，或者河中地区的一位突厥牧民。除此之外，正如司法判例有助于形成盎格鲁—撒克逊法一样，《沙里亚》包含了一些著名法官在棘手的、或有争议的案件中的司法判例。法官意见在阿拉伯人征服时期运用较多，此后则销声匿迹。穆斯林立法者都会尽量依据《古兰经》与“逊奈”来立法。

（二）逊尼派的教法学派

至少对占多数的逊尼派而言，《沙里亚》早在9世纪末已被编成权

威书籍。逊尼派教法派别或学派（“麦扎希布”，该词很难被译为英文。原意为主张、学说、方式、道路等，引申为派别或学派——译者注）产生了，其中四种延续至今：哈奈斐、马立克、沙斐仪与罕百里。哈奈斐学派是四大学派中最大的一支，它形成于伊拉克，受到阿拔斯王朝支持，在遵循《古兰经》与“圣训”的前提下倚重欧莱玛公议与法官推理作为法 111
律渊源。哈奈斐学派如今盛行于印度、巴基斯坦，以及曾经处于奥斯曼帝国统治之下的绝大部分地区的穆斯林中。马立克学派在麦地那产生，并广泛参照盛行该地的“圣训”的有关规定，而今马立克学派在上埃及、北非和西非占有优势。沙斐仪学派诞生于公元 9 世纪的埃及，可谓哈奈斐学派与马立克学派的中庸调和，不过更强调类比。沙斐仪学派在萨拉丁时代的埃及与叙利亚影响很大；现今盛行于环印度洋的穆斯林地区与印度尼西亚。比较保守的罕百里学派由著名法学家兼教义学家艾哈迈德·伊本·罕百里（死于公元 855 年）所创，它反对将类比、公议和法官意见视为法律渊源。罕百里学派尽管出现过推动伊斯兰世界现代化改革的大思想家，却因死守教条而鲜有信众。罕百里学派是当代沙特阿拉伯的官方教法学派。逊尼派的其他教法学派一度存在，后来都销声匿迹了。四大教法学派仅在礼拜问题上区别显著，实质分歧微乎其微。各派均承认其他三派的合法性，仅有罕百里学派偶尔例外。

（三）什叶派的教法学派

什叶派教法同样依据《古兰经》、“逊奈”（有所不同的是，任何证实“哈迪斯”的传述体系中必须包括一位合法伊玛目）、类比和公议。什叶派教法与逊尼派教法在证实先知的某些言论方面确实存在分歧，其中最突出的分歧在于，先知是否愿将阿里确定为继承人。什叶派教法在某些问题上更加宽容：它允许临时婚姻，女系可获得稍大份额的财产；某些教法学派甚至允许什叶派穆斯林在危急时刻隐瞒其真实信仰。重大分歧在于，绝大多数逊尼派教法学派不再允许对《沙里亚》进行重新解释，而什叶派教法学派则规定伊玛目有权解释律法。他们在原则上认为伊玛目尚在人间。什叶派分支十二伊玛目派认为，其末代伊玛目暂时隐遁,授权名叫“穆智台希德”(阿拉伯语“勤奋者”的音译,系伊斯兰教对有创制教法能力和资格的权威学者的称谓——译者注)的立法者在伊玛目重返人间前可以创制《沙里亚》。这一“创制”(阿拉伯语“伊智提哈德”的音译,特指教法学家依据《古兰经》和“圣训”的基本原则,通过推理而对具体情况的判断和解释——译者注)并不意味着使教法满足一时所需,相反,它意味着有权在不经公议的情况下重新审视《古兰经》与“圣训”。从这个意义上讲,什叶派保持了占多数的逊尼派早已丧失的那种灵活性,而什叶派欧莱玛,特别是诸多“穆智台希德”至今在伊朗等国保持巨大影响力。事实上,逊尼派穆斯林欧莱玛进行伊斯兰教改革的主要目标是恢复“创制”权。

112 (四)法律的执行

在伊斯兰史的黎明时期,哈里发或者地方官掌握着法律的执行权。随着社会的复杂化,哈里发及其地方官开始任命那些熟知《古兰经》与“逊奈”(指穆罕默德与早期哈里发的实践)的穆斯林担任“卡迪”(即法官)。随着司法制度的演进,起初有抱负的法官师从经验丰富的法学家接受法律训练。后来在城市清真寺中出现了培训学校,教授一种或多种教法。什叶派中的伊斯玛仪派所设的布道者培训学校,以及塞尔柱人和其他逊尼派王朝所建的“麦德莱赛”,成为法官和其他法律专家的摇篮。学员将在一名或多名导师指导下研读法律书籍与集注。当学员掌握足够知识并能够担任法官时,他们将会获得独立从业的资格证书。

其他多种司法职务也出现了:为法庭或在某些情况下为个人提供具体法律问题权威答案的“穆夫提”(司法顾问);证实一件事情,例如签署协议确曾发生的“舍哈代”(证人);执行穆斯林商法并维持当地秩序的“穆哈泰希”(市场检查官)。伊斯兰教法律制度中从未出现过在法庭审理中代表争执双方的律师。穆斯林坚持认为,辩护律师或出庭律师可能会损害诉讼当事人或民事案被告的利益,以便满足私利。伊斯兰教法律制度中也没有公诉人或地方检察官。法官在多数情况下必须在《沙里亚》相关规定指导下,在某些情况下参照“穆夫提”的建议,并依据当事人和证人提交的证据进行判决。

哈里发必须通过任命最具智慧、最为忠诚的法官来执行法律,以此确保温麦内部的公正,而并非通过阐释《沙里亚》。的确,倭马亚王朝某些哈里发在其私人生活中可能藐视《沙里亚》,但是《沙里亚》的规定就整个温麦而言依旧有效。人们在家中(或宫中或官邸中)能摆脱什么,以及人们在公开场合能够做什么,在警察可能在场时能够做什么,对此我们必须时刻加以区分。没有一位倭马亚王朝哈里发或阿拔斯王朝哈里发能够废除《沙里亚》,或者声称他本人与其他所有穆斯林不受《沙里亚》约束。当哈里发丧失了任命法官和其他法律官员的权力时,掌握哈里发权力的各个苏丹和王公则必须选任这些官员。即使在十字军和蒙古人入侵伊斯兰世界并试图推行其他行为准则时,穆斯林在其日常生 113
活中依然遵循《沙里亚》。令一些西方人备感惊讶的是,当代穆斯林依旧如此。如果人们走进摩洛哥的一家巴扎(封顶集市),就会感到这处巴扎类似在土耳其、巴基斯坦或者其他 40 个穆斯林国家中的巴扎,人们对这种相似的生活方式即便不可言传亦能意会。一位苏丹学生用“安塞拉姆·阿莱库姆”(意为“愿主的安宁也降临于你们!”即“色兰”——译者注)欢迎我们,这与阿尔及利亚和伊朗人欢迎我们时所说的话完全一样。共同的礼拜方式,对莱麦丹月(斋月,译者注)的恪守,当然还有对麦加的朝觐,都是将世界各地穆斯林联结在一起的纽带。

(五)法律的适用

然而《沙里亚》至今适用吗?《沙里亚》律法一成不变,因此批评者声称《沙里亚》律法不能为处在迅速变革世界中的人类确立行为规范。即便在我们目前研究的这个时期,一些强有力的统治者也企图通过巧妙的规避,或者更多地通过世俗法律“卡侬”来超越《沙里亚》的某些规定。而《沙里亚》的捍卫者欧莱玛缺乏用以惩罚此类统治者的警察。但是欧莱玛能够引导舆论,有时甚至能够掀起反叛。没有一位统治者胆敢改变伊斯兰教的五大支柱(即念清真言、进行礼拜、缴纳天课、实行斋戒、朝觐麦加五大功修——译者注)。迄今也没有一位统治者干涉关于婚姻、继承和其他个人地位的法律。当代伊斯兰教必须应对与正统犹太教同样的难题：在世界上众多民族国家及其领导精英不再信仰上帝，或者至少在表面上不再信仰上帝时，以恪守神启行为准则为根基的宗教如何能够幸存下来？虔诚的穆斯林、基督徒和犹太人或许有一天能够克服彼此分歧，以便向共同的敌人宣战：世俗主义、享乐主义、实证主义以及在当代出现的各种意识形态。

《沙里亚》中的哪些规定不再适用了？由青年自愿结成的姻亲比遵循父母之命而成的婚姻更加稳定吗？西方日益频繁的滥交与通奸增强了还是削弱了家庭的功能？如果家庭不复存在，那么人们将在何种环境中教育子女，并使其行为像男人或妇女？在现代社会中，性别差异的模糊化使男性和女性更加快乐、更加具有安全感吗？当酗酒在绝大多数工业国业已成为公共健康问题之际，应该允许甚至鼓励饮酒吗？向他人提供有息借款(债权人和债务人并未共同承担风险)对资本积累有利还是有害？赌博使赌客富裕化还是贫穷化了？如果为了保卫伊斯兰世界而发出的圣战鼓动听起来过于激进，那么人们在哪些信仰支配下
114 进行了20世纪破坏性最大的战争？如果穆斯林停止礼拜，没有斋戒，不纳天课，不再朝觐麦加，那么穆斯林会生活得更好吗？就让那些声称伊斯兰教及其律法已经落伍的人试图解答这些问题吧。

三、伊斯兰社会

早期穆斯林的社会生活远比如今的规范得多。各个阶层、宗教、性别与年龄的人群均有特定的权利与义务。统治者应维持秩序，增进其臣民间的公平，反对异教国家以保卫温麦，并确保充分生产和利用统治区的财富。逊尼派穆斯林逐渐形成了一套完备的政治理论。这一理论强调，哈里发作为国家的合法首领，必须是成年男性，身心健康，并且应为古莱西部落后人。他的继位应得到其他穆斯林的公开承认。然而在事实上，哈里发的登基可能仅仅赢得了本人的同意。一些哈里发幼年继位，少数哈里发精神失常，甚至维齐尔、地方官与军事冒险家常常攫取哈里发的统治权。然而逊尼派立法者一致认为，与其处于空位，不如

让僭主或暴君进行统治，故仍旧维持哈里发那名不副实的权威。正如一句谚语所说的：千年独裁胜过一日无序。

欧莱玛的道德权威时常制止对权力的滥用。统治者必须与通常所谓的“持笔者”与“握剑人”进行合作。“持笔者”包括征税和分配国库收入、执行统治者命令的行政官员，以及为穆斯林提供审判、教育、福利等服务的欧莱玛。基督教教士和犹太教拉比在其宗教共同体内部的功能与欧莱玛的作用类似。而“握剑人”负责扩张并捍卫伊斯兰版图(特别是在 9 世纪之后)，为此获得土地赐封并维护当地秩序。

社会阶层

严格来说，穆斯林厌恶阶层划分，但是他们从前伊斯兰教的萨珊、波斯那里承继了统治者与臣民分野的观念。绝大多数人属于臣民，应为温麦创造财富。臣民内部的最基本划分是游牧民与定居者，前者被 115
进一步划分为不计其数的部落和氏族，后者则分属诸多职业团体。城市商人与手工业者组成商业行会，这些行会往往与特定的宗教派别或苏菲教团(穆斯林神秘主义者的兄弟会)相联系，并且往往能增进行会成员的共同利益。农民是人数最多的群体，通常地位较低，而且并非耕地的完全所有者。还有奴隶，一些奴隶在军队和行政机关服役，一些奴隶则为商人和手工业者劳作，还有一些是家内仆役。使用奴隶进行劳动的农场寥寥无几。伊斯兰教并未明文禁止存在于 7 世纪阿拉伯半岛的奴隶制。但是伊斯兰教号召奴隶主善待奴隶，并鼓励他们释放奴隶。奴隶可能来自战俘、被家人出卖的孩童，或被奴隶贩子从家乡掳走的人。上述阶层划分的观念并非源自强调全体信徒一律平等的伊斯兰教，而是来自古代，并且是绝大多数农业社会的共同特征。

与上述横向的社会划分交织在一起的，是以世系、种族、宗教和性别为基础的纵向的社会划分。尽管有“哈迪斯”表明穆罕默德及其追随者希望淡化家族界限，然而早期伊斯兰社会仍然认为首批穆斯林的后代，或者全体阿拉伯人的地位高于后来改宗伊斯兰教的人。读者从前面几章可知，波斯人和后来的突厥人的地位逐渐上升至与阿拉伯人齐平；而诸如柏柏尔人、印度人和阿富汗人等则保留了与众不同的身份，并且在其改宗伊斯兰教后地位仍旧较低；而种族歧视则远远不如现代基督教世界那样强烈。

然而以宗教为标准的社会划分是深刻的，也最为重要。宗教是一种团体的经历——对一系列共同律法和信仰的坚守将教徒紧密联结为一个共同体，这一点与人们和上帝之间私人的和个体的关系有所不同。宗教和政治具有紧密联系。在这里，基督徒与犹太人并未拥有与穆斯林一样的权利和义务；他们是遵奉《沙里亚》的伊斯兰世界内部的被保护群体。他们不必缴纳天课，却必须缴纳人头税与其他用于供养自身宗教组织所需的苛捐杂税。有时他们不准在《沙里亚》法庭上作出对穆斯林不利的证词，不准敲钟，犹太人不准在某些宗教节日吹朔法尔，也不准以喧闹的列队行进，以免干扰穆斯林做礼拜。基督徒和犹太人有时感到这种限制变得更加屈辱，在某些情况下他们的人身与财产也会受到威胁。然而他们在数百年中成功地维持了自身的犹太教或者基督教信仰，并遵奉
116 自身的教法。遵奉《沙里亚》的穆斯林国家对待宗教少数派的做法，比那些将宗教少数派同化或者完全驱逐的国家要好一些，与中世纪基督教国家、沙皇俄国和纳粹德国对待犹太人的做法相比，则要好得多。

就以性别为基础的社会划分而言，伊斯兰教与绝大多数在农业时代产生的宗教一样是父权制的，因此给予了男性一定的特权与特殊责任，女性则没有这些权利和责任。穆斯林相信生理的差异决定了两性的不同地位。男人应该统治国家，发动战争，供养家人；妇女应该生儿育女，操持家务，并听命于夫君。伊斯兰传统史学很少讲述妇女；事实上，少数妇女曾参与战事、进入政界、创作诗歌或者具有神乎其神的传奇经历，然而绝大多数妇女与其丈夫、父亲、兄弟和儿子所起到的作用相比是从属性的，而她们的实际作用比传统史学所揭示的要大一些。

四、家庭生活的重要性

正如读者可能猜想的那样，家庭在早期伊斯兰社会中居于核心地位。当时的人们认为，一场婚姻会成为两个家族的纽带，或者增强同一

家族内两个分支的联系，因此婚姻往往由父母包办，或由未婚男女各自的最年长亲戚安排。人们倾向于堂兄弟与堂姐妹间的婚姻，因为这样可以保持本家族财产的完整性。穆斯林相信，如果双方结婚并且必须共同关爱家人和养育子女，那么夫妻之间就会产生爱情。未婚男女之间的确会产生浪漫爱情，但这种爱情很难促成婚姻。男性穆斯林有权拥有不超过四个妻子，由此引发了一些家庭争斗，但是每当丈夫迎娶较年轻的妻子时，很多年长妻子则欢呼雀跃，因为较为年轻的妻子能够更好地承担起频繁生育并操持繁重家务的责任。西方人所想象的“穆斯林闺房”并不多见。《古兰经》允许男性穆斯林在平等对待每个妻子的前提下拥有最多四位妻子，然而唯有有权有势的男性才能供养起四位妻子；由于新郎必须准备大笔聘礼，因此很多贫穷男人只能打光棍。伊斯兰教法使男性休妻容易，而女性则很难与丈夫离婚，但事实上由于妻子有权保留聘礼，所以离婚鲜有发生。伊斯兰教法规定，新郎必须在婚前立即给予新娘部分聘礼，如果他后来休妻，则应将剩余聘礼给予妻子，所以穆斯林结婚契约或许增加了离婚的难度。

就代际关系而言，父母希望获得(也的确获得了)子女在未成年时和成年后的无条件服从。已婚妇女则必须听命公婆。妇女自然希望生 117
养儿子，因为儿子迟早会给她们带来一位供使唤的儿媳。父母严格培养但深深爱着自己的儿女，如果这些孩子成为能够经受成长苦难磨炼的佼佼者，父母会以其子女的成才而自豪。尽管儿子通常会承继父业，然而一位农民或商人的天资聪慧的儿子依然能够接受教育，并跻身欧莱玛或官僚阶层。同样，一位维齐尔之子可能沦为一个乞丐。女孩受教育机会较少，但若干职业唯有女性可以从事，而妻子通常会与丈夫一起在田间劳作，或者从事纺纱等家内手工业。由于穆斯林少年在本家族圈内打发了大量业余时间，所以兄弟姊妹、堂兄弟姊妹联系十分密切(通常是互相关爱，有时也会相互仇恨)，而西方人通常并非如此。

(一) 私人关系

穆斯林与家庭外部的社会联系远比现今更为密切。早期穆斯林社会中的个体比流动性更强的现代世界中的个人认识的人要少，但是他的或她的友谊或仇恨往往会更加牢固和持久。同性朋友间为表达爱意的身体接触与口头表达比西方人更为普遍，但这并不意味着同性恋(尽管这样的关系的确曾经存在)。男性的友谊通常以孩提联系或同为秘密兄弟会、商业行会或体育俱乐部的成员为基础。受风俗限制，妇女的交际圈仅限于亲人与邻居，但是她们也有秘密姐妹会。

无论男人还是妇女均会在家招待同性朋友。伊斯兰社会中各个阶层最普遍的消遣方式即相互造访，共享食物并互通消息。相互造访的时间通常安排在温度下降后的黄昏和傍晚，或者在斋月的深夜。大批男人或妇女喜欢聚在一户人家中聆听诗歌朗诵，或者偶尔欣赏音乐演奏。男女都喜欢野餐；埃及人与波斯人依旧保留着前伊斯兰时代到乡间春游野餐的节日。宰牲节和开斋节是各地穆斯林的两大节日，也是主要的社会交往场合。人们通常会在生育、割礼和婚庆时举办盛大宴会。
118 葬礼、入土、葬后的招待也在穆斯林社会生活中扮演了重要角色。人们尽管会哀悼亡人，却坚信死者能够很快升入天堂，并以此安慰自己。男人也常在清真寺、巴扎、公共浴池和餐馆聚会。妇女则在女性浴室、汲水的公共水井、浣衣的溪流边会见朋友。与我们的社会相比，早期穆斯林的自由和隐私较少，但是拥有更多的安全感和较少的孤独感。

（二）饮食、服饰与住所

由于经济条件、地理位置和所处时代的差异，早期穆斯林的饮食、衣着和住房各不相同，因此很难概述他们是如何满足自身基本需要的。小麦是主要谷物，人们通常在磨坊碾碎小麦，在家中和面，并在大型的公共性或商业性烤炉烘成小面包片。人们也常在烹饪中使用烘干的小麦或碾碎的干小麦，在叙利亚和埃及尤其如此。贝都因人食用麦粥。大米很少；玉米和土豆尚不为人知。人们一般生吃水果蔬菜；或者将果蔬脱水、用醋或糖腌制保存。人们将绵羊、山羊、骆驼、水牛和奶牛的乳汁制成奶酪、奶油(澄清后用于烹饪)与酸乳酪。穆斯林的肉食主要是烤制或炖成的羊肉。西方人并不钟爱的各类动物脏器，如眼珠、大脑、心脏、睾丸等,均被穆斯林视做珍品。穆斯林禁食猪肉并禁饮发酵饮料。不太虔诚的穆斯林饮用葡萄酒和其他果酒、啤酒和用椰枣、糖蜜或大米制成的发酵饮料阿拉克(即色酒——译者注)。占多数的虔诚穆斯林饮用时令水果的汁液、带甜味的果汁饮料(通常是用雪加上玫瑰香水或水果糖浆)以及稀释的酸乳酪制成。穆斯林在 17 世纪以前并未普遍饮用咖啡和茶。中东的食品一般都添加了少许佐料,如盐、胡椒、橄榄油以及柠檬汁。穆斯林食品强调色泽,故往往添加橘黄色丝,目的在于获取其颜色而非味道。穆斯林将蜂蜜作为糖的替代品,然而糖料种植依然从印度扩展至穆斯林世界。

服饰必须既朴素又耐用。人们在夏季穿亚麻布或棉布衣物,冬季身着羊毛衣物——神秘主义者和游牧民则全年身穿羊毛衣物。除了身穿宽大裤头的骑马者之外,人们偏爱宽松长袍而非裤子。无论男女都避免身穿可能让陌生人看到自身轮廓的衣服。早期的男性穆斯林在所有正式场合均用头巾或无檐帽裹住头部。头巾的不同颜色表明地位差 119
异:例如,绿色头巾表明某人曾朝觐麦加。阿拉伯牧民用束发带扎住起伏的库菲亚(头巾)。穆斯林从不戴有檐帽子和面罩,以免妨碍俯伏在地进行礼拜。妇女用某种长头巾遮住头发,并在陌生人可能出现的时候遮住面部。犹太人、基督徒和其他宗教少数群体穿戴特殊的衣服和帽子。由于人们的衣着能够显示其宗教信仰和社会地位,因此陌生人便知道如何与对方交往。

住房建材大多就地取材:石块、泥砖,偶尔还有木材。高顶与窗户有助于夏季通风。在冬季,有保暖的衣服和热气腾腾的食物,还有可能加上一个炭火盆才能使人们忍受室内生活。许多住房建在拥有花园、喷泉和小池塘的庭院周围。室内并无家具;人们习惯在地毯上或低台上盘腿而坐。当人们准备入睡时会将床垫和其他铺盖展开,起床后再将它们卷起。富人家中的厨房设施往往位于不同隔间。密室总是存在。

五、学术生活

限于篇幅,我们没有给予早期伊斯兰学术生活足够的重视。遗憾的是许多西方人至今仍然认为,阿拉伯人对中东的征服窒息了中东的艺术、文学和科学的创造力。事实恰恰相反,正是阿拉伯人挽救了柏拉图、亚里士多德以及其他希腊思想家的众多著作;这些著作后来又传回了西方。事实上,穆斯林学者对文化生活的每个领域都进行了研究。尽管《古兰经》并非学术著作,穆罕默德也不是哲人,然而阿拉伯征服者却使穆斯林接触到了希腊化世界的哲学思想。此前,希腊化哲学中的新柏拉图主义学派曾在亚历山大和萨珊帝国的军迪沙普尔繁盛一时,后来希腊化哲学则在 9 世纪马蒙设在巴格达的学术中心智慧宫找到了出路。叙利亚基督徒将亚里士多德的百科全书式作品译成了阿拉伯文,这些作品后来启发了肯迪、法拉比、伊本·西拿(阿维森那)与伊本·鲁世德(阿维罗伊)等穆斯林思想家。

被誉为"阿拉伯人的哲学家"的肯迪(公元 873 年去世)将追求真理置于所有人类职业(宗教、高等逻辑学、数学、科学著作、心理学、医学和
120 音乐等职业除外)之上。肯迪善于借鉴复杂的希腊概念,将其阐释清楚,并为学生以一种任何教材编写者均能理解的方式简化这些概念。阿布·奈斯尔·法拉比(公元 958 年去世)则超越了肯迪的所有成就。法拉比是一位在巴格达接受教育的突厥人,声誉极高,被后世哲学家奉为继亚里士多德之后的"第二导师"。法拉比首次将新柏拉图主义哲学与伊斯兰教中的安拉、天使、先知以及共同体等概念结合在一起。他是一位多产的逻辑学家,而且精通音乐。

伊本·西拿(1037 年去世)也将医学与哲学结合起来。伊本·西拿认为,肉体和灵魂都是相互独立的存在,每个人均有自由意志,人类幸福的最高级形式并非肉体享受,而是为了与安拉沟通而获得的精神愉悦。尽管与伊本·西拿同时代的穆斯林因他的上述观点而与其划清界限,但是他的教义学著作通俗易懂,逻辑清晰。伊本·西拿的科学著作之一是《医典》。《医典》曾被译为拉丁文,并且成为 17 世纪以前欧洲医学院的教科书。与肯迪一样,伊本·西拿也有逻辑学、数学和音乐著作。生活在 12 世纪西班牙的伊本·鲁世德是最伟大的经注学家。他在亚里士多德哲学和伊斯兰教义学方面造诣很深。由于他的宗教观念违

反了正统学说,因此其著作遭到焚毁,其某些原创性知识贡献可能永远不为人知。

(一)数学与科学

在我们讨论伊斯兰哲学时曾经提到数学、科学和医学。早期穆斯林并未像我们这样如此细致地划分人类的知识领域。西方人往往想当然地认为在文艺复兴时期的欧洲人重新学习古典知识以前,穆斯林思想家仅仅充当了这些知识的存储器。而事实上,我们欠下的债远比这些人想象的要多得多。穆斯林数学家在代数学,平面与球面三角学,平面几何学,球体、圆锥和圆柱体方面取得了长足进步。我们所使用的"阿拉伯数字"尽管由印度人发明,却由阿拉伯人介绍给了欧洲。穆斯林比西方人至少早两个世纪便已使用十进位制分数。穆斯林将数学应用到商业记账、土地调查、天文观测、机械设施以及军事工程等方面。

穆斯林医学以古希腊人的成果为基础,但是主要应归功于景教徒。阿拉伯血统的景教徒侯奈因·易司哈格(公元 873 年去世)将众多希腊
语文献与阿拉马语(一种古代闪米特语)文献译成了阿拉伯文,不过他 121
的主要成就在光学方面。我们提到欧洲人曾将伊本·西拿的著作作为医学教科书,而解剖学先驱维萨里在其所绘制的人体结构图上兼用阿拉伯文和希伯来文进行标注,这一事实更加说明了中东医学的影响。穆斯林医生研究植物学和化学,以便找到治疗药物以及若干毒药的解药。

科学的和伪科学的观察方法可能相互关联。化学会和炼金术纠缠在一起,而天文学与占星术也是如此。了解恒星和行星的运行有助于夜间航海和陆上行进。然而早期穆斯林与其他绝大多数民族一样,认为天体会影响个人、城市乃至国家的生活,因此哈里发将宫廷占星家作为顾问。穆斯林还使用了星盘(用于测量天空中恒星高度的设备),并发明了原初的天文望远镜。据说一位天文学家曾制造了一台天象仪,不仅能够复制恒星的运动,而且可以制造电闪雷鸣。穆斯林科学家早在哥白尼与伽利略阐述各自理论之前就已知道地球是圆的,而且绕日

公转。

为了更了解大地,早期穆斯林非常热爱测绘地理学这门学科。阿拉伯人征服者与东半球贸易的扩展,使穆斯林喜欢阅读描述远方土地及其居民的书籍,如果这些人能够成为贸易伙伴或者皈依伊斯兰教,这种喜爱就更加强烈了。阿拉伯旅行家与地理学家的著作使我们了解了9至15世纪撒哈拉以南的非洲。历史学也是一门主要学科。几乎所有穆斯林科学家均记载了所研究领域的发展史。统治者要求有起居注并记载其前任成败以便从中汲取经验教训。许多穆斯林读过对早期哈里发和征服者的记录。穆斯林史学家首次尝试从王朝、民族和文明的兴衰中探寻规律从而安排历史记载。14世纪伊本·赫勒敦的巨著《历史绪论》将国家的崛起归因于统治者与其追随者之间牢固的集团意识("阿萨比亚"),此书亦成为穆斯林史学的集大成者。

(二)文学

迄今我们所讨论的每一门学科均为穆斯林散文文献的一部分。尽
122 管阿拉伯文依旧是散文与韵文的主要文字,而波斯文在阿拔斯王朝得到复兴,突厥文则在稍后异军突起。韵文有助于艺术表达、教育以及大众娱乐。一些诗歌称赞某部落、某宗教,或者某位潜在的赞助人;一些诗歌则嘲笑诗人的对手;另一些则唤起对安拉的敬畏或者抒发在传奇经历后的兴奋之情;更有一些诗歌赞颂爱情、酒或安拉,有时可能赞颂以上三种(读者并不总能确定是哪一种)。

散文著作指导穆斯林进行礼拜,向君主介绍权术,反驳政敌或对敌对宗教运动的指责,并指导从烹饪到性交等生活的方方面面。动物寓言抨击暴君、权臣、愚蠢的欧莱玛和贪婪的商人。读者可能了解,脍炙人口的故事集《一千零一夜》以哈伦·拉希德在位时期的巴格达为背景,但实际上是众多古老民族的作品口耳相传至阿拉伯人,并在中世纪晚期汇集成书。但是读者可能并未听说过一位深受众多中东民族爱戴的文学家,埃及人称其葛哈,波斯人叫他摩拉·纳斯勒丁,而突厥人将其命名为纳斯勒丁·霍加。仅举一例足矣:一个男人曾向葛哈抱怨家

中没有阳光。葛哈反问:"你家花园中不是有阳光吗?""是的,"此人回答。"那好,"葛哈说,"那就把你家搬进花园中吧!"

(三)艺术

穆斯林并未忽视视觉艺术。坐落于伊斯兰世界大城市的一批最宏伟的清真寺便是最为匀称且装饰最为富丽的建筑。这些清真寺必须足够大,以便容纳在周五前来参加聚礼的所有成年男性。其中一些清真寺未能在时间流逝或蒙军洗劫中幸免于难,但是凯鲁万、开罗、大马士革和伊斯法罕的聚礼清真寺依然非常壮观。穆斯林建筑师也耗费时间与才智修建宫殿、学校、医院、客栈以及其他建筑,还有花园、水面如鉴的池塘与喷泉。

美术家的作品种类多样。尽管绘画和雕塑在前现代并不多见,但是早期穆斯林的确用复杂的几何图案、美丽的动植物图案、日常生活图景,以及男女庆典活动的画面等来反映生活。书法是最为重要的美术形式,主要用于在公共建筑的墙上书写。穆斯林在我们通常称之为工艺品的媒质上进行艺术创作:光面陶瓷以及光面瓦片,涂釉玻璃,用木材、石头和象牙雕刻而成的物品,雕刻的金属盘子,精致的珠宝项链、垂饰和短剑,丝绸刺绣,用手工压印的皮封面书籍。读 123
者肯定也见过某些"东方式"地毯。绝大多数非赝品地毯是在中东国家纺织加工而成的。

六、教义学

与中世纪的基督教一样,伊斯兰教也必须解决若干关键问题:神的启示是否高于人的理性?安拉是宇宙中一切善恶的创始者吗?如果安拉全能,那么为何还有人胆敢否认安拉的存在,并违反神圣教法呢?如果安拉业已前定人类的所有行为,那么人类究竟应该为其所作所为承担何种道德责任?这些哲学问题,以及与穆斯林统治下的犹太人和基督徒进行的更为繁琐的争论,都催生了穆斯林教义学。

伊斯兰教发展出多种经院哲学体系,其顶峰是本书第六章提到的穆尔太齐勒派，该派自称创立了“统一与公正之民”的哲学体系。穆尔太齐勒派的主要信条如下：(1) 安拉独一，因此不具有独立于本体之外的一切属性；(2) 安拉公正，惩恶扬善；(3) 安拉并不创造罪恶；(4) 人类为各自行为负责，并非安拉手中的玩偶；(5) 只有符合启示的理性才能引导信众理解安拉；(6) 每位信众都应力图论证安拉对待人类的种种方式的合理性；(7)《古兰经》受造于安拉。如果上述信条果真合理，那么读者就可能生发疑问：为何一些穆斯林拒绝接受这些信条？例如，《古兰经》真的受造于安拉吗？在天使伽百利向穆罕默德颁降《古兰经》之前，安拉必定早已知晓《古兰经》。如果没有神圣启示，安拉如何能够存在？如果安拉是永恒存在，那么他的启示(即《古兰经》)也必定从一开始就已存在，而不会像其他一些事物那样受造。穆斯林一向将《古兰经》遵奉为借此理解安拉的途径。就自由意志而言，如果所有人类均因其所作所为而遭奖惩，那么夭折的婴儿与幼童呢，他们还未学会遵守或者蔑视安拉的意志啊？如果无辜之人可以自行升入天堂，这岂非对那些终生谨守安拉意志的信众不公？穆尔太齐勒派尽管受到上述质疑，却几乎成为阿拔斯王朝的官方宗教学说。尽管穆尔太齐勒派的信徒攻击持有异见的穆斯林，然而反抗逐渐开始，新的思想产生了，穆尔太齐勒派衰落了。

逊尼派罕百里教法学派创始人艾哈迈德·伊本·罕百里是反对穆
124 尔太齐勒派的领袖。罕百里反对把僵化的逻辑引入《古兰经》和伊斯兰教法之中。他的著述影响了一位大教义学家艾什尔里(公元 935 年去世)。艾什尔里曾是穆尔太齐勒派信徒，后来深信安拉的公正并断言神的启示比人的理性更能指导人类行为。艾什尔里认为，《古兰经》是安拉属性之一——与安拉是合二为一的永恒存在。如果《古兰经》提及安拉的手臂(或者其他的人的属性)，则必须将这一暗示理解为“没有规定怎么样”，甚至没有什么象征意义。这一观点与穆尔太齐勒派和稍晚一些的教义学家的做法大相径庭。最后，艾什尔里及其门徒承认安拉全能：因为安拉创造了所有人及其行为，所以人类的所有行为皆被前定；然而，世人仍然要为自身行为负责，这就是安拉前定人类行为的方式。后世的穆斯林教义学家则论证穆罕默德必定是安拉的传话人，因为没有一个人能够模仿《古兰经》的内容与风格。早期穆斯林教义学的集大成者是巴格达最出色的法律教师阿布·哈米德·穆罕默德·安萨里(1111 年去世)。安萨里在教义学上的主要成就是利用亚里士多德的逻辑学来证明伊斯兰教的主要信条，但是他也极力攻击许多穆斯林哲学家。他因糅合了法律、教义学与苏菲主义而备受穆斯林敬仰。

（一）神秘主义

苏菲主义是一种经历，一条通向事物真实本质直至安拉的道路。将苏菲主义定义为(参见词汇表)“有组织的穆斯林神秘主义”未免显得过于平庸。一些穆斯林嘲笑苏菲主义是对伊斯兰教的非理性曲解；其他穆斯林则认为苏菲主义是其信仰核心。一些苏菲主义者认为他们的信仰与实践具有普世性，故伊斯兰教与佛教、基督教和琐罗亚斯德教具有同样的普世性。他们声称，每种宗教均包含着终极真理的萌芽，但是受到冷酷的世俗官僚体系控制的宗教则会堕落为毫无意义的狂热崇拜。苏菲主义者们力图揭示隐含在人类感觉之中，并且不能被人的理性所感知的内在意义。伊斯兰教等一神崇拜的信徒把与上帝沟通视为发现终极真理。这种沟通可以借由苦思冥想或神秘仪式来体现，例如延长斋戒、持续守夜、屏住呼吸、反复默念、托钵舞蹈等。

伊斯兰教始终包含着神秘主义倾向，但是苏菲主义却在徙志之后的一个世纪崛起为与众不同的运动。苏菲主义起初是一种通过禁欲来提升精神的苦行运动。对安拉的强烈畏惧是苏菲主义的推动力量，但这种敬畏后来演变为虔信安拉之爱。苏菲主义抨击了教义学的繁琐主

艾哈迈德·伊本·罕百里 125

关于艾哈迈德·伊本·罕百里的出生地，历史学家意见分歧。一些史学家认为罕百里生于巴格达，而另一些史学家则认为他生于中亚的一个阿拉伯人家庭。无论如何，罕百里在巴格达长大并在宗教学习中出类拔

萃,这一点毋庸置疑。

罕百里在巴格达接受基本教育之后就成为周游伊拉克、叙利亚、阿拉伯半岛和其他地区的学者。他每到一处就收集“哈迪斯”,逐渐笃信其字面含义,并将《古兰经》的字面含义视为穆斯林信仰与行为的指南。因此,他逐渐成为各类改革的反对者。

恪守传统使罕百里与较为重视逻辑推理的穆尔太齐勒教法学派发生了冲突。穆尔太齐勒派认为,人类拥有自由意志,《古兰经》并非永恒存在,而是受造于安拉后才被颁降给穆罕默德的。这些观点迎合了时任哈里发的马蒙和穆尔太绥姆的需要,却与长期流行的说法相悖。时人普遍认为,《古兰经》的确是永恒存在,而每个人的行为皆为安拉前定。穆尔太齐勒派的上述观点或许仅是含蓄地否定了当时流行的看法,然而马蒙和穆尔太绥姆却实实在在地强令欧莱玛遵从穆尔太齐勒派的宗教学说。马蒙和穆尔太绥姆设立法庭,用以甄别欧莱玛的信仰,从而确保他们遵从穆尔太齐勒派信条。

艾哈迈德·伊本·罕百里成为反对穆尔太齐勒派理论的领袖。罕百里在被捕受审时拒绝放弃原有观点。结果他遭到监禁,并且据称蒙受了极大的痛苦:他可能惨遭酷刑。罕百里的坚贞不屈使他成为穆斯林信徒心目中的英雄,并且最终被反对穆尔太齐勒派的新任哈里发穆塔瓦基勒释放。被释出狱的伊本·罕百里成为受人尊敬的师长,甚至是一个活生生的传奇。

罕百里及其门徒所创建的罕百里学派是公认的伊斯兰教四大教法学派之一。罕百里学派也是其中最为严格的一派,它否认类比和公议是教法渊源,主张严格遵守《古兰经》和“圣训”。罕百里教法学派如今盛行于沙特阿拉伯。当艾哈迈德·伊本·罕百里于 75 岁死于巴格达时,其成千上万的追随者将罕百里的灵柩护送至墓地。

义,削弱了“正统的”逊尼派与什叶派穆斯林的教条主义。苏菲主义并未像某些现代学者所称的那样否认沙里亚。相反,苏菲主义以一种神秘主义方式补充了传统的教法。安萨里等苏菲派领导人声称,意念中的伊斯兰教法是现世中的伊斯兰教法在内心的反映。苏菲主义使伊斯兰教在基本信仰不受破坏的同时得以从诸多改宗伊斯兰教的皈依者那里吸纳了若干传统——这一能力促使伊斯兰教传播至中亚、安纳托利 126
亚、东南欧、印度、印度尼西亚和撒哈拉以南非洲。11 至 19 世纪,苏菲主义主导了绝大多数穆斯林的精神生活。在温麦内部兴起的秘密兄弟会和秘密姐妹会又称苏菲教团,它增强了社会的凝聚力。1501 年至 1736 年,统治波斯的萨法维王朝起初就是一个苏菲教团。苏菲主义也使"加齐"战士保持团结,而这些"加齐"后来建立了比萨法维王朝更为著名的、与该王朝为敌的奥斯曼帝国。事实上,无论什叶派的萨法维王朝抑或逊尼派的奥斯曼帝国,均能容纳苏菲主义。

(二)对穆斯林分裂的审视

让我们审视一下伊斯兰教分裂的原因。首先是政治上的:穆罕默德逝世后,领导人应在温麦内部经推举产生,还是应由穆罕默德家族的男性成员担任?第二个原因与第一个多少有些重叠,即法律上的:哪一派伊斯兰教法能够最出色地指导穆斯林个人或团体的行为?第三个是教义学问题:穆斯林能在何种程度上将理性引入伊斯兰教信仰的表达和争论之中?安拉负责人类行为还是个人应为其行为负责?第四个方面可以称之为精神上的:伊斯兰教实践应在多大程度上包含神秘主义,或者在多大程度上探寻宗教显而易见的外在形式中所未包含的隐意?不要认为由此引发的派系分化是完全隔绝的。例如,一位 11 世纪的埃及人可能是一位逊尼派穆斯林,同时信奉马立克教法学派、艾什尔里教义学,并在某秘密兄弟会中践行苏菲主义,与此同时,却被什叶派法蒂玛王朝统治着。

七、结论

早期伊斯兰世界的社会生活、文化生活与学术生活丰富多彩,以致很难加以简约描述。中东各族穆斯林借鉴其前伊斯兰时代传统,并选用他们所接触的、有些曾经繁荣数百年的各类文明成果。穆斯林吸收那些符合安拉独一与先知使命这一基本信条的传统与观念,而抛弃其

余。穆斯林在数百年里，在诸王朝中通过贸易与手工业、口语和书面
127 语、建造气势恢宏的清真寺并设计与众不同的花园，以及表达崇高神学观念与哲学思想来发展和丰富这一多样化文明。入侵的蒙古军队摧毁了巴格达，却未能阻止上述发展。而穆斯林与基督徒之间的数百年战事也未能妨害文艺复兴初期的欧洲人学习伊斯兰世界的艺术与科学。事实上，到 16 世纪的火器时代，穆斯林才抵达其权力顶峰并实现文化极盛，这将是第九章所要讨论的话题。

第九章　火器、奴隶与诸帝国

由于我们倾向于将中东史等同于阿拉伯人史，所以我们会以为穆 129
斯林的军事力量、政治权力和艺术成就在蒙古人入侵之前都已达到顶峰。这种看法有误。蒙古人的确在13世纪蹂躏了河中地区、花剌子模、呼罗珊、波斯、伊拉克和叙利亚的穆斯林。他们的大批屠杀和毁灭纪录就连希特勒也难以望其项背。蒙古人的头号毁灭者旭烈兀仇恨伊斯兰教的一切，特别是伊斯兰教自封的政治使命。然而他的后人，即伊儿汗国王室却在半个世纪内皈依伊斯兰教，并接受波斯文化。旭烈兀及其继承人间接地为一系列穆斯林军事化国家奠定了基石：统治埃及和叙利亚的马木鲁克王朝，统治波斯与伊拉克的萨法维王朝，统治中亚的帖木儿帝国（以及帖木儿后裔在印度建立的莫卧儿帝国），以及声名最为显赫的奥斯曼帝国，这个帝国直至现代依旧统治着巴尔干半岛、安纳托利亚和绝大部分阿拉伯人土地。

火器与穆斯林帝国有什么关系吗？我们刚才所列举的国家起初均未使用火器。我们以“火器”为标题是因为所有在伊儿汗国之后攫取权力的那些国家，要么开始学习使用火器，要么被使用火器的敌人灭亡。对自古以来用于鞭炮的火药的驾驭，改变了欧洲与中东国家的政治与社会的性质。在14世纪这一变革启动之后，任何一支陆海军如果无法在包围和后来的战斗中使用火器，都将被摧毁。大炮和滑膛枪要求建

立一支能够上膛、开火和维修火器的训练有素的步兵。征召、训练和支
130 付步兵的需要促使中央政府的崛起，而那些骑在马背上用薄薄的金属甲胄护身的封建贵族则衰落了。那些成功过渡到火药时代的国家通过打击土地贵族而增强了其行政阶层与商业阶层的力量。在火药方面，没有一个中东国家取得像英国与荷兰那样的成就。奥斯曼帝国在这方面与英国和荷兰最为接近。

由于中东是亚欧非大陆的中央地带，因此这片土地在任何时期都倾向于用军事标尺来衡量：中东诸国政府是强大了还是衰弱了，中东诸国政府赢得了还是输掉了战争，中东诸国政府拓展了还是丧失了土地，中东诸国政府的军队攻入了外国领土还是其他国家的军队占领了他们的土地。尽管本章没有确切的时间起讫点，但是可以把1260年马木鲁克军队在艾因·扎鲁特战役挫败蒙古军队这一穆斯林胜利作为开端，并将1699年奥斯曼帝国将匈牙利割让给奥地利哈布斯堡王朝这一公认的穆斯林惨败作为终点。在此期间，穆斯林从蒙古人的打击中恢复过来，建立了新的政权，通过占领巴尔干半岛和印度一部，以及通过和平地渗透到西非和东南亚而扩展了伊斯兰世界的版图，达到了繁荣的顶点，并兴建了诸如泰姬陵这样的至今仍为艺术瑰宝的宏伟建筑。

一、马木鲁克王朝

读者或许记得，在第七章中曾经作为奴隶的突厥人马木鲁克在1260年将埃及从蒙古人的威胁下解救出来，而此前不久他们刚刚攫取了萨拉丁后人的阿尤布王朝的政权。萨拉丁这位杰出的统治者曾像阿拔斯王朝以来的诸多穆斯林王朝那样，从中亚引入突厥男童（马木鲁克，或“奴隶”）并将其训练成士兵。在萨拉丁后人统治时期，马木鲁克逐渐把持了阿尤布王朝军队。在13世纪，埃及取代耶路撒冷而成为十字军的主要攻击目标。1249年，由法王路易九世（后世称之为“圣路易”）所率的第七次东征的十字军占领了沿海城市迪米耶塔，并准备进占曼苏拉，而阿尤布王朝派马木鲁克人阻止路易九世军队的攻势。在

此过程中，马木鲁克俘获了路易及其军队。此时，阿尤布王朝苏丹在开罗驾崩，而其子作为可能的继承人却远离首都，苏丹遗孀舍哲尔·杜尔秘不发丧，并在其后六个月以已故苏丹的名义发号施令。当已故苏丹之子返回开罗后，马木鲁克中占优势的一派鉴于他支持该派政敌而在 131
其登基之前将他杀死。杀人犯扶植舍哲尔·杜尔继任苏丹，而妇女以自己的名义进行统治的现象在伊斯兰史上非常罕见——马木鲁克在事实上控制了埃及政权。数月后，马木鲁克首领迎娶舍哲尔·杜尔，马木鲁克王朝正式建立。

（一）马木鲁克王朝的统治制度

马木鲁克王朝的王位传承制度在中东历史上独具一格。尽管苏丹之位通常是父死子继，然而继承人往往享祚短暂，并于在位期间面临着马木鲁克内部主要派系的权力争斗，这一现象在 1382 年之后尤其普遍。马木鲁克一派击败其余派别之后，该派头目就会夺取苏丹大位。这应该算是历史上最为糟糕的统治制度；令人费解的是，这一制度居然延续了 250 多年。

原因之一是，这种制度使少数颇具才干的领导人得以登基并进行统治。我们最喜欢列举的例子就是拜伯尔斯(1260 － 1277 年在位)。拜伯尔斯曾是苏丹派驻艾因·扎鲁特的一位将领。拜伯尔斯在赢得艾因·扎鲁特战役后杀死苏丹，并迫使其他马木鲁克承认其为新任苏丹。拜伯尔斯尽管深知东方蒙古人的威胁，却依然试图将叙利亚置于马木鲁克王朝统治之下。这就意味着要吞并仍由阿尤布王公控制的小块土地、将十字军势力限制在沿海的狭长地带(十字军在 1291 年前一直控制阿克)，并洗劫蒙古人最为忠顺的盟友小亚美尼亚王国。宗教与民族矛盾并未妨碍伯拜尔斯建立有效的同盟。他取悦拜占庭帝国与阿拉贡、西西里岛和意大利若干公国的基督教统治者，使他们全部成为埃及的贸易伙伴。他联合占领俄罗斯的金帐汗国(此时已皈依伊斯兰教)反对金帐汗国的兄弟之国、统治波斯的伊儿汗国。拜伯尔斯使埃及成为最为富庶的穆斯林国家。他还接纳了一位从巴格达逃出的阿拔斯家族王子,并宣布后者是新任哈里发,于是获得了某些权势。但是穆斯林更关注在麦加和麦地那接受马木鲁克王朝统治后拜伯尔斯所获得的“两座圣城之仆”的头衔。这一头衔意味着,在1517年奥斯曼帝国夺取麦加和麦地那之前,任何朝觐麦加的穆斯林都必须穿越马木鲁克王朝的土地。

中东将领夺取政权的现象早已屡见不鲜,所以现代读者可能会将拜伯尔斯描述成萨达姆·侯赛因在13世纪的模板,但是两人具有一项不同点:拜伯尔斯确立了一套持久的政治制度。穆斯林与西方学者直到最近才揭示马木鲁克权力与延续性的秘密所在。正如我们先前所注释的那样,马木鲁克即奴隶。早期伊斯兰世界的奴隶制并非我们通常
132 认为的那样罪恶,因为它往往能使颇具才干的年轻人得以通过参军和进入官僚体系而攫取政权。在突厥人与蒙古人的故乡中亚草原,在契尔克斯人聚居的黑海东岸,在库尔德人居住的扎格罗斯山脉,甚至在地中海诸岛上等中东偏远地区,都有家长愿将儿子通过奴隶贩子卖给穆斯林统治者为奴。在13至14世纪,开普卡克突厥部落成为新马木鲁克的首要来源。而在1382年以后,契尔克斯人通过将儿子送至兵营、把女儿送入穆斯林苏丹与埃米尔(王公)后宫而跃居首要的奴隶来源。

一个男童往往会在10岁至12岁成为一名马木鲁克,此时他尚未进入青春期,但足以照顾自己,并学会骑马(如果在他学会走路之前从未骑马的话)。他会被卖给在位的苏丹(如果他幸运的话)或一位埃米尔服役,并被送入一座军营与其他同龄马木鲁克同住。所有男童会接受伊斯兰教和阿拉伯语的基本教育。他们将进行养马和骑马的训练,学会使用长矛、短刀,并掌握箭术。这种严格训练会持续8至10年,在此期间,这些年轻人除了每周能去公共浴池这个最令人兴奋的时刻之外,一直处于严格训练之中,但每个团队均培养起一种能延续至死的团体意识。每位完成军事训练的马木鲁克会获得解放文书、一匹马和战斗装备。

然而,即便一位马木鲁克有幸成为获得自由的士兵,他仍将继续效忠曾经训练和解放他们的苏丹或埃米尔,效忠他们以前的老师和监管人,忠诚于训练与共的其他马木鲁克。一群共同训练的马木鲁克在军

133

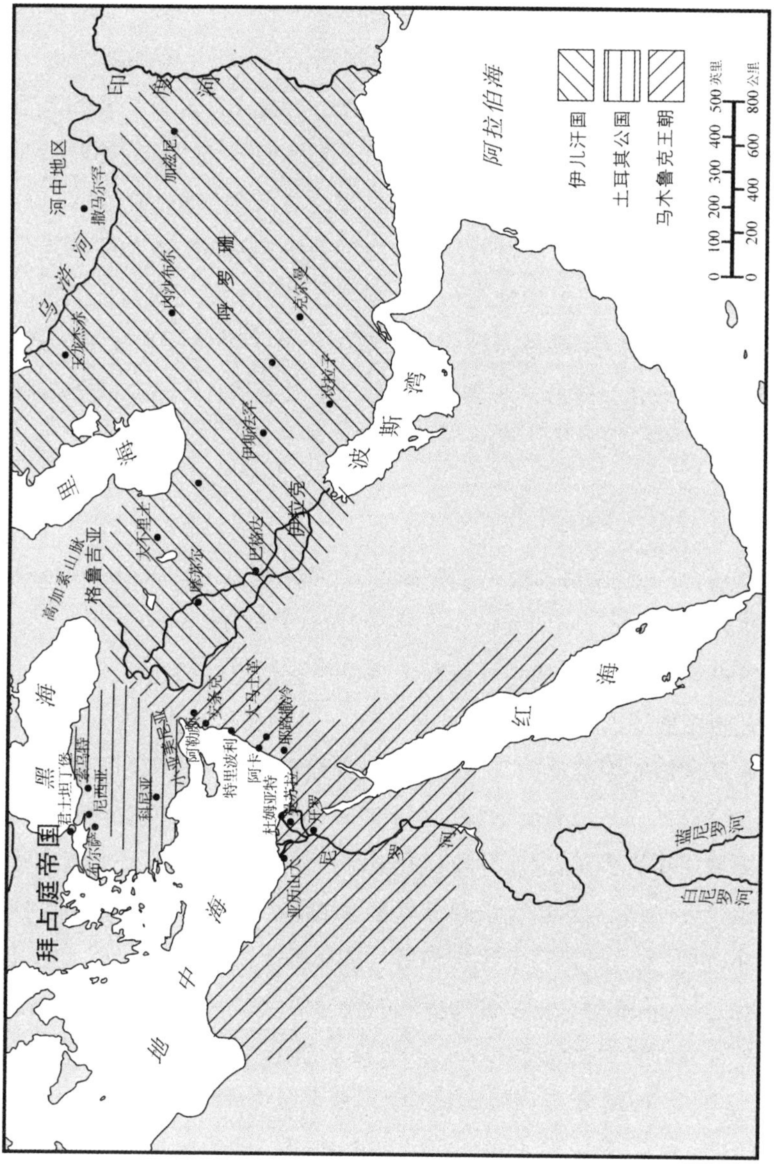

地图 9.1　约公元 1300 年的马木鲁克王朝和伊儿汗国

队中往往成为一个派别，这与寄宿学校室友或结拜兄弟非常类似。如果马木鲁克的指挥官死去或丢官，那么他们通常会被降级或者流放，而很少被改派给其他指挥官。不足为奇的是，马木鲁克各派的首领会结成更大的同盟以攫取权力，并成为埃米尔甚至在1250年后成为苏丹。换句话说，曾经接受训练的马木鲁克日后通常会成为来自中亚和高加索山脉的新马木鲁克的所有者和培训者。指挥官和马木鲁克的联系非常类似家族内部的联系。事实上，马木鲁克之子很少成为马木鲁克。地位仅次于苏丹甚至埃米尔的马木鲁克的儿子们更希望成为欧莱玛或行政官员。苏丹之位很少世袭。马木鲁克王朝苏丹都曾是前任苏丹的马木鲁克。马木鲁克成为苏丹的能力取决于其军事技能和政治敏感。读者此前所了解的穆斯林王朝中，没有一个能够像马木鲁克王朝那样在如此漫长的时间里统治埃及与叙利亚。

134 （二）马木鲁克的衰落

然而，任人唯亲最终取代了擢贤任能，马木鲁克训练不再像以前那样严格，马木鲁克统治的素质也下降了（特别是在15世纪契尔克斯人担任苏丹期间）。这一体制导致马木鲁克追逐财富、攫取权力，而事实上他们也聚敛了大片地产。马木鲁克还向自耕农和商人征收重税，从而使他们被迫成为游牧民。黑死病和其他瘟疫使埃及和叙利亚的人口剧减三分之二。马木鲁克王朝企图垄断奢侈品贸易而引发欧洲基督徒和亚洲穆斯林的不满，进而导致利润丰厚的商路在15世纪开始远离埃及。顺便说一句，马木鲁克杀鸡取卵的行为导致葡萄牙的商路努力绕行非洲，也促成了哥伦布向美洲航行。就在其他军队正在使用大炮和滑膛枪之际，马木鲁克依旧迷恋传统的骑马作战、挥舞剑矛、挽弓射箭，仅让小股雇佣步兵使用火器。马木鲁克未能赶上军事技术的发展，从而于1516至1517年在训练有素的奥斯曼军队面前遭遇惨败。

二、蒙古人的伊儿汗国

马木鲁克王朝的第一个敌人是蒙古征服者后裔在伊拉克和波斯所

建的伊儿王朝。伊儿王朝开国可汗旭烈兀(死于 1265 年)定都大不里士。他作出这一选择具有充分理由:大不里士位于阿塞拜疆高原,紧靠通往中国和东南欧的丝绸之路,并且在其周边的安纳托利亚和伊拉克北部依旧存在着大片基督徒聚居区。这种与其他民族和宗教集团的接近,引发了一个值得关注的问题。

(一) 宗教问题

在旭烈兀及其继承人与定居民族共同生活之后,他们多次面临着应信奉何种宗教的问题。他们本来有可能成为基督徒。事实上,欧洲人相信他们或许能够在伊斯兰世界以外的某地找到一位名叫“虔诚者约翰”的、信奉基督教的强力君主。欧洲人渴望这位君主——当然是虚构的——能够从背后打击穆斯林威胁,并拯救西方的基督教国家。在
13 世纪末,欧洲人认为“虔诚者约翰”是一个蒙古人;200 年后,他们将 135
在埃塞俄比亚找到他。在这种奇特交织着的希望与恐惧的情绪驱使之下,当时的教皇派遣使团与蒙古诸汗国取得联系,与后者通商,并尽可能使其改宗。尽管当时的罗马教廷几乎没有什么可以献给蒙古人,但是一些蒙古人的确改奉了早已在伊拉克、波斯和中亚流行的基督教支派——景教。蒙古人在攻打伊斯兰世界期间也曾与高加索人、亚美尼亚人以及中东的其他基督徒结盟。对景教和雅各派(叙利亚一性派)这些基督教派别而言,13 世纪末是最后一段黄金时光。后来,这些基督教派别的政治权力和知识水平下降了,而且被绝大多数世人所遗忘。

伊儿汗国的早期统治者信奉佛教。佛教寺院在众多波斯城镇如雨后春笋,而身着黄色长袍的僧侣似乎与包裹头巾的欧莱玛一样众多。不过伊儿汗国包容了所有信仰,而且并不企图迫使穆斯林改宗,而后者显然是伊儿王朝的主体臣民。最后,蒙古部落民与突厥穆斯林或波斯穆斯林通婚,改操他们的语言,并且皈依他们的宗教。1294 年,忽必烈汗(柯尔律治的诗歌称其为“库布拉汗”。柯尔律治系英国诗人兼评论家,生于 1772 年,死于 1834 年——译者注)去世,伊儿汗国与日益“中国化”的大蒙古帝国(即元朝——译者注)的仅存纽带由此断绝。一年

后，伊儿汗国新可汗舍赞(1295－1304年在位)正式皈依伊斯兰教。从异域来到波斯的佛教迅速萎缩并销声匿迹。

舍赞汗及其继承者将佛寺改为清真寺，并且修缮了被其先祖在波斯所破坏的大部分东西。舍赞汗的继承人事实上比较软弱，而此时逊尼派与什叶派也爆发了冲突。到1360年，伊儿王朝的统治已经分崩离析并最终灭亡。

(二) 伊儿汗国在波斯的统治结果

根据成吉思汗和旭烈兀的屠杀和毁灭记载，我们或许会认为蒙古时代是波斯历史上的悲惨篇章，然而事实上蒙古时代并非我们所想象的那样悲惨。伊儿王朝即便在皈依伊斯兰教之前就已鼓励和支持建筑师、艺术家、诗人和学者的创作。诸如雅兹德和卡尔曼等地的一些大清真寺，就始建于伊儿王朝时期。然而，许多宏伟的蒙古建筑未能在时间、地震和日后入侵者的破坏中幸免于难。伊儿王朝部分统治者还建设了新的大型综合设施，包括清真寺、公共浴池、巴扎、供行人和苏菲神秘主义者居住的旅店、学校、图书馆和医院，并在大不里士内外兴修了
136 他们的宏伟陵墓，其中一处残迹即舍赞汗的继承人奥利杰图(1304－1317年在位)所建的八边形陵墓，穹顶高达250英尺(75米)。这座宏伟王陵后来矗立在阿塞拜疆高原的新都苏尔坦尼亚城中央，而今王陵的其他建筑均已裂为残砖碎瓦。

蒙古征服者使波斯艺术家和工匠接触到了中华文明的成果，因此这些艺术家和工匠制作了精美的手稿插图，建造了涂釉的砖瓦墙体和其他陶器。后悔造成巨大破坏的旭烈兀赞助了曾拯救众多科学家和艺术家的伟大波斯学者纳斯鲁丁·图斯(1274年去世)，建成了一处藏书40万册的图书馆，并修建了一处成为日后中东和欧洲楷模的天文台。一些波斯穆斯林担任了伊儿汗国和其他蒙古王朝的维齐尔，其中两人即阿塔·马立克·朱韦尼(1284年去世，即志费尼——译者注)和拉希德丁(1318年去世)均撰写了可谓文化奇葩的通史著作；两本著作均为编年史，从中我们可以了解关于蒙古帝国及其成就的许多内容。萨迪

(1291 年去世)和哈菲兹(1390 年去世)是最受爱戴的两位波斯诗人,他们定居在未受蒙古人破坏的色拉子。13 世纪晚期至 14 世纪是波斯经济复兴和文化繁荣的时期,而底格里斯河以东的伊斯兰文明也呈现出鲜明的波斯特色。正如历史上的阿拉伯人和塞尔柱突厥人那样,蒙古人再次证明了一条古老的谚语:征服者总是被被征服的波斯所征服。

(三)跛子帖木儿与帖木儿帝国

正值伊儿汗国黯然失色之际,一颗军事新星在东方冉冉升起。1336 年,在屡遭突厥部落和蒙古部落争夺的河中地区,一位名叫帖木儿·兰格的小王子,即通常所说的“跛子帖木儿”降生了。帖木儿自青年时代便依附于势力强大的埃米尔和将领们。他组建了一支由突厥穆斯林(或者前蒙古部落操突厥语人的后裔)组成的军队,企图借此建立一个与成吉思汗帝国比肩的世界性帝国。甚至在尚未征服动荡故乡之前,帖木儿就已于 1369 年横渡阿姆河进而洗劫呼罗珊。当俄罗斯的蒙古人即金帐汗国企图联合安纳托利亚东部和波斯西部的公国打击帖木儿时,他就率军横扫阿塞拜疆、高加索、亚美尼亚和伊拉克北部。在帖木儿军队所到之处,成千上万的男人、妇女和儿童被杀害,城市被夷平,农田被破坏。帖木儿自称是虔诚穆斯林,使中东基督徒受害尤烈。

帖木儿在短暂的休战期修缮了首都撒马尔罕,之后再次入侵波斯,
穿越伊拉克和叙利亚,并将其帝国扩展至地中海东岸。接着,他离开中 137
东并进军印度。帖木儿击败了印度的穆斯林埃米尔,蹂躏了德里,并将印度战利品装进他的箱子,以便利用这些收入再次西征。从 1400 年至 1403 年,帖木儿从马木鲁克人之手夺占阿勒颇和大马士革,并且在安卡拉几乎灭掉正在崛起的奥斯曼帝国。尽管帖木儿的中东帝国与他在撒马尔罕的亚洲帝国不相上下,但是他渴望建立一个与成吉思汗帝国比肩的、疆域更加广袤的帝国。1405 年,帖木儿暴卒,这才阻止了其整装待发的军队征服中国。

一些人可能赞赏亚历山大、拿破仑或成吉思汗的野心,即通过战争建立起使所有民族和平共处的世界性帝国。部落和王国争斗不息,这

个世界似乎混乱不堪，而我们提到的征服者则目光远大。这些征服者尊重学者、艺术家和工匠，并在政治组织和军事组织领域留下了遗产。然而，如果我们关注社会史，则不能赞扬帖木儿，尽管他曾在撒马尔罕兴建宏伟的麦德莱斯、清真寺和陵墓，但其主要遗产是堆积如山的人头和浓烟四起的城址。帖木儿的后人赞助学者、手稿制图师以及珠宝匠。帖木儿玄孙巴布尔(1483－1530 年在位)将在印度建立一个穆斯林国家。尽管它的建立者是帖木儿的支属，但我们称之为莫卧儿帝国。莫卧儿帝国延续至英国完全控制印度的 1858 年。

帖木儿死后，除了中亚以外的征服地迅速丧失。马木鲁克王朝收复了叙利亚，安纳托利亚的突厥埃米尔国恢复了独立，诸多王朝入主波斯。在这些王朝中最容易记住的是土库曼人所建的、在 15 世纪的绝大部分时间里互相攻伐的什叶派黑羊王朝与逊尼派白羊王朝。萨法维王朝(1501－1736)在这一混乱状态中建立，并催生了另一次波斯文化复兴。

三、火药技术

最古老与最原始时期的文字历史详细记述君主的战斗和契约。绝大多数传统统治阶层忙于战争和外交，并让接受其薪金的文书和学者记载这些事情。这基本上是我们的曾祖辈在校学到的欧洲或美国的一段“大吹大擂”的历史。虽然如今的文献记载和考古资料倾向经济史和社会史，但读者现在所读过的中东史依旧强调政治和战事。军事技术
138 史是一个新领域。例如，卡罗·M.斯坡拉在所著的《枪炮、航海与诸帝国》中揭示了火器的进展和远洋帆船使 16 世纪的欧洲人能够在损害穆斯林世界的同时进行扩张。但是作者通过参考突厥语文献发现，若干穆斯林军队早在 16 世纪之前的数百年中，就已和西方基督徒同样早地使用了攻城炮和野战炮。

当时的火药和火器传播如同 1945 年以来的核武器扩散一样，是一项极其重要的技术变革。中国人自 10 世纪甚至可能更早就将火药用于爆竹之中。在蒙古时代，火药从中国北部传至欧洲并用做燃烧物。

表 9.1　奥斯曼帝国历任苏丹

139

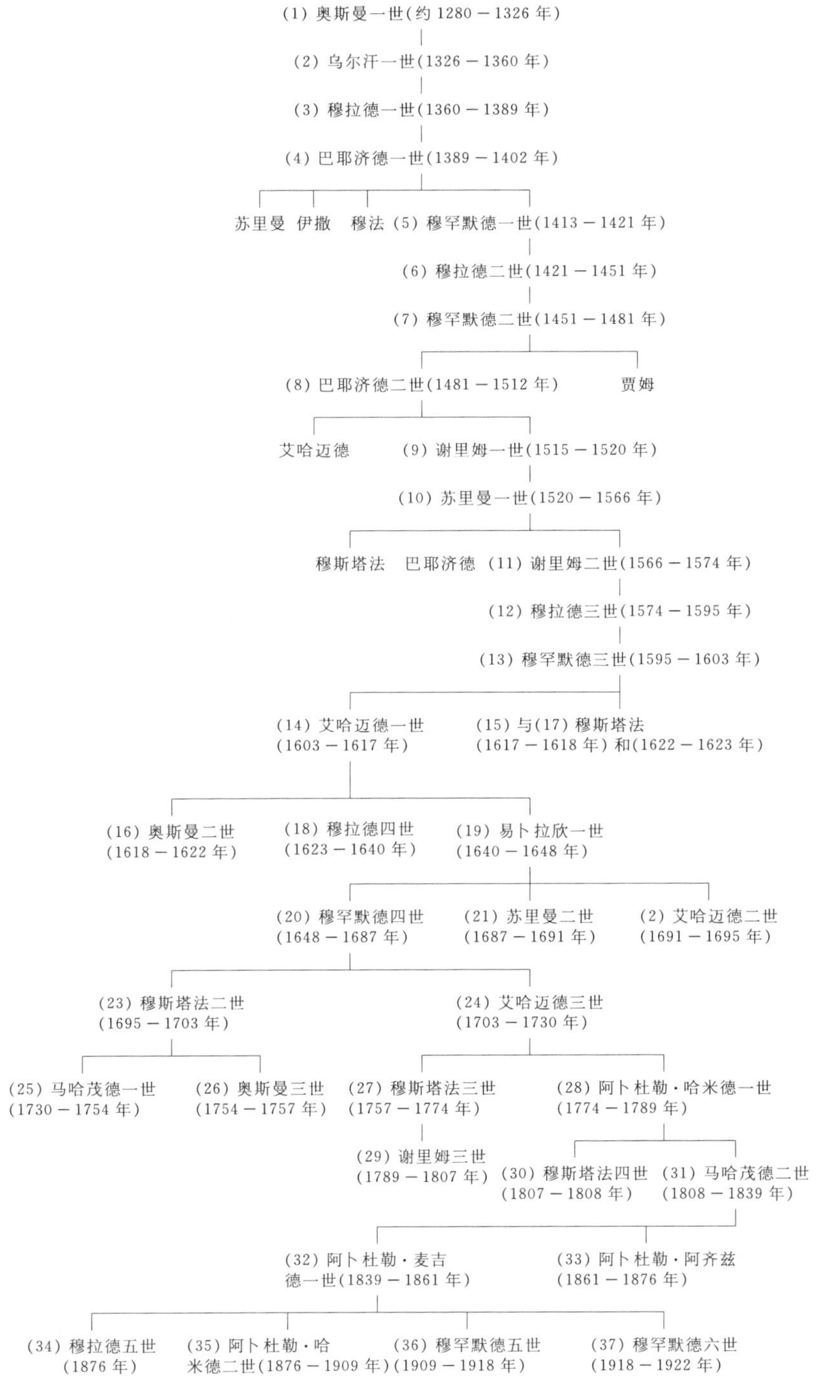

到 1330 年,西班牙的基督徒军队和穆斯林军队都将火药装入炮管,以便向敌方工事发射巨大炮弹。大炮过于笨重,很难对敌军士兵造成太多杀伤,但是它们能够击伤或惊吓战马,从而遏制骑兵冲锋。在 14 至 15 世纪,意大利和德意志的枪炮工人改进了火器。钢铁取代了容易浇铸但成本高昂的青铜,枪炮口径逐渐统一,而火器也更容易装弹和移动。与此同时,采矿、冶金、设计和组装零件、驾驭畜力与筑路等相关领域也取得了进展。

为了组建能够维修和使用火器的、训练有素的步兵队和海军,人们创造了新的征兵制度和训练方法。欧洲任何一位统治者如果想保住他的领土甚至设法存活下来,都必须引进这些新式装备。那些对抗欧洲的穆斯林国家也必须获得火器。格拉纳达埃米尔和马木鲁克分别在 1330 年和 1365 年拥有火器(尽管马木鲁克不愿使用火器),但是使用火器最多的穆斯林国家是奥斯曼帝国。

四、奥斯曼帝国

我们的讲述从一个名不见经传的突厥小公国开始,这个公国位于安纳托利亚西北部的一个名叫索古德的山村。在 13 世纪末,这个公国是一度强大的罗姆塞尔柱苏丹国解体后出现的数十个小国之一。这个公国成长为一个不断扩张的帝国,可能是 16 世纪最为强大的国家,这段令人惊讶的成功历程一直被反复讲述。一个古老传说将帝国的起源
140 追溯至突厥人的凯伊部落,该部落民为了躲避 13 世纪的蒙古入侵者而从位于呼罗珊的祖居地西逃。13 世纪末的罗姆塞尔柱苏丹与拜占庭人交战正酣,凯伊部落首领厄尔图格鲁尔则恰好出现。厄尔图格鲁尔主动将他的 444 位骑兵投入战斗,从而使战役形势有利于塞尔柱人。塞尔柱人将一块位于索古德的“伊克塔”给予厄尔图格鲁尔以示答谢。厄尔图格鲁尔死后,其子奥斯曼继承领导权,得到了苏菲领导人提供的一把特殊宝剑,并受命对其基督徒近邻拜占庭人发动圣战。奥斯曼得到了“加齐”(伊斯兰世界的前线士兵)称号。从那时起直至 1923 年帝国灭亡,奥斯曼的后人——奥斯曼人——会在登基之时得到他的宝剑,

并受命为伊斯兰世界而对欧洲的基督徒统治者发动战争。

尽管我们不清楚厄尔图格鲁尔是否确有其人，但是近年的研究表明，奥斯曼的祖先早在1071年塞尔柱人击败拜占庭人后就生活在安纳托利亚。但是在史学上我们既关注文字的历史，也同样关注人们所相信的传说。这个传说既强调奥斯曼人反对蒙古人和拜占庭人（两者皆非突厥人或穆斯林），也突出奥斯曼人忠于塞尔柱人和伊斯兰教的圣战传统。读者如果了解这些态度，就会理解奥斯曼帝国的精神。（奥斯曼帝国苏丹世系见表9.1）

（一）起源

到13世纪末，拜占庭帝国正从1204年它所遭受的一次重创中恢复过来——并非读者所想象的是一次穆斯林袭击，而是第四次十字军东征，威尼斯人占领了君士坦丁堡。威尼斯人统治这座历史名都近60年时间；拜占庭帝国仅在以尼西亚城为中心的安纳托利亚西部一块弹丸之地苟延残喘。在1262年收复君士坦丁堡之后，拜占庭人对亚洲的控制变得更加虚弱。罗姆塞尔柱苏丹国曾于1243年被蒙古人击败，此时更加有气无力。罗姆塞尔柱苏丹国已经无法控制由它引入安纳托利亚的加齐人的后裔。众多小公国迅速出现，并且几乎不受科尼亚的塞尔柱人控制。安纳托利亚西部和北部是历史学家所称的历史遗留边境，受到两个或两个以上集团的争夺。当地的定居人口是操希腊语的东正教徒。山坡的游牧群体是操突厥语的逊尼派或什叶派的穆斯林，但几乎一直是苏菲派。袭击定居民族是他们的至爱行当，而圣战传统也强化了其好战性。

奥斯曼在索古德的“伊克塔”或许很小，但是它恰好处在一座俯视拜 141
占庭土地的山上。奥斯曼一世（约1280－1326年在位）这位军官率领一队牧民和骑兵侵入拜占庭帝国，以便为伊斯兰世界和一直在为牲畜寻觅更多牧场的、东来的其他突厥部落夺取更多领地。尽管其他的突厥领导人偶尔会与拜占庭帝国媾和，但是奥斯曼从未这样做过。持久劫掠的机会吸引着渴求土地的游牧群体西进，并为奥斯曼冲锋陷阵。奥斯曼与军事化商业行会的同盟也招来了更多的定居突厥人从东方而来，而这些定居突厥人建立了他的原初政府。突厥人围困拜占庭帝国的布鲁萨据点长达 9 年；在奥斯曼奄奄一息之际，突厥人终于攻占了这座城市。布鲁萨成为奥斯曼人(欧洲人对奥斯曼后裔的称谓)的首个真正意义上的都城。

（二）扩张

乌尔汗(1326 – 1360 年在位)是第一位以自身名义铸造钱币的奥斯曼人；由于他将国界向西北延伸至达达尼尔海峡，向东扩展到安卡拉，因此也是第一位拥有穆斯林国家主权的其他属性的奥斯曼人。拜占庭皇帝曾两次请求乌尔汗的军队横渡海峡进入欧洲，以便借助奥斯曼人的支持反对国内外敌人。1354 年，乌尔汗的士兵第三次横渡海峡占领加里波利，并拒绝撤回安纳托利亚。乌尔汗之子穆拉德一世(1360 – 1389年在位)征服了包括色雷斯、马其顿和保加利亚在内的巴尔干半岛大片土地。拜占庭帝国成为博斯普鲁斯海峡欧洲一侧的小块飞地，一个仰赖奥斯曼帝国敬畏与保护的干枯空壳。塞尔维亚是东南欧的基督教大国。塞尔维亚国王拉扎尔聚集一支由塞尔维亚人、阿尔巴尼亚人、波斯尼亚人、保加利亚人和瓦兰几亚人组成的联军(共计约 10 万人)，以便据堡自守抵御奥斯曼人的威胁。穆拉德亲率约 6 万军队，在 1389 年的科索沃击败拉扎尔联军。这场战役使两位统治者均命赴黄泉，但是塞尔维亚也丧失了其独立地位。奥斯曼帝国新任统治者巴耶济德一世(1389 – 1402 年在位)于 1395 年开始围困君士坦丁堡。欧洲人在基督教国家面临的这一危险面前深感震惊，匈牙利国王遂率领由英、法、德和巴尔干骑士组成的十字军抗击突厥人。然而，奥斯曼帝国在尼科堡击败十字军，并崛起为巴尔干半岛的主宰。具有象征意义的是，奥斯曼人将都城从布鲁萨(位于安纳托利亚)迁至艾德纳(处在色雷斯)，并静候临近的君士坦丁堡陷落。但君士坦丁堡却并未陷落。

142

乌 尔 汗

乌尔汗(1288 – 1360)乃奥斯曼之子，奥斯曼王朝的创建者。从 1326

年其父死去到 1360 年乌尔汗过世，他接管并统治着年轻的“加齐”公国。在此期间，乌尔汗为日后的奥斯曼帝国奠定了基础。

关于乌尔汗早年的细节寥寥无几。然而我们知道，乌尔汗曾经数次亲率其父的战士杀入基督徒土地，从而赢得了尊重，获取了经验，这才使他在登基时维持了加齐的忠诚。登基后的乌尔汗迅速开始将他的军阀公国转变成一个扩张帝国。为了达到这一目的，乌尔汗借鉴了拜占庭帝国所特有的行政程序与财政举措。他兴建清真寺，并资助诸如公共浴室和旅馆等城市服务设施，以此获得城市定居者的支持。乌尔汗也组建了一支可能有基督徒参加的雇佣军，用来协助他的“加齐”骑兵，从而扩张了其军力。

乌尔汗的军队成功占领了安纳托利亚西北部的绝大部分拜占庭城市与乡村，并将这一地区的主要城市布鲁萨作为奥斯曼王朝首个都城。乌尔汗也干涉了在达达尼尔海峡两岸拜占庭土地上发生的内战。乌尔汗及其军队在 1341 至 1347 年充当了觊觎拜占庭皇位的约翰六世康塔库尊的雇佣军，并在海峡的欧洲一侧建立了奥斯曼人的永久性据点。乌尔汗还迎娶了康塔库尊之女狄奥多拉，从而巩固了与他的同盟，并迅速开始在欧洲为自身事业而战，于 1354 年占领了加里波利（该城残垣刚刚在此前一次地震中倒塌）。乌尔汗在色雷斯肆无忌惮地进行抢劫，所抢财富有助于壮大正在发展中的奥斯曼国家。

乌尔汗的扩张野心并未局限在拜占庭土地；乌尔汗也希望控制他在当地的穆斯林敌手。为了实现这一目的，乌尔汗宁愿采取较少暴力的扩张策略，例如静候当地贝（或领导人）故去并侵吞他们的加齐和土地。奥斯曼人正是借此在 1345 年占领了卡拉斯，这一行动使他们到达了达达尼尔海峡南部海岸。

作为一位雄心勃勃而且异常明智的领导人，乌尔汗事实上非常成功。他声誉日隆，聚集在其麾下的加齐人数也不断增加。乌尔汗为奥斯曼帝国奠定了基石，而此后的其他杰出领导人在行政和军事事务方面同样能力卓著。

如果巴耶济德延续其父攻击欧洲基督徒聚居区的政策，那么奥斯

143 曼人或许早就占领君士坦丁堡,并在巴尔干半岛进一步扩张,但是他渴望获得其他穆斯林国家所享有的同样荣耀。当巴耶济德开始征服位于安纳托利亚的邻近的突厥人诸公国时,麻烦就来了。他的东进激怒了帖木儿,而后者被失国的突厥诸埃米尔请进了安纳托利亚。1402 年,巴耶济德军队与帖木儿军队在安卡拉附近交战。这位奥斯曼苏丹遭到突厥封臣的背弃,被击败并俘获。巴耶济德在被囚期间死去,而其四个儿子开始争夺奥斯曼帝国的残余江山。

穆罕默德一世(1413－1421 年在位)在 11 年的空位期击败诸兄,并开始重建帝国。为了达到这一目的,穆罕默德一世必须重新攻击安纳托利亚的突厥诸埃米尔、爱琴海上的威尼斯舰队,还有巴尔干半岛上的基督徒前封臣。他还镇压了由一位民间苏菲领导人发动的叛乱,平息了自称是穆罕默德一世遇难兄长即真正苏丹的拜占庭人质所发动的一场叛乱。穆拉德二世(1421－1451 年在位)继续向欧洲扩张,但却遭到匈牙利人的阻滞。从 1441 至 1444 年,奥斯曼帝国遭遇了一些挫折,这鼓舞了匈牙利国王,于是他号召进行十字军东征;恰在此时,穆拉德已经逊位于其子,即 12 岁的穆罕默德。基督徒进抵黑海港口瓦尔纳,于是穆拉德重新执政,并统帅奥斯曼军队击败了当时的十字军。复位后的穆拉德率军远征特兰西瓦尼亚的约翰·洪拉迪和阿尔巴尼亚的斯堪德贝格,两人皆为基督徒军人,他们抗击突厥人的事迹使其成为他们的人民所传颂的英雄。

(三)奥斯曼帝国的鼎盛

穆罕默德二世(1451－1481 年在位)复位后,他受到了一位原本是希腊基督徒的维齐尔的影响,此人鼓动穆罕默德二世征服君士坦丁堡。奥斯曼人很快在博斯普鲁斯海峡的欧洲一侧修筑了一座城堡,用以保证奥斯曼帝国军队在安纳托利亚与巴尔干半岛间快速通行,并切断拜占庭人在黑海港口城市特拉勃森从其基督徒盟友那里可能接受的任何援助。在 1453 年,穆罕默德做了一件自穆阿维叶以来的诸多穆斯林统治者所企图做的事——他包围了君士坦丁堡这座高墙设防的城市。此前的阿拉伯人和突厥人对此地的进攻都失败了，但是这次奥斯曼帝国的舰队和火器则成功了。奥斯曼帝国攻陷君士坦丁堡后劫掠三日，并将其改为奥斯曼帝国新都。突厥人、希腊人、亚美尼亚人和犹太人重新入住了这座后来逐渐被称为“伊斯坦布尔”的城市。它很快变得像此前拜占庭人统治时期一样富庶。希腊牧首获准对奥斯曼帝国境内所有东 144
正教徒行使民事权力和宗教权力。一性派基督徒和犹太人后来也获得了在米勒特制度下类似的合法自治权（本章稍后将进行详细阐述）。这种和平共处的政策与同时代基督教国家狂热的褊狭形成了鲜明对比。一些希腊正教徒过去常说：“突厥人的头巾好于教皇的三重冕。”到穆罕默德统治末期，穆罕默德的军队占领了摩里亚半岛（希腊南部，即伯罗奔尼撒半岛——译者注）、阿尔巴尼亚大部以及现在的克罗地亚沿海地带，因此奥斯曼人获得了他们想要的东西。在1480年，奥斯曼人登陆意大利南端并扬言进攻罗马，但是穆罕默德的驾崩使罗马天主教免遭希腊正教的命运。如果穆罕默德这位“征服者”多活一段时间，那么西方将面临什么呢？

穆罕默德之子巴耶济德二世（1481－1512年在位）与其他早期奥斯曼苏丹相比要消极得多。然而，他的和平主义政策源于其弟兼对手杰姆处在诸多不同的欧洲统治者的监禁之下。如果巴耶济德下令再次进攻罗得岛、意大利或匈牙利，那么基督徒就会释放杰姆，以便后者在安纳托利亚引发一场叛乱，而许多安纳托利亚人憎恨奥斯曼人征收重税以及倚重基督徒改宗者（我们将在本章稍后阐释他们为何这样做）。安纳托利亚农民和牧民往往尊奉什叶派伊斯兰教以表达他们对奥斯曼帝国压迫的仇恨。然而，平心而论，巴耶济德也成功地制衡了敌对各派，并将其父所没收的土地归还给其合法所有者，并结束了货币贬值。巴耶济德二世也派军队攻打马木鲁克并夺取西里西亚，攻打威尼斯并夺取爱琴海部分岛屿。萨法维王朝在阿塞拜疆的兴起鼓舞了安纳托利亚的突厥人，什叶派的这一挑战威胁更大。1511年，萨法维王朝开国君主伊斯玛仪沙策动了突厥牧民叛乱，叛乱向西延伸至布鲁萨，这时巴耶济德之子谢里姆决定夺权。

145

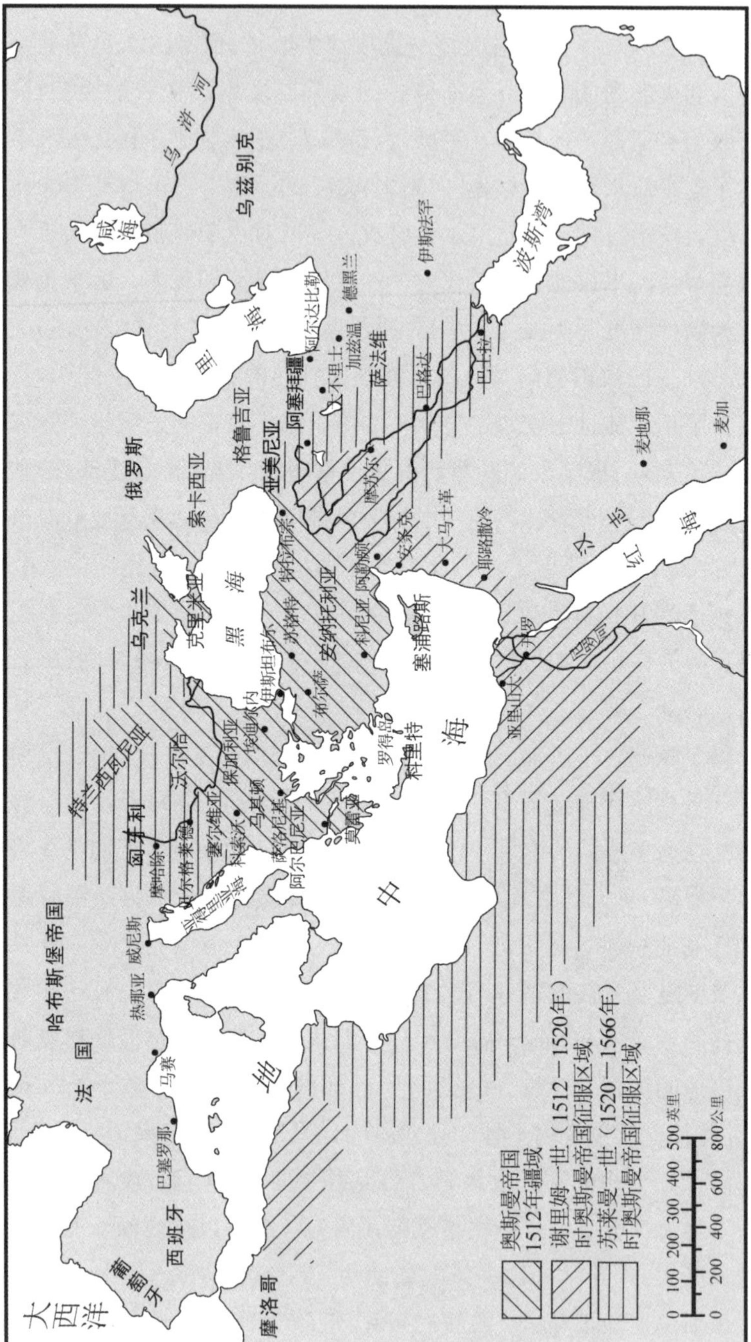

地图 9.2 16—17 世纪的奥斯曼帝国

“无情者”谢里姆一世使奥斯曼帝国从穆斯林世界西部边陲的一个加齐国家,转变为自早期哈里发国家以来的最大帝国。谢里姆的军队使用火器,训练有素,在 1514 年的查尔迪然大败萨法维王朝,甚至进入其都大不里士,之后才撤出阿塞拜疆。两年后,谢里姆的军队同样击败了马木鲁克王朝,并夺占了其广袤国土。作为叙利亚、埃及和希贾兹新的统治者,奥斯曼人如今控制了阿拉伯穆斯林世界的核心区域。即便我们不信开罗的傀儡哈里发将其位转交给谢里姆苏丹这个故事,奥斯曼帝国对开罗的征服也的确使谢里姆成为穆斯林世界最具权势的统治者。伊斯兰教圣城麦加、麦地那和耶路撒冷,都处于奥斯曼帝国统治之下。

“立法者”苏莱曼或者苏莱曼“大帝”(1520 — 1566 年在位)没有活 146
着的兄弟挑战其继承谢里姆。土耳其人和西方人都将苏莱曼视为奥斯曼帝国最为伟大的苏丹,他率军攻占罗得岛和贝尔格莱德,击败匈牙利人,围困维也纳,占领北非绝大部分海岸,将葡萄牙海军赶出红海,并两次击败萨法维王朝。他还改革了奥斯曼帝国的政府和法律。然而令人遗憾的是,他将其太多职责下放给了维齐尔。他晚年受到其宠妻摆布,后者导致他处死一个儿子(与另一位妻子所生的),流放另一个儿子,最后将大位传给这位宠妻之子即“酒鬼”谢里姆二世(1566 — 1574 年在位)。此后的众位苏丹中很少有人能够与最初 10 位苏丹的素质相提并论。

(四)奥斯曼帝国成功的原因

读者或许推测,奥斯曼帝国的权势与荣耀源自最初那 10 位苏丹的个性与政策。在历史上,几乎没有一个国家能够在近 300 年里拥有这样一系列公正勇敢的统治者。奥斯曼帝国的某些实力毫无疑问应归功于这些雄才大略的苏丹,他们在各省挂职训练时就已从其父那里学到了统治原则。他们通过与众位兄弟进行竞争而获得权力,而胜出的通常是最为出色者。为了避免代价高昂的权力争斗,他们确立了一项法则,即承继苏丹之位的人应处死其全部兄弟。他们不允许任何宗教偏见阻碍他们从其安纳托利亚和巴尔干的基督徒臣民那里借用行政技巧(有时甚至包括陆海军技术),以便增进奥斯曼帝国利益。当军队和官僚机构中出现相互敌对的派别时,他们会制衡,从而有效控制这些派别。“土耳其人根本不分出身”,16世纪时一位来自哈布斯堡帝国的使臣写道:

> (土耳其人——译者注)根据某人在公务中所担任的职务来决定对他的尊重程度。不存在对优先权的争斗;一个人所承担的责任表明了他的地位。苏丹在作出任命时丝毫不考虑财富或等级等任何虚饰,他也不顾及大众的口碑;他根据事情本身的是非曲直进行考虑,并且认真考察拟晋升人员的性格、能力和倾向……因此,在土耳其人看来,荣誉、高官和法官职位是对才干卓著、服务良好之人的奖赏。

147 ### (五) 政治制度

令16世纪的欧洲人备感恐惧的这种力量与效率,可能源自名叫“奥斯曼人”的统治阶层。根据伊斯兰世界所公认的标准,统治阶层的职责在于扩张和捍卫奥斯曼帝国疆域,并确保最大限度地利用财源。统治阶层内部相互竞争的主要集团是由被征服的巴尔干王公和安纳托利亚突厥埃米尔组成的土地贵族,以及在幼年时从家中被强行带走、改宗伊斯兰教,并接受军事行政训练以便服役的男性奴隶。征召和训练这类人的制度被称做“德米舍维”(“抢来的男童”)。该词还指这一制度所培训出的士兵和官僚阶层。

从理论上讲,任何具备以下三个条件的男性奥斯曼臣民均能跻身统治阶层:(1) 使自己的生命和世俗财富完全为苏丹服务;(2) 信仰并奉行伊斯兰教,尽管这一规定似乎到16世纪才被执行;(3) 学习并践行规定详尽的奥斯曼式的风俗、行为和语言。与马木鲁克王朝的制度一样,奥斯曼帝国也在首都和主要省会设立了一些专门学校,用以培训年轻人为奥斯曼帝国政府服役。这些男童几乎全都在“德米舍梅”制度下征自基督徒家庭。尽管一些家长反对这种显然将其未成年的儿子偷走的行为(这些家长能够通过让其子早婚来保护他们),其他家长则将其子交给征召人,因为“德米舍梅”制度能够让这些男童最大限度地发挥其才智和渴望,从而获得尽可能高的政府官职。

统治阶层包括四个分支:行政机关、军队、书吏和学者(即欧莱玛——译者注)。行政机关指包括苏丹众妻、诸子、与后宫仆役在内的宫廷(有时也被称做“内廷”)以及监督奥斯曼帝国政府其他所有部门的内阁(迪万,因此也被称做“外朝”)。大维齐尔是行政机关首相,受命在出征或迪万中代替苏丹行使职责。到苏莱曼时期,维齐尔在出征和迪万中均代替苏丹,从而在权力和威望上仅次于苏丹本人。早期维齐尔通常是突厥王公或是来自较早的穆斯林国家的行政官员;改宗伊斯兰教的基督徒在征服者穆罕默德时期首次成为首相,并在苏莱曼时代几乎垄断了这一职位。

由于奥斯曼帝国几乎就是一座军营,所以军队也很重要。军队具有众多行政上与职能上的分支,但是我们在此仅关注装备长矛或弓箭的骑兵(“希帕西”),以及受训使用火器的步兵(著名的耶尼切里。即近卫军——译者注)。尽管希帕西在早期征服中起到了主要作用,然而正 148
是装备精良、训练有素的近卫军团,使 16 世纪的奥斯曼帝国击败了萨法维王朝、马木鲁克王朝和哈布斯堡王朝。近卫军的起源被笼罩在传说迷雾之中,是“德米舍梅”制度在当时数量最多也至为重要的产物。近卫军的培训和操练十分严格。近卫军除了出征之外必须待在军营,不得结婚,不准拥有地产,因此他们能够竭诚效忠苏丹及其帝国。另一方面,“希帕西”得到称做“提马儿”的地产,只要他们报到并随时应苏丹要求而提供一定数量的骑士,就能一直利用“提马儿”。到 16 世纪,军队更加广泛地使用攻城炮和野战炮,因此希帕西与近卫军相比权势衰落了,而近卫军因其从属于所谓的拜克塔什苏菲兄弟会而强化了凝聚力。

政府必须为近卫军和其他步兵提供食物、衣服和住房,到 16 世纪,还向他们支付军饷,而每次新任苏丹掌权时往往还向他们发放登基钱。

奥斯曼帝国需要一个运转良好的国库以便满足这些需要。书吏通过接收税入、支付薪金并为其他政府职能提供资金来执行这一职能。税收往往不是由领取薪金的官员来征收，这与我们这个时代不同；相反，奥斯曼帝国所谓的“穆尔太宰姆”（包税人）承包了征税。一位穆尔太宰姆只要能将特定比例或者特定数额的剥削所得上交国库，就能获准从一块特定面积的土地上（或者一批房屋，或者巴扎中的店铺）尽其所能征收各种赋税。穆尔太宰姆将其余所得收归囊中。基于同样原则，许多官员获准利用职务之便向公众而非国库索取称做“巴赫什伊什”的酬金（该词在现代中东逐渐意为“贿赂”或“施舍物”）。只要奥斯曼帝国政府依旧强大，下放这种征收赋税或者索取酬金的权利就会确保官员有效履行职责。

后来，由于穆尔太宰姆所能上交的税收无法满足帝国对金钱的需求，职员必须购买书吏职位，进而通过向公众征收重税和索取过高酬金来弥补这一投资。于是这一制度逐渐开始剥削并压迫奥斯曼臣民。

统治阶层中的学者即读者已知的“欧莱玛”。这些主要属逊尼派的穆斯林学者主持审判，管理用来供养学校和医院的瓦克夫（捐赠的伊斯
149 兰教地产），教育绝大多数穆斯林青年，并且履行其他宗教职责。他们有时充当臣民与统治阶层其他分支之间的缓冲器。奥斯曼制度的新颖之处在于，高级欧莱玛成为一个公认的政府机关，为首的是一名由苏丹任命的官员“伊斯兰教舍赫”（即伊斯兰教官方的最高宗教首领大穆夫提——译者注）。

奥斯曼帝国除统治阶层之外的所有人均属于臣民阶层（“拉伊亚”）。为帝国创造财富是臣民阶层的职责。牧民和农民、矿工和建筑者、工匠和商人都是“拉伊亚”。商业行会、苏菲教团和体育俱乐部强化了他们的凝聚力。“米勒特”，或曰“宗教共同体”是他们的政治组织兼社会组织。东正教会是一个“米勒特”，首领是一位由苏丹操纵并为其服务的牧首。东正教徒的“米勒特”负责管理从波斯尼亚到巴士拉的奥斯曼帝国境内涉及东正教徒的一切宗教事务、司法事务、教育事务和其他慈善事务。亚美尼亚人的“米勒特”执行类似职能，而不论亚美尼亚

人住在帝国何地(其他一性派基督徒在理论上也是如此)。后来,奥斯曼苏丹任命一位大拉比管理犹太人的“米勒特”,享有对奥斯曼帝国的犹太人的类似管理权。穆斯林“拉伊亚”被认为是伊斯兰“温麦”成员,在其鼎盛时期人口不到奥斯曼帝国全部人口的一半。他们也往往自称“米勒特”,但是统治阶层中的学者(即欧莱玛——译者注)与他们同属这一宗教组织的成员。

在奥斯曼帝国居住或经商的欧洲人是天主教徒或可能是新教徒(从16世纪以后),他们并不在意作为上述“米勒特”的成员。奥斯曼政府采取了一项源自阿尤布王朝的举措,即发布“治外法权”令,从而给予居住在穆斯林土地上的外国人自治权。事实上,欧洲公民不必遵守奥斯曼法律,也免缴当地税收。尽管过去的教科书认为,治外法权源自苏莱曼大帝与法兰西国王的协定,而实际上来自马木鲁克王朝。这是一个互惠待遇:住在外国的穆斯林商人也得到了同样的特许权。这一制度使奥斯曼苏丹在帝国境内无法公诉受到外国保护的罪犯,而他们居然会接受这一制度,这似乎有些匪夷所思。事实上,在18至19世纪欧洲诸国越来越强而奥斯曼帝国日益虚弱之际,许多西方人的确滥用了他们在治外法权下享有的特权。穆斯林认为,这一法律约束了源自当地的宗教信徒,未能约束那些偶尔住在某地的人。治外法权也吸引着 150
欧洲商人与技工定居奥斯曼帝国,而这又给奥斯曼帝国带来了麻烦,即如何解决这些人的争斗问题。

(六)奥斯曼帝国的衰落:表现与原因

人们普遍认为,1566年谢里姆二世登基和1571年奥斯曼海军在勒邦多败北是帝国衰落的最初迹象。然而,衰落的部分根源却能追溯到更早,而衰落的外在表现此后才显现出来。奥斯曼军队直至17世纪依然随心所欲地攻打欧洲基督徒和波斯什叶派。

的确,奥斯曼王子不再进行挂职训练,他们在未能继承大位的情况下也不再被处死,相反,他们被软禁在宫闱之中,受到各派近卫军或者官僚的操纵,并在缺乏统治能力的情况下登基。而疆界的多次收缩也表明,近卫军的确不再继续其高标准的训练,而且没有使用最先进的武器和军事技术。事实上,他们住在营房之外,结婚,使其子加入近卫军团,为获得更多特权而骚乱,并经营比当兵更能获利的商业。此时,奥斯曼海军依旧使用划桨战舰,而其敌对诸国早已改用轮船,并且能够在地中海、黑海甚至波斯湾封锁土耳其人。

奥斯曼社会的其他方面也在衰落,但是绝大多数欧洲人迟至 17 世纪晚期才发现这些问题。1683 年,奥斯曼军队围攻维也纳。此前它曾围困维也纳一次,唯有异常寒冷的 10 月才将其击退;但是在此次即第二次围攻中,享有武器和战术优势的欧洲人解除了人数占优的土耳其人对哈布斯堡王朝首都的围困,并将其击退。到 1699 年,奥斯曼帝国被迫签署《卡罗维兹和约》,将匈牙利控制权割给哈布斯堡帝国,此时他们显然居于守势。奥斯曼帝国不再成为基督徒国家的祸患。

奥斯曼帝国为何在 16 世纪开始衰落呢?没有一个国家在其青年时代就奠定了一块将会防止其最终衰落的政治基石。或许我们应该承认,国家和人一样具有寿命,尽管寿命长短不同,但不会永存。历史学家已经发现了奥斯曼帝国衰落的其他原因。原因之一是,鉴于此前诸多穆斯林国家曾因分割军队而导致其疆域分裂,奥斯曼帝国坚持只能
151 有一支军队。除此之外,这支军队在原则上由首要“加齐”——即苏丹本人或者他的全权代表大维齐尔来统领。在此情况下,军队一次只能进行一场战斗,而且在其出征季节(4 月至 10 月)的行军从未远离伊斯坦布尔,因为“希帕西”会在秋季回家以便监管其“提马儿”,而近卫军则在伊斯坦布尔过冬。如果两个国家能够从不同方向协同攻击奥斯曼帝国,那么或许早就击溃这支军队了。到 16 世纪末,奥斯曼帝国在军备和战术方面已经落后于西方。军官和部队喜欢传统管理方式;学习新方式就需要更多训练,而且有可能威胁其权力。

经济条件也恶化了。欧洲人发现和利用新大陆以及绕行非洲抵达亚洲富庶地区的航线,削弱了穆斯林国家作为控制主要商道的中间人地位。廉价的美洲白银涌入欧洲和中东,导致 16 世纪后期物价的普遍上涨。英国和荷兰等国雄心勃勃的商人和工场主积极准备拓展其商业

领域;包括西班牙和奥斯曼帝国在内的其他国家,则因通货膨胀而遭受了严重的经济损失。受到治外法权保护的外国竞争者毁灭了奥斯曼帝国众多商人和手工业者。除此之外,“穆尔太宰姆”的过高税收和农业人口的膨胀导致众多农民离开其耕地流入城市。当他们无法找到工作时,他们就四处流浪并落草为寇,从而使经济进一步恶化。

很多西方人认为,伊斯兰教导致安于命运并抑制个人能动性。如果全体穆斯林果真如此,那就很难解释他们在全盛时期的哈里发国家、在马木鲁克王朝,或在 1566 年前的奥斯曼帝国的成就。然而奥斯曼帝国的欧莱玛变得过于保守。为了捍卫穆斯林法律即《沙里亚》,他们提防应受谴责的改革。他们在 18 世纪之前严禁将阿拉伯文或土耳其文的印刷所引进帝国,以免印刷的《古兰经》违反安拉之语,坚持只能手写这一原则,同时(以一种更为现实的心态)防止穆斯林抄写员由此失业,从而将这种警惕执行到荒唐地步。欧莱玛还作为法律的解释者、瓦克夫的管理者,以及当地的行政管理者而行使权力,并反抗对其地位的任何威胁。

然而,奥斯曼帝国丧失权势的基本原因在于,统治阶层内部诸多力量之间的平衡不复存在。操英语的民族通常要求其政府内部实现权力均衡,因为政府内部各部门或者诸多特殊利益集团内部的均势能够保 152
护个体公民免受官僚独裁。奥斯曼帝国的权力均衡服务于一个截然不同的目的。早期的苏丹曾鼓励传统领导人(地主和欧莱玛)与在“德米舍梅”制度下被征召并接受训练的人展开竞争。当苏莱曼大帝任命均出身德米舍梅的一系列维齐尔时,他就支持了德米舍梅而破坏了这一均衡。到苏莱曼大帝统治末年,无论旧贵族还是其他任何人,都无法抑制出身德米舍梅的行政官员权力。在苏莱曼的继承人统治时期,情况变得更糟。军队内部出现了巨大的不平衡,使用火器的近卫军制服了没有使用火器的骑兵。因此,胆量大增的近卫军要求有权结婚,有权住在营房之外,有权使其子参加近卫军团,除了战斗还有权经商,并且有权忽视他们的操练。到 17 世纪晚期,近卫军已经不再是帝国的有效捍卫者。奥斯曼政府不再强征基督徒男童,并逐渐废止了对近卫军与行政官员进行严格训练的学校。家族联系和任人唯亲逐渐取代个人品质而成为任命和晋升的主要依据。此前统治阶层称其成员为“(苏丹)门庭的奴仆”;现在奥斯曼苏丹成为他们的奴仆,成为在他自己宫闱中的囚徒。

五、萨法维王朝统治下的波斯

让我们比较奥斯曼帝国和同时代的一个不太著名或者不被西方惧怕的穆斯林国家——萨法维王朝。萨法维王朝起源于阿塞拜疆阿尔达比勒城的一个军事化的苏菲教团。萨法维人原本属于逊尼派,在蒙古征服之后成为狂热的什叶派。1405 年帖木儿去世,其帝国开始瓦解,波斯由此分裂为诸多小王国,其中绝大多数受到此前所提到的彼此争斗的黑羊、白羊土库曼人游牧部落的控制。在黑羊土库曼人保护之下,居纳伊德舍赫(1460 年去世)领导的萨法维人开始使阿塞拜疆与安纳托利亚的大批突厥人改奉什叶派伊斯兰教。这些什叶派突厥人逐渐因其特殊头饰而被称为“凯兹巴什”(裹着红头巾的战士)。后来黑羊土库曼人背叛居纳伊德并将其逐出阿尔达比勒,居纳伊德遂与黑羊土库曼人的敌手,即信奉逊尼派伊斯兰教的白羊土库曼人结盟。

萨法维人的力量和数目即便在居纳伊德死后也依旧增长,并对他们的新支持者构成了挑战。白羊土库曼人继续杀戮或监禁几乎所有的萨
153 法维家族成员。到 1494 年,凯兹巴什革命者的所有领导人都丧失了自由,仅有居纳伊德之孙即 7 岁的伊斯玛仪,在阿尔达比勒躲过了挨家挨户进行搜查的追捕者,并逃到波斯其他地方。在 1500 年夏,年轻的伊斯玛仪及其凯兹巴什追随者开始在安纳托利亚抗击他们的压迫者。大批什叶派突厥部落战士前来助战,到 1501 年初白羊土库曼人已被彻底击败。

(一) 萨法维国家的崛起

萨法维国家开始于阿塞拜疆,当时年仅 13 岁的伊斯玛仪进入大不里士,自称国王,并宣布什叶派的十二伊玛目派将成为国家的唯一宗教。这一立场等于向奥斯曼帝国宣战,因为后者信奉逊尼派伊斯兰教

并且尚未完全控制倾向什叶派伊斯兰教的安纳托利亚突厥人。事实上，1501年时几乎所有穆斯林王朝都尊奉逊尼派伊斯兰教，从而使萨法维王朝显得与众不同。萨法维人很难找到详细阐述什叶派伊斯兰教教义的书籍，故被迫从现今的黎巴嫩南部请来欧莱玛。尽管如此，受到忠诚的凯兹巴什战士支持的伊斯玛仪处心积虑要为什叶派伊斯兰教征服整个穆斯林世界。尽管萨法维王朝统治下的绝大多数突厥牧民和波斯农民是逊尼派穆斯林，伊斯玛仪还是决心在政治上和宗教上统一全国。在种族上属于突厥人的萨法维人在10年之内就控制了波斯全境。萨法维人用了较长时间才使当地居民改奉什叶派伊斯兰教，在东部各省尤其如此；但是，改奉什叶派的波斯人开始将他们的派别视为民族身份的标志。同样，波斯人也把萨法维王朝视为一个波斯王朝。事实上，萨法维时代是波斯艺术史和波斯势力最为辉煌的时代之一。

但是萨法维王朝的力量不敌奥斯曼帝国。读者也许记得，使用火器的近卫军在查尔迪然战役(1514)中击败了骑马作战的凯兹巴什战士。由于近卫军只会在伊斯坦布尔过冬，所以奥斯曼帝国军队在进占大不里士一周后旋即撤出。萨法维人丧失了他们在安纳托利亚和亚美尼亚的部分地区，但是波斯免遭奥斯曼帝国统治。然而，查尔迪然惨败动摇了凯兹巴什对伊斯玛仪的狂热臣服，而萨法维王朝也丧失了将其统治延伸至其他逊尼派伊斯兰教区域的冲动。伊斯玛仪受到沉重打击，以致在其生命的最后10年沉湎于田猎和酗酒。萨法维人为何在使用火器方面落后于奥斯曼人呢？凯兹巴什和马木鲁克都了解火器，但是认为在马背上使用火器既很怯懦也不方便。萨法维人的其他敌手和中亚的乌兹别克人也不使用火器。

（二）萨法维国家的极盛 154

萨法维人对自身美好生活的营造取代了征服穆斯林世界其余地区的渴望。大不里士、加兹温还有伊斯法罕先后成为萨法维帝国的都城。每个都城先后成为艺术家、工匠还有(最为显著的)建筑师的荟萃之所。伊斯法罕是一座炫目美丽的城市。至今，伊斯法罕的清真寺、巴扎、麦德莱赛和宫殿都无可辩驳地证明了萨法维国王富有的生活方式。即便在网页上观赏伊斯法罕，也比在教科书中阅读伊斯法罕更好。正如波斯人所言，“伊斯法罕就是半个世界”。

阿拔斯一世(1587－1629)在位时期，萨法维王朝的财富和权力达到鼎盛。此前的国王曾受凯兹巴什部落首领的操纵，而阿拔斯处决涉嫌阴谋反叛的任何部落首领并没收他们的大片农地，以此迫使这些部落首领臣服。与此前的诸多穆斯林统治者一样，阿拔斯也购进奴隶男童(在波斯语中称为“古拉姆”)，对其进行灌输，并将他们训练成雇佣兵和行政官员。在萨法维帝国的这些奴隶男童主要是尚未全部改奉什叶派伊斯兰教的亚美尼亚人和格鲁吉亚人。阿拔斯希望在其贵族(凯兹巴什)和这支古拉姆新军之间建立一种平衡，以便使双方争相为萨法维国家效力。萨法维王朝像奥斯曼苏丹一样将其统治机构划分为多个部门：皇室、中央政府、军队与宗教—司法体系。每个部门都有两个及以上争宠权贵，从而增强了国王的影响力。这种统治体制并非萨法维时代所特有；波斯的等级制度可以追溯至早期哈里发时代、萨珊王朝，甚至阿黑门尼德王朝。

欧洲人讨好阿拔斯。他引进英国顾问训练其古拉姆使用大炮、手枪，从而增强了萨法维王朝抗击奥斯曼帝国的军力。西方基督教世界与奥斯曼帝国处于敌对状态，因此每个渴望成为海军强国和商业大国的欧洲国家都向伊斯法罕派遣使团和商队，以便寻求阿拔斯的帮助以对抗伊斯坦布尔。西班牙、葡萄牙、法国、英国与荷兰都向阿拔斯宫廷派驻了代表。甚至连天主教传教士也进入了萨法维波斯。阿拔斯国王是新的“虔诚者约翰”吗？

当然不是。阿拔斯是一位如同哈伦·拉希德或者苏莱曼大帝的伟大的穆斯林统治者。阿拔斯在位时期是他的王朝(也是他们的王朝)的转折点。随着此前引导统治者和人民的诸多苏菲的权力和影响被欧莱玛所获取，什叶派宗教机构发生了巨大变革。在欧莱玛内部，较早的强调在教义和法律裁决方面严格尊奉《古兰经》和先知“逊奈”的派别，也
155 让位于赋予穆斯台希德(立法者)解释《沙里亚》的广泛权力的一派。因

此，什叶派欧莱玛变得较为强大，特别是在现代。在其统治初年，受到凯兹巴什困扰的阿拔斯国王怀疑掌权的任何其他人。他也怀疑自己的儿子，并将他们全部弄瞎或者处死，因此一位软弱的孙子最终继承了阿拔斯的大位。萨法维王朝后期延续了阿拔斯的政策，即把凯兹巴什部落首领的土地逐渐收归国有。萨法维王朝可能需要向古拉姆支付军饷，但却占据了太多土地，以致乡村民不聊生。与奥斯曼帝国的德米舍梅集团一样，古拉姆的人数和权力也在增长——尽管其战斗力并未提高——直至操纵并扼杀萨法维王朝。

（三）萨法维王朝灭亡后的时期

到 18 世纪，萨法维波斯成为唾手可得的熟果，其周边的多数帝国同样也在衰落。然而一群阿富汗部落却在 1722 年占领了伊斯法罕，萨法维王朝迁至其发祥地阿塞拜疆山地。奥斯曼帝国也侵入这一地区，破坏了持续 90 年的和约(即 1639 年的《祖哈卜和约》——译者注)。尽管阿富汗人在战场上不敌近卫军团，却巧妙地离间奥斯曼援军并达成和约，割让了波斯西部大片土地。这震惊了波斯人民。在鼓舞人心的军人纳迪尔·阿夫沙尔的领导下，波斯部落与突厥部落联合赶走了窃据权位的阿富汗人，后来又逐渐驱逐了人心丧尽的萨法维人。1736 年，纳迪尔这位获胜的领袖登基称王。纳迪尔在位时期是传统波斯“最后的挣扎”。他在 10 年内赶走了奥斯曼人，并占领了印度大部。纳迪尔企图迫使波斯人放弃什叶派而改奉逊尼派伊斯兰教，从而削弱了他在国内的统治；否则他很可能成为一位世界征服者。1747 年纳迪尔遇刺身亡，他的帝国随之瓦解。诸多小王朝相继出现，从而使波斯在此后 160 年陷入政治崩坏和社会腐化的状态，而后它将缓慢地摆脱这一状态。

六、结论

在本章，或者可能在前章，读者或许已经发现王国兴衰的规律。众多国家或部落分割了某一区域，其中一位带着使命的统治者崛起了，这一使命通常与伊斯兰教具有某种关联，鼓舞其追随者从事伟业并让其追随者动员类似他们的其他人一起战胜敌对国家。征服者降低税收，
156 或者改善公共秩序，由此赢得了农民的支持，提高了粮食产量，并促进了经济繁荣。随着帝国的扩张，它建立了一支庞大的军队和官僚体系，由此帝国必须通过向臣民征税来支付这些费用。统治阶层与欧莱玛变得有钱有势，并且逐渐保守。统治者后人的治国才能事实上越来越低，而其臣民越来越倾向反叛，最后帝国灭亡，循环再次出现。

读者在此了解到的所有帝国——马木鲁克帝国和伊儿汗国，帖木儿帝国及其后裔的莫卧儿帝国（在此忽略，因为印度并非中东的一部分），奥斯曼帝国和萨法维帝国——这些穆斯林军事化国家都处在一个盛行拥有并使用生死攸关的火器的时代。除此之外，其中某些国家建立了一系列机构，这些机构能够最大限度地发挥其臣民作为士兵和官僚的才智；与此同时，这些国家在派别相互竞争中维持着权力制衡。当上述策略不再奏效时，奥斯曼帝国和其他穆斯林国家发现了另一种维持自身独立的平衡术：欧洲均势。

第十章　欧洲人利益和帝国主义

到 18 世纪,欧洲人实现并维持了其对于中东的军事、政治和经济 157
优势。这并非此前常见的权力关系。无论奥斯曼帝国的统治者还是臣民——或者其他任何穆斯林国家——都不希望屈从此前受其轻视的欧洲基督徒。但是他们能做什么呢?尽管穆斯林曾经控制着欧洲与亚洲之间的商路,并主宰着双方的贸易规则,而现在欧洲人则将其制成品销往中东以换取原料和农产品。在穆斯林世界居住或经商的欧洲人住在大城市的特定街区,而且不必缴纳当地税赋,无需遵守当地法律和规定。尽管穆斯林海军(或者海盗)曾经主宰地中海与印度洋,而现在欧洲轮船——军舰与商船——控制了公海。此前奥斯曼苏丹可以选择攻打欧洲基督徒的时间和地点,进而决定媾和条件;对习惯于在战场获胜的穆斯林而言,这些变革似乎是一个天大的错误。难道安拉正在惩罚已经丧失信仰纯洁性,并偏离安拉对其共同体(即温麦——译者注)安排的穆斯林吗?

一、奥斯曼帝国的虚弱

我们可以通过一系列注有时间的大事来追溯中东与西方正在改变
的关系:1683 年奥斯曼人未能攻占哈布斯堡帝国首都维也纳;1699 年 158
奥斯曼人被迫签署《卡洛维兹条约》,将匈牙利割让给哈布斯堡王朝,将爱琴海岸割让给威尼斯人;1718 年,奥斯曼人丧失了他们在欧洲的更多土地;1774年奥斯曼人丧失了克里木,并容许俄国为"他们的"东正教徒臣民代言;1798年拿破仑·波拿巴占领埃及并入侵巴勒斯坦。与此同时,其他穆斯林王朝,例如印度的帖木儿王朝(莫卧儿王朝),萨法维王朝及其在波斯的后继者,中亚的乌兹别克人,以及统治摩洛哥的法蒂玛后裔,均在18世纪欧洲迅速增强的力量面前黯然失色。但是奥斯曼人距这些新兴大国最近,如果欧洲人想瓜分他们的土地,奥斯曼人会遭受最大的损失。

(一) 若干征兆与原因

一些通俗史书可能会告诉读者,奥斯曼统治者对其帝国命运漠不关心。苏丹在后宫沉湎于寻欢作乐,被美酒与哈希什(即从印度大麻中提取的、可供吸食或咀嚼的麻醉品——译者注)钝化了脑袋,并受到近卫军骚乱与宫廷诸派别争斗的羁绊而无所作为,从而没有兴趣维持其统治并捍卫其疆域。同样,贪赃枉法的维齐尔力图不受苏丹阻碍,以便从制度的腐化中牟利。官僚购买自己的官职,并将较低的职位出售给他人,而每位当权者都通过征缴赋税和索取酬金(几乎等同于贿赂)来盘剥贫穷的农民和工人。本应成为奥斯曼军队中坚的近卫军变成了商人和工匠的世袭封闭阶层,这些商人和工匠没有维持其训练体制,也没有学习如何使用滑膛枪等现代武器;更糟糕的是,如果有人胆敢要求改革,他们就掀翻汤罐举行叛乱。只要国家供养他们并支付军饷,近卫军就认为没有必要进行改革,也没有必要让其他军队来替代他们。欧莱玛变成了沉溺宗教而且对欧洲正在发生的知识进步一无所知的"查希勒"(无知之人)。缺乏任何保护的地主和商人遭到土匪强盗的劫掠。农民饱受贪婪地主和包税人之苦;许多农民离开家园并落草为寇。由此出现了恶性循环。简单的答案是,应谴责失职的或者无能的苏丹。正如土耳其人过去常说的:"鱼从头烂起。"

(二) 进行改革的苏丹与维齐尔

诸如以上这些通俗记述往往包含着一定的合理性。苏丹越来越无

能。没人否认苏丹易卜拉欣(1640－1648年在位)是一位精神错乱者, 159
他曾将其280名侍妾塞入布袋,并将她们溺死在博斯普鲁斯海峡。穆斯塔法二世(1695－1703年在位)坚持御驾亲征,大败于当时的军事天才即萨伏伊公国的尤金王子,从而使奥斯曼帝国丧失了匈牙利省及其军事威望。酗酒和宫廷阴谋使后来的苏丹遭受了比最初10位苏丹多得多的伤害。统治阶层的部分成员未能履行其职责,却利用奥斯曼制度以自肥。但是奥斯曼帝国延续长久的秘密之一在于,奥斯曼帝国体制依旧能够造就颇具才干的苏丹和维齐尔,他们认识到腐败并开始改革。在进行改革的苏丹中有奥斯曼二世(1618－1622年在位),他试图组建一支新军,因此被叛乱的近卫军所弑;穆拉德四世(1623－1640年在位)仅在一年之内就处死了25 000名反叛臣民;马哈茂德一世(1730－1754)首次引进欧洲人教授新的军事技术;以及谢里姆三世(1789－1807年在位),他制定了全面改革方案即“尼扎姆·贾迪德”(新政——译者注),对此我们将在下一章进行阐述。

那么进行改革的维齐尔呢?科普吕律家族出现了6位大维齐尔,他们对外捍卫了奥斯曼帝国的安全,对内引发了政治、社会和艺术的变革。第一位大维齐尔穆罕默德(1661年去世)出身阿尔巴尼亚基督徒家庭,在德米舍梅制度下从家中被征召,起初在帝国御膳房工作,他是苏丹穆罕默德四世(1648－1687年在位)的大维齐尔,曾击败威尼斯人,粉碎了特拉西瓦尼亚和安纳托利亚的叛乱,并在此过程中处决了数千人。其子艾哈迈德强化了维齐尔制度,遏止了哈布斯堡王朝的扩张,并夺占克里特岛和波兰一部。艾哈迈德的兄弟率领奥斯曼军队于1683年抵达维也纳城下,但未能占领该城。为穆斯塔法二世效力的穆罕默德·科普吕律之侄降低消费税,设立工厂,并希望将农业产量恢复到此前的高水平。

另一位维齐尔达玛德·易卜拉欣因使苏丹艾哈迈德三世(1703－1730)致力于建造欢乐宫和郁金香花园而著称;但是易卜拉欣也引入欧洲艺术家,着人将西方科学著作翻译成土耳其文,并建立奥斯曼帝国首家印刷所。我们的观点是,即便在奥斯曼历史上这段黑暗时代,也有一些苏丹和维齐尔力图引进一些光明。更加西化的改革将在19世纪出现；我们将在下一章讨论这些改革。然而，单单改革本身已无法拯救奥斯曼帝国。

二、欧洲列强与东方问题

绝大多数历史学家认为，奥斯曼人陷入窘境的关键——出人意料的，

160 ### 科普吕律家族的维齐尔

在奥斯曼帝国存在的绝大部分时间内，世袭以及根据才干擢升行政官员和军官的做法交织在奥斯曼帝国的统治之中。帝国的确曾因其世袭的苏丹而长期走运，但是在苏莱曼一世的统治结束之后，软弱无能的统治者继承了权力。如果没有强干的领导人，其他难题——军事的、经济的和政治的——就会变得无法克服。有一句古老的土耳其谚语说“鱼从头烂起”，因此苏丹的问题影响了社会的其他人。

奥斯曼帝国的衰落并非在一夜之间出现，而是发生在300多年之中。在此期间，强悍的维齐尔牢牢掌控政府的领导权，努力扭转帝国的命运。其中出身阿尔巴尼亚人的科普吕律家族的维齐尔最为著名。

科普吕律家族维齐尔具有一定的行为模式。无法或不愿直接统治的苏丹或其摄政者（通常是苏丹之母）授予科普吕律家族每位维齐尔专制的或者近似专制的权力。每位维齐尔能够在必要之时强行惩治腐败，镇压叛乱，或罢免无能。绝大多数维齐尔更多地通过强制而非奖励来实现自己的目的。尽管科普吕律家族每位维齐尔都以一种非正式学徒身份师从其前任，并且在恢复秩序方面卓有成效，但是他们的改革均未持续下去。他们未能扭转奥斯曼帝国的衰落，其中原因多多，但是奥斯曼成功的定义正是其中一个原因。

奥斯曼帝国臣民对政府的期望之一在于后者能够扩展帝国疆界。他们希望一个强有力的政府不仅要维持稳定、捍卫信仰，还要扩张伊斯兰区域。因此，结束腐败，镇压叛乱，罢免无能，与开始训练——科普吕律家族维齐尔在这些方面都做得不错——并不仅仅是他们自身的目的，也是支持扩张战争的需要。科普吕律家族几乎所有维齐尔都在稳定帝国之后迅

速将其新增的资源投入到此类战争中去。然而,经过改革的诸多机构实际上往往过于脆弱,难以经受由一个强大西方敌手带来的最终失败。最后,科普吕律家族第五任维齐尔侯赛因承认上述努力毫无效果,并签署了《卡洛维兹条约》(1699),将匈牙利割让给奥地利人,这标志着奥斯曼帝国在军事上和外交上开始崩溃。

风俗和传统很难改变。它们往往只能在经年日久后或极端情势下才会发生变革。科普吕律家族最初四位维齐尔将其成就用来支持扩张战争的古老传统。当帝国显然已经力量耗尽之时,科普吕律家族第五任维齐尔才改变了这一行为模式。他到那个时候几乎别无选择。

他们的救赎——在于欧洲。如果没有文艺复兴、宗教改革、探索和发现 161
的时代(即地理大发现或新航路开辟——译者注)、贸易扩张(即商业革命——译者注)、启蒙运动以及工业革命,欧洲人在18世纪就不会超越穆斯林世界。上述运动给西方文化带来的所有变革在奥斯曼帝国并没有发生。但是诸如威尼斯、波兰和西班牙等奥斯曼人的传统仇敌也是如此;到1750年这些国家不再成为奥斯曼帝国的安全威胁。奥地利哈布斯堡王朝像此前一样依旧担任基督教国家抗击伊斯兰世界的主力。然而,沙皇俄国这颗新星在北方冉冉升起,使奥地利的领导地位相形见绌。许多操英语民众一直相信,如果没有其他欧洲国家的坚决反对,俄国早就侵占了奥斯曼帝国的全部土地。为了验证这一观点,现在让我们考察一下19世纪最为重要的欧洲国家——大国:俄国、奥地利哈布斯堡王朝、英国以及法国的中东政策。

(一)沙皇俄国

与染指奥斯曼帝国的其他大国不同,俄国曾经处在金帐汗国的蒙古穆斯林统治之下。在15世纪,以莫斯科为中心的小而独立的俄国出现了,这个国家靠近欧亚大陆中部主要河流与陆运通道。一些史学家认为,莫斯科公国的统治者因控制上述河道而有可能推行扩张政策,而推行这一政策的根源是他们锲而不舍地要获得公海出海口。流入波罗的海和亚速海的河流每年有半年冰期;因此俄国需要将黑海作为用以通商的不冻港。在17世纪,黑海几乎完全被奥斯曼人的土地所包围。因此彼得大帝及其后继者在18世纪与奥斯曼帝国多次开战,以便为俄国夺取黑海出海口。到19世纪中叶,俄国人已将黑海大部据为已有,但是他们的船只仍旧必须通过奥斯曼帝国控制下的博斯普鲁斯海峡与达达尼尔海峡才能进入爱琴海直至地中海。因此,俄国力图控制海峡,至少要确保奥斯曼人不会禁止俄国军舰和商船通行。俄国也希望统治海峡,以便更好地防卫其黑海港口免遭入侵者的海上袭击。

一些俄国人还有夺取海峡的另外一个动机:他们希望统治博斯普鲁斯海峡之滨的伟大城市——伊斯坦布尔。在被土耳其人征服之前,
162 伊斯坦布尔曾是拜占庭帝国首都君士坦丁堡,因此也是“第二罗马”以及东正教会的首要明珠。在君士坦丁堡沦陷后,俄国成为最大的东正教国家,并声称莫斯科是“第三罗马”。一位莫斯科大公迎娶了拜占庭末代皇帝的侄女。两人的后代,即俄国沙皇意欲控制君士坦丁堡(沙皇称其为“凯撒格勒”),并将东正教的势力和威望恢复到与罗马天主教比肩的水平。除此之外,许多主要生活在巴尔干半岛的东正教徒处在奥斯曼帝国统治之下。奥地利在18世纪早期征服了巴尔干半岛部分地区,但是哈布斯堡家族是天主教徒,没有同情心。“俄罗斯母亲”将会更好地保护力图摆脱穆斯林统治而获得自由的塞尔维亚人、保加利亚人、阿尔巴尼亚人、罗马尼亚人和希腊人,因为他们几乎都是东正教徒。因此,当凯瑟琳大帝(即叶卡捷琳娜大帝——译者注)在1769－1774年击败奥斯曼人进而能够规定媾和条款时,她就使奥斯曼帝国承认了俄国有权代表在奥斯曼帝国境内居住的东正教徒,并在需要时在外交上进行干预。《库楚克-凯纳吉条约》用词含混,但是俄国人在日后坚称该条约为俄土关系开创了先例(欧洲人逐渐把奥斯曼帝国称作“土耳其”)。

后来,俄国人坚称他们与苏丹众多的巴尔干臣民还有其他共同点——即他们都是斯拉夫人。“斯拉夫”一词表明同属一个语系。俄国人与乌克兰人都操斯拉夫语;而保加利亚人、塞尔维亚人和克罗地亚人

也是如此。在19世纪，一些巴尔干民族拥护一种名叫“大斯拉夫主义”的民族主义，而大斯拉夫主义旨在将所有操斯拉夫语民族联合为一个国家。最大的斯拉夫人国家俄国自称是大斯拉夫主义的领袖。大斯拉夫主义的瓦解性影响与俄国此前对东正教徒的支持同样让奥斯曼帝国忧心忡忡。但是大斯拉夫主义也威胁着统治众多波兰人的普鲁士和奥地利等欧洲邻邦，因此俄国如果希望安抚那些欧洲强国，就必须淡化其大斯拉夫主义。事实上，许多俄国官员宁愿支持奥斯曼帝国完整以及俄国与其他欧洲列强友好相处，而不愿联合东正教徒或者其斯拉夫兄弟。

在19世纪，俄国向海洋的进军、对东正教徒的领导权，以及对大斯拉夫主义的支持有时结合在一起，从而催生了其咄咄逼人的中东政策。俄军在1806－1812年的冲突中，在1820年代的希腊独立战争中，在1848年的罗马尼亚人起义中，在1853－1856年的克里木战争中，在1877－1878年的俄土战争中多次入侵巴尔干半岛。在1877－1878年的俄土战争中，俄军进抵距伊斯坦布尔不足10英里(15公里)的地方， 163
并于1878年2月在圣斯蒂法诺规定了媾和条款。由于其他列强均反对俄国从这次战争中所获的军事利益和政治好处，苏丹在同年签署的《柏林全面条约》中收回了巴尔干半岛部分土地。俄国对大斯拉夫主义的鼓励，是1912－1913年巴尔干战争乃至1914年第一次世界大战爆发的重要原因。从1774至1917年的“东方问题”尽管因错综复杂、曲折反复而令人迷惑，但是绝大多数史家认为，奥斯曼帝国在其绝大多数时期(并非全部时期)将俄国视为主要敌人。

东方问题的核心在于俄国是否会攫取土耳其欧洲部分的领土，尤其是海峡，或者它这样做将被欧洲其他列强制止。尽管别的国家有时接受，甚至欢迎俄国力量的增长(例如，当俄国军队帮助欧洲于1812－1814年打败拿破仑，1942－1945年打败希特勒时，它走到了前面)，它们通常试图阻止俄国人获取巴尔干地区和海峡，以免欧洲力量的平衡发生改变。

让我们解释一下均势机制。没有办法规定每个国家将与其他国家拥有同样权力。毕竟,英国最先完成工业化,建立了最为强大的海军,并获得了一个庞大的海外帝国。法国的主要财源是农业而非制造业,但是它也拥有一个庞大帝国,并占据了险要位置。奥地利和俄国幅员辽阔,均是人口众多的多民族国家,因此有必要保持庞大的常备军。普鲁士(在 1871 年成为德国)拥有一支装备精良、训练有素的军队。尽管没有办法确保每个国家拥有同样权力,但是均势能够防止任何一国或者联盟强大到足以支配其他所有的欧洲国家。未能维持这种均衡,曾使路易十四和后来的拿破仑将法国的统治权强加到大陆其他国家,无论英国人还是德国人(或者任何一个国家)都不愿再次经历这一切。出于同样的考虑,19 世纪的许多人担心,如果俄国统治巴尔干半岛并控制海峡,整个欧洲将会听凭沙皇摆布。

也需记住,俄国与美国一样都是扩张性的大陆强国,不同之处在于,俄国向东向南扩张。在 19 世纪,不仅是奥斯曼人,而且包括蒙古人的伊斯兰化后裔、鞑靼人和曾经占据中亚的突厥人,都落入了俄国控制之下。正值西方担心俄国对巴尔干半岛的控制将破坏欧洲均势之际,沙皇也在撒马尔罕等城市建立了帝国,威胁着波斯、阿富汗和英属印度。

164 (二) 哈布斯堡王朝统治下的奥地利

俄国的敌手具有染指奥斯曼帝国的正当理由。例如,哈布斯堡帝国从 15 至 19 世纪在东南欧与奥斯曼帝国接壤。在 1699 年占领匈牙利后,奥地利的贪欲开始膨胀,渴望从多瑙河顺流直下推进至黑海。奥地利也希望控制多瑙河以南的土地,特别是克罗地亚、波斯尼亚和塞尔维亚。哈布斯堡王朝皇帝或许在追逐商业利益,但是他们也认为自身在践行古老的、抗击突厥穆斯林的十字军传统。在 19 世纪,每当一个巴尔干国家挣脱奥斯曼帝国统治赢得独立之时,奥地利就会站出来充当该国的支持者、保护人以及贸易伙伴。巴尔干半岛一些国家似乎仅仅是替换了其主子。根据 1878 年《柏林条约》的部分规定,波斯尼亚和黑塞哥维那这两个在文化和地理上接近塞尔维亚(但是拥有大量穆斯林)的地区处于奥地利军事占领之下。30 年之后,奥地利未经奥斯曼帝国同意(也让俄国大为光火)就兼并了波斯尼亚和黑塞哥维那。但是邻国塞尔维亚进行的宣传削弱了哈布斯堡王朝对这两个地区的统治,并导致奥国皇储于 1914 年在萨拉热窝遇刺身亡。读者可能知道“萨拉热窝事件”引发了第一次世界大战。部分史学家认为,奥地利的巴尔干政策是第一次世界大战起因之一,而那场巨大冲突则被谑称为“土耳其继承权之战”。

(三)英国与中东

英国是一个海军强国,拥有印度的殖民帝国。在 1756 — 1763 年的“七年战争”(法国和印度战争)中,英国打败法国,巩固了其亚洲帝国,从此将确保通向印度的安全航线作为其重中之重。只要欧亚之间的绝大多数航运绕行南非,英国几乎就对奥斯曼帝国漠不关心,有时甚至支持俄国在巴尔干半岛扩张。然而,英国并不支持法国控制埃及和叙利亚,这一点我们很快就要了解。大约从 1820 年开始,汽船运输的增加与陆路交通的改善,使经由埃及或者“新月地带”这两块在名义上属于奥斯曼帝国的土地进行客运和货运变得越来越迅捷,越来越安全,并取代了绕行非洲的远程航线。英国在 1830 年代认定,奥斯曼帝国将是英国通往印度交通线的最佳守卫,并很快坚决地强化奥斯曼帝国的防御。英国也有商业动机,因为英国和奥斯曼帝国签署了一个条约,规定降低双方进口彼此货物的关税(即 1838 年《英土商约》——译者注)。 165
到 1850 年,奥斯曼帝国已成为英国制成品的首要消费者以及食品与原材料的主要供应者。英国也逐渐与奥地利一起质疑俄国在巴尔干的动机。

从拿破仑败北到第一次世界大战爆发,欧洲最大规模的冲突即克里木战争。尽管许多人认为,耶路撒冷的天主教与东正教神职人员的冲突引发了这场战争,但是真实原因是,绝大多数欧洲国家担忧 1853 年俄国在巴尔干半岛的势力增长会威胁欧洲均势。通过领导反俄同盟,英国表明它将不惜巨大麻烦和代价,来保护土耳其免受俄国扩张主义侵害，进而维护均势。基于同样的考虑，当俄国占领巴尔干半岛大部时，英国在 1878 年将其部分舰队调往达达尼尔海峡以示警告。在第十一章我们将解释，英国为何要在这些关键时刻积极推动奥斯曼统治者进行西化改革。为了进一步确保其通向印度的交通线，英国还在 1839 年占领了亚丁，在 1878 年占领塞浦路斯，1882 年占领埃及，并与从阿曼到科威特的波斯湾沿岸的阿拉伯人统治者缔约。英国数次派军入侵阿富汗或波斯，以便阻遏不断推进的、像企图进军海峡那样力图抵达海湾的俄国人。英国担心沙皇或许会将其土地贪欲延伸至喜马拉雅山脉、印度，甚至中国。19 世纪的上述大事预示着英国将努力在第一次世界大战后主宰中东。

（四）法国：保护人兼教导者

法国通常是奥斯曼帝国的最好朋友。法国在大西洋和地中海均有港口，该国的关键地理位置使它成为争夺欧洲霸权的有力竞争者。直至 19 世纪，法国在地中海的首要敌手一直是哈布斯堡帝国，这促使法国与奥斯曼人结盟。法国声称它最先获得领事裁判权，而法国商人和投资者往往成为在奥斯曼帝国经商的欧洲人的引领者。如果奥斯曼政府需要陆海军专家、工程师和教师，它通常会首先寻求法国的帮助。年轻的奥斯曼人更倾向于将法国而非其他国家作为接受高等教育或高级职业培训的首选。

宗教也增强了法国与奥斯曼帝国的联系。当俄国力图保护奥斯曼帝国统治下的东正教徒时，法国也代表天主教徒而提出同样的要求。由于奥斯曼帝国境内的天主教徒少于东正教徒，所以土耳其人较少在意他们。由此导致的一个关键后果是，法国与叙利亚形成了特殊关系。
166 这一特殊关系的关键中介是盛行于现今黎巴嫩北部的基督教分支马龙派。在 7 世纪，马龙派已经在东正教和一性派基督教之间采取了折衷立场，从而给予了自己特殊的身份。马龙派后来在十字军东征期间加入了罗马天主教，他们获准延续其传统习惯[例如允许神职人员结婚以及以古叙利亚语（即阿拉马语——译者注）进行祈祷]。自 7 世纪以来，马龙派已经通过在罗马的教皇神学院接触到了西方知识。在法国崛起为头号天主教国家之后,马龙派欢迎法国传教士和商人来到叙利亚,法国传教士与商人则在叙利亚设立了学校、教堂、工厂和商用邮局等一整套机构。法国在叙利亚的首要地位也依靠与其他基督徒的联系。一些基督徒,通常是东正教徒,也包括一些雅各派(基督一性论者即一性派)和景教徒,脱离原有教会并作为东仪天主教徒加入罗马天主教。这些改奉天主教的人与马龙派一样在法国学校学习,与法国商人进行贸易。一些人还接受了其他方面的法国文化,并将法国视为其赞助人和保护者。在 1860 年,叙利亚的穆斯林与基督徒爆发冲突,法国政府插手并支持当地基督徒。

从战略上讲,埃及比叙利亚对法国更为重要。在 18 世纪,由于奥斯曼帝国的忽视和马木鲁克的糟糕统治,埃及经济和社会陷入低谷,因此法国并未普遍关注埃及。但是将埃及称做世界上最为重要国家的拿破仑·波拿巴于 1798 年占领埃及。在此后 3 年,英国与土耳其在军事上和外交上竭尽全力以使法军撤出埃及。在法军撤离之后,一位名叫穆罕默德·阿里的军事冒险家在开罗夺取了政权。他在法国顾问帮助下雄心勃勃地开始改革,组建了一支强大的陆海军,并于 1831 年从奥斯曼人手中夺取了叙利亚。法国怂恿并赞赏穆罕默德的侵略所得。而其他列强却并非如此,它们认为这些侵略所得威胁了欧洲均势,并将穆罕默德·阿里视为法国的一个代理人。英国海军进行干涉并迫使阿里的军队在 1840 年撤出叙利亚,但是其依旧控制着埃及政权,并且建立了一个王朝,该王朝将继续统治那里直至 1952 年。

法国在另一部埃及剧中也扮演了主角。穆罕默德·阿里之子赛义德在 1854 年授权一位法国企业家沿苏伊士地峡开凿一条运河。英国担心这项工程会使法国控制通往印度的主要交通线,因此力图阻止这项工程。然而,在 1869 年苏伊士运河通航之后,英国则成为运河的主要使用者。英国很快购买了埃及政府在运河控股公司中的股份;接着,英国在 1882 年派军侵入埃及(据说法国也派遣了军队,但是没有在关 167
键时刻发挥作用)以便镇压一次民族主义起义。法国与埃及的经济文化联系依旧牢固,但是到19世纪末,英国不顾法国反对控制了尼罗河流域,然而法国依然控制着北非其他地区的绝大部分。第一次世界大战后,法国将在叙利亚和黎巴嫩寻求补偿。

三、结论

我们业已快速回顾完毕欧洲主要强国在中东的利益及其中东政策。我们跳过了18世纪,希望借此为读者介绍后来所发生大事的背景。读者或许会问,我们为何关注俄国、奥地利、英国和法国,而没有关注其他的国家。必须承认,我们在一定程度上已经将剧情概要过度简化。东方问题的全体演员将包括瑞士的考古学家、比利时的银行家、德国的军事顾问、美国的新教徒,以及意大利的天主教传教士、希腊人的杂货商和亚美尼亚的摄影师。到1900年,德国政府、意大利政府和美国政府也已在这部政治剧中扮演了些许角色。波斯也变得更加重要,特别是作为英国和俄国在商业和军事上的争夺目标。

本章也将中东视做被利用的区域而非采取独立行动的地区。这也是一种歪曲。尽管奥斯曼帝国的确在巴尔干和北非丧失了土地,但是它在这段时间内依旧保持独立。尽管西方使节与顾问或许对苏丹和维齐尔颐指气使,但是这些使节和顾问需要防止别国干涉,再加上穆斯林的保守主义,从而限制了其行动范围。同样,在1907年俄国人和英国人同意在波斯划分势力范围之前,该国一直保持独立。中东多数民族继续过着他们的生活,仿佛欧洲人处在另一星球。影响这些人的变革是其统治者所推行的西化改革,这些改革正是我们现在要关注的。

第十一章　19世纪的西化改革

从16至19世纪,欧洲的权势迅速上升,迫使世界上其他任何地区 169
要么革新要么惨败。南美洲南端火地岛印第安人与塔斯马尼亚岛土著等人群,被白人的疾病、酒精或驱赶消灭殆尽。北美洲印第安人和澳洲土著等其他人群的土地及自由,几乎被欧洲殖民主义者完全剥夺。在巴西等地,一些民族与欧洲定居者通婚,由此产生一种混血文化。许多非洲人被迫离开祖居土地,被当做奴隶贩运至遥远海岛。印度、爪哇和越南等古老国家被纳入欧洲诸帝国的版图。日本维护了独立但是大规模照搬了西方模式。其他一些亚洲国家将某些欧洲习俗与制度视为权力源泉,并力图将其嫁接到本国传统社会以维持独立。这种方式似乎温和、合理,并适应那些具有深厚传统与根深蒂固价值观的国家,从而被中国、泰国、波斯与奥斯曼帝国所遵循。穆斯林国家希望增强其陆海军及其政府力量与经济实力,但是不愿放弃其生活方式,他们已形成并遵守这些生活方式长达数百年。改革家必须慎重选择他们从欧洲引入的制度与实践,但是他们很快明白,即一个防御型西化方案不可能与社会的其他部分相隔绝。军事的、政治的和经济的改革往往在一些看似偏远而且不易引起改革家警觉的地区引发反应。

改革是什么?在西方国家,改革家往往并非政治精英,他们挑战现
存制度,如果挑战成功则变革这一制度。他们或许诉诸暴力革命,但多 170

数成功改革是通过投票箱、立法机关或者舆论场所实现的。这些成功改革或许正好反映了已经发生的社会与经济变革。当我们提及英国历史上的议会改革时,指的是议会在 19 世纪将选举权扩大到更多人的做法。美国政治中的改革派,通常指从体制外反对发生在市政府、州政府或者联邦政府中的腐败现象与不公行为者。

读者或许会认为改革者来自下层。改革者在少数情况下曾经来自下层,甚至在中东也是如此。读者此前已经了解,哈瓦立及派与哈希姆派在倭马亚哈里发统治时期曾发动叛乱。在 17 至 18 世纪,安纳托利亚与巴尔干半岛的农民举行暴动,但其目的在于脱离而非改革奥斯曼政府。瓦哈卜派是一个更好的例子。该派是一个禁欲苦行的穆斯林派别,发端于逊尼派伊斯兰教中的罕百里派,在 18 世纪中期夺取了阿拉伯半岛中部政权。在沙特家族(因此这个现代国家就称做沙特阿拉伯)领导下,这些瓦哈卜派教徒希望征服至少整个阿拉伯半岛,并荡涤伊斯兰教中被他们视为腐败堕落的行为。瓦哈卜派在 18 世纪末建立了一个相当强大的国家;接着在 19 世纪受到奥斯曼人和穆罕默德·阿里的遏制,但在 20 世纪早期卷土重来(参见第十四章)。沙特阿拉伯境外的穆斯林思想家已经接受了瓦哈卜派的诸多观念。如果你愿意,可以称瓦哈卜派为改革者。伊斯兰世界在过去两个世纪中出现了诸多其他运动,这些运动旨在恢复伊斯兰文明的荣光,或者使穆斯林的制度与现代性相协调。它们并非源自下层,而是来自文化精英。统治者本人有时也亲自引领这些运动。

在中东历史上,重要且有效的改革通常源自上层。统治者,或者其维齐尔、将领,或省督曾经启动这些改革。穷人很少提出这些改革,也并未从付诸实施的改革中获得太多实惠。尤其是我们发现,那些由政府强制推行的全盘西化的改革,往往正如人们所理解的那样打击伊斯兰教。西化曾经——而且至今——经常与现代化相混淆。本章关注在埃及、奥斯曼帝国其余地区以及波斯的西化改革。

一、埃及

如果瑞普·凡·温克尔于 1795 年左右在开罗入睡，并在 70 年后苏醒，他将会备感震惊——如果不是感到困惑的话——因其小憩期间所 171
发生的变革。埃及在 19 世纪采取了中东所有国家中最为迅速和剧烈的改革。奥斯曼帝国从 1517 年起开始统治这个国家，但是不久因遭遇一次叛乱而将当地控制权交给了马木鲁克，后者曾是奴隶兵，后来成为贵族并从 1250 年起统治埃及。在奥斯曼时代，马木鲁克继续引进契尔克斯奴隶男童，并将其训练成士兵和行政官员。这或许一度是个好制度，但是马木鲁克到 18 世纪已经成为欲壑难填的包税人和残酷无情的地方官。他们沉溺于派系争斗，没有为农民提供灌溉设施，也没有保护他们，农民的生活水平与人口数量有所下降。由于缺乏经费，包括古老的爱资哈尔大学在内的诸多麦德莱赛的学术水平下降了。绝大多数欧莱玛变得无能、懒惰和腐败。基督教和犹太教的神职人员也一样糟糕。奥斯曼总督无能为力。士兵和农民掀起反叛，有时取得成功，但是他们也无法改革这一体制。埃及正在衰落。两位杰出的外国人使这个国家再次前行，他们是拿破仑·波拿巴与穆罕默德·阿里。

（一）拿破仑的占领

1798 年，法国革命政府(即督政府——译者注)派遣拿破仑前去占领埃及，有可能的话也占领叙利亚和伊拉克。督政府很可能想将这名雄心勃勃的年轻将领调出巴黎，或许还渴望夺回印度，法国在该地的诸多殖民地曾在 1763 年被英国占领。拿破仑渴望超越亚历山大大帝的征服成就。为了做到这一点，他必须率军从埃及经由“新月地带”进抵波斯、阿富汗以及现在的巴基斯坦。这是一个未曾实现的空想，但是拿破仑的确轻松击败马木鲁克并占领开罗。为了获得埃及人的支持，他发布通告，节选如下：

> 埃及人民，有人将告诉你们我是来摧毁你们的宗教的。这显

> 而易见是一句谎言，不要相信它！正告那些诋毁中伤者，我来到你们面前是为了从压迫者手中恢复你们的权利，而且我，比马木鲁克更虔信安拉……并尊崇他的先知穆罕默德与辉煌的《古兰经》……在埃及大地上曾经有过恢宏的城市、宽阔的运河以及繁荣的贸易。是什么破坏了这一切呢？难道不是马木鲁克的贪婪和苛政吗？……告诉你们的国民，法国人也是虔诚的穆斯林。事实上他们攻入罗马并且已经推翻了教皇的统治，而教皇一直煽动基督徒征讨穆斯林……不仅如此，法国人一向宣称自己是奥斯曼苏丹最
> 172 为真诚的朋友，也是苏丹敌人的敌人。相反，马木鲁克一直拒绝服从苏丹……祝福站在我们一边的埃及人，他们将会致富显荣。待在其居所，不和正在交战的双方站在一起的那些埃及人，将会获得喜悦；如果他们更加理解我们，就会毫不犹豫地加入我们的队伍……但是诅咒那些站在马木鲁克一边并帮助他们对我们作战的那些埃及人，他们将无路可逃，而且其记忆也将被抹去。

尽管埃及人根本不喜欢马木鲁克，但是他们更不喜欢法国人。拿破仑及其麾下并非穆斯林，也并未恢复奥斯曼主权。法国对埃及的占领是残酷的、粗劣的，而且令人憎恨。马木鲁克统治时期的税收和政府酬金虽高，但是并不经常征收，法国人如今却定期向每个人征收，从而使他们显得更具压迫性。法国军队不了解当地风俗习惯，他们淫荡不堪，公开饮酒，藐视神灵，例如为镇压当地起义而向爱资哈尔清真寺开火，这些行径使虔诚穆斯林备感震惊。英国海军在阿布·克尔击沉拿破仑的绝大部分军舰，而法国军队则入侵巴勒斯坦，但未能从土耳其人手中夺占阿克，这使埃及人更加愤怒。尽管拿破仑本人躲过英国封锁并返回法国，但法国的占领却持续至1801年。埃及人闷闷不乐却没有武装。他们之前的统治者马木鲁克已分崩离析。英土联军在亚历山大登陆，接着缔结了一个宽泛的欧洲条约，终于使法军撤出埃及。英国海军随后离开。

由于拿破仑如此炫目，以及后来法国与埃及形成了牢固的文化联

系,因此通俗史学往往突出法国的占领。更为重要的是,拿破仑的远征军中包括 167 名学者、科学家和艺术家,他们参观开罗及乡村,几乎研究了埃及的方方面面。他们出版的研究成果包括 9 卷正文和 14 卷插图,异常全面且相当准确地向我们描绘了这个国家的环境与文化。法国人还带来了一台印刷机并建立了一个研究中心,该中心吸引了少数潜心钻研欧莱玛的目光。现在几乎没有史学家像此前史学家那样认为这些事件导致了埃及的文化觉醒。埃及此前就没有沉睡,但是拿破仑的入侵的确(1) 引发了英法对埃及的持久争夺;(2) 摧毁了奥斯曼帝国穆斯林对欧洲的心理优势;(3) 削弱了马木鲁克,在 1802 年最后一支英军撤出后造成一个权力真空。

(二) 穆罕默德·阿里及其改革 173

一位名叫穆罕默德·阿里的幸运军人最终填补了这个真空。他曾担任奥斯曼远征军中的阿尔巴尼亚军团副指挥官,并来到埃及,这支远征军在 1799 年力图将法国人赶出埃及,但是失败了,两年后取得了胜利。穆罕默德·阿里常说:“我与登陆亚历山大的拿破仑是同一年出生的”,以此强调自己的个人野心。他在战胜两位总督之后模仿了拿破仑:到 1805 年,他已经从大批争权者中脱颖而出,并且赢得了众多欧莱玛与当地贵族的支持。就在同一年,他还煽动了一场反对奥斯曼总督的叛乱,并迫使苏丹承认由他来接替这位总督。与众多奥斯曼改革家一样,穆罕默德·阿里认识到,战场上的失利表明现存军队和作为军队后盾的政府显而易见的虚弱。然而与其他改革家不同,穆罕默德·阿里认为,采用欧洲制服、武器和战术,或者甚至引进外国教官和技术人员无法解决这些改革家的军事问题,必须进行全心全意、广泛深刻的改革。如果那些西方模式冒犯了穆斯林,穆罕默德·阿里就变得残忍、专断。

众所周知,如果诸多敌对势力均被消灭,那么埃及就会因尼罗河谷地而易受统治。马木鲁克构成了主要障碍;穆罕默德·阿里在 1811 年将他们悉数屠戮。由于欧莱玛享有巨大权势和威望,所以他利用欧莱玛两败俱伤的内讧，夺取了他们所管理的绝大部分“瓦克夫”地产，以此削弱欧莱玛。他还将绝大多数私有土地置于国家控制之下，由此消灭了包税人和农业贵族。因此穆罕默德·阿里政府垄断了埃及最为宝贵的资源——农业、农地。现在国家决定农民将种植哪些作物；向农民提供种子、工具和肥料；购买农民的全部农产品；接着将这些农产品售出获利。为了便利埃及各地的货运，穆罕默德·阿里征召农民修建公路、开凿运河。新的灌溉设施使农民每年能够种植三茬农作物，而此前每年仅种植一茬。埃及成为最早从自给自足农业（即农民主要种植供自身消费和缴纳租税的农作物）转向种植经济作物（即农民种植用来出售的农作物）的中东国家。烟草、甘蔗、靛青和棉花成为埃及的主要农作物。穆罕默德·阿里将农民所创收入用做工业和军事发展计划的资金。

穆罕默德·阿里是第一位领悟工业革命重要性的非西方统治者。
174 他认识到，一支现代化军队需要用以生产其帐篷和制服的纺织厂，需要用以建造其军舰的造船厂，需要用以制造其枪炮的军工厂。法国顾问帮助埃及政府组建并装备现代化军队。穆罕默德·阿里将成百上千操土耳其语和阿拉伯语的埃及人派往欧洲接受技术和军事培训。他引进西方教官在埃及建立医科学校、工程学校和军事训练学校。最后，他建立一家新的阿拉伯文印刷所，印刷翻译的课本和一份官办报纸。

（三）穆罕默德·阿里的军事帝国

穆罕默德·阿里也是自托勒密王朝以来首次征召埃及农民入伍的统治者。埃及农民痛恨兵役，被征召入伍者很少能够重返家乡。尽管埃及农民绞尽脑汁逃避兵役，但是他们还得被迫入伍。这支新型的埃及军队在土耳其军官、契尔克斯军官与欧洲军官的鞭笞之下成长为一支强悍的武装力量。穆罕默德·阿里利用这支军队打击已经占领麦加与麦地那的瓦哈比派（应奥斯曼苏丹的要求）。穆罕默德·阿里还组建了一支埃及海军，借此协助奥斯曼人攻打正在为独立而战的希腊人。然而，在列强插手帮助希腊人击败土耳其人之后，穆罕默德·阿里开始将矛头对准苏丹本人。他派其子易卜拉欣统率一支远征军攻入巴勒斯坦和叙利亚。到 1832 年底,他控制了“新月地带”大部与希贾兹。易卜拉欣试图在叙利亚强制推行其父的西化改革,但是叙利亚人实际上并非埃及人想象的那样驯顺。由于叙利亚农民反对易卜拉欣控制农业和没收他们的武器,山区发生叛乱。奥斯曼政府利用易卜拉欣的困境力图收复其部分土地。穆罕默德·阿里与易卜拉欣发动反攻,并侵入安纳托利亚。1839 年,奥斯曼帝国海军在亚历山大全军覆没,一位 16 岁的王子(即阿卜杜勒·迈吉德——译者注)被授予奥斯曼之剑,此时开罗似乎要夺取整个奥斯曼帝国。在列强(主要是英国)干涉之下,穆罕默德·阿里才从叙利亚撤军,并接受在埃及的自治权。

穆罕默德·阿里对埃及人民几乎漠不关心。他在其外交失败后丧失了进行经济和军事改革的兴趣。绝大多数学校和几乎所有官办工厂被关闭。国家对农业的垄断和其他控制也终止了。尽管如此,穆罕默德·阿里能够在其过世之后将一个几乎独立而且曾经军力辉煌的埃及留给其子孙。而且,他的帝国建立在农业和工业发展的基础之上,没有 175
向西方的政府、银行或投资者借贷。他的诸多继承人很少能够取得这项成就。

二、奥斯曼帝国的西化

与穆罕默德·阿里同时代的奥斯曼改革家也在努力改革帝国,但是成效不太明显。第一位是苏丹谢里姆三世(1789 — 1807 年在位),他是西化改革家中的过渡性人物。历史学家斯坦福·肖将奥斯曼政府的内政改革实践划分为三个阶段:第一阶段,诸如科普吕律家族维齐尔等改革家力图恢复帝国鼎盛时期的行政与军事制度。这一努力失败后,第二阶段,即 18 世纪的一些苏丹和维齐尔采取了选择性西化改革,主要在军事领域,但未能阻挡俄国入侵巴尔干半岛与拿破仑占领埃及。奥斯曼改革的第三阶段主要在 19 世纪,国家试图西化众多帝国行政机构,以便阻止帝国领土瓦解或被兼并,但仅在一定程度上取得了成功。

（一）“尼扎姆·贾迪德”

谢里姆三世担忧欧洲人觊觎他的国家；他也知晓国家内部的难题：一些省份公开反叛，与奥地利和俄国的战争仍在继续，税入严重亏空。作为应对，他设计出一套整顿整个奥斯曼帝国政府的全面改革方案——“尼扎姆·贾迪德”。然而，由于军事威胁迫在眉睫，谢里姆转而致力于创建一支西化的精锐之师，而这支新军经常成为“尼扎姆·贾迪德”的代名词。他必须秘密操练以街头混混作为部分兵源的“尼扎姆”士兵(即新军——译者注)。谢里姆知道近卫军及其盟友一旦发现就将反对。他是对的。近卫军担心，一支由欧洲教官培训并且使用现代武器的有效兵力将会暴露近卫军作为帝国寄生虫的嘴脸。近卫军不愿让军事改革削弱自身特权，无论这一军事改革何其必要。他们掀起反叛，屠杀了这支新军，囚禁了谢里姆，并酿成一场血腥内战。如果谢里姆贯彻他原先提出的那一套全面改革方案，他本可以组建其军队并遏止俄国人。因此，谢里姆似乎成为选择性西化与19世纪根据欧洲模式重塑整个奥斯曼帝国这两个阶段的中间环节。

176 ### （二）马哈茂德二世

谢里姆的继承者(即苏丹穆斯塔法四世，1807－1808年在位——译者注)力图恢复新政，但是这一努力注定失败，并导致近卫军掀起暴乱，甚至杀害了奥斯曼家族中除谢里姆堂弟即马哈茂德二世(1808－1839年在位)之外的所有男性成员。可以理解的是，马哈茂德在恐惧与战栗之中登基。近卫军不仅诱发了城市暴民、商业行会与麦德莱赛学员保护自身特权，而且使整个帝国处境危险。在当地军阀控制下的一些巴尔干省事实上业已独立。塞尔维亚人的一次民族起义可能会影响其他被统治民族。安纳托利亚一部分的地主正在把持政权。敌对的马木鲁克或近卫军各派控制了阿勒颇和摩苏尔等阿拉伯城市的驻军。更为糟糕的是，俄国再次对帝国开战，并已侵入帝国的达努比亚公国(现称罗马尼亚)。而此时拿破仑军队与英国海军为争夺对东地中海控制权而交战正酣。奥斯曼帝国前景黯淡,但是马哈茂德却震惊了每一个人。他与死去的堂兄(即苏丹谢里姆三世——译者注)一样希望改革和增强奥斯曼国家。但是马哈茂德也知道:(1) 西化改革必然涉及奥斯曼政府与社会的方方面面;(2) 只有摧毁被取代的旧机构,才能使改革后的机构运转起来;(3) 任何改革方案必须谋定而后动,且应取得本国领导人的支持。

马哈茂德最初保持低调,悄然培植着支持奥斯曼权力集中化的组织,并逐渐建立了一支忠心耿耿且训练有素的宫廷卫队,这支卫队在其羽翼丰满之际将被用来打击近卫军及其支持者。马哈茂德在 1826 年才进行反击。他下达了向近卫军发起总攻的命令,这使人联想起此前 15 年穆罕默德·阿里的行动(即 1811 年在开罗城堡屠杀马木鲁克——译者注)。这次一支军队、欧莱玛、学生(即麦德莱赛学员——译者注)以及绝大多数民众站在苏丹一边。近卫军被消灭,其支持集团(包括拜克塔什苏菲教团)被取缔,而近卫军的财产则被马哈茂德的支持者瓜分。民众因近卫军被灭而备感欢欣,故这次屠杀在土耳其历史上被称为“吉祥事件”。这一事件为马哈茂德在位最后 13 年的大规模改革举措扫清了道路。

由于受到列强支持的希腊人正在反抗奥斯曼统治,因此正如所料,改革把组建一支取代近卫军以及其他过时组织的新军放在首位。马哈茂德从所有旧式军队中抽调士兵进入其新军,向他们发放欧式制服与武器,并令其接受西方教官的节制。奥斯曼年轻人也必须接受军事技 177
术培训。马哈茂德扩充了现存陆海军工程学校,开设一所医科大学,并创建了用以教授欧洲军乐与军事科学的其他学校。男童主要在清真寺接受初等教育,接着进入马哈茂德所设中学系统学习,随后则在上述新的技术学校与军官学校求学。

很难在伊斯坦布尔创建法国式、德国式或者意大利式学校。首批教师都是欧洲人。他们指定的教材也都是欧语的。因此,这些男童必须首先掌握法语或德语,才能学习医学、工程学或科学。由于人类知识迅猛增长,这一情况在中东延续至今。土耳其、伊朗、以色列以及(在较低程度上)阿拉伯国家的大学生至今仍然在工程学、医学、商学,甚至还有人文科学的专业课程中使用欧美教材。但是这一问题在175年前的奥斯曼帝国更为严重。印刷的其他任何语言书籍都寥寥无几,而科学专著都是手写土耳其文,一些法文和德文课本被译出,但是从来不够用。由于希腊已经独立,因此奥斯曼帝国不再信任希腊人,从而开设了特殊课程用以培训土耳其穆斯林以取代政府口译人员中的希腊人。与穆罕默德·阿里一样,马哈茂德也创办了一份刊物,用以登载政府公告。他还派遣其部分臣民赴欧洲的大学、军官学校和技术学校求学。

奥斯曼改革的总体目的在于将传统统治阶层的权力转移至苏丹及其内阁之手,马哈茂德改革了政府各部,以便克服权力重叠并裁撤冗职。马哈茂德废除了在奥斯曼历史上曾支持"希帕西"的军事封邑(提马儿)制度。他无法效仿穆罕默德·阿里将所有农业用地收归国有——奥斯曼帝国比埃及更大、更多样化——但是他能够向农业地主征税。修筑更好的公路有助于权力的集中化。马哈茂德必须克服当地的与省级的官员、封建"希帕西"、保守的政府文吏以及欧莱玛的反抗。如同彼得大帝的俄国,很少有奥斯曼人与马哈茂德一样拥有改革帝国并使其具有活力的梦想。这一梦想不会使他们充分受益。

(三)军事失败与欧洲保护

奥斯曼帝国的西化改革具有另一个重大缺陷:它未能制止军队战败。1829年希腊人赢得独立,但是其位于伯罗奔尼撒半岛的小王国仅
178 是希腊人的一小部分。俄国人的干涉是希腊人成功的主要原因。俄国在1827－1829年再次攻打奥斯曼帝国,并占领黑海东岸地区。易卜拉欣入侵叙利亚,也打击了奥斯曼帝国,特别是在马哈茂德的新军未能赶走他们之际。如果帝国要生存下去就需要外援。首选本应是法国,但是法国支持穆罕默德·阿里与易卜拉欣,因此马哈茂德转而求助其北方强邻。1833年,俄国在冠冕堂皇的《温卡尔–伊斯克列斯条约》中承诺捍卫奥斯曼帝国的领土完整。这个条约意味着由狐狸把守鸡舍!

这两个国家在 60 年内曾四度开战,因此这份协定震惊了西方。英国认为,《温卡尔—伊斯克列斯条约》使俄国战舰有权通行海峡,而西方战舰则被禁止出入,故极力谴责俄国有可能控制伊斯坦布尔。英国人的出价怎样才能高于俄国人呢？幸运的是,奥斯曼人希望与英国扩大贸易。在 1838 年签署的一份商约中,奥斯曼政府增加了英国的治外法权,并将其进口英国制成品的关税限制在 9%以内。这一低税率刺激了英国对帝国的出口,从而排挤了奥斯曼众多商人与手工业者,他们无法与西方更为机械化的工厂进行竞争。1838 年的协定导致一个始料未及的后果,即增加了英国在奥斯曼帝国的经济利益,并由此增强了英国确保奥斯曼帝国存活的意愿。这一后果很快使土耳其人受益。

（四）坦泽马特时代

在易卜拉欣侵入安纳托利亚之际,马哈茂德二世驾崩,接着他于希腊独立战争之后在英美协助下苦心经营的海军在亚历山大叛变。马哈茂德年轻的儿子阿卜杜勒·麦吉德(1839 － 1861 年在位)承继父位。尽管阿卜杜勒·麦吉德似乎没有做好君临天下的准备,但是他在位期间却是奥斯曼帝国最伟大的改革时期,坦泽马特(改革)时代。坦泽马特的天才领袖是马哈茂德的外交部长穆斯塔法·雷什德,他在阿卜杜勒·麦吉德登基之时正在伦敦向英国求援以反对穆罕默德·阿里。这位新任苏丹在英国与雷什德的建议下发布了一份名叫“花厅御诏”的敕令,批准建立新的机构,以便保障他的臣民的基本权利,公平地评定和征缴赋税,并且征召和训练士兵。包税制度、行贿受贿与任人唯亲将被禁止。但是如何实现奥斯曼帝国的这些革命性承诺呢？答案就是以雷什德为首的一批年富力强的官僚,他们相信自由化改革会拯救奥斯曼帝国。他们在奥斯曼公共生活中的多数领域进行改革：建立公办学校体系,以便培养政府文书;改革各省行政体系,使每个总督拥有特定职责 179
和一个咨议会;扩展公路和运河网络,现今还包括扩展铁路网络;建立以中央银行、国库券和十进位制货币为特征的现代财政体制。

穆斯塔法·雷什德帕夏

到19世纪,奥斯曼帝国与日益现代化和强大的西方相比明显地正在衰落。这一形势长期将帝国民众划分为两派。一派依旧迷恋既往;他们因传统或宗教而反对改革,并希望在墨守成规中寻找出路。另一派包括诸多改革家,他们坚信帝国必须效法西方模式,至少学习其行政和军事举措,惟此方能幸存。在19世纪前半叶,这些改革家中有一位能力最为卓著的、名叫穆斯塔法·雷什德(1800－1858)的政治家与外交家。

雷什德生于君士坦丁堡,自幼开始接受行政培训。他基本上是作为国家行政官员的后备人员而接受培训的。事实上,他擅长行政管理,并在行政部门青云直上。从1834年至1836年,他先后担任奥斯曼帝国驻法国和英国的大使。他在担任大使期间研究了在他看来是促使西方强大的那些举措。1837年,他被任命为外长。他在其职业生涯中6次担任大维齐尔。他对欧洲的政治制度具有深刻体察,坚信帝国只有西化才能幸存:"唯有使土耳其接近欧洲生活标准的改革,才能使我们克服持续的政治、经济危机。"

1839年,雷什德获得了将理论付诸实践的机遇。当时苏丹阿卜杜勒·迈吉德命其协助贯彻关于帝国行政举措的"坦泽马特"(改革)。坦泽马特旨在通过行政改革强化中央政府,但是它无法立即改变人们陈旧的思维方式。在维护传统方面拥有既得利益的官僚有效抵制了许多改革。这最终阻碍了改革努力,而雷什德也被降职并再次担任驻法大使。然而,在克里木战争结束之后,受到英国支持的改革于1856年再次启动。

只有当奥斯曼帝国于第一次世界大战中惨败之后,现今独立的而且丧失帝国的土耳其才会使其社会全面西化。将完成这一任务的人是穆斯塔法·凯末尔·阿塔图克,他是一系列改革家的最后一位,而穆斯塔法·雷什德帕夏正是这一系列改革家中的一员。

180 坦泽马特并未取得全胜。奥斯曼帝国一些领导人丧失了其长期享有的权力与威望。被统治民族从实际改革中所能获得的少于他们从1839年御诏中期望获得的。巴尔干半岛的基督徒不希望权力集中化,他们要求自治,一些人现今依然追求独立。罗马尼亚人是于 1848 年反叛的欧洲诸民族之一;俄国的入侵才镇压了他们的反叛。如果没有英国的坚定支持,奥斯曼改革运动或许早就失败了。不幸的是,支持奥斯曼领土完整的英国与力图在巴尔干半岛扩张的俄国发生了冲突,这场冲突便是 1853 – 1856 年的克里木战争。奥斯曼帝国在英法军队支持下击败俄国,并收复了在巴尔干半岛和高加索的部分领土。但是西方支持的代价是第二份官方公告,阿卜杜勒·麦吉德在 1856 年发布的帝国诏书。帝国诏书的主旨在于,所有奥斯曼臣民,无论是否穆斯林,在法律面前权利平等。这是一个革命性宣言。奥斯曼帝国多数穆斯林反对给予基督徒和犹太人同等权利和地位,认为这违背了《沙里亚》的基本原则。而"米勒特"的领袖则担心丧失他们的宗教自治权。不满的基督徒臣民继续反叛,但现在一些反对奥斯曼新政策的穆斯林也开始暴动。然而,在土地制度、法律汇编以及"米勒特"(指尚未谋求建立独立国家的亚美尼亚人和犹太人的那些"米勒特")领域的坦泽马特改革仍在继续。奥斯曼帝国在克里木战争之后获准成为欧洲大国俱乐部的正式成员,而没有一个大国敢于——直至后来——声称奥斯曼帝国行将衰落,或者被瓜分。

三、恺伽王朝统治下的波斯

除阿拉伯半岛之外,波斯是唯一未被完全并入奥斯曼帝国的中东国家。尽管萨法维王朝国王在 16 至 17 世纪屡次败在近卫军手下,但是他们总能维持对国内的统治。在 18 世纪早期萨法维王朝倾覆之后,一系列王朝(绝大多数从来源上讲是突厥王朝,从文化上说是波斯王朝)统治着那个幅员辽阔且成分复杂的国家,而游牧部落、乡村地主、城市商人以及什叶派欧莱玛或者是其不稳定的同盟者,或者是其公开的竞争者。在昙花一现的纳迪尔国王(1747 年死去)霸业之后,波斯陷入长期衰退。恺伽王朝(1794 – 1925)既无法压制国内的割据势力,也难 181
以应对外国的蚕食鲸吞。当时,俄国进军高加索地区、河中地带,以及花剌子模和呼罗珊等中亚地区。征服波斯湾地带是沙皇的最终目标。

英国处心积虑防卫印度，采取支持波斯政府与攫取波斯南部领土的骑墙政策。恺伽王朝定都于名不见经传的山城德黑兰。恺伽王朝几乎无法统治被在外地主和游牧部落控制的乡村。绝大多数国王似乎积极自肥并繁衍子嗣。以法塔赫·阿里国王为例，此人一生拥有158位妻妾，57个儿子，46个女儿，孙辈人数接近600。波斯人嘲讽道：“骆驼、昆虫和王子遍地都是。”

波斯没有穆罕默德·阿里，没有马哈茂德二世，也几乎没有坦泽马特。我们勉强能把纳绥尔丁国王（1848－1896年在位）当做一个例外。纳绥尔丁在担任王储期间统治大不里士，有过一些挂职训练，但是由于其父并不宠爱他，所以年轻的纳绥尔丁没有得到用以供给其士兵和官员衣食的资金，甚至没钱为其宫殿采暖。他在18岁继承父位，接着从大不里士列队行进至德黑兰，沿途遭到部落首领与村庄头人的阻拦，这些人要求纳绥尔丁赏赐登基钱，而他却无力提供。这一屈辱令纳绥尔丁终生难忘。他登基伊始就推行军事、经济和教育改革。一些工厂开办起来，德黑兰也出现了首家银行与第一所技术学校。但是这些改革应该归功于纳绥尔丁的精明强干的首相（米尔扎·穆罕默德·塔其汗·法拉哈尼，即阿米尔·卡比尔——译者注）。但此人与恺伽宫廷的一位当权者即纳绥尔丁之母发生了冲突，1851年，此人突然被处以极刑。自此之后，波斯与英国因争夺对波斯湾港口城市的控制权而发生战事，并深陷部落反叛与宗教暴动的泥潭之中，其中许多叛乱因民众在社会和经济领域对政府的不满而被激化。就连妇女也在面包和其他食品匮乏、物价高昂之时参与城市暴动。

其中一次后果严重的宗教运动是一名什叶派穆斯林领导的叛乱，此人（即米尔扎·阿里·穆罕默德——译者注）自称巴布或隐遁第十二伊玛目的先行者。尽管这位巴布在1850年被处死，但是一位巴哈乌拉继承其职，此人曾被流放到当时属于奥斯曼帝国一部的巴格达，后来他自命先知并建立巴哈伊派，称巴哈伊派为和平与大同的普世性宗教；尽管巴哈伊派在西方已经获得支持，但在伊朗却被视做异端，自1979年以来，伊朗的巴哈伊派信徒遭到了伊斯兰共和国的迫害。

波斯国库从未拥有足够钱财来满足纳绥尔丁意欲之事的需要，比如修建宫殿，赴欧旅行。为了在很难收缴的税收之外另辟财源，政府垄断了采矿和制造业等经济活动。纳绥尔丁国王开始将这些垄断权作为 182
特许权出卖给英国投资者以及欧洲其他投资者。他还雇用俄国哥萨克军官训练自己的军队。纳绥尔丁国王并未利用改革来防止波斯遭受外国人入侵，而是加速了外国人对他的国家的控制。

四、若干浅见

对19世纪的中东而言，西化改革貌似包治百病的良药，但是这些改革的实际作用几乎都与理论表象相去甚远。出了什么问题？首先，这些改革威胁了穆斯林的文化与价值观。其次，这些改革耗资巨大。伊斯兰世界传统的诸多税收无法供养现代军队与西化官僚：根据土地和其他不动产缴纳的“哈拉吉”、犹太人与基督徒臣民缴纳的“吉兹耶”（即人丁税——译者注），以及根据伊斯兰教义标准缴纳的“宰卡特”（即天课——译者注）。我们已经研究过的每个国家后来都耗尽财力并迅速积聚了巨额债务（根据19世纪的标准），从而被迫接受欧洲人对其政府收支的控制。

对所有改革家来说，一个相关难题是，缺少一批用以管理这些改革家所设西化机构的训练有素的人员。事实上，欧洲人经常在这些机构任职。一些欧洲人才智卓越，爱岗敬业，并与当地官员顺利合作。其他欧洲人则并不称职，他们或是如果回国就将失业的人，或是具有前科的逃犯，或是酒鬼，或是仇恨当地领导的势利小人。土耳其人、阿拉伯人与波斯人也能够被培养成执行这些政策的人员。然而，他们一旦被派到国外接受培训，往往会沾染上西方文明中的一些不太光彩的习惯：喝酒、赌博、决斗，甚至更为恶劣的习惯。其中一些人抵制了这些诱惑并学成归国，但却受到保守官僚的羁绊。如果本国改革家管理一些刚刚成立的、受到家庭与清真寺强力控制的当地学校，就会求助那些未能领悟西方价值观，或者不懂这些改革家自身社会真实需要的愚蠢的欧洲人。这些“利凡特人”本应成为欧洲与中东的桥梁。但是事实上绝大多数“利凡特人”并非如此。

从穆罕默德·阿里、坦泽马特或纳绥尔丁的维齐尔的改革中接受教育的一代人，其佼佼者头脑中逐渐充斥了一些在某种程度上与早期改革家思想相悖的观念。这些佼佼者并不希望将权力集中于统治者手中，而是主张制定《宪法》，以便保护个人权利免遭强势政府的侵害。一
183 些统治者甚至鼓励这一观念。穆罕默德·阿里之孙伊斯梅尔，即从1863年至1879年在位的埃及赫迪威，是一位与其杰出祖父同样雄心勃勃的统治者。在他统治时期，亚历山大和开罗的部分城区模仿巴黎，尼罗河谷与三角洲的铁路纵横交错，而埃及在法律、学校、工厂方面，使一个非洲帝国呈现出现代气息。伊斯梅尔还建立了一个议会和一家报社，两者起初都很驯顺，后来却激烈抨击伊斯梅尔政权。伊斯梅尔或许培育了其军队中的一个民族主义政党，让我们在第十二章再讲这个故事。

奥斯曼帝国对改革的反应更为复杂。一些官员和欧莱玛反对改革。他们得到了苏丹阿卜杜勒·阿齐兹的鼓励，这位苏丹支持泛伊斯兰主义，即号召世界各地穆斯林在奥斯曼帝国领导之下团结一致抵制西方影响，并捍卫穆斯林传统制度与文化的一种意识形态。也有一些官僚、军官和学者从另一个相反角度对抗坦泽马特，他们要求更多的个人自由，要求地方自治，要求权力的分散化。他们自称“新奥斯曼人”(即青年奥斯曼党——译者注)，这一称谓不会与下一代人的青年土耳其党相混淆。

在第十章中简要讨论的大国政策，通常阻碍而非促进了改革。在苏伊士运河成为主要航道之后，英法加紧争夺埃及。在赫迪威伊斯梅尔积聚近1亿埃镑债务之时，英法于1876年首先建立了一个财政委员会，并迫使伊斯梅尔任命外国人担任内阁要职，接着指使苏丹废黜伊斯梅尔，最后还威胁要镇压埃及的民族主义运动，全都是为了保护其经济利益与战略利益。

俄国积极保护东正教徒，渴望控制海峡，并极力推动大斯拉夫主义，这导致巴尔干半岛部分地区在1875年发生了反抗奥斯曼统治的起义。同年，奥斯曼政府宣布它无力偿还债务，于是欧洲人建立了一个财

政委员会，以确保欧洲债主能够获得伊斯坦布尔欠他们的所有东西。翌年，青年奥斯曼党夺取政权，为帝国拟定了一部自由主义宪法，并要求列强允许他们和平地解决其国内事务。一些国家表示同意，然而俄国不相信青年奥斯曼党的承诺，入侵巴尔干半岛，引发了俄土战争。土耳其遭遇惨败，由此终结了坦泽马特、青年奥斯曼党以及青年奥斯曼党的宪法。

波斯也遭受了外国帝国主义的侵害。波斯北部地区，特别是关键的阿塞拜疆省，长期处在俄军占领之下。欧洲企业家（通常受到其政府的支持）忙于获取特许权——为此他们大方地贿赂纳绥尔丁国王—— 184
以便控制波斯的矿藏、银行、铁路和公共设施。当纳绥尔丁国王将加工和出售波斯所产烟草的特许权卖给一家英国公司时，对波斯资产的出卖达到了顶峰。这一事件在1892年引发了一场全国性抵制烟草运动。这一抵制非常成功，就连纳绥尔丁国王本人也无法在其宫中抽水烟斗！什叶派欧莱玛领导了这次抵制运动，他们此后仍将活跃在政治舞台上。抵制的成功是对西方的一个警示（尽管当时西方并未觉察到这一警示），即中东诸民族的忍耐是有限度的，他们终有一天要发起反击。由此，民族主义的兴起便成为接下来一章的主题。

第十二章　民族主义的兴起

185 在中东从西方引入的诸多观念中，没有一种比民族主义更为普遍和持久。这种意识形态或信念体系通常被称做“现代世界的宗教”，很难加以界定。我们根据西方的历史经验，将民族主义定义为一大批人对创造或维持一个共同的独立国家，拥有他们自己的统治者、法律与其他政府机构的渴求。这一被渴求的政治共同体或国家，是这一群体的最高效忠对象。在 19 世纪晚期，埃及诸民族以及波斯诸民族的共同特征，加速了这两个国家中民族主义的成长。围绕着对政府、机构，甚至被视做外国人的个人的共同反抗，其他民族主义运动也在中东发展起来。

对伊斯兰世界而言，民族主义本身是舶来品。传统伊斯兰教认为，“温麦”或信众共同体，是穆斯林唯一的政治效忠对象。效忠意味着捍卫伊斯兰世界，反对异教统治者与民族。无论种族、语言和文化，所有虔诚穆斯林均被认作兄弟姐妹。尽管阿拉伯人与波斯人，尽管阿拉伯人、波斯人与突厥人存在差异，但是对伊斯兰教的共同信仰应超越所有分歧，民族主义不应在伊斯兰世界存在。

在中东，尽管宗教对民族主义具有深刻影响，然而民族主义的确存在。阿拉伯民族主义起初包括基督徒，甚至还有犹太人。但是它在第二次世界大战后的高涨阶段却反对基督徒在黎巴嫩的主导地位，并反抗犹太人在巴勒斯坦（1948 年以来为以色列）的殖民。当一项阿拉伯民族主义事业被冠之以“杰哈德”(即圣战——译者注)时,民族主义的词汇常常将阿拉伯民族与伊斯兰“温麦”混为一谈。中东其他的民族主 186
义运动具有更为牢固的宗教根基,而且号召他们的人民反抗异教徒压迫。这些民族主义运动包括中东基督教中的希腊人与亚美尼亚人,以及穆斯林中的土耳其人和波斯人。号召建立犹太国以色列的政治锡安主义,尽管其支持者中有许多人并非犹太教徒,但却从犹太教中获得激情。在这三种一神信仰中,民族主义的兴起意味着以集体自爱代替爱戴上帝,以提升现世生活取代为来世进行准备,以促进共同体的福祉取代遵奉神启律法。

在第一次世界大战前的40年,阿拉伯人、土耳其人与波斯人开始产生民族主义情感。由于这一时期是欧洲帝国主义的全盛时代,我们可以知道正在崛起的民族主义是对西方势力的自然应对。然而正在崛起的民族主义也是一个世纪西化改革的最终结果,后者扩充了军队与官僚机构,建立了现代学校,开设了印刷所,修筑公路、铁路,强化了中央集权。一个人不可能在学习欧洲技术(绝大多数通过法语被教授)时不吸收欧洲的部分观念。在法国或德国大学留学的中东学生,即使从未听过政治理论讲座,也能接触大量西方观念。土耳其的、埃及的,或者波斯的暂住者能够接触到沿街被叫卖的报纸、杂志,咖啡馆中的热烈讨论,游行示威,还有西方的东方学家(相当于我们在19世纪的中东史学家)向其阐述欧洲正在发生什么。即便是那些在伊斯坦布尔、开罗或德黑兰学习技术的学生,也能通过其欧洲教师接触西方思想。除此之外,他们的学校通常有阅览室,一位学习工程学的中东人可以阅读卢梭或其他西方学者的著作。

简而言之,就在中东人学习如何像欧洲人一样工作之际,一些人已开始像欧洲人一样思考。这些人明白了他们不必忍受坏政府(事实上,此前许多较早的穆斯林早已开始反抗专制统治者),而每个人都享有免遭政府强制的权利与自由,以及人们可以归属于以种族、语言、文化和共同历史遭际为基础的政治共同体——简而言之,他们可以组成国家。在1870年代,这些自由主义和民族主义的思想在中东特别是在大城市中受过教育的年轻穆斯林中开始流行。尽管他们在那些年以及随后数年遭受挫折,但是他们的观念具体化为民族主义运动。

在第一次世界大战前的中东,许多宗教集团与民族集团开始形成
民族主义运动。然而,我们在本章只关注在现存国家中产生的三种民
187 族主义运动,这三个现存国家拥有政府和一些西化改革经历:埃及人、
奥斯曼帝国中的土耳其人,以及恺伽王朝统治下的波斯人的民族主义
运动。接下来一章将讲述阿拉伯民族主义与犹太复国主义。至于奥斯
曼帝国境内的希腊人与亚美尼亚人等基督徒的民族主义,我们仅在讨
论这些集团催生土耳其民族主义时才会提及。

一、埃及的民族主义

西方学者过去常常把埃及称做“悖反的土地”。几乎所有的埃及居民拥挤在尼罗河谷地与三角洲,如果没有尼罗河,埃及仅仅是只能供养少数贝都因牧民的一片沙漠。对 100 年前的欧洲游客而言,埃及布满了古代遗址——神庙、方尖碑、金字塔、狮身人面像以及埋藏的宝藏——还有那些神秘法老萦绕脑际,这些法老的陵墓曾遭到贝都因盗贼与西方考古学家的亵渎。然而对绝大多数穆斯林而言,埃及正是伊斯兰世界的心脏与灵魂,因为埃及有爱资哈尔清真寺与大学,埃及谨守并欢庆穆斯林宗教节日与圣徒诞辰,埃及每年都有人将锦帐带到麦加以覆盖克尔白。埃及意味着开罗,开罗拥有成百上千的清真寺与“麦德莱赛”,富丽堂皇的别墅以及巴扎——在马木鲁克实际统治时期的遗存,而这座城市也是一处重要的经济文化中心。对一名刚刚了解穆罕默德·阿里改革与苏伊士运河开凿的学生而言,埃及是 19 世纪西化程度最高的中东国家。

想象一下 1875 年开罗或亚历山大的一处新兴街区,或者赛义德与伊斯梅利亚港的新城,它们拥有宽广笔直的大街,街道两边有欧式建筑、旅馆、银行、店铺、学校与教堂。马拉的四轮客车迅速超越较为悠闲时代的驴子与骆驼。餐馆供应酒闷仔鸡或者油炸薄牛肉片,而非库夫塔(碎肉)或烤腌羊肉串;餐馆顾客抽雪茄而非水烟斗。这些是法国现

象而非阿拉伯现象。行人用意大利语、希腊语、亚美尼亚语、土耳其语、意第绪语、拉迪诺语(米兹腊希犹太人所操的一种源自西班牙语的语言),或者阿拉伯方言进行交谈。大礼帽已取代头巾,而双排扣长礼服已取代昔日的长袍。以上所有想象均是 130 年前埃及一部的情景——但并非埃及全部的情景。

(一) 赫迪威伊斯梅尔

统治这片"悖反土地"的是穆罕默德·阿里之孙伊斯梅尔(1863－1879 年在位),一位复杂且矛盾的人物。他究竟是一位其赞扬者所称 188
的深谋远虑之人,还是一个最终将使埃及遭受英国奴役的挥霍浪费之徒?赞扬他的人列举其在位期间修建的铁路、桥梁、船坞、运河、工厂以及炼糖厂。埃及政府支持探险家与远征军深入苏丹与东非,并试图废除埃及帝国境内的奴隶制度与奴隶贸易。埃及的混合法庭建立起来,审理涉及欧洲人的民事案件,他们受到治外法权的保护。公办学校与教会学校——向男孩和女孩开放——在城市中扩散。埃及博物馆、国家图书馆、地理协会以及许多专科学校在伊斯梅尔统治时期建立。

诋毁伊斯梅尔的人却说,他为了使欧洲人铭记其慷慨与权势而挥霍钱财。开凿苏伊士运河使埃及政府耗资巨大,因为在苏伊士运河公司必须向建筑工人支付报酬之时(公司曾企图无偿征用农民的劳动力)国库被迫向公司提供补偿。这是伊斯梅尔前任赛义德的错误,然而正是伊斯梅尔耗费埃及资金邀请欧洲君主与政要前来,从而使运河开幕式极尽奢华之能事。至少耗费 200 万埃镑(大约相当于现今的 3 亿美元)的开幕式必定是一场世纪盛会,其中有大型招待会,通宵达旦的宴会、舞会、游行、焰火表演、赛马、参观古迹的短途旅行,旗帜遍布且提灯通明的城市。新的别墅与宫殿拔地而起,大街被拓宽取直,旧有街区被拆毁,甚至还在开罗建造了一家剧院。意大利作曲家朱伯森·威尔迪受委托为这家剧院创作了《阿伊达》。伊斯梅尔还在伊斯坦布尔重金行贿,以便提高他相对于奥斯曼政府的独立性,将其头衔从埃及帕夏(总督)改为赫迪威(王公,古代波斯王公的称谓——译者注),并获准有权将其职位传给其在开罗的儿子,而非一位住在伊斯坦布尔的弟弟。他还获得一个重要特权:有权不经奥斯曼帝国同意就向外国借款。

(二)财政问题

所有这些钱财来自哪里呢?埃及纳税人无法满足伊斯梅尔的穷奢极欲。伊斯梅尔在美国内战期间继位,后者促成了埃及的棉花繁荣。英国人被美国北方的封锁切断了通常的棉花供应,因此愿意不惜一切代价购买其他国家的棉花以保障兰开夏郡纺织厂的供应。对埃及棉花
189 的强大需求刺激了棉花出口,并使埃及种棉者与政府均获利丰厚。在这一棉花贸易繁荣期间,欧洲的投资银行家主动向伊斯梅尔提供优惠贷款。而美国内战结束后,棉花繁荣终结,此时埃及比以往任何时候都更需要资金,但是现在伊斯梅尔只能借到高利息贷款。1866 年,伊斯梅尔召开地主代表的议会,以便使后者同意增加税收。他们很快决定对枣椰树、磨坊、榨油机、船只、店铺、房屋,甚至葬礼征税。

伊斯梅尔仍在玩弄其他花招,以便拖延结账之日。他主动提出,减少能够提前缴纳三年税收的土地所有者的税收。他把埃及在苏伊士运河公司的 44%的股份于 1875 年卖给了英国政府。当一个英国代表团前来调查埃及行将破产的传言时,赫迪威同意设立双重财政控制以便管理公债。但 1877 年尼罗河的一次低水位、俄土战争所导致的巨额军费,以及对埃塞俄比亚的一次入侵使埃及政府负债更多。1878 年 8 月,伊斯梅尔迫于其欧洲债主的压力,同意让一名英国人和一名法国人进入其内阁;他还保证将其权力移交给他的大臣们。与此同时,他秘密煽动其军队中的排外分子。这很容易,因为双重控制已将埃及军官薪俸减半。1879 年 2 月的一次军事骚乱使伊斯梅尔能够罢免外国部长,并在后来任命了一个自由主义内阁,这些自由主义者正如奥斯曼帝国在 1876 年已经做过的那样开始起草宪法。英法为捍卫其投资者利益,要求奥斯曼帝国罢免伊斯梅尔。苏丹照办了。当伊斯梅尔将赫迪威之位传给其子陶菲克并于 1879 年 7 月离开埃及时,埃及国债已高达 9 300万埃镑。而在 1863 年他掌权之时,国债仅有 300 万埃镑。

（三）民族主义的起源

伊斯梅尔的成功和失败使他成为埃及首次民族主义运动之父。他的新式学校、法庭、铁路以及电报线，使埃及人联系更为紧密，并有助于促进民族主义情感。为了树立积极的公共形象，他赞助了一份报纸，这也起到了同样的作用。苏伊士运河与相关工程使成千上万的欧洲人来到埃及；他们成为现代化的模范，与此同时也成为当地仇恨的目标。

在这一时期，一位来到爱资哈尔任教的激进的泛伊斯兰主义鼓动家贾马伦丁·阿富汗尼（尽管他自称阿富汗人，实际来自波斯）唤醒了 190
一向强大但却通常沉默的穆斯林情感。阿富汗尼将在 19 世纪晚期中东的几乎所有被激发的政治运动中现身。他很快与欧莱玛发生冲突，因此离开爱资哈尔并组建一家独立学院，这一学院吸引了众多年轻人前来，这些年轻人日后将成为政治领袖或伊斯兰教改革家。其中两个人是 19 世纪晚期最伟大的穆斯林思想家穆罕默德·阿卜杜与第一次世界大战后埃及独立运动领袖赛义德·扎格鲁尔。与伊斯梅尔一样，阿富汗尼也支持新闻工作者；但是阿富汗尼的门生更为果敢，他们多是犹太人与基督徒，在 1870 年代末比穆斯林更倾向于世俗民族主义。

伊斯梅尔的财政危机使埃及受制于西方债主及其西方政府，这使埃及人特别是伊斯梅尔的议员们深感屈辱。议会曾是由战战兢兢的农村地主构成的一个阿谀逢迎的组织，如今却变成了由反政府的批评者组成的大声疾呼的机构。然而军事是民族主义的主要培养基。赛义德业已允许埃及农民子弟进入军官团，并曾迅速提拔其中某些人，然而伊斯梅尔却限制他们的升迁，并着力提拔传统精英即土耳其人和契尔克斯人以示支持。失望的埃及军官组成一个反对其压迫者的秘密协会，这个协会后来成为第一个祖国党的核心。

伊斯梅尔的下台打击了初生的民族主义者。在伊斯梅尔当权的最后数月中，埃及军官已与政府官员、议员、新闻工作者和欧莱玛结成了支持宪法起草人的统一战线，这部宪法将给予埃及人某些欧洲人在其本国所享有的权利和自由。但是新任赫迪威陶菲克认为，支持欧洲债主比支持埃及民族主义者更保险。他解散这个自由主义内阁,恢复了双重控制,实行报禁,并流放阿富汗尼与其他鼓动者。

(四) 艾哈迈德·奥拉比

民族主义者似乎失势了,但是我们猜测赫迪威陶菲克暗中扶持了他们。赛义德·扎格鲁尔与穆罕默德·阿卜杜依旧能够在所主持的官办报纸中要求实施宪政。心怀不满的埃及军官继续集会。在1881年2月,以奥拉比上校为首的这些军官发起反抗,并"迫使"陶菲克以民族主义者马哈茂德·萨米·巴鲁迪接替其契尔克斯族陆军大臣的职务。7个月后,2 500名埃及军官与士兵包围赫迪威陶菲克的寝宫(即"阿比
191 丁宫事件"——译者注)并"迫使"他任命一个自由主义内阁。这些将士还要求制定宪法,建立议会制政府,并扩充军队。平民民族主义者也提出同样要求;而欧洲债主则害怕这些要求,他们担心陶菲克或奥拉比将无法为这些改革提供资金。

翌年,埃及即将出现民主政府(如果读者接受埃及民族主义的历史观)或者政治混乱(如果读者听信英国对所发生事情的解释)。在埃及债务继续增加之时,自由主义内阁起草了一部宪法并举行选举。1882年1月,英法发出联合照会,威胁要进行干涉以支持陶菲克(恢复双重控制是它们的真实目的)。民族主义者揭露英法的骗局,宣布埃及新议会而非英法债务委员会将控制国家财政。巴鲁迪担任首相,奥拉比成为陆军大臣,威胁着埃及军队中的土耳其族与契尔克斯族军官。尽管民族主义者很可能试图以陶菲克的一位被流放亲属承继其位,但是他们甚至考虑过废黜陶菲克并宣布埃及为共和国,这对这些民族主义者的秘密赞助人来说真是怪事一件。

由于埃及民族主义是一个新事物,因此一个局外人是否有可能激励了这些举动?英国一些自由主义者促进了这一运动,而法国驻开罗领事或许支持了奥拉比;然而,奥斯曼苏丹与陶菲克的一位住在伊斯坦布尔的、被剥夺权利驱逐出境的叔叔好像是外界的支持者,因为奥斯曼帝国正在试图恢复对埃及的控制。这一事实或许使这一运动看起来并

不完全是民族主义运动。一位德国学者认为，我们通常所称的祖国党实际上是一个大杂烩，包含着若干具有不同政治利益、经济利益和宗教利益的集团。然而，这一运动在1882年6月前已经盛行。英国决心出兵保护在埃欧洲人的生命与投资，并捍卫对英国航运至关重要的苏伊士运河，这一决心摧毁了民族主义运动。

亚历山大骚乱导致欧洲人普遍撤离，而英法炮艇均在港口附近停泊。当英国人炮击亚历山大工事时，大部城区不知为何出现火灾，而英国海军陆战队为恢复秩序而登陆（法国军舰则驶离）。奥拉比对英国宣战，但陶菲克却宣布奥拉比是叛逆者，并与亚历山大的英国人站在一起。大英帝国其他军队攻入苏伊士运河并在伊斯梅利亚登陆。英国人轻松击败奥拉比的军队，并于1882年9月攻陷开罗。巴鲁迪内阁被解散，民族主义者因反叛而被审判，奥拉比被流放，宪法被中止，民族主义报刊被查封，军队被陶菲克及其英国顾问解散。早期民族主义者实际

艾哈迈德·奥拉比 192

奥拉比（1841—1911）是一位埃及军官和民族英雄。他生于卡尔亚特省扎加济格村一户相当殷实的农民家庭，其父是一位村庄舍赫，并使其子接受了严格的传统伊斯兰教育。奥拉比在少年时参加埃及军队，并迅速升迁，在20岁时荣任陆军中校。他那富有魅力的个性与出色的演讲才能将有助于他日后的成功。

在奥拉比时代，埃及受到诸多问题的困扰。埃及军队与其说是一支真正的战斗力量，倒不如说是统治者给予提携以换取支持的官僚机构，而其军官团分裂为相互冲突的民族集团。土著埃及人在军队中受到契尔克斯族和土耳其族军官的歧视。除此之外，赫迪威债台高筑，加上埃及与苏伊士运河位置险要，引发欧洲帝国主义列强特别是英国的极度关注。欧洲人因埃及愈益严重的财政危机而感到不安，并害怕丧失其核心利益，这最终导致欧洲人对埃及的干涉。

奥拉比出于个人利益与爱国情怀而采取行动。当赫迪威陶菲克在军中土耳其族军官影响下出台一部禁止农民担任军官的法律时，奥拉比出

于自身利益考虑而在埃及士兵中组织反抗，并迫使赫迪威收回成命。他还使埃及军官和埃及民族主义者结为同盟，埃及民族主义者希望限制欧洲人对埃及事务日益增强的影响。对赫迪威（他可能支持民族主义者）的其他压力使奥拉比进入政府担任陆军大臣。正是从担任这一职务起，奥拉比开始与其他民族主义者一起反对英法对埃及财政的双重控制权。

最后，欧洲的权势战胜了奥拉比和那些争取埃及独立的人。英国人不愿冒支持埃及民族主义者而丧失其对苏伊士运河的投资或控制权的风险。当 1882 年英国人入侵埃及时，奥拉比的奇里斯玛式领导不敌英国的卡宾枪。奥拉比的军队在泰勒·凯比勒战役中败北，奥拉比逃到开罗并最终投降。此时，赫迪威见风使舵，与英国站在一边，宣布奥拉比为叛逆者，并要求处决他。英国驻开罗高级代表劳德·杜斐因认为，处死奥拉比将成就他英烈之名，故将其减刑流放到锡兰（即今斯里兰卡——译者注）。

奥拉比上校长期以来遭受平民民族主义者的蔑视，如今成为埃及的一位民族英雄。他对外国入侵的抵抗是埃及民族史上的一座重要里程碑。

193 上是一支虚弱的力量。他们的党早已分裂为仇恨在军队中拥有特权的土耳其人与契尔克斯人的埃及军官、试图实现宪政的平民民族主义者以及阿富汗尼与阿卜杜等渴望复兴伊斯兰教的改革家。

（五）克罗默勋爵与英国的占领

在 1882 年出兵埃及的英国政府原本计划实行短期的军事占领。一俟秩序得到恢复英军就应撤离，而埃及将重新成为奥斯曼帝国的一个自治省。然而英国人的占领时间越长，他们就会发现更多无序需要整顿，就越来越不愿撤离埃及。财政状况尤其需要实行剧烈的经济与行政改革。1883 年至 1907 年的英国驻开罗代表兼总领事克罗默勋爵是一位卓越的财政官员。克罗默将少数（但是不断增多）英国顾问安插到埃及各部门，成功地扩展了尼罗河的灌溉系统以提高农业产量；成功地增加了财政收入，降低了税收，并减轻了公债负担。他的官员们称职能干，极力为埃及人谋福祉，而且诚实。威斯敏斯特教堂的克罗默祭文将其称为“埃及的复兴者”。

克罗默或许的确如此，但是他在如今的埃及并未受到好评。在克罗默时代生活的许多埃及人感到，数量众多的外国人占据了开罗的高爵显位，阻碍了埃及人在政府或政界的晋升。除此之外，他们反对克罗默限制发展高等教育的政策。尽管有英国军官的指挥，埃及军队还是在1885年战败，苏丹被自封马赫迪（“被引上正道的人”）领导的一场叛乱所控制；这一事实被一些埃及人怀恨在心。1898年英国与埃及的军队重新占领苏丹，此后两国共管苏丹，实际上英国控制了苏丹。反对英国继续占领埃及的人是英国少数反帝国主义者；是在1882年未能进行干涉的法国人（尽管法国人在埃及也拥有巨大的经济利益）；以及奥斯曼土耳其人，他们因失去又一个帝国行省而心怀仇恨。然而，只要埃及国内不存在重大反抗，上述集团就无法颠覆英国的统治。

（六）埃及民族主义的复苏

1892年，赫迪威陶菲克之子，17岁的阿拔斯承继父位，此后重大的反抗开始了。阿拔斯性格刚烈，坚决捍卫在他看来属于赫迪威的权利，于是在任免其大臣和控制埃及军队方面与克罗默争权夺利。尽管克罗 194
默通过胁迫大臣并要求英国向埃及增兵而在这些争斗中获胜，但是他失去了年轻赫迪威的信任。为了削弱克罗默，阿拔斯创建了一个由欧洲支持者与本国支持者构成的派系。在本国支持者中，有一位名叫穆斯塔法·卡米勒的法律学者，他成为深刻影响欧洲和埃及的一位宫廷鼓动家。在之后数年中，他将阿拔斯的秘密协会转变成一个大规模集团，即（复兴的）祖国党。为了传播民族主义思想，他设立男童学校并创办一份日报。随着声望日隆，卡米勒与其说关心赫迪威的权威，倒不如说是致力于获得一部民主宪法。他以及其追随者一直把英军撤出埃及作为主要目标。

1906年发生的一件小事提高了穆斯塔法·卡米勒的声誉。一群英国军官前往丹沙微村射杀鸽子，村民与这些军官发生了某些误会，一场骚乱由此爆发。一支枪走火了，结果焚烧了一处打谷场。另一发子弹则击伤了一名农妇。村民开始棒打英国军官,其中一位军官逃走了,在狂奔数英里后昏厥,并因中暑而死。英国占领当局怀疑这是一起预谋的突然袭击,故在一个特殊军事法庭审判了 57 名农民,法庭裁定其中多人犯有谋杀罪。占领当局当着他们家人的面绞死四人,鞭笞其他数人,以此震慑丹沙微村民。穆斯塔法·卡米勒以及绝大多数埃及人,甚至还有许多欧洲人因这些残酷的判决而备感震惊,当时的人们被貌似温和的残暴行为惊呆了。穆斯塔法利用这次事件而赢得了新的追随者,并加速了克罗默的离任。他在 1907 年 12 月公开组建祖国党,但在其后两个月不幸去世。

穆斯塔法的继承者们在策略和目标方面发生了分歧。祖国党应该为了穆斯林而反抗基督徒统治者呢,还是代表所有埃及人民反对英国的统治?如果是后者,那么埃及能够期望获得其名义上的宗主国即奥斯曼帝国的支持吗?这个党应通过和平的还是革命的手段实现独立?如果是后者,党会反对赫迪威阿拔斯与其他大地主吗?党应追求经济和社会改革,还是强调将英国人赶出埃及?一个主要由律师和学生组成的而且在埃及军队中鲜有支持者的党怎样才能说服英国离开呢?更多的温和派领导人认为,宪政应该优先于独立。在 1907 年接替克罗默的英国总领事通过使赫迪威阿拔斯和更多的保守地主站在自己一边而
195 消除了民族主义的威胁。新任领事通过其农业政策而赢得了农民的支持。到 1914 年,民族主义领导人被流放。只有在第一次世界大战之后,埃及人才能积聚起对英国统治的足够仇恨,进而形成一场真正的全民性与革命性的运动。

二、奥斯曼主义、泛伊斯兰主义与土耳其民族主义

直到 20 世纪,没有一位受过教育的奥斯曼人,即便其母语是土耳其语,愿意被称做“土耳其人”;这一事实阻碍了土耳其民族主义的发展。奥斯曼帝国,尽管西方人称其为土耳其,也绝非土耳其人的民族国家。奥斯曼帝国包含众多的民族群体和宗教群体:土耳其人、希腊人、塞尔维亚人、克罗地亚人、阿尔巴尼亚人、保加利亚人、阿拉伯人、叙利

亚人、亚美尼亚人以及库尔德人等。奥斯曼帝国的统治者是逊尼派穆斯林，但帝国也包括被组织在“米勒特”(其功能相当于国中之国)中的希腊东正教徒、亚美尼亚基督徒、犹太教徒臣民，以及其他较小的宗教群体。奥斯曼帝国的臣民要么是居于统治地位的“奥斯曼利亚”，要么属于被统治阶层“拉伊亚”，没有中间阶层。

(一) 奥斯曼帝国的早期民族主义

现代意义的民族主义首先产生于希腊人和塞尔维亚人(受到西方或俄国影响的诸民族)之中，接着扩展到其他被统治的基督徒。随着巴尔干人独立运动的扩展，奥斯曼统治者越来越关注维系帝国一统和抗击公开鼓励巴尔干人反叛的俄国人的问题。西化改革是奥斯曼统治者的首选，然而这些改革引发了诸多难以满足的愿望，却并未营造新的忠诚基础。这些改革家将奥斯曼主义(效忠奥斯曼国家)的思想作为一种框架给予支持，在这一框架中，所有群体无论种族、语言和宗教，均能自主和谐地发展。1870 年代的青年奥斯曼党又将宪法观念附着其上，这一宪法将设立一个代表帝国所有民族的议会。青年奥斯曼党在 1876 年起草宪法——这或许是最为糟糕的时间，当时巴尔干半岛的诸多民族起义仍在继续，与塞尔维亚和蒙特内格罗(两个已经赢得独立的巴尔干国家)交战正酣，奥斯曼国库濒临破产，俄国威胁要派兵入侵，而英国准备打击土耳其人以保护巴尔干半岛的基督徒，同时抵抗俄国人以捍卫奥斯曼帝国(这一政策在时人和今人看来同样诡异)。不仅如此，青年奥斯曼党已经通过一次政变夺得政权，将一位疯癫痴狂的苏丹扶上 196
宝座，后来又使其弟阿卜杜勒·哈米德二世(1876 － 1909 年在位)取而代之，后者承诺拥护新的宪法，但是其承诺令人怀疑。

当然，青年奥斯曼党本来就应如此。之后发生的俄土战争使帝国处境艰险，因此任何人都无法根据奥斯曼宪法进行统治。苏丹阿卜杜勒·哈米德很快中止宪法，并解散国会。他在 30 年内实行专制统治，任免他自己的大臣，不让其债主逼近，通过以夷制夷防止列强瓜分帝国，并镇压帝国境内所有的异见运动。今人认为，他是一位顽固反对西化改革并积极支持泛伊斯兰主义的残酷苏丹。泛伊斯兰主义运动引起在亚非统治成百上千万穆斯林的俄国、英国和法国的警觉。饶有趣味的是,苏丹兼哈里发的住地伊斯坦布尔竟然成为四处漂泊的泛伊斯兰主义鼓动家贾马伦丁·阿富汗尼的最后栖身之所。

阿卜杜勒·哈米德因其检察官和间谍,因其对遇刺的病态担忧,因其屠杀亚美尼亚人(其中一些人密谋推翻他的政权)而臭名昭著。试图为他平反的学者声称,他推进了较早的坦泽马特改革家的集权举措,奥斯曼帝国在 1878 — 1908 年在欧洲没有丧失领土,国内外穆斯林将哈米德作为他们的哈里发而顶礼膜拜。然而,苏丹阿卜杜勒·哈米德毫无疑问能力平庸,多疑善妒,而且残忍无情。帝国财政处在欧洲债务委员会控制之下,言论结社自由荡然无存,陆军建设停滞不前,而海军也已退化,最具才干的改革家流亡国外。青年奥斯曼党领袖米德哈特被虚假承诺欺骗回国,以阴谋刺杀的罪名接受审判,被囚于阿拉伯城市塔伊夫,并在当地被秘密绞死。

许多奥斯曼人,特别是那些曾在西方学校读书的人,感到恢复 1876 年宪法是拯救奥斯曼帝国的唯一途径,哪怕他们必须先推翻阿卜杜勒·哈米德。一些反抗组织出现了。这些反抗组织都聚合为"青年土耳其党",该词可能借用了"青年奥斯曼党"。许多党员不是土耳其人,一些党员并不年轻,但是该词已经约定俗成。青年土耳其党的核心是一个由四名军校学员组建的秘密协会——他们均为穆斯林,但来自
197 多个民族。这个协会就是著名的统一与进步委员会(CUP)。统一与进步委员会的历史长久曲折,充满希望的时刻远远短于处于晦暗的时期,有时聚集在居于巴黎或日内瓦的被流放土耳其学者的周围,有时则以在萨洛尼卡和大马士革的奥斯曼军官秘密小组为核心。许多奥斯曼人逐渐接受了统一与进步协会的目标:必须在军事上和道德上增强帝国,所有宗教群体和民族群体必须享有平等权利,必须恢复宪法,以及必须剥夺苏丹阿卜杜勒·哈米德的权力。否则,俄国将会夺取帝国在欧洲的残存部分,包括伊斯坦布尔和海峡在内。其他西方大国将会像瓜分非洲和在中国划分势力范围那样瓜分土耳其的亚洲部分。

（二）当政的青年土耳其党

在野期间，统一与进步委员会是奥斯曼主义者而非土耳其民族主义者。统一与进步委员会因1907年的英俄和解而感到恐惧，遂发动一次军事政变，迫使阿卜杜勒·哈米德在1908年恢复奥斯曼宪法。帝国境内的所有宗教群体和民族群体都欢欣鼓舞；委员会，尽管其领袖是土耳其人，获得了众多忠诚的巴尔干基督徒、亚美尼亚人、阿拉伯人以及犹太人的支持。绝大多数人希望成为1876年宪法所规定的奥斯曼公民。西方的祝愿者期待土耳其的复兴。选举产生了新的议会，民主浪潮似乎涌入了伊斯坦布尔，而统一与进步委员会也启动了巨大变革，以至于我们至今仍然把激进改革家称做“青年土耳其党”。事实上，统一与进步委员会的上台预告了1908年以来的众多革命，这些革命已经改变了中东政治的面貌。

但是如果我们审视青年土耳其党执政时期的奥斯曼帝国究竟发生了什么，我们就必须给他们的成就打上一个比他们声称的目的要低的分数。在1908年底，奥地利吞并波斯尼亚，保加利亚宣布独立，而克里特岛出现叛乱，此时青年土耳其党并未能遏止分裂。1910年，法国撤销其贷款承诺，从而沉重打击了青年土耳其党迅速发展经济的渴望。翌年，意大利入侵奥斯曼帝国的的黎波里坦尼亚省。1912年，俄国煽动保加利亚和塞尔维亚加入在马其顿进攻帝国的联军。甚至连巴尔干半岛的穆斯林聚居地阿尔巴尼亚，也在1910年掀起反叛，并在1913年宣布独立。而读者将在第十三章了解到阿拉伯人正在变得躁动不安。

根据被恢复的1876年宪法所建的伊斯坦布尔政府如何能够渡过这些难关呢？在统一与进步委员会通过大量行贿和恐吓而在1912年选举中胜出之后，军队迫使统一与进步委员会的大臣辞职，并支持其政敌自由协会。统一与进步委员会在1913年再次发动军事政变并适时进行暗杀，得以重新执政。到第一次世界大战爆发前，奥斯曼政府实际上是三头同盟：陆军大臣恩维尔、内务大臣塔拉特、海军大臣杰马尔。

奥斯曼帝国的民主制度业已消亡。

198 ### (三)土耳其民族主义

面对这些危机,统一与进步委员会的领导人在其政治倾向上越来越土耳其化。他们此前希望列强与帝国的少数族群会支持他们的奥斯曼主义改革,这一希望已然破灭。列强攫取土地并拒绝援助。少数族群心怀怨恨,密谋反叛。青年土耳其党能做什么呢?一些人固守其奥斯曼主义的法宝。其他人支持泛伊斯兰主义。泛伊斯兰主义本来将会确保绝大多数阿拉伯人的忠顺,而且能够从埃及、印度和其他穆斯林地区获得必要的支持。但是大突厥主义成为新潮。正如大斯拉夫主义意味着在俄国领导下将所有操斯拉夫语的人联合起来,大突厥主义试图在奥斯曼帝国领导之下联合所有操突厥语的人。事实上,由于绝大多数操突厥语的人处在沙皇的统治或者军事占领之下,大突厥主义貌似回击俄国人的良策,反使后者给奥斯曼帝国带来了太多麻烦。在大突厥主义的首要鼓吹者中,有一部分是来自俄国土耳其斯坦或阿塞拜疆的流亡者,但是奥斯曼土耳其人很难忘怀他们与伊斯兰教或与他们的帝国的传统联系。很少有奥斯曼土耳其人相信存在一种与众不同的突厥文化。统一与进步委员会在其操阿拉伯语省份中的学校和政府机构强制推广土耳其语,从而激发了阿拉伯民族主义,这进一步削弱了帝国。统一与进步委员会无法影响中亚的突厥人。土耳其人在族群和语言上的民族主义所造成的难题比它所解决的难题还多,直至土耳其人将其民族思想局限在奥斯曼帝国境内的土耳其同胞。这一思想已经出现。一位名叫兹亚·高卡尔普的土耳其社会学家正在撰写报刊文章,推动他所称的土耳其主义,但是这一思想在第一次世界大战后才会流行。届时拯救奥斯曼帝国为时已晚。

三、波斯的民族主义

波斯的西化晚于埃及与奥斯曼帝国,但是它在逐渐发展波斯民族主义方面拥有一个补偿性优势。让我们考察一下历史学家与政治学家通常列举的民主主义诸要素：(1) 此前存在国家；(2) 宗教；(3) 语言；(4) 种族；(5) 生活方式；(6) 共同的经济利益；(7) 共同的敌人；(8) 共同的历史认知。读者如果把埃及民族主义或土耳其民族主义与这些标准进行对照，就会发现它们缺少若干项。波斯民族主义则并非如此。恺伽王朝或许统治不力，但它却继承了波斯的政治传统，这个政治传统可以追溯到古代阿黑门尼德王朝，仅仅被希腊人、阿拉伯人、突厥人与 199
蒙古人的入侵暂时打断。绝大多数波斯人是穆斯林；但是波斯的特殊之处在于，波斯人普遍尊奉什叶派分支十二伊玛目派，而其周边穆斯林则主要是逊尼派。尽管这个国家的许多居民操突厥语，而印度和奥斯曼帝国的许多穆斯林则能很好地读写波斯语，而波斯的主要口语与书面语是波斯语。“种族”一词如果用在外来者屡次入侵并定居的一个区域往往会带来麻烦，但是波斯人显然认为他们的个人形象与众不同。波斯人的文化早已经受住了时间、入侵和政治变革的考验。无论外来者还是土著人，都钟情波斯的生活方式：波斯的诗歌、建筑、服饰、烹饪、社会关系——甚至还有波斯笑话。在 19 世纪，波斯的市民、农民和牧民的经济利益尽管可能并不同质，却似乎至少互补。波斯人具有强大的历史认同感，这表现在他们的宏伟建筑、绘画、史诗、历史记载以及音乐方面，从而昭示着一个特殊民族 2 500 年的辉煌，而其他中东国家在历史认同感方面没有一个能与波斯相提并论。

（一）对外国势力的早期抵抗

因此，波斯民族主义运动在 1870 年至 1914 年间发生就不足为奇了。波斯民族主义运动基本上是俄国军事占领威胁、波斯日益依附西方与乡村部落主义的分裂性影响的后果。道路、电报和公办私立学校的扩展促进了波斯民族主义运动。国王纳绥尔丁将波斯资源开发权出卖给外国投资者，这一政策拉开了他与其臣民的距离。在 1873 年，国王纳绥尔丁授予一个英国人即石油大亨路透特许权，使路透在建造铁路、经营矿藏与开设波斯的国家银行方面享有垄断权。尽管俄国的反对与国内的反抗迫使国王取消了这一特许权，然而后来国王还是授权路透开设了波斯的帝国银行。1890 年,纳绥尔丁向一家英国公司出售特许权,允许后者垄断波斯烟草的生产、销售和出口。我们在第十一章曾经提到,一场全国性的烟草抵制迫使国王收回成命,而这一抵制的激发者同样是涉足埃及民族主义运动的阿富汗尼。西化的波斯人、什叶派欧莱玛与巴扎商人从这场抵制中获得了对自身力量的足够信心,从而使他们能够在若干年之后推动立宪运动的发展。许多观察家注意到,恺伽诸王面临着越来越多的难题,他们授予外国人经济特权,富裕
200 地主与贫困农民的生活差距越来越大(原因是从自给自足农业向经济作物农业的转变),以及波斯日益依赖俄国的军事顾问。这些国王或许在想,俄国究竟会用多长时间占领波斯。波斯人知道英国对埃及的占领,苏丹阿卜杜勒·哈米德的软弱,以及中国遭受的外来侵略。有些人问,如果俄国军队没有入侵,英国投资者是否会更加巧妙地占领波斯?俄国是波斯的主要敌人,但是英国是紧随其后的第二敌人。腐败廷臣簇拥之下的国王业已出卖其继承的绝大部分财富,并将他所获的外国贷款耗费在宫殿、出国旅行以及馈赠亲友方面。

(二)立宪运动

波斯爱国人士感到,一部限制其统治者专横权力的《宪法》能够治疗这些疾病。巴扎商人、地主、欧莱玛、军官,甚至还有一些政府官员和部落酋长逐渐接受了这一观念。秘密协会在若干城市纷纷出现,特别是在大不里士(阿塞拜疆的主要城市)与德黑兰(波斯的首都)。国王的首相艾因·道维尔赫无端指责一些商人密谋哄抬德黑兰巴扎的糖价,并将其鞭笞,这一专横行为成为革命的导火索。商人躲入皇家清真寺(即阿卜杜勒·阿兹姆清真寺——译者注)避难(根据"巴斯特"这一由来已久的波斯传统,皇家清真寺庇护他们免遭逮捕),但是艾因·道维尔赫却将商人赶走。这一举动激怒了德黑兰的欧莱玛,并使抗议者激增。国王提出解除其大臣的职务,并召开一次"公正之家"会议,以便息事宁人。然而他未能兑现承诺。当国王因中风而致残之时,艾因·道维尔赫袭击抗议者,后者在德黑兰组织了更大的"巴斯特"。与此同时,什叶派法学

家“穆智台希德”在附近的库姆寻求“巴斯特”并威胁要集体离开波斯——这一举动将使波斯法庭瘫痪,除非他们的要求得到满足。德黑兰的店铺罢市。当艾因·道维尔赫企图迫使它们开张之际,15 000 名波斯人于 1906 年 7 月在英国公使馆避难,连续数周在馆内草坪露营。最后,国王屈从了群众的压力。他罢免艾因·道维尔赫,并接受了一部西式宪法,规定议会将处于麦吉里斯或议会的控制之下。尽管国王极度厌恶波斯民族主义者,但是英国和俄国施加的压力(加上他奄奄一息这一事实)使他未能在宪法生效之前就废除宪法。

波斯民族主义者迅速取得了巨大成就。1907 年,英国与俄国缔结
协约,相互承认在波斯的势力范围。英国把邻近其印度的波斯东南部 201
划为自己的势力范围。俄国获得了向人口密集的波斯北部派遣军队和顾问的权利,这一地区包括阿塞拜疆和呼罗珊两个关键省份,还有德黑兰本身。俄国大力支持新任国王,从而使他能够在 1908 年停开议会。尽管主要部落之一帮助立宪主义者恢复了对德黑兰的控制,进而在 1909 年重开议会,然而现在波斯民族主义缺少它在三年前所享有的大众热情支持。议会在争吵之中沉沦下去,一事无成。

(三) 石油的发现

波斯人或许欢迎从位于西南方的胡兹斯坦传来的消息,一家英国公司早在 1901 年就在当地开始了石油钻探。1908 年,这家公司打出了第一眼油井。到 1914 年时,成千上万桶石油通过管道被输送至波斯湾阿巴丹的炼油厂。当英国海军在第一次世界大战前从使用煤炭转向使用石油之际,波斯石油的前景似乎更加光明。但是对民族主义者而言,兴起的这一产业犹如画饼。收益主要流向英国股东——而非波斯政府,遑论波斯的贫苦臣民。在第一次世界大战前的数年里,波斯从整体上看似乎逐渐沦为俄国的一个保护国。

四、结论

在 20 世纪,西方的民族主义臭名昭著,这在一定程度上是因为两

次世界大战所造成的破坏，在一定程度上是由于墨索里尼与希特勒这类独裁者过多，也或许是因为我们的学术领袖越来越没有民族偏见。即便在中东，人们现在也攻击世俗民族主义并赞扬伊斯兰统一。几乎每个人都意识到，外国帝国主义所建的绝大多数所谓国家，都具有人为性质。

总体来说，中东的民族主义运动在第一次世界大战前进展缓慢。这些民族主义运动并未增加它们所发源的穆斯林国家的权力、领土和自由。一些少数成功的瞬间，现在看起来犹如一片晦暗中划过的几道
202 闪电，这些运动并未赢得广泛支持。评论者说，伊斯兰世界没有民族主义，因此这些运动只能吸引那些因接受西方教育而丧失其宗教信仰的年轻人。即便在这些运动影响较为广泛的公众时，其成功也是由于大众的误解。文盲大众通常将民族主义的成功误认为穆斯林的胜利。而事实上仅有少数民族主义的成功是穆斯林的胜利。

读者可能提出疑问，我们为何向读者讲述这么多关于这些未获成功的民族主义运动的内容？为什么要了解这些不成功的民族主义运动？历史并不仅仅是成功者的记录；有时我们也研究其孙辈取得成功的那些失败者。历史不仅仅是对事实、名称与日期的简单收集；我们也必须考察我们所关注的诸民族是如何审视其自身历史的。艾哈迈德·奥拉比与穆斯塔法·卡米勒是当今埃及人的英雄；赫迪威伊斯梅尔与劳德·克罗默则不是。在伊斯坦布尔，读者可以买到附有青年奥斯曼党领袖图片的明信片。每个土耳其学生把青年土耳其党看作从谢里姆三世至凯末尔·阿塔图克这一系列民族复兴者中的一员。1906 年宪法在 1979 年前一直是伊朗政府的法律基石，而曾团结一致反抗国王以便恢复此前宪法的什叶派领袖与巴扎商人至今受到伊斯兰共和国的敬仰。对中东诸民族来说，这些早期的民族主义运动是之后发生的革命性变革的序幕。

第十三章　阿拉伯人仇恨的根源

在中东历史上，很少有哪个话题比阿拉伯民族主义更能引起关注 203
和误解。阿拉伯人是最受误解的民族。甚至连阿拉伯人与阿拉伯民族主义的含义也很容易使专家和学生与阿拉伯人及其诋毁者发生纠纷。尽管如此，21 世纪的阿拉伯人在政治上日益活跃。我们在研究中或许发现，所谓的阿拉伯民族主义隐含在诸多不同运动之中，而这些运动的共同特征在于，它们涉及操阿拉伯语的、试图掌握自身政治命运的各个族群。我们必须研究阿拉伯情感的这些诸多表现。而我们不要自欺，认为阿拉伯情感比较强大而且可能变得更为强大。这一情感有时是仇恨，这源自阿拉伯人在 20 世纪早期的某些痛苦经历。让我们来看看发生了什么，原因是什么。

一、阿拉伯民族主义

什么是阿拉伯民族主义？简而言之，它是一种信念，即阿拉伯人应组成单一的政治共同体（或国家），并且应该拥有一个统一政府。我们很快就发现了问题所在，即在阿拉伯人是谁这一问题上没有共识。“阿拉伯人”通常的含义是任何以阿拉伯语为母语的人。这还不够。许多操阿拉伯语的人以及其他阿拉伯人并不认为自己是阿拉伯人；例如，黎巴嫩的马龙派，埃及的科普特人，当然还有生于阿拉伯国家而定居以色

204 列的犹太人。多年前的一次阿拉伯领导人峰会采纳了一个较为合理的定义:“凡是住在我们的国家,操我们的语言,受到我们的文化浸润,并以我们的荣耀而自豪的人,就是我们中间的一员。”

在20世纪之前,“阿拉伯人”一词主要适用于阿拉伯半岛上畜养骆驼的牧民,即贝都因人。对定居的埃及人和叙利亚人来说,被人称做“阿拉伯人”无异于一种羞辱。土耳其人过去常常把他们称做“肮脏的阿拉伯人”,这显然招致他们的憎恨。叙利亚人与埃及人绝不会以成为阿拉伯人而感到自豪,遑论在阿拉伯民族主义旗帜下联合他们的国家(正如1958年所发生的那样,而且此后几乎反复出现)。如果提出“你是谁”这一问题,答案会是:“我是一名叙利亚人”,“我是一名大马士革人”,“我是遵奉沙斐仪教法学派的逊尼派穆斯林”,或者“我是一个木匠”,至少在20世纪以前是这样。即便到如今,我们发现大约有20个国家自视为阿拉伯世界的一部分,每个国家都拥有自己的政府、国旗、货币、邮票、身份证以及在阿拉伯联盟理事会的席位。其中没有一个国家会否认联盟效忠于阿拉伯统一这一理想,但联盟的会员国各行其是。即便对以色列的敌视也并未把阿拉伯人联合起来;相反,这一敌视使他们更加分化。

(一) 历史背景

当我们审视操阿拉伯语诸多族群的历史时,我们必须记住,即便他们在哈里发国家的全盛时期统一过,之后也从未统一过。而且从突厥人进入直至近来,除了贝都因人之外,操阿拉伯语的诸多族群从未当家做主。在民族主义兴起之前,“当家做主”这一概念对中东人来说没有意义。定居者需要一个穆斯林政权统驭他们,保护他们免受牧民和其他入侵者的伤害,维持秩序,并依据《沙里亚》增进和平。穆斯林政权的领袖是倭马亚哈里发那样的阿拉伯人,白益埃米尔那样的波斯人,塞尔柱苏丹与奥斯曼苏丹那样的突厥人,或者萨拉丁及其阿尤布王朝后裔那样的库尔德人,这无关紧要。几乎所有的统治者通过世袭或被任命来继承大权;没有一位统治者考虑过让人民来选举他们。

（二）处于奥斯曼帝国统治下的阿拉伯人

从16至20世纪，绝大多数阿拉伯人——事实上，除了阿拉伯半岛部分地区与摩洛哥之外的所有阿拉伯人——均处于奥斯曼帝国统治之下。即便在奥斯曼帝国式微时期，当地官员和地主也主要是土耳其人、 205
契尔克斯人或其他非阿拉伯人。自第一次世界大战以来，阿拉伯民族主义者及其同情者一直谴责奥斯曼帝国的血腥统治，声称土耳其人应为阿拉伯人的落后与政治幼稚、分裂状态，或者存在于阿拉伯社会的其他所有问题负责。出了什么问题？处于奥斯曼帝国统治之下的阿拉伯人的境况是更好了还是更糟了？事实上，不能把阿拉伯人的衰落归咎于伊斯坦布尔。读者甚至可以认为，奥斯曼帝国在其统治早期曾经保障了当地的安全，并扩大了阿拉伯商人与安纳托利亚和巴尔干商人的贸易，从而对阿拉伯人有利。如果18世纪奥斯曼帝国的衰落与19世纪过于激进的改革使阿拉伯人受到损害，那么帝国境内的土耳其人同样也受到了打击。如果奥斯曼帝国的统治具有如此的压迫性，那么阿拉伯人为何不掀起反叛？

当然，阿拉伯人有时会举行反叛。我们曾经提及18世纪阿拉伯半岛上的瓦哈卜派反叛，但是这一组织希望纯洁伊斯兰教，并非要求创建一个阿拉伯国家。埃及有时出现农民暴动与军队骚乱，但原因在于经济因素而非民族因素。一些史学家曾发现穆罕默德·阿里与易卜拉欣采取了反对奥斯曼帝国的政策。据说叙利亚总督易卜拉欣曾经声称："我并非土耳其人。我自孩提之时来到埃及，而从那时起，埃及的太阳已经改变了我的血液，并使它完全变成阿拉伯人的血液。"但是穆罕默德·阿里及其继承者操土耳其语，将自身视为奥斯曼统治阶层的成员，并将埃及人当做奴仆。奥拉比的名字具有某些阿拉伯特征，而且他的确曾反抗埃及军队中的土耳其族与契尔克斯族军官，但是他的革命是埃及人革命，主要针对英法的双重控制。叙利亚经常出现起义，但是这些起义的原因通常是宗教方面的。伊拉克与希贾兹的部落通常反抗奥斯曼总督，但是源于地方性的——而非民族性的——不满。

历史学家在权衡这些事实之际已经作出结论，在 20 世纪之前，阿拉伯人认同在中东政治中影响不大。阿拉伯穆斯林感到，任何削弱奥斯曼帝国的企图都是对伊斯兰世界的打击。即便在问题多多的苏丹阿卜杜勒·哈米德统治时期，绝大多数阿拉伯人继续维持现状。许多阿拉伯人在军队或行政机关服役。少数阿拉伯人是明智的参谋。阿拉伯人或许因为与穆罕默德属于同一“种族”而自豪，但是这并未推动他们反叛同为穆斯林的土耳其人。

（三）阿拉伯基督徒的民族主义者

阿拉伯人并不全是穆斯林。在 19 世纪，处于奥斯曼帝国统治之下
206 的阿拉伯人中多达四分之一是处于依附地位的少数族群。其中绝大多数是与穆斯林相比对帝国忠心耿耿可能性较小的基督徒。但是我们在讨论操阿拉伯语基督徒的政治之前必须限定时间、地点以及教派。居住于叙利亚的操阿拉伯语基督徒对阿拉伯民族主义的兴起至关重要，当时的叙利亚包括我们今天所称的以色列、约旦、黎巴嫩、叙利亚共和国，甚至还有土耳其南部的部分地区。在 1831 年易卜拉欣或者坦泽马特改革家统治叙利亚之前，操阿拉伯语基督徒根本不关心统治者是谁。“米勒特”制度实际上给予了东正教徒和一性派基督徒自治权。对其他操阿拉伯语基督徒而言，他们受到了沙漠、山脉或者河谷的良好保护，从而几乎感觉不到奥斯曼帝国的压制。在 19 世纪，马龙派(以及其他天主教徒)受到法国的保护。俄国越来越关心叙利亚的东正教徒福祉。从 1820 年代起，美国和法国的传教士在叙利亚建立学校，而英国人、俄国人和其他西方人也在较低程度上建立学校。鉴于叙利亚基督徒很自然地将其孩子送至与他们自身宗教派别最为接近的传教士学校，马龙派和东正天主教徒往往进入法国的天主教学校并认同法国。东正教基督徒如何才能与之相比呢？一些人受到其文化水平低下的神职人员困扰，正在改奉天主教或新教信仰，并将其孩子送至相应的传教士学校。那些固守祖先信仰的人很少成为神职人员，因为希腊人把持了所有的高级教职，也很少进入俄国的传教士学校，当时很少有人渴望到俄国大

学求学。

这些美国人帮助他们解决了问题，但是美国人在无意之中促进了阿拉伯民族主义的兴起。美国传教士学校，特别是他们的巅峰学校即叙利亚新教徒大学（现在的贝鲁特美国大学），力图招收各个宗教的学生。但是绝大多数美国传教士学校也希望使年轻人改宗基督教的新教派。由于新教信仰一贯强调阅读和理解其神圣经典，《圣经》很快就被译成阿拉伯语，供当地改宗者使用。早期的许多美国传教士熟练掌握了阿拉伯语，以至能够用阿拉伯语进行教学，甚至把用英语写成的课本翻译成阿拉伯语的课本。当美国传教士学校和大学认识到他们在这一制度下无法招收足够的教师并翻译足够的书籍时，他们就将阿拉伯语作为自己的教学语言。在 19 世纪末，他们不情愿地转向了用英语进行教学。由于美国传教士学校接受了大量阿拉伯人文化，因此许多阿拉伯人将其孩子送至美国传教士学校，尽管后者倾向新教。东正教基督徒尤其倾向这么做。这就导致叙利亚的年轻东正教徒具有较高的阿拉伯语阅读和写作水平，其中许多人成为新闻工作者、律师或教师，一些 207
人则成为学者和作家。他们很快引领了阿拉伯文学的复兴，而文学复兴转变成一场民族主义运动，正如在某些欧洲国家的文学运动中所发生的那样。利用学校培养道德品质，鼓励慈善活动，并教育学生去创造新机构以适应不断变化的形势，这些美国观念也促进了民族主义的成长。

据说，由贝鲁特美国大学的五名早期毕业生在 1875 年前后所创的一个贝鲁特秘密协会是第一个阿拉伯民族主义政党。后来贝鲁特美国大学的一位教授经仔细研究后发现，这些学生全是基督徒，很可能致力于将我们现今所称的黎巴嫩而非整个阿拉伯世界从奥斯曼帝国独立出去。然而，这个协会并未持久。但是在 19 至 20 世纪，贝鲁特美国大学的在校生和男性毕业生努力培育了阿拉伯民族主义思想，并使操阿拉伯语的穆斯林与基督徒受到这些思想的影响。美国传教士希望使年轻的阿拉伯人通过接触阿拉伯语《圣经》而改宗新教；始料未及的后果却是，这些年轻人更加珍视他们的阿拉伯语文学和历史的遗产。这些年轻阿拉伯人接受的世俗大学教育他们尊重西方的自由主义和民主主义理想，而这些学生将这些理想应用到培育一种阿拉伯民族主义的意识形态。教师们在无知的土壤播下了种子；他们的学生决定自己要培育什么，并决定了其后代将收获什么。

（四）阿拉伯穆斯林的民族主义者

但是，如果阿拉伯民族主义的所有鼓吹者均为西化的基督徒，那么它本来就不可能获得穆斯林的支持。在第十一章所讲的奥斯曼改革的集权趋势，使一些阿拉伯人、高级官员以及当地地主，疏远了逐渐被他们视为土耳其帝国的东西。1890 年代旨在恢复阿拉伯哈里发国家（最好是在麦加）的一次运动是阿拉伯民族主义中第一次真正的穆斯林努力，当时一位名叫阿卜杜勒·拉赫曼·卡瓦凯卜的作家宣传了这一运动。在 1860 年代受到穆斯林广泛支持的泛伊斯兰主义曾经鼓励穆斯林在奥斯曼苏丹领导下联合起来。泛伊斯兰主义的支持者反复篡改了一些事实，曾声称哈里发制度于 1258 年蒙古人入侵巴格达之后在开罗被马木鲁克人维持，并于 1517 年奥斯曼苏丹征服埃及之后被转移至奥斯曼苏丹。一些穆斯林或许否认这一观点，因为逊尼派政治理论认为，
208 哈里发必须产生自穆罕默德的古莱西部落。奥斯曼人不是阿拉伯人，遑论古莱西部落的成员。事实上，奥斯曼苏丹在 19 世纪晚期之前很少使用哈里发头衔。苏丹阿卜杜勒·阿齐兹（1861－1876 年在位）曾自称哈里发，以便赢得奥斯曼帝国境内穆斯林的支持，并以此对抗俄国大斯拉夫主义的恶劣影响。苏丹阿卜杜勒·哈米德对哈里发头衔用得更多，力图赢得处于英国统治之下的埃及穆斯林与印度穆斯林的支持——这是他在西方历史书籍中臭名昭著的原因之一。英国加深了对奥斯曼苏丹的仇恨，这或许刺激了卡瓦凯卜的民族主义。无论原因何在，他的复兴阿拉伯哈里发国家的理想，的确赢得了阿拉伯半岛的非土耳其人埃米尔甚至还有埃及赫迪威阿拔斯的支持。尽管赫迪威是出身阿尔巴尼亚人的穆罕默德·阿里的后代，他们也常常试图与奥斯曼苏丹争夺阿拉伯人的支持。简而言之，卡瓦凯卜的将阿拉伯人从土耳其

统治之下解放出来的运动与其说是为了赢得其大众追随者的权术，倒不如说是为了赢得外交家、赫迪威与埃米尔支持的权术。

（五）阿拉伯人与青年土耳其党

1908 年的青年土耳其党革命恢复了被长期中止的奥斯曼宪法，这成为阿拉伯民族主义的第一次突破。住在贝鲁特和大马士革、巴格达和阿勒颇、雅法和耶路撒冷的人突然开始选举伊斯坦布尔的议员。关于阿拉伯–土耳其友谊以及在奥斯曼国家框架下追求自由民主的希望产生了。一个阿拉伯–奥斯曼友谊协会在帝国的诸多都市开设了分部。一些曾在阿卜杜勒·哈米德淫威之下逃到埃及或新大陆的叙利亚知识分子打点行囊返回故土。

然而，阿拉伯人的期望很快破灭了。尽管一个阿拉伯文学协会在不干预政治的前提下获准在伊斯坦布尔举行集会，但统一与进步委员会于 1909 年关闭了阿拉伯–奥斯曼友谊协会。议会席位分配对土耳其人有利，却不利于帝国诸多民族的、语言的和宗教的少数派。不仅如此，选举受到操纵，以确保统一与进步委员会占据绝大多数议席。青年土耳其党政权受到欧洲帝国主义和巴尔干民族主义的沉重打击，重新启动此前奥斯曼改革家的集权举措。结果，阿拉伯人开始担心他们的自由，此前政府对自由的保护漠不关心，现在处于危急关头。尤其是统一与进步委员会将土耳其语作为行政语言和教育语言而进行的强制推广（加上从泛伊斯兰主义向大突厥主义的明显转变）激怒了阿拉伯人。

但是阿拉伯人怎样才能应对呢？自从穆罕默德时代以来，操阿拉 209
伯语民族的大批成员从未进行旨在实现统一与自由的政治动员。阿拉伯人怎能反对一个至少以名义上的哈里发–苏丹为首的政府呢？对于在推翻土耳其人统治之后只能像埃及一样沦为某基督教大国附属国的叙利亚阿拉伯人来说，他们能得到什么益处？很少有叙利亚人（一些马龙派基督徒除外）希望受到法国统治。伊拉克阿拉伯人也不愿让巴士拉（像苏伊士运河那样）成为大英帝国交通的一个环节。

这些考虑的结果就是少数受过教育的阿拉伯人的一个低调运动，旨在扩大地方自治权而非独立。运动包括三个不同组织：(1) 奥斯曼地方分权党，由住在开罗的叙利亚人于 1912 年成立，旨在争取阿拉伯人的支持，以便扩大自治权而非受到奥斯曼政府强大的集权控制；(2)“法塔特”(年轻人)，由留学欧洲的阿拉伯年轻大学生组成的秘密协会，他们于 1913 年在巴黎召集了一个阿拉伯人会议，要求阿拉伯人在奥斯曼帝国内部享有平等权利和文化自治权；(3)“阿赫德”(盟约)，由奥斯曼军队中的阿拉伯军官组织的秘密协会，他们反对按照奥匈帝国模式而把奥斯曼帝国变成土耳其—阿拉伯的二元君主国。每个组织均获得受过教育的阿拉伯人支持，这些阿拉伯人住在伊斯坦布尔，其他奥斯曼都市(大马士革最为出名)以及国外也有。

但是不要高估第一次世界大战前阿拉伯民族主义的力量。绝大多数阿拉伯人并非阿拉伯民族主义者；他们仍旧忠于统一与进步委员会，忠于给予阿拉伯人议会代表权的奥斯曼帝国《宪法》，忠于一个若干阿拉伯人在其中充当部长、大使、官僚或军官的政府。如果阿拉伯民族主义果真导致阿拉伯地区从奥斯曼帝国独立出去，埃及赫迪威或英国人或许比叙利亚或伊拉克的埃及人获益更多。尽管埃及正在繁荣，但其他阿拉伯人并不渴望受到英国统治，遑论像统治阿尔及利亚那样的法帝国主义政权。在巴勒斯坦的犹太定居者，数量还不足以威胁占多数的阿拉伯人，或许将来渴望建立独立国家(参见第十六章)，而阿拉伯民族主义者对这一潜在威胁的极力反对远甚于对土耳其人统治的反对。

二、第一次世界大战

1914 年 8 月，奥斯曼帝国决定加入德国一方参与第一次世界大战，这时阿拉伯民族主义崛起的第二次转折点来临了。统一与进步委
210 员会，特别是陆军大臣恩维尔，或许受到了他所接触的德国军事顾问的影响，但是统一与进步委员会的主要动机在于从英国人手中收复埃及，并从俄国人手中收复高加索山脉。此时，阿拉伯穆斯林欢迎这些意图；

后来学者们谴责青年土耳其党使帝国与西方协约国卖力拼杀，而此前帝国在利比亚和巴尔干半岛的惨败中已经元气大伤。在1914年，德国因其经济、军事实力而受到尊重。德国人正在铺设一条从伊斯坦布尔到巴格达的铁路，这条铁路将把帝国残余部分连为一体。德国向伊斯坦布尔派遣一支军事代表团，负责训练军官与士兵使用现代武器。大战爆发后，两艘德国战舰在地中海受到英国海军的围追堵截，躲进土耳其海峡，后来被德国大使当做礼物移交给奥斯曼政府(全体船员均戴上红毡帽并自称“教官”)。这两艘战舰取代了英国造船厂正在为奥斯曼海军建造的两艘军舰；这两艘军舰在大战爆发前已被奥斯曼政府订购，并约定由英国海军指挥。这些新的“土耳其”战舰通过炮击敖德萨港而把帝国拖入战争，而奥斯曼政府与民众极力支持德国的事业，以致苏丹正式宣布对英国、法国和俄国发动“圣战”。英法俄均统治着成百上千万穆斯林，如果这些穆斯林听从这一号召，势必谨遵奥斯曼苏丹兼哈里发的圣谕而奋起反抗。

（一）英国与阿拉伯人

英国人，特别是那些在埃及与苏丹服役的英国人，希望打击这一服务于土耳其人和德国人的泛伊斯兰主义运动，土耳其人和德国人在英国政府宣布埃及为其保护国之后入侵西奈半岛，并大肆宣传这次进攻。1915年2月，一些奥斯曼部队抵达苏伊士运河，而其中一支部队甚至在夜幕掩护之下渡过运河到达西岸。此后三年，英国被迫在埃及驻扎10万以上的帝国军队——这在一定程度上是为了震慑埃及民族主义者，但主要目的在于阻止奥斯曼帝国夺占运河的任何企图，当时英国人已把运河视为大英帝国的生命线。

英国的回应是联络希贾兹的一位阿拉伯人领袖——即麦加沙里夫兼埃米尔侯赛因。让我们解释一下这些头衔，沙里夫指穆罕默德的后裔，其中许多人居住于希贾兹，特别是穆斯林圣城。奥斯曼苏丹因成为麦加和麦地那的守护者而提高了威望；他们慷慨赐予沙里夫尊贵的地位，但也利用沙里夫的敌手而控制他们。沙里夫的诸多家族竞相争夺某些具有世俗权力的埃米尔(王公)之位。

211 然而奥斯曼政府在19世纪通过当地总督而力图强化它对希贾兹的直接统治。沙里夫·侯赛因是相互斗争的诸多家族之一(他称这一氏族为哈希姆家族,即先知本人的家族)的首领,与奥斯曼苏丹及其总督进行了长期斗争,在伊斯坦布尔忍受了近16年的软禁生活。尽管侯赛因在1908年成为埃米尔之后依旧支持奥斯曼主义的理想,但他厌恶统一与进步委员会的集权举措。在第一次世界大战前,侯赛因的一个儿子阿卜杜拉与叙利亚的阿拉伯民族主义诸协会有联系。在大战爆发前数月,阿卜杜拉曾到开罗寻求英国总领事基奇纳勋爵的支持。英国人不愿策划反对长期以来被他们力图维护的奥斯曼帝国,但是基奇纳后来回想起这次会晤。当基奇纳返回故土协助谋划英国战事之际,伦敦开始对联合麦加哈希姆氏族的这些沙里夫反对奥斯曼帝国的可能性产生兴趣。英国政府授权其驻开罗代表与侯赛因进行接触,希望说服他不要支持"圣战",如果能够说服他领导阿拉伯人反抗奥斯曼统治就更好了。

(二) 侯赛因—麦克马洪通信

英国新任驻开罗高级专员(这一新头衔源自英国保护埃及的《宣言》)亨利·麦克马洪爵士致函这位麦加沙里夫,英国希望他能够反抗奥斯曼帝国在希贾兹的统治。侯赛因反过来要求英国人承诺在资金上和政治上支持他反对奥斯曼帝国以及他的阿拉伯人对手。如果他号召阿拉伯人起身反抗,这一反抗的目的绝不仅仅是更换统治者。在埃及和苏丹的英国人在与住在那里的阿拉伯民族主义者谈判之后认为,哈希姆家族无法使其他阿拉伯人支持他们的事业——鉴于居住在阿拉伯半岛其他地区的敌对家族的权势和威望——除非向阿拉伯人保证他们将在其聚居地区获得独立:阿拉伯半岛、伊拉克与包括巴勒斯坦和黎巴嫩在内的叙利亚。

212 出于上述考虑,这位麦加埃米尔与英国驻开罗和苏丹的高级专员于1915－1916年通信联络,这些信件后来闻名于世并且争议颇多。

在我们所称的侯赛因—麦克马洪通信中，英国保证，如果侯赛因发动阿拉伯人反抗奥斯曼统治，英国将在战争期间提供军事和资金援助，之后还将在阿拉伯半岛和“新月地带”绝大部分地区帮助建立诸多独立的阿拉伯政府。

然而，英国的确排除了若干地区，例如梅尔辛与亚历山大勒塔的港口地区（现在归属土耳其），巴士拉（如今位于伊拉克）以及“大马士革、霍姆斯、哈马与阿勒颇地区（行政区）以西的叙利亚部分”。在中东历史上最为棘手的问题之一即弄清麦克马洪是否只想排除现今的黎巴嫩，一个拥有基督徒聚居区的、被法国觊觎的地区，或者加上巴勒斯坦，一些犹太人希望重建其古代家园的地方。黎巴嫩显然位于大马士革以及上述其他叙利亚城市以西，但是我们现今所称的以色列地区仅有很少一部分位于上述城市以西。因此，阿拉伯人坚持认为，英国将巴勒斯坦许给了他们。但是如果这封信指的是叙利亚省（省会是大马士革），那么麦克马洪或许意在把现今的以色列地区，即当时有一部分处于耶路撒冷总督统治之下的地区排除在阿拉伯人统治之外。在1918年之后，无论犹太复国主义者还是英国政府，甚至连麦克马洪本人都认为他从未将巴勒斯坦许给阿拉伯人。然而，由于英国在1915年更关心它与法国的同盟而不是将巴勒斯坦留给犹太人，因此我们认为黎巴嫩才是在谈判中被排除在阿拉伯人统治之外的区域。犹太人对巴勒斯坦的要求在后来才成为主要问题。

英国人将上述表述模糊的地域排除在阿拉伯人统治之外，这激怒了侯赛因；他拒绝接受这一安排，而他与驻开罗英国人的通信联络在1916年初也毫无结果地中止了。土耳其人本来能够防止阿拉伯人的任何大规模暴动，但是奥斯曼帝国驻叙利亚的专制总督杰马尔无事生非激怒了当地阿拉伯人。作为前海军大臣与统治奥斯曼帝国的青年土耳其党三头同盟之一，杰马尔曾统率土耳其远征军以便夺取苏伊士运河并解放处在英国统治之下的埃及人。尽管杰马尔的首次行动以失败告终，但他还准备再次出征。他在重建部队期间驻扎叙利亚并担任总督，但他在叙利亚省碌碌无为。许多地区饱受饥馑和蝗灾之苦，并因杰马尔在当地征召青年农民入伍而劳力匮乏。燃料短缺导致橄榄树被砍伐,而且阻碍了向灾区运送食品。与此同时,诸多阿拉伯民族主义协会举行集会,并认真思考在战争中的立场。侯赛因的一个儿子费萨尔来到叙利亚,并在 1915 年与阿拉伯民族主义者和杰马尔均举行了会谈,但是他一事无成。到 1916 年 4 月和 5 月,杰马尔的警察逮捕了包括并非民族主义者的学者在内的一些阿拉伯人,以叛国罪加以拘留,并在贝鲁特和大马士革公开绞死其中 22 人。这些处决在叙利亚乃至整个阿拉伯世界激起众怒,费萨尔由此成为阿拉伯民族主义者,并在返回麦加后使其父坚信反抗时机业已成熟。

213 (三) 阿拉伯人起义

1916 年 6 月 5 日,侯赛因宣布阿拉伯人独立,并举起反抗土耳其人统治的大旗。奥斯曼帝国并未立即崩溃,但是希贾兹的大批阿拉伯人加上巴勒斯坦与叙利亚的一些阿拉伯人开始反抗土耳其人。然而这些地区的阿拉伯人是真正的民族主义者吗?只要战争结果尚未明朗,这些地区的绝大多数阿拉伯人很可能并不在意统治他们的是伊斯坦布尔还是麦加。

阿拉伯人起义在之后两年蓬勃发展。支持侯赛因埃米尔的阿拉伯人在欧洲顾问特别是著名的托马斯·爱德华·劳伦斯指挥之下,站在协约国一方对奥斯曼帝国作战。他们与欧洲远征军(从苏伊士运河开来的大英帝国军队)协同作战,向北攻入巴勒斯坦。当英国人占领雅法与耶路撒冷之际,阿拉伯人正在炸毁铁路并攻占亚喀巴与安曼。1918 年 9 月底,当英国军队进逼大马士革之时,他们静候劳伦斯与阿拉伯人占领这座城市,后来这里成为以费萨尔为首的阿拉伯临时政府所在地。与此同时,当时由穆斯塔法·凯末尔(后来的阿塔图克)统率的奥斯曼军队撤出叙利亚。土耳其人还在一支英印联军面前从伊拉克退却。10 月底,奥斯曼帝国在摩德洛斯与协约国签署了停战协定。被英国人和法国人许以自决权的阿拉伯人欢呼雀跃,他们的独立指日可待。

(四)《赛克斯—皮科特协定》

然而阿拉伯人的独立并未立即出现。在第一次世界大战期间，英国政府已将奥斯曼帝国统治下的阿拉伯人土地许给了其他参战国。俄国早就要求协约国承认其有权控制土耳其海峡。英国和法国在 1915 年签署的一份秘密协定中承诺支持俄国的要求。后来意大利加入协约国一方参战，并据此要求获得安纳托利亚西南部地区。希腊人也要求获得土耳其一部即伊兹密尔附近的希腊人聚居地。法国在西线与德国人交战正酣，无力向中东派遣大军，却希望得到包括黎巴嫩和巴勒斯坦在内的整个叙利亚。因此，英国、法国与俄国于 1916 年 5 月秘密缔结了所谓的《赛克斯—皮科特协定》(参见地图13.1)，规定法国将直接统治叙利亚北部和西部的大部分地区，并把包括大马士革、阿勒颇和摩苏尔在内的叙利亚腹地作为势力范围。英国则直接统治伊拉克南部。协定

费萨尔·伊本·侯赛因 214

费萨尔(1883－1933)是麦加沙里夫(即圣族后裔)兼埃米尔侯赛因·伊本·阿里的第三子。孩提时期的费萨尔被遵循当地习俗送至阿拉伯半岛的贝都因人部落。从 1889 年至 1909 年，他与其父一起住在伊斯坦布尔。在 1909 年返回麦加之后，费萨尔通过参与其父与敌对阿拉伯部落的战争而获得了作战经验。作为一名军事指挥家，如果不是政治家的话，费萨尔日后实际上非常成功。

在 1916 年初，费萨尔在造访大马士革期间被卷入一个名叫“青年”的阿拉伯人秘密协会。这个协会希望阿拉伯世界摆脱奥斯曼帝国的统治，并相信实现这一目的的最佳途径是鼓励英国人和土耳其人争夺阿拉伯人的支持。费萨尔在返回麦加时携带着一份文件，即著名的《大马士革议定书》，该文件划出了应该在战后实现独立的阿拉伯人土地。费萨尔之父侯赛因埃米尔将把这一文件作为他与英国人讨价还价时的指导方针。侯赛因在确信英国人将极力支持建立一个独立阿拉伯国家后，于 1916 年 6 月发动了阿拉伯人起义，并率领其北部军队反对土耳其人。

尽管著名的"阿拉伯半岛的劳伦斯"在这项任务中提供了帮助，但是费萨尔联合并有效领导了这支军队。这支军队包括阿拉伯正规军、思想独立的贝都因非正规军，以及少量欧洲援军。在艾伦比将军的埃及远征军攻入巴勒斯坦和叙利亚之时，费萨尔军队充当了其机动右翼。在 1918 年 10 月 3 日，费萨尔军队攻占大马士革，并在此统帅叙利亚境内的阿拉伯占领军。在这种情况下，阿拉伯人的计划开始走下坡路，原因是费萨尔所无法掌控的情势。

当费萨尔在劳伦斯的再次建议下参加巴黎和会时，他要求英国人兑现向其父侯赛因许下的诺言：英国人应该帮助建立一个独立国，这个国家将包括中东阿拉伯人的土地在内。然而，在战争中曾缔结相互矛盾的中东协定的英国人，决定尊重与其欧洲盟友法国人和犹太复国主义者缔结的那些协定。为了顾及法国人和犹太复国主义者的利益，英国人没有兑现他们向阿拉伯人许下的绝大部分承诺。

阿拉伯人认为这是一种背叛行为，而且他们从未忘记它。英国人试图让侯赛因统治希贾兹以作为对他的补偿。费萨尔统治叙利亚直至 1920 年，当时法国军队在英国人怂恿之下占领叙利亚，并迫使费萨尔逃亡。在 1921 年，英国人使费萨尔成为伊拉克国王。尽管费萨尔依附于英国人，他仍被两次世界大战之间这一时期的阿拉伯民族主义者看做一位领袖。他是唯一能够协调各方的阿拉伯领导人。因此当他在 1933 年因心脏病突发而死亡时，阿拉伯人深感震惊，并哀悼他的离去对阿拉伯民族主义事业所造成的巨大损失。

215 还提议建立从埃及边界到阿拉伯半岛东部建立一个阿拉伯国家，从而使英国得以间接统治从地中海到波斯湾的地区。由于俄国希望获得一块土地用以管理基督教圣地，因此雅法与耶路撒冷周边的一块飞地将由国际公管。阿拉伯半岛的沙漠地带是唯一由阿拉伯人统治而且不受外国统治者与外国顾问干涉的地区。

阿拉伯辩护者声称，侯赛因埃米尔在第一次世界大战结束之前对《赛克斯—皮科特协定》一无所知。托马斯·爱德华·劳伦斯充满负罪感，因为他曾鼓动阿拉伯人站在英国一边，以为他们在战争结束之后将获得独立，然而事实上英国外交就算没有欺骗他们也利用了他们。劳

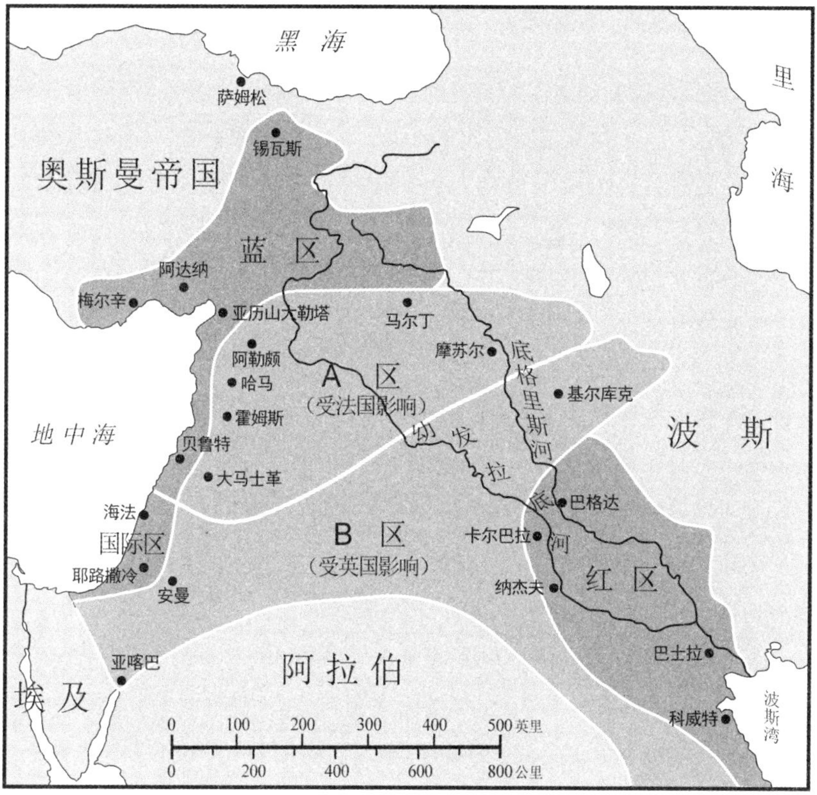

地图 13.1　1916 年《赛克斯—皮科特协定》示意图

伦斯所著的《七根智慧柱》一书通俗易懂,而《阿拉伯半岛的劳伦斯》则是一部大片,然而两者均非历史记录。侯赛因埃米尔的确知晓《赛克斯—皮科特协定》。俄国的共产主义者在 1917 年成功夺权后公布了协约国的秘密条约,而且侯赛因从力图使其退出战争的土耳其间谍那里, 216
以及实际上从英国人和法国人那里均获悉了这一协定。对侯赛因而言,领导阿拉伯人反抗拘禁他多年的土耳其人所获得的好处超过了《赛克斯—皮科特协定》带来的严重危机,因为英国人声称这一协定将不涉及侯赛因所希望统治的地区。对其他阿拉伯民族主义者来说,这一英法协定背叛了他们的事业;更糟糕的是,这一协定在战争结束后才被公布。

（五）《贝尔福宣言》

较为公开的信息是，英国内阁将帮助犹太人在巴勒斯坦建立民族家园的决定，这一决定在 1917 年 11 月 2 日被正式公布。这就是著名的《贝尔福宣言》，因英国外交大臣贝尔福勋爵致英国的犹太复国主义者联盟名誉主席罗思查尔德勋爵的一封信而得名。我们将在第十六章分析这封信，但在此注明要点：(1) 英国政府将帮助犹太人在巴勒斯坦建立一个民族家园；(2) 这个民族家园不会损害选择在其他地区定居的犹太人的权利或地位；而且(3) 这个民族家园不会损害巴勒斯坦的“现存的非犹太人群体”的民事权利与宗教权利。阿拉伯人反对《贝尔福宣言》的主要原因是，在后来成为巴勒斯坦的地区阿拉伯人占十分之九以上。任何人怎能在一片被其他人群定居的土地上为另一群人创造一个家园呢？更糟糕的是，定居者从未被征求意见，即他们是否愿意让自己的土地成为远道而来的一个民族的家园？不仅如此，《贝尔福宣言》从未提及非犹太人的巴勒斯坦人的政治权利，这一点至今激起阿拉伯人的仇恨。如果英国力图实现犹太复国主义者建立犹太国家的梦想，那么巴勒斯坦的操阿拉伯语基督徒与穆斯林的政治权利是什么？难道这一文件没有与侯赛因－麦克马洪通信，以及其他意在确保阿拉伯人投身于反抗土耳其人的斗争的声明发生冲突吗？

三、战后和约

如何在战争结束之后协调这些相互冲突的承诺呢？1918 年 11 月，欧洲战事停息了。每个人都希望外交家能够达成持久和平。在战
217 争期间，当时最为伟大的政治家伍德罗·威尔逊总统曾提出一系列被称为《十四点原则》的纲领，希望协约国在赢得战争后以此为基础构建和平。他谴责秘密条约，迫切要求实现各民族自决（尤其是那些处于奥斯曼帝国统治之下的民族），并倡议建立一个国际联盟以防止战争。当威尔逊代表美国来到欧洲参加巴黎和会时，他被各地民众热情地拥戴为英雄和救世主。

但是战斗主力兼伤亡主体的协约国英国和法国决心主导和约。战败的大国,德国、奥匈帝国与奥斯曼帝国在签署和约前不准与会。俄国(现在是一个共产主义国家,而且已经与德国单独媾和)也被排除在外。法国代表团团长乔治·克列孟梭要求必须惩罚德国,并且法国必须控制作为地理单元的整个叙利亚,此时他表达了一种普遍的心情。率领英国代表团的大卫·劳合·乔治同意必须惩罚德国,但是他也试图找到一种方法,以便在不损害大英帝国的前提下给中东带来和平。精明强干的哈伊姆·魏茨曼代表锡安主义(或者犹太复国主义)运动与会。受到劳伦斯支持的费萨尔则代表阿拉伯人与会。

(一)金—克雷恩代表团

尽管没有一个人能够协调阿拉伯人、犹太复国主义者、英国人以及法国人对中东的要求,但是与会代表却试图进行协调。威尔逊希望派遣一支代表团前往叙利亚和巴勒斯坦,以便弄清当地人民的意向。劳合·乔治起初同意威尔逊的想法,后来却作罢,因为法国人提出如果代表团不去伊拉克(英国对当地的军事占领不得人心)他们就将抵制这个代表团。这时英国人对此已经丧失了兴趣,于是所谓的金—克雷恩美国代表团单独前往。代表团发现当地人民希望在费萨尔领导下实现完全独立,而费萨尔已在大马士革建立了临时政府。如果非要当地人接受外国的保护,他们会选择在中东没有殖民历史的美国人,或者至少是已经在中东驻军的英国人而绝非法国人。

金—克雷恩代表团也审视了起初受到代表们赞同的犹太复国主义要求,并作出结论:犹太复国主义要求的实现将会导致犹太人—阿拉伯人的严重冲突。代表团的报告提议降低犹太复国主义的要求,限制犹太人移民巴勒斯坦,并终止将巴勒斯坦变成犹太人民族家园的任何计划。费萨尔及其支持者希望金—克雷恩代表团说服威尔逊
支持阿拉伯人,然而,威尔逊正在外出游说民众支持他的国联。他在还 218
未读到代表们的报告之前就遭受了瘫痪重创,而这份报告在数年内竟

然未被公开。

（二）协约国的安排：《圣雷蒙条约》与《色佛尔和约》

与阿拉伯人的愿望南辕北辙的是，英国和法国同意解决彼此分歧。法国放弃了它对摩苏尔和巴勒斯坦的要求，从而换取了对叙利亚其余地区的绝对控制。为了安抚威尔逊的理想主义，协约国确立了委任统治制度，规定由一个大国（所谓的委任统治国）保护亚非的原土耳其和德国属地，这个大国将教育当地民众如何当家作主。每个委任统治国必须定期向国联常设委任统治委员会汇报，以防滥用权力。英国和法国的代表在1920年的圣雷蒙会议上就划分中东委任统治地达成一致：叙利亚（包括黎巴嫩）由法国进行委任统治，而伊拉克和巴勒斯坦（包括现今的约旦）由英国进行委任统治。希贾兹将会独立。奥斯曼政府在1920年8月签署《色佛尔条约》时被迫接受了这些安排。此时法军业已从贝鲁特向东推进，镇压了阿拉伯人，并将费萨尔的临时政府赶出了大马士革。阿拉伯人的梦想已被粉碎。

（三）结果：四个委任统治地与一个埃米尔国

此时“新月地带”的阿拉伯人有什么遭遇呢？法国人对阿拉伯民族主义毫无同情心，而且将他们的委任统治地叙利亚当做殖民地来进行管辖。为了打击阿拉伯民族主义者，法国人将叙利亚肢解为几块较小区域，其中包括后来成为黎巴嫩的地区，以及亚历山大勒塔（将在1939年归还土耳其），北部的阿拉维派各国和南部的德鲁兹派各国，甚至连阿勒颇和大马士革也成为城市国家。黎巴嫩与叙利亚的分离状态长期延续，这是由于基督徒是黎巴嫩的主体（1921年时），他们决心确保自身的主导地位。对叙利亚的其他分割很快终结，但是叙利亚人时常反抗法国人的统治，后者在1920年代和1930年代似乎很可能延续统治（参见地图13.2）。

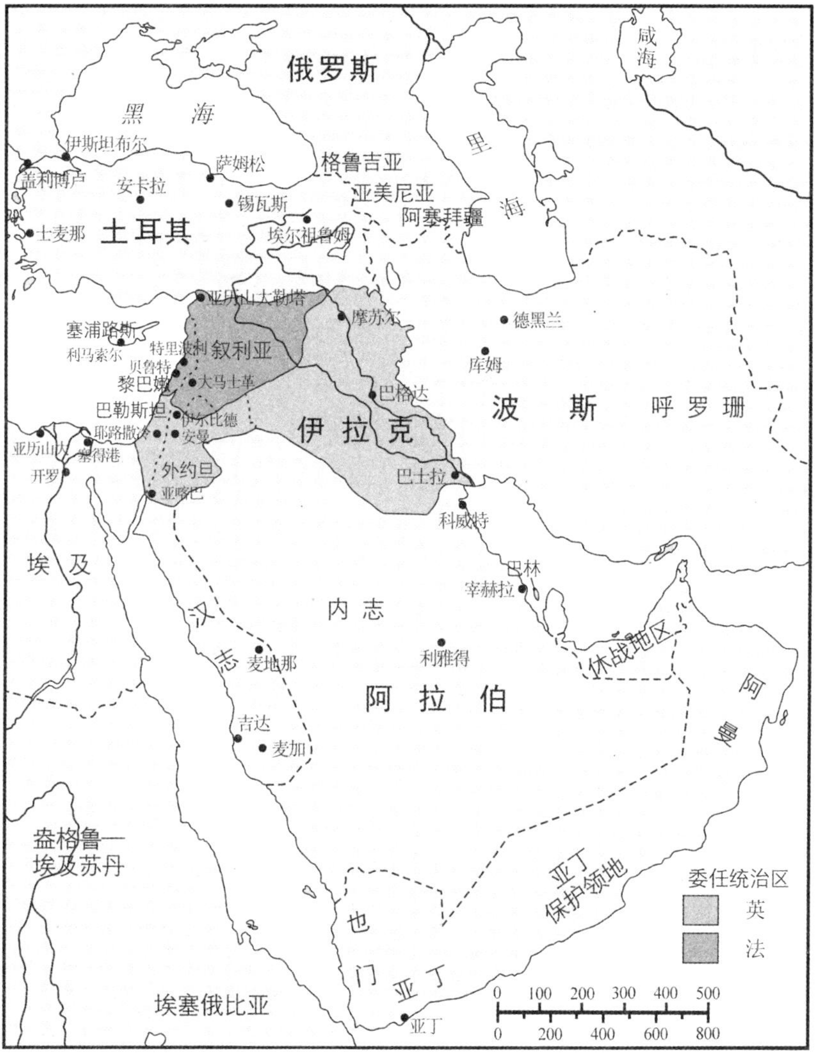

地图 13.2　1922 年对中东的委任统治　219

与哈希姆家族进行合作的英国人是阿拉伯民族主义的不稳定支持者。侯赛因仍旧统治希贾兹,但是他从阿拉伯起义中获得的威望使他成为英国人的一个令人忧虑的同盟。侯赛因拒绝签署《凡尔赛和约》与《色佛尔条约》,声称他是“阿拉伯人的国王”,后来自称伊斯兰世界的哈里发。这些举动触怒了英国人,导致后者在沙特家族夺取阿拉伯半岛东部政权时,没有采取任何措施以阻止沙特人进军希贾兹并于1924年颠覆侯赛因政权。英国对伊拉克的控制导致了1920年的一场大规模的阿拉伯人暴动。英国人需要一位强力人士抚慰伊拉克人,遂请来费萨尔,并操纵公民投票使他成为伊拉克国王。和平很快恢复了。英国
220 人与费萨尔政权和当地的部落舍赫合作,加速了伊拉克的独立。具有讽刺意义的是,曾经是奥斯曼帝国最为贫困地区之一的伊拉克,在1932年成为第一个摆脱委任统治地位的国家。

曾经计划统治巴格达的阿卜杜拉将面临什么呢?在1920年费萨尔被赶出大马士革之后,阿卜杜拉聚集了大约500名阿拉伯部落民占领安曼,并威胁要袭击叙利亚境内的法国人;尽管他本来就不能赶走法国人,英国人也希望他保持缄默。殖民大臣温斯顿·丘吉尔在耶路撒冷会见阿卜杜拉,并说服后者暂时接受约旦河以东的巴勒斯坦地区,直到法国人撤出叙利亚为止。这一临时性安排遭到犹太复国主义者的反对,他们希望得到1920年和约所规定的巴勒斯坦全部地区,和约允许犹太人在此定居并最终建立国家。法国担心阿卜杜拉的新公国会成为哈希姆人袭击叙利亚的据点。没有一个人预计到这个外约旦埃米尔国会持久,但是它的确延续了很长时间。当巴勒斯坦西部的委任统治地充斥犹太人与阿拉伯人冲突之际,外约旦成为政治和平与经济发展的绿洲。第十六章将讲述在巴勒斯坦其余地区,即英国委任统治地所发生的悲惨故事。

四、尾论与小结

阿拉伯人已从数百年的政治冷漠中苏醒过来,唤醒他们的首先是美国教师和传教士,接着是青年土耳其革命,最后是英法在第一次世界

大战中的欺骗行径。阿拉伯人回想起他们的古代辉煌并期望恢复这一荣光。他们从西方学到了权利与自由、民主政府以及民族自决。少数阿拉伯人在先知穆罕默德的后裔领导之下已经敢于反叛当时世界上最为强大的穆斯林国家——奥斯曼帝国。阿拉伯人希望在奥斯曼帝国的土地上建立一个或更多国家，这些国家将与其他所有独立国家拥有同样的主权。在第一次世界大战中，阿拉伯人帮助英国人和法国人击败了奥斯曼土耳其人，但是后来协约国未能恪守他们曾经向阿拉伯人许下的承诺。在“新月地带”，阿拉伯人显然占据多数，他们希望建立独立国家，阿拉伯民族或许有朝一日恢复其原有权势与荣耀，但获胜的协约国却建立了委任统治地，这实际上是伪装的殖民地。即便英国和法国 221
妥善管理其委任统治地，促进其教育和经济发展，但阿拉伯人依旧希望当家作主。阿拉伯人发现自身并没有联合起来，而是被进一步分割。巴勒斯坦这一地区甚至被宣布为犹太人的民族家园，从而使当地阿拉伯居民的未来扑朔迷离。这些就是阿拉伯人仇恨的根源，这一仇恨在近一个世纪前被镇压。在接下来的几章，我们将了解阿拉伯人的这一仇恨如何导致痛苦的后果。

第十四章　独立诸国的现代化领导人

223 在之前四章中，我们已经讲述了受到欧洲统治的中东多个民族与国家。事实上，到 1914 年，除了人迹难至的阿拉伯沙漠与安纳托利亚和波斯的山地之外，中东其余地区均感受到了西方的影响。读者已经知道，埃及与“新月地带”在第一次世界大战爆发前或战争期间直接或间接地处在西方控制之下。即便是幸免的区域——安纳托利亚、波斯中部以及阿拉伯半岛大部——也被视为潜在的殖民地。协约国在大战期间的秘密协定本来会将伊斯坦布尔和土耳其海峡划归俄国，将安纳托利亚的西部和南部的部分地区划归意大利和法国。与此同时，英国代表正在联络阿拉伯半岛与波斯的部落。到 1914 年，英国与科威特、巴林、停战诸国(现在被称为“阿拉伯联合酋长国”)以及阿曼缔结的协定，实际上已使这些国家沦为英国的保护国。亚丁仍为英属印度当局的殖民地，并于 1937 年正式成为英国的直辖殖民地。1917 年的布尔什维克革命使俄国退出大战，并退出对中东邻国控制权的争夺，至少暂时如此。在 1918 年奥斯曼帝国与德国投降之时，似乎没有一个国家能够遏止西方——特别是英国——在整个中东的扩张。

然而潮流的确发生了逆转，中东至少有三个地区在第一次世界大战后赢得了独立。安纳托利亚的土耳其人赶走了西方入侵者，终结了垂死的奥斯曼帝国，并建立了土耳其共和国。一批军人与平民民族主

义者使英国和布尔什维克未能实现占领波斯的企图,改革了这个国家, 224
并且后来以一位强力统治者取代了软弱的恺伽国王。在阿拉伯半岛东中部,一位出身古老统治家族的年轻人把穆斯林的改革运动与一个部落战士联盟结合起来,并将半岛绝大部分联合成为沙特阿拉伯王国。

由于我们在电视与教室中所看到的绝大多数中东地图均标有国界,因此我们往往认为“土耳其”、“伊朗”与“沙特阿拉伯”都是早已存在的实体。事实上,土耳其与沙特阿拉伯直至两次世界大战之间时期才拥有如今的国名与疆界。尽管伊朗(1935 年前被称为“波斯”)的现代国界与其 1890 年代的疆界大同小异,却与波斯迥然不同,后者在 1907 年曾被划分为俄国和英国的势力范围。三国的上述变革均源自军事统帅的激情、智慧和努力:土耳其的穆斯塔法·凯末尔·阿塔图克、伊朗国王礼萨·巴列维,以及沙特阿拉伯的阿卜杜勒·阿齐兹·伊本·阿卜杜勒·拉赫曼。

一、土耳其:凤凰涅槃

1918 年 10 月,奥斯曼海军大臣签署《摩德洛斯停战协定》,使他的国家退出了第一次世界大战,此时帝国已是精疲力竭。帝国军队有 32.5 万人死亡(超过了美军的伤亡总数),40 万人受伤,25 万人被俘或失踪。政府开支浩大,导致税收高涨,财政亏空,并且引发使许多家庭破产的通货膨胀。

土耳其的贸易、财政与行政遭到一项致命政策的破坏,即驱逐亚美尼亚人。亚美尼亚人尽管是基督徒,但这些勤勉之人中的绝大部分是忠诚的奥斯曼臣民。在大战爆发前,一些人在军队或行政机关服役。其他人则擅长医学、教育、经商,并精通制售金饰与拍摄照片等需要特殊技能的手工业。由于亚美尼亚人口在奥斯曼各个省份均不占多数,因此几乎没有亚美尼亚人希望建立一个独立的民族国家。然而,由于一些亚美尼亚人早就成为民族主义者并反叛苏丹阿卜杜勒·哈米德,因此许多土耳其人将他们视为叛国分子。第一次世界大战爆发后,受到德国顾问怂恿,并担心亚美尼亚人是第五纵队的奥斯曼政府决定将
亚美尼亚人彻底驱逐出东安纳托利亚地区,因为这一地区靠近敌对俄 225

国的教友。许多亚美尼亚人拒绝从其祖居的农场和牧场、乡村和城市迁走,因此奥斯曼军队纵容当地的土耳其和库尔德强盗劫掠并屠杀亚美尼亚人。只有最为坚韧和幸运的人才幸免于难。甚至处在远离俄国的西南安纳托利亚和君士坦丁堡的亚美尼亚人也遭到驱赶,大约100万亚美尼亚人罹难。已经一无所有的幸存者痛苦不堪并充满仇恨。1918年,那些居住于土耳其控制区东部的亚美尼亚人成立了独立的亚美尼亚共和国,其中一些人希望扩大这个国家,并接受美国的委任统治。当时美国公众强烈支持亚美尼亚人并反对土耳其人,但是后来美国政府拒绝为现今所称的土耳其东部地区的复原承担任何直接责任。亚美尼亚一部在1920年被土耳其吞并;其余部分则成为一个苏维埃共和国。亚美尼亚人直至第一次世界大战前依旧普遍亲土耳其人,然而此时却成为土耳其不共戴天的仇敌。

土耳其还有其他难题。大量征兵和战事延续已经使这个国家的许多地区缺乏男性青年。农田和乡村受到忽视,曾经肥沃的土地杂草丛生。由于煤炭短缺,全部森林被砍伐一空,以便为火车和工厂提供燃料。由于战争失利,加之疾病流行、拖欠军饷和伙食粗劣,许多士兵士气低下并逃离部队,转而成为肆虐乡间的武装土匪。英帝国军队在阿拉伯人起义的支援下已将奥斯曼军人赶出"新月地带"。与此同时,在大战的最后一年,青年土耳其党的三头同盟,恩维尔、塔拉特与杰马尔派军深入高加索地区,他们希望在曾经属于沙皇俄国的穆斯林地区建立大突厥帝国,因为当时俄国深陷于白军(反共产主义者)和红军(布尔什维克)的内战之中。第一次世界大战的讽刺之一是,在德国和奥斯曼帝国屈膝投降之际,其一部分军队仍然占领着外国领土。

(一)民族主义者面临的挑战

《摩德洛斯停战协定》结束了青年土耳其党政权;恩维尔、塔拉特和杰马尔在英国人和法国人攻占海峡前夕乘德国军舰逃出伊斯坦布尔。极力维持自身统治地位的奥斯曼苏丹完全与西方列强站在一边,并准备对列强言听计从。苏丹的妹夫达玛德·菲尔德迅速接管政府,开始遣散奥斯曼军队，并力图使这个国家恢复和平。法国军队占领安纳托利亚南部的西里西亚地区（根据《赛克斯－皮科特协定》），而意大利人则声明拥有安纳托利亚西南部的安塔利亚。尽管俄国的布尔什维克放弃了此前俄国政府对伊斯坦布尔和海峡的要求，但是现在英国和法国 226
借口援助俄国白军抗击共产主义者而占领了这些地区。1918－1919年的冬天是伊斯坦布尔土耳其人的噩梦。流感肆虐，煤柴短缺，游手好闲的成批青年在夜幕笼罩的大街上抢劫店家和行人，食品价格飞涨，而定居的希腊人公然升起希腊国旗。这些希腊人甚至赠予法国指挥官一匹白马，让他像征服者穆罕默德在1453年那样威风凛凛地进入该城。

到协约国在巴黎召开战后和会时，它们准备瓜分在色雷斯、安纳托利亚以及第十三章所讨论的阿拉伯人土地的势力范围。一些人提议由美国委任统治安纳托利亚和亚美尼亚。疲惫不堪的土耳其人在1911年利比亚战争以来的一连串战事中已耗尽其男性青年和国库收入，可能会接受外国的委任统治和军事占领，除非发生意想不到的挑战。希腊总理爱列奥特锐洛斯·维尼兹洛斯在巴黎和会上声称，希腊应获得西安纳托利亚城市萨米尔纳(今伊兹密尔)。在雅典的希腊民族主义者鼓噪着要重建包括伊斯坦布尔、色雷斯和安纳托利亚西部在内的拜占庭帝国，这些地区的许多希腊人基督徒仍然处于奥斯曼帝国统治之下。在协约国特别是劳合·乔治的怂恿之下，维尼兹洛斯开始采取行动以实现这些野心。1919年5月15日，大约有2.5万名希腊部队在萨米尔纳登陆，并受到以希腊人和外国人为主体的当地居民的欢迎。奥斯曼政府没有进行抵抗，因为它正在试图平抚这个濒临无政府状态的国家。但是，由于希腊人长期以来是奥斯曼帝国最具反叛性的臣民，因此希腊人的这次登陆反而成为激起安纳托利亚的土耳其民族主义的导火索。四天后，在黑海萨姆松港口发生了在土耳其历史上同样关键的另一次登陆。

（二）穆斯塔法·凯末尔·阿塔图克

指挥部队在萨姆松登陆的是穆斯塔法·凯末尔，这位将军被苏丹政府派去东安纳托利亚的动荡诸省以解除当地人武装并恢复秩序，后来姓阿塔图克的穆斯塔法·凯末尔早已凭借其在第一次世界大战中的功勋而赢得了声誉。在 1915 年的达达尼尔海峡保卫战中，他指挥土耳其军队成功击退西方协约国军队。翌年，他的军队在东方赶走俄国人。227 1918 年，他还指挥土耳其军队从叙利亚有序撤出，从而赢得了其英国对手的尊重。然而他对青年土耳其党毫不掩饰的敌视，使他无法获取他本应得到的职位或权势。统一与进步委员会和苏丹集团阻碍了凯末尔的野心，因此他反对伊斯坦布尔屈从西方既出于爱国情怀，也存在个人原因。

传说凯末尔于 1919 年 5 月只身一人献身土耳其民族主义。事实上，色雷斯与安纳托利亚的许多集团也在抵抗希腊人、亚美尼亚人、他们的外国支持者以及倒霉的奥斯曼政府。这种战斗精神既源自土耳其民族主义，也出自伊斯兰教；欧莱玛与苏菲领导人在乡村受到极度尊崇。凯末尔所做的就是公开退出奥斯曼军队，并在安纳托利亚中部城市锡瓦斯召开一个国民大会，以此增强这些“保卫权益协会”。但是东部各省保卫主权协会的领导人已在厄尔祖鲁姆召开大会，凯末尔受邀参加厄尔祖鲁姆会议并当选大会主席。正是在厄尔祖鲁姆，土耳其人第一次起草了他们的《民族宪章》，号召保卫土耳其的现存疆界(除了在战争中失去的阿拉伯人土地之外的奥斯曼帝国)，反对将对那些边界的任何改动，建立一个经选举产生的政府，取消给予非土耳其少数族群的特权。这就为 1919 年 9 月的锡瓦斯大会奠定了基础，锡瓦斯大会反对任何外国对土耳其的委任统治，并要求由一个经选举产生的、愿意捍卫土耳其人利益的政府取代奥斯曼政府。

在这种普遍的情绪之下，大维齐尔辞职了——受到了全国性报务员罢工的推动(土耳其的西化改革已经使这个国家拥有完备的通信网络)。包括凯末尔派少数成员在内的联合内阁成立。在新的议会选举中，土耳其民族主义者赢得了压倒性多数，但是这个大众政府并未持久。土耳其议会批准了《民族宪章》，从而激怒了协约国，后者正式占领伊斯坦布尔并迫使联合内阁辞职。达玛德·菲尔德再次掌权，而伊斯兰教大教长(被任命为穆斯林共同体的首脑)污蔑民族主义反叛苏丹。议会被解散,而许多议员逃往安卡拉,这里是不受协约国炮艇和占领军威胁的安全地带。1920 年 4 月,凯末尔在安纳托利亚中部的一个地方召开了他所称的“大国民议会”。

凯末尔主义运动如今与伊斯坦布尔的奥斯曼政府,与萨米尔纳周围的希腊入侵者(受到英国支持),与东部的亚美尼亚共和国,与南部的法国人,与海峡的英国人交战。装备落后而且食不果腹的土耳其人非正规军被迫抗击供应良好的协约国,抗击受协约国治外法权保护的基督徒。协约国低估了凯末尔的民族主义部下的意志,于 1920 年 8 月迫 228
使奥斯曼政府签署了《色佛尔条约》。这一条约后来成为奥斯曼帝国的死亡证书。

《色佛尔条约》的条款规定是:(1) 协约国的一个常设委员会将管理海峡;(2) 如果伊斯坦布尔侵害少数族群权利,那么它将不受土耳其政府的管辖;(3) 东安纳托利亚将划归独立的亚美尼亚国家和可能获得自治的库尔德斯坦;(4) 希腊将获得萨米尔纳和色雷斯;(5) 意大利和法国都将获得西南安纳托利亚部分地区;(6) 英国和法国将对阿拉伯人土地实行委任统治(第十三章已经讲述);(7) 恢复并扩大在 1914 年 9 月被土耳其人废除的领事裁判权。土耳其民族主义者憎恶整个条约,但是即便这样的奇耻大辱也未能使维尼兹洛斯心满意足。希腊军队在劳合·乔治的鼓励下向东开进,占领了《色佛尔条约》未许给希腊人的土耳其人土地。

苏俄的援助挽救了土耳其。苏俄与土耳其均深陷内战并需抗击外国入侵者。1920 年底,两国一起消灭了襁褓中的亚美尼亚共和国。由于没有来自东部的威胁,凯末尔的军队得以在 1921 年初阻滞希腊人的攻势。一些西方国家将不会支持希腊人夺取《色佛尔条约》未给予他们的土地,这一点日益明朗。1921 年 8 月至 9 月,凯末尔主义者在安卡拉附近的一场艰苦战斗中与希腊人形成相持局面,此后法国人与凯末尔主义者媾和。法国与意大利均放弃它们对安纳托利亚的领土要求。只有英国继续占领海峡,操纵苏丹,并怂恿希腊人。1922 年夏,土耳其人发动一场激烈反攻，将希腊军队彻底逐出安纳托利亚。此时，英国政府最终决定召开另一次协约国会议，与土耳其缔结新约，借此减少损失。失去外国支持的奥斯曼苏丹逃出伊斯坦布尔，于是安卡拉的大国民议会宣布彻底废除苏丹制度。1923 年 10 月 29 日，土耳其成为现代中东第一个共和国。

土耳其民族主义者或许向世界证明，他们能够在军事上击败其对手，但是英国人也必须懂得土耳其民族主义者能够顶住政治压力。英国人预计，在洛桑召开的新和会将迅速结束，而他们会通过外交手段维持受到英国治外法权保护的基督徒在战争中已经失去的部分权益。凯末尔任命的土耳其代表伊斯梅特将军立场坚定，挫败了谈判对手英国
229 的科尔尊勋爵，后者通过装聋作哑并拖延谈判来获取其政府的指令。当洛桑和会代表最终取消《色佛尔条约》时，土耳其人已经使他们的国家消除了令人憎恶的领事裁判权、各种形式的外国占领，以及亚美尼亚国家或自治库尔德斯坦的任何威胁。绝大多数居住于安纳托利亚的希腊人东正教徒被驱赶至希腊；作为交换，保加利亚和希腊人统治下的马其顿一部的众多穆斯林被驱逐到他们从不熟悉的土耳其。通行海峡（海峡实行非军事化）的船只由一个国际委员会进行监督，而土耳其也未能得到摩苏尔（国联后来将其划归伊拉克），这是土耳其在《洛桑条约》中仅有的受挫。

1923 年的洛桑会议使土耳其成为第一次世界大战战败国中唯一能够自主缔结和平条款的国家。1936 年的《蒙特勒公约》使土耳其获得了在海峡设防的权利，而土耳其在 1939 年则兼并了亚历山大勒塔，除此之外，《洛桑条约》一直是土耳其在世界民族国家体系立足的基石。相反，《凡尔赛和约》与其他所有战后安排均逐渐被撕毁。曾经反叛土耳其人以支持第一次世界大战胜利者的阿拉伯人或许会嫉妒其曾经的统治者，即把自己的命运和战败国拴在一起的土耳其人！

（三）凯末尔的内政改革

穆斯塔法·凯末尔在其生命中的最后 15 年致力于使土耳其从伊斯

兰教堡垒转变为一个世俗的民族国家。自从土耳其人在1 000年前改宗伊斯兰教之后，伊斯兰教就成为土耳其人的生活方式和统治根基，现在将被西化的行为模式、行政体制与司法制度所取代。如果说服未能奏效，那么接下来就将通过强制推行改革。反对党曾两次在大国民议会出现，然而均遭到凯末尔镇压。1925年的库尔德人起义被残酷镇压，而刺杀凯末尔的图谋则导致凯末尔公开绞死其绝大多数政敌。作为共和国总统，凯末尔是专制的；但是他也憎恶法西斯主义，反对马克思的共产主义(尽管他接受苏联援助，而且是第一位制定国家经济计划的中东领导人)，而且容忍议会中的自由辩论。凯末尔在理论上崇尚民主制度，但是他认为民众尚未做好当家作主的准备，从而像严父与导师一样统治其民众。

凯末尔是一位穆斯林吗？他打牌，酗酒，并且淫乱，这显然表明他蔑视《沙里亚》。但是他也依赖伊斯兰教信条，并且与穆斯林领导人一 230
起抗击希腊人以保卫土耳其。尽管他显示出其穆斯林先辈的某些态度与做法，但是他决心摧毁阻碍土耳其现代化的伊斯兰教权。他允许奥斯曼家族的一位成员暂时保留哈里发头衔，而后又在1924年废除了这一职位。埃及与印度的穆斯林极力反对，却未能挽救哈里发制度，而土耳其人则无动于衷，毕竟，哈里发在1 000年里都手无寸柄。

自1924年开始，大国民议会通过一系列法律，取缔苏菲教团并关闭“麦德莱赛”，取消“瓦克夫”和伊斯兰教大教长职位，并以修改后的《瑞士民法典》取代《沙里亚》，甚至涉及此前的禁区——家庭法。妇女在结婚、离异和财产继承方面获得了与男人平等的权利，并开始进入较为高级的学校和行业，以及店铺、机关和工厂等。1934年，土耳其妇女首次参加选举，并于翌年选出17位女议员。在第一次世界大战前和大战期间，面纱已开始在伊斯坦布尔和萨米尔纳消失，而在20世纪20年代则被彻底抛弃(在凯末尔的鼓励之下)。

禁止土耳其男人戴“非斯”帽(土耳其帽，也叫红毡帽——译者注)或其他无檐帽的法律具有重大的象征意义。穆斯林男性长期以来佩戴头巾、无檐帽、“库菲亚”，或者在正式礼拜时不会妨碍跪拜的其他头饰。

在日常会话中,“戴上礼帽”意味着背叛伊斯兰教。但是凯末尔在安纳托利亚最为保守的一座小城对群众发表演说时,头戴巴拿马草帽,嘲笑土耳其男人与妇女的传统服饰,并宣布自此以后所有男人必须身着“文明”诸民族的服饰,其中包括礼帽。具有讽刺意义的是,土耳其男人坚持佩戴由苏丹马哈茂德在仅仅100年前所强加的红毡帽,这一斗争程度居然超过了他们对缘起于632年阿布·伯克时代的哈里发制度的挽救!人们的衣着通常反映了其生活状态、思维方式以及最为珍视的东西。土耳其男人与妇女的衣着很快便与欧洲人相差无几了。

土耳其在其他方面也向欧洲靠拢。格列高利历取代了奥斯曼的财政历法,而时间原本根据穆斯林制度而设定,即以日落时刻为每日始终,现在则以欧洲时间为准。公制度量衡取代了土耳其的传统度量衡,而每周正式休息一天的做法(原为周五,后改为周日)则表明这个国家是何等的西化。宣礼语甚至《古兰经》的诵读语从阿拉伯语改为土耳其语。1928年,土耳其《宪法》中规定伊斯兰教为国教的条款被删除。

231 在这一时期,土耳其文化发生了更为剧烈的变革。凯末尔宣称,此前用来书写土耳其语的阿拉伯字母无法体现土耳其语的发音与语法,于是将用修改后的拉丁字母来书写土耳其语。所有书籍、报刊、街道标示、学校论文与政府文件等,都必须在三个月内改用新字母进行书写。在旧土耳其语时期,仅有十分之一人口识文断字;现在,人民有义务掌握新土耳其语并将其教给自己的子女、邻人,甚至搬运工和船家(用凯末尔的话讲)。新的字母比较容易掌握,而且更能表音,故加速了土耳其人教育的发展。从1923年至1938年,在校生人数增长一倍。2004年识字率达到86.5%。土耳其人学习英语、法语或其他西方语言变得容易了,而学习阿拉伯语或波斯语甚至阅读奥斯曼帝国时代的散文韵文名著则变得吃力了。新的土耳其语言学会开始用土耳其词根所衍生的新词取代土耳其语中的阿拉伯和波斯的外来词。就像其他中东国家一样,新土耳其语也吸收了英文和法文词汇,从而创造出了dizel(柴油机)、frak(双排扣长礼服)、gol(足球,即英式足球)、gazoz(苏打,源自法语柠檬气，limonade gaseuse）、kuvafur（理发师，coiffeur）、kovboy（牛仔）和 taksi（出租车）等新词汇。

大国民议会通过一项要求所有土耳其人取姓的法律，这是一项西化步骤。由于社会流动性越来越大，准确登记就显得更为必要，因此传统上对一个人教名的使用——有时与源于父名的姓（“阿里之子穆罕默德”）、军事头衔、身体特征、职业，或出生地联系在一起——导致普遍的混乱。根据这项新法，凯末尔在洛桑会议的代表伊斯梅特取姓伊诺努，而伊诺努是伊斯梅特打败希腊人的两个地点之一。穆斯塔法·凯末尔成为阿塔图克（土耳其人之父）。“帕夏”、“贝伊”与“伊芬迪”等旧的头衔均被废止。凯末尔·阿塔图克甚至放弃了被奥斯曼苏丹采用，并被心怀感激的议会在凯末尔打败希腊人之后赠予他的“加齐”称号。此后，男人必须在其名字之前加上相当于先生的“贝”。妇女则必须在其名字之前加上“巴彦”以取代传统的“哈努姆”。但是旧的做法很难消亡，而数年之后伊斯坦布尔的电话簿才逐渐按照新姓氏进行字母排序。

读者可能猜测阿塔图克会在其全面西化举措中强调经济发展。事实上，他对经济的兴趣似乎比不上埃及的穆罕默德·阿里及穆罕默德·阿里的诸多继承人。但土耳其的确在朝工业化迈进，而工厂在大城市中以及黑海和博斯普鲁斯海峡交界处附近的煤矿区周围拔地而起。凯末尔是亚洲第一位提倡国家所有制并且由国家控制主要生产资料的非 232
共产主义领导人。为了加速现代化，他请来苏联经济学家起草第一个五年计划。在 20 世纪 30 年代，土耳其政府建立了一个纺织联合企业、一个炼钢厂以及水泥厂、玻璃厂和造纸厂等各种工厂。农业改革在 5 万个村庄蹒跚前行，其中一些村庄仅有一条羊肠小道与外界相通；然而，农业培训机构、电话分机、农村医疗中心和成人教育中心以及示范农场，都起到了积极效果。

阿塔图克将其举措概括为六项原则，这些原则后来被写入土耳其宪法。阿塔图克的共和人民党（RPP）通常称这六项原则为“六支箭头”。它们是共和主义、民族主义、民众主义、国家主义、世俗主义与改革主义。共和主义指由民众选举领导人，这与奥斯曼帝国和其他君主制国家的世袭制度完全不同。民族主义要求土耳其人全身心服从土耳其民族的需要,反对与其他穆斯林或者其他外来意识形态有特殊联系。民众主义意味着主权在于土耳其人民,土耳其人民不分等级、阶级或性别,均为共同利益而团结奋斗。国家主义即国家资本主义,政府必须指导并参与国家的经济发展。世俗主义即指消除宗教对土耳其政治、社会和文化的控制。改革主义(原来被称为"革命主义")指土耳其人民与政府继续致力于快速但和平的现代化。

凯末尔·阿塔图克是一位西化改革家,但总的来说他是一位土耳其民族主义者。语言改革简化了土耳其语,从而缩小了书面语与土耳其人口语的差别。将首都从伊斯坦布尔迁往安卡拉,表明抛弃了拜占庭和奥斯曼的帝国传统,面向安纳托利亚的土耳其主义的未来。如今的历史研究强调土耳其人从其在亚洲草原的扑朔迷离的起源直至他们战胜希腊人,而不再突出根植于阿拉伯文化和波斯文化中的伊斯兰教哈里发国家。即使西方化也是为了捍卫土耳其民族主义:鉴于西方文明欠了土耳其人很多,所以文化移植是可以接受的。根据一度流行且臭名远扬的"太阳语言理论",土耳其语是所有语言的始祖,土耳其语中的"太阳"一词是史前穴居人在敬畏之中发出的第一个声音。如果土耳其早已创造出第一种语言,那么他们现在从其他文化中汲取的任何东西都只是一种平等交换。事实上,学校、军队、铁路和公路、报刊以及广播,都增强了土耳其人的民族观念。

233 穆斯塔法·凯末尔·阿塔图克

穆斯塔法·凯末尔·阿塔图克生于奥斯曼帝国萨洛尼卡城(今希腊的帖撒罗尼迦城)一户中产之家。穆斯塔法幼时先后在传统的穆斯林"麦德莱赛"与欧式学校就读。12 岁那年,他进入军事高中学习,一位老师因赞赏凯末尔的优异成绩而给他取了"凯末尔"的别号(意为完美)。这个名字固定下来,他从此以穆斯塔法·凯末尔著称于世。

1905 年,穆斯塔法·凯末尔上尉从伊斯坦布尔的陆军军官学校毕业,并被派至大马士革。已对奥斯曼政府不满的凯末尔创建了一个名叫"祖国与自由”的秘密协会。在1908年，他参加了夺取苏丹权力的青年土耳其党革命。

接着，穆斯塔法·凯末尔成为一系列军事行动的前线指挥官，其中包括阿尔巴尼亚和利比亚。在第一次世界大战爆发时，他因具有被高度认可的军事经验而被委任为达达尼尔海峡部队的显赫指挥官，并抵抗英国人的进攻。这一军事行动使他成为土耳其人的战斗英雄，翌年35岁的他晋升为将军。在土耳其军队接连败绩之时，凯末尔使土耳其军队从叙利亚的撤退没有演变为溃逃，因此，他在战争结束后荣誉丝毫未受损失。

获胜的协约国很快便在奥斯曼统治阶层找到了合作者，但是凯末尔反对只顾自身利益的外国军队占领土耳其。他再次率领土耳其军队抗击入侵之敌。尽管有许多人参与这一事业，但是凯末尔证明他具有足够的个人魅力来领导这一抵抗。他充分利用形势，在1923年使土耳其免遭协约国的占领，这时他被拥戴为土耳其领导人。在之后15年中，他根据民族主义、改革主义和世俗主义的原则彻底改革了这个国家。为了表彰凯末尔的功绩，土耳其的大国民议会授予他阿塔图克即“土耳其之父”的荣誉称号。

凯末尔坚信，土耳其唯有西化才能免遭外国的控制。在第一次世界大战中的惨败，使建立在伊斯兰教传统与律法基础上的古老的奥斯曼政权颜面丧尽，而这也为凯末尔领导的西化改革举措的推行打开了大门。这些改革急剧改变了土耳其人生活的方方面面，从服装样式和书面语言到性别关系与法律体系。尽管绝大多数土耳其人屈服了，而其中一些人比另一些人更热情地支持改革。西化在土耳其的城市地区牢牢扎根，而在农村地区则不太深入。1938年凯末尔逝世之时，土耳其的西化取向已经确定无疑。然而，在经历了几十年西化后的今天，仍有许多人不赞同旨在拯救土耳其民族的凯末尔道路。

（四）凯末尔主义的遗产 234

1938年11月凯末尔逝世之后，土耳其民族对他的至高敬意是继续推行凯末尔主义改革举措。当然,一些较为激进的改革已经被缓和了:现在可以用阿拉伯语宣礼和诵读《古兰经》,允许苏菲教团恢复其活动,而许多土耳其人可在每周五进入清真寺。但是工农业增长速度比凯末尔生前更快。对许多土耳其人来说,他们的国家不是中东国家而是欧洲国家。土耳其已经加入北大西洋公约组织、经济合作与发展组织以及欧洲议会。土耳其希望成为欧盟的正式成员,并已经调整了其税收和关税,改善了涉及库尔德公民的人权政策,并力图与希腊人控制下的塞浦路斯达成妥协。许多土耳其人已在欧洲工作,而那些已从欧洲回国的人也迫切要求强化与西方的联系。

尽管土耳其没有参加第二次世界大战,但它从那时起在美国的保护之下逐步壮大其军事力量,并参与了朝鲜战争。由于塞浦路斯的希腊人与土耳其人发生了冲突,土耳其军队在 1974 年进行了干涉;从那时至今,土耳其人已经控制了占该岛三分之一的北部地区。军事专家认为,土耳其的军事实力在中东国家中仅次于以色列。

阿塔图克的方式与成就都非常引人注目,但是让我们从更为宽广的视角审视这些方式与成就。请记住他的举措是西化改革链条的一个环节,这些西化改革经历了从谢里姆的“尼扎姆·贾迪德”到马哈茂德二世、坦泽马特时代、阿卜杜勒·哈米德、青年土耳其党与兹雅·高卡尔普时代。阿塔图克在专制与民主之间的模糊立场或许使读者联想起土耳其在 1877 年与 1908 年进行建立立宪制政府的短暂尝试,或者联想起土耳其试图建立兼有民众性与秩序性的政治体制的不懈探索。在阿塔图克逝世后,随着新兴的民主党开始挑战凯末尔主义的共和人民党,土耳其政体逐渐朝着两党制演进。在 1950 年的一次自由选举之后,民主党人和平夺权,这在中东国家十分罕见。以企业家、农民和虔诚穆斯林为统治基础的民主党逐渐坐大,导致军官的警惕,后者遂于 1960 年推翻政府。在军队的监视之下,文人政治家在 1961 年为以后所称的土耳其第二共和国起草了一部宪法。这些政治家还取缔了民主党并绞死
235 其党首。然而,已经获得大众支持的社会力量很快对军队和共和人民党中的凯末尔主义者再次构成了挑战。这次挑战的主角为正义党,该

党在第一次选举中获得了足够选票,从而得以与共和人民党联合组阁,后来则独掌政权。军队在 1971 年进行干预,并遏制在它看来过于强大的正义党。共和人民党卷土重来,但是较小的马克思主义政党和新穆斯林政党也在 1970 年代发展壮大。每个土耳其内阁很快成为多党联盟,使政府陷于瘫痪。1980 年,当数百名土耳其人死于左右翼极端分子的反复冲突后,军队再次接管政府。柯南·恩福瑞将军取缔所有政党,拘留政党领导人,并组建了一个看守内阁。

在之后三年里,土耳其人似乎已经牺牲自由而换来稳定。看守内阁召开了一个咨议会,这个咨议会起草了一部宪法,给予总统广泛权力,并限制学者、工会、新闻工作者与活跃在 1980 年前政党政治中的其他个人的权利。1982 年的全民公决通过了新宪法,大选也在翌年举行。曾在担任副总理期间主抓经济事务,并采取果断举措遏制通货膨胀的图尔古特·奥扎尔领导新的祖国党取得选举胜利,成为新宪法颁布后的首任土耳其总理。在西欧诸多政府的压力之下,土耳其不情愿地解除了对政治自由的禁令,而奥扎尔内阁也使土耳其实现了更大程度的政治稳定与经济发展。奥扎尔本人于 1989 年从总理改任总统,却恰逢新的经济困境折磨这个国家,并于 1993 年去世。苏莱曼·德米瑞拉继任总统,同年坦苏·希勒成为土耳其首位女总理。

土耳其的伊斯兰教也开始复兴(第十九章将进行讨论)。一个伊斯兰复兴主义组织繁荣党在 1995 年选举中以微弱多数胜出,并一度组阁(直至军队干涉,迫使内阁总理辞职并使世俗主义者重新掌权)。2002 年,伊斯兰复兴主义内阁再次成立,而这个国家依旧在宗教问题上意见不一。阿塔图克的西化改革使土耳其人的意识分裂为接受世俗价值观与力图恢复穆斯林原则与机构两种。

二、从波斯到伊朗

在我们迄今所研究的国家或文化中,波斯与众不同。沙漠和山脉使这片土地拥有清晰的边界,然而波斯曾数次遭受入侵。但波斯往往 236
同化入侵者,而这一同化过程导致游牧部落与定居农民的交错杂居,他们拥有截然不同的社会风俗。波斯语是民族语言,但是许多人操突厥语、库尔德语或阿拉伯语。波斯的宗教是伊斯兰教,但波斯人笃信什叶派伊斯兰教分支十二伊玛目派。在历史上,波斯通常是一个明确的政治实体,但是历史学家往往根据相关时期统治家族的名称来讲述波斯历史——而事实上波斯的王朝数不胜数。

(一)历史回顾

读者或许回想起,恺伽王朝从 18 世纪末开始成为波斯的统治家族。正是在恺伽王朝的统治之下,这个国家将高加索山脉和中亚部分地区丢给了俄国,并放弃了对阿富汗和现今巴基斯坦地区的所有要求,从而收缩至现在被认可的疆界。德黑兰,一座位于厄尔布尔士山脉的村庄,在恺伽王朝及此后各朝成为波斯首都。绝大多数波斯人并不以恺伽王朝为荣。恺伽王朝的西化落后于奥斯曼帝国,而且它对俄国扩张的抵抗软弱无力。恺伽王朝招致英国商人与其他外国商人的贸易渗透与剥削。恺伽王朝的臣民在他们的欧莱玛(他们称之为“毛拉”)与巴扎商人的领导下,抗拒在政治上和经济上对这些外国人的依附。这一抵抗被称为穆斯林极端主义(被 19 世纪的帝国主义者),或者波斯民族主义(被 20 世纪的学者);显而易见,政治情感与宗教情愫相互交织。其中一项后果是 1906 年《宪法》,该《宪法》设立了议会即麦吉里斯,以限制王权。

《宪法》本身还不足以建立一个伟大国家。恺伽王朝无法将形形色色的军事组织凝聚为一支国家武装力量,被力量庞大且无法无天的诸多部落束缚了手脚,无权征税以偿付其开支,统治软弱无力。除此之外,英国和俄国于 1907 年协商划定了在波斯的势力范围。俄国军队在第一次世界大战前和大战期间占领了占这个国家三分之一的北部地区。数支军队竞相争夺英国所控制的南方地区,那里有英国-波斯石油公司的新油井、输油管道以及炼油厂。在第一次世界大战期间,一位德国上校在波斯湾北岸地区组建了一支叛军。在波斯中部的其他地区,德国代表们煽动针对英国和俄国领事与商人的刺杀事件与破坏活动。1917 年的布尔什维克革命暂时减轻了俄国对波斯的压力，因为新的共产主义政权放弃了沙皇俄国的全部要求。1918 年德国的投降使英国成为争夺对波斯控制权的唯一的外国竞争者。

（二）英国权势的顶峰 237

1919 年，英国似乎想像其吞并阿拉伯世界大部那样吞并波斯。英国军队占领了伊拉克；控制着绝大多数阿拉伯苏丹国、埃米尔国与波斯湾沿岸的部落地区；入侵了在土耳其人撤出后建立的高加索诸共和国；并援助俄国白军打击布尔什维克。英国主动提出与恺伽王朝缔结一份协定，该协定将使波斯在事实上沦为一个被保护国，这十分类似最后几任赫迪威统治的埃及。但是英国提出的这一协定遭到民众的强烈反对，并因此从未被议会通过，遂成为一纸空文。

与我们所讲述的其他地区一样，1919 年至 1920 年也标志着英国在穆斯林世界的权势顶点。凯末尔主义者在土耳其进行抵抗，埃及与伊拉克爆发民族主义起义，巴勒斯坦的阿拉伯人出现骚乱，英国不愿保卫高加索诸共和国（阿塞拜疆、亚美尼亚与格鲁吉亚），英国三心二意反对苏俄在阿富汗的势力，以及协约国未能镇压其他地区的布尔什维克，这些因素结合起来构成英国政策的转折点。英国民众强烈呼吁军队返乡，议会不愿为长期占领拨付资金，因此伦敦被迫缩减它在中东的驻军。

但是波斯的领土完整依旧受到威胁。1920 年，北部的吉兰省与阿塞拜疆省的分离主义者掀起反叛，并受到布尔什维克登陆部队的支援。在许多地区，英国军官是形形色色军事力量的教官，但是他们遭到普遍憎恶。为了使英俄两国均撤走军队，德黑兰在 1921 年初与莫斯科缔结了一份协定。苏俄撤出他们的军队，放弃除领土之外的所有特权，取消债务，并转交在波斯的所有俄国资产。但是这一协定具有一项条款，即如果苏俄感到另外一支占领波斯油田的外国军队的威胁，就可以出兵波斯。尽管苏联后来援引了这一条款，但它在 1921 年帮助波斯赶走了英国。

(三)礼萨国王的崛起

在苏俄–波斯条约正式签订之前5天,波斯哥萨克旅(主要由俄国人组建,并领导的当地警察部队)的一位军官在德黑兰推翻了波斯政府。这位军官叫礼萨,1878年生于马赞德兰,于第一次世界大战后的混乱时期在哥萨克旅取得显赫地位。礼萨协助驱逐了哥萨克旅的亲布尔什维克指挥官,此后便掌握了该旅的步兵团,并组织了一个反对英国
238 和俄国控制的波斯军官秘密协会。波斯哥萨克旅的集体兵变使哥萨克旅中的所有俄国军官均被解职。礼萨汗轻而易举地掌握了波斯最为强大的武装力量,这鼓舞他登上政坛。礼萨汗与一位年轻的理想主义的新闻工作者即赛义德·齐亚丁·塔巴塔拜进行合作,于1921年2月21日率领其哥萨克旅进入德黑兰,并推翻时任内阁。齐亚丁成为新任首相,而礼萨担任波斯军队总司令。一项雄心勃勃而且全面、深刻的改革举措开始实施。但齐亚丁执政仅三个月,就遭到其内阁部长们的反对,或许还遭到礼萨本人的反对,于是辞官并流亡。

波斯政治像往常一样陷入混乱状态。新一届议会开幕,议员要求改革财政体制和官僚体制。恺伽王朝末代君主艾哈迈德国王力图逃离波斯。旧有政治家四分五裂而且情绪低落。时任陆军大臣的礼萨成为君主幕后的真正掌权之人。他致力于恢复公共秩序,强化各类军队,并镇压部落反叛、共产主义者以及其他持有异见者,以此统一波斯。在1923年刺杀礼萨未遂事件发生之后,礼萨逮捕首相,并迫使艾哈迈德国王任命他继任首相。国王逃往欧洲,再也没有回国。

现在礼萨希望仿效土耳其的凯末尔而宣布波斯为共和国,然而担心出现世俗政权的什叶派欧莱玛组织了全国性抗议。礼萨起初威胁要辞职,后来屈服了。但是他替换了阁员,使各部部长尽管称职能干却也较为顺从礼萨的个人意愿,借此弥补未能实行共和制的缺憾。接着,他出兵平定了库兹斯坦的一次部落反叛,为了安抚“毛拉”而朝觐了什叶派圣地纳杰夫与卡尔巴拉。他在返回德黑兰之后决心强化自己对政权的控制。在议会战战兢兢之际,他自行推进主要改革。其中一项改革

即礼萨的最大成就——修建将里海与波斯湾连接起来的、横穿波斯的铁路。这条铁路不仅是建筑奇观，而且因其资金来源没有外国贷款而著称。这条铁路的耗费来自波斯生活必需品食糖和茶叶的税收。

1925 年，议会出于民族主义精神而以古代波斯的太阳历取代了穆斯林的太阴历，并要求民众取姓。礼萨取姓巴列维，前伊斯兰时代波斯语中的一个名字。接着，议会废黜艾哈迈德国王，终结恺伽王朝，并宣布礼萨为波斯新的统治者。1925 年 12 月，礼萨正式成为国王，并在之后的一次正式庆典中加冕。

（四）礼萨的改革 239

正如礼萨汗所敬仰的凯末尔是现代“土耳其之父”一样，礼萨国王是波斯的改革家。两位领导人经常被比较，而礼萨汗往往居于劣势。但是两位民族主义改革家面对着不同的形势。凯末尔已经在一支失利军队中成为一名享有盛誉的成功将军，然而礼萨在发动 1921 年政变时仅为少数军官所知。土耳其承继了 100 多年的西化改革；它拥有可以执行凯末尔改革的、训练有素的官僚体系和军官体系。而波斯除了与俄国接壤这一不太确定的幸事之外，早已与西方隔绝。凯末尔表达出许多土耳其人对伊斯兰教的失望之情，并将西方化等同于“文明化”。土耳其人几乎不关心他们在亚洲草原上的前伊斯兰遗产。而礼萨无法与波斯历史一刀两断。礼萨的人民依旧效忠什叶派的“穆智提哈德”与“毛拉”。礼萨即便在能够对抗这一穆斯林影响之际，也承认波斯的前伊斯兰遗产依旧存在，并且对他的臣民仍有意义。在萨珊时代的遗址被装饰一新，琐罗亚斯德教获得官方许可，而波斯语中的阿拉伯词汇被去除之时，这一历史联系也能够促进他的改革举措。但是，在 1935 年礼萨下令将他的国名从“波斯”改为“伊朗”（雅利安人的土地）之时，这是与传统的重大决裂。他甚至命令邮局退回任何标有该国旧称的信件。这些象征性变革增强了民族荣誉感，并使伊朗疏远了伊斯兰教与阿拉伯世界。

礼萨的一位最得力属下将礼萨改革概括为四大主题：(1) 从外国

的政治操纵和经济控制中解放出来;(2) 实现国内稳定,并建立集权政府;(3) 行政改革与经济进步;(4) 社会改革与文化进步。让我们逐一深入地考察每项改革。

从外国控制下解放出来不仅包括赶走英国和俄国的军队;它也意味着以伊朗取代英国而控制波斯湾海岸,掌握银行、货币、电话和电报,并有权审判被控有罪的外国人,以及制定和征收进口关税。礼萨在试图废除英国—波斯(很快被重新命名为“英国—伊朗”)石油公司的特许权之前,成功推行了每项改革。英国将这一问题上诉国联,因此这家公司最后同意向伊朗政府交纳更高的特许开采权利金,而伊朗政府则将公司特许权延长 30 年。后来,许多伊朗人谴责礼萨屈服于英国人的贿赂。

240 强化伊朗的中央政府只能通过削弱游牧部落来实现。礼萨迫使许多游牧部落定居,并在某些情况下软禁这些部落的首领。被恩准继续游牧的那些部落常常在警察监视之下迁徙畜群。礼萨改革了军队,使其拥有显著改善的军需品、武器、训练、军营以及医疗设施。中央政府控制了所有的安全部队。礼萨还建立了初步的政治警察部队。

伊朗逐步拥有了行政部门,欧式法典与法庭,国家预算,还有登记出生人数、土地转让、结婚与死亡人数的国家体制。适于小汽车与卡车通行的公路在 1921 年前根本没有,到 1941 年则在全国纵横交错。礼萨经常被指责窃取了农民的土地以扩大自己的地产,他辩解道,他希望自己的地产能够成为示范农场,用以研究和教授新的农作方法。他的现代工厂与宏伟的公共建筑与其说对国家有益,倒不如说很可能提高了士气。

对礼萨而言,社会改革意味着教育。各级别学校的男女入学率大幅提升。尽管礼萨因在 1935 年开办德黑兰大学而著称,但是他最关心农民与工人的初等教育。夜校扩展开来,而军队成为一个巨大的培训机构。军官有责任教授其部队读书写字并进行基础运算。如果任何一名士兵未能在两年服役期满之前掌握这些技能,那么他的部队指挥官将不会被提拔。体育与游戏一向是伊朗文化的一部分,尽管许多“毛拉”并不赞成它们;礼萨出于身体健康和体育竞技而进行礼拜。他并不直接打击有组织的伊斯兰教(正如阿塔图克曾做过的那样),但是他有时会因为在公开场合饮用啤酒或白酒而激怒“毛拉”,而他还坚持要求所有身着欧莱玛服饰的男人必须通过资格考试。他仿效阿塔图克,要求伊朗男人身着“国际性”服饰,而且通过禁止妇女佩戴面纱而超越了阿塔图克。这一改革深深触怒了保守的穆斯林,他们认为,如果所有年龄段的妇女必须在公开场合抛头露面,就连西方人也会备感震惊。穆斯林还反对一项本来将会更加彻底的改革:将波斯字母拉丁化。

(五)礼萨的倒台

尽管礼萨国王力图用多种方式改革伊朗,但结果往往让他失望。他缺乏耐心,因此从来不会分配任务。他力图减少伊朗对英国的依赖
程度,故从其他国家引进他的改革顾问。当一支美国代表团在 1923 年 241
改善了伊朗的财政体制却未能招徕美国投资者时,礼萨迫使主管辞职,并逐步罢免了主管的手下。令伊朗人大为惊讶的是,美国政府并未进行干预。德国更为活跃,一位精明强干的德国主管在 1930 年代初设立伊朗国家银行,在希特勒上台之后,德国企业家与顾问涌入伊朗。纳粹的种族理论将伊朗视为原初的雅利安人国家,从而奉承了礼萨及其臣民。在第二次世界大战爆发以及纳粹军队横扫欧洲大部之后,英国人有理由担心德国在伊朗的势力。1941 年,一群阿拉伯民族主义军官一度控制了邻近的伊拉克。英国怀疑这些军官支持纳粹,遂进行干涉,并扶植了一个亲英政权。在 1941 年 6 月希特勒突袭苏联之后,英国人和苏联人均出兵伊朗。伊朗的独立再次遭到破坏。礼萨不愿在可能中断他的改革的军事占领下进行统治,故逊位于其子穆罕默德,流亡国外并在三年后去世。

(六)尾声

当穆罕默德·礼萨·巴列维国王承继父位之际,他似乎只是西方的被保护者。诸多部落加紧夺回他们已经丧失的权势与土地。议会强调

宪法赋予它的统治权。第二次世界大战的同盟国把伊朗当做一条运输线、一个石油来源、一处便利的会晤场所以及一位小伙伴。在大战结束后,苏联力图在伊朗北部建立共产主义共和国,但迫于联合国的压力而于 1946 年撤军。接着,共产主义者开始利用英伊石油公司(AIOC)工人的日益不满。伊朗民族主义者在议会胜出,选举穆罕默德·摩萨德担任首相。摩萨德政府使英伊石油公司国有化,从而赢得了国内的广泛支持,却遭到英美的强烈仇视,遂在 1953 年被中央情报局支持的军事政变所推翻。在之后四分之一世纪中,穆罕默德·礼萨国王成为统治伊朗的独裁者。迅速上涨的石油收入使他的政府能够建立官办的学校、工业与军队。国王的“白色革命”承诺在土地所有制、农业发展、教育与妇女权益等方面推行远远超过其父的狂想改革。“白色革命”也疏远了欧莱玛。

国王继承了其父的专制特性。当他的改革未能满足其臣民期望之时,他诉诸宣传、审查体制与他的秘密警察(萨瓦克),以便维系权势。
242 尽管历届美国政府将他作为反共堡垒而加以支持,但很多美国人质疑他在人权方面的承诺。国外的伊朗学生与国内的欧莱玛掀起对国王的反抗。他们谴责对穆斯林价值观的侵蚀,不断扩大的贫富差距,将巨额资金用于扩充军备,农业改革未能成功,以及国王的压迫性政权。由什叶派欧莱玛领导的一场全国性革命破坏了国王的权威。他于 1979 年 1 月离开伊朗,让位于一个“伊斯兰共和国”。伊朗的被大肆吹嘘的“现代化”仅仅浮于表面。数十亿的石油美元未能解决伊朗的难题,也未能维持一个已遭到其臣民反对的统治者。我们将在第十九章继续讲述这些内容。

三、沙特阿拉伯的崛起

如今绝大多数人认为,沙特阿拉伯是一个富有、现代而且影响巨大的国家。然而迟至 1945 年,它还是一个贫困而且被认为落后的国家。自哈里发国家的全盛时代之后,伊斯兰教与阿拉伯半岛的历史长期以来就是一潭死水。在 19 至 20 世纪,如果说土耳其是西化改革运动的前沿，那么很少有哪些中东地区比阿拉伯半岛中部，特别是纳季德地区更反对改革。纳季德位于童山秃岭之中，没有任何出海口，根本无法吸引外国商人抑或西方帝国主义者。纳季德绝大多数人口是贝都因人；少数小镇拥有阿拉伯商人与欧莱玛。到目前为止，我们几乎从未提起这片地区，只是在讲述穆斯林的禁欲苦行派瓦哈卜派崛起时例外，瓦哈卜派信条至今仍然在沙特阿拉伯盛行。

（一）历史背景

这个故事要从 18 世纪中叶谈起，当时一位流浪的青年学者穆罕默德·伊本（“的儿子”）·阿卜杜勒·瓦哈卜成为罕百里派——逊尼派穆斯林四大教法学派中最严格派别的信徒。后世的罕百里派信徒逐渐反对与大众伊斯兰教相联系的若干行为，例如崇拜圣徒、圣徒的坟墓、树木，还有水井。当这个穆罕默德在其故乡开始在布道与著述中清除伊斯兰教中的这些行为时，被其亲属赶了出去。他在邻近的一个村庄避难，并使其保护人穆罕默德·伊本·沙特改奉了他的最为严格的信条。两位穆罕默德在统一他们的信仰之后，开始使周边的阿拉伯部落改宗，并以阿卜杜勒·瓦哈卜之子作为精神领袖（“瓦哈卜派”因此得名），以沙特之子作为军事与政治领袖（这是我们提及沙特王朝的原因）。在 18 世
纪末至 19 世纪初，沙特通过与此前数百年哈瓦利及派类似的手段，将 243
他们的统治以及瓦哈卜派信仰扩展至阿拉伯半岛北部的大部分地区。他们甚至占领了麦加与麦地那，毁灭或破坏了许多墓地与其他圣地，这些圣地是穆斯林朝觐的一部分。读者或许会想起奥斯曼苏丹派遣穆罕默德·阿里的军队攻入希贾兹并赶走了瓦哈卜派，他们在这一敏感地区对奥斯曼人造成的威胁，有可能破坏奥斯曼帝国对其他穆斯林地区统治的合法性。经过数年的沙漠战斗，土耳其人击败了沙特－瓦哈卜联盟，并驻扎希贾兹。尽管瓦哈卜派信仰继续传播至波斯湾地区甚至扩展到印度，沙特家族则局限于阿拉伯半岛的中东部。沙特家族与拉希德王朝争夺权势，后者受到奥斯曼帝国的支持，并且在 1900 年前与沙特家族相比似乎处于优势地位。

我们所了解的伊本·沙特(沙特人称之为阿卜杜勒·阿齐兹·伊本·阿卜杜勒·拉赫曼)于1880年生于沙特人的大本营利雅得。在他10岁那年,拉希德人驱逐了他的家族。沙特人在鲁卜哈里(无人区,位于阿拉伯半岛东部)附近的巴尼·穆拉部落避难。该部落贫困原始,以致该部落民众被称为贝都因人中的贝都因人。伊本·沙特从这些沙漠亡命之徒那里学会了熟练骑射,并与其他阿拉伯部落民相处。后来,科威特舍赫将波斯湾最北端附近的一个渔港送给沙特人作为庇护所。伊本·沙特在那里了解到觊觎阿拉伯半岛的外来人,阿拉伯半岛是尚未被几个欧洲大帝国瓜分的少数地区之一。事实上,1900年的阿拉伯半岛是当地统治者与外国统治者的大杂烩,他们的人数太多,以致我们无法在一本简史中加以列举。让我们只讲述苏丹阿卜杜勒·哈米德吧,他使奥斯曼帝国控制了原本自治的土地,例如纳季德以东的沿海地区哈萨。波斯湾沿岸的一些阿拉伯舍赫已经与英国人缔约,允许后者负责他们的防务与外交关系。但是年轻的伊本·沙特既不渴望外国基督徒的保护,也不希望依附于被瓦哈卜派信徒视为伊斯兰教堕落者的奥斯曼人;他希望从拉希德王朝手中收复利雅得。1902年,他率领小股忠心耿耿的瓦哈卜派信徒发动夜袭,并成功夺回他的旧都。这是被沙特史学家与外国史学家不厌其烦加以讲述的一首史诗的第一节。

(二)沙特王国的建立

这首史诗讲述的即伊本·沙特如何在多年内统一阿拉伯半岛绝大
244 多数部落与埃米尔国的故事。这一过程包括沙特-瓦哈卜同盟与其他权势竞争者之间的众多贝都因式袭击、战斗与战争。首先,他们必须迫使受到奥斯曼帝国支持的拉希德王朝臣服。1906年以后,他们开始控制阿拉伯半岛中东部的部落。伊本·沙特在其将士挑战以侯赛因埃米尔为首的希贾兹王国之前,很少引起外界关注。伊本·沙特在1924年征服希贾兹并夺占伊斯兰教圣城之际,成为阿拉伯半岛——事实上,整个阿拉伯世界最受尊敬的领袖。如果英国在第一次世界大战中听从其印度事务部的建议并支持伊本·沙特而非哈希姆人,那么历史就会变得何等不同!

伊本·沙特胜利的原因在于他笃信瓦哈卜派伊斯兰教,并在其追随者中贯彻该派信条,通过宗教信念激发贝都因人对战斗和劫掠的热爱。他的坚定信念、身先士卒与个人魅力,促使成千上万阿拉伯人热爱并顺从他。他擅长利用婚姻和军事;他的胜利与婚姻数不胜数。伊本·沙特的绝大多数婚礼旨在巩固与被征服部落的和平。为了遵守《古兰经》关于娶妻不得超过四位的规定,他休掉了绝大多数妻子,并将她们遣送至其监护人那里。然而人们说,任何嫁给伊本·沙特的妇女无论多么短暂,都在其余生深爱着他。我们怀疑谁能证明这一点——怎么证明!

伊本·沙特控制这些部落的另一途径是把部落凝聚为一支名叫“伊赫万”的宗教组织。这些“伊赫万”尽管是贝都因人,却被说服放弃了游牧驼群而转入定居农耕。尽管其中很多人从未掌握耕地方法,他们在乡村的定居却使他们较为驯顺,更愿意听从来自利雅得的瓦哈卜派欧莱玛的教导,而且在伊本·沙特需要他们征战时更加训练有素。如果没有“伊赫万”,沙特人根本不可能在一代人时间内统一阿拉伯半岛大部。

但是他们从未控制阿拉伯半岛的某些地区。伊本·沙特像阿塔图克一样知晓自己的政治极限。伊本·沙特在攻克位于希贾兹和也门之间的阿希尔王国,并于1932年正式成立沙特阿拉伯王国之后就停止了征服。在两年后的一次短暂战事之后,伊本·沙特放弃了对也门伊玛目教长国的所有要求。这种宽仁是明智之举,因为也门高原是什叶派分支栽德派地盘,栽德派对沙特瓦哈卜派(即逊尼派中的罕百里派信徒)的统治进行了激烈抵抗。在“伊赫万”转而劫掠当时的英国委任统治地伊拉克的部落之后,伊本·沙特于1930年将其解散。沙特人很少袭击处于英国保护之下的阿拉伯统治者,例如外约旦的阿卜杜拉、科威特的舍赫(后来的埃米尔)、波斯湾沿岸的其他舍赫、马斯卡特与阿曼的
苏丹,或者亚丁以东的阿拉伯半岛南部的统治者。到1940年代,伊本· 245
沙特成为阿拉伯人的老年政治家。尽管他在外约旦和伊拉克的哈希姆

敌手因伊本·沙特将他们的父亲赶出希贾兹而仇恨他，但伊本·沙特逐渐赢得了他们的敬重。

（三）石油的发现及其对沙特王国的影响

在当今世界，人们很容易忘记伊本·沙特及其王国在他有生之年的大部分时间内极端贫困。纳季德是一片烈日炙烤、群山绵延、远离海洋的土地，而波斯湾仅仅为哈萨提供了珍珠和极少的贸易，阿希尔拥有适于农作的某些高地，而希贾兹从每年朝觐中获得的收益微乎其微。每年通常有约 15 万人朝觐麦加；在沙特刚刚结束征服活动的 1926 年，所报朝觐人数为 25 万，这属于个别情况。迟至 1930 年代末，沙特阿拉伯经济依赖椰枣与骆驼。一些英国公司曾在这个王国的少数省区进行了石油勘探，但一无所获。沙特阿拉伯拥有被废弃的金矿，而且被普遍认为蕴藏着其他宝贵的矿藏；但是它那严酷的气候，贪婪的贝都因人，以及瓦哈卜派的宗教狂热使外国勘探者望而却步。据称伊本·沙特曾讲："任何愿意拿出 100 万镑的人，我都将欢迎他在我国获得他想要的所有特许权。"

救星是一位美国人，读者可能回想起他的姓曾在第十三章出现——曾是 1919 年金–克雷恩代表团成员的铅管商兼慈善家查尔斯·克雷恩。1931 年克雷恩拜访伊本·沙特，此前他曾在也门逗留，并为当地的一次成功的矿物勘探提供资金。两人讨论了在希贾兹的类似勘探，希望找到用以输送至吉达（麦加的港口）的充足地下水。但是克雷恩的勘探专家卡尔·维特切尔很快发现，在几乎寸草不生的希贾兹地下既没有大量水，也缺乏大量石油。然而，维特切尔在两年后返回，这次为加利福尼亚标准石油公司（雪佛龙石油公司）服务，该公司对阿拉伯半岛东部的勘探权出价高于伊拉克石油公司（现在的英国石油公司）的一位英国代表。加利福尼亚标准石油公司向伊本·沙特支付总计 5 万沙弗林金币（约 30 万美元，合现今 300 万美元）的现金贷款，另加 5 000沙弗林金币的年租，这些美国人由此赢得了在哈萨为期 60 年的石油勘探特许权，并且享有对他的王国其他地区的优先勘探权。加利福尼亚标准石油公司同意在发现大量石油后提供更多贷款，为每 5 长吨(1“长吨”等于 2 240 磅，略多于 1 吨)采自沙特领土的石油另加 1 沙弗林金币(6 美元)的特许开采权利金。

加利福尼亚标准石油公司进行了为期 5 年的勘查和钻探，于 1938 246
年在宰赫兰打出石油，并开始向附近巴林岛上的英国炼油厂运送整桶石油，巴林当时已经是石油输出国。加利福尼亚标准石油公司在波斯湾很快建成了自己的炼油厂、储油罐与码头。石油技工、建筑工头与设备涌入宰赫兰，使该地成为布满草坪、泳池、装有空调的建筑以及物资供应所的“小美国”，而美国人能在物资供应所买到他们在本国早已熟悉的罐装食品、口香糖以及香烟。当时，得克萨斯石油公司已经与加利福尼亚标准石油公司一起设立了一家子公司，这家子公司的正式名称是阿拉伯–美国石油公司，但通常以其缩写词 Aramco 而著称。在第二次世界大战期间，阿拉伯–美国石油公司的经营因油轮短缺而受到阻碍，但是该公司后来开始向太平洋地区的美军出售石油。在第二次世界大战结束后，新的石油勘探与发现使沙特的石油日产量提升至 1960 年的 130 万桶，1970 年的 380 万桶，1981 年的超过 1 000 万桶，而 1981 年这个王国的石油年收入达到 1 130 亿美元。世界已探明石油储量的四分之一以上被认为蕴藏在沙特境内。

对中东石油的利用是当时最具革命性的变化。卡尔·维特切尔肯定不是卡尔·马克思，但是他的劳动成果——后来被阿拉伯–美国石油公司的地质学家和勘探人员所强化——急剧改变了沙特阿拉伯人的经济生活、社会生活、文化生活以及道德生活。沙特阿拉伯财富的甘露润泽了中东各个民族与国家。我们将在之后某章中讨论沙特财富对世界经济的影响，现在让我们讲述石油财富怎样使沙特阿拉伯政府在阿拉伯世界最具影响力的。

沙特阿拉伯在伊本·沙特统治时期几乎没有政府，这一点较少为人所知。在伊本·沙特在位的绝大部分时间内，他拥有迫使其境内贝都因部落臣服并交纳贡赋的个人魅力，以及必要时的强制力量。他从部落舍赫、朝觐者或阿拉伯–美国石油公司获得的全部财富都流入了他的私人金库。他用这个私人金库维持他的宫殿，供养他的众多妻妾，增加他的阿拉伯马匹与骆驼的数目，并慷慨赏赐他的外国来宾或他的臣民，臣民均有权径直来到国王面前诉说不满，并要求获得公正。没有正式内阁；伊本·沙特与其亲属及少数外国顾问讨论问题，但他乾纲独断。没有国家银行；沙弗林金币被存放在木箱之内。法律就是《古兰经》与“圣训”的规定，并由罕百里派欧莱玛执行。小偷之手将被斫去，
247 杀人者被斩首。桀骜不驯的部落被处以罚金或被驱逐出他们的牧场。瓦哈卜派信徒迫使沙特阿拉伯所有穆斯林每日礼拜 5 次，并挨家挨户监督礼拜。穆斯林被严格禁止饮酒抽烟、身着西方服饰、看电影、听音乐、跳舞，甚至还(一度)不准收听广播和使用电话。

想象一下宰赫兰“小美国”的影响吧！当地的阿拉伯-美国石油公司外籍员工与他们的妻子(不戴面纱)一起住在大农庄式的房屋之中，在他们的里屋设立酒厂，举办宴会，无需每日礼拜 5 次，他们的诊所与医院向沙特阿拉伯人开放，而此前许多沙特阿拉伯人从未就医。真主怎能保佑这些外国基督徒，而不保佑那些敬畏并崇拜他的穆斯林呢？想象一下当伊本·沙特的子孙出国进行外交活动或留学时会发生什么吧。他们根据自己在巴黎、伦敦和好莱坞的所见而在利雅得周边仿建了大量宫殿。而凯迪拉克轿车取代了骆驼，尽管培训一批保养并维修这些轿车的技师需要一段时间。

伊本·沙特不适应沙特阿拉伯王国突如其来的石油财富。他日益衰老，跛足，一眼失明，看到腐败与淫荡正在其朝臣甚至一些儿子中间蔓延，这刺伤了他的良知，侮辱了他的道德。他对经济学一窍不通。当被告知食品价格上涨超过了其臣民收入时，他命令阿拉伯-美国石油公司将支付给沙特籍雇员的工资翻一番，导致通货膨胀更加恶化。伊本·沙特也对政治感到困惑。他的阿拉伯同胞统治者在第二次世界大战期间及战后的分裂困扰着他。当他曾信赖的英国和美国明确支持犹太人在巴勒斯坦的殖民时，他感到自己遭到了背叛。当伊本·沙特于 1945 年会晤富兰克林· D. 罗斯福总统时，他问罗斯福，盟国为何不能占据德国人的房屋与土地，以便为希特勒暴行的幸存者提供居所，而不

是夺取巴勒斯坦无辜阿拉伯人的土地。罗斯福允诺，未经与阿拉伯人和犹太人协商，绝不对巴勒斯坦问题(参见第十六章)作出决定。六周后，罗斯福逝世，而新任总统哈里·杜鲁门忽视了罗斯福的承诺。但是伊本·沙特发现，当时美国公司正在开采他的石油，正在填充他的保险箱，而且还在修建一条从利雅得直至波斯湾的铁路时，他很难因为美国人支持以色列就袭击他们。不仅如此，他更憎恶苏联的共产主义。

（四）伊本·沙特的继承人

1953 年，伊本·沙特去世。费萨尔是其最精明强干的儿子，但是王公与欧莱玛一致认为，应由伊本·沙特尚在人世的最年长儿子即沙特——一位软弱之人继承王位。沙特在登基数年之后就积聚起 3 亿美元债务，尽管他的政府收入也在增加。接着传出一条耸人听闻的消息， 248
即沙特曾贿赂叙利亚的一位部长，以便让他刺杀埃及总统加麦尔·阿卜杜勒·纳赛尔，后者在阿拉伯世界的威望如日中天。1958 年是阿拉伯政治中的动荡之年，沙特王公同意将所有行政权力移交首相费萨尔。6 年后，沙特被废黜，费萨尔担任国王。在费萨尔统治时期，沙特政府被更好地组织起来，拥有常设各部、年度预算、发展规划，以及新的公路、学校与医院。就在沙特阿拉伯向现代化迈进之际，费萨尔国王在阿拉伯统治者与保守穆斯林中获得了其父曾经享有的巨大影响力。第十八章将讨论费萨尔的石油政策和最终命运。

四、结论

三个中东国家均经受住了两次世界大战之间这一时期的考验——这一时期正值西方对中东统治的顶峰——而未沦为殖民地、附属国，或委任统治地。每个国家均确定了持续至今的疆界。每个政府都强化了对那些曾遏制之前统治者权力的集团的控制。公民个人收入提高了，更多的儿童(与成年人)入学了，而大众健康也改善了。

三个政权都不民主。在三个国家中，一位在战争中依靠军功赢得大众尊重与服从的军事统帅后来成为变革的领导者。其他中东国家很快效法他们。军官成为中东现代化的最大助力。由于效率对军事行动性命攸关，因此这些军事统帅很自然地在实现本国现代化的过程中采取“一刀切”的标准和方法。民族主义领袖能够说服其他顽固臣民为共同利益而作出牺牲。但是这些臣民能牺牲多少呢？而且，正如伊朗和沙特阿拉伯（由于石油）所发生的变革那样，一旦情势改变，这些臣民又当如何呢？

这些改革家引发了其他难题。如果统治者与被统治者缺乏共同的价值体系，现代化能够继续维持吗？凯末尔·阿塔图克认为，伊斯兰教阻碍进步并力图削弱其影响，然而土耳其人心灵与头脑中的伊斯兰教至今未被土耳其民族主义所取代。礼萨对伊斯兰教态度模糊，但是其改革举措增强了西化精英的权势，并损害了伊朗的穆斯林领袖，后者在
249 1979 年革命后则实施了报复。伊本·沙特对伊斯兰教的虔信使他得以控制形形色色的部落，但是他那禁欲苦行的价值观无法适应石油收入所引发的遍布全国的变革。伊本·沙特带着幻灭的悲痛而离开了人世。无论上述领导人如何竭尽全力将其人民塑造成民族国家的人民，他们也无一例外未能创造一套用以指导其继承人的价值体系。上述领导人均把现代化等同于西方化。

我们希望，伊斯兰教这一信仰体系与行为规范将来能够与自由的工业社会价值观实现调和。人权可能会受到尊重，而政府也能够变得民主。届时专制统治者似乎仍然是中东独立诸国变革的主要领袖。

第十五章　埃及的独立斗争

在一个多世纪里，埃及一向在中东政治的讨论中举足轻重，无论这 251
个国家主动行动还是被利用。其中一个原因是苏伊士运河，它在战略
上和经济上对任何想要成为强权的国家来说都非常重要。另一个原因
是，埃及处于西化改革的前沿，这一改革始于拿破仑和穆罕默德·阿
里。在现代，埃及往往是阿拉伯国家的领袖，但是它为了争取独立而经
历了漫长复杂的斗争。在数百年时间里，列强将埃及视为占领和保有
的目标，帝国力量的象征，影响阿拉伯世界其余地区的手段，或者通向
亚洲或地中海的跳板——但是从未把埃及当做埃及本身。

那么埃及人本身呢？他们并非演员，而是被利用者。埃及人在数百年里饱受外来入侵者、压迫者与开发者的欺凌，因此许多埃及人毫不奇怪地怀疑居住或造访埃及的外国人。毕竟，从法老时代到 1952 年法鲁克国王倒台，埃及人从未当家作主过。即便埃及贵族，也以外国人为主——因此流行一句谚语：在埃及的土地上，好东西都归属其他人。

一、英国在埃及的地位

绝大多数戏剧没有永远的英雄或恶棍，但是英国在埃及为期 75 年
的独立斗争中是主要敌人。从名义上讲，1841－1914 年的埃及是奥斯 252
曼帝国的一个自治省份。事实上，埃及从 1882 年起就处于英国的军事

占领之下,是英国事实上而非名义上的殖民地。伦敦而非伊斯坦布尔决定埃及的重大行政事务,而地方行政事务则由尼罗河畔的英国代办处,而非位于开罗中心偏东的赫迪威宫廷来决定。埃及臣僚是英国顾问手中的玩偶。尽管各方在第一次世界大战爆发前均恪守外交上的繁文缛节,但是征服者与被征服者均明确他们的关系是一种权力关系,其中英国居于主导地位,而埃及要么处于被动地位,要么进行反抗。

1914 年 11 月,奥斯曼帝国与协约国交战,英国被迫咬紧牙关。由于英国需要控制埃及以便确保大英帝国的生存(当时数以百计的运兵船只把澳大利亚人、新西兰人与印度人通过苏伊士运河送至欧洲战场),因此埃及与土耳其的纽带就显得不合时宜。12 月,英国将这一纽带彻底割断。埃及不再是奥斯曼帝国的一个省份,而是英国的一个保护国。这一变革与同年 8 月德国对比利时的占领同样非法。这一变革显然未经奥斯曼政府同意,也未被埃及臣僚认同,而且没有取得新近成立的、被无限期休会的议会的批准。英国驻奥斯曼帝国大使此前禁止赫迪威阿拔斯从伊斯坦布尔返回埃及,而阿拔斯现在被指控在战争中与土耳其人站在一起,尽管他为了躲避土耳其人而逃至中立国瑞士,却依旧被英国人废黜。英国人让阿拔斯的驯顺叔叔侯赛因·凯米勒(1914 — 1917 年在位)接替阿拔斯,并给予凯米勒“苏丹”头衔,以强调与奥斯曼帝国的决裂。首相侯赛因·鲁什迪留任,希望埃及能够在战后实现独立。英国代表成为驻埃及与苏丹的高级专员,而其代办处逐渐被称做“官邸”。埃及人被动地接受这些变革,而许多埃及人希望土耳其人与德国人能够赢得战争。

(一) 英埃关系:审视

我们知道,土耳其人和德国人失败了。1914 — 1956 年这一时期被称为“英国在中东的极盛时期”。这段时间似乎很长,但短于蒙古人在波斯的统治时间。只要英国人统治这片地区,主要内容就是他们与埃及的复杂关系。在 1940 年代,华夫脱党一位部长说,“埃及与英国在一
253 场基督徒婚礼中紧紧相连”,这指的是埃及与英国可能一直争吵,但是

最终都会妥协。当然,它们最终还是离婚了,但是这一比喻仍旧存在。除了爱情之外的许多因素都可能成为一场婚姻的基础,其中常见的基础之一是权势。一方制定决策;另一方出于自我牺牲或极端必要而追随。想一下在易卜生的戏剧《玩偶之家》中发号施令的丈夫与委曲求全的妻子吧。英国,像托伐一样,控制一切,但是埃及则充当娜拉的角色,被哄骗和阴谋引入歧途。最后,英国的权势衰落了,而从不心甘情愿委曲求全的埃及,则找到削弱英国权势的途径。1922 年,英国单方面宣布结束对埃及的保护,并承认后者独立,但以所谓的四项“保留条款”加以限制。后来双方于 1936 年在一份条约中将它们的关系规范化,埃及很快就后悔签署该条约。最后双方经过激烈争吵,于 1954 年达成新的协定,规定在 1956 年结束英国对埃及的占领。即便这一结论也以英法在 1956 年底联合入侵苏伊士运河这一不幸事件而告终。英国的每次让步都会以限制性条件作为补偿;埃及的每次要求都远远超过英国政府的给予能力。这场“婚姻”注定非常不幸。

关于这一不幸结局,让人回想起多种解释。首先,英国人待在埃及并非出于对这个国家或其人民的热爱,而是因为埃及是通往印度以及阿拉伯半岛油井和伊朗油井的跳板,以及英国人与沙皇、纳粹和共产主义者斗争的基地。埃及人懂得并且深刻感受到这一点。从外交报告、社会安排,甚至还有当时小说中可以看出,英国人甚至不喜欢埃及人。英国人把埃及人看做对法国小官进行拙劣模仿的胖子、夸夸其谈的胆小鬼、包裹头巾的穆斯林狂热分子、无视英国统治给埃及所带福祉的聒噪煽动者,或者在巴扎出售肮脏明信片的“阿拉伯人”(指“狡猾的东方男人”)。埃及人认为,英国人冷酷无情,具有高人一等的优越感(多年来,唯有埃及仆佣才能进入开罗豪华的吉兹拉体育俱乐部,这一点令人心酸),唯利是图,而且渴望权力。埃及人往往倾向于法国人或美国人,但是不喜欢(正如他们的敌人所声称的那样)德国人或俄国人。令人困惑的是,英国人与阿拉伯世界的其他集团关系较好,特别是与贝都因人。或许是沙特阿拉伯人在骑马打猎以及其他方面具有较高技能,从而赢得了喜欢此类体育运动的英国上层绅士的尊重。法国对埃及学校和文化的影响或许也影响了英国的看法。这种隔膜很可能源自英国将自身确立为主子的方式,然而埃及人(不像其他阿拉伯人)长期以来就是奥斯曼人的奴仆。之后,双方均不适应另一方变化的方式。

254

(二)第一次世界大战

在 1914 年之前,英国对埃及的管理可圈可点,但是这一较高的统治质量在第一次世界大战期间下滑了,其中许多最好的英国人被召回本土为军队效力,而且再未返回埃及。大批新的官员和将领涌入埃及,使这个国家成为协约国的巨大军营。这些新来的男人缺乏经验,与其前任相比也缺少对穆斯林的同情心,往往触犯埃及人并且漠视埃及的需求。在埃及的英国人致力于与奥斯曼土耳其交战,主要是投身于最终失利的 1915 年达达尼尔海峡战役,并派遣埃及远征军于 1917 - 1918 年占领巴勒斯坦与叙利亚沿海,从而忽视在战争期间处于军事管制之下的埃及的主要难题。

开罗和亚历山大人满为患。食品短缺导致城市和军队集结地物价上涨。希望增加小麦产量的埃及政府限制棉花面积,而棉花对乡村地主与农民来说是战争时期利润较高的一种作物。英国人保证不再要求埃及人民为战争作出牺牲,故不再征用谷物和牲口,甚至不再为了他们的巴勒斯坦战事而征召农民劳工。1918 年的埃及农民影射麦克马洪继任英国的高级专员,他们唱道:“愿灾难降临到我们头上,卫盖特。”“谁抢走玉米,抢走牛群,抢走骆驼,抢走孩子,只剩下我们的生命。看在真主的分上,让我们现在别受打扰吧。”

随着英国人人数的增加,他们丧失了与埃及人的联系。法律顾问,一位精明强干而且往往心怀怜悯的苏格兰人起草一份关于宪法改革的正式文件,这一宪法将使埃及拥有一个两院制立法机关,其中权力巨大的上院由埃及大臣、英国顾问以及早已控制埃及经济命脉的外国集团的代表构成。尽管这一宪法本来会废除领事裁判权,但是爱国的埃及人绝不能接受这样一部强化外国人对埃及控制权的宪法。当这一方案在 1918 年公布后,它激怒了上层埃及人。民族主义者声称,我们宁可拙劣地统治自己,也不愿让外国人妥善地管制我们。

(三) 1919 年革命 255

没有一个英国人预测到第一次世界大战后埃及民族主义的复兴。祖国党已经衰落。在 1914 年的议会中,以地主和知识分子为主的温和派尽管势力强大,却为数甚少。其中之一即赛义德·扎格鲁尔,他在当选副议长后激烈抨击政府及其英国顾问。赛义德的出身值得玩味。他是富家子弟,于 1870 年代进入爱资哈尔大学就读,并在那里受到贾马伦丁·阿富汗尼的影响。后来他编辑官办报纸,并支持 1882 年的奥拉比革命。在英国占领埃及之后不久,他很快因涉嫌刺杀赫迪威陶菲克而被捕。出狱之后,赛义德在法国学习法律,之后返回埃及,成为一名法官,并与首相千金喜结良缘。其妻的家人将他介绍给克罗默勋爵,后者推荐他担任从民族主义反抗至 1906 年"丹沙微事件"(第十二章已经讲述)期间的教育大臣。克罗默在 1907 年离开埃及前夕的一次公开演说中用如下语句形容赛义德:"他拥有服务其国家所必需的各种素质。他诚实无欺,精明强干,意志坚定,受到那些不配做其同胞的许多人的谩骂。这些都是杰出才能。他一定会前途远大。"

赛义德的确前途远大,但并没有沿着克罗默所期望的路线。他与赫迪威阿拔斯和基奇纳勋爵的冲突阻碍了他在埃及内阁的晋升,因此他在 1912 年退出内阁。后来,许多英国官员认为他们本应将赛义德拉到自己一边,而不是让他加入反对者的阵营。在第一次世界大战中,由于议会停止召开,因此赛义德拥有反抗政府的充足时间。他时常玩纸牌,而其牌友之一是侯赛因·凯米勒的继任者,苏丹福阿德(1917—1936 年在位),福阿德希望强化自身权力并削弱在埃英国人的势力,因此他一俟大战结束就开始支持赛义德。

许多埃及政治家的壮志堪比福阿德的野心,他们希望成立议会制政府,实现自由的民主制,确保国家对苏丹的控制,并且挣脱英国的保护。他们受过良好教育,思想高尚,而且根本没有宗教狂热,并将赛义德·扎格鲁尔视为他们的代言人,就像后者在 1914 年议会中那样。

1918 年 11 月 13 日，即欧洲战事结束两天后，赛义德与其两位朋友造访英国高级专员雷吉纳德·卫盖特爵士，他曾在尼罗河流域生活了 20 年，能讲阿拉伯语，并熟悉他们。赛义德及其两位朋友在与卫盖特的坦率交谈中通报了他们的计划，即组织一支代表团（在阿拉伯语中
256 为"华夫脱"）前往伦敦，并要求实现埃及的独立。卫盖特劝告他们要保持克制，但同意给英国发电以征求指示。英国外交部专注于即将召开的巴黎和会，故拒绝会见这支由"未经任命的而且很不光彩的"政治家组成的代表团，甚至拒绝接待在大战期间留任首相的侯赛因·鲁什迪，此人希望英国在战后能够立即结束对埃及的保护。

在冬天，赛义德宣布他将率领一支 6 人代表团参加巴黎和会，并提交埃及独立问题。这支代表团尽管由地主温和派组成，却获得祖国党残余支持者的帮助，后者在埃及穿梭，组织一个签名请愿，签名者授权华夫脱代表他们提出彻底独立的要求，即结束英国对埃及的保护，并使全部外国军队撤出埃及。1919 年 3 月，鲁什迪内阁辞职，而英国人把赛义德及其朋友流放到马耳他岛，于是支持华夫脱的运动演变为现代埃及史上规模最大的一场民众革命。学生与教师开始罢课，律师与法官、政府雇员与运输工人举行罢工，乡村爆发骚乱，火车站遭到袭击，电报线被切断，各阶层举行示威，抗议英国的保护；就连富家女子也上街游行。穆斯林欧莱玛在基督教堂布道，而基督教神职人员则于周五在清真寺宣讲，与此同时，科普特人与穆斯林挽手游行，提出"埃及是埃及人的埃及"。新的国旗出现了，其上有一幅基督教十字架图案，以及穆斯林的新月和星星。英国政府被迫召回卫盖特，任命埃德蒙·奥林伯（他曾指挥远征军攻占巴勒斯坦）为新的高级专员，释放赛义德并允许其前往巴黎，此后埃及人才恢复了劳作。

当华夫脱前往巴黎并将埃及问题提交和会时，埃及人满怀憧憬。难道以支持被压迫民族政治权利而著称的威尔逊总统会漠视世界上最古老民族的政治权利吗？难道埃及不像希贾兹阿拉伯人一样，有权在巴黎发言吗？难道埃及与南斯拉夫或阿尔巴尼亚等国不具有同等独立权利吗？显然不是。在华夫脱抵达巴黎当天，美国政府就正式承认埃

及民族主义者正在反抗的内容——英国对埃及的保护制度。在巴黎和会上，华夫脱从未受邀发言，赛义德及其同伴只能进行不受重视的演说，只能散发被有权重划中东政治版图的那些人置之不理的信函。

（四）英国人为解决问题所做的努力 257

英国政府因埃及的持续骚乱而忧心忡忡，故决定派出以弥尔纳为首的一支代表团前去“调查近日动荡的原因，并报告该国的当前形势，处于保护国制度下的、将被最大限度用来增进埃及和平与繁荣的《宪法》形式和自治机构的渐进发展，以及对外国人利益的保护”情况。华夫脱目前在国内和巴黎同样组织完善的埃及支持者或许渴望和平、繁荣、自治的渐进发展，但是他们不希望受到英国保护。他们组织了对弥尔纳代表团的普遍抵制，这一抵制（很可能违背组织者初衷）导致对英国士兵与埃及大臣的一些袭击。弥尔纳的代表团认为，英国必须以某种方式与埃及民族主义者妥协，但是埃及民族主义者领导人在巴黎而非开罗。

埃及政府成功说服赛义德·扎格鲁尔与弥尔纳举行正式会谈，但是双方均未能作出促成妥协的足够让步。英国人把赛义德称做一位受到其自身口号羁绊的政治煽动家。华夫脱认为，英国为了保护帝国的交通与贸易路线，绝不会允许埃及人真正当家作主。本来会以《英埃条约》取代保护国制度的《扎格鲁尔-弥尔纳备忘录》，因赛义德本人拒绝签署而未能获得埃及政府或埃及人民的支持。但是英国现在已经清楚地表明它愿意放弃对埃及的保护。埃及首相阿迪利·雅坎于 1921 年率领一支政府使团前往伦敦磋商《英埃条约》条款，但是赛义德利用他在埃及的民望而削弱了人民对阿迪利与英国外交部会谈的支持。

英国未能与埃及人——官方的阿迪利或者民间的赛义德确立一种新的关系，从而在埃及问题上陷入困境。罢工与刺杀迫使英国必须采取行动。受到苏丹福阿德及其大臣支持的，并由赛义德·扎格鲁尔及其华夫脱领导的一场全国性革命可能威胁对英国生死攸关的所有交通线——英国仍旧控制的苏伊士运河及亚历山大港、广播站与电报站、铁路与机场。英国在1921－1922年的尴尬将在后来的非殖民化时代非常普遍：一个强国能够在多大程度上向一个弱国作出让步，并保留该强国自身的利益呢？高级专员奥林伯想出一个解决办法。他说服英国政府于1922年2月28日单方面宣布结束对埃及的保护。英国以若干
258 保留条款限制埃及的独立，从而使未来的英埃协定悬而未决：(1)保护大英帝国在埃及的交通线；(2)防御外国入侵；(3)保护在埃及的外国人利益并保护少数民族；(4)管理苏丹。

（五）埃及的民主试验

尽管四项保留条款限制埃及主权，但埃及人却获得一半利益并开始建立他们的新政府。福阿德将他的头衔从“苏丹”改为“国王”，并在一个埃及律师委员会起草一部效法比利时的宪法时焦灼等待。英国官邸（奥林伯依旧保留高级专员称号）支持这次民主试验。当时英国厌倦战争，特别是厌倦关于战后中东安排的谈判，愿意作出让步。在其他地区，这一政策意味着承认土耳其与伊朗的民族主义者，并力图推动伊拉克和巴勒斯坦实现自治。在1923年底，埃及终于举行自由选举。被重组为政党的华夫脱赢得绝大部分议席。福阿德国王遂邀请赛义德任命由华夫脱大臣组成的内阁。

（六）华夫脱党的短暂执政

埃及自由主义的民族主义者的憧憬仅仅维持数月。1919年革命已经引发革命领导人所无法遏止的暴力活动。赛义德本人也在1924年6月被一名自封的阿萨辛刺伤。这一行动预示着同年9月对埃及军队的英国指挥官的刺杀。后来的调查表明，这些和其他的恐怖主义协会均由一个秘密协会负责，该协会得到埃及部分政治领袖的支持。与此同时，英国高级专员奥林伯向赛义德递交一份最后通牒，声明这一暗杀“支撑着一个现今遭到文明民族蔑视的埃及政府”，并要求向英国政府赔偿50万埃镑，从苏丹撤走所有埃及军官，并要求以损害埃及为代价而无限增加用以灌溉苏丹农田的尼罗河水量。华夫脱无法听命这一

最后通牒，赛义德内阁因此辞职。福阿德国王任命一个由御用政客组成的看守内阁，这些人呼吁举行新的议会选举，并力图操纵选举结果。他们未能使华夫脱在大选中落败，这时国王遂解散议会并中止《宪法》。奥林伯因其最后通牒遭到英国政府否决而卸任，继任者是一位更加严厉的帝国主义者。

（七）权力三角 259

当战线被划清时，三方而非双方出现了。可以将之后10年的英埃关系概括为一个日益成型的三足鼎立。一方是英国人，他们极力保护其在对印度和中东其余地区而言举足轻重的埃及的地位，却逐渐丧失改革埃及内部事务的热情。英国政府在若干情况下，特别是在1924年至1929年工党执政期间，力图与埃及进行谈判以便签署一份取代四项保留条款的条约。这些努力总是因权力斗争的第二方，即华夫脱党的强硬而以失败告终。赛义德·扎格鲁尔在其1927年去世前一直领导着这一民众性的埃及民族主义运动，之后则由能力较低的穆斯塔法·纳哈斯领导至1952年革命。华夫脱坚持主张埃及的彻底独立，这使它成为迄今在科普特人和穆斯林中最具群众基础的政党。华夫脱能够从每次自由的议会选举中胜出。

如果华夫脱党没有激怒权力三角中的第三方即福阿德国王，它本来有可能执政更长时间；国王希望削弱议会制政府的权力，以增强他本人的权势。他能够控制对峙的政党和政治家，使其合作组成比华夫脱内阁更为驯顺的内阁。国王还能够任命埃及军官、行政官员与欧莱玛。1930年，当华夫脱与英国矛盾激化之时，福阿德国王及其首相宣布国家处于紧急状态，并以一部较为专制的宪法取代了1923年宪法，从而使之后5年的埃及政府成为国王的专制工具。

在1920年代与1930年代，尽管埃及政治十分混乱，但是阿拉伯文化却在埃及明显复兴。政党的增加导致报纸、杂志与出版社数目激增。通常在法国接受教育的埃及作家开始出版小说、小故事、诗歌（这些诗歌具有在阿拉伯语中从未出现过的韵律），以及针对该国各类问题的短评。作家塔哈·侯赛因曾在爱资哈尔大学与新近成立的埃及国家大学就读，出版许多短评，其中一篇指出，长期以来被穆斯林视为影响阿拉伯语和《古兰经》产生的绝大部分前伊斯兰时代的阿拉伯人诗歌，直至穆罕默德时代以后才被创作出来。另一位作家坚持认为，阿塔图克于1924年对哈里发制度引发争议的废除不会伤害伊斯兰教，因为这一宗教从未要求拥有一位哈里发。这些短评在其出版之后引发广泛争议，因为受过教育的埃及人必须决定他们希望自己的国家在多大程度上与
260 穆斯林传统决裂。一些埃及人贬低其阿拉伯–穆斯林遗产，却赞颂其法老时代的遗产。后来，塔哈·侯赛因撰文指出，希腊和罗马的文化遗产与阿拉伯的文化遗产对埃及而言同等重要，这使许多保守穆斯林备感愤慨。这是一个文化蓬勃发展的时代，埃及的电影业与录音业在这个时代开始起步，开罗大学业已建成。埃及显然正在成长为阿拉伯世界的文化中心。但是这个国家尚未赢得政治独立。

（八）英埃条约

1935年至1936年的一系列事件似乎解决了埃及问题。墨索里尼的意大利已经统治利比亚，入侵埃塞俄比亚，从而威胁着英国与埃及的利益。这一举动促使英国与埃及团结起来。开罗日益频繁的学生骚乱表明，现存的在1930年宪法之下的国王独裁不得人心。英国人希望改善与埃及的关系，呼吁回归1923年宪法，并举行自由选举。1936年福阿德国王去世，他的未成年儿子法鲁克（拥有一位摄政者）继位，从而给相信埃及民主制的人带来了新的希望。根据1923年宪法，1936年再次进行选举。华夫脱党正如预计的那样赢得选举。穆斯塔法·纳哈斯组成一届华夫脱内阁，该内阁与英国外交大臣安东尼·艾登爵士成功缔结一份条约。这一新的《英埃条约》取代使埃及独立在14年中悬而未决的保留条款，因此起初受到两国的欢迎。对英国来说，这一条约使它最少在20年内保留用以防卫苏伊士运河的一个大型军事基地，并在战争爆发时可以使用在开罗与亚历山大以及埃及其他城市的军事基地。事实上，英国统治下的苏丹则被置于次要地位。对埃及而言，这一

条约意味着阁员对议会负责的立宪君主制，意味着向其他国家的首都派遣大使，意味着成为国联会员国，意味着被长期拖延的独立的所有象征。年轻的法鲁克在其所到之处受到狂热欢迎，而安东尼·艾登爵士成为第一个出现在埃及邮票中的外国人。

（九）幻灭

埃及自由主义的民族主义者的憧憬被再次粉碎。华夫脱内阁仅仅持续 18 个月。法鲁克国王证明他与其父一样擅长扶植反华夫脱的政党，他们愿意组建比纳哈斯内阁更受法鲁克青睐的内阁。即使是华夫脱党的某些领导人也极端反对纳哈斯，进而于 1937 年退党并组建了一

法鲁克国王

261

法鲁克（1920 — 1965）是现代埃及第二任也是末代国王。他生于开罗，是埃及首任国王福阿德的独子。他在开罗接受教育，后来就读于英国的伍尔维奇皇家军事学院。然而，在 1936 年他的父亲驾崩之后，他被召回埃及，从而中断这段学业。翌年年仅 17 岁的法鲁克被正式加冕为国王。

法鲁克臭名昭著。尽管他起初被视为一位前途无量的君王、虔诚的穆斯林，会致力于其人民的福祉，但是他很快便受到卑劣的宫廷阴谋与道德沦丧的干扰。1937 年，英国驻埃及高级专员把法鲁克描述成一位“虚伪狡猾的、反复无常的、不负责任的、自负愚蠢的”、“智力平庸而且缺乏人格魅力的”年轻人，这时他似乎预见了法鲁克的未来。然而，这果真是历史的全部吗？

当法鲁克登基之时，他明显表现出要成为一位令行禁止而且受到尊重的埃及统治者的雄心。他还提出将会造福普通埃及人的改革举措，但是这些计划很快就因根深蒂固的当权集团的阻挠而失败，这个集团包括政客（国王常常与埃及最大政党华夫脱党争吵）、官僚与大地主。而且，法鲁克根本无法接受这样一个事实，即英国的高级专员而不是他掌控着埃及的最高权力。

法鲁克竭尽全力反抗英国人，通常通过卑劣的手段。当英国把埃及拖入第二次世界大战，而且这个国家成为盟国军事行动的前沿阵地之时，

包括国王在内的绝大多数埃及人反对被他们视为不受欢迎的占领者的一个大国的驻军。因此，当高级专员米勒斯·拉姆普森在大战期间要求法鲁克拘留其意大利仆佣时，国王的答复是："如果你除去了你的意大利人，我也会除去我的意大利人。"他指的是拉姆普森的意大利妻子。

如果法鲁克国王能够与那些对抗他的国家处理好关系的话，他本来能够让他的生活轻松许多，并可能使他的统治更为长久。相反，他号召建立阿拉伯联盟，并支持阿拉伯人在巴勒斯坦开展斗争，决心做一名独立的领导人。最后，法鲁克认识到自己在反抗英国人的过程中或者在埃及政客的竞争中根本无法获胜，这使他最终堕入玩世不恭与自我放纵的生活——这一过程始于 1942 年。1952 年，他终于被埃及军官推翻。他在流亡欧洲的过程中在罗马一家夜总会死去，年仅 45 岁。

262 个反对党。与此同时，政府在解决埃及紧迫的经济问题与社会问题方面碌碌无为。在埃及，几乎全部的人口(1937 年时约有 1 600 万)聚集在占国土 3%的土地之上，这一面积大致相当于美国的新泽西州，因此埃及本已显著的贫富差距显得更为巨大。当时埃及的城市化水平显著提高，工业化取得初步进展。尽管外国人依旧构成所有者阶层与管理者阶层的主体，但是埃及的工业资本家正在获利。除此之外，由埃及自由职业者、店主、书记员以及公务员构成的中产阶层正在壮大。长期损害埃及独立的领事裁判权于 1937 年被废除，甚至连混合法庭、审理涉外民事案件的特别法庭，也在之后 12 年中被逐渐取消。埃及为数众多的外国人与少数族裔不再享有特殊的权利与特殊的保护。

然而，由于操纵议会的地主与资本家不支持社会改革，所以绝大多数埃及人在埃及独立之后与英国统治时期一样贫困。贫穷、文盲与疾病折磨着埃及多数工人与农民，使他们的生活水平无法与欧洲或者中东其他国家相提并论。民族主义与自由民主制未能解决这些难题，从而导致埃及人转向其他意识形态。尽管苏联似乎遥不可及——而且处在斯大林大清洗以及消灭自由农的时代——缺乏成为埃及效仿榜样的吸引力，但是少数知识分子依旧拥护马克思式的共产主义。除此之外，共产主义者的激进无神论使他们的信条与穆斯林大众格格不入。墨索里尼的意大利与希特勒的德国为那些对自由民主制感到失望的埃及人提供了其他更具吸引力的模板,因此一个右翼集权政党——青年埃及党产生了。

但是,在 1930 年代,穆斯林兄弟会是埃及最具群众基础的而且完全是本土性的运动。穆斯林兄弟会希望埃及恢复穆罕默德及其追随者所建的传统与机构。穆斯林兄弟会尽管因袭击基督徒与犹太人,反对电影、酒吧、现代女性服饰,以及其他“西方奇技淫巧”而出名,但是他们拥有正当理由。他们反对的是长达一个世纪(甚至更长)的西化改革,这个改革对埃及大众造福甚少却伤害巨大。在绝大多数埃及人看来,兄弟会的口号“《古兰经》就是我们的宪法”,比华夫脱党以及其他政党所提出的实现独立并建立民主政府的要求更为合理。议会制度无力解决埃及的社会难题,而且无法应对青年埃及党与穆斯林兄弟会的挑战,在国王使华夫脱党无法执政之际,因内阁(其中多数内阁是由无党派或 263
小党派的政客组成的联盟)的频繁更迭而陷于瘫痪。

(十)第二次世界大战

1939 年,英国与法国向纳粹德国宣战。当希特勒的军队横扫欧洲大部时,许多埃及人估计英国会战败,并希望他们的国家摆脱英国军队的占领。然而,尽管大众满怀仇恨,埃及却成为西方盟国的大军营。在 1942 年初隆美尔将军的精锐之师非洲军团从利比亚直插埃及的西部沙漠时,甚至连法鲁克国王及其大臣也力图挣脱 1936 年的《英埃条约》。当示威者将开罗大街挤得水泄不通,并渴望德国取胜时,英国大使麦里斯·拉姆普森出动装甲车包围王宫,并向国王发出最后通牒:他要么任命将会支持《英埃条约》的华夫脱党组阁,要么签署退位诏书。法鲁克在犹豫片刻之后表示屈服。华夫脱党领袖穆斯塔法·纳哈斯——也是埃及独立斗争的旗手,却在英国刺刀保护之下执政。

纳哈斯与国王再也未能从英国的逼宫行动中恢复元气,而英国在第二次世界大战最为晦暗时期采取的这项行动,旨在使西方民主国家摆脱纳粹的威胁。法鲁克,一位帅气、具有民望而且具有崇高政治理想与勇敢精神的年轻人,堕落为现今的年长埃及人与西方人记忆中的肥硕怪物兼挥霍淫荡的花花公子。正如埃及人在 1952 年法鲁克被废黜之后所评论的那样,法鲁克很可能在认识到英国人不容许他统治埃及之后受到周围人的损害。在大战后期,成千上万来自英联邦各个部分的陆军、海军和空军士兵涌入埃及,丘吉尔与罗斯福等政治家也造访了埃及。英国所管理的、设在开罗的中东供应中心,调度着阿拉伯世界与伊朗的主要经济活动。埃及工农业的从业人数与产量大幅增加,但通货膨胀,城市拥堵,犯罪也由此增多。埃及人担心,第二次世界大战的终结是否会引发像 1919 年大革命那样规模巨大的人民起义。

二、埃及革命

从 1945 年至 1951 年,埃及发生多次起义,但没有一次革命。原
264 因在于:首先,英国似乎不再成为咄咄逼人的外部压迫者。第二,西方民主国家在完胜德国、日本与意大利之后威望上升。许多人希望联合国将使世界摆脱战争与殖民主义,埃及是联合国创始会员国之一。第三,共产主义者本来有可能拥有领导一场革命的组织能力,但在埃及不像在欧洲那样强大。除此之外,开罗也没有驻扎华沙和布达佩斯的红军战士。第四,埃及政府通过热烈拥护阿拉伯民族主义而转移了人民的注意力。

尽管此前几乎没有埃及人自视为阿拉伯人,但是法鲁克国王与华夫脱党开始强化埃及与阿拉伯世界其他地区的认同。他们或许是在应对阿拉伯人与犹太人对巴勒斯坦的争夺。我们认为,一个更为紧迫的威胁在于伊拉克首相努瑞·赛义德在 1942 年发出的倡议,即号召"新月地带"的、操阿拉伯语国家组成统一国家:伊拉克、外约旦、叙利亚、黎巴嫩与巴勒斯坦。受到沙特阿拉伯和也门(这本来不是努瑞所提议建立的统一国家的一部分)支持的埃及,则号召建立阿拉伯联盟以示反对。阿拉伯联盟于 1945 年正式成立,它保留各个阿拉伯国家的主权,同时协调各国在阿拉伯人重大问题上的立场。英国希望削弱法国势力并增强自身的影响,故支持阿拉伯人联合这一

趋势。弊端就是阿拉伯国家仅仅能在一个问题上达成一致：它们不希望犹太人在巴勒斯坦建立国家。

（一）受挫与失败

因此，埃及在国内所有问题，加上英国统治苏丹（几乎所有埃及人都希望将苏丹重新并入埃及）以及英国在埃及境内驻军等问题尚未获得解决的情况下，就将其注意力与力量转移至巴勒斯坦问题。当然，埃及政府继续与英国谈判以便削减英国在尼罗河流域的驻军。最为能干的埃及御用政治家的确与英国达成协议，规定英国将从埃及运河区以外的所有领土撤军。但是反对派华夫脱党认为，英国与埃及尚未真正解决苏丹问题，导致这一协议未被批准。到 1947 年，埃及政府将苏丹问题提交联合国安理会，声称 1936 年的条约是被迫签署的，故条约违背《联合国宪章》。联合国安理会对这些论调不感兴趣，故呼吁埃及与英国重启漫长无果的谈判。英国人重视它们的战略地位，并继续在运 265
河区修筑工事。

与此同时，埃及则陷入巴勒斯坦罗网。我们将在下一章讨论阿拉伯人与犹太人对圣地的相互冲突的要求，但是让我们在此说明，埃及的巴勒斯坦政策主要用以反对其他阿拉伯国家可能要做的事情，而不是为了阻止任何犹太复国主义者对阿拉伯人利益的威胁。如果埃及漠视巴勒斯坦问题，那么法鲁克的敌人，即外约旦的埃米尔阿卜杜拉将在阿拉伯统治者中扮演领袖角色。如果阿卜杜拉抵抗犹太人在巴勒斯坦建国的任何努力，那么他很可能会控制巴勒斯坦大部（或者全部），并将其并入他的沙漠王国。如果他选择与犹太复国主义者妥协，他们或许会瓜分巴勒斯坦。无论哪种结果，都会增强阿卜杜拉埃米尔而削弱法鲁克国王。

1947 年末，联合国大会投票通过将巴勒斯坦划分为一个犹太国家和一个阿拉伯国家的分治方案。埃及与其他绝大多数阿拉伯国家都拒绝接受分治方案，该方案规定在一片狭小土地上成立一个阿拉伯国家；相反，他们决心对抗这一方案，不等犹太国家建立就将其扼杀。当然，阿拉伯人拥有正当的反对理由，因为分治方案（读者很快就会了解）将巴勒斯坦一半以上土地划归在 1947 年仅占巴勒斯坦人口三分之一的犹太人,但埃及政府更关心阿拉伯的强权政治。许多埃及人,特别是穆斯林兄弟会,号召发动一场“圣战”,将巴勒斯坦从犹太复国主义者的殖民主义下解放出来。法鲁克认为,埃及将在一场受到民众支持的战争中轻松获胜,故决定(并未咨询其内阁或埃及总参谋部)于 1948 年 5 月出兵巴勒斯坦。

正如读者可能预料的那样,埃及军队尚未做好战斗准备。平庸无能的将领,狡猾并且侵吞政府军费的政客,联合国不恰当的停火时间,士气普遍低落,导致埃及军队一场惨败。一部分埃及军队在巴勒斯坦战斗英勇,但是埃及报纸和广播大肆宣传的胜利则子虚乌有。在 1949 年初,埃及被迫与新生的以色列国签署停火协议。但是直到这时也无和平可言。

(二)旧政权的灭亡

巴勒斯坦惨败使埃及的旧政权:国王、大臣、高级军官以及民主试验蒙受屈辱。穆斯林兄弟会在刺杀首相之后遭到政府弹压,但是骚乱
266 在 1949 年依旧持续。在 1950 年的自由选举中,华夫脱党卷土重来,这次还提出一套雄心勃勃的改革方案,并决心将剩下的英国军队赶出尼罗河流域。当首相纳哈斯拒绝接受由他本人签署的 1936 年《英埃条约》,并开始派遣埃及突击队攻击运河区英军时,第二个目的使第一个目的黯然失色。毫不奇怪的是,英军发起反击,于 1952 年 1 月击毙了 50 名埃及警察。现在民众的愤怒从口头演变为行动。在一个周六的早晨,成百上千名组织性胜过以往任何一次示威者骚乱的埃及人在开罗市中心分散开来,并点燃谢波德旅馆、格罗匹饭店、塔尔夫俱乐部、福特汽车公司展览厅以及许多酒吧和夜总会等欧式建筑。在开罗大片街区化为灰烬之后,法鲁克和纳哈斯才力图阻止骚乱、抢劫与屠杀。“黑色星期六”表明,旧政权已经无力统治埃及。谁将统治埃及?一些人认为穆斯林兄弟会纵火并准备夺权,其他人则怀疑共产主义者。很少有人预料到,在巴勒斯坦蒙受耻辱并且被普遍视为处于王室控制之下的军队,将会控制埃及并赶走国王。

（三）1952 年军事政变

然而，军队迟至 1952 年 7 月 23 日才做了这件事情。以一名颇具声望的将军，穆罕默德·纳吉布为挂名领导人的一个军官秘密组织(即自由军官组织——译者注)在兵不血刃的政变后控制了政权。英国与美国均未插手以阻止他们。三天后，法鲁克逊位并流亡。当这些年轻的爱国将领像其在土耳其的早一辈军官那样，夺取富有的旧政权领导人的地位与权力(虽然并非特权)之后，开始推行广泛改革。政党被取缔，议会被解散。军事集团将在新政治体制取代臭名昭著的 1923 年《宪法》之前统治国家，而军官声称新政治体制将是真正民主的体制。一部土地改革法令将任何埃及人所能拥有的土地限制在 200 英亩(81 公顷)以内。所有者必须将其超额土地卖给政府，并由后者将这些土地(包括王室地产)重新分配给埃及的无地农民。许多学校和工厂开办起来。外国支持者声称，埃及的新任统治者，是 2 000 多年来统治国家的第一批埃及人，也是埃及自古以来出现的最为杰出的统治者。但是在 1954 年初，年轻军官的真正幕后领袖，加麦尔·阿卜杜勒·纳赛尔(在英语中通常被称做贾玛尔·阿卜达尔·纳赛尔)剥夺了傀儡领袖、被公认为温和派人士的纳吉布将军的权力。纳吉布被迫下台，后来遭到软禁，这挫伤了一些外国人和一些埃及人对革命的激情。

（四）苏伊士运河问题的解决 267

早期的纳赛尔政权决心一劳永逸地解决埃及问题。美国希望使埃及加入中东的类似于北大西洋公约组织的反共产主义同盟，英国迫于美国的压力而与埃及重开谈判。1954 年，英国终于同意从苏伊士运河的军事基地撤军，该基地是位于共产主义集团以外的、最大的永久性军事基地，但是条件是，如果阿拉伯联盟会员国或土耳其遭到入侵(很可能是苏联的入侵)英国军队有权重返运河。此外，英国的文职技术人员可以留在运河区。埃及一些民族主义者回避这些条件，正如他们此前反对埃及同意苏丹人民的全民公决，这一公决将决定苏丹与埃及合并还是完全独立。尽管埃及军官进行哄骗,但是苏丹人民还是投票赞成独立。纳赛尔被普遍谴责为法西斯主义或帝国主义的走狗,共产主义者甚至称他是加麦尔·阿卜杜勒·杜勒斯(指美国国务卿)。但是在1956年6月18日,最后一批英国军队撤出苏伊士运河。自1882年以来,埃及境内首次没有了英国军队。

三、一个奇特的结局

到这时,埃及的独立斗争本来应该结束了,但是它并未终结。在1956年10月,英国和法国的伞兵部队空降赛义德港,并重新占领苏伊士运河,而以色列军队则在西奈半岛向西挺进。本书将在之后叙述整个过程,但是我们在这里应该阐述若干要点:曾经参与谈判1936年《英埃条约》以及1954年的替代条约的人——安东尼·艾登爵士所领导的英国政府下达了入侵指令。艾登袭击埃及是因为纳赛尔于1956年7月使苏伊士运河公司国有化——埃及屈从于外国列强的象征,而运河还是英联邦以及欧洲石油消费国的生命线。世界超级大国美国与苏联联合向英国人、法国人以及以色列人施加压力,要求它们停止攻击并从埃及领土撤军。与此同时,纳赛尔政府将数以千计的英国臣民和法国公民驱逐出埃及,并没收了他们的财产,从而消灭了西方在这个国家中残存的大部分经济势力。纳赛尔已经完成埃及的独立斗争,但是所付出的代价是西方对其政权和国家的极端仇视。

第十六章　对巴勒斯坦的角逐

有的英国人以前常常把巴勒斯坦谑称为“两次被许的土地”，该地 269
区与其他中东问题相比已经引发更多论述——这些论述甚至比战争流的血还要多。许多人认为，对巴勒斯坦的争夺，在 1948 年后成为阿以冲突，是中东地区诸多难题的主要成因。事实上，巴勒斯坦或以色列仅仅是当代中东诸多争端地点之一。中东多个国家出现过内战、劫机、刺杀、绑架、革命、入侵与难民问题。但是当代中东的每个问题几乎都受到阿以冲突的影响。当然，诸多大国、联合国与阿以冲突的支持者阵营均高度重视这场冲突，这显示出阿以冲突在当今世界的重要地位。

一、起源

阿以冲突是如何发生的呢？这一冲突可以追溯至易卜拉欣两个儿子以撒(犹太人的祖先)与伊斯玛利(阿拉伯人的祖先)吗？这一冲突源于希伯来人与较早占据巴勒斯坦的迦南人之间的战争吗？这一冲突是犹太教与伊斯兰教的宗教战争吗？阿拉伯人认为并非如此，而且认为他们始终欢迎犹太人在穆斯林世界定居并发展。犹太复国主义者的回答是，处于穆斯林统治之下的犹太人通常是二等公民(与其他的非穆斯
林一样)。双方均认为，基督徒的反闪米特主义或反犹主义(基督徒的 270
反闪米特主义既是反犹太人的，也是反阿拉伯人的，因为阿拉伯人也是

闪米特人)更为恶劣,但是历史偏见阻碍了宗教宽容。

犹太人与阿拉伯人拥有某些共同特征:两者均操闪米特语,而且他们十分类似。两者均追念各自历史上的黄金时代,怀念这一时代的政治权势、经济繁荣以及文化兴盛。两大民族均认为,他们的政治实体在这一时期之后长期受到外界的控制。两大民族长期处于被征服状态,这使得民族主义的产生(对犹太人和阿拉伯人来说均始于19世纪末)十分缓慢、痛苦,而且不够稳定。两大民族均因背弃各自的神启宗教而接受现代的集体自爱的意识形态而感到痛苦。两大民族均怀疑其他民族会利用他们。双方均担心,一旦处于危急关头,整个世界都会与他们为敌。依据《圣经》的力量与两千年的宗教传统,犹太复国主义者坚信,他们终有一天将重新拥有以色列地区(基本上指现今的以色列与约旦的部分地区),并在耶路撒冷重建圣殿。犹太人只有在以色列地区才能建立一个繁荣的主权国家。阿拉伯穆斯林相信,包括穆斯林、犹太人和基督徒的圣城耶路撒冷在内的巴勒斯坦长期以来是"温麦"的一部,绝不能从伊斯兰世界被分割出去。阿拉伯穆斯林与阿拉伯基督徒已在巴勒斯坦定居1 300年(事实上更为长久,因为7世纪的征服者阿拉伯人并未取代当地较早的居民),他们怎能放弃自己的要求?难道巴勒斯坦人的权利少于土耳其人、伊朗人、埃及人以及其他地区阿拉伯人的民族权利吗?

上述观点在当代层出不穷,以致我们很自然地认为双方的确一直持上述观点。事实并非如此。尽管犹太人与阿拉伯人对巴勒斯坦的要求可以追溯至数百年前,但是真正的斗争迟至第一次世界大战爆发才开始出现。当时,几乎无人预见到这一斗争会持续多长时间。现代民族主义的兴起导致我们现今所称的阿以冲突的延续与激烈程度。我们已在第十三章研究,并在第十四至十五章略加审视了阿拉伯民族主义运动;现在我们应该考察犹太复国主义的历史。本章讲述在犹太国家即以色列建立前关于巴勒斯坦的争夺。读者很快就会懂得,我们为何要强调阿拉伯民族主义与政治犹太复国主义之间的斗争。在之后的章节中,我们将考察阿以冲突的各个阶段,读者也将知晓阿以冲突为何如此剧烈，如此难以解决，而且与中东其他冲突如此相关。

二、绪论 271

让我们先来解释“政治犹太复国主义”。犹太复国主义是一种信念，即认为犹太人组成一个国家（或者，用一个更为通俗的词汇，一个“民族”）而且他们应该享有与其他民族一样的自由，包括有权返回他们心目中的祖居地，即以色列地区（或巴勒斯坦）。政治犹太复国主义是这样一种信念，即认为犹太人应该在以色列地区维持一个国家。

犹太人并不全是犹太复国主义者。一些犹太人仅仅认同他们所在的国家，或者拒绝一切民族主义观念，或者坚信唯有遵奉他们的宗教、教法以及宗教传统才能强化犹太认同。犹太复国主义者也并不都是犹太人。一些基督徒认为，在基督降临人世之前，犹太人必须重新拥有巴勒斯坦或者重建以色列国。许多非犹太人之所以支持以色列国，是出于对犹太人或以色列人的崇敬，或者出于愧疚之心，这一愧疚之心源自沙皇俄国与纳粹德国对犹太人刻意犯下的累累罪行。甚至那些厌恶犹太人的非犹太教徒也支持建立以色列国，这可能是因为犹太复国主义与反犹主义者均强调犹太人的独特性；而反对犹太复国主义的人也不一定反对犹太人，其中一些人可能出自真诚的信念而支持阿拉伯人。一些支持犹太人与犹太教的人则认为，犹太复国主义与以色列国的建立对他们而言弊大于利，犹太人应该记住这一点。非犹太人则应认识到，对犹太复国主义与以色列国表示反对或者仅仅表示怀疑，对许多犹太人而言并不意味着反犹主义。如果犹太人与非犹太人，或者阿拉伯人与非阿拉伯人要理解对方并实现中东和平的话，我们就必须谨慎研究犹太复国主义。

（一）犹太民族主义

从定义上讲，犹太复国主义是类似于我们所研究过的阿拉伯民族主义、中东其他民族主义的一场民族主义运动。对美国人而言，犹太人竟然自称一个“民族”,这似乎有点匪夷所思。在美国,没有一个人把天主教徒或卫理公派教徒称做一个民族。美国犹太人并不自视为以色列人,而以色列人同样认为美国犹太人不是以色列人。然而,一种信念在所有犹太人中盛行——正统派、保守派、重塑派、改革派与不信派犹太人——犹太人的确构成一个民族,而且他们的集体生存仰赖互助与合
272 作。甚至连那些并不履行犹太教功修的、具有犹太血统的人——事实上,还有那些改奉其他宗教的人——即便他们竭尽全力证明他们并非犹太人,却依旧被视为犹太人。绝大多数非犹太人认识到这些事实,至少是模糊地认识到这些事实。

犹太人的民族观念深深根植于《圣经》之中：一个游牧部落希伯来人,逐渐认为他们的神祇事实上是唯一真神——雅赫未(在英语中为“雅候万”)。他早已选择犹太人来享受他的关怀与保护,因为希伯来人早已选择他;他命令希伯来人恪守他立的约定,并历代遵奉他的律法;他引领希伯来人挣脱埃及人的枷锁,并把希伯来人安全带到迦南,而希伯来人称这一地区为以色列地,因为他已经把这一地区许给亚伯拉罕的后裔。由于犹太人与阿拉伯人均声称是亚伯拉罕的后代,因此“以色列地”一词限定该地区归属雅各的后代(即以色列人)。尽管以色列人经常与其他部落通婚,而且其他民族也曾改宗以色列人的信仰,但是犹太教的核心是认同以色列地。犹太教节日以前和现今均与以色列地的农时相关。以色列人的许多律法与习俗惟有结合以色列地才能被理解,而以色列地是这些律法与习俗的发祥地。耶路撒冷的特征在于礼拜者与共同的表达,并且象征着犹太民族的希望与恐惧。犹太教原指“源自朱迪亚的宗教”,而耶路撒冷是朱迪亚的主要城市;该城后来才具有宗教上的重要意义。

(二)流散的犹太人

绝大多数犹太人至少在 2 000 年内并非朱迪亚人,他们直到近来才占有耶路撒冷,而且他们也不会讲希伯来语(尽管他们的确阅读希伯来语《圣经》)。犹太人之所以保持其民族身份,是因为他们恪守犹太教的

信条与律法,他们渴望作为一个民族而实现复兴,即便缺乏共同地域、共同语言、共同国家,或者民族的多数其他特征。无论犹太人与其祖居地的联系看起来多么脆弱,犹太人也从未忘怀这些联系。犹太人返回耶路撒冷,并将其有生之年的部分时间致力于学习与思考,或者被葬在耶路撒冷城墙附近,这些人在好的时代人数较多,而在坏的时代人数较少。巴勒斯坦一直存在着定居犹太人,而许多犹太人坚信惟有定居巴勒斯坦的犹太人才是真正意义上的犹太人。欧洲基督徒共同的反犹态度增强了犹太人的团结和对巴勒斯坦地区的认同。定居穆斯林世界的犹太人待遇较好,而且明白他们可以在巴勒斯坦自由居住,然而事实上只有少数犹太人定居巴勒斯坦。

欧洲启蒙运动与自由民主制度的兴起使许多西方犹太人摆脱了被 273
歧视和隔离的处境。一些犹太人反对犹太人团结这一观念,他们认为这一观念与隔都中的贫困有关,而且反对认同以色列地,因为多数犹太人将始终不能看到这一地区。在 18 世纪末,犹太启蒙运动(在希伯来语中称做“哈斯卡拉”)产生了,在德意志与美国导致了所谓的犹太教宗教改革,并促使西方社会进一步同化犹太人。这一同化导致一些人抛弃他们的犹太教信仰并改宗基督教(例如,亨利希·海涅本人,与卡尔·马克思、腓力克斯·门德尔松以及本杰明·迪斯雷利等名人的双亲)。如果“哈斯卡拉”比实际上更为强大和流行的话,西方所有的犹太人都将被同化吗？果真如此,犹太复国主义将不为人知。然而绝大多数西方犹太人并不住在美国、英国,甚至德国;绝大多数犹太人处在沙俄(特别是波兰)、哈布斯堡帝国与奥斯曼帝国等日益衰落的多民族帝国统治之下。当东欧各民族开始接受民族主义观念时,这些民族必须反抗暴政以便赢得自由,而当地犹太人被夹在中间。犹太人通常遵纪守法并效忠当局,从而常常被民族主义者视为处在他们内部的敌人。一些统治者也把犹太人当做替罪羊,并煽动对犹太人隔都和村落的有组织袭击,从而力图转移民族主义者对当局的仇恨。

当东欧犹太人遭到被他们长期服从的政府的新迫害时,他们如何应对呢？一些人倒退到虔信与神秘主义,一些人则逃往西欧或北非,少数人改宗以便融入主流文化,其他人则力图把希伯来语作为文学语言而加以复兴(正如阿拉伯民族主义也曾发端于文学复兴)。少数犹太人——以及更多的基督徒——说,让犹太人移居巴勒斯坦并在以色列地重建他们的国家,是让他们摆脱迫害的必由之路。犹太人构成一个民族的观念(我们把这定义为“犹太复国主义”)并非全新观念,但是说犹太民族应该在巴勒斯坦重建其古老国家的观念(我们称这一观念为“政治犹太复国主义”)事实上则是19世纪的革命性变化。

三、政治犹太复国主义的肇始

与多数革命信条一样,支持政治犹太复国主义的人起初寥寥无几。
274 绝大多数拉比认为,犹太人在上帝派遣弥赛亚之后才能重新拥有以色列地。犹太人必须小心谨慎。许多伪弥赛亚曾通过其夸张许诺而把人们引入歧途,并造成重大伤害。一些拉比认为,民族主义是一种集体自爱,它违背犹太教的基本信条:“你们当以自己的全部内心、灵魂和力量来挚爱上帝。”然而,19世纪的一些拉比开始进行不同路径的思考。一位拉比曾经撰文指出,犹太人应当返回以色列地以便静候弥赛亚到来。早在1843年,另一位拉比鼓动犹太富人组织一家向以色列移民的公司,该公司负责培训犹太青年自卫并教授稼穑等实用课程。一些“哈斯卡拉”思想家希望,对犹太人民族家园的重建能够使青年更接近大自然,并且使他们更像非犹太人。德国的社会学家先驱之一摩西·赫斯在《罗马与耶路撒冷》(1862)一书中认为,犹太人应该在以色列地建立一个真正的社会主义民族国家。

赫斯的书读者无几(直到后来才开始流行),但是另一本早期犹太复国主义著作,利昂·平斯科的《自我解放》(1882)却在俄国影响巨大。当时沙皇政府执行了一系列被称做《五月法令》的法律,这些法律限制犹太人在俄国的居住区域,并规定犹太人进入大学和自由职业的较低限额,从而使官方迫害再次达到高潮。皮斯科的著作首次系统论证了犹太人之所以易受反犹主义伤害是因为他们缺乏自己的国家。这本著作鼓舞了俄国犹太人在俄国境内组织了犹太复国主义俱乐部与研究团体。他们的联盟“挚爱锡安者”，从俄国传播至犹太人所居住的其他国家。一个更为激进的派别“比鲁”，将俄国大批犹太青年派往巴勒斯坦。由这两个组织安排的移民构成犹太复国主义史学家所称的“第一次阿里亚”。“阿里亚”的真实含义是“上升”，犹太人长期以来以该词指代前往耶路撒冷或在朱迪亚山区定居，但是该词后来逐渐意味着“前往以色列地”。犹太移民被称做“欧列姆”（上升者）。

（一）早期的犹太定居者

犹太复国主义“欧列姆”在巴勒斯坦发现了其他的犹太移民。总有神秘主义者与学者前往耶路撒冷以及其他主要的犹太文化中心：太巴列、撒法德与希伯伦。不仅如此，还有移民购买土地并试图耕作。犹太移民受到一个犹太教育机构即“犹太普遍联合会”的帮助。在 19 世纪 275
末，该联合会为来自整个北非和中东的犹太人设立以法语进行教育的现代学校，以便提高犹太人的文化水平。在 1870 年，该联合会还在雅法附近建立一所农业学校，这使定居者受益良多，尽管联合会并不支持建立犹太国家。此时，在巴勒斯坦的犹太定居者总数尚未超过 2 万；而当地操阿拉伯语的居民总计约有 57 万。奥斯曼帝国统治着巴勒斯坦，帝国效率低下，腐败丛生，并怀疑犹太复国主义者。大批犹太定居者在厌恶之中返回家乡，或者前往美国。

（二）西奥多·赫茨尔

如果犹太复国主义仅仅受到俄国犹太人——主要是青年人的激情的支持——那么它很可能无法延续下去。1896 年，一位住在维也纳的新闻工作者、已经被同化的犹太人西奥多·赫茨尔写出明确支持政治犹太复国主义的《犹太国》一书，从而使犹太复国主义运动具有持久性，并受到更为广泛的支持。赫茨尔是一位广受欢迎的作家，因此他的这本著作使成千上万的、操德语的犹太人知晓平斯科与其他早期犹太复国主义者的观点。这些犹太人开始支持犹太复国主义，这使赫茨尔得以于 1897 年在瑞士的巴塞尔召开世界犹太复国主义者第一次大会。

与会者在大会闭幕时通过下列决议：

> 犹太复国主义的目标是在公法保证下于巴勒斯坦建立犹太人的民族家园。此次大会期望通过下列途径来实现这一目标：
>
> 1. 以适当方式促进犹太工人和农民移居巴勒斯坦。
>
> 2. 通过符合所有国家法律规定的地方性与世界性的适当机构，组织并联合所有犹太人。
>
> 3. 增强并鼓励犹太人的民族情感与民族意识。
>
> 4. 为实现犹太复国主义的目标，应竭力开展运动以便获得官方支持。

此后，赫茨尔撰写更多著作，发表多场演说，并极力寻求犹太富人与欧洲各国政府以及犹太中产阶层的支持，为建立犹太国而殚精竭虑。有一次，他居然收到了英国政府主动提供的方案（通常被错误地命名为
276 “乌干达方案”）；该方案提议，犹太复国主义者将定居于后来被称做肯尼亚的白高原地区。然而赫茨尔的大部分追随者，特别是俄国犹太人坚决拒绝在以色列地以外的任何地区建立国家，声称“没有锡安山，就没有锡安主义”。犹太复国主义运动在这个问题上以及其他问题上发生分裂。1904 年赫茨尔溘然长逝，这时早期犹太复国主义的宏愿似乎永无实现之日了。

（三）第二次“阿里亚”

如果说赫茨尔的生命与教导构成了挽救政治犹太复国主义的第一件大事，那么第二件大事就是在 1905 年革命夭折之后俄国犹太人的大规模移民。尽管俄国多数犹太人决定前往美国这一海外“黄金之地”寻求自由与机遇，但是一部分最具理想色彩的男女则选择前往巴勒斯坦。凭借着高涨的热情与积极的投入，在第二次“阿里亚”中的这些犹太定居者在巴勒斯坦建立犹太人共同体的初步机构：学校、报纸、剧院、体育俱乐部、商业行会、劳动者的自有工厂以及政党。由于进入巴勒斯坦

的犹太人操其迁出国的各种语言，因此犹太移民一致试图把希伯来语作为口语和书面语。在巴勒斯坦的犹太儿童与青年很快便将希伯来语作为其第一语言。

这些犹太定居者的最显著成就是在农耕定居区的一项奇特试验，即所谓的“基布兹”（集体农场）；在基布兹中，房屋、禽畜与农具一律归属集体，所有决定经由民主程序作出，而所有工作（包括烹饪、清洁与育婴）均由基布兹成员共同承担。并非所有基布兹都获得成功，但是最好的基布兹存活下来，因为它们的成员致力于重建犹太人的民族家园，并通过自己的劳动弥补土地的不足。尽管绝大多数移民住在城市，其中包括后来成为现代史上第一个完全由犹太人构成的城市，即特拉维夫，但是那些选择基布兹的犹太人逐渐代表了以色列的开拓精神：理想主义，自力更生，而且鄙视外来人口。起初，基布兹成员每天劳作数小时，其回报却十分微薄，但是他们决心开发他们的土地（犹太民族基金替他们以高价从阿拉伯人和土耳其人地主手中购买），而不使用廉价的阿拉伯农民劳动力，这一步骤促进了犹太人的自力更生，但也逐渐把巴勒斯坦的阿拉伯人从其家园中赶走。

由于第二次“阿里亚”的开拓者是勇敢智慧的民众，是后来成立的
以色列国的奠基人，因此我们可能忽略绝大多数移民很快丧失他们对 277
这一冒险兼无利事业的热情。炎热的夏季、大风多雨的冬季、疟疾、多石的山区、沙质土壤以及多次作物歉收，挫伤了许多年轻开拓者的热情。阿拉伯游牧民与农民也洗劫基布兹。他们在雅法与耶路撒冷的阿拉伯兄弟也用怀疑的目光打量着犹太复国主义。随着阿拉伯人自身民族主义情感的增长，阿拉伯人很自然地反对这项殖民方案，这一方案似乎有可能剥夺他们，把他们降为二等公民，或肢解叙利亚。阿拉伯人已经在其出版物中、在奥斯曼议会中抗议要在巴勒斯坦建立犹太国的这些定居者及其计划。在 1908 年青年土耳其党革命前后，奥斯曼政府均阻挠犹太人的殖民，因为政府害怕这一殖民会增加巴尔干半岛与阿拉伯世界的民族问题，而这些民族问题正在撕裂奥斯曼帝国。没有一个国家甘冒触怒伊斯坦布尔的风险而支持犹太人在巴勒斯坦

定居。

四、英国与巴勒斯坦问题

第一次世界大战是挽救政治犹太复国主义的第三件大事。大战双方均认为,他们需要犹太人的支持。在1914年,柏林是犹太复国主义运动的主要中心。绝大多数在政治上能言善辩的犹太人定居于(并支持)同盟国集团:德国、奥匈帝国与奥斯曼帝国。直至1917年美国加入协约国一方作战时,美国犹太人仍然倾向于支持同盟国,因为他们憎恨沙皇俄国对为数众多的犹太人所施加的难以挣脱的暴政。在1917年3月沙皇统治覆灭后,犹太人较易支持俄国,然而现在俄国新政府(受到俄国绝大多数犹太人的支持)面临的难题是如何在战争中存活。这一年是第一次世界大战的关键一年。德国也希望获得犹太人的支持,但是却因为自身与仍旧占据巴勒斯坦的奥斯曼帝国结盟而不能支持犹太复国主义。正在此时,英国政府介入了。

(一)《贝尔福宣言》

尽管境内的犹太臣民要少得多,英国却能够成为犹太复国主义最为坚定的支持者。英国的犹太复国主义者领袖是哈伊姆·魏茨曼,这位化学家因在大战初期合成丙酮(此前从德国进口)这一用于制造炸药的化学物质而享有盛誉。魏茨曼的发现使得他受到显赫新闻工作者的
278 关注,并因此为内阁阁僚所知。首相劳合·乔治在阅读《圣经》的过程中逐渐开始支持犹太复国主义。魏茨曼也获得外交大臣贝尔福勋爵的支持。正是贝尔福在一封后来以《贝尔福宣言》著称的信件中通知英国的犹太复国主义者,声明英国内阁决定支持犹太复国主义事业。信函内容:

> 英王陛下政府支持在巴勒斯坦建立犹太人的民族家园,并将竭力促使这一目标的实现,应当明确的是,所做的任何事情均不得损害巴勒斯坦现存非犹太人的民事权利和宗教权利,也不得损害

在其他任何国家中的犹太人所享有的权利与政治地位。

由于这一宣言逐渐被视做政治犹太复国主义的奠基性文件，因此我们应该认真审视这一宣言。宣言并未指出英国将把巴勒斯坦变成一个犹太国。事实上，宣言并未明确规定巴勒斯坦的边界，当时英国人正在从土耳其人手中夺占这一地区。英国政府仅仅允诺将努力在巴勒斯坦创建犹太人的民族家园。不仅如此，宣言保证绝不损害巴勒斯坦的"现存非犹太人共同体"的民事权利与宗教权利（并非政治权利）——占当地人口93%的操阿拉伯语的穆斯林与基督徒，他们担心成为犹太人民族家园中的二等公民，并与其他阿拉伯人割裂开来。英国与犹太复国主义运动将不得不寻找一条减少这些人的恐惧并确保其权利的途径。然而他们从未这样做。简而言之，在阿拉伯人看来，这是对巴勒斯坦的争夺的症结所在。即使到现在，如何界定和实现巴勒斯坦人的合法权利依旧是对巴勒斯坦的争夺中最为棘手的问题。

《贝尔福宣言》也必须考虑那些选择在巴勒斯坦以外地区定居的犹太人的担忧，包括那些在英国、法国和美国等自由民主国家的、不愿放弃已经赢得的权利和地位的犹太人的担忧。

到希特勒上台之时，在上述犹太人中仅有少数人支持犹太复国主义运动。《贝尔福宣言》所确认的好像是，英国政府将在大战结束后控制巴勒斯坦，并且致力于在巴勒斯坦创建犹太人的民族家园。让我们来看看究竟发生了什么。

（二）英国的占领

当第一次世界大战结束时，英国的埃及远征军与费萨尔的阿拉伯军队联合攻占日后的巴勒斯坦地区。英国人在耶路撒冷设立一个临时 279
军管政府，该政府很快陷入犹太定居者与当地阿拉伯人的斗争之中，前者正在大批进入巴勒斯坦，并力图迅速建立他们的国家，后者则努力抵抗犹太定居者。犹太复国主义学者往往谴责英国军官和官僚曾挑动阿拉伯人的仇恨。如果他们指的是1918年至1922年时，这一谴责就是不公平的；尽管此后英国的确在巴勒斯坦支持阿拉伯人。事实上，一些英国部队来自埃及或者苏丹，较为了解如何对待通常比较礼貌的阿拉伯人，却不太善于与从东欧迁来的犹太移民打交道，他们因曾受俄国沙皇或苏丹迫害而变得桀骜不驯。一些英国官员猜测，由于共产主义者夺取了俄国政权，因此从俄国迁来的犹太人支持布尔什维克。事实上，仅有极少数从俄国迁来的犹太人支持布尔什维克。英国的帝国主义者与犹太复国主义的殖民者很容易相互猜忌。

但是在犹太移民、《贝尔福宣言》、金–克雷恩代表团的反犹太复国主义报告的被掩盖，以及英国对埃及和伊拉克革命的镇压等问题上，阿拉伯人能够得出他们的结论。早在 1921 年 4 月，巴勒斯坦的阿拉伯人发动起义，通过袭击犹太人而发泄他们的失望与恐惧。这是巴勒斯坦的阿拉伯人民族革命的开端，这一斗争持续至今。犹太复国主义者不理性地抱怨道，英国对反叛者惩罚过轻，对犹太定居者保护太少，从而纵容阿拉伯人的反叛。当时协约国正在举行圣雷蒙会议，并分配阿拉伯世界的委任统治区，其中巴勒斯坦归英国管辖。在殖民办公厅从军队手中接管巴勒斯坦管辖权后，英国本应对犹太人和阿拉伯人采取较为清晰和公正的政策，但是事实并非如此。

（三）巴勒斯坦委任统治地

在之后数年，英国的政策似乎走向两个极端。一方面，英国在国际舞台上倾向于支持犹太复国主义的目标，因为犹太人对伦敦，事实上是对位于日内瓦的国联施加政治压力。另一方面，英国官僚在巴勒斯坦支持阿拉伯人，因为这些官僚关注周边国家穆斯林和印度穆斯林的看法。需要明确的是，这些是总体趋势，绝非必须遵守的规定。1922 年，国联（认可了英国和法国在圣雷蒙会议上的决定）将巴勒斯坦划为委任统治地，并明确授权英国执行《贝尔福宣言》。换言之，英国必须鼓励犹
280 太人移民并定居巴勒斯坦，帮助建立犹太人的“民族家园”，甚至还要设立“犹太代办处”，以便协助英国当局发展那个没有一个人敢称其为“国家”的“民族家园”。

巴勒斯坦的委任统治与叙利亚和伊拉克的国联委任统治并不相同,后者的委任统治将帮助他们建立独立国家(因此要求在3年内向他们颁布宪法)。叙利亚人和伊拉克人被告知,委任统治将使他们做好自治准备,尽管许多人怀疑法国人和英国人是否真的会这么做。然而,在巴勒斯坦,尽管当地绝大多数居民是阿拉伯人,但公开声明的目的则是要创建犹太人的民族家园。巴勒斯坦委任统治所要求建立的"自治机构"没有规定具体的最后创建日期,这一要求的真实含义是什么?阿拉伯人怀疑英国的委任统治将使他们继续受到殖民统治,直至犹太人在巴勒斯坦占据多数,并得以创建他们的国家为止。

(四)英国—犹太复国主义冲突的开端

然而,事实上英国在协定墨迹未干之时就开始消除委任统治的亲犹太复国主义特征。1922年,殖民大臣温斯顿·丘吉尔发布一份白皮书,否认英国意欲使巴勒斯坦像英格兰属于英国人那样(魏茨曼的话)归属犹太人。白皮书的重要规定是将要限制犹太移民数量,使之适应巴勒斯坦的"吸收能力"。由于当时的犹太移民数量并未达到限额,因此这一限制并未损害英国—犹太复国主义在1920年代的关系;然而,在希特勒上台之后,巴勒斯坦吸收犹太人的能力问题在事实上成为一个重大难题。

英国另一项似乎违反委任统治规定的举措即建立外约旦埃米尔国,这个国家将约旦河以东的占巴勒斯坦三分之二的地区据为己有,而犹太人本来能够在这一地区发展自己的民族家园。事实上,尽管本来也不可能有大批犹太人愿意定居在这片曾经被伽德、鲁便以及玛纳西的后裔所占据的地区,但是犹太复国主义者把英国给予阿卜杜拉一个王国的努力视为对阿拉伯民族主义的不必要让步。英国人声称,对巴勒斯坦进行的这个首次分割只是临时性的。但是当法国人并未撤离叙利亚,以及阿卜杜拉在安曼逐步建立一套官僚机构和一支军队(由英国人担任军官的阿拉伯军团)时,对外约旦的分割愈发显得无法改变。在巴勒斯坦的绝大多数犹太领导人仍然选择与英国人合作,但是一些犹太领导人转向进行直接的甚至是暴力的反抗,特别是以修正主义者著称的一个小组。该小组由弗拉基米尔·雅博廷斯基组建,此人曾在第
281 一次世界大战期间建立一支犹太军队,并在 1920 年阿拉伯人起义期间建立犹太人的第一支自卫性民兵组织。雅博廷斯基代表犹太复国主义中的极端民族主义右翼,而他的观点将影响梅纳赫姆·贝京、伊扎克·沙米尔、本杰明·内塔尼亚胡,以及阿里尔·沙龙等以色列近年来的领导人。

(五)犹太总督与民族主义穆夫提

英国驻巴勒斯坦的首任文官总督是赫伯特·塞缪尔爵士。尽管他是一位著名的犹太复国主义者,但他竭尽全力公平对待各方,因此犹太人与巴勒斯坦的阿拉伯人均能接受他。尽管穆斯林贵族支持其他候选人,但他却任命一位年轻的激进民族主义者哈吉·艾敏·侯赛因作为耶路撒冷的大穆夫提(穆斯林的法律官员)。塞缪尔很可能希望通过让哈吉·艾敏·侯赛因舔尝一下权力的滋味,以便将其驯服。但是哈吉·艾敏·侯赛因通过控制"瓦克夫"和把持穆斯林要职而成为巴勒斯坦阿拉伯人民族主义的领袖。尽管他的勇敢个性使他从巴勒斯坦阿拉伯人中获得朋友和敌人,但是他作为代言人和革命领袖的影响力越来越大,以致英国最终于 1937 年将其驱逐。

塞缪尔鼓励犹太人和阿拉伯人组建他们自己的机构。巴勒斯坦的犹太人继续发展几乎涵盖其生活方方面面的组织,其中包括代表世界犹太人的犹太代办处,以及犹太定居者的民族咨议会。政党迅速增加,每个政党均是社会主义、民族主义和宗教的独特大杂烩。被称做希斯塔德努特的总工会设立工厂、食品加工厂,甚至还有一个建筑公司。总工会还在 1920 年反抗之后建立秘密武装哈加纳。阿拉伯人因忠诚于各自家族和教派而处于分裂状态,从而未能创设相应机构,甚至没有建立一个统一的民族主义政党。相反,他们继续采取一种蓄意阻挠自身民族事业的政策。1923 年,英国试图设立一个将拥有 22 个席位的立法机关,其中阿拉伯人将占有 10 席,但是阿拉伯人拒绝了,准确地指

出,犹太人所获得的2个席位与英国人所获得的10个席位与其各自的人口比重相比显得过高。巴勒斯坦的阿拉伯人求助于华夫脱党领袖赛义德·扎格鲁尔,希望获得埃及的支持。在听完巴勒斯坦阿拉伯人的抱怨之后,赛义德直率地要求他们的使团返回并与犹太殖民主义者达成妥协。阿拉伯和穆斯林的其他领导人在鼓励巴勒斯坦阿拉伯人抵抗方面做得较多,但是他们都不在巴勒斯坦,而且有自身的难题,故很少给予物质援助。

艾敏·侯赛因 282

艾敏·侯赛因(1893－1974)被许多巴勒斯坦人视为英雄,却被犹太复国主义者看做恶棍。他生于耶路撒冷豪门,并在当地接受早期教育。接着,他先后进入开罗爱资哈尔大学和伊斯坦布尔军官学校学习。在第一次世界大战期间,侯赛因在奥斯曼军队中一度担任炮兵军官,之后他逐渐对阿拉伯民族主义事业,特别是对巴勒斯坦阿拉伯人的民族政治产生兴趣。英国驻耶路撒冷高级专员认定,赋予侯赛因某些责任是驯服这位正在崛起的当地领导人的最佳途径。因此,侯赛因于1922年被任命为耶路撒冷大穆夫提与刚刚成立的穆斯林最高委员会主席。然而,英国人之后将为这些任命而感到后悔。

利用上述职位,侯赛因逐渐主导巴勒斯坦阿拉伯人的独立运动。他力图建立一个阿拉伯人的独立巴勒斯坦国,这一目标与英国委任统治当局发生冲突,后者支持犹太复国主义运动在巴勒斯坦建立犹太人的民族家园。随着越来越多的犹太人从欧洲移居巴勒斯坦,侯赛因联合巴勒斯坦阿拉伯人各派,于1936年建立了以他为首的阿拉伯高等委员会。该委员会要求实现巴勒斯坦独立,并结束犹太人的移居,从而宣布实行总罢工并且拒绝缴税。在罢工演变为一场公开起义之后,英国人于1937年罢免侯赛因的大穆夫提一职,并宣布取缔高等委员会,并迫使侯赛因流亡到黎巴嫩。两年后,他被迫再次流亡,这次他到了伊拉克,并参与了1941年反抗英国人的起义,最后他在纳粹德国避难。

在第二次世界大战期间,侯赛因与德国人结盟,这使他成为一个有争议的而且受到西方憎恨的人物。但是将他视为一个纳粹分子则是历史的错误。他是反对英帝国主义与犹太复国主义的殖民主义的民族运动领导人。他被英国人宣布为逃犯,因此他要么向他的压迫者屈膝投降,要么向英国的敌人寻求避难。他选择了第二条道路。在居住德国期间,他的确通过广播向其阿拉伯同胞发出呼吁,要求他们不要支持同盟国,但是没有证据表明他参与纳粹针对犹太人的有计划种族灭绝,而某些犹太复国主义者却指责他曾参与此事。

在第二次世界大战结束后,侯赛因前往开罗,他在那里继续为实现巴勒斯坦独立而斗争,但是当时的埃及政府(它对巴勒斯坦有野心)力图限制并操纵侯赛因。与此同时,犹太复国主义者联合发起了把侯赛因领导的巴勒斯坦阿拉伯人民族运动与纳粹针对犹太人的种族灭绝联系在一起的诽谤。侯赛因受到犹太复国主义者和内部阿拉伯人的双重反对,其努力以失败告终。他受到西方诬蔑却被许多巴勒斯坦人视为英雄,于81岁时在贝鲁特去世。

283 在塞缪尔及下任总督时期,犹太人与阿拉伯人的分歧似乎能够获得解决。犹太移民数量减少;1926年至1928年,从巴勒斯坦离开的犹太人比迁入的还多。而且在犹太定居者与阿拉伯土著之间,在犹太人的专门技术与阿拉伯人对当地情况的熟知之间,在犹太资金与阿拉伯劳动力之间产生了一种互补关系——这一互补关系被双方媒体恶意隐瞒。英国的高明管辖本来能够缓和双方的矛盾。总有犹太人赞成与阿拉伯人交好,也总有阿拉伯人秘密欢迎犹太人迁入和投资;如果犹太人和巴勒斯坦阿拉伯人均能淡化自身的极端要求,这些人可能成为主流。

(六)新的阿犹冲突

1929年的"哭墙事件"粉碎了上述期望。问题是复杂的。哭墙(称做西墙更为准确)不仅是犹太第二圣殿的遗迹,而且是多数犹太人的崇拜对象。在一些犹太人看来,西墙象征着有朝一日重建圣殿,并复兴古老犹太教这一希望。然而，西墙曾是在历史上享有盛誉的圣殿山的部分外界，或者构成岩石圆顶清真寺与阿克萨清真寺的神圣外墙，并且是与麦加和麦地那同等重要的穆斯林圣地。从法律上讲，西墙自萨拉丁时代起一直是一个“瓦克夫”(伊斯兰教的宗教公产)。穆斯林担心犹太人在西墙前的行为会促使犹太人提出对圣殿山的要求。

1928 年，犹太祈祷者在西墙前摆上长座凳，并设立用以隔离男女祈祷者的屏风。穆斯林认为，这一活动表明，犹太人企图巩固他们对西墙的要求。这些行为违反双方约定俗成的规则，设置屏风则阻挡了当地阿拉伯人共同使用的狭窄过道。警察未能说服犹太人撤走长凳和屏风，故强行搬走这些东西，从而引发犹太复国主义者的强烈抗议。阿拉伯人与犹太人爆发数次武斗。在之后数年，这些武斗升级为一场小规模内战，造成双方数百人死伤。阿拉伯人在巴勒斯坦其他地区进行了屠杀，尤其是在希伯伦杀害了绝大多数犹太居民，并迫使其余犹太人离开。英国警察无法保护无辜百姓。当犹太人进行抱怨时，英国派遣一支调查团，该调查团后来公布一份报告，认同阿拉伯人的不满。接着，殖民大臣帕斯菲尔德勋爵公布一份白皮书，谴责犹太代办处和犹太复国主义者对阿拉伯人土地的购买酿成了 1929 年骚乱。英国人还强化对犹太移民数量的限制。魏茨曼对这份报告十分愤怒，遂辞去犹太代 284
办处的领导职务。备感懊恼的英国政府则发表一封信函，通过解释撤销了《帕斯菲尔德白皮书》，从而疏远了阿拉伯人。这一事件使阿拉伯人认识到，犹太复国主义影响巨大，足以在英国政府支持阿拉伯人利益之际左右英国政府。这封信函也很难平抚犹太复国主义者。“西墙事件”表明，英国对巴勒斯坦的政策已经变得何其脆弱。事实上，英国对巴勒斯坦的政策受到英国所无法控制的变动形势的影响，注定导致委任统治的失败。

(七) 犹太人的迁入和阿拉伯人的反抗

1930 年代，犹太人–阿拉伯人的关系恶化了。希特勒及其纳粹党在德国的上台使该国犹太人——几乎有 100 万之众——处于极度危险之中。尽管存在歧视性的法律、政府的迫害，以及希特勒的煽动性演说所激起的针对犹太人的流氓行径，许多犹太人依旧待在德国；然而德国其他犹太人（遑论波兰等邻近国家的犹太人）则开始尽力逃离。纳粹甚至一度力图促使犹太人离境。但是哪个国家会接纳他们呢？绝大多数欧洲国家已经过于拥挤，而且在世界性大萧条期间缺乏工作岗位，它们不愿接纳为数众多的德国犹太人。美国从1924年起就严格限制外来移民数量，故也不愿接纳德国犹太人。只剩巴勒斯坦了。从1933年起，迁入巴勒斯坦的犹太人数目从涓涓细流转变为汩汩波涛，严重挑战着英国鉴于巴勒斯坦的吸收能力而设定的移民限额——而且事实上考验着阿拉伯人的容忍度。阿拉伯人自然开始忧虑，不知多久他们就会沦为少数派。他们并未使希特勒上台，他们为什么要为德国人的罪行作出牺牲呢？

（八）皮尔调查团和白皮书

正当阿拉伯人感到愤怒和无助之际，哈吉·艾敏·侯赛因开始领导一个新的阿拉伯高等委员会，该委员会几乎代表巴勒斯坦所有穆斯林派别和基督徒派别。该委员会于1936年发动阿拉伯人总罢工。罢工转变为一场险些瘫痪巴勒斯坦数月之久的大起义。英国政府再次派出调查团，皮尔勋爵担任团长。阿拉伯人力图通过抵制使皮尔调查团坚信他们的力量，故仅在1937年1月皮尔调查团离开巴勒斯坦前夕才停
285 止这一抵制。结果，犹太复国主义者获得较高评价。同年不久，《皮尔调查报告》公布，建议实行分治。报告建议把巴勒斯坦北部和中部的部分地区给予犹太人建立自己的国家，并将巴勒斯坦其余大部分地区划归阿拉伯人。报告预计这个阿拉伯国家将与阿卜杜拉的外约旦合并。划归犹太人的狭小土地可能无法给予他们足够的空间，但是这一立足点后来或许能使犹太复国主义者从纳粹的迫害和屠杀之下拯救多得多的欧洲犹太人。受到其他阿拉伯国家支持的巴勒斯坦阿拉伯人反对实行分治，担心英国接受皮尔调查团建议会成为阿拉伯人丧失巴勒斯坦的一个步骤。但是英国像在以往的巴勒斯坦冲突中那样，很快降低论

调并最终撤销了这一提议。

为了寻求使各方满意的和平方案，1939年初，英国在伦敦召集一次由犹太领导人和阿拉伯领导人(包括其他国家的阿拉伯人)参加的圆桌会议。当时巴勒斯坦犹太人和阿拉伯人的矛盾已经很深，因此他们甚至不愿同桌议事。这次会议没有达成任何协议，无果而终。英国与德国即将再次开战，故需要阿拉伯人的支持。英国发布一项被称做《白皮书》的政策声明，宣布委任统治将在10年内结束，之后巴勒斯坦将取得完全独立。在1944年之前，每年迁入巴勒斯坦的犹太人数目将被限制在15 000人以内，之后这一限额惟有获得阿拉伯人的同意(似乎根本不可能同意)才能得以延续。在巴勒斯坦部分地区限制犹太人购买阿拉伯人的土地，在其余地区则严禁犹太人购买。

现在，犹太人像此前的阿拉伯人一样感到愤慨与无助。《白皮书》似乎背叛英国在《贝尔福宣言》和委任统治制度中的承诺，即尽力帮助创建犹太人的民族家园。需要注意的是，当时希特勒的军队已经开进奥地利，西方民主国家在慕尼黑会议上已经同意肢解捷克斯洛伐克，波兰也正面临德国入侵的威胁。欧洲的犹太人处境维艰。由于西方民主国家实行严格的限制移民政策，欧洲犹太人除了前往巴勒斯坦之外无路可去。而现在英国屈从阿拉伯人的压力，几乎关闭了犹太人进入巴勒斯坦的大门。阿拉伯人也蔑视《白皮书》，因为它推迟了他们的独立，而且并未完全禁止犹太人迁入巴勒斯坦与购买土地。

在第二次世界大战期间，绝大多数阿拉伯国家保持中立。其中一些阿拉伯领导人(包括被流放的耶路撒冷穆夫提)求助于纳粹，希望纳粹能够从英帝国主义和犹太复国主义手下解放阿拉伯世界。但是巴勒斯坦犹太人别无选择。纳粹的种族灭绝威胁超过了英国对阿拉伯人绥靖的罪恶，因此他们积极献身同盟国的事业。犹太复国主义者采纳了
犹太代办处主席大卫·本古里安的建议，同意“我们必须在战争期间支 286
援英国人，仿佛没有《白皮书》；我们也必须反对《白皮书》，仿佛不存在战争”。成千上万的巴勒斯坦犹太人自愿加入英国军队服役，在各个战场担负高风险任务。一些犹太人还承担从希特勒及其盟友所控制的欧

洲地区拯救犹太人这一危险使命。在纳粹的威胁降低之时,失望的犹太复国主义者开始采取恐怖行动,例如刺杀英国常驻开罗的公使兼代表。

(九)不断增强的美国作用

英国不愿取消对迁入巴勒斯坦的犹太移民数量的限制,也没有松动其反对建立犹太国的立场,当上述情况日益明朗之际,犹太复国主义者越来越倾向于争取美国的支持。起初,众多的美国犹太人对犹太复国主义不感兴趣,但是希特勒的上台已经使他们开始警惕反犹主义再度猖獗的危险。绝大多数美国犹太人在纳粹控制区依旧有亲朋好友。这些美国犹太人尽管并未料到希特勒会极力灭绝犹太人,但是的确担心那些亲朋好友的安全。如果对犹太人来说一度是最为安全国度之一的德国现在也开始残害犹太人,犹太人还能在哪个国家作为少数族裔而永久生存下去呢?尽管很少有美国犹太人计划定居巴勒斯坦,但是他们认为,建立一个犹太国或许不是过于糟糕的想法。

1942 年,美国的犹太复国主义者通过被称做《比尔特摩纲领》的决议,呼吁英国废除《白皮书》,并使巴勒斯坦成为一个犹太国家。世界犹太复国主义组织迅速支持这一决议。美国政客了解其犹太选民的感受,但是并不熟悉定居巴勒斯坦的占多数的阿拉伯人的心声,他们开始鼓吹建立一个犹太国家。这不仅仅是对“犹太人选票”的下意识反应,而是许多基督徒希望犹太国的成立将会替希特勒的卑劣行径(人们尚未普遍了解这一行径的全部内容)以及为数众多的其他人之前所刻意实施的迫害而补偿犹太人。他们为何不允许更多的犹太幸存者迁入美国呢?这或许有助于缓和巴勒斯坦问题,但是也将不利于犹太复国主义者所渴望成立的犹太国。除此之外,美国仍然存在反犹主义;绝大多数基督徒,甚至还有部分犹太人不希望提高欧洲犹太难民的迁入限额。

(十)巴勒斯坦内战

随着第二次世界大战的结束,巴勒斯坦的暴力活动急剧增加。犹太复国主义组织,例如伊尔贡(民族军事组织)与斯特恩帮(即莱希,意为以色列自由战士——译者注),它们炸毁巴勒斯坦部分建筑和英国的军事基地。美国政府开始向英国施压,要求解除对犹太移民数量的限 287
制,并满足犹太人的建国要求。1946 年,一个英美联合调查团前往巴勒斯坦,并访问委任统治官员和民族主义领袖。调查团主张延续委任统治,但是其最为著名的建议是允许 10 万名欧洲犹太移民立即迁入,并取消对犹太人购买土地的一切限制。英国新一届工党政府拒绝这项建议,并且转而提议建立阿拉伯-犹太的巴勒斯坦联邦。这一提议无法使任何人满意,武斗因此升级。最后,英国于 1947 年 2 月决定将巴勒斯坦问题提交联合国大会,并承认英国已经无法再维持委任统治。英国的巴勒斯坦政策破产了。

(十一)联合国分治方案

现在轮到新的国际组织来解决这一问题。联合国大会成立新的调查团即联合国巴勒斯坦特别委员会,以此应对巴勒斯坦问题。1947 年夏天,这个由联合国 10 个会员国代表所组成的调查团考察了巴勒斯坦,但是未能提出一项被代表共同认可的政策。一些代表赞成建立由阿拉伯人和犹太人分享的二元国家。然而,阿拉伯人依旧占该国人口的三分之二,而且预计他们将会反对任何欧洲犹太难民的迁入。特别委员会的多数代表提议将巴勒斯坦分割为七部分,其中阿拉伯人和犹太人各控制三部分。包括耶路撒冷和伯利恒在内的第七部分将由联合国管辖。读者如果查看地图 16.1,就能想到执行这一方案的难度究竟有多大:边界线犬牙交错,以便保证犹太定居点几乎全部位于所划定的犹太区(占巴勒斯坦面积的 54%)。即便如此,阿拉伯人在被划定的犹太区几乎与犹太人数量相当。或许阿拉伯人能够被转移,但是可以理解的是,无论巴勒斯坦阿拉伯人还是周边阿拉伯国家,都不会欢迎这一方案,因为该方案在阿拉伯人中间建立了一个异己国家,这违背在巴勒斯坦占多数的阿拉伯人的愿望。但是共产主义国家、美国,还有几乎所有的拉丁美洲国家都支持这一方案。1947 年 11 月 29 日,联合国大会以 33 票对 13 票通过了分治方案。5 个阿拉伯会员国均投了反对票。

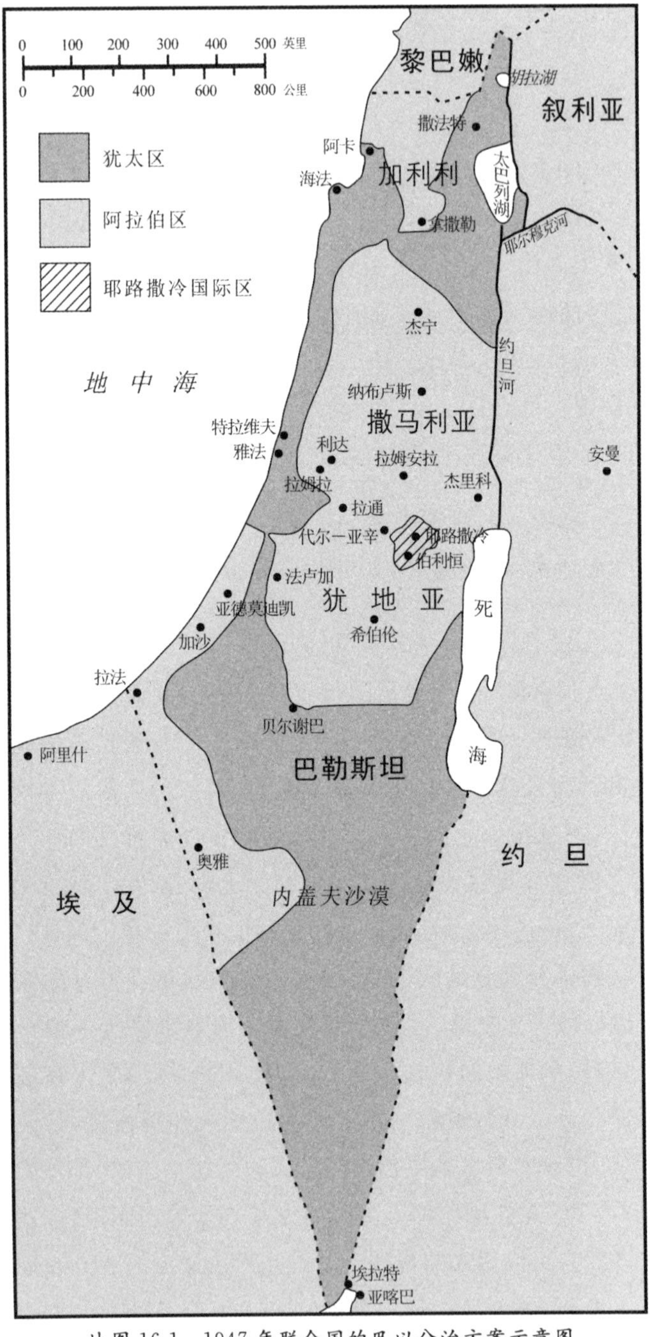

地图 16.1 1947 年联合国的巴以分治方案示意图

犹太复国主义者不喜欢这一方案的部分内容，但是他们将该方案视为建立犹太国家的一个步骤而加以接受，他们为建立犹太国已经等待和努力了太长时间。阿拉伯人威胁要发动战争以阻止方案的实施。 289
但是言辞与行动并不总是一致。在巴勒斯坦的犹太准军事组织很快便夺取了未被划归犹太人的区域，而阿拉伯突击队则时常反击犹太目标。尽管阿拉伯联盟会员国举行会议，以便竭力协调他们的战略，但是他们公开发出的威胁掩盖了背后的争吵与军事准备的不足。外约旦埃米尔阿卜杜拉与犹太复国主义者进行谈判，希望吞并巴勒斯坦的阿拉伯区。绝大多数其他阿拉伯国家反对阿卜杜拉，号召志愿者前往巴勒斯坦参加战斗。到 1947 年底，阿拉伯国家是否会将他们的正规军投入战斗，这一点尚未明晰。

（十二）以色列建国

就对巴勒斯坦的争夺而言，1947 年的分治方案显然不是一个和平决议。犹太军队和阿拉伯军队均召集志愿者，并尽一切可能武装自己。双方都对无辜平民发动了恐怖袭击。例如，伊尔贡突袭了耶路撒冷附近的一座阿拉伯村庄达彦·亚辛，并屠杀了 254 名男人、妇女和儿童。几天后，阿拉伯人的一个组织伏击开向斯科普斯山上哈达萨医疗中心的一辆公共汽车，杀害了 75 名犹太教授、医生和护士。在准备全部从巴勒斯坦撤出时，英国人打点武器，无视日益升级的暴力活动。一些英国人希望在冲突中失利的任何一方能够邀请他们返回。

美国驻联合国代表发觉巴勒斯坦日益增加的暴力活动，遂于 1948 年 3 月提议将分治方案推迟 10 年执行，在这 10 年冷却期内由联合国托管巴勒斯坦。这一折中或许会令阿拉伯人满意，但是显然不会让犹太复国主义者开心，因为后者几乎完全控制了巴勒斯坦。犹太复国主义者向杜鲁门总统施压，杜鲁门不顾国务院和国防部长的反对，最终重申对建立犹太国的支持。1948 年春，当外交官在联合国争吵之际，周边国家的阿拉伯民族主义者与穆斯林兄弟会潜入巴勒斯坦，而巴勒斯坦的犹太人组织和阿拉伯人组织都安置炸弹并狙击对方。当犹太复国主义者开始执行他们的“D 计划”，即把阿拉伯人从被划归犹太人的区域赶走时，许多巴勒斯坦犹太人备感惊恐，并逃到周边国家寻求庇护，从而导致延续至今的难民问题。尽管巴勒斯坦的局势日趋混乱，英国军队还是撤离了耶路撒冷。

1948 年 5 月 14 日，犹太代办处执行委员会在特拉维夫召开会议，正式宣布巴勒斯坦的犹太控制区现在成为独立的以色列国。执委会还宣布，限制犹太人迁入巴勒斯坦和购买土地的 1939 年《白皮书》条款已失去法律效力。犹太复国主义者强烈要求居住在新以色列国的阿拉伯
290 人“在享有充分平等的公民权，并且在国家的所有团体和机构中享有适宜代表权的基础上，保持和平的生活方式，并为国家的发展贡献他们的力量”。他们还呼吁周边的阿拉伯国家与他们一起为共同利益而进行合作。以色列的修正主义史学家近年来的研究使我们怀疑这是一句宣传口号，但是即便这些声明是发自肺腑的，它们也来得太迟。在冲突的早期阶段，许多巴勒斯坦阿拉伯人已经逃离家乡，他们不信任犹太复国主义者，并向其阿拉伯人邻居求援。次日，5 个阿拉伯国家派遣其军队进入巴勒斯坦，开始进攻刚刚成立的以色列国。

五、结论

对巴勒斯坦的争夺进入新阶段。在英国的拙劣统治之下，阿拉伯民族主义者与政治犹太复国主义者在数年内已经激发了对方的极度恐惧，现在双方能够公开攻伐彼此了。我们现在所称的阿以冲突，此后将成为现代外交中最为棘手的难题之一。美国新闻工作者 I.F.斯敦讽刺道，如果上帝死了，那么他死于解决阿以冲突的努力。在 1948 年之前，阿拉伯民族主义者与政治犹太复国主义者中的激进派本来可以达成妥协，但是任何妥协努力均以失败告终，于是世界将继续为这一失败而付出高昂代价。

第十七章　以色列的复国与阿拉伯民族主义的高涨

1948年至1949年，新生的以色列国与其阿拉伯邻国爆发战争，这 291
场战争引发中东的诸多剧烈变革，影响巨大。对以色列人及其赞赏者来说，这场战争是犹太人的独立斗争。这场斗争最初针对当地巴勒斯坦人的抵抗，后来反抗英帝国主义，最后抗击阿拉伯诸国的军队。他们认为以色列的胜利是革命性的，因为一个中东国家的公民在现代史上首次成功地推翻了殖民统治，并建立了一个民主政府。在阿拉伯人看来，他们在巴勒斯坦的失败也是革命性的，因为这一失败使他们的军队和政权蒙受屈辱。在之后数年中，许多阿拉伯国家在军事政变中倾覆，许多国王和首相死于非命。这次失败也在阿拉伯人中间建立了一个殖民国家。巴勒斯坦灾难使70多万阿拉伯人流离失所，他们避难于加沙地带（巴勒斯坦的一小部分，1948年被埃及占领）、约旦、叙利亚或黎巴嫩。这些巴勒斯坦难民开始成为一支强大力量，其中一些难民成为激进的阿拉伯民族主义者，其他难民则支持能够恢复他们的尊严、收复他们的家园的任何意识形态或领袖人物。巴勒斯坦人不仅不遗余力地反对以色列（以及支持以色列的西方人），而且在反对那些有可能与犹太国媾和的阿拉伯国家方面也几乎毫不逊色。他们成为阿拉伯世界的革命者。对各方而言，1948年至1967年这一时期是对这场战争所造成的新形势进行调整的时期之一。

292 一、以色列的独立战争

以色列怎样赢得以及为何赢得战争？阿拉伯国家面积更广，人口更多。一些阿拉伯国家拥有庞大的常备军和充足的军事装备。在1948年5月14日，当犹太代办处领导人宣布以色列独立时，阿拉伯人似乎有可能获胜。埃及、外约旦和其他一些阿拉伯国家的军队于翌日入侵以色列。如果对这些国家来说这场战争刚刚开始的话，那么对以色列人(巴勒斯坦犹太人现在的自称)而言，这场战争早已持续数年之久。我们从第十六章得知，这场战争自第二次世界大战结束后日益升级，当时主要针对英国人。因此，许多经验丰富的犹太战士出现了。但是这些战士并未归属同一组织。除了帕尔马赫即早已归属犹太代办处的军事力量之外，若干政党也拥有他们自己的民兵组织，其中最为著名的是伊尔贡，归属一个希望在约旦河两岸建立犹太国的政党。伊尔贡在梅纳伊赫·贝京领导下多次实施恐怖袭击，其中最为臭名昭著的是于1946年对耶路撒冷的大卫王饭店的轰炸，以及1948年在达彦·亚辛村的屠杀。以色列人最初是分崩离析的，因为伊尔贡与更为极端的斯特恩帮反对被并入帕尔马赫，但是阿拉伯人入侵的威胁加之伊尔贡和斯特恩帮担心以色列人一旦被阿拉伯人打败后所面临的可怕境遇，使以色列人团结起来。以色列国防军(IDF)的人数、装备和经验在数周内突飞猛进。不仅如此，预见到阿拉伯人袭击的以色列人已经执行其“D计划”，即将以色列国境扩张到联合国分治线之外，并赶走尽可能多的巴勒斯坦阿拉伯人。以色列人在阿拉伯军队进攻之前已经开始执行这一计划。

(一) 相互冲突的力量

敌对的阿拉伯军队的规模比预计的要小。埃及等国将其绝大部分军队留在国内维持秩序。沙特阿拉伯曾经允诺派军4万，但是直至1948年10月仅有700人参战。黎巴嫩的2 000名士兵比一支像样的警察部队强不了多少。外约旦的阿拉伯军团装备最为先进,训练最为有素,但是其地面作战力量仅有1万人,无法抗衡增至10万男女的以色列国防军。以色列人投入战场的部队人数多于参战的阿拉伯军队的总和。这一点仿佛并非1948年5月的事实,因为据报道,进攻巴勒斯坦犹太人的一些阿拉伯游击武装(包括来自埃及的穆斯林兄弟会)曾吸引大批志愿者加入埃及、叙利亚、黎巴嫩、外约旦和伊拉克的正规军,并且据说战胜了以色列人。

在战争初期,装备低劣的少量以色列军人必须赶走庞大的阿拉伯 293
军队。例如,在内格夫北部的亚德·摩德恰基布兹,一个埃及旅被阻击6天——以色列在这段足够长的时间内得以增强其更靠北的防御工事——阻击者是一支由男人、妇女和少年组成的不足80人的部队。在加利利,萨菲德犹太区的保卫者遭到围困,他们组装一支“大炮”,震耳欲聋(但无杀伤力)的炮声或许把敌人吓得不鸣一枪就抱头逃窜。与犹太士兵多于巴勒斯坦战场的阿拉伯人这一事实相比,阿拉伯人越来越觉得以色列士兵的确多于他们的部队这一感觉则更为重要。阿拉伯军官对巴勒斯坦犹太人的素质和能力知之甚少,他们起初往往低估犹太人。当以色列国防军逐渐学会如何反击阿拉伯人最初的攻势时,阿拉伯人又高估犹太人的力量并有些惊慌失措。士气低下是阿拉伯人战败的主要原因之一。

(二)外界的大国

大国的态度和政策使交战双方感到困惑,但是这一困惑对阿拉伯人的损害大于对以色列人的损害。美国和苏联明确支持以色列;两国在外交上迅速承认以色列。尽管绝大多数国家断绝对交战双方的武器供应,但是共产主义的捷克斯洛伐克则将大批武器卖给了以色列。考虑到苏联及其盟友之后的政策,它们在1948年为何要支持以色列呢?毫无疑问,在一定程度上是因为苏联人对他们不久前抗击纳粹德国的战争,以及欧洲犹太人惨遭大屠杀记忆犹新,但是苏联政策的主要动机是:(1)他们渴望削弱英国在中东的势力;(2)他们希望新生的犹太国能够实行社会主义甚至是共产主义;(3) 他们需要搞臭“封建主义的”和“资本主义的”阿拉伯政权。美国则态度暧昧,舆论支持以色列。随着总统选举的临近,杜鲁门这位处境艰难的在任总统与共和党的总统竞选人争相支持犹太国。然而,国务院和军队中的高级官员担心,反阿拉伯人的立场会损害美国在中东日益增长的石油利益。曾在中东地区活动数年的企业家、教育家和传教士雄辩地反对将会激怒整个阿拉伯世界的政策。但是以色列的支持者,特别是某些国会议员拥有更大的势力。

阿拉伯人期望获得英国较多的支持,因为英国自从在 1939 年公布《白皮书》之后就一直与犹太复国主义者发生冲突。英国与伊拉克和埃及签订有允许英国军队防卫机场和关键航道的条约。外约旦的阿拉伯军团的指挥官约翰·巴格特·格鲁勃爵士,及其麾下的众多军官都是英
294 国臣民。英国还在伊拉克与科威特拥有重大的石油利益。但是,尽管英国外交部和众多高级外交官的确支持阿拉伯人,但英国政府此时却过分依赖美国的军事援助和经济援助,以致无法公开对抗美国的中东政策。欧洲大陆正从第二次世界大战的蹂躏中恢复元气,而且绝大多数自由主义者同情犹太国,而自愿援助阿拉伯军队的欧洲人往往是冥顽不化的纳粹分子。与此同时,许多美国人和欧洲人支持以色列的事业,是出于对纳粹大屠杀的补偿。

(三) 联合国的调停努力

在 1948 年 5 月遭遇诸多大事的联合国力图解决阿以冲突,但解决的方式起初激怒一方,后来惹恼另一方,有时则触犯双方。联合国迅速派出调停人,瑞典的福尔克·伯纳德特伯爵,他在 6 月初成功促使交战双方同意停火一个月。双方在激烈交火四周后都已筋疲力尽,但是只有以色列人利用这次间歇去获取武器,并将这些武器下发给军队。伯纳德特公布了一项本来会将内格夫沙漠(根据 1947 年的联合国分治方案,这些地区主要被划归犹太人)和耶路撒冷划归外约旦的方案。作为补偿,以色列将获得此前被划归阿拉伯人的加利利西部,已经派军占领

以色列南部大部的埃及则会一无所获。7 月 8 日,各条战线重新开打。以色列人在之后 10 天内占领加利利一部,夺取关键城市莱达和拉姆勒赫,并将上述地区的居民赶走,因为外约旦的阿拉伯军团拒绝在当地作战。但是,在以色列军队尚未攻占耶路撒冷旧城(包括受到崇拜的西墙)时,联合国促成第二次停火。7 月 18 日,一次不稳定的休战协定再次降临巴勒斯坦。

当交战双方为新一轮战斗进行准备时,联合国的调停人开始争取阿拉伯人的支持。伯纳德特在其方案中增加了一个条款,即允许阿拉伯难民返回目前处在以色列人控制区的城乡故居。这些阿拉伯难民怎能在即将到来的寒冷多雨的冬季中,在临时搭建的帐篷里等候返乡的机会呢?又有谁能够事先想到,这些巴勒斯坦阿拉伯人(及其后代)将会作为本应被联合国在 1948 年加以解决的这场冲突中的人质或幸存者而继续苦苦等待呢?但是以色列人想要获取更多的阿拉伯人的房屋、土地和庄稼,供新来的犹太移民使用。9 月,伯纳德特被斯特恩帮的犹太极端分子刺杀身亡。

一位美国人,拉尔夫·本奇成为联合国新的调解人。他所面临的
第一个挑战是位于被埃及军队占领绝大部分的内格夫北部。本奇得以 295
促成一个休战协定,从而使遭到围困的犹太定居点能够重新获得给养,然而这一协定很快被违反,战事重开。以色列人成功地击退埃及人并占领包括比尔谢巴在内的内格夫北部大部。然而,以色列人最希望得到的是朱迪亚,准将摩西·达扬在此向希伯伦和伯利恒周围的外约旦阿拉伯军团阵地发起攻击,直到联合国促成新的停火协议为止。与此同时,以色列军队在加利利迫使受到叙利亚人支持的阿拉伯解放军北撤至黎巴嫩境内。1948 年末,当联合国会员国继续争论伯纳德特的方案时,以色列力图将埃及军队和外约旦阿拉伯军团赶出加沙地带和内格夫南部。另一位准将,伊噶尔·阿隆在奥加向埃及人发起攻势,到年底时主要战线已从旧有的巴勒斯坦边界延伸至埃及的西奈半岛。当埃及仍旧不愿媾和时,英国援引 1936 年的《英埃条约》而开始反对以色列人。开罗不愿丢脸地求助英国人,但是没有一个阿拉伯国家准备拯救

埃及。

现在,联合国采取了一项奇异的外交举措:由于没有一个阿拉伯国家愿意与以色列直接进行谈判,因为这一谈判等于在事实上承认以色列,于是拉尔夫·本奇于1949年1月在罗得岛召开其所称的"擦边谈判"。埃及和以色列的代表团待在同一旅馆内的不同房间,双方通过本奇将一方的建议传达给另一方,从而进行讨价还价,最终达成一份停战协定。三个月后,在外约旦阿拉伯军团丢掉被其占领的内格夫地区后,外约旦在罗得岛签署了脱离接触协定,这份协定事实上认可了之前由阿卜杜拉国王(此前称"埃米尔")与以色列军队指挥官秘密缔结的条约。现在以色列获得了亚喀巴湾的出海口,这是一项重大成就,它使埃及与外约旦失去直接的陆上边界,并使以色列得以建造埃拉特港。3月,黎巴嫩与以色列签署了停战协定。1949年7月,叙利亚最终步上述国家的后尘。曾经派军攻入巴勒斯坦的伊拉克从未与以色列签署停战协定(这一点无足轻重,因为它和以色列没有陆上边界),并反对任何阿拉伯国家与以色列媾和。

二、战争结果

上述停战协定能够导致以色列与阿拉伯人的全面和平吗?联合国的巴勒斯坦调解委员会在洛桑召集会议,以色列人与阿拉伯人的代表团将在那里克服其明显的分歧。但是在双方代表团还未会见时,谈判
296 即告破裂。以色列希望一揽子解决所有问题,但是阿拉伯人要求以色列撤出1947年分治方案未划给犹太国的土地。他们还拒绝在以色列允许巴勒斯坦难民返回故土之前与其进行谈判。阿拉伯人认为,联合国大会的决议包含上述条款,而且以色列获准进入联合国的前提是它必须遵守这些条款。以色列的回答是,正是阿拉伯人首先违反联合国大会的分治方案。诸如此类的争论没完没了,达成协议的希望趋于破灭。由于绝大多数联合国会员国承认以色列,因此西方观察家认为,阿拉伯诸国也将很快承认以色列在中东的存在。我们之后将解释阿拉伯诸国为何没有这么做。

（一）阿拉伯人的分裂

阿拉伯人在政治上的分崩离析，是他们在1948年战争以及之后的历次战争中未能击败以色列的主要原因。所有阿拉伯国家原则上均反对1947年的分治方案，反对在巴勒斯坦建立一个犹太国。作为阿拉伯联盟的会员国，阿拉伯国家发誓进行战斗，并在名义上将它们的军队置于一位伊拉克将军的领导之下。然而，有些阿拉伯国家曾因英国人还控制着巴勒斯坦而拒绝提供资金援助或派军参战。外约旦的阿卜杜拉仍然希望建立一个“大叙利亚”。他甚至在1948年时就愿意和以色列人媾和，以便将巴勒斯坦的部分土地并入自己的王国，这也构成他吞并黎巴嫩与叙利亚的第一步，黎巴嫩和叙利亚的部分国民依旧支持“大叙利亚”的理想。读者可能回想起，在第十三章中麦加的哈希姆家族曾希望在第一次世界大战后统一阿拉伯世界，但是法国占据了叙利亚与黎巴嫩，阿卜杜拉就是哈希姆家族的成员。

哈希姆家族还统治着伊拉克，他们在总体上支持阿卜杜拉的“大叙利亚”方案和阿拉伯民族主义，但前提是巴格达政府应该作为其中的资深合伙人。然而，埃及的法鲁克与沙特阿拉伯的伊本·沙特反对由哈希姆家族统一阿拉伯世界的主张。埃及渴望成为居于领导地位的阿拉伯国家；在阿拉伯世界中，埃及拥有最为众多的人口、大学、报纸以及广播电台。阿拉伯联盟总部设在开罗，而且其精力充沛的总书记是埃及人。埃及不希望哈希姆家族统治邻近埃及的巴勒斯坦，而且反对哈希姆家族吞并叙利亚和黎巴嫩的计划。而曾将哈希姆人赶出阿拉伯半岛的伊本·沙特与法鲁克意见一致。

换言之，尽管阿拉伯人声称要团结一致，并且威胁犹太复国主义者，如果后者胆敢在巴勒斯坦建国就将发动进攻，然而阿拉伯诸国领导人实际上在力图彼此防范。到1948年5月，绝大多数埃及将军和阁臣 297
希望避免在巴勒斯坦可能发生的战争。正是穆斯林兄弟会的狂热、法鲁克国王的虚荣心，以及埃及自身发出的威胁力度，最终导致埃及军队在毫无准备的情况下投入战争。阿卜杜拉埃米尔曾向犹太人来使保证，他的阿拉伯军团不会在约旦河西岸作战，但是他派出了他的军队，以防其他阿拉伯人在获胜的情况下享有这份光荣。巴勒斯坦人拥有一支由叙利亚人率领的阿拉伯解放军，但是这支军队不愿与英国军官率领的阿拉伯军团并肩作战。阿卜杜拉还憎恨巴勒斯坦人中最为著名的一位阿拉伯民族主义者，即耶路撒冷的前穆夫提哈吉·艾敏·侯赛因。这位穆夫提于1937年被逐出巴勒斯坦，曾避难于黎巴嫩和伊拉克，之后在第二次世界大战中前往柏林，后来又逃往开罗，此时为法鲁克效力。只要阿拉伯人在1948年有可能战胜以色列，他们的领导人和军队就竞相在巴勒斯坦争夺最多的土地和荣耀。在以色列开始击退阿拉伯人之后，他们又开始争论该由谁来承担责任。

（二）巴勒斯坦的阿拉伯人

谁关心巴勒斯坦阿拉伯人？巴勒斯坦阿拉伯人在1948年之前是巴勒斯坦的主体民族，然而没有一个阿拉伯国家考虑这些人的需求或利益。大约有15万巴勒斯坦阿拉伯人出于偶然或者出于自愿，依旧居住于他们的位于以色列控制区的家中。这些操阿拉伯语的穆斯林与基督徒成为以色列公民和犹太国的少数民族，数年来忍受着严格的限制，这些限制败坏了以色列关于自身是中东唯一民主国家的自诩。然而，以色列境内的阿拉伯人逐渐享有其绝大多数阿拉伯邻居所无法比拟的政治权利、经济收益以及教育机会。居住在未被以色列占领的巴勒斯坦地区（包括耶路撒冷老城）的那40万阿拉伯人，处在外约旦阿拉伯军团的军事占领之下。阿卜杜拉很快将现在被普遍称做“约旦河西岸”的地区并入被他重新命名的“约旦哈希姆王国”，对此，其他多数阿拉伯国家表示反对，然而他们就像不能击败以色列那样无法限制阿卜杜拉。尽管以色列反对“约旦人”统治耶路撒冷旧城，以色列的来使此前却秘密同意阿卜杜拉控制约旦河西岸，因为以色列人希望日后与约旦达成全面和约。无论如何，以色列人占据了耶路撒冷西城，加上巴勒斯坦的大片关键地域，而无论1947年的联合国分治方案抑或此后由伯纳德特提出的修改方案，都没有将上述地区划归以色列人。还有20万巴勒斯

坦人，其中多数是难民，居住在加沙地带，埃及在当地设立了一个以前 298
穆夫提(即哈吉·艾敏·侯赛因——译者注)为首的“全巴勒斯坦政府”。这一反对阿卜杜拉的政治策略以失败告终，加沙地带仍旧处于埃及的军事管制之下，而这一管制对当地巴勒斯坦人来说没有任何好处。

巴勒斯坦难民受害最大。在 1948 年底，他们的人数在 75 万左右。其中一些人甚至在斗争开始前就已自愿离开他们的家乡，而绝大多数则在战争期间被迫逃亡。谁迫使他们逃亡？以色列的支持者声称，阿拉伯国家通过广播命令巴勒斯坦人离开，以便阿拉伯国家的军队能够较为容易地开进，从而攻打以色列人。没有证据证实这一说法。以色列学者近年来的研究表明，犹太复国主义的军事组织在 1948 年 5 月 14 日前恐吓巴勒斯坦人，而以色列国防军在战争后期驱逐了其他人。这一争论有可能持续下去。双方均实施了恐怖行动。情况因时空而异，但是绝大多数巴勒斯坦人最后栖身于靠近以色列边境的难民营中，这些地区包括埃及人控制的加沙地带、约旦人控制的约旦河西岸、叙利亚或者黎巴嫩。巴勒斯坦人的国家并不存在。

阿拉伯国家(约旦除外)不愿把巴勒斯坦难民吸纳为本国人，这主要是出于政治考虑，但是有些国家还发现它们在吸纳难民方面存在经济困难。巴勒斯坦难民希望返回他们的家乡，因此拒绝被同化。以色列正在积极吸纳欧洲的犹太幸存者，不愿接收势不两立仇敌的“第五纵队”，因此不愿重新吸纳这些巴勒斯坦难民。认识到必须为这些不幸民众做点什么的联合国设立了临时机构，即联合国救济与工程代办处(UNRWA)。但是这一机构在 1949 年所能做的仅仅是向难民营中的巴勒斯坦人提供居所、用于生存的充足食物和衣服，并教育或培训他们的孩子，希望这一问题有朝一日无论如何也要获得解决。少数难民的确成功返回以色列，而许多年轻的巴勒斯坦难民逐渐被阿拉伯诸国经济所吸纳；但是为数众多的其他难民依旧待在难民营，更加仇恨以色列和那些支持以色列的西方人，以及曾经背叛他们的阿拉伯领导人。我们将在之后章节详细论述这批巴勒斯坦人。

三、阿拉伯国家

让我们考察一下很快被称做“巴勒斯坦灾难”的事件发生后的阿拉伯世界。我们还将审视两次世界大战之间这一时期的委任统治时代。如果这些细节有时令人眼花缭乱，读者也应该记住，无论阿拉伯民族主
299 义者提出何种统一主张，阿拉伯世界都存在若干国家、诸多领袖以及各种政策。一些阿拉伯政府是稳定的，少数政府受到民众支持，而众多政府既不稳定，也不受民众支持。

（一）约旦

约旦是受到这场战争直接影响最大的国家。曾经是沙漠埃米尔国的所谓外约旦，变成约旦哈希姆王国。在 50 万外约旦人中，绝大多数出身于贝都因部落；在 100 万巴勒斯坦人中，一半是居住于刚刚被吞并的约旦河西岸的当地农民或市民，另一半是来自联合国救济与工程代办处难民营的难民。与被阿卜杜拉曾长期作为家长进行统治的外约旦人相比，这些均被授予约旦国籍的巴勒斯坦人往往更为西化，在政治上更加能言善辩。绝大多数巴勒斯坦人是(就难民而言，他们曾经是)自给农民，但是其中一些是律师、教师、商人或者官员。几乎没有君主主义者。对阿卜杜拉国王来说，控制包括岩石圆顶清真寺等穆斯林圣地在内的耶路撒冷旧城，能够弥补其父在一代人时间之前被伊本·沙特攻占麦加和麦地那所带来的损失。阿卜杜拉对新近吞并的土地和相当于原来 3 倍的臣民数目感到满意，故在外交上主动秘密地提出承认以色列，条件是以色列应允许约旦使用通往海法的铁路。愤怒的巴勒斯坦人，特别是前穆夫提的支持者谴责阿卜杜拉是一个叛徒。1951 年，阿卜杜拉在耶路撒冷被一位年轻巴勒斯坦人刺死。阿卜杜拉之子因据称精神失常而被迅速废黜，阿卜杜拉之孙，年仅 17 岁的侯赛因于 1952 年正式登基。

在这一时期，英国继续向约旦政府提供资助，而约翰·巴高特·格鲁布爵士继续统率阿拉伯军团。尽管约旦于 1946 年获得名义上的独

立,但是直至 1955 年苏联才同意约旦进入联合国。之后,侯赛因国王一度支持阿拉伯民族主义和左翼巴勒斯坦人。西方人声称,约旦本应与以色列媾和,并获得地中海出海口。但是阿卜杜拉遇刺身亡的教训依旧历历在目。巴勒斯坦人或许会放弃他们的家园并在约旦避难,但是他们会阻挠通过一纸和约就埋葬其诉求的任何努力。侯赛因无论如何不能成为与以色列媾和的第一人。至于阿卜杜拉的大叙利亚野心,也逐渐消逝为沙漠中的海市蜃楼。

（二）叙利亚与黎巴嫩

大叙利亚其余地区会面临什么呢？战争对黎巴嫩和叙利亚的影响有所不同,但都是破坏性的。在法国人所强加的、为期一代人的统治 300
下,现在所称的叙利亚共和国地区已经积聚仇恨。法军在 1920 年击溃费萨尔的阿拉伯军队之后,就控制了根据《圣雷蒙协定》而划归法国进行委任统治的全部地区。法国的委任统治当局力图推动经济发展,但是不遗余力地阻挠阿拉伯民族主义在其发源地的成长。法国的委任统治当局并不准备像威尔逊的委任统治方案所设想的那样,使叙利亚做好自治准备,它甚至到 1936 年才公布叙利亚宪法,而法国国民议会又否决了这一宪法。在 1920 年代,法国人已经肢解叙利亚,以防叙利亚人团结一致反抗委任统治当局。法国人所进行的多数分割根本行不通,最后被迫取消;但是有两项分割延续下来:其中一项是在 1938 年将亚历山大瑞塔周边地区分割开来,并使其在第二年被土耳其正式吞并。另一项是创造黎巴嫩这一独立国家,关于黎巴嫩我们必须岔开话题详细论述。

从 1861 年至 1914 年,黎巴嫩山附近的基督徒聚居区在奥斯曼帝国境内享有自治权,欧洲列强(特别是法国)在 1860 年诸多基督徒遭到屠戮之后对这项安排作了保证。黎巴嫩山的基督徒多属罗马天主教会的支派马龙派。马龙派与法国人通商,并将其孩子送往法国教会学校就读。与叙利亚的多数居民不同,马龙派对法国在第一次世界大战后对叙利亚的占领表示欢迎。为了确立马龙派对其他宗教派别的权利优势,法国合并特里波利、贝鲁特,以及西顿等沿海城市与具有历史意义的黎巴嫩山,从而建立一个被扩大的黎巴嫩。由此形成的这个基督徒人数稍微过半的实体实际上足够稳定(即亲法),从而能够于1926年获得法国人公布的一部宪法,并享有某些自治权。法国对黎巴嫩的控制持续到1943年,与此同时,黎巴嫩的大地主家族则演变为一个由商人和银行家组成的精英阶层。从立法者经由普选产生这一意义上讲,他们的政府是“民主的”,但是我们将这一政府称做立宪寡头政府,因为统治家族控制着国家绝大部分财富和权势。

黎巴嫩各宗教派别均在议会席位和行政职务中占有固定份额,这一体制也维持了宗教上的划分。份额根据法国人所做的1932年人口普查进行分配。但是自此之后再也没有进行过人口普查,因为马龙派与若干其他派别担心,任何人口统计都会显示他们在人数上的相对下降。1948年,大约15万巴勒斯坦难民的涌入使这一安排更加复杂化。黎巴嫩迅速将其中的基督徒吸纳为本国公民,却拒绝给予其中占多数
301 的穆斯林公民权,并使后者困守大集中营中。如果进行任何一项包括巴勒斯坦人同时又除去那些已经移居欧洲或美洲的基督徒的人口普查,就能证明穆斯林在1948年之后的黎巴嫩占据多数。然而,根据宗教派别安排的比例代表制,依旧反映在法国委任统治时期的黎巴嫩状况。根据口头约定,总统一直由马龙派基督徒担任,总理由逊尼派穆斯林担任;其他的高级官职分属各个较小的宗教派别。领导人虽然存在宗教分歧,却也同意进行协调,以便维护黎巴嫩的独立和领土完整。这一民族宪章(人们对这一口头约定一向如此称呼)意味着,基督徒不再力图使黎巴嫩依附于法国,而且不会复原一个由基督徒控制的自治黎巴嫩山区,然而,穆斯林也不再追求黎巴嫩与叙利亚,以及任何有可能出现的泛阿拉伯国家的合并。

在1943年获得基督徒与穆斯林领导人一致赞同的这一民族宪章,引领黎巴嫩安然度过了1952年的军事政变,以及1958年的内战,直到1975年至1991年的可怕分裂为止。在这一体制下,黎巴嫩似乎繁荣起来,但是少数家族把持黎巴嫩绝大部分财富和权力。政府和军队过

于孱弱,无力保卫国家,甚至无力维持秩序,而贝鲁特的新闻自由又为相互冲突的自由主义、泛阿拉伯主义,以及社会主义等意识形态提供了舞台。被基督徒精英拒绝给予公民权的那部分蜂拥而入的巴勒斯坦人,将逐渐破坏这一体制。

我们对黎巴嫩的岔开论述或许有助于揭示以色列的创立如何影响叙利亚。叙利亚人不仅憎恨法国人在委任统治时期割让亚历山大瑞塔并建立黎巴嫩,而且憎恨西方列强在此前决定分割巴勒斯坦和外约旦。为什么不把被西方肢解的部分统一起来呢？到 1940 年代末,英国人和法国人已经放弃他们的委任统治权;因此,在 1918 年曾经处于费萨尔的阿拉伯王国统治之下的地区,现在当然能够成立一个大叙利亚共和国。但是这里有两大缺憾:其一是以色列的创建,这被叙利亚人视为维持该地区分裂状态,并使其继续受到西方控制的一种帝国主义阴谋;另一是阿卜杜拉及其家族。事实上,有一群叙利亚人,即人民党希望在哈希姆家族统治下建立一个包括伊拉克在内的、由所有“新月地带”国家组成的有机统一体,从而恢复阿拉伯人的统一。但是从 1945 年起执政的叙利亚人即民族党,希望防止哈希姆家族统治叙利亚。他们也赞同阿拉伯人的统一,然而是在阿拉伯联盟支持下实现,而且他们支持与埃及和沙特阿拉伯而非伊拉克和约旦建立更为密切的关系。因此,叙利亚
在 1948 年与埃及结盟攻打以色列,却与约旦的阿拉伯军团展开斗争。 302
叙利亚军队的拙劣表现使大马士革蒙受耻辱。1949 年,蒙羞的文官政府在一次军事政变中被推翻。这一年又发生两次政变。从幕后走向前台的领导人是阿迪卜·什萨克里上校,他的民众主义独裁统治,成为像 1950 年代埃及的纳赛尔等阿拉伯国家军官的民众主义独裁统治的原型。

由于被教派矛盾和地方分歧深深撕裂,叙利亚因其动荡和分裂而臭名昭著;但是叙利亚领导人希望联合所有阿拉伯人一致对抗犹太复国主义和帝国主义。1954 年,什萨克里被推翻,这导致对文官政府的另一次打击,但是叙利亚的在任政府无意进行经济改革和社会改革。叙利亚成为第一波民众性的阿拉伯社会主义运动的发源地,复兴党不仅受到叙利亚境内的年轻人、军官、工人和巴勒斯坦人的欢迎,而且在

其他许多阿拉伯国家深受赞赏。复兴党要求进行土地改革,将基础工业部门国有化,统一整个阿拉伯世界,并极力抗击以色列以及帝国主义在这一地区的全部残余。在这样一种氛围中,没有一个爱国的叙利亚人希望与以色列媾和,或者给予巴勒斯坦难民公民权。事实上,在阿拉伯民族主义高涨的这个时期,叙利亚境内的少数民族和宗教少数派,诸如亚美尼亚人、其他基督徒派别、什叶派穆斯林、阿拉维派(什叶派伊斯兰教的分支)、德鲁兹派(参见第六章),当然还有犹太人等,普遍处境不妙。

(三)伊拉克

伊拉克是西南亚人口最多的阿拉伯国家。伊拉克拥有两条大河(即幼发拉底河与底格里斯河——译者注)和不断增加的石油收入,它本来有可能成为最为强大的阿拉伯国家。然而现实并非如此,其中原因多多。首先,伊拉克是由英国人将奥斯曼帝国的三个不同省份的部分地区合并而成,英国人在第一次世界大战期间从土耳其人手中夺占上述地区;尽管幼发拉底河与底格里斯河似乎有助于将上述部分连为一体,但请记住这两条大河均源自土耳其,其中幼发拉底河还流经叙利亚;除此之外,伊拉克的绝大部分耕地处于形形色色的、半独立的贝都因部落舍赫的控制之下。伊拉克的穆斯林人口分属逊尼派和什叶派,后者与邻国伊朗具有千丝万缕的关联;宗教少数派包括犹太人和聂斯托利派基督徒(或称景教徒,第二章对此进行了论述);库尔德人占伊拉克人口近五分之一,土耳其族人数较少。上述迥异群体的共同点在于先后受到奥斯曼帝国长达四个世纪的统治,还有 1917 年英国的军事占领。1920 年,伊拉克发生民族起义,这使英国人备感震惊,后者遂开始寻找一位能符合英国利益,并能联合伊拉克人的统治者。被法国人赶出叙利亚的费萨尔令人满意地符合这一角色。英国人使费萨尔就任伊
303 拉克国王,并迅速将当地权力移交费萨尔政权。在 1932 年,伊拉克成为委任统治下的阿拉伯地区第一个获得名义上的独立并加入国际联盟的国家,但是英国军队依旧留驻伊拉克。

令人惋惜的是,1933 年费萨尔的英年早逝,被伊拉克军队残酷镇压的聂斯托利派基督徒起义,以及 1930 年代初阿拉伯民族狂热的沙文主义,导致伊拉克稳定局面的终结。军事独裁者在连续不断的政变中你方唱罢我登场,最后拉希德·阿里·盖拉尼建立起一个激进的民族主义和亲纳赛尔的政权,这个政权后来被英国人颠覆。与此同时,费萨尔的继承人葛哈兹于 1939 年的一次车祸中丧生,葛哈兹之子,年仅 4 岁的费萨尔二世继承王位。以这位男童的叔叔阿卜杜拉王子为首的摄政体制建立起来,阿卜杜拉王子与一位名叫努瑞·赛义德的精明政治家结盟,后者做到了既亲英国人又是一位阿拉伯民族主义者。努瑞尽管曾是一位奥斯曼军官,却在 1916 年参加阿拉伯人起义,此后则为哈希姆家族效力。

在英国人的鼓励下,努瑞于 1942 年提议统一"新月地带"的阿拉伯国家: 巴勒斯坦、外约旦、叙利亚、黎巴嫩以及伊拉克。伊拉克将在这个联合体中居于领导地位。这个统一提议遭到巴勒斯坦的犹太定居者的反对。依旧控制叙利亚和黎巴嫩的法国人也持仇视态度。但是最为反对努瑞计划的是埃及和沙特阿拉伯,他们不希望巴格达与哈希姆家族领导阿拉伯世界。正如此前所论述过的那样,埃及政府也在英国人的支持下,于 1944 年提出创建后来的阿拉伯联盟的反建议。伊拉克,无法从其"新月地带"联盟中获得足够的支持,遂加入阿拉伯联盟,并很快成为反对犹太复国主义最为激烈的阿拉伯仇敌。

伊拉克军队参加了 1948 年的巴勒斯坦战争,但是这个国家与以色列的邻国相比遭受的损失较少。伊拉克将其日益增加的石油收入用以投资河流灌溉以及其他工程,这些工程将会促成未来的繁荣。伊拉克内阁如走马灯般频繁更迭,各种少数民族问题日益尖锐(伊拉克政府允许几乎所有的犹太人在不携带财产的情况下移居以色列),拥有土地的舍赫与农民大众的社会经济差距有所扩大,亲西方的君主政体失去了民众的支持。但是西方人并未注意到这些。1955 年,伊拉克与土耳其、伊朗、巴基斯坦和英国一起建立俗称"巴格达条约组织"的反共产主义同盟,从而在政治上掩饰了英国依旧留驻的军队。伊拉克政府忽视了它与其他阿拉伯联盟会员国的军事联系,巴格达与开罗的关系通常比较恶劣,两国均竞相争取叙利亚和黎巴嫩的支持。在西方人看来,伊拉克是一个模范的现代化国家——直到 1958 年的一场军事政变推翻伊拉克的君主政体之时,西方人还将这一军事政变归咎于埃及在出版物和广播上的宣传攻势。

304

(四) 埃及的纳赛尔及其政策

我们在第十五章对 20 世纪早期埃及史的讲述,以 1956 年英国占领的终结作为结尾。绝大多数埃及人期望结束英国对尼罗河流域的统治。埃及对巴勒斯坦争夺的参与,实际上是一场反对哈希姆家族领导阿拉伯世界的斗争。对苏丹的控制逐渐退居次要地位,因为开罗的注意力已经转移到防止犹太人或阿卜杜拉控制巴勒斯坦。导致纳赛尔上台的 1952 年革命可以被视为源于对如下问题的日益增强的不满:(1) 英国对尼罗河流域的长期占领,或者(2) 埃及军队被以色列打败。绝大多数研究者支持第二种解释,因为埃及从 1948 年至 1977 年将其精力用于抗击以色列,并争夺对阿拉伯世界的领导权。一方面,美国和苏联的压力迫使英国人在 1954 年放弃了他们在苏伊士运河的军事基地。另一方面,埃及在 1956 年同意苏丹独立。尼罗河流域的统一问题开始让位于阿拉伯民族主义。

让我们从历史视角考察埃及作为一个阿拉伯国家的角色。尽管阿拉伯人自公元 750 年阿拔斯革命之后在政治上从未出现统一局面——如果他们确曾被统一过的话——却在 20 世纪出现一种视操阿拉伯语的所有人同属一个民族的观念。就像德意志人在俾斯麦和希特勒时期,以及意大利人在马志尼和墨索里尼时期力图在统一国家中联合起来那样,操阿拉伯语的人也应该在统一国家中联合起来。一个统一的阿拉伯国家必须包括埃及,这个连接北非阿拉伯人与西南亚阿拉伯人的最大的阿拉伯国家。埃及人相信,唯有一个强大且统一的阿拉伯世界,方能成功抗击西方列强的支配。他们将以色列的创建视为阿拉伯人身上的一个殖民枷锁,视为维持英美在中东影响力的一种企图。与若干英美观察家在 1950 年代的猜测不同,他们并不希望成为共产主义者,由于俄罗斯人从未统治过阿拉伯世界,因此阿拉伯人并不憎恶苏联。此时苏联外交抓住这个机遇,力图削弱西方人的影响力;苏联也从支持以色列转为开始支持阿拉伯人。

埃及泛阿拉伯主义的兴起恰好与加麦尔·阿卜杜勒·纳赛尔上校于 1954 年推翻纳吉布将军同时发生,纳吉布将军是废黜法鲁克国王的 1952 年革命有名无实的领导者。在之后 16 年中,作为埃及总统的纳赛尔,在爱戴他的那些人以及憎恨他的那些人的描述与想象中比其真人本身显得更加突出。在那些人的描述与想象中,他能够成为专擅独裁的抑或恭敬顺从的,魅力超凡的抑或多疑善妒的,直言不讳的抑或虚伪狡诈的人。他的行为更多地出于应激而非主动。纳赛尔的父亲是亚历山大的一位邮局职员,祖父是上埃及的一位农民,纳赛尔本人在其青年时期就已体会到贫困和耻辱。青年时代的纳赛尔喜怒无常而且孤僻自闭,阅读广泛特别是酷爱历史书籍和关于朱利乌斯·恺撒、拿破仑以 305
及(距离家乡较近的)穆斯塔法·卡米勒等领袖的传记。他热烈拥护埃及民族主义,但是并不支持 1930 年代的诸政党。由于上不起法律学校,加上热切期望领导埃及的独立斗争,纳赛尔在 1937 年进入埃及军官学校就读,这位毫无宫廷背景或贵族人脉的年轻人在一年级时就已获准成为军官团成员。

就职以后,纳赛尔先后担任多种军职,并逐渐聚拢一批出身同样普通的年轻军官。这些人心怀炽热的爱国激情,对英国的跋扈以及埃及军队的无能十分愤慨,英国曾在 1942 年向法鲁克国王发出最后通牒,而埃及军队在 1948 年则被以色列击败。当这些军官认识到惟有推翻腐朽的政治体制才能解放和挽救埃及后,他们的亲密无间(军队内部的阶层划分则增强了这种关系)促成了一个阴谋集团。即便在 1952 年他们废黜法鲁克之后,纳赛尔依旧是一位阴谋家。一俟当政,纳赛尔就让间谍向他报告敌友的情况。

纳赛尔开始从幕后进行操纵,但是纳吉布在纳赛尔的策划下于 1954 年倒台,因为纳吉布的人望似乎已经过高。纳赛尔最初不善演讲,在其公开反抗西方人之前尚未赢得大众支持。1955 年初,以色列借口报复巴勒斯坦人对以色列的袭击，遂入侵加沙地带，这使纳赛尔强烈地意识到埃及需要更多的武器。他手下的军官希望从英国或美国那里获得武器，但是这两个国家都不愿向埃及出售武器，除非埃及保证加入一个反共产主义同盟，并且不再袭击以色列。纳赛尔拒绝西方援助所附加的这些条件。他谴责伊拉克在1955年春加入反苏的巴格达条约组织。埃及反对任何阿拉伯国家与西方人结盟。

相反，正当纳赛尔崛起为阿拉伯民族主义领袖之际，他在由反对西方统治的亚洲国家和中东国家参加的万隆会议上受到民族主义领导人和共产主义领导人的影响，此后，他采取一种被他称做“积极中立主义”的政策。出于对西方的反抗，他允诺从共产主义国家购买价值2亿美元(在当时是一笔巨款)的武器。埃及境外的阿拉伯民族主义者，特别是巴勒斯坦人将纳赛尔拥戴为他们的救星。他将率领难民返回他们的被占故土，如同萨拉丁在1187年将十字军赶出耶路撒冷一样。埃及开始为主要由加沙地带巴勒斯坦人组成的大批“斐达因”(“敢死队”的阿拉伯语音译)提供装备，以便在以色列边境挑起事端。

美国政府采取了在现在看来似乎令人困惑的一种政策，力图改变纳赛尔的反西方倾向。一方面，美国国务卿约翰·福斯特·杜勒斯希望
306 纳赛尔不要干涉其他阿拉伯国家与以色列的关系，为此他主动表示要向埃及提供技术和经济援助，其中最为著名的是提供修建新阿斯旺大坝所需的大笔贷款。另一方面，杜勒斯仇视纳赛尔在共产主义和西方之间采取的“积极中立主义”，憎恨纳赛尔向以色列和亲西方的阿拉伯国家发出的威胁，仇视纳赛尔承认中华人民共和国。在1956年7月，正当埃及决定接受美国提出的向阿斯旺大坝贷款的提议时，杜勒斯为了羞辱纳赛尔突然撤销主动贷款的提议。这位埃及领导人以宣布苏伊士运河公司国有化作为回击，发誓要将公司的收益用于向大坝提供资金，而自1869年运河通航以来，公司的绝大部分收入一直流向欧洲投资者。“啊，美国人，”纳赛尔在一次大型公众集会上喊道，“祝愿你们在自己的暴怒中窒息而死!”

发生窒息的并不是美国人。毕竟，英国人和法国人是苏伊士运河

的主要使用者,其使用运河的主要目的在于从波斯湾进口石油。英国人和法国人开始策划通过外交手段(或者在必要时使用武力)夺回运河。在1956年夏秋,他们召开诸多国际会议,访问开罗,并采取其他西方式的策略,力图从纳赛尔之手夺回苏伊士运河。与此同时,曾经饱受西方帝国主义之苦的阿拉伯人将纳赛尔的反抗之举欢庆为对他们所遭痛苦的应得补偿。在英国人和法国人力图使国际共管苏伊士运河这一外交努力以失败告终后,他们决定诉诸武力夺回运河——并尽其所能推翻纳赛尔。重要的是,他们求助以色列作为一个帮凶。

四、复国初期的以色列

尽管阿拉伯人将以色列视为西方帝国主义的一个代理人,但是以色列人却自视为一个筑垒设防的国家,这个国家力图保证在纳粹屠杀中幸免于难的犹太人的生存。以色列人认为,他们的独立战争是一个被压迫民族为争取自由而对外界控制的反抗。在1948年,与以色列交战的绝大多数阿拉伯国家仍然受到英国顾问的影响,处于国王和地主统治之下。很少有以色列人意识到,他们已经创造了另外一个被压迫民族:巴勒斯坦阿拉伯人。

后来,当诸多革命颠覆了叙利亚和埃及的政权之后,以色列人因两国新任领导人没有向他们提出和平建议而感到失望。这些身着军装的阿拉伯民族主义共和国对以色列人的仇视丝毫不亚于头戴“库菲亚”(红毡帽)或头巾的君主主义或封建主义的政客。但是以色列人忙于重建一个遭受战火破坏的国家。除此之外,他们吸纳了在第二次世界大战期间幸存于欧洲死亡营的成千上万的犹太难民。他们还必须接纳来 307
自阿拉伯诸国的、人数更多的犹太难民,其中许多人是经由复杂的秘密协定被交换过来的。早期犹太定居者(来自欧洲)对这些被认为具有迥异语言和文化的新以色列人的吸纳,对这个国家是一个严峻的考验。

(一)犹太国的问题

此时的以色列,经济困境令人望而却步,与英镑脱钩的货币急剧贬值,新政府无法借到足够金钱以偿还政府债务,但是美国政府和民间犹太人的大量援助,以及后来德国人向希特勒时代的犹太幸存者支付的赔款缓解了这一压力。西德总理康拉德·阿登纳与以色列总理大卫·本—古里安签订协定,西德政府因纳粹对犹太人的大屠杀而向以色列人支付巨额赔款,这是一个颇具政治智慧的事件。上述所有资金援助为以色列的发展提供了资本,并减少了(尽管上述援助不可能消除)以色列的财政赤字。

对这个国家的生存同等重要的是以色列人的信念,即犹太人无论如何不能再遭受种族灭绝的威胁,无论这一威胁来自基督徒狂热分子、专横的独裁者还是阿拉伯民族主义者。如果任何怀疑主义者问道,一个拥有 100 万犹太人和太多难题的小小的以色列,怎能比 1 000 万犹太人在西方(其中很少有人选择移居以色列)的继续存在更能保障犹太人的生存呢?犹太复国主义者则反唇相讥,德国犹太人也一度发展很好,但是有谁从希特勒之手拯救他们呢?如果其他人谴责以色列人酿成巴勒斯坦难民问题,以色列人就会反过来归咎于阿拉伯诸国。以色列正在接受来自欧洲和阿拉伯诸国的犹太难民。正如联合国所坚信的那样,如果以色列不能在尚未获得和平的情况下允许巴勒斯坦难民返乡,那么和平就将被迫延迟。

由于以色列人将他们对阿拉伯人的战争视为一场独立斗争,迟至 1947 年,巴勒斯坦或其他任何地区的犹太人几乎无人能预料到这个犹太国将在他们的有生之年成立。早期的犹太复国主义定居者是阿拉伯聚居地区的少数群体,他们曾在荒郊野外辛勤劳作开辟农场;他们曾在雅法以北的沙地中历尽艰辛建设特拉维夫;他们曾移植他们在欧洲所熟知的学校、剧院和报纸;他们曾设立新的机构,例如团结劳资双方的共同管理机构希斯塔德鲁特(总工会)。他们还曾组建诸多政党,这些政党可谓拥护社会主义、民族主义和犹太教的大杂烩。他们还曾将希伯来语复兴为口语,并将其作为书面用语而进行改革。他们曾设想,犹太人的民族家园将会保留在英联邦内,其中绝大多数居民将是欧洲人,而阿拉伯人要么离开,要么接受犹太人的存

在和统治权。第二次世界大战、纳粹对犹太人的大屠杀,以及1948年 308
战争否定了上述设想。现在以色列是一个独立国家,被极力反对其存在的阿拉伯国家所环伺,犹太人从世界各地(主要从中东和北非)涌入,而阿拉伯人在以色列境内竟然成为事先未曾预料的少数民族。尽管以色列人在政治上缺乏经验,而且面临严峻的经济难题,但是他们成功建立了一个拥有民主政府的民族国家——至少对犹太人如此。然而,他们在实现这一目标的过程中排斥与巴勒斯坦阿拉伯人在福利或经验上的大量分享。

(二)以色列的政治

以色列民主政治并非是对英国民主政治的一味照搬。政党大量出现,其中一些政党源自1914年前东欧的犹太人运动组织。没有一个政党能够赢得绝大多数以色列选民的支持,这些选民包括教条主义的社会主义者、保守的正统犹太教徒、世俗的犹太复国主义者,以及阿拉伯民族主义者。不仅如此,以色列并未采用类似盎格鲁-萨克逊人的选区代表制,相反,以色列实行比例代表制,每个政党在大选中所获得的选票比例决定了该党在下届以色列立法机关即克奈赛特(议会)中所拥有的议席比例。换言之,如果在一次选举中有100万以色列人进行投票,而且有30万选民支持某政党,那么在该党名录中最为靠前的36人将在总计拥有120个席位的以色列议会中占据36席。换言之,在该党排名中的前36位候选人将在投票结束后进入以色列议会;那些排名第37位及之后的候选人将不会进入议会。候选人的排名将由政党领导人秘密会议在大选之前决定,并非由选民决定。行政权被赋予对以色列议会负责的部长委员会(或者内阁),这一模式类似欧洲人而非美国人的制度。政府首脑,或曰总理所组建的内阁必须赢得多数议员的信任。由于在历次选举中没有一个政党能够赢得绝大多数选票(因此也不能拥有绝大多数议席),因此任何希望组阁的党魁必须使其政党与若干其他党派联合组阁,因此这些政党会在讨价还价中折中其思想原则或政策倾向。

在以色列建国初期,大卫·本-古里安是马帕伊即温和的以色列工党的党魁，是以色列的政治领袖。尽管本–古里安在多数外国人甚至许多以色列人的心目中逐渐成为以色列的象征，但是以色列工党在历次大选中从未赢得40%以上的选票。为了组阁，本–古里安总是被迫与其他政党，通常是与全国宗教党联合组阁，而全国宗教党的领袖们决心使以色列成为一个更加恪守教法的犹太国家。尽管本–古里安及

309

大卫·本–古里安

本–古里安(1886 – 1973)生于波兰的布良斯克，原名大卫·格鲁恩。他的家人是激进的犹太复国主义者，并使他接受了以希伯来语进行教授但却是世俗的教育，这一教育影响了大卫·格鲁恩的意识形态。到1904年，当时是华沙大学学生的大卫·格鲁恩加入一个社会主义–犹太复国主义组织——犹太复国主义工人党。大卫·格鲁恩是一位激进的犹太复国主义者，这促使他在两年后退学，并移居巴勒斯坦，当时年仅20岁。

一到巴勒斯坦，格鲁恩就将自己的姓名改为本–古里安，并致力于犹太复国主义事业。他协助创立基布兹运动团体、希斯塔德鲁特(总工会)以及一个名叫哈绍摩(看守)的犹太自卫组织。1912年，期望犹太人在奥斯曼帝国境内获得自治权的本–古里安前往伊斯坦布尔研究土耳其的法律和政体。第一次世界大战爆发后，他的研究被迫中断。1915年，本–古里安作为一个麻烦制造者而被驱逐出土耳其，并流亡纽约，他在纽约度过了世界大战的绝大部分时间，而且与生在俄国的犹太复国主义活动家波林·穆恩威茨相识，并结为伉俪。

1918年，本–古里安作为英国军队下辖的犹太军团成员返回巴勒斯坦。他精力充沛，干劲十足，因此很快成为总工会与马帕伊(以色列工党)的领袖。在1930年代，他被选为犹太复国主义执行委员会即当时的国际犹太复国主义最高领导机构的主席，并担任巴勒斯坦犹太代办处即英国人指定的、在其巴勒斯坦委任统治区的犹太人合法代理的主席，从而掌握了犹太复国运动的最高权力。他在动荡斗争中保持这一权力。这场斗争导致1948年以色列的成立，而他也在同年成为以色列的首任总理。

本–古里安完全献身于塑造其一生的犹太复国主义事业，并按照犹太

复国主义的思想逻辑来审视世界其他地区。他诚实无欺，功成名就，但是并不快乐。阿莫斯·奥兹这样描述本－古里安："他一贯的交流方式是论战，而非对话……他是活着的奇迹，一位严肃、认真、布满皱纹、满头银发的老人，他的下颚表现出令人恐惧的意志，以及暴烈异常的脾气。"

本－古里安献身于犹太复国主义事业，这使他的性格与行为具有思路清晰但不辨是非的特点。一方面，他一度承认："如果我是一位阿拉伯领导人，我绝不会与以色列进行谈判……我们来到此地并窃取了他们的国家。"另一方面，他还作过如下吩咐："我们必须使用恐怖、刺杀、恐吓、抢占土地以及切断所有社会服务等手段，迫使阿拉伯人离开加利利。"

大卫·本－古里安在许多方面都是以色列的国父。他是一位政治家、行政官和军事统帅。他实现了他以及犹太复国运动最为期盼的目标，即在巴勒斯坦建立一个犹太国家。西方世界早已赞美这一成就，并诋毁那些反抗犹太国家的巴勒斯坦人。

其追随者在其私人生活中并不遵守犹太教法，而且在政治生活中是一位 310
世俗主义者，但是他们必须向全国宗教党作出让步。结果，以色列成为一个没有正式宪法，没有国教，在其独立宣言中没有明确提及上帝的社会主义共和国。但是以色列国防军和所有政府机构均遵守在饮食方面的犹太教法，以色列境内除海法以及阿拉伯人聚居区之外的公共汽车在犹太教安息日（从周五日落至周六日落）停止运营，宗教法庭负责处理所有的结婚和离婚事宜。遵守犹太教法的以色列人，希望其儿女讲希伯来语却不希望他们遵守犹太教法的以色列人，以及希望其子女能够接受本民族语言和文化教育的阿拉伯人，均成为公办学校体系的服务对象。

什么才能使如此复杂的体制运行下去呢？以色列面临着巨大的经济困难、文化迥异的人口构成，而且缺乏一个能够保护这个国家免遭其众多仇敌侵害的可靠大国，因此许多旁观者都不相信如此复杂的体制能够继续维持下去。或许阿拉伯人的极端仇视才使以色列得以幸存下来。以色列的体制能够运行下去，是因为以色列领导人始终无法忘记希特勒曾经极力想做的事情，他们感到任何个人偏好或者思想选择都不如国家安全更为重要,他们将国家安全等同于犹太人的生存;这样讲更为恰当。尽管经验很快表明,以色列需要一个强大且富足的流散犹太人群体在政治上和资金上的支持,但是本-古里安等激进的犹太复国主义者很难承认,任何不在以色列定居的犹太人都能过上完整意义的犹太生活。尽管世俗主义的和唯物主义的意识形态风行于现代世界的诸多地区,但是犹太国家的再生,显然还是增强了不在以色列定居的犹太人的宗教信仰和宗教功修。

(三)以色列的外交关系

然而,阿拉伯人的敌对态度的确增加了以色列人生活的困难。连接以色列与其邻国的所有公路和铁路均被切断。进出以色列的飞机不能飞越其他阿拉伯国家,遑论在阿拉伯国家的机场着陆。阿拉伯国家拒绝与以色列通商,并抵制在以色列经营的任何外国公司的产品。以色列公民、外国犹太人,甚至包括那些其护照显示曾经造访以色列的外国非犹太人,都不能进入诸多阿拉伯国家。向以色列运货的船只无法通行苏伊士运河,甚至还不得停靠阿拉伯港口。埃及封锁了位于红海与亚喀巴湾之间的蒂朗海峡,阻碍了以色列埃拉特港的发展。在国外
311 的阿拉伯外交官避免与以色列外交官见面。阿拉伯人的书籍、报纸以及广播,都极力攻击以色列以及支持者。

由于在当地处于孤立隔绝的境地,许多以色列人对外来者逐渐产生了病态的敌对态度。据说(犹太人和非犹太人均持这一观点)以色列人粗鲁无理,很难交往——正如当地的仙人掌,表皮粗糙,覆以长刺,但是一旦你打开其外壳就会感觉它味道香甜。以色列各地几乎都邻近阿拉伯国家,而犹太定居点则受到边界突袭的威胁。以色列将所遭受的边界突袭归咎于阿拉伯村庄和难民营,并对其进行报复性反击。双方的死伤人数和财产损失逐渐增加。在以色列与约旦之间蜿蜒曲折的停火线上,安全问题尤其突出,特别是在停火线分割某村的耕地或牧场的情况下。1955 年,以色列对加沙实施报复性反击,这一事件使纳赛尔坚信,埃及必须购买共产主义阵营的武器以便增强埃及军力。而以色

列的部分装备购自法国等友好国家，但是以色列竭尽全力自产武器。

阿拉伯敢死队发动的袭击日益频繁，加上阿拉伯人敌对宣传的逐渐升级，促使以色列内阁在1956年采取更为有力的军事行动。当英国和法国准备入侵埃及时，以色列很快与英法沆瀣一气。三国均希望惩罚阿拉伯人，主要是纳赛尔，因为他夺取苏伊士运河，并（至少扬言）威胁以色列。公开声明的理由是为了确保国际航道的安全；未公开声明的理由是欧洲对阿拉伯人的（还有伊朗人的）石油不断增加的需求。

五、中东的石油

1948年以后的中东历史，满眼都是对阿拉伯人和以色列人之间军事政治斗争的描述。但是让我们不要忽视出现在这一地区的其他进展。并非所有中东人都是以色列人或阿拉伯人：伊朗人和土耳其人拥有自己的国家和他们自身的关切；在绝大多数中东国家中，存在着并不认同政府关注点的少数群体；甚至连犹太复国主义者与阿拉伯民族主义者有时考虑的问题也和他们的冲突没有关系。

无论如何，我们不能忽略1948年之后在中东远离以色列的地区发生的一项进展：石油出口逐渐成为波斯湾沿岸诸国的主要财源。在20世纪前半叶，伊朗是中东地区的主要产油国，而它并非阿拉伯国家。1951年，当英国拒绝与伊朗政府签署一项公平分享石油利润的协定时，伊朗首相穆罕默德·摩萨德将英伊石油公司国有化。作为报复，英 312
国及其绝大多数西方盟国拒绝购买伊朗石油，导致对阿拉伯石油的需求骤然增加，这有利于伊拉克、沙特阿拉伯还有科威特。让我们列举几个例子。伊拉克的石油产量从1948年的340万长吨（相当于380万短吨或350万吨）增至1955年的3 310万长吨。沙特阿拉伯的石油产量增长更为迅猛：从1944年的100万长吨增至1954年的4 600万长吨。然而，冠军却是科威特，其石油产量从1946年的80万吨大幅提高到1956年的5 400万吨。

不仅是阿拉伯国家的石油（和天然气）产量与出口量大幅跃升，就连石油开采特许权也被修改得对产油国更为有利。这就意味着某些阿拉伯国家的财政收入也在急剧增加。1950 年,阿拉伯美国石油公司(Aramco)与沙特阿拉伯政府签署了将全部石油收入五五分成的协议。其他出口石油的阿拉伯国家从外国石油公司获取的特许权使用金数额也出现大幅增长。石油收入成为波斯湾沿岸绝大多数国家的主要财源,从而使伊拉克等国的政府能够开始实施雄心勃勃的发展计划,尽管家长制的统治者开始扩建宫室,并用装有空调的卡迪拉克牌汽车取代他们的骆驼。后者的主要例子是沙特阿拉伯国王沙特,他从 1953 年登基到 1964 年被废黜。后来,这些富含石油的沙漠王国将会拥有影响其他阿拉伯国家政策甚至西方政策的经济实力。在 1953 年摩萨德倒台后,伊朗同意将其已被国有化的石油公司置于外国公司财团,主要是美国公司财团的管理之下——这一举动受到当时绝大多数伊朗人的关注,却被当时绝大多数外国人所忽视。直到 1960 年代之后,人们才认识到伊朗和阿拉伯产油国的潜在威力,因此我们将在之后章节中较为详尽地讨论这一话题。但是请记住,欧洲人到 1956 年所使用的石油已经多于所消耗的煤炭,而中东是他们进口石油和天然气的主要地区。

六、大国与阿拉伯世界

1956 年 7 月,纳赛尔在阿拉伯人的欢呼声中——以及西方人的沮丧中决定将苏伊士运河公司国有化,这使他在西方声名狼藉。英国,尽管已在 1954 年同意放弃苏伊士运河的军事基地,却仍将运河视为帝国生命线,正如运河在两次世界大战中的地位一样。首相艾登将纳赛尔
313 比作希特勒和墨索里尼。艾登回想起自己在 1930 年代末曾反对英国的绥靖政策,故希望纳赛尔在他尚未摧毁西方在整个阿拉伯世界的势力之前悬崖勒马。法国也希望阻止纳赛尔,因为埃及正在声援阿尔及利亚革命并为其提供武装。英国和法国所需的绝大部分石油来自通行于苏伊士运河的油轮;两国还认定埃及人无力管理运河。尽管许多美国人厌恶纳赛尔,因为他仇视以色列并与共产主义国家过从密切,但是无论总统德怀特·艾森豪威尔还是国务卿杜勒斯,都不准备诉诸武力。当时,艾森豪威尔正在寻求连任,其竞选口号是“和平与繁荣”。在这个

时间不适合发动苏伊士战争。

（一）苏伊士运河事件

英国与法国的看法与美国相左。它们公开准备以武力重新夺取运河，尽管后勤问题推迟了它们的进攻日期。以色列期望摧毁阿拉伯人在加沙的敢死队基地，并打破埃及对亚喀巴湾的封锁，故进行动员以便对埃及发动蓄谋已久的袭击。与此同时，联合国安理会正在就阻止冲突进行磋商。埃及，现在对运河的管理比任何人所想象的更为有效，他们蔑视由国际共管苏伊士运河的提议，并将英法以的军事准备视为一场大规模的虚张声势。

它们不是在虚张声势。在 1956 年 10 月 28 日，以色列征召其预备役入伍，因此将其拥有武器的公民人数提高一倍，并于翌日入侵埃及。正当以色列侵略军包围加沙并直插西奈半岛之际，英国与法国向埃及和以色列发布最后通牒，要求立即停火，并将军队撤至苏伊士运河两岸 10 英里(16 公里)之外。由于以色列军队当时仍然位于西奈半岛东部，因此这份最后通牒实际上针对埃及。在纳赛尔拒绝接受这份最后通牒之后，英国和法国轰炸了埃及的空军基地，伞兵部队在塞得港着陆并占领运河北段。苏联武器未能使纳赛尔的军队成功抗击埃及人所称的对埃及的“三国入侵”。以色列迅速占领整个西奈半岛，只有一群平民英勇但徒劳地迟滞了英国人对塞得港的占领。

但是纳赛尔并未被自己的军队或民众所推翻。相反，他的军事失败变成了政治胜利。美国与苏联在联合国一致谴责这次入侵。联合国大会同意组建一支联合国紧急部队(UNEF)，以便占领入侵者所夺取的埃及土地。英国和法国并未达到占领运河的目的，纳赛尔在埃及人或其他阿拉伯人眼中也并未蒙受耻辱，而以色列也未能获得阿拉伯人的承认以及与他们的和平，即便在占领西奈半岛和加沙地带 4 个月之 314
后，以色列在美国的压力下最终撤军，而它在这次战争中的主要收益是获得了一个模糊的保证，即以色列船只能够使用此前被埃及封锁的亚喀巴湾。联合国紧急部队的一支分遣队驻扎在沙姆沙伊赫，一个控制蒂朗海峡的据点，这个海峡位于亚喀巴湾与红海之间。这一由西方海运大国所正式支持的安排延续至 1967 年 5 月。

纳赛尔在“苏伊士运河事件”中没有倒台，是因为联合国——特别是美国——帮了他一把。华盛顿把对三国入侵埃及事件的反对，视为对亚非小国抵抗帝国主义入侵的正义支持。与此同时，后来夭折的匈牙利革命仍在进行中。美国人怎能一方面谴责镇压布达佩斯人民起义的苏联，另一方面又容忍西方对塞得港的入侵呢？然而，一个更令人信服的理由是，危机发生在总统选举期间数天，美国在这个时间不能与苏联发生对抗。因此，美国政府疏远了英国人、法国人以及以色列人。但它几乎没有获得纳赛尔与阿拉伯人的感激。

艾森豪威尔政府认为，它在“苏伊士运河事件”中的亲阿拉伯倾向，会说服阿拉伯诸国支持西方反对共产主义。英国人和法国人在阿拉伯世界中的损失似乎有可能导致一个权力真空，如果美国不果断填补这一真空，苏联及其盟国就将前去填补。只有伊拉克正式加入反共产主义的军事同盟(巴格达条约组织)，但其他任何阿拉伯国家都不会如此坚定地为西方效力。绝大多数阿拉伯国家在苏伊士运河遭到入侵后与英法断绝了外交关系。

（二）艾森豪威尔主义

但是一些美国人认为，主动提出援助或许能把某些阿拉伯国家拉拢过来。艾森豪威尔主义由此出台，这是美国政府向力图抵抗共产主义影响的任何中东国家主动提供军事和经济援助的一项方案。当艾森豪威尔主义在 1957 年 1 月被正式公布之时，它很可能有助于美国公众牢记中东的重要性。它或许本来能够推迟苏联对中东地区采取更为激进的政策，但是阿拉伯各国对艾森豪威尔主义的反应十分冷淡，只有黎巴嫩接受艾森豪威尔主义。阿拉伯民族主义者认为，艾森豪威尔主义表明美国企图接替英国的中东监督人角色。对他们来说，“苏伊士运河
315 事件”已经证明，犹太复国主义和帝国主义对阿拉伯世界的威胁大于任何子虚乌有的共产主义入侵威胁。尽管与英国人进行合作的伊拉克的

努瑞·赛义德,一位精明老练的阿拉伯民族主义者支持艾森豪威尔主义,但是埃及的纳赛尔与叙利亚的复兴党均极力谴责艾森豪威尔主义。

奉行中立主义的阿拉伯人和亲西方阿拉伯人在约旦的冲突最为激烈。此前的外约旦吞并了巴勒斯坦阿拉伯人的残余地区(约旦河西岸),这使约旦局势紧张。巴勒斯坦人的城市化水平、受教育水平和政治化水平高于外约旦人。由于在1948年丧失了自己的土地,他们不仅仇视以色列,而且仇恨西方大国,他们谴责这些大国创造并维系以色列,因此也仇恨那些未能摧毁以色列的阿拉伯领导人。约旦的众多巴勒斯坦人憎恶哈希姆家族的统治,他们将侯赛因国王视为受到其阿拉伯军团、贝都因士兵和英国军官支持的一个花花公子。

为获取巴勒斯坦人的支持,侯赛因在1955年屈从于阿拉伯人的要求,即约旦不参加巴格达条约组织。1956年初,他解除格鲁布将军的阿拉伯军团统帅一职。在10月份的自由选举中,一个包括阿拉伯民族主义者,甚至还有一个共产主义者部长在内的内阁产生了。英国开始从约旦撤军并停止补贴约旦政府,但是埃及、沙特阿拉伯以及叙利亚决定乘虚而入。约旦军队中的复兴党军官和亲纳赛尔军官开始接替保王主义军官;1957年4月初,他们威胁要占领侯赛因的王宫。数天后,阿拉伯民族主义者力图攻占约旦的一个大型军事基地,但是国王在忠于他的军队支持下镇压了对其统治的这次威胁。接着,他解散民众主义的联合内阁,颁布戒严令,解散议会,并建立事实上的君主独裁统治。这时杜勒斯宣布,约旦的领土完整是美国的核心利益,并派遣军舰和军队前去东地中海。事实上,艾森豪威尔主义首次被用于挫败阿拉伯民族主义者在约旦的夺权。尽管拥有美国的支持,侯赛因的立场依旧扑朔迷离。巴勒斯坦人,特别是难民,仍然反对被受众广泛的“开罗之音”广播所大肆攻击的君主制度。

与此同时,以卡米勒·沙穆恩总统为首的黎巴嫩政府接受了艾森豪威尔主义,而不顾阿拉伯民族主义者的抗议,即接受艾森豪威尔主义将破坏黎巴嫩的中立。亲西方的政客,主要是基督徒政客,比以穆斯林为主体的阿拉伯民族主义者更有权势。一些诽谤者谴责沙穆恩政府通

过操纵 1957 年的议会选举而增强权势，许多反对派领导人在这次选举
316 中未能再次当选议员。阿拉伯民族主义者，在黎巴嫩的巴勒斯坦难民以及埃及和叙利亚的支持下，反对现政权的亲西方倾向，并谴责沙穆恩贪恋权位。这一时期成为 1958 年黎巴嫩内战的背景。

（三）对叙利亚控制权的争夺

英国记者帕特里克·希尔曾在其著作《对叙利亚的争夺》中讲述了 1945 年至 1958 年的阿拉伯政治。正如题目所暗示的那样，他认为，任何试图支配中东的当地大国或者外界大国，都必须控制位于核心的叙利亚。尽管地理上的叙利亚包括黎巴嫩、以色列和约旦，但是国界被截平的叙利亚共和国已成为国际争端的舞台。法国和英国曾在两次世界大战之间争夺对地理上的叙利亚的控制权，美国和苏联则在“冷战”期间竞相争取叙利亚的支持。其他阿拉伯国家的争斗更为剧烈。在第二次世界大战后，渴望统治“大叙利亚”的外约旦埃米尔阿卜杜拉与叙利亚结盟。而阿卜杜拉的主要对手法鲁克国王与伊本·沙特国王也和叙利亚结为同盟。地理因素几乎决定了伊拉克对叙利亚的兴趣，而埃及向来警惕伊拉克的这一兴趣，无论谁统治巴格达或者开罗。

在大马士革的权力斗争中，谙熟上述冲突的叙利亚政客往往倾向于和外界争斗者结盟。毕竟，叙利亚人向来是阿拉伯民族主义的先锋。正是叙利亚人组建了复兴党，该党致力于将所有操阿拉伯语民众统一在一个将能确保个人自由并建立社会主义经济的架构之内。复兴党的党章声明：“阿拉伯民族拥有一项永恒使命，这一使命在不同历史阶段通过更新且完整的形式表现出来，致力于复兴人类的价值观，推动人类的发展，并促进世界各族的和谐与合作。”

为了使阿拉伯民族实现这一使命，复兴党成员必须夺取尽可能多的阿拉伯国家政权，并将这些政权联合成为一个有机整体。他们首先在叙利亚取得成功。1957 年初，在“苏伊士运河事件”使叙利亚的亲西方政客作出妥协之后，由复兴党成员和其他阿拉伯民族主义者组成的联盟控制了叙利亚政府。在“开罗之音”广播与苏联的优惠贷款刺激之

下,叙利亚的新统治者采取了被西方视为敌对的立场。叙利亚曾经受到此前获得外国人支持的军事政变的创伤,故叙利亚政府谴责华盛顿密谋将其推翻,并驱逐美国大使馆部分官员。当土耳其在叙利亚边境集结军队时,美国和苏联均威胁要为各自的小伙伴而进行干涉。1957年11月,危机消退了,但是这场危机使一些美国人将叙利亚视做共产主义的卫星国。

(四)阿拉伯联合共和国 317

事实并非如此!叙利亚领导人是阿拉伯民族主义者,并非共产主义者。如果共产主义者在大马士革夺取政权,那么复兴党将被扼杀,或者可能引发与约旦国王侯赛因的反政变类似的一场保守派反政变。复兴党认为,他们唯有与纳赛尔的埃及合并方能获救。纳赛尔本来倾向于两国逐渐结成联邦,但是叙利亚的领导人已经迫不及待。在1958年2月,叙利亚总统与纳赛尔在开罗举行会晤,一致同意合并他们的两个国家。合并之后,叙利亚和埃及将分别成为新国家,即阿拉伯联合共和国(UAR)的“北区”和“南区”。两个地区在当月稍后举行的全民公决批准了这一协定。民众几乎一致选举纳赛尔(没有其他的总统候选人)担任他们的总统。外国人谴责埃及吞并了叙利亚,然而实际上正是叙利亚人在新统一国家诞生后欢呼得最为热烈。

与埃及的合并结束了叙利亚国内的动荡局面,至少在短期内如此,但这迫使其他阿拉伯国家也进行合并。哈希姆家族的国王,即约旦的侯赛因和伊拉克的费萨尔二世,将他们的国家合并为一个敌视阿拉伯联合共和国的统一国家,这个国家具有更强的同质性,但是群众基础较差。沙特阿拉伯依旧置身事外,但是或许已经暴露其倾向,因为一位叙利亚领导人谴责国王沙特曾主动向其行贿,希望这位领导人杀死纳赛尔,并破坏叙利亚与埃及的统一。我们在第十四章曾经提到,这一指控导致沙特的下台(他在1953年继承其父伊本·沙特的王位)。沙特的弟弟兼显而易见的继承人费萨尔控制了沙特阿拉伯的财政和外交事务。尽管费萨尔在1958年被普遍认为亲纳赛尔,但是他置身阿拉伯联合共和国之外，不准备与埃及和叙利亚分享沙特阿拉伯的巨额石油收入。也门的极端保守政府曾同意与阿拉伯联合共和国结成联邦，但这一行为并未影响其内部政治。巴勒斯坦人非常乐见埃及与叙利亚的合并，希望纳赛尔将助他们收复被占故土。

（五）第一次黎巴嫩内战与美国干涉

然而，地中海东岸的另一个非穆斯林国家——黎巴嫩——感受到阿拉伯民族主义的劲风。阿拉伯统一对黎巴嫩的若干群体具有巨大的吸引力：巴勒斯坦人，特别是那些住在难民营的人；黎巴嫩穆斯林，他们感到现状对基督徒有利；年轻人，主要是大学生，他们相信黎巴嫩对阿拉伯民族主义的超然态度有利于帝国主义和犹太复国主义；以及那
318 些被沙穆恩政权排斥于政治参与的黎巴嫩政客。许多人短途跋涉前往大马士革，欢庆叙利亚与埃及的合并。黎巴嫩的许多城市和乡村出现游行示威。当贝鲁特的穆斯林高举纳赛尔的招贴画时，基督徒则用沙穆恩的照片装点他们的聚居区。在春季，形势日益紧张。1958 年 5 月，一位亲纳赛尔的报纸编辑遇刺身亡，这成为点燃冲突之火的火星。阿拉伯民族主义者立即归咎于政府，并指责沙穆恩阴谋修改黎巴嫩《宪法》以保证他能够连任总统。由城市政客和乡村显贵领导的各不相同的反对派联合组成"民族阵线"。枪击事件再次激起农村的古老斗争，政府则宣布实行宵禁，第一次黎巴嫩内战从此爆发。在某些方面，这次战争类似一场闹剧：炸弹胡乱爆炸，暴动领袖能够使用政府电话和邮政设施，而军队保持沉默。沙穆恩政权谴责纳赛尔经由叙利亚边境偷运军火以支援暴动者。沙穆恩政权先后向阿拉伯联盟与联合国安理会求助，以制止这一对黎巴嫩独立的威胁。联合国的一个观察团无法证实来自叙利亚的大规模渗透这一指控，但是观察团仅是在白天而且在主要道路上进行考察，因此他们不可能看到太多。

在总统沙穆恩允许议会选举其继承人后，黎巴嫩内战本来有可能渐趋终止。暴动领袖尽管对纳赛尔的支持表示欢迎，但是他们并不真的希望黎巴嫩加入阿拉伯联合共和国。一个同时发生的事件，即 1958

年 7 月 14 日爆发的伊拉克革命扩大了黎巴嫩内战的范围。在一场突然发生的政变中，一群伊拉克军官占领巴格达的警察总署、电台以及王宫。他们杀死国王费萨尔二世及其叔叔阿卜杜拉，捕获并且击毙努瑞·赛义德，并宣布伊拉克为共和国。绝大多数阿拉伯人因君主制的倒台而兴高采烈，但是西方备感恐惧。新政权似乎成为阿拉伯民族主义兼共产主义的化身，成为纳赛尔的一次胜利，成为约旦和黎巴嫩的命运预兆，成为苏联帝国主义向中东渗透的目标。华盛顿尽管在 1956 年拒绝制止纳赛尔，现在却准备入侵伊拉克。

应沙穆恩根据艾森豪威尔主义所提出的援助请求，美国政府向黎巴嫩派遣海军陆战队，而英国军队则被飞机运抵约旦，该地的侯赛因政权在当时似乎岌岌可危。西方本来可以在尚存一线希望复辟君主制时干涉伊拉克，但是巴格达的哈希姆家族统治已被推翻，而且很少有伊拉克人希望哈希姆家族复辟。新的军事政府推行土地改革，宣布支持阿拉伯统一，以及断绝与西方的军事联系，从而巩固了其群众基础。当该 319
政权中位列第二的、脾气暴躁的年轻民族主义者阿卜杜勒·萨拉姆·阿瑞夫飞往大马士革会见纳赛尔时，伊拉克加入阿拉伯联合共和国似乎只是一个时间问题了。但是最高革命领袖阿卜杜勒·卡瑞木·嘎西姆认识到，如果伊拉克的石油收入不与 3 000 万埃及人和 600 万叙利亚人分享，那么将有多得多的石油收入流入伊拉克本国。阿瑞夫被剥夺权力。嘎西姆开始玩一个冒险游戏，即在阿拉伯民族主义者和共产主义者之间搞平衡。伊拉克的新政府改善了大众的生活，但是许多难题，特别是库尔德人在富含石油的北部地区的反叛，其解决难度对哈希姆家族和嘎西姆而言都十分巨大。

（六）纳赛尔主义的观点

纳赛尔相信什么呢？对阿拉伯世界的许多人来说，就其他亚非地区的某些人而言，他代表了他们反抗西方帝国主义的愿望。不仅埃及，而且绝大多数阿拉伯国家——事实上，绝大多数“第三世界”国家——都感到它们因曾在过去遭受西方欺凌而蒙受屈辱。上述感受加上阿拉伯人能够为自身构建更为美好未来的这一信念，导致“纳赛尔主义”这一意识形态的形成。纳赛尔主义的主要观点是泛阿拉伯主义、积极中立主义以及阿拉伯社会主义。

泛阿拉伯主义强调政治统一的阿拉伯民族主义。纳赛尔及其支持者知道，外国帝国主义和王朝争斗如何将中东操阿拉伯语民众肢解为12个甚至更多的国家。由于分崩离析，阿拉伯人在1948年丧失巴勒斯坦，而且至今遭受外国阴谋的侵害。例如，甚至在1950年代，少数世袭君主以及外国公司控制阿拉伯石油的收益，而这些收益本来应该由全体阿拉伯人共享。政治统一会增加整个阿拉伯世界的财富和权势。纳赛尔的反对者将他的泛阿拉伯主义等同于埃及帝国主义。他们指责他企图控制阿拉伯世界其余地区，以便为整个埃及特别是纳赛尔本人的政权牟利。

积极中立主义，正如我们所提到的一样，指纳赛尔所采取的既不与共产主义阵营结盟，也不加入美国组织的反共产主义军事同盟的政策。相反，积极中立主义欢迎其他国家与埃及一起加入不结盟国家这一松散体系。因此埃及与印度和南斯拉夫等国一道，能够挫败美国和苏联将世界其他国家划分为两大对立阵营的企图。中立主义能够缓和世界
320 的紧张局势，甚至还有可能消除“冷战”。批评者认为，这一政策左右逢源，是纳赛尔得以同时从共产主义阵营和西方获取军事、经济援助的手段之一。

阿拉伯社会主义很难被界定。在任何特定时期，阿拉伯社会主义都不是一套源自埃及或者其他阿拉伯国家的表述清晰、体系严谨的观念。相反，它是在反对直到1950年代之前依旧盛行于阿拉伯世界绝大多数地区的经济体制的过程中逐渐形成的，盛行的经济体制或者是大公司事实上归外国人所有的“资本主义”经济体制，或者是由少数本国精英占有土地、建筑以及其他财富来源，而广大阿拉伯工人和农民生活极端贫困的、较为落后的体制（通常被误称为“封建主义”，feudalism）。为了催生革新，阿拉伯社会主义者呼吁他们的政府经营主要工业部门和公共设施，以便使大众能够更为平等地分享经济“馅饼”。他们还坚

信，政府通过实行扩张制造业并使农业现代化的广泛计划，能够做大这块经济“馅饼”。尽管他们借鉴马克思主义者的若干观念与措辞，但是绝大多数阿拉伯社会主义者因共产主义的无神论而反对共产主义，并且力图论证他们的观念并不违反伊斯兰教。他们坚持认为，店主和小商人(民族资本家)能够在阿拉伯社会主义中发挥建设性作用。他们拒绝马克思主义中的阶级斗争学说；他们担心，如果激发阶级斗争，那么阶级斗争就会使阿拉伯世界更加分崩离析，并将浪费发展现代经济所需要的精力。批评者说，阿拉伯社会主义缺乏理论上的严谨性，使埃及本已臃肿的官僚体系更加膨胀，并且不利于外国投资。

（七）泛阿拉伯主义大潮的退却

回想起来，1958 年夏是泛阿拉伯主义的顶峰。嘎西姆统治的伊拉克与王储费萨尔统治的沙特阿拉伯很快开始各行其是。与在黎巴嫩的美国海军陆战队发生对抗的人与其说是共产主义者，倒不如说是贩毒分子。黎巴嫩议会选举中立主义者福阿德·什哈布，即曾使军队置身内战之外的统帅取代了亲西方的沙穆恩的总统职务。美国军队撤出了，各方同意尊重黎巴嫩的独立和中立，而他们的领导人开始重操旧业：谋取钱财。英国从约旦撤军了，但是令所有人惊奇的是侯赛因政权并未倒台。1958 年 11 月在苏丹发生的军事政变起初被认为是亲纳赛尔的，结果却并未使尼罗河流域归于统一。一些叙利亚人开始纳闷，其他国家为何没有步其后尘而加入阿拉伯联合共和国。1959 年至 1961 年间，埃及拙劣严酷的官僚体系进一步损害了叙利亚此前的资本主义经济。纳赛尔坚持要求复兴党以及叙利亚其他所有政党都必须被 321
并入纳赛尔的、新的唯一政党民族联盟之中，这使复兴党怒不可遏。

纳赛尔曾一度接近西方，主要是因为伊拉克曾公开与其西方支持者断交，并支持共产主义者。但是苏联在阿拉伯联合共和国经济中的作用越来越大，而纳赛尔逐渐相信，政府有必要实行经济计划并控制所有主要工业部门，以便实现他所许下的、在 1960 年代使国民收入翻一番的承诺。在其“七月法令”(1961)中，纳赛尔使埃及和叙利亚的几乎所有工厂、金融机构以及公共设施国有化,将个人占地限额降至约100英亩(42公顷),并限制阿拉伯联合共和国公民可能获得的工资。这些法律使叙利亚的资产阶级异常愤怒,以致两个月后大马士革的一次军事政变结束了叙利亚人与埃及的合并。此后不久,在也门据称伊玛目创作了讽刺"七月法令"的诗句之后,阿拉伯联合共和国(埃及继续沿用这一自称,以便叙利亚重新与埃及合并)与也门的联邦瓦解了。到1961年底,纳赛尔,这位依旧渴望统一阿拉伯世界的领袖已经形只影单。

(八)阿拉伯社会主义与纳赛尔的东山再起

纳赛尔主义的大潮已经退却。现在埃及的目光转向国内,并致力于建设阿拉伯社会主义体制下的一个新秩序。1962年,纳赛尔召集"进步力量全国代表大会",大会起草了纳赛尔所谓的民族宪章,该宪章被大张旗鼓地公布。新的唯一政党阿拉伯社会主义联盟取代了萎靡不振的民族联盟,而工人和农民则按照规定享有国民议会的一半席位。纳赛尔使工人成为某些被国有化的企业的管理委员会成员。在埃及历史上,一个工人和一位妇女首次担任内阁部长。纳赛尔辩称,如果他的社会主义试验促进经济增长和社会平等,那么其他阿拉伯国家就会仿效埃及。为了克服政治孤立,他提出一个新的口号:"统一目标,而不是统一等级。"

1962年7月,阿尔及利亚在经过8年艰苦的反法斗争后赢得独立,这是变革的第一个迹象。阿尔及利亚领导人艾哈迈德·本·比拉支持纳赛尔以及阿拉伯所有革命事业。变革的第二个迹象是同年9月发生的也门革命,当时老伊玛目去世仅有一周,而王子巴德瑞已经执政,一群军官在萨纳夺取政权并宣布也门成为共和国。埃及政府非常兴奋,赞赏新政权,并猜测巴德瑞已经死于非命。事实上,巴德瑞及其追随者已经逃到山区,当地保王部落准备为他们的伊玛目(其头衔暗示,
322 他是一位宗教领袖兼政治首领)而战。他们受到沙特阿拉伯人的支持,沙特阿拉伯人担心在其南部边界出现一个颠覆性的纳赛尔式共和国。

纳赛尔派遣一支埃及军队支持也门的新政权,但是新政权领导人缺乏经验。这场内战起初是伊玛目巴德瑞(主要是位于山区的什叶派分支栽德派)和共和派军官(主要是居住于红海附近的、遵奉沙斐仪教法学派的逊尼派)之间的斗争,后来演变为保守的沙特阿拉伯与革命的埃及之间进行的、长达 5 年的代理人战争。

1963 年初,纳赛尔收到了更多振奋人心的消息,当时复兴党军官先后发动两次政变:阿卜杜勒·萨拉姆·阿瑞夫在伊拉克驱逐了嘎西姆,接着叙利亚的分离主义政权被颠覆。伊拉克和叙利亚很快采用了同样的国旗,发誓永葆阿拉伯人的手足之情,并派遣代表团前往开罗,与纳赛尔就成立新的阿拉伯联合共和国举行磋商。1963 年 4 月,埃及、叙利亚和伊拉克公布组成有机统一体的计划,这时民众对阿拉伯统一的激情达到新的高峰。但是纳赛尔与复兴党在如何领导新国家这一问题上未能达成一致,从而再次击碎民众的期望。失望的阿拉伯诸国的报纸和广播电台在 1963 年剩下的时间里开始彼此攻击,相互辱骂。

(九)对约旦河水的争夺

以色列的一次行动促使阿拉伯人再次团结起来。自以色列建国以来,其科学家和工程师曾力图为国家获取用以灌溉以色列土地的更多淡水。水文学家认为,约旦河水可以被用来灌溉以色列和约旦的土地。一位名叫艾瑞克·琼斯顿的美国使者曾促使以色列和约旦达成一项协议,即在技术层面分享约旦河水的一项计划,但是 1955 年约旦政府出于政治立场而拒绝这项计划。数年来,以色列希望约旦能够缓和这一立场,但是后来以色列决定单干,并建造一个用以满足自身需要的全国性水坝,这部分约旦河水引自其支流淡水湖加利利海,是琼斯顿计划本来将分配给以色列使用的。

以色列对约旦河水的分流,迫使阿拉伯诸国采取行动。如果约旦、叙利亚和黎巴嫩能够从约旦河主要支流引水,那么将有可能阻止以色列建成其全国性水坝。但是以色列威胁要对阿拉伯人的任何引水工程发动先发制人的空袭。纳赛尔邀请阿拉伯各国的国王和总统前去开罗讨论这一问题，接着全体阿拉伯领导人于 1964 年 1 月在尼罗河岸边的希尔顿饭店举行峰会。阿拉伯人尽管无法采取针对以色列的集体行动，但是决定于 1964 年和 1965 年再次举行首脑会晤。共识是虽然阿拉伯诸国军队仍旧不敌以色列，但是诸国将逐渐增强其军事力量，以便叙利亚和约旦能够从约旦河支流引水。

323 （十）巴勒斯坦解放组织

1964 年阿拉伯领导人峰会的另外一项举动几乎没有引起外界关注，但是这项举动对阿拉伯世界而言将具有决定意义。阿拉伯领导人表决通过了组建巴勒斯坦解放组织(PLO)的决议。这一组织将为服务于巴勒斯坦阿拉伯人的所有俱乐部、协会以及准军事组织充当保护伞。在纳赛尔的鼓励之下，巴勒斯坦人代表于 1964 年在耶路撒冷旧城召开会议，要求经验丰富的发言人艾哈迈德·舒卡伊瑞指定巴勒斯坦解放组织的一个执行委员会，会议还批准一份民族宪章。民族宪章的主要原则是，巴勒斯坦阿拉伯人必须通过武装斗争收复其故土，故土的范围指英国此前的巴勒斯坦委任统治区。巴勒斯坦阿拉伯人在巴勒斯坦拥有民族自决权，尽管生于巴勒斯坦的犹太人或许仍可定居于这个被解放的国家。为了取代以色列国，巴勒斯坦解放组织提议建立一个世俗民主国家，犹太人、基督徒和穆斯林将在这个国家和平共处。

巴勒斯坦解放组织开始组建一支由加沙、约旦和叙利亚等地区难民构成的正规部队。但是一个名叫法塔赫(可以被译为追求巴勒斯坦解放的“征服”组织或运动组织)的游击队运动组织是一支更为激进，也更为有效的力量。1965 年元旦，法塔赫力图破坏以色列全国性水坝系统的一部分，这显示了法塔赫的存在。法塔赫领导人是亚西尔·阿拉法特，他声称来自耶路撒冷，并曾参加 1948 年反对以色列的战争，后来成为在埃及的巴勒斯坦学生领袖，并在科威特居住数年。与舒卡伊瑞相比，阿拉法特更能代表好战的巴勒斯坦年轻人。在叙利亚支持下，法塔赫主要从约旦发动对以色列的袭击，造成以色列境内一定的人员伤亡和财产损失。从 1963 年起，由列维·艾什科尔担任总理的以色列政府决定迫使阿拉伯诸国军队限制这些突袭队的行动。1966 年下半年，以色列国防军对约旦河西岸的约旦地区发动毁灭性的报复性袭击，摧毁位于萨姆村的突击队基地。这一行动引发西方国家和阿拉伯国家对以色列的抗议。联合国安理会一致谴责以色列的突袭行动。就连某些以色列人也认为，他们本来应该袭击叙利亚而非约旦，因为叙利亚向突击队提供了援助。

（十一）战争的背景

到 1960 年代中期，叙利亚再次成为最为激进的阿拉伯民族主义国家。1963 年叙利亚未能与埃及甚至未能与伊拉克合并，因此叙利亚的复兴党政府更加迫切地要求实现阿拉伯统一，并对以色列采取军事行动。叙利亚的复兴党政府率先采取从约旦河引水以满足叙利亚自身需要的行动，而且向形形色色的巴勒斯坦突击组织提供武装。1966 年 2 月，叙利亚发生军事政变，复兴党的极右翼掌握政权，绝大多数新任领 324
导人属于秘密的宗教少数派即阿拉维派信徒，该派的诸多信徒此前曾经进入叙利亚军官团以便提高自身的社会地位。为了争取在叙利亚占多数的逊尼派的支持，这些年轻的阿拉维派军官不遗余力地支持阿拉伯主义的原则，并因此鼓吹与以色列展开斗争的那些原则。此时，纳赛尔已经发觉他的军队仍旧深陷也门内战的困境，将无力与以色列进行长期战斗。埃及空军曾击落一架美国客机，于是林登·约翰逊断绝对埃及的小麦出口，这时埃及与华盛顿的关系已跌到新的低点。

苏联依旧支持纳赛尔，但是拒绝向他提供袭击以色列所需的进攻性武器。纳赛尔与叙利亚的新任领导人结成军事同盟，以防把埃及拖入另外一场战争。

这是一次严重的误判。1967 年 4 月，叙利亚战机与以色列战机发生空战，叙利亚惨败。艾什科尔警告叙利亚，如果叙利亚继续朝位于其边境附近的犹太定居点开火，以色列将实施报复。5 月初，苏联政府通报纳赛尔，以色列正在其北部集结军队，以便对叙利亚发动先发制人的打击。埃及遂征召其预备役士兵入伍，下令坦克穿越埃及城市向西奈半岛挺进，并向以色列发出威胁。纳赛尔或许只是为了安抚叙利亚而虚张声势，但是当时无人意识到这一点。数月来，纳赛尔的对手，特别是沙特阿拉伯人一直嘲笑他躲在加沙和西奈半岛的联合国紧急部队身后。5 月 16 日，纳赛尔要求联合国撤走其部分维和部队。联合国秘书长吴丹甚至在未与安理会进行磋商的情况下就立即撤走了联合国的全部军队（令纳赛尔备感吃惊）。既然联合国紧急部队已经撤出在加沙和西奈半岛的全部要地，埃及军队就开进这些地区。沙姆沙伊赫是埃及军队所占据的战略要地之一，他们在此地再次封锁了以色列船只所通行的亚喀巴湾。纳赛尔的威望在阿拉伯世界又一次直线上升。

以色列及其支持者逐渐把这次封锁视做之后发生的 1967 年 6 月战争的主要原因。以色列认为，它绝不容许这种封锁阻碍以色列在埃拉特港（是与南亚和东非贸易的重要港口，其重要性次于以色列在地中海的贸易）的贸易。除此之外，由于阿拉伯人的报纸和广播电台正在公开鼓吹发动一场摧毁犹太国的战争，因此以色列人几乎无法想象阿拉伯诸国会停止封锁亚喀巴湾。但是以色列人究竟应该怎么办呢？西方列强此前曾经为以色列船只在蒂朗海峡的通行作过保证。此时美国政府正深陷越南战争之中而无暇顾及，遂劝告以色列保持克制。欧洲诸
325 国认识到它们的绝大部分石油从阿拉伯世界进口，因而在“苏伊士运河事件”之后对以色列态度冷漠。以色列决定不再坐等一支迫使蒂朗海峡开放的西方小型舰队，也不再等待联合国安理会通过的任何决议。以色列领导人说，他们希望和平，但是他们不希望国家自取灭亡，并坚信他们能够击败配备苏联武器的埃及军队。

5 月 30 日，侯赛因国王飞往开罗，并与纳赛尔就阿拉伯军队的统一指挥达成一项协议，此后以色列内阁认定战争已经无法避免。绝大多数预备役士兵被征召入伍，经济被转入战争轨道，以色列的政治领导人则结束争吵，并组建一个几乎代表以色列所有政党和派别的新内阁。同等重要的是，摩西·达扬将军在 6 月 2 日被任命为国防部长，尽管他与总理艾什科尔长期不和。达扬是 1948 年独立战争和 1956 年西奈攻势中的英雄，他在许多人眼中的危难时刻给予以色列人新的希望。没

有一个人确切知道接下来将要发生什么。但是梅纳伊赫·贝京(他也进入了以色列的大联合政府)后来向《纽约时报》坦陈:“在 1967 年,我们再次拥有一次机会。埃及军队在西奈方向的集结并不表明纳赛尔真的准备袭击我们。我们必须实话实说,我们决定袭击他。”以色列其他领导人也在真相大白之后贬低这一威胁。那是我们之后将要讲述的故事。

七、结论

阿拉伯人–以色列人的冲突主导了 1967 年 5 月之后的中东历史,从而使之前时期的历史显得较为平静。但是本章已经表明,这一时期的政治史事实上混乱不堪。外部大国应该因其浑水摸鱼而受到谴责,但是这些水体如何被搅浑了呢?个性冲突与政策抵触,特别是在阿拉伯世界的东部,非常复杂而且令人困惑。难道没有理解所有这些细节的捷径、概述抑或钥匙吗?

急剧的变革,特别是在教育和技术方面的急剧变革,正在瓦解传统的生活方式与思想准则。大批民众,其中多为穷人和年轻人涌入诸多都市。外国的思想与习俗,首先受到上述不断扩张的中心城市的欢迎,后来则通过一种被低估的发明即晶体管收音机,当然还有报纸和杂志、 326
学校和农村医疗中心、电影以及(在某些国家的)电视,传播到各个角落。民族主义和进步主义的思想似乎在冲击宗教和对传统的敬畏中取得进展,正如小汽车与卡车取代骆驼与驴子一样。

这是好的吗?当时绝大多数人的回答是肯定的,但是许多民族主义的口号与意识形态已被证明是一场骗局,而众多阿拉伯人并未理解上述舶来的意识形态。作为传统价值观和现代价值观的混合物,纳赛尔主义现在如同一种个人崇拜。积极的中立主义是对“冷战”的自然反应,但是埃及对西方阵营和共产主义阵营的否定为何被认定成“积极的”呢?中立主义似乎只能在双方均竞相争取阿拉伯人支持的情况下才能发挥作用。泛阿拉伯主义忽视了阿拉伯世界内部根深蒂固的分歧,这些分歧不仅存在于领导人之间,也存在于民众之间,还存在于产油国和贫油国之间。阿拉伯民族主义往往疏远了黎巴嫩马龙派和伊拉克库尔德人等少数教派和少数民族。当大众饿着肚子而且目不识丁时，以及当军官和刚刚学成的技师迫不及待执政时，议会民主制就会崩溃。阿拉伯民族主义未能使服务于共同利益的集体主义经济体制取代阿拉伯社会中传统的个人主义、家族主义和家长作风。

请记住，本书最初的章节曾告诉读者，作为一种信仰体系和生活方式的伊斯兰教，如何激励阿拉伯人以及皈依者将其努力和热情投身于共同事业中去，这些共同事业包括征服、全盛时期的哈里发国家以及伊斯兰文明在内。阿拉伯世界曾经出现过许多能言善辩的穆斯林思想家，例如从穆罕默德·阿布杜到赛义德·库特布，但是他们的观念或是被那些更具发言权的人所淹没，或是被那些不愿聆听的人所屏蔽。赛义德·库特布，一位学术领袖兼穆斯林兄弟会成员，被纳赛尔政府监禁并最终于 1966 年被绞死，尽管阿拉伯人普遍请求宽恕他。当没有新的穆斯林领导人应运而生，并再次给予这些阿拉伯人以能量时，要想动员这个民族的脑力和体力以致力于重建“温麦”，掌握现代工业的机器和技术以创造一个平等社会，使伊斯兰教在现代世界中成为正确思想与行为的指导，这是何等惨痛悲哀的事情啊！如果拥有更加有力的领导人物和较为严谨的思想体系，那么阿拉伯人本来能取得多少成就呢？

以色列同样面临着诸多难题。政治犹太复国主义已经实现其创建犹太国的目标，但是它对非犹太人果真是一种指导思想吗？在 1963 年，一位学者评论道，以色列自从其诞生以来所创造的最为成功的产品就是乌兹冲锋枪。犹太人在流散的数百年中所践行的犹太教，对以色列的开国元勋而言几乎一文不值。本-古里安以及其他许多人狐疑，
327 为何从西方移居以色列的犹太人如此稀少。以色列的半数国民来自中东其他地区，他们是否会越来越像其阿拉伯邻居？作为回应，以色列人逐渐开始崇拜健康体魄与军事力量，崇拜证实他们与这片土地联系的考古探险，崇拜通过植树来追求救赎。以色列人在他们应该在何种程度上践行犹太教方面意见分歧，有的人主张严格遵循犹太教法(其中一些人拒绝在弥赛亚降临之前承认犹太国)，有的人甚至否认上帝存在以

及《圣经》与现代生活的相关性，其他人的观点则介于两者之间。犹太教神职人员的处境，与其他地区的伊斯兰教以及基督教的神职人员的处境相比同样糟糕。既然以色列的国旗上标有大卫之星，以色列的国歌表达了犹太人对锡安之地的向往之情，那么占以色列人口六分之一的阿拉伯人在这个国家中究竟处于何种地位？那些在 1948 年就逃离以色列，并坚持有权返回故里的阿拉伯人又拥有何种地位呢？如果犹太人在 2 000 年里一直铭记锡安之地，那么巴勒斯坦人怎能在不到 20 年的时间里忘却这片故土呢？在意识形态的迷雾之中，在政治斗争的尘沙之下，暴风骤雨正在酝酿，它们将在 1967 年之后的中东劲吹狂泻，并将主导本书的最后几章。

第十八章　战争与对和平的追求

329 1967年6月5日，以色列对其阿拉伯邻国仇敌发动了一系列先发制人的空袭。因此，以色列仅仅耗时6天就击败埃及、叙利亚和约旦。这一胜利驳倒了1956年后的流行看法，即犹太国如果缺乏西方盟友将无法击败阿拉伯人。它还打破了阿拉伯诸国“目标的统一”就能使它们击败以色列这一神话，而且证明以色列国防军(IDF)已经拥有旨在确保国家生存的先进战术、勇敢精神和协调能力。

这一胜利还创造了犹太国敌友所公认的一个新神话，即以色列不可战胜。这一神话延续至1973年10月，当时由埃及和叙利亚发动的另外一场战争表明，一支阿拉伯军队能够凭借其勇气和战术在对以色列军事力量的抗击中获得有限胜利。在阿拉伯人与以色列迄今为止的历次战争中，这场“十月战争”(或曰“赎罪日战争”)战斗最为激烈、人员装备损失最大、对世界和平威胁最烈。“十月战争”还导致石油价格上涨4倍，而且险些酿成超级大国的军事摊牌。这场战争的结果增强了美国在解决这场冲突中的作用。起初，这些努力难以促成以色列和阿拉伯人的和解，但是一系列临时协定增强了和平进程的力量。最后，埃及总统安瓦尔·萨达特，唯一愿为和平进行重大冒险的领导人，于1977年11月戏剧性地飞抵耶路撒冷，从而打破了僵局。一系列和平会谈和高级别会晤由此举行。在签订《戴维营协议》之后，埃及和以色列于

1979年3月签署《和约》,这成为会谈和会晤的最终结果。但是全面和平尚未实现。

从1967年至1979年,中东历史的主题之一即是阿拉伯—以色列冲突。这场冲突在中东的核心地位得到强化。许多(尽管显然并非全部)散居犹太人转变为激进的犹太复国主义者。在摩洛哥和科威特等遥远的阿拉伯诸国中,巴勒斯坦问题具有新的重要性。阿拉伯诸国的争吵和各国内部的权力斗争依旧存在,但是在1967年后,与阿拉伯—以色列冲突相比,显然退居第二位了。在每个月,几乎都有人预测新的战争即将爆发。绝大多数人依旧认为以色列——如果美国提供充足装备的话——将在任何一次常规战争中胜出。因此,巴勒斯坦敢死队逐渐成为阿拉伯人作为抗击以色列的主要手段。 330

在1967年之后,正如美国在以色列的角色一样,苏联也逐步确立其作为众多阿拉伯国家的武器和顾问供应国的地位。因此,超级大国深深卷入了有可能升级为第三次世界大战的一场冲突。由于双方都不愿发生严重对抗,因此他们常常就克服冲突的可能的强制方法与对方以及其他大国进行协商,其中许多人会提出种种方案。阿拉伯人与犹太人都不希望战争、威胁和紧张一直持续下去。但是一方能够在付出多大代价的情况下与另一方媾和呢?被驱逐的巴勒斯坦阿拉伯人这一老问题经常让位于其他两个问题:归还在1967年6月被以色列占领的阿拉伯土地与承认巴勒斯坦人的民族权益。以色列人仍然要求安全和阿拉伯人的承认,但是他们在应将哪部分的所占土地——耶路撒冷、约旦河西岸(绝大多数以色列人称之为“朱迪亚和撒玛利亚”)、加沙地带、西奈半岛和戈兰高地——放弃以换取和平这一问题上争执不休。与此同时,他们在所占土地上营建并扩大犹太人定居点,对国际法置之不理。军购在各个中东国家财政预算中所占比重不断提高,更多戎装在身的年轻人面临过早丧生的危险,而人们的精力从建设事业转向破坏之中。“不用担心,”阿拉伯人说;以色列人则问道:“接下来要做什么呢?”无论如何,双方均有同感。即便他们(或者他们的支持者)付出所能付出的最高代价,也要确保生存和尊严!

一、1967 年“六月战争”

在今后数年,各种版本的史书仍要讲述 1967 年以色列对阿拉伯人的成功闪击。6 月 5 日清晨,当以色列空军突袭埃及的主要空军基地——接着突袭约旦和叙利亚的主要空军基地——并破坏它们发动战争的几乎全部潜力时,这场成功闪击开始了。以色列在开战第一小时即已夺取制空权,接着派军攻入西奈半岛,并经过 4 天战斗占领整个半
331 岛。纳赛尔如同其在 1956 年所做过的那样,下令封锁苏伊士运河,但是以色列通过夺占沙姆沙伊赫打破了对亚喀巴湾的封锁。

在战前一周,希望在阿拉伯人的任何胜利中分享一杯羹的侯赛因国王已和纳赛尔缔结协定,将他的军队置于埃及统帅的有效控制之下,接着通过炮击耶路撒冷的以色列控制区而使约旦陷入战火之中。于是以色列国防军侵入约旦河西岸北部,以及耶路撒冷的阿拉伯人控制区北面,以便夺占斯考普斯山(自 1949 年停火后以色列的一块飞地)并从耶路撒冷东侧攻击老城。6 月 7 日,以色列人在经过激烈战斗后占领该城,并在阔别 19 年的西墙前祈祷。在约旦河西岸的其他地区,以色列军队击退侯赛因亲自指挥的约旦军队,战斗极为惨烈。阿拉伯人指责以色列向约旦军队投掷凝固汽油弹,并使用恐吓手段清空一些难民营和约旦河西岸村落。约有 20 万阿拉伯人前往约旦河东岸避难,并在安曼周围的山区搭建新的帐篷营。许多巴勒斯坦人曾经从阿拉伯广播电台听到以色列将被消灭,而巴勒斯坦难民将获准返回故土之类誓言,而现在纳闷阿拉伯军队为何没能团结一致夺取期望已久的胜利。

叙利亚发挥的作用最小。叙利亚人此前刚刚与约旦发生边境冲突,故在侯赛因被击败之前袖手旁观。以色列在击败侯赛因之后得以猛攻叙利亚在戈兰高地上设防坚固的据点——这并非易事——当时没有任何其他阿拉伯国家能够援助已经呼吁停火的大马士革政权。如果以色列和叙利亚在 6 月 10 日未能最终同意停火,以色列人势必攻入大马士革。一位巴勒斯坦史学家在《叙利亚现代史》结尾写道:“叙利亚在历史上往往高举伊斯兰教大旗朝着胜利和荣光前进;叙利亚也必须证

明它能够高举阿拉伯民族主义大旗做到这一点。”

在战争期间,美国军队发生一次不幸事件。6 月 8 日,天气晴朗,美国“自由号”间谍船遭到以色列战机和鱼雷艇的反复袭击,34 名美国水兵丧生,172 名水兵受伤。尽管这艘船标志清楚,而且升有一面美国国旗,但是以色列声称这是一起将“自由号”误认成一艘埃及货船的误击事件。在袭击发生当天,林登·约翰逊总统下令召回了被派去救援这艘船的飞机。而之后进行的海军调查没有采纳“自由号”船员提供的任何证词。美国国会迄今没有对此事展开调查,而涉及这次袭击的档案也仍然没有公开。以色列袭击这艘船的动机依然不明。阿拉伯人的消息来源声称,这次袭击意在掩盖以色列在阿里什对埃及战俘的处 332
决。以色列则向美国政府正式道歉,并对美国人作出赔偿。

(一)后果的成因

实际上,1967 年战争使阿拉伯民族主义脸面无存。此前阿拉伯人的武装力量在名义上似乎占有优势:仅埃及就拥有更多的士兵,即便以色列动员其全部预备役部队;阿拉伯人拥有 2 700 辆坦克,而以色列只有 800 辆;阿拉伯人拥有 800 架战斗机,而以色列只有 190 架;阿拉伯人拥有 217 艘军舰,而以色列只有 37 艘;阿拉伯人与以色列的人口比例约为 25∶1。阿拉伯人受到共产主义阵营和绝大多数亚非国家的谨慎支持,而当时华盛顿的立场(引自美国白宫发言人的话)是,“在观点、言辞和行动上保持中立”。白宫很快将“中立”改为“非交战”。尽管以色列曾请求美国进行干预,但是美国因在越南部署 50 万军队而无法轻易干涉。

那么以色列为何胜出呢?一个明显的答案是,以色列首先动手摧毁了阿拉伯人的绝大多数战斗机,完全掌握了制空权。另一个答案是,埃及的精锐部队仍在参加也门内战。据《纽约时报》在战争期间的报道,以色列投入战场的兵力很可能多于它的敌人在前线的兵力,以色列配置的火力较猛,而且战场机动性更强。以色列还拥有迅捷的国内交通和通讯。以色列士兵的娴熟技术也发挥了作用。以色列文化支持在压力之下当机立断，鼓励官兵形成平等的同志关系。我们并不是说以色列士兵在力量、格斗技巧甚至在勇敢方面胜过其阿拉伯对手，但是他们与战友配合得更为默契。阿拉伯军队因宗派主义而四分五裂，而阿拉伯诸国也互相猜忌。上述因素导致阿拉伯人在 1948 年的失败。在 1967 年，尽管绝大多数不合时宜的君主和地主阶层已经丢掉政权，尽管埃及和叙利亚的泛阿拉伯主义和社会改革已经持续约有 15 年，尽管苏联和西方的价值数十亿美元的武器流入阿拉伯世界，但阿拉伯人的分裂还是在 1967 年酿成了一场比 1948 年失利更为迅速、更为彻底的败绩。难怪纳赛尔这位阿拉伯民族主义领袖在战争末期准备辞职啊！

（二）战争的后果

333 到 6 月 10 日战争停息之时，以色列已经占领加沙地带、西奈半岛、约旦河西岸和戈兰高地（参见地图 18.1），从而将其土地面积扩大为 6 天前的三倍。约有 100 万阿拉伯人，其中主要是巴勒斯坦人，已经处在以色列的统治之下。以色列不曾料到这一点。没有一个人草拟过应急计划。国防部长达扬和其他以色列官员在战争期间曾经声称，他们将会保卫而非扩张以色列的国土。事实上，一些以色列人将
334 加沙和约旦河西岸视为他们的《圣经》遗产的一部分，并希望兼并这些地区。绝大多数人只是舒心地发现，他们并未被歼灭，而且物质损失和人员伤亡少于任何人的预料。许多人希望好战的阿拉伯领导人能够被温和派推翻，或者好战的阿拉伯领导人的政府求和。回想起来，双方都不够宽容，这糟透了。尽管以色列将所占的全部土地当做在它所期望出现的和平谈判中进行讨价还价的筹码，但是阿拉伯人不会在弱势情况下进行谈判（一些人提到，希特勒不可能说服丘吉尔在 1940 年进行和谈）。以色列的新边界（实际上是停火线）比此前的旧边界更短，也更容易防守。以色列迫不及待地吞并了耶路撒冷东城，并向所占土地上移民，这加深了阿拉伯人对以色列扩张主义的恐惧。

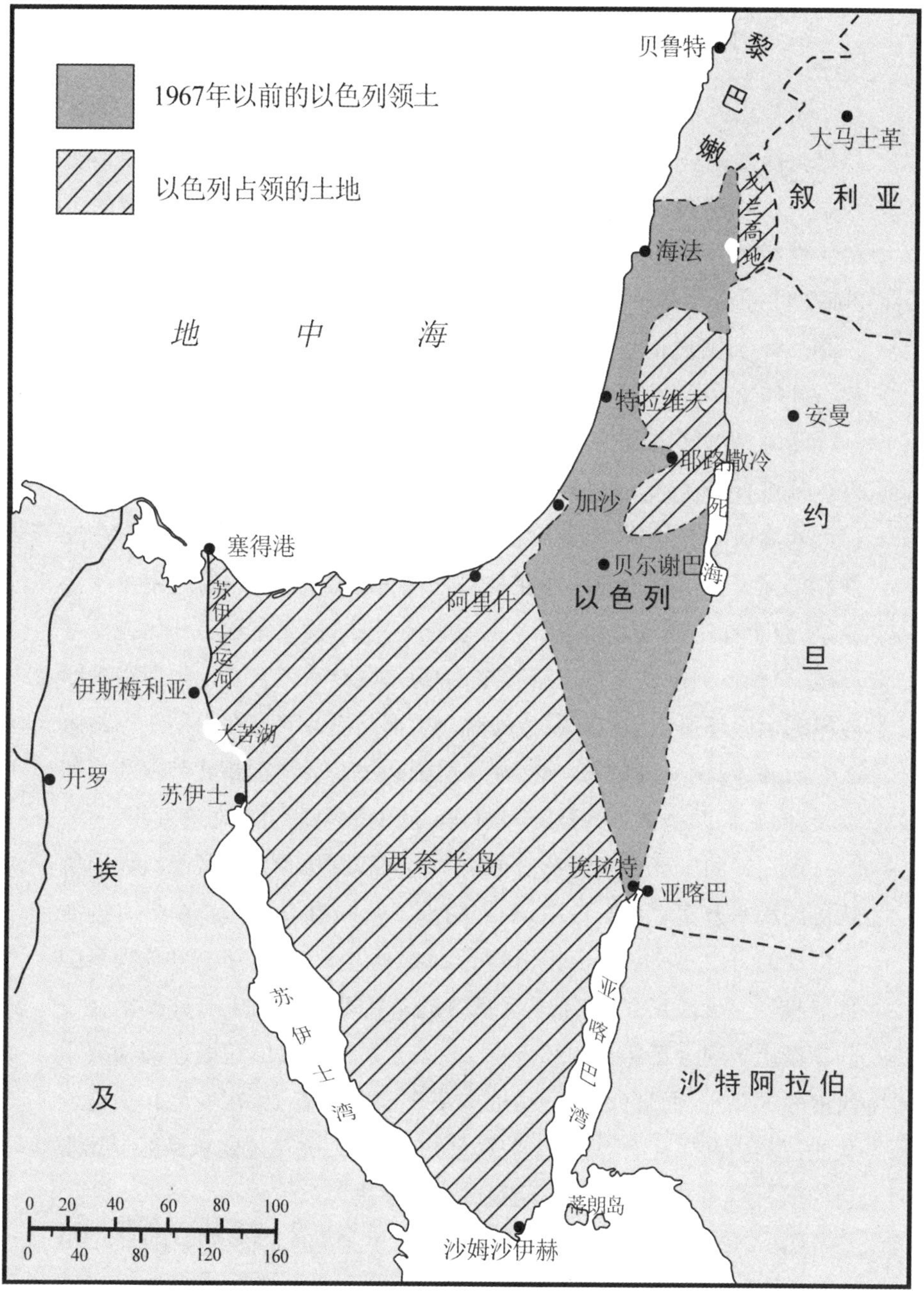

地图 18.1　1967－1973 年以色列及其所占领土

（三）联合国的和平努力

阿拉伯人相信，一个公正决议更有可能来自联合国（正如1956年那样），而非来自直接谈判。应苏联的请求，联合国大会在同年6月召开了一次特别会议，但是各个集团提出的决议案都未能获得必要的多数。在经过五周徒劳的努力后，联合国大会将这一问题返还安理会。苏联部长会议主席阿列克赛·柯西金与美国总统约翰逊的峰会以失败告终。8月，阿拉伯领导人（没有一位领导人由于战争而倒台）在喀土穆召开峰会，并决定不与以色列进行谈判。

此时，安理会重启协商，双方均坚持自己的立场。阿拉伯人拒绝与以色列进行和谈，而以色列人则在所占土地上炫耀他们的占领。为了扩大西墙前的空间，以色列人将旧城中的阿拉伯房屋夷为平地。在加沙和约旦河西岸的敢死队嫌犯被监禁或者驱逐，而他们的房屋被炸为废墟，整个村庄和城镇被摧毁。在政府支持下，犹太定居者开始在戈兰高地、希伯伦外围以及东耶路撒冷，特别是联结斯考普斯山与耶路撒冷西城的山区建造定居点。以色列对包括耶路撒冷老城在内的东耶路撒冷的兼并，蔑视了联合国大会，并违反国际法。苏联重新武装叙利亚和埃及，向它们派遣更多的技师和顾问。新的战争危险正在迫近。

现在轮到安理会来设计一个被以色列和阿拉伯人以及超级大国所认可的和平方案。在辩论中，英国的卡罗敦勋爵设计了一个具有必要
335 模糊性的方案——被广泛援引的《第242号决议》——所有常任理事国均能接受。该决议强调“不承认通过战争所获得的领土”，并要求在下列基础上实现公正持久的和平：(1) 以色列军队撤出在最近的冲突中所占领的领土，而且(2)这一地区的每个国家都有权“在安全和获得确认的边界内和平生存，免遭威胁和暴力行为”。决议还要求保证国际水道的航行自由，以及“对难民问题的公正解决”。

《第242号决议》与《侯赛因-麦克马洪通信》，以及《贝尔福宣言》一起，成为使阿拉伯-以色列冲突复杂化的含混文件。冲突各方对这份文件的解释大相径庭。阿拉伯人认为，决议把以色列从其在“六月战

争”中所占领的“所有”土地撤军作为和平的前提条件。以色列则声称，决议指从这些土地的“部分”地区撤军，因为每个国家都要在安全而且获得确认的边界内和平生存。一些阿拉伯人将“对难民问题的公正解决”解释为，以色列应重新接纳所有被驱逐的、期望回归的巴勒斯坦人（联合国大会自 1948 年之后几乎每年都通过包含此意的决议）。以色列坚持认为，巴勒斯坦难民应该在阿拉伯诸国定居。毕竟，阿拉伯诸国为了报复以色列对巴勒斯坦人的“种族清洗”，已将它们的犹太公民驱逐出境，其中绝大多数后来定居以色列。

约旦、以色列和埃及同意遵守《第 242 号决议》（叙利亚认为这一决议在事实上承认以色列，故直到 1974 年才接受），尽管阿拉伯人和以色列人在其含义上意见相左。联合国秘书长吴丹要求一位调停人古纳·雅林去增进双方的和解。但是尽管他在 1968 年初开始了其注定无效的使命，决议的缺陷还是逐渐明显。显然，其一是双方都希望对方首先让步。其二是没有限制军备竞赛，而军备竞赛如同此前一样疯狂迅猛，并且耗资巨大。但是，还有一项缺陷是阿拉伯人仍然能够对以色列及其支持者发动经济战——抵制仍将持续。最后，尽管这一缺陷随着时间推移才逐渐暴露，《第 242 号决议》还是忽视了巴勒斯坦人的权利与利益。

二、作为一种政治力量的巴勒斯坦人

巴勒斯坦人崛起为阿拉伯–以色列冲突中的一支独立力量，这是 1967 年最为引人注目的进展之一。巴勒斯坦人构成一个独特民族，这是一种全新的观念。在此前的中东历史上，定居巴勒斯坦的阿拉伯人从未争取，也从未获得作为一个单一而且独立国家的地位。相反，该地 336
域的阿拉伯人通常选择——如果事实上他们能够进行选择的话——认同一个较大实体，如穆斯林、阿拉伯人或者大叙利亚。在以色列建国之前，犹太人与外国人常常将巴勒斯坦居民称做巴勒斯坦人，但是阿拉伯人自身很少使用这一称呼。从 1948 年至 1967 年，来自巴勒斯坦的阿拉伯人，特别是在周边国家的难民，一直是泛阿拉伯主义最为激进的支持者。他们希望消除自身与其他阿拉伯人之间的差异，并获得他们的帮助。

但是巴勒斯坦人，由于其共同经历和观念，事实上逐渐自视为一个民族，进而自视为一个国家，正如东欧犹太人在20世纪早期曾经转变为犹太复国主义者一样。由于巴勒斯坦人对本身历史的看法，巴勒斯坦的犹太定居者在以色列建国之前躲避当地阿拉伯人，在1948年战争中驱逐他们，并在此后拒绝让他们返回已经成为以色列的故乡。其他阿拉伯国家本来不会、不能、事实上也不应该接纳他们。没有一个国家需要他们。但是这些难民不希望把自身视为也不希望被其他人视为怜悯对象，联合国救济与工程处的受援人，或者其他阿拉伯人的麻烦的原因。在1967年战争暴露阿拉伯诸国军队的无能之后，巴勒斯坦人认定，现在他们应该宣布成为一个国家，获得自己的武器，对自身进行军事训练，并收复他们的被阿拉伯诸多军队所丢失的土地了。

因此，这场战争使得应阿拉伯诸国要求而于1964年成立的巴勒斯坦解放组织崛起为一个军事组织。旧有的领导人，特别是饶舌的舒卡伊瑞让位于较为年轻的领导人，尽管他们消灭以色列的决心同样坚定，但是他们懂得如何通过西方媒体来宣传他们的事业。巴勒斯坦解放组织很容易获得共产主义阵营的支持，但是他们希望获得西欧和北非对巴勒斯坦事业的舆论支持。为了达到这一目的，他们不能再号召摧毁以色列，以及在以色列覆灭后很可能出现的对犹太人的屠杀和驱逐。相反，他们提议从犹太复国主义这一“虚伪意识形态”下收复1948年前的巴勒斯坦，犹太复国主义这一殖民主义教条贬低犹太教信仰，并压迫曾经构成巴勒斯坦主体民族的阿拉伯穆斯林和阿拉伯基督徒。以色列的领导人被比作在罗得西亚(津巴布韦的旧称——译者注)和南非的白人定居者的领导人。巴勒斯坦人将其敢死队——以色列人称之为恐怖分子视为自由战士，就如同处于法国统治之下的阿尔及利亚民族解放
337 阵线，或者纳粹占领法国时期的游击队。巴勒斯坦解放组织还保留其要求以一个世俗的、民主的、无派系的巴勒斯坦国取代以色列的承诺。

1968年初，因遭受巴勒斯坦人袭击和轰炸而进行报复的以色列国防军，攻击约旦的位于安曼以西大约25英里(40公里)的卡拉马村。

据报道,在双方接受新的停火之前的战斗中,以色列损失 6 架喷气式战斗机和 12 辆坦克。在约旦的伤亡人员中,许多是来自法塔赫的巴勒斯坦人,法塔赫在抵抗以色列国防军中的作用赋予阿拉法特及其支持者新的荣光。显然,法塔赫胜过埃及、叙利亚和约旦的常备军。在难民营和众多阿拉伯城乡,有许多年轻人加入法塔赫。在以色列国防军跨过约旦河进行袭击后,甚至连侯赛因国王也宣布"现在我们都是敢死队员"。外国记者蜂拥采访阿拉法特,并访问其训练营。其中一些记者对阿拉法特的激进民族主义印象深刻,赞赏阿拉法特在将来建立一个世俗民主国家的先见之明,这个国家中的犹太人、基督徒和穆斯林将会和平共处,这与犹太复国主义的"邪恶之地"(以色列)完全不同。怀疑主义者质问:现存的任何一个阿拉伯国家可有世俗的、民主的而且能够使生活在其境内的各种宗教群体和谐相处的吗?巴勒斯坦人承认,许多阿拉伯领导人是反动的、顽固的,可能还维护地主阶级和资产阶级的利益;但是敢死队年轻,受过良好的教育,而且与过去没有这些联系。尽管与上述同类的反动资产者正在资助法塔赫与巴勒斯坦解放组织,但是法塔赫与巴勒斯坦解放组织真诚希望建立一个世俗民主国家,至少在他们掌握权力之前如此。

三、徒劳的和平努力

与此同时,华盛顿力图以一种不同方式解决阿拉伯—以色列冲突,即通过外界主要大国达成一致。约翰逊总统、迪安·腊斯克国务卿以及其他美国官员出于某种原因希望与苏联、英国和法国的领导人达成协议。美国希望苏联会影响最主要的阿拉伯诸国,美国人则很可能通过出售或禁售先进武器来向以色列施加压力,以便在《第 242 号决议》的基础上缔结和约。他们希望苏联政府愿意停止向埃及、叙利亚和伊拉克出售大量武器,这些武器或许永远不会被偿还,而且需要苏联提供大量培训人员。事实上,莫斯科向埃及和叙利亚出售的主要是防御性武器,以此严格约束这些国家。如果苏联军队使用这些国家的海、空军 338
设施,他们就会效仿美国第六舰队在 1967 年战争前在地中海的所作所为。

在战争期间,苏联曾与以色列断交,而许多阿拉伯国家也与美国断绝外交关系。现在,两个超级大国在中东的调停能力下降了。以色列坚持认为,两个超级大国所强加的和约只有在阿拉伯诸国过于软弱而无法违抗时才能延续下去。回想一下在 1956 年战争后被强加给埃及的和约的遭遇。另一方面,许多阿拉伯人认为,以色列的行为蔑视了联合国、大国和阿拉伯人的和平建议。他们怀疑,一旦美国政府和苏联政府实现了他们自身在中东的利益,它们就会解决根源问题。

1968 年,理查德·尼克松在总统选举中胜出,这给予阿拉伯人某些希望;或许新一届美国政府能够支持他们。尼克松向中东派出一位特使,特使回国后呼吁采取更为“公平的”的态度,这暗示约翰逊政府曾打击阿拉伯人。在关于美国中东政策的争论中,一个主要问题是华盛顿应该在何种程度上批准向以色列,或者,事实上向约旦等亲西方的阿拉伯国家出售武器。约翰逊已经批准将幻影喷气式战斗机卖给以色列,但是尼克松推迟交货,向以色列人施压,以便后者将土地归还阿拉伯人。

消耗战

但是埃及人注意到,人们正在关注敢死队的袭击和以色列的报复,没有坐等。1969 年 3 月,纳赛尔宣布埃及将逐步加强在苏伊士运河两岸的炮击,这一炮击自 1967 年以来一直断断续续,从而发动所谓的消耗战。这一战略旨在加大对军事目标的压力。以色列人的反应是袭击军事目标和埃及的民用设施(使用了违反美国武器出口控制法的美国武器)。遇难的埃及人多于以色列人,而位于运河西岸的埃及城市遭到严重轰炸,以致这些城市的平民不得不被撤离;以色列的突击队渡过运河并袭击埃及的军事目标,而以色列的喷气式战机飞临开罗上空,并轰炸位于尼罗河三角洲的埃及军事基地和军工厂。许多埃及人担心以色列直接袭击阿斯旺水坝,当时苏联贷款和工程师即将使大坝竣工。到 1970 年,以色列军队已经在运河东岸开掘了巴列夫防线;与此同时,埃及越来越无法承受包括美国新近提供的幻影式喷气式战斗机在内的以色列飞机的袭击。纳赛尔未能预料到以色列对他决定发动消耗战的反应;以色列同样误判了埃及对以色列纵深轰炸的反应。纳赛尔飞抵莫 339 斯科,以便要苏联向埃及输出更多的大炮、坦克、飞机、导弹以及顾问。到 1970 年夏,在苏伊士运河高空进行空战的以色列战斗机飞行员发现,不仅是米格战机来自苏联,而且米格战机的某些飞行员也来自苏联。以色列不希望美国的干涉,但是超级大国对抗的危险正在迫近。

四、1967 — 1970 年的政治变革

在消耗战期间还发生什么呢?我们此前讲过,没有一个阿拉伯政府因 1967 年失败而被推翻。但是领导人的变更的确发生了。阿拉伯诸国的结盟依旧五花八门。

(一)两个也门

在 1967 年的喀土穆峰会上,埃及与沙特阿拉伯同意逐渐平息已持续 5 年之久的也门内战。在纳赛尔撤出其军队之后,此前受到纳赛尔支持的共和国政府倾覆了。共和国政府的继任者逐渐与伊玛目及其部落支持者,以及沙特阿拉伯人进行妥协。也门仍然是一个共和国,但是在 1970 年,也门政府成为一个包括保王党在内的联合政府。在更南边,英国人长期以来曾力图使亚丁殖民地的城市化和政治化公民与阿拉伯半岛南部的部落舍赫与苏丹(这片土地以亚丁保护国著称)合并,合并后的国家将被称做南阿拉伯半岛联邦。部落酋长,其中多数亲英,预计将抗衡城市极端分子,后者是 1960 年代源自未成立工会的亚丁港工人的民族主义组织。对英国而言,这一帝国前哨的耗资正在变得过于庞大,因此工党内阁在 1966 年决定放弃这个前哨。在英国宣布其将从阿拉伯半岛南部全部撤军的意图后,南阿拉伯半岛联邦的阿拉伯支持者顿时清醒,而其中为首的两个民族主义组织开始争夺对整个地区的控制权。1967 年末,英国将阿拉伯半岛南部移交给获胜的派别——民族(解放)阵线。新的国家被重新命名为“南也门人民共和国”。由于其领导人希望有朝一日能够与北也门合并,因此其国名后来变成了“也

门民主主义人民共和国”,阿拉伯世界唯一的马克思主义国家。南也门
340 与北也门的政治继续相互作用;1978 年,两国领导人在两天内先后遇刺身亡,凶手可能是同一个人。在 1980 年代,两个国家的政治趋于一致,并于 1990 年合并为也门共和国。统一并不彻底;1994 年,亚丁(受到沙特阿拉伯支持)与也门共和国的其他地区爆发一场残酷内战。在这个形式上统一的国家中,深深的裂痕长期存在。

(二)伊拉克

在伊拉克,阿卜杜勒·拉赫曼·阿里夫(在 1966 年取代其兄,因飞机失事丧生的阿卜杜勒·萨拉姆)被 1968 年 7 月的一场极右翼政变所推翻。两周后,复兴党的另外一个分支在巴格达夺取政权。新政权很快就因幼发拉底河水的权益而与叙利亚进行争吵,尽管在两国执政的都是复兴党。伊拉克与伊朗都希望控制阿拉伯河,即底格里斯河与幼发拉底河在注入波斯湾之前的交汇处,两国关系由此紧张化。伊拉克指责埃及与约旦接受了默认以色列存在的《第 242 号决议》。伊拉克北部的库尔德人继续开展独立斗争,而政府为了竭力误导国内舆论而在巴格达公开绞死了 14 名被控有罪的以色列间谍(其中 9 人是犹太人)。在 1970 年与库尔德人达成的临时协议并未持久;伊拉克谴责伊朗国王向库尔德反叛者提供武器。由于库尔德人的反叛日益威胁伊拉克对其富含石油的北部各省的控制,巴格达逐渐采取亲伊朗的政策。1975 年,伊拉克副总统萨达姆·侯赛因与伊朗国王举行会晤,把伊拉克在阿拉伯河的主航道中心线伊朗一侧的主权给予伊朗,从而换取伊朗切断对库尔德反叛者的一切支持。库尔德人的反叛一度沉寂,但是在 1980 年代后期重新高涨。

(三)利比亚

1969 年的军事政变推翻了索马里、利比亚和苏丹的温和政府。其中最引人注目的是利比亚革命,一位笃信宗教的陆军上校穆阿麦尔·卡扎菲情绪冲动,慷慨陈词,在革命中夺取政权。这位年轻军官崛起为

好战的阿拉伯民族主义的新的领军人物。他说服美国人和英国人撤出他们在利比亚的空军基地,使所有游客携带阿拉伯文通行证,并主动派遣他的军队与纳赛尔在苏伊士运河与在约旦和黎巴嫩的敢死队并肩战斗。纳赛尔赞赏这位利比亚革命家,他使纳赛尔回想其自己的年轻军官生涯,当时纳赛尔在反抗犹太复国主义和帝国主义方面逐渐走向成熟。

(四) 以色列 341

与此同时,本—古里安的继任者总理列维·艾什科尔于 1969 年 3 月去世。前外交部部长兼工党总书记果尔达·梅厄接替其位。尽管人们仅仅把梅厄视为 1969 年 11 月大选之前的看守内阁总理,但是在以色列执政党工党联盟内部的派别争斗,使她成为工党最能接受的领袖。她在大选之后组建了一个大联合政府。事实上,她是一位意志坚强、才干卓著的领导人。她生于俄国,在密尔沃基(美国威斯康星州东南部港口——译者注)长大。她成功防止了第一夫人伊噶尔·阿隆与摩西·达扬的公开斗争。她还成功地使美国人透过以色列的眼镜来审视中东大事。

(五) 罗杰斯的和平方案

一般来说,以色列对美国国务院的影响小于对美国政府其他任何部门的影响。为了再次打破中东僵局,国务卿威廉·罗杰斯于 1969 年 12 月提出一个后来以他的名字命名的和平方案。“罗杰斯和平方案”主要是呼吁以色列和埃及再次停火,并重启雅林在两国之间的调停行动。罗杰斯所设想的持久和平“以双方的安全感为支撑”,而且边界线“不应体现征服的优势”——意味着以色列应该放弃此前它在战争中夺占的几乎全部土地。他还补充说,“只有公正解决难民问题,才能实现持久和平”,但是他并未明确指出具体含义。关于耶路撒冷,他反对以色列吞并耶路撒冷,而且提议耶路撒冷应实现统一,并且向所有宗教和民族开放。纳赛尔起初拒绝罗杰斯计划,但是当月在拉巴特举行的阿拉伯领导人峰会,几乎没有增加军事或经济援助以便帮助埃及打消耗战。

在1970年上半年,消耗战逐渐升级,而超级大国也有可能介入,因此"罗杰斯和平方案"对纳赛尔而言似乎变得更容易接受了。或许美国人会通过外交手段将埃及军队在战争中未能赢得的东西给予他。7月23日,纳赛尔宣布埃及接受修改后的罗杰斯计划,这是一次巨大的政策转变。在约旦境内的敢死队行动越来越多,因此饱受其折磨的约旦迅速接受罗杰斯计划。以色列尽管不信任美国的新政策,却勉强接受罗杰斯计划。为期90天的停火协议生效,而雅林也再次对中东多国首都(大马士革除外,因为它仍然不接受《第242号决议》)进行了巡回访问。埃及将其某些新型地对空导弹移入苏伊士运河区,这明显违反协议,此时以色列的质疑似乎很有道理。埃及的回答是,早在停火协议生
342 效之前,它就因为以色列此前的轰炸而准备移入这些导弹,而且指出以色列在补给其部队的掩护下已经在该地区部署了更加先进的武器。埃及将于1973年10月使用它的导弹在西奈半岛攻击以色列,但是华盛顿在1970年不愿通过迫使埃及撤回导弹而中断谈判。于是以色列终止了与雅林的和谈,尽管美国已经向以色列提供了主要用于购买更多幻影式喷气式战斗机的5亿美元贷款。

(六)在黎巴嫩和约旦发生的冲突

"罗杰斯和平方案"引发了约旦的一场危机。危机根源在于巴勒斯坦问题。巴勒斯坦人敢死队无法在以色列及其所占土地保留基地,因为以色列采取严格的安全举措,而且残酷报复疑似的抵抗战士。敢死队转而驻扎在位于黎巴嫩南部和约旦河东岸的难民营与乡村。由于游击队的袭击招致以色列报复性的越界攻打,因此许多黎巴嫩人和约旦人仇恨本国政府接纳巴勒斯坦人。1969年秋,黎巴嫩发生多起冲突。巴勒斯坦解放组织与黎巴嫩政府在开罗达成协议,限制巴勒斯坦人在黎巴嫩的行动自由,1970年巴勒斯坦人在约旦的活动随之逐渐增加。巴勒斯坦解放组织与侯赛因国王的军队发生争吵,侯赛因国王军队中

的许多人是一向憎恶巴勒斯坦人的贝都因人。

以乔治·哈巴斯为首的一个马克思主义组织——解放巴勒斯坦人民阵线(PFLP)引发了冲突。乔治·哈巴斯认为,巴勒斯坦人唯有首先袭击西方政府和平民以便引起对其事业的重视,才能实现自身的目标。于是解放巴勒斯坦人民阵线专事劫持客机,以 1968 年劫持以色列航空公司一架客机并迫使其飞往阿尔及尔为开端。1970 年 9 月,解放巴勒斯坦人民阵线劫持 4 架满载归国游客的西方客机,并迫使它们降落在安曼附近的、位于沙漠中的飞机跑道,至此解放巴勒斯坦人民阵线的劫持行动达到顶峰。劫持行动使约旦政府狼狈不堪,以致侯赛因的军队开始袭击巴勒斯坦人、敢死队和平民,摧毁了安曼以及其他城市和城镇的所有街区,这一突袭逐渐被称做“黑色九月事件”。叙利亚派出一支装甲纵队开进约旦以便支援巴勒斯坦人,但是在以色列(在美国的支持下)威胁要进行干涉时撤出了。埃及政府再次插手,正如它在黎巴嫩所做的那样,但是纳赛尔在调停阿拉法特和侯赛因的过程中几乎耗尽仅剩的力量。翌日,纳赛尔因心脏病发作而逝世。鉴于纳赛尔终其一生是一名阿拉伯斗士,具有讽刺意义的是他的最后行动是使侯赛因免受巴勒斯坦人的威胁,从而拯救了美国的一个和平方案。

(七) 后纳赛尔时代的埃及 343

纳赛尔的去世在埃及引发一场异乎寻常的民众追悼浪潮。《吉尼斯世界纪录》将纳赛尔的葬礼收录在内,因为参加其葬礼的人数(据保守估计是 400 万人)乃历史之最。安瓦尔·萨达特,埃及的副总统兼最初的“自由军官”的最后几位之一,被选为接替纳赛尔的总统,但是几乎无人料到他能够长期执政。其他纳赛尔主义者与萨达特展开竞争,而他们自身也在进行内讧。1971 年 5 月 15 日,萨达特肃清他的对手,此时才完全掌控他的政府。萨达特在表面上坚持纳赛尔的诸多原则,实际上却开始推行影响深远的变革。纳赛尔的组织严密的国内安全机构被解散。萨达特邀请埃及和外国的资本家投资当地企业,尽管这样的投资意味着疏离社会主义。国名在叙利亚脱离之后依旧是“阿拉伯联合共和国”,现在被改为阿拉伯埃及共和国。尽管在 1971 年 5 月签订的为期 15 年的同盟条约似乎强化了埃及与苏联的关系,但是由于莫斯科不愿将进攻性武器出售给萨达特用来进攻以色列,埃苏关系实际上正在破裂。翌年,萨达特将在忍无可忍的情况下把绝大多数苏联顾问与技师逐出埃及。

(八)“罗杰斯和平方案”的破产

美国政府促成中东和平的努力将有什么遭遇呢?从 1970 年秋到 1971 年冬,由于雅林在埃及和以色列之间的穿梭,临时停火数次恢复。1971 年 2 月,雅林向埃及和以色列发出照会,敦促双方接受作为谈判前提的若干条件。埃及将必须与以色列签署一项作为最终解决的和平协定,而以色列将不得不撤到埃及与巴勒斯坦此前的边界线以内(使埃及控制西奈半岛,但不控制加沙地带)。萨达特事实上同意与以色列就和平条款而签署一项具有契约性质的协定,这个事情纳赛尔从来不曾做过。但是以色列拒绝撤到 1967 年 6 月之前的停火线,因此雅林结束了其访问,而“罗杰斯和平方案”也随之寿终正寝。以色列与埃及均表达对部分解决的兴趣,这个部分解决将包括以色列从苏伊士运河东岸小幅后撤,并由此重新开放苏伊士运河(自 1967 年来已经关闭)。华盛顿力图促成埃及和以色列接受这份临时协议,因此埃及和以色列本来可以在 1971 年接受这一协议从而挽救众多生命。萨达特开始将 1971 年称做“作出决定的一年”,埃及和以色列在这一年要么媾和,要么走向战争。但是事实上 1971 年并非作出决定的一年,1972 年同样不是。

344 美国通过间接谈判力图促成以色列—阿拉伯和解,这一动机良好的努力并未触及该问题的根源:以色列担心遭到阿拉伯人袭击(和由此导致的灭亡),而阿拉伯人恐惧以色列人的扩张(以及由此导致的统治)。以色列声称,它不能通过同意首先作出让步来使其安全承担风险,因为在以色列首先作出让步之后,其阿拉伯敌人中可能只有一部分——甚至根本无人——作出响应。如果以色列放弃西奈半岛全部或一部,结果萨达特却根本不愿媾和,或者他被更加好战的埃及军官推翻,该如何呢?假设以色列从约旦河西岸(可能成为放弃西奈半岛的后续步骤)撤军,但是这片土地并未被归还约旦,而是给予一个狭小且不满的巴勒斯坦国,又该如何?以色列政府和军事组织坚信他们对全部的阿拉伯军力享有军事优势,但是国内压力正在增加。以色列右翼政党在大联合政府接受“罗杰斯和平方案”的停火协定之后退出这个内阁。如果工党继续让步,果尔达·梅厄可能会遭到赫鲁特党(自由党)领导人梅纳伊赫·贝京以及其他致力于扩展领土,并将这一行为等同于国家安全的以色列人的严厉谴责。

就埃及而言,凡是萨达特敢于作出的让步他都作出了。单独媾和很可能会使埃及孤立于阿拉伯世界其他地区,并很可能使石油输出国停止向“吱呀”作响的埃及经济提供援助。约旦本来会与以色列媾和,只要后者从包括耶路撒冷旧城在内的约旦河西岸撤军。1972 年,侯赛因国王提议上述巴勒斯坦地区与约旦其余地区组成名叫“阿拉伯联合王国”的联邦。以色列人和巴勒斯坦人均反对这一企图。叙利亚坚持认为,以色列作为一个扩张主义国家,绝不会和平地归还此前被它凭借暴力占领的土地。此时苏联追求与西方的缓和,既不阻挠也不支持美国旨在实现和平的努力。相反,它继续扶植其中东盟友,包括叙利亚和伊拉克,以及受到遏制的巴勒斯坦解放组织和相关的游击队。

五、中东的危险信号

1973 年 10 月之前的两年,是暴风雨前夕的平静。事实上,危险信号已经出现。卡扎菲已经同意利比亚与萨达特统治的埃及合并,迫使他袭击以色列。巴勒斯坦敢死队以触怒以色列和西方的方式来引起对巴勒斯坦解放事业的重视。他们的目标包括在以色列的罗得机场的波
多黎各朝觐者、参加 1972 年慕尼黑奥运会的以色列运动员、美国驻苏 345
丹大使,以及驶入奥地利的一列车苏联犹太移民。以色列国防军反击巴勒斯坦人的据点,也导致无辜人员死亡。联合国谴责以色列的报复行为,却并未指责激起这些报复行为的巴勒斯坦人的举动。

与此同时,西方媒体和民众开始担忧迫在眉睫的能源危机,以及过

分依赖石油进口的风险。欧洲和日本有首当其冲之感。自第二次世界大战后,工业国的主要能源已从煤炭转为石油。随着中东石油产量的激增,石油公司一直使它们的价格保持低位。1959 年和 1960 年,它们甚至未经与产油国磋商就下调油价。由于当时双方同意对石油利润五五分成,因此石油公司的单方面行动降低了产油国政府的收入。上述油价下跌或许反映了较低的生产成本和供大于求的石油市场,但是石油和天然气是不可再生资源,而且是某些产油国的主要国民收入。1960 年,其中 5 个产油国(伊朗、伊拉克、科威特、沙特阿拉伯与委内瑞拉)在巴格达举行会议,并建立石油输出国组织(欧佩克)。后来阿布·哈比(现在的阿拉伯联合酋长国)、阿尔及利亚、厄瓜多尔、印度尼西亚、利比亚、尼日利亚和卡塔尔也加入其中。

1960 年代,世界石油供需基本平衡,这时欧佩克保持低调。但是随着欧佩克各成员国逐渐相互熟悉,并更加理解石油经济学,这一组织逐渐变得更加自信。1968 年,欧佩克提议各成员国自行勘探新的石油资源,购买石油公司的股份,限制它们的特许开采区域,并为它们的产品(以防油价下跌减少政府收入)设立期货价格(或者实行税收优惠)。两年后,上述石油公司同意努力实行统一的——而且更高的——期货价格,并且同意上缴更多营业税。随着世界需求的不断增长,石油输出国开始显示其经济实力。

在价格方面,这意味着什么呢?由于存在众多的石油和价格安排,我们仅能列举若干具有代表性的数字。伊拉克每桶(42 美国加仑或 159 升)原油售价从 1950 年的 2.41 美元跌至 1960 年的 2.15 美元。1970 年油价回复到 2.41 美元,1971 年为 3.21 美元,1972 年达到 3.40 美元。许多人后来反对油价在 1973 年末上涨 4 倍,因为我们记得油价已在一代人时间内保持低位。从 1950 年到 1970 年,有哪些原材料或者制成品保持同样价格呢?石油的国际结算单位是美元,而美元价值从 1971 年华盛顿停止按照一盎司 35 美元来销售黄金开始直线下跌。
346 从 1970 年到 1978 年,一盎司黄金的美元价格上涨 5 倍以上,难道石油输出国比其消费者更贪婪吗?

（一）战争的前奏

1973年，中东似乎非常平静，一场阿拉伯–以色列战争好像不会发生。以色列人刚刚隆重纪念其国家建立25周年，并且正在准备另一次议会选举。从1948年起一直在以色列执政的集团似乎有可能保持权力。所谓的工党联盟是由温和的和左翼的诸政党构成的一个集团(但是阿拉伯的或犹太的共产主义者例外)。领导这一联盟的是工党，曾经以本–古里安为首，现在由果尔达·梅厄领导。执政联盟是工党与受到众多正统派犹太人支持的全国宗教党的联合组阁。右翼民族主义者的首领梅纳伊赫·贝京从1967年至1970年在工党领导的联合内阁中任职，1970年因抗议以色列接受“罗杰斯和平方案”而辞职。后来，他开始将以色列的诸保守政党联合为一个名叫“利库德”的联盟。

（二）美国的关切

美国已经从越南撤军，日益丧失对外交事务的兴趣。绝大多数美国人对牵涉尼克松政府官员的一些丑闻念念不忘(主要是“水门事件”，这源自尼克松的政府官员极力掩盖对位于水门大厦的民主党总部的非法闯入)。那些关心长期问题的人发觉，美国在石油和其他化石能源方面的消费量和产量的差距不断拉大，从中东持续增加的进口则填补了这一缺额。一些石油公司认为，如果华盛顿不能较为公允地处理中东政治，那么阿拉伯人将停止向西方出售石油和天然气。由于支持犹太复国主义者的国会游说团权势显赫，因此美国不可能较为公允地处理中东政治。尽管犹太人(和非犹太人)组织的压力促使美国在1948年迅速承认以色列，但是在华盛顿的犹太人组织与压力集团数目众多，形形色色，从而阻碍了1950年代早期犹太复国主义者对议员的游说。1954年，美国以色列公共事务委员会(原来被称做“美国犹太复国主义者公共事务委员会”)成立，旨在统一支持以色列的各种意见，以便影响国会(倾向于支持以色列)和国务院(并不倾向于支持以色列)。到1973年，美国的以色列公共事务委员会成为一个经费充足，并能操纵

几乎所有国会议员的组织，这源于它对其犹太人(在某些情况下也包括
347 新教基督徒)选民的影响。没有一个阿拉伯人压力集团能够与美国以色列公共事务委员会的权势和敏锐相提并论。

尼克松期望转移对“水门事件”的批评，刚刚任命其国家安全事务助理亨利·基辛格担任其国务卿。少数阿拉伯人担心，作为一个犹太人的基辛格或许会支持以色列，但是他再次公开向阿拉伯国家保证他的公允。热切推动缓和的基辛格，希望两个超级大国能够停止军备竞赛，并促成中东和平，当地出现冲突的危险依然很大。

(三) 阿拉伯人的失望

以色列延长并深化了对1967年所占土地的占领，令阿拉伯诸国大失所望，而华盛顿与耶路撒冷均低估了这一点。许多亲以色列的观察家知晓这种失望的存在；但是一方面，他们猜测阿拉伯人在领土问题上的喋喋不休是为了转移旁观者对其摧毁犹太国这一真实目的的关注，而另一方面，他们还坚信阿拉伯人缺乏驱逐以色列人的意志与实力。毕竟阿拉伯人每次抗击以色列都以埃及为先锋，而1972年萨达特将其苏联顾问和技师驱逐出境，似乎削弱了埃及的抵抗能力。然而，他警告美国和欧洲记者，埃及或许很快就向驻扎西奈半岛某地的以色列军队发动进攻，从而酿成一场将迫使超级大国进行干涉的危机。他的警告使其诽谤者回想起他曾发出的“作出决定的一年”的自负威胁；他们污蔑萨达特没有决策能力，即无法作出与以色列开战或媾和的决定。

实际上，萨达特既想开战又想与以色列媾和。与以色列开战对埃及而言损失惨重，但是如果他的配备大量苏制坦克、飞机和导弹的陆军和空军能够收复纳赛尔在1967年丢掉的部分土地，埃及与以色列媾和的意愿和能力就会更强。尽管埃及经济危机四伏，但是在未经战争的情况下向以色列提出的任何和平建议，都会导致阿拉伯富国中断对埃及的所有援助。萨达特已经清除在其政府中可能反对其政策的所有纳赛尔主义分子，但是军队或许会发动叛乱。许多军官和士兵自1967年起就一直处于高度戒备状态，他们迫切希望要么进行战斗，要么卸甲复

员。埃及实行的“不战不和”政策业已丧失其作用。埃及人关注着以色列的议员竞选活动，在此期间，工党联盟与利库德集团就西奈半岛，特别是邻近加沙地带的西奈半岛上的犹太人定居点和城市开发区均作出激进的许诺。萨达特生动地表达他的反应：“关于亚米特 348
(以色列在拉法附近的港口)的每一句话，都是刺向我本人和我的自尊的一把匕首。”

（四）战争准备

因此，萨达特开始就袭击以色列这一问题与其他阿拉伯国家的首脑进行公开或秘密的磋商。出于个人的以及政治的考虑，他不能再与卡扎菲合作，后者频繁地并且经常不打招呼就造访开罗，就阿拉伯人抗击犹太复国主义的职责，穆斯林妇女的正常角色，以及开罗夜总会的淫荡不堪等问题，慷慨激昂地向埃及人民发表长篇演说。埃及与叙利亚的合并本来将于 1973 年 9 月 1 日生效，但是被推迟而且最终被抛在脑后。

萨达特转而求助于沙特阿拉伯、向埃及提供资金援助的主要国家，以及对抗以色列的叙利亚和约旦。自阿卜杜拉国王出台其“大叙利亚计划”之后，约旦和叙利亚就变成对手。然而，在 1970 年末夺取叙利亚政权的哈菲兹·阿萨德，比其前任更加致力于复兴叙利亚的经济，而较少倾向于破坏约旦的政治。侯赛因希望结束其王国在阿拉伯世界的孤立境地。因此，萨达特于 9 月初邀请这两个国家的领导人举行一次小范围会谈，他们在会上同意恢复其对抗以色列的统一战线。翌日，以色列宣布它在地中海上空的一次空战中击落 13 架叙利亚飞机而自己仅损失一架(叙利亚则认为损失的飞机分别是 8 架对 5 架)。以色列可能是为了极力羞辱对抗以色列的阿拉伯国家所自夸的新的团结局面。但是埃及与叙利亚的高级军官开始秘密策划针对以色列所占领的戈兰高地与苏伊士运河东岸地区的一次联合突袭。

许多犹太复国主义者一向声称，叙利亚和埃及准备入侵并击败以色列，很可能计划解放巴勒斯坦，但是这并非萨达特所宣称的目标。阿拉伯领导人计划趁以色列不备进行袭击。他们认为因越南惨败和“水门丑闻”而精疲力竭的美国人将不会干预。他们同意缺乏针对以色列飞机的防空导弹的约旦在战争的最初阶段置身事外。叙利亚和埃及果真蓄意选择犹太人的赎罪日作为进攻日期吗？专家们并不认同。起初的方案计划在几乎月圆的某日日落之后发动进攻。苏联政府不久前发射一颗位于中东上空的间谍卫星，以便导引阿拉伯人的行动。

349 ## 六、“十月(赎罪日)战争”

战争爆发的标志是埃及空军和炮兵(以及水炮)对位于苏伊士运河东岸的以色列巴列夫防线进行的猛烈轰炸，以及叙利亚坦克对戈兰高地的大规模进攻。当时以色列仅有 600 名军官和士兵驻守巴列夫防线，仅有 70 辆坦克防卫戈兰高地，因此根本无法迟滞阿拉伯人的第一轮攻势。在数小时内，成千上万的埃及人已经渡过运河。他们使用地对空导弹击落以色列国防军的战机，从而有效地摧毁敌人一贯掌握的制空权；他们还越过绝大部分巴列夫防线。叙利亚人收复哈蒙峰并攻入戈兰高地的南半部；他们本来也许会攻入以色列本土。

(一) 以色列的疏于防范

以色列迅速并轻易地动员了其预备役部队；在赎罪日，绝大多数预备役将士要么待在家中，要么在犹太会堂进行祈祷。数以百计的部队很快集合起来并开向两条战线。如果突袭发生在其他任何一天，以色列国防军征召其后备役军人的难度本来会更大一些。然而，以色列毕竟遭到了突然袭击。以色列与美国的情报部门已经发现埃及和叙利亚的军队在战前一周的集结，当时认定他们仅仅是在实施例行调动。除此之外，他们怀疑穆斯林军队是否会在莱麦丹月——伊斯兰教的斋月期间发动进攻。以色列的确不愿征召其预备役军人，因为它在此前数月进行的一次征召耗资巨大。等到以色列认识到战争已经不可避免之时，它已经丧失了将其前线军力增强到足以抗击阿拉伯军队的程度这一机会。10 月 6 日清晨，内阁召开一次紧急会议，并讨论先发制人的空袭方案,但是果尔达·梅厄否认这一方案,以防美国终止对以色列的所有援助。

(二) 战争进程

阿拉伯人的攻势起初奏效,后来却停顿了。埃及人本来能够向西奈半岛推进得更远,而叙利亚人本来能够从戈兰高地俯攻以色列北部。他们为何徘徊不前呢? 萨达特计划将以色列人击退到西奈半岛腹地后就停止其攻势。他并不准备攻入以色列,因为他认为当埃及在战争占据优势之时华盛顿就会进行干涉,而谈判将会开始。

在战争开始的第一周,以色列人将其军队集中在北部,担心如果叙 350
利亚军队攻入加利利或被以色列占领的约旦河西岸等阿拉伯人聚居区,阿拉伯人会起义,因为以色列对阿拉伯人的政策没有创造出增进阿拉伯人对犹太国忠诚的那些条件。他们很快将叙利亚人赶出 1967 年停火线。以色列军队进抵位于库奈特拉(戈兰高地的主要城市)和大马士革中途的一座城镇。接着他们停止前进,部分原因是为了避免苏联的任何干涉,或者约旦或伊拉克的大规模进攻,但也是因为以色列的进攻重点已经转向埃及战线。在横渡运河之后,埃及军队在西奈半岛内 6 英里(10 公里)处构筑工事,但是以色列国防军的情报部门发现这两支军队结合部的薄弱点。在第二周,在相当于第二次世界大战期间坦克战规模的一场坦克战中,以色列人穿越那个中间地带,抵达并横渡运河。埃及的射击与轰炸杀死以色列先头部队的大部人员,但是一些以色列人成功架起陆桥,从而使其他部队抵达运河西岸。埃及低估了这次横渡,但是当以色列国防军直扑苏伊士城之时,萨达特开始忧虑。

(三) 武器供应与石油禁运

美国再次向以色列提供武器,这是扭转形势的重大因素之一。华盛顿在战争开始的第一周推迟运送军火和零部件,担心疏远阿拉伯人,或者希望使以色列较为克制。后来,在亲以色列的游说人士的强大压力下,美国开始了大规模空运。阿拉伯人如何才能阻止这次重新供应呢?他们长期拥有的一种武器,即对美国实行石油禁售正向他们招手。事实上,阿拉伯产油国早在1967年“六月战争”中就曾停止向西方出售石油,但是那次禁售在数周后就宣告失败。不同之处在于1967年“六月战争”时石油在世界市场上供大于求,然而绝大多数工业国甚至在1973年10月之前就担心石油短缺。埃及早就敦促波斯湾沿岸国家停止向美国出售石油,以此作为迫使以色列放弃所占土地的一种手段。《金字塔报》(一份影响巨大的开罗日报——译者注)的一篇社论指出,美国学生如果被迫进入没有供暖的教室上课,将会像此前要求美军撤出印度支那那样示威要求以色列撤军。

在美国开始向以色列空运军火的第二天,阿拉伯产油国在科威特召开会议,宣布它们将从当月起逐月削减其石油产量5%,直至以色列
351 从全部所占领土撤军,并承认巴勒斯坦人的民族权利为止。一些欧佩克成员国迅速将油价提高50%。接着这些阿拉伯国家(不包括伊朗)一致决定,对美国和任何被认为过分支持以色列的欧洲国家实行石油禁运。它们将荷兰排除在外,与其说是由于荷兰政府的政策,倒不如说是因为大部分被运往北欧的石油都要经过鹿特丹港。石油禁运未能制止军火空运,但是的确促使许多欧洲国家拒绝向以色列空运军火的美国飞机着陆。上述欧洲国家公开支持阿拉伯人对《第242号决议》的解释。即便如此,石油供应量逐渐减少。随着冬季的来临,欧洲诸国采取节油举措,以减少能源消耗,并防止出现危机。

(四)超级大国与停火

到这场战争即阿拉伯人和以色列人自1948年以来进行的时间最长的战争的第三周,埃及和叙利亚都面临着军事失败。苏联极力防止埃及与叙利亚的失败,遂邀请基辛格访问莫斯科。美国政府本来或许会利用苏联政府对中东稳定的渴望,但是它也有自身的难题。华盛顿不仅担心阿拉伯人的石油武器,以及更多阿拉伯国家可能参战的危险,而且自身也处于混乱之中:副总统阿格纽刚刚辞职,尼克松总统已经

罢免其“水门事件”的特别起诉人,并接受其司法部长的辞呈,从而损害了自身的信誉。基辛格飞抵莫斯科并与苏联共产党总书记列昂尼德·勃列日涅夫共同起草一份被美苏双方所接受的联合国安理会决议案。决议草案要求就地停火,重申《第242号决议》,并要求冲突各方立即谈判。这份决议草案在联合国安理会获得通过,并被埃及和以色列所接受——但是叙利亚拒绝接受。然而,战斗在两条战线上继续进行,埃及与以色列都谴责对方言而无信。到联合国安理会在两天后通过新的决议为止,以色列军队已在埃及包围苏伊士城,在叙利亚则占据哈蒙峰附近的更多土地。

许多以色列人并不希望停火,他们在苏伊士运河东岸的西奈半岛包围了埃及的第三军,而且本来能够将其歼灭。但是基辛格进行说服,如果埃及能够保有其在开战初期的部分所得,它就更加倾向于媾和。停火不够稳定,防线犬牙交错,而多数观察家担心战事很快就将重新开始。次日,基辛格宣布美国军队进入紧急状态,据说是因为苏联船只正在亚历山大港卸载核弹头;可能性更大的原因是苏联正在强调以色列必须接受停火。最后,以色列人被迫屈服。

七、战争结果 352

1967年的“六月战争”摧毁了美国对埃及和叙利亚的全部影响力。1973年“十月战争”的一个意想不到的后果是美国事实上恢复了此前失去的影响力,这多亏了基辛格的外交。尽管他在担任国务卿之前从未到过阿拉伯国家,而且没有显示对它们的任何兴趣,但是他能够明智地与阿拉伯领导人进行磋商。基辛格使阿拉伯领导人确信惟有美国才能对耶路撒冷施加真正的压力,从而增强了他们与美国的联系。他还使出浑身解数促进阿拉伯人与以色列人的和解;如果一种方法失败,他就尝试另外一种。在11月初,埃及和以色列的指挥官在设在开罗-苏伊士公路的101公里路标附近的一个帐篷内举行会谈,以便确认和划清双方的分界线,并安排向埃及被围困的第三军运送食品和提供医疗救护。在这些会谈结束后,基辛格开始组织一个普遍和平会议,这次会议将在两个超级大国的主导下于 12 月底在日内瓦召开。叙利亚因巴勒斯坦解放组织未受邀请而拒绝与会,但是埃及与以色列都参加了会议。经过一天的公开发言之后,会议休会,因为一个技术委员会开始进行使苏伊士城附近的以色列人和埃及人脱离接触的工作。自此以后,日内瓦会议一直处于休会状态,尽管有人在 1977 年力图恢复这一会议。

(一) 穿梭外交

1974 年 1 月,基辛格开始在耶路撒冷和阿斯旺(萨达特在此过冬)之间穿梭飞行,并逐步起草了一份《军队脱离接触协议》,协议规定以色列军队将撤出苏伊士运河西岸的所有地区,并在苏伊士运河以东约 20 英里处建立其停火线(参见地图 18.2)。一支新的联合国紧急部队将在运河以东的缓冲区执行巡逻任务,从而使萨达特保住了他的军队在战争中占领的地区,并收复了他们后来在此次战争中丧失的地区。以色列人也得到了好处,因为他们能够使绝大多数后备役军人复原,而以色列人在后方的工厂、商店、教室和办公室需要这些人。埃及对这份协议非常满意,以致萨达特帮助说服费萨尔国王解除了石油禁运。叙利亚也同意就军队脱离接触问题而与以色列进行谈判。事实上这份协议的达成要困难得多。这一协议使基辛格在 1974 年 5 月的绝大部分时间都待在中东,但是最后以色列人同意将他们在“十月战争”中所占领的土地,加上戈兰高地上的主要城市即库奈特拉归还叙利亚。联合国
353 的一支观察部队将获准进入戈兰高地,但是为期仅有 6 个月,之后只有经过双方同意方可继续延长 6 个月。在每次 6 个月期限结束前夕尽管都有一段令人不安的时间,但是叙利亚和以色列每次都同意再延长 6 个月。基辛格回国时受到英雄般的欢迎。尼克松由于“水门事件”而身处危境,在 6 月访问若干阿拉伯国家和以色列,力图收获基辛格业已播
354 下种子的部分荣誉果实。然而,基辛格的成就未能像其本来可能达到的那样巨大。结果是美国以色列公共事务委员会,即支持犹太复国主义的国会游说者阻止美国政府采取迫使以色列从约旦河西岸和加

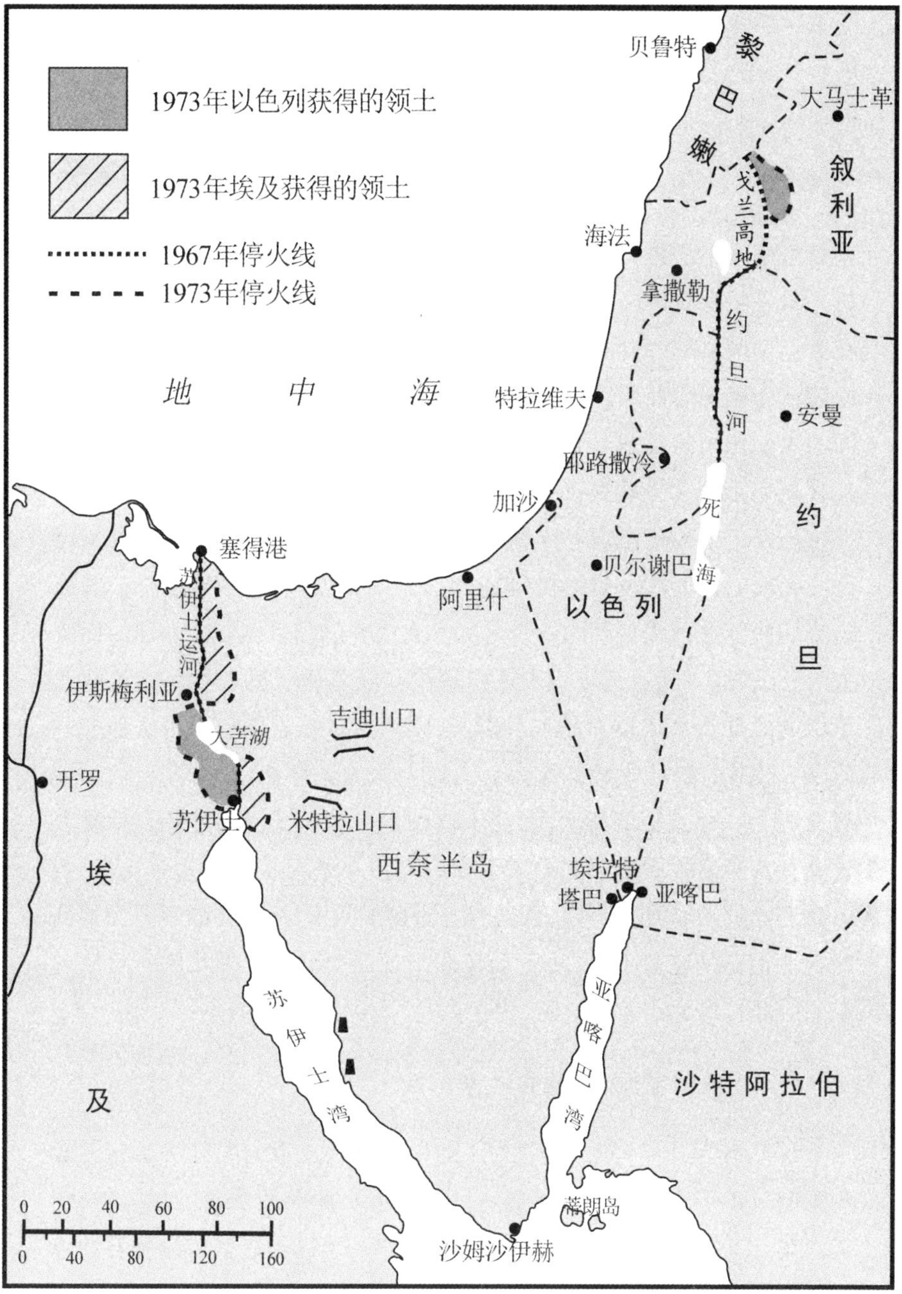

地图 18.2　1973 年“十月战争”结束时的边界状况

沙地带撤军,并与阿拉伯人特别是与埃及人和叙利亚人和解的行动。如果华盛顿真的采取这一行动的话,这一举措将会增进美国在中东的利益。

(二)以色列的国内危机

当基辛格实施其外交行动之际,以色列政府正在经历一场严重危机。本来将在1973年10月举行的大选因战争而被推迟到12月底。在大选期间,保守的利库德集团取得重大胜利,而工党联盟及其传统的联盟伙伴则铩羽而归。这一结果很可能是选民对战争爆发前夕梅厄内阁的失误作出的反应。1974年初,她力图组建新的政府,但是世俗主义政党与正统主义政党在"谁是犹太人"这一问题上的争论阻碍了她的努力。以色列的这个古老问题的核心在于,政府可以给予所有渴望得到公民权的犹太移民公民权(世俗主义者的立场),还是只能将公民权给予那些能够证明自己的母亲是犹太人或者已经依据犹太教律法而改宗的移民,这一问题迄今尚未获得解决。众多属于犹太教保守派或改革派的北非犹太人反对第二种定义,因为这意味着以色列否认他们的拉比有权执行对犹太教的改宗。正统派犹太人坚持认为,以色列必须努力成为一个真正的犹太国,而不仅仅是一个在其境内那些自称犹太人的民众碰巧构成多数的国家。梅厄无法在是否将全国宗教党(正统派立场的拥护者)纳入其联合内阁方面赢得共识,而且在战争方面遭到的批评也让她痛苦不堪,故主动辞职。1974年6月,在以色列与叙利亚的脱离接触协定生效之际,伊扎克·拉宾成为新任总理。

(三)石油禁运的影响

1973年至1974年的危机对工业化世界构成重大的经济难题和政治难题。由于一些国家开始抬高价格竞买石油以便使其工厂运转,使其汽车开动,为其住所供暖,所以原油价格一度剧烈起伏。每桶石油价格一度达到20美元,这远远高于1973年1月的3美元平均期货价格,
355 但是它最后降至11.65美元。石油短缺使世界各地的工厂和消费者面

临着困境，而许多购买者谴责石油公司限制石油供应，以抬高消费者的购买价。

然而，对沙特阿拉伯、科威特和伊朗等国而言，急剧迸发的石油收入展现出经济发展与政治优势的新前景。但是即便是石油输出国也有难题，因为西方企业家挤满这些国家的旅馆和政府官员的客厅，而载有机器和消费品的船只在吞吐能力不够的海湾国家诸港口附近排队等待入港，而埃及等较为贫穷的国家（和巴勒斯坦解放组织）则反复要求它们提供经济援助。缺乏石油的国家，包括约旦、南北也门和苏丹等阿拉伯国家在内，无力承担新的油价。印度、巴基斯坦、孟加拉国以及其他第三世界国家，为了购买石油而被迫搁置必要的发展规划。欧洲、日本和美国在 1974 年都遭受失业率上升和通货膨胀的打击。上述难题影响了从这些工业化国家购买商品或力图将商品出售给它们的每个人。阿拉伯人和伊朗人将巨额资金投向股票和债券、房地产、国库券以及其他形式的西方资本。根据这些石油输出国获取石油美元的速度，（一些杞人忧天者说）它们很快就能拥有整个世界的绝大部分财富。事实证明，这些恐惧的理由站不住脚，但是沙特阿拉伯、科威特、伊拉克、伊朗、利比亚和阿拉伯联合酋长国的经济实力继续增长，并且将被转化为政治实力和军事实力。美国对中东诸多统治者的军售，旨在帮助偿付所购石油，在 1977 年高达 90 亿美元。埃及人、也门人、巴勒斯坦人和黎巴嫩人涌入新兴的石油富国，以便找到工作岗位并将他们的大部分收入寄给他们的家人，这改变了他们的生活方式。

（四）鼎盛时期的巴勒斯坦解放组织

外国，为了改善与阿拉伯人的关系，比以往任何时候都更加支持巴勒斯坦人的事业。尽管几乎没有巴勒斯坦人参加 1973 年的“十月战争”，他们却正在获得对阿拉伯诸国的影响力。许多巴勒斯坦人早已移居产油国谋生，现在成为管理精英的重要组成部分，而且构成科威特等国的重要劳动力，例如巴勒斯坦人占科威特总人口的四分之一。科威特政府也向巴勒斯坦解放组织提供大量援助资金。在 1974 年 10 月，阿拉伯诸国领导人在拉巴特举行会议,承认巴勒斯坦解放组织是“巴勒斯坦人民在任何被解放的巴勒斯坦领土上的唯一合法代表”。甚至连侯赛因国王也不情愿地将关于约旦河西岸的谈判权转交巴勒斯坦解放组织。联合国大会邀请巴勒斯坦解放组织主席阿拉法特前去演讲。联
356 合国大会后来还承认巴勒斯坦人的独立权和领土主权,并给予巴勒斯坦解放组织以联合国观察员地位。与此同时,联合国教科文组织(UNESCO)终止对以色列的资金援助,因为以色列“持续改变耶路撒冷的历史特征”。1975 年,当联合国大会以绝对多数通过一份谴责犹太复国主义是种族主义形式的决议时,以色列变得更为孤立;但后来联合国大会撤销了这一决议。

巴勒斯坦解放组织逐渐被承认为一个争取民族解放的运动组织,并打击了犹太复国主义者将其行动蔑称为“恐怖主义”行径的企图。巴勒斯坦解放组织将针对以色列平民的破坏举动和暴力行为视为合理的以眼还眼、以牙还牙的报复,这些破坏举动和暴力行为在 1974 年尤其剧烈。亲以色列的怀疑者担心,这些行动的真正目的是否是在阻挠基辛格的和平努力,并激起以色列对位于黎巴嫩南部的敢死队的空袭。一些人认为,如果巴勒斯坦人在约旦河西岸和加沙地带建立一个国家,他们就会比较容易接受以色列的 1967 年边界。但是以色列人不愿碰运气,因为他们几乎没有觉察到自身易遭攻击的原因之一是对巴勒斯坦土地的持续占领。

(五) 回到穿梭外交

1975 年冬,基辛格与埃及和以色列展开新一轮谈判,旨在达成一个关于西奈半岛的临时协议,以便保持谈判势头,帮助萨达特,并对抗日益增强的阿拉伯人反对势力。基辛格再次尝试其在 1974 年效果良好的穿梭外交。但是和谈因以色列拒绝归还西奈油田和具有战略意义的基底关隘和米塔拉关隘,而埃及在以色列仍然控制西奈半岛部分地区的情况下不愿作出不再参战的保证而举步维艰。3 月,当沙特阿拉伯国王费萨尔被其侄儿杀害之时,阿拉伯世界似乎又要进入新的政治

动荡时期。美国政府开始重新审视其中东政策，这一举动本来能够导致一个更为均衡的政策。但是最后，华盛顿仅仅推迟对售给以色列的部分武器的交货，并威胁要减少美国的经济援助，而在过去两年中的经济援助总额高达20亿美元。

然而，埃及与以色列在1974年晚些时候都变得更加克制。6月，萨达特重新开放苏伊士运河，并允许运输以色列货物的船只通行。基辛格在经历新一轮穿梭外交之后促成了一个关于西奈半岛的新的协定。由于100名美国文职技术人员加入了位于缓冲区内隔离埃及军队和以色列军队的联合国紧急部队，因此以色列放弃了那些关隘和油田。埃及则放弃了将战争作为解决中东冲突的手段，这一声明被其他阿拉伯国家普遍解释为背叛，但是巴勒斯坦人和其他阿拉伯领导人均未能 357
阻止萨达特的(未被承认的)、旨在与以色列单独媾和的行动。

八、黎巴嫩：阿拉伯人新的角斗场

在黎巴嫩，一个独特但相关的危机正在酝酿：一场比1958年内战持续时间更长、损失更大、更加痛苦的内战。我们只有从以下若干角度进行考察，才能理解这一漫长的冲突。

(一) 宗教角度

这场冲突起初被视为基督徒与穆斯林之间的一场冲突。黎巴嫩是一个被宗教派别深深撕裂的国家。马龙派，黎巴嫩最大的一个基督徒派别，长期以来掌握与他们的实际人口比重不相称的权力。黎巴嫩的穆斯林构成主体人口，争取自身的平等权利。并非所有基督徒都站在马龙派一边(许多东正教徒并不站在他们一边)，而穆斯林也并不具有同样利益。相对于在历史上占优势地位的逊尼派穆斯林，什叶派穆斯林的人数正在增长，随着战争的进行，他们更加强烈地要求自身的地位得到承认。令人费解的是，穆斯林一方的第一个代言人是德鲁兹派地主卡玛尔·居姆巴拉特。此后数年，基督徒和穆斯林都将分裂为彼此攻伐的诸多派别。宗教问题当然重要，但是其他难题也在撕裂黎巴嫩。

（二）民族主义角度

一些专家将这场战争视做黎巴嫩忠诚主义者与阿拉伯民族主义者之间的冲突，前者将他们的国家看做连接西方与中东的纽带，而后者力图与叙利亚和其他阿拉伯国家结成更加密切的关系。冲突的这一性质招致其他中东国家的干涉。由于没有一个阿拉伯国家会公开支持黎巴嫩独立主义而不支持阿拉伯民族主义，因此任何一届政府所采取的政策往往依赖它希望在何种程度上取悦叙利亚。而叙利亚的政策，读者很快就将了解，则经常变更。以色列的支持者谴责巴勒斯坦人袭击黎巴嫩人（指马龙派，它受到以色列的秘密支持）。50 万巴勒斯坦人住在黎巴嫩，主要是在南部地区以及位于贝鲁特周边的难民营。许多巴勒斯

358

安瓦尔·萨达特

安瓦尔·萨达特（1918—1981）生于埃及米特·阿布尔·考姆村的一户生养了 13 个子女的家庭。1938 年，时年 20 岁的萨达特被委任为埃及陆军中尉副官，并被派往苏丹，在那里，萨达特最终结识了加麦尔·阿卜杜勒·纳赛尔。

萨达特与纳赛尔迅速成立了一个名叫“自由军官”的秘密组织，该组织致力于将英国人赶出埃及，并推翻埃及的君主政体。这一组织的成员竭力寻求外界的支援。1940 年代初，“自由军官”组织的部分成员力图与驻扎北非的德国军队取得联络，这并非因为他们是纳粹党，而是因为德国是英国的敌人，而英国是埃及的占领国。他们的阴谋被发觉，因此 1942 年萨达特以叛国罪被捕。他在身陷囹圄数年后成功越狱。1950 年，萨达特获准重新参军，并像此前一样担任陆军上尉。

萨达特从未与纳赛尔以及其他“自由军官”失去联系。事实上，该组织曾在萨达特入狱期间资助他的家人，因此他非常忠诚于这个组织。因此，萨达特在与其他“自由军官”重聚之后，参加了推翻法鲁克国王的 1952 年政变。他起初担任“自由军官”组织的公共关系联络员，后来则成为国民大会议长。1969 年，他被选定为纳赛尔的副总统。在纳赛尔于 1970 年去世

后，萨达特就任埃及代总统。

当时，萨达特凭借其智胜敌手的能力，以及依靠军队的支持，奠定了其作为埃及终身领导人的地位，这几乎让所有人目瞪口呆。引发震惊成为他的专长。他迅速结束埃及与苏联政府的同盟，转而与美国建立更为密切的关系。正如他所解释的那样：“俄国人能够给你武器，但是只有美国人才能带来和平。”不幸的是，他的判断并不准确。1973 年，他派遣埃及军队横渡苏伊士运河，以便迫使以色列人和美国人来到谈判桌前，使以色列人大为惊讶。这次进攻的成功之处仅仅在于使埃及收复了西奈半岛的一小部分地区。

萨达特最大的惊人之举在于，他于 1977 年飞抵耶路撒冷，并率先向以色列人表达和平愿望。这促成了由卡特总统主持的著名的戴维营会谈。萨达特最终与以色列签署单独条约，并收复西奈半岛，但是他在巴勒斯坦自治问题上仅仅获得以色列人的空头许诺。

萨达特为实现中东和平所作的努力，使他理所应当地获得了 1978 年度诺贝尔和平奖，其悲剧在于其同胞并不像他一样真诚。部分成功事实上比失败更加糟糕，因为萨达特的单独媾和使埃及在阿拉伯世界处于孤立地位，并使他遭到其阿拉伯同胞的蔑视。最后，1981 年 10 月 6 日，在埃及的“十月（赎罪日）战争”“胜利”纪念日的阅兵式上，埃及军官中的一个阴谋集团刺杀了萨达特。

坦人感觉自身与黎巴嫩的政治经济生活相隔绝。来自巴勒斯坦的阿拉 359
伯基督徒在 1948 年后已经被给予公民权，但是有助于导致穆斯林在黎巴嫩占据多数的巴勒斯坦穆斯林则并未被吸纳。1970 年后，被赶出约旦的巴勒斯坦解放组织使黎巴嫩成为其军事基地。巴勒斯坦解放组织不愿介入内战，但是它与任何拥护阿拉伯民族主义并希望解放巴勒斯坦的集团站在一边。正是马龙派民兵对一辆巴勒斯坦公共汽车的袭击引发了 1975 年 4 月的战斗，促使巴勒斯坦解放组织坚定地站在阿拉伯民族主义一方。

（三）经济角度

黎巴嫩内战也是力图维护现状的地主和商人特权阶层与极力争取更多平等权利的劳苦大众(主要是穆斯林)之间的一场斗争。贫富差距特别是在贝鲁特非常巨大而且令人震惊。超高层的公寓大楼与由煤渣砖和废铁皮搭成的小屋比邻。政府无法征收富人的财产税,故对穷人消费的纸烟和其他商品课以重税。许多雇主并不支付最低工资,因为他们可以雇佣巴勒斯坦难民或农村的新来者,这些人渴盼工作岗位,而且愿意接受较低工资。

（四）意识形态角度

鉴于上述社会条件,一些新闻工作者和学者将这场战争看做右翼(现状的维护者)与左翼(希望改变现状的那些人)的一场冲突。这种看法有一定道理。那些富人、地位显赫者与基督徒倾向于支持右翼;然而其他人则普遍成为左翼。一些马克思主义的进步论者并未介入冲突。除此之外,左翼的步枪和枪榴弹发射器往往是苏联产品,而右翼武装则使用美式、欧式和以色列式武器。绝大多数中东国家在数年之中已经使自身全副武装,而黎巴嫩即便在和平时期也是走私者的天堂。显然,黎巴嫩部分公民拥有大量炸弹和枪炮。

（五）尝试的一种折中

所有这些角度都具有某些合理性,没有一种角度完全正确。人们进行战斗的原因不仅仅是宗教、民族和阶级的利益,或者意识形态。对黎巴嫩的忠诚也基于习惯、家族、庇护,甚至还有地区或住所周边因素。以往的嫉妒和潜在的斗争已被复活。过去的优待或冷落现在被以其人之道还治其人之身——甚至更为糟糕。黎巴嫩拥有从街头混混到私人
360 民兵等形形色色的武装组织。黎巴嫩的冲突双方是主要由马龙派武装构成的、历时长久的长枪党,和往往以穆斯林为主体并处在居姆巴拉特家族成员领导下的黎巴嫩民族运动组织。总统苏莱曼·弗朗基亚公开

支持基督徒一方。穆斯林一方则受到巴勒斯坦解放组织领导人阿拉法特的支持。在18个月中,残忍的战斗与不稳定停火交替往复,而贝鲁特城内与近郊的战斗最为激烈,当地的商业区、港口和生活区成为战场。双方均使用了火箭筒和手榴弹,从而将建筑物炸成废墟。1975年至1976年,大约7万名黎巴嫩人(主要是平民)死于非命,50万以上人口流离失所,财产损失超过10亿美元。

(六)叙利亚的角色

叙利亚在1976年的政策转向,是这场战争中一个令人困惑的方面。叙利亚在遭受委任统治期间极度仇恨法国人将黎巴嫩从叙利亚分割出去,而叙利亚人在独立之后一直期望两个国家有朝一日再次合并。叙利亚以穆斯林为主体人口,而且是阿拉伯民族主义的领袖,因此它一向站在任何会削弱亲西方的黎巴嫩马龙派的一边。因此,叙利亚总统哈菲兹·阿萨德很自然地支持黎巴嫩内战中的反叛者。起初他是这样做的,无论在道义上还是物资上。但是他于1976年1月成功迫使弗朗基亚及其支持者接受一次停火和一份政治协议,该协议将微调黎巴嫩的权力平衡,从而对穆斯林有利。但是黎巴嫩的穆斯林在巴勒斯坦解放组织的煽动下,拒绝了阿萨德提出的妥协方案。这一拒绝激怒了阿萨德,并使他改变了立场。叙利亚派遣坦克和军队开进黎巴嫩,强迫执行它所精心策划的协定,攻打黎巴嫩穆斯林和巴勒斯坦解放组织,并在1976年秋迫使他们服从。

1976年10月,阿拉伯领导人会议在利雅得召开,会议提出一套方案,根据这个方案,阿拉伯联盟的以叙利亚人为主力的维和部队将继续占领黎巴嫩,亲叙利亚的政客接替弗朗基亚的总统职位。但是阿萨德,一个自诩为阿拉伯民族主义和社会主义领袖的人,为何保护黎巴嫩的基督徒利益呢?他希望使巴勒斯坦解放组织足够软弱,以便他的政府能够加以控制;他此前曾与亚西尔·阿拉法特发生争执。黎巴嫩实现了不稳定的停战,但是战争实际上已经分裂了这个国家——还有贝鲁特——在基督徒和穆斯林之间。尽管一些基督徒仍旧在西贝鲁特等

"穆斯林区域"内和平生活,但是马龙派开始在贝鲁特以北修建一个新的港口和一处新的机场,并将他们的地区当做基督徒版以色列。事实上,以色列对此似乎表示同意。作为未来一场更大规模的入侵预演,以色列军队于 1976 年侵入黎巴嫩南部,以便摧毁巴勒斯坦人的军事基
361 地,并警告叙利亚军队远离黎巴嫩的南部边界。在南部的黎巴嫩基督徒——被切断与其本国其他教友的联系——开始进入以色列境内以销售他们的产品、寻找工作或者得到医疗服务。阿拉伯人谴责以色列通过黎巴嫩来证明犹太复国主义者的传统观念,即多宗教国家无法在中东持久存在。事实上,中东地区的绝大多数国家加速了黎巴嫩的崩溃,而这个国家此前一度非常自由、民主和富庶。

九、通向戴维营之路

在 1976 年总统选举期间,美国政府暂缓其对中东和平的追求。总统杰拉尔德·福特及其竞争对手吉米·卡特,均保证支持一个强大、独立的以色列,并漠视巴勒斯坦人。美国在黎巴嫩内战期间不是没有受到影响,美国大使在 1976 年被刺杀,而巴勒斯坦解放组织帮助美国大使馆撤出在贝鲁特的美国侨民。但是华盛顿不愿与巴勒斯坦解放组织进行谈判;基辛格在其 1975 年和谈中也拒绝进行此类谈判。绝大多数美国人反对与巴勒斯坦解放组织进行谈判,因为美国新闻媒体和政客仅仅表达以色列的看法,即阿拉法特是一个杀人犯,而他的组织是恐怖组织的保护伞。然而,卡特在当选总统之后会采取新的举措,以便解决阿拉伯–以色列冲突和巴勒斯坦问题,可能还包括黎巴嫩内战。

(一) 卡特的方案

布鲁金斯研究中心近来整理的一份报告集中反映了卡特新政府对中东的思考。该报告名叫《通向中东的和平》,敦促阿拉伯诸国承认以色列在 1967 年"六月战争"前的边界(进行某些较小的边界调整)。以色列将把加沙地带和约旦河西岸移交巴勒斯坦人的一个政府,但是不一定是巴勒斯坦解放组织。报告还呼吁重新召开日内瓦会议,以便达

成必要的协议。布鲁金斯报告的作者之一是威廉·霍华德,他将与卡特的国家安全事务助理兹比格涅乌·布热津斯基合作。卡特将中东和平摆在优先位置,而且开始与多国领导人进行磋商,希望在 1977 年末之前重新召开日内瓦会议。

(二)政策难题 362

新的障碍很快出现。以色列非常怀疑苏联与美国一起主导的任何会议。此前,基辛格的穿梭外交将莫斯科排除在和平进程之外。现在华盛顿似乎决心邀请苏联政府回来,这使以色列人甚至还有萨达特局促不安。除此之外,阿拉伯诸国坚持要求使巴勒斯坦人参加卡特所提议召开的会议。如果巴勒斯坦人被排除在会议之外,一些巴勒斯坦团体或个人或许会极力阻挠未经与他们磋商就决定他们命运的和平进程。如果他们能够与会,巴勒斯坦解放组织将根据 1974 年的拉巴特峰会决议而代表巴勒斯坦人吗?与巴勒斯坦解放组织进行谈判对以色列而言完全不能接受,以色列坚持认为约旦就是一个巴勒斯坦国家,因此没有必要再建立一个巴勒斯坦国,尤其是没有必要建立一个发誓消灭以色列的巴勒斯坦国。就巴勒斯坦人而言,他们希望巴勒斯坦解放组织代表他们,而约旦河西岸新近经选举产生的所有市长都支持巴勒斯坦解放组织。几乎没有人期望巴勒斯坦解放组织承认以色列,但是巴勒斯坦解放组织希望代表巴勒斯坦人而出席重新召开的日内瓦会议。

以色列的政治变革使卡特的方案复杂化。当卡特政府正在追求和平之际,以色列正在举行一次大选。总理伊扎克·拉宾与国防部长西蒙·佩雷斯的内部纠纷、政府丑闻、迅速恶化的通货膨胀,以及日益增加的社会问题早已打击工党联盟。以色列选民开始反对工党。一些选民转向一个呼吁和平和重大改革的新政党,但是更多选民投票支持右翼的利库德集团。利库德集团首领梅纳伊赫·贝京与全国宗教党组成一届联合政府,并于 1977 年就任总理。以色列总理一职首次未由工党联盟成员担任。贝京的当选似乎成为远离和平的重大步骤,因为他迫不及待地宣布约旦河西岸(他称之为朱迪亚和撒马利亚)是以色列不可分割的一部分，这部分土地在1967年被解放而非被占领。贝京无视《维也纳公约》第四条的规定，鼓励犹太人在阿拉伯人聚居区定居。阿拉伯人把贝京称做恐怖分子；作为伊尔供的前领导人，贝京曾实施1948年的达彦·亚辛屠杀。任何阿拉伯领导人似乎都不可能会与这样一个沙文主义的以色列人进行谈判。但是，令人吃惊的是，的确有这样一位阿拉伯领导人。

（三）萨达特首先追求和平

在埃及的人民议会演讲时，萨达特宣布他愿意前往以色列议会论
363 证他的国家追求和平的理由。贝京在之后接受美国电视台记者采访时表示，他将在任何时间迎接这位埃及总统。双方迅速作出安排，于是萨达特在1977年11月19日飞抵以色列。翌日，他在以色列议会通过广播和电视向全世界绝大部分地区发表一篇演说。他主动要求以色列人与埃及和平共处，前提是他们必须撤出在1967年战争中所占全部土地，并承认巴勒斯坦国。许多人认为，萨达特的访问是通向和平的重大步骤，因此以色列本应主动向埃及作出相应让步。但是其他任何阿拉伯领导人都不希望实现萨达特主动提出的与以色列的和解；卡扎菲和阿拉法特称他为阿拉伯事业的叛徒。以色列愿意与埃及媾和，但是萨达特希望实现包括叙利亚、约旦和巴勒斯坦人在内的全面解决。

在访问耶路撒冷之后，萨达特在1977年12月召集一次全面会议；而由于仅有以色列和美国同意来到开罗，这次全面会议流产了。但是承受沉重国防开支的埃及人民，将与以色列媾和视为他们的经济复兴的第一步。贝京飞抵伊斯梅利亚与萨达特举行会晤，而且他们同意同时召开两类谈判：在开罗举行军事谈判，在耶路撒冷进行政治谈判。然而，当他们在1978年1月开始谈判之际，双方与其说关心和平，还不如说忧虑对方的动机。贝京坚持认为，约旦河西岸的犹太人定居点和西奈半岛上的工业城市必须处于以色列军队的保护之下，这使萨达特回想起英国人在1956年前力图保留他们在苏伊士运河的军事基地，故命令在耶路撒冷的谈判代表返回。

以色列和埃及也在如何解决巴勒斯坦问题方面意见不一。贝京主张以色列所占土地上的阿拉伯人实行自治(由以色列无限期占领)。萨达特希望巴勒斯坦人民实行民族自决。当时阿拉伯人为了使自身从外国统治下解放出来曾经奋斗大半个世纪,因此贝京怎能期望萨达特接受以色列对巴勒斯坦人的无限期占领呢?而萨达特怎能期望贝京,一个坚信上帝已将约旦河西岸许给犹太人的人,使其政府致力于将那片土地移交尚未承认以色列生存权的巴勒斯坦人呢?以色列的犹太人不介意承认巴勒斯坦阿拉伯人也像他们一样渴望自由,然而埃及(和其他阿拉伯国家)并未认识到,以色列的安全忧虑如何源自犹太人在纳粹大屠杀之后对种族灭绝的恐惧,如何源自阿拉伯—以色列冲突造成的数年紧张局势。然而人们能够理所应当地认为,以色列对所占领土的保有和殖民,以及对200万以上心怀不满的巴勒斯坦人的遏制,只会使以色列更不安全。

上述狭窄视野是悲剧性的,因为双方都需要和平。军事开支的重担越发难以承受。一些以色列人移居其他国家,因为他们厌倦没收性 364
的重税,被无休止地征入后备军服役,以及不停息的紧张局势。一些阿拉伯人也出国了,特别是那些受过教育的年轻人到国外追求思想自由并寻找工作机会。埃及希望将原定的军费转向重建其虚弱的经济。1977 年 1 月,开罗和尼罗河三角洲地区的大城市普遍发生食品暴动,引发对埃及经济困难的举世关注。

美国政府在对和平的追求中比之前介入更深。美国人担心下一次阿拉伯—以色列冲突的破坏性将更大,而且非常危险;而如果和平谈判失败苏联将会坐收渔利(1978 年,共产主义似乎在利比亚、埃塞俄比亚、南也门和阿富汗得势),而阿拉伯人或许会对西方买家禁售石油。卡特总统及其内阁班底访问中东多国首都,折中各种方案,平衡武器销售,以及参加高层会谈,为处理阿拉伯—以色列冲突而耗费了不成比例的时间和精力。

(四)埃及—以色列和约

1978 年 9 月,一次特别首脑会议在戴维营(位于马里兰州的夏季白宫)召开,与会者包括贝京、萨达特和卡特,以及来自这三个国家的内阁部长和顾问。经过12天的紧张谈判,《埃及与以色列缔结和平条约的框架协议》与《关于中东和平的纲要》两份文件得以问世。第二份文件旨在促使其他各方参与和谈。但是约旦、沙特阿拉伯、(并不出人意料地)叙利亚和巴勒斯坦解放组织均拒绝加入上述协定,因为这些协定几乎没有给巴勒斯坦人民族自决的希望。经过长期和激烈的辩论,以色列议会同意以色列从西奈半岛撤军,并因此从将要归还埃及的地区撤走定居点和机场。谈判在离白宫不远的布莱尔宫召开(显然突出卡特的核心角色)。但是华盛顿和谈因埃及力图把建立外交关系与以色列放松对加沙和约旦河西岸巴勒斯坦人的控制挂钩而陷入僵局。戴维营首脑会谈所规定的三个月期限已经过去,但是和约并未达成。

与此同时,欧佩克发出警告,它将在1979年把石油期货价格提高14.5%(后来,在伊朗革命之后,欧佩克把价格提得更高、更快),从而增加了西方的财政赤字。埃及和以色列在一场相互对抗的心理战中,极力寻求卡特、美国国会和美国人民的支持,并拒绝作出妥协。1978年11月,其他阿拉伯诸国在巴格达也举行了一次首脑会晤,意图引诱埃及放弃和
365 谈,如果埃及签署和约就将实施报复。态度强硬的以色列人则发出警告,他们将阻挠从贝京已经提出归还埃及的土地上的任何撤出行动。

卡特对美国在中东地位的不断下降忧心忡忡,故决定于1979年3月初飞赴开罗和耶路撒冷,以便完成关于和平条约的谈判。他的冒险之举获得了回报,卡特及其援助成功克服了萨达特和贝京之间的分歧。1979年3月26日,一份正式结束埃及与以色列之间战争状态的复杂和约在白宫草坪得以签署。事实上,这份《和约》对美国而言代价巨大,在经济上和政治上都是如此。贝京很快就违背其关于不在约旦河西岸扩建定居点的承诺,从而使萨达特貌似背叛了巴勒斯坦人。其他阿拉伯政府几乎一概声讨这份《和约》,并谴责萨达特的背叛行为。可以理解的是,巴勒斯坦人感到了这一背叛的绝大部分。一次真正的和平机会以失败告终,主要是因为以色列决心保有约旦河西岸和加沙。埃及和以色列达成的就巴勒斯坦自治进行谈判的协定,仅仅是外交上的一

张遮羞布。华盛顿想要和平,但是绝大多数中东民族拒绝接受开罗与耶路撒冷达成的《和约》。

十、结论

我们所讲的和平是什么含义?迄今我们认为每个人都懂得和平是什么。但是我们果真懂得吗?一个简单的答案是,和平即不存在冲突。但是在中东历史上,许多冲突在数年中郁积,之后突然爆发。在 1956 年至 1967 年,阿拉伯–以色列冲突不太激烈,但是没有和平可言。我们能够以另外一种方式给和平下定义:世界上每个人、每个集团以及每个国家内部和之间的和谐状态。两个人只有感到与对方处于的和平状态,他们才能够与对方和平相处。如果一个集团的诸多成员意见分歧,他们就不可能与另外一个组织达成共识。一个因派系的、地区的或者民族的仇恨所撕裂的国家,不可能与另外一个国家实现和平。然而,这样一种理想状态在人类生活中并不存在。在历史上,绝大多数争端刚刚停息之时,应使各方停止争吵,尽管他们还未能达成协议。

一些阿拉伯人在提及与以色列的和平问题时说,他们愿意接受“萨拉姆”而并非“苏尔和”。这有什么区别呢?两个词都意味着“和平”,但是在现代用语中“萨拉姆”意味着暂时停止仇恨,而“苏尔和”意味着和解。作出这一区分的阿拉伯人或许会支持与以色列停战,这是暂缓仇 366
恨,他们在停战期间可以恢复其政治和经济力量,而并非与犹太国的真正和解。由于这一区分显然恐吓着以色列及其支持者,因此过分强调这一区分不会促成和平。

然而,以色列仅仅是一个犹太国吗?以色列是犹太人和阿拉伯人定居的一个国家,双方必须找到共处的基础,这个共处基础不包括一方对另一方的统治或镇压。让我们不要自欺。以色列籍阿拉伯人——遑论处于以色列占领下的巴勒斯坦人——并未享有与以色列犹太人同等的权利、权力和地位。漠视这些阿拉伯人感受的犹太复国主义者妨碍了对“苏尔和”的追求,甚至有可能阻碍了对“萨拉姆”的追求。如果没有安全,就没有和平。如果没有公正,就没有和平。对双方来说都是如此。这是后话。

第十九章　伊斯兰权力的复苏

367 1979年，中东历史上的关键一年，和平的前景似乎像过山车的乘坐装置一样稳定无虞。多数世人希望阿拉伯-以色列冲突获得公正和平的解决。但是中东战争的恐惧与和平希望的过山车突然俯冲下降，而且不停地左右摇晃。当列车顺利穿过戴维营和白宫草坪之际，一个新的麻烦地点突然出现——伊朗。1978年元旦，卡特总统在访问伊朗时曾赞扬这个国家是“处在世界上某较为混乱地区的稳定孤岛”，而这个国家到当年年底之前就因罢工和示威而陷入瘫痪。伊朗统治者，众沙之沙（众王之王）穆罕默德·礼萨·巴列维·雅利阿迈赫耳（雅利安人之光）处境如何呢？卡特在其新年祝酒词中曾说：“这是对陛下您的高度赞颂，也是在赞颂您的人民对您的尊敬、钦佩和爱戴。”一年之后，这位国王病入膏肓，并丧失了对其反叛臣民的统治权，而此时卡特的官员正在讨论请他放弃伊朗王位的种种途径。

与此同时，电视摄像机对准一位身体瘦削、眼神忧郁、胡须花白的古稀之人，他裹着黑色头巾，穿着褐色短衣，罩了一件长衫，在巴黎郊区过着简朴的生活。他就是阿亚图拉·鲁霍拉·霍梅尼吗？一位上了年纪的什叶派学者，如何使国内外的数百万伊朗人心悦诚服？国王曾勤勉经营伊朗现代化37年——或许绝大多数西方人持这样的看法——但是现在宗教激进主义者正在夺权。突然，“伊斯兰教”成为世界上一

股强大力量，而中东“专家”则正在撰写著作，并开设关于伊斯兰教的课 368
程。1979 年初，国王借口“长期度假”而离开伊朗，这位阿亚图拉则在狂热欢呼声中回到国内。士兵放下了他们的武器，也加入这一欢迎人群。某些中上层伊朗人逃离了这个国家。那些留在国内的伊朗人通过投票建立了“伊斯兰共和国”。伊斯兰教而非马克思主义，现在似乎成为未来的潮流。

美国和伊朗政府在此前数年一直是外交上、军事上和经济上的同盟，而华盛顿长期扶植国王的独裁政权。在反抗旧政权的过程中，新政权发泄着它对美国的仇恨。在其领导人的煽动下，武装学生控制了美国驻德黑兰大使馆，并将 60 多名美国人据为人质，要求国王和皇亲国戚返回伊朗，要求将他的财产归还伊朗。当民众聚集街头高喊“美国该死”之际，美国人民则根本不了解美国过去对伊朗的政策，纳闷到底出了什么问题。他们的国家，第二次世界大战以来最为强大的国家，在最近过于强硬的中东各族中间似乎已经变成一个无助的巨人。美国大使能够被杀害，而美国大使馆能够被付之一炬。苏联能够入侵阿富汗，而美国政府则无法进行有效反击。然而，美国人能够选举态度强硬的罗纳德·里根接替较为谨慎的吉米·卡特。在里根宣誓就职之日，美国人质被释放了；但是他在与伊朗以及中东其他地区打交道时很快便面临着自己的难题。

一些地区性冲突激化了，因为见证了上述事件的中东领导人认为侵略能够获益——至少在短期内如此。土耳其人在塞浦路斯赖着不走，而叙利亚人驻扎黎巴嫩，苏联人强化了他们对阿富汗的控制，伊拉克于 1980 年入侵伊朗，而以色列人在 1982 年占领了黎巴嫩南半部。事实上侵略者付出了高昂代价，但是这一点慢慢才变得明晰。到 1980 年代末，在来自整个穆斯林世界的志愿者支持下，阿富汗反抗者赶走了苏联人。伊朗已经击退了伊拉克侵略者，但是未能推翻伊拉克政权。以色列人已撤回一片狭小的“安全区”，而黎巴嫩比之前更加混乱。侵略最终没有带来收益。

许多官员积极解决上述冲突，结果使自身和他们的政府比之前陷得更深。萨达特,西方认为他对促进中东和平贡献最大,却于 1981 年倒在一阵机枪子弹之下。美国派遣一支海军陆战队,与欧洲三个大国的军队组成多国部队,以便使叙利亚军队和以色列军队撤出黎巴嫩,并
369 说服黎巴嫩的敌对各派重组政府。然而,西方列强甚至无法保卫自身免遭恐怖分子威胁而被迫撤军。定居黎巴嫩的西方人全部受到绑架者主要是黎巴嫩什叶派的威胁。伊朗—伊拉克战争在 1988 年 8 月之前激烈进行,造成近 1 万亿美元损失,100 万人丧生,而这场战争的基本问题仍然没有得到解决。1987 年 12 月,一直反抗以色列统治的巴勒斯坦人发动大规模起义,并于一年后宣布被占领土“独立”。华盛顿由于继续援助以色列而激怒了巴勒斯坦人,又因为与巴勒斯坦解放组织进行谈判而惹恼了以色列人。

一、关于伊斯兰教和政治的绪论

关于伊斯兰教的复兴论述多多。基督徒、犹太人和穆斯林的宗教复兴,或回归先验价值观,已在世界上许多地区出现。工业化世界在经过 30 年的持续繁荣之后,出现了新的问题。现在,一些从未经历贫困的人质疑物质主义的目标和前提,并追求精神生活。旧有的宗教传统正在被复兴。世俗主义者开始进行形形色色的沉思冥想。在科学的进军面前,宗教不再后撤。我们撰写这本书的假设是,与物质的动力和渴望相比,证明自身尊严的需要更能催人奋进。对北爱尔兰的天主教徒等许多受到压迫的民族而言,恪守宗教观念和信条,是实现其自由和尊严的一个步骤。尽管绝大多数中东人正式独立已有一代人时间,但是殖民主义依旧阴魂不散。事实上,由于跨国公司的经济势力以及美国流行文化的普遍影响,某些方面的依赖性已经变得更强。许多穆斯林将伊斯兰教复兴视为对他们价值观和生活方式的“可口可乐化”的一种反应而加以拥护。在 20 世纪末,西方的影响除了其对独裁政权的政治、军事援助之外,还体现在文化、经济、学术和社会方面。

过去穆斯林坚信,由穆罕默德创建并被其继承人完善的“温麦”,是

穆斯林唯一合法的国家。读者从此前章节可知,“温麦”是由信仰安拉、天使、经典、使者和“末日审判”的穆斯林男女构成的共同体。“温麦”领导人应当公正统治,并遵奉《古兰经》和穆罕默德的先例,即读者已经知晓的《沙里亚》,以便维护国内安全与和谐。非穆斯林可以在 Dar al-Islam 即“伊斯兰区域”居住、工作、祈祷,并拥有财产,但是他们不能成 370
为统治者。未被穆斯林统治的地区被称做 Dar al-Harb 即“战争区域”。绝大多数穆斯林相信,他们应该进攻“战争区域”以便扩张“伊斯兰区域”。他们在数百年中的确是这么做的,但是后来西班牙的基督徒使他们遭受了领土损失,接着奥地利、俄国、法国和英国的基督徒使他们继续丧失领土,穆斯林备感震惊。他们的统治者从西方逐渐引进武器、战术和军事组织。当上述策略以失败告终之后,某些统治者采取了全盘西化的改革。

尽管大多数人会认为,西化促进了教育、交通和商业的发展,但是还有问题的另外一面,即好坏传统被一概摒弃。道德上和知识上的旧有领袖欧莱玛被撤换,但是并未被取代,因为新的西化精英缺乏欧莱玛与民众之间的密切联系。许多手工业者和商人失去其生计。电报和铁路使政府的专制和腐败不仅没有消失,反倒越发严重。本国的西化者无视穆斯林的政治理论而接受世俗民族主义,但是这一意识形态并未遏止西方统治的扩张。它并未使穷人或本国少数族群免遭压迫。相反,民族主义削弱了大众性机构而增强了阿塔图克、礼萨国王、纳赛尔以及卡扎菲等人的权力。穆斯林诸国(印度尼西亚、阿尔及利亚和南也门除外)几乎没有通过革命的武装斗争就赢得其独立。然而,在独立之后,许多穆斯林国家未能实现国家统一,甚至未能打败他们的敌人。穆斯林的失败——例如阿拉伯人在 1948 年、1956 年和 1967 年被以色列打败——造成了创伤。如果民族主义未能维护现代穆斯林国家的自尊,那么其他被引入的意识形态事实上也不合适:法西斯主义蔑视个体而抬高国家,而共产主义完全否认伊斯兰教的基本信条。人民并不通过一味照搬其他人,而是通过坚守自身正确的东西来实现自由和尊严。

二、伊朗革命

尽管宗教复兴波及穆斯林世界的各个地区，但是对伊朗影响最大。这个国家在某些方面独树一帜：它的语言、它对前伊斯兰时代遗产的刻意培育，以及它对什叶派分支十二伊玛目派的遵奉。在伊朗，欧莱玛与民众的信仰也促进了民族主义的兴起。什叶派欧莱玛享有巨大的权力和威望。读者或许从第八章回想起，他们与逊尼派欧莱玛相比，在解
371 释《沙里亚》方面拥有较大权力。他们的观念拥有巨大的革命潜力，特别是他们坚信，除了隐遁第十二伊玛目之外的统治者均无合法统治权。在这位伊玛目转世之前，"穆智提哈德"（训练有素的"欧莱玛"）是什叶派伊斯兰教的立法者。欧莱玛的学校和清真寺不受世俗统治者的管辖（而且往往反对他们）。欧莱玛与巴扎商人行会和体育俱乐部一起，在1892年的烟草抵制运动和1906年的立宪运动中反对恺伽王朝国王。他们对巴列维王朝的态度并不连贯，虽然支持巴列维王朝反对苏联以及亲共产主义的工人党，却抵制其世俗化改革。当国王力图夺取他们的受捐赠地，并使伊朗与西方列强主要是美国结成同盟时，欧莱玛自然表示反对。西方新闻界强调欧莱玛反对国王在白色革命中给予妇女选举权等举措。鉴于在国王统治的绝大部分时间内，无论妇女还是男人都不能选举他们的代表，因此西方新闻界的指责是无的放矢。穆斯林的习惯性礼拜在伊朗人的生活中居于如此核心的地位，以致读者能够肯定，欧莱玛比国王和其大臣更熟悉大众的心声。

（一）君主政体

巴列维王朝从1925年延续至1979年。它包括两位君主：礼萨与其子穆罕默德·礼萨。他们（以及他们不断繁衍的家族）占有伊朗的大片土地、房屋、商店、旅馆和工厂（具体数目无人知晓，但是据估计在1977年，仅巴列维基金会的资产就约计30亿美元）。大批官僚、地主、军官和自由职业者聚集在他们周围，并将自身的生命和财富与巴列维王朝联系在一起。其中一些人是伊朗的爱国人士，他们坚信国王的政

策能够使他们的国家受益;其他人则是诡计多端的投机分子,他们利用政府养肥自身。第十四章曾讨论过的礼萨国王,是一位羡慕并仿效阿塔图克的独裁者。其子穆罕默德则较为复杂。他能够在追逐权势和强制推行其违背伊朗有权有势的既得利益集团愿望的西化改革中冷酷无情,而他也会沽名钓誉。有时他退居二线。在其统治初期,他将伊朗政权移交其大臣,并容许部落酋长和地方领导重新拥有他们在礼萨国王统治期间已经丧失的权势。后来,他在穆罕默德·摩萨德这位受到大众拥护的首相面前黯然失色,后者于 1952 年将英伊石油公司国有化。

1953 年,美国中央情报局支持的一次军事政变使国王再次获得了权力,但是此后他与其美国顾问和军事顾问相比似乎相形见绌。由于伊朗地处苏联和波斯湾之间,因此它在美国遏制苏联扩张主义的努力 372
中扮演了重要角色。1955 年,巴格达条约组织成立(后来更名为“中央条约组织”,即 CENTO),伊朗立即加入。1960 年代初,美国人敦促国王遏制那些被他们视为伊朗现代化绊脚石的集团:地主、欧莱玛和巴扎商人。1963 年,国王在举行全民公决之后宣布实施白色革命,要求进行土地再分配,使伊朗森林国有化,将国有企业出售给私人,修改选举法以给予妇女选举权,在工业中实行职工分红,并建立一支扫盲队以促进乡村教育发展。在什叶派欧莱玛煽动下,伊朗各地爆发骚乱。库姆的一位学者阿亚图拉·鲁霍拉·霍梅尼,是白色革命最为激烈的批评者之一。国王的秘密警察萨瓦克(主要由美国和英国训练),进行了种种威逼利诱以迫使他保持缄默。在其他所有举措失效之后,霍梅尼被驱逐出境。国王以金钱和职务来犒赏那些拥护其政策的欧莱玛。一些欧莱玛屈服了。另一些欧莱玛私下反对国王的政策,并巧妙地向他们在库姆和马什哈德的“麦德莱斯”中较为年轻的门徒表达这一态度。霍梅尼指责一份使美国的文职和军事人员免受伊朗管辖的协定,这是霍梅尼在动员欧莱玛反对国王时最具说服力的论点之一。尽管这样的豁免权在外国援助协定中司空见惯,但是它们使伊朗人回忆起领事裁判权。霍梅尼的行动不仅针对白色革命,而且反抗美国的势力。

国王政策的革命性体现在它们力图变革伊朗人的生活方式。在大坝、桥梁、道路、学校、诊所、工厂和农民合作社方面，这些政策的效果貌似十分显著。伊朗的石油收入从1968年的8.17亿美元增至1972年至1973年的22.5亿美元，到1975年至1976年则超过200亿美元，从而为建筑繁荣提供了资金。若干瓶颈制约了目标的实现：船只排成长队等候卸货，码头上的货物因缺乏运输工具而腐烂，进口的卡车多于受过驾驶和维修训练的伊朗人。伊朗的大、中、小学数量激增，成千上万的学生从中毕业，而伊朗经济无法吸纳如此众多的毕业生，特别是其中学习文科、法律和贸易的学生。一些毕业生以及那些学习科学、医学和工程的毕业生出国深造。其中许多人与外国人结婚，不再回国。那些回国的人或者从未出国的人选择在德黑兰定居，而非最需要他们提供服务的省城和乡村。首都居民从1945年的100万膨胀到1977年的500万。德黑兰的交通拥堵和尾气污染令人恐惧。从1960年到1975年，德黑兰的房租上涨了15倍。

373 想象一下一支集中在德黑兰的、不断增加的未就业(或者不充分就业)知识分子大军的革命潜力吧。萨瓦克监视持有异见者，审查他们的作品，并监禁数千人。据大赦国际(总部设在英国伦敦的一个国际组织，自称专门“调查各国政府侵犯人权的行为”以及“争取释放因政治、宗教原因而被关押者”——译者注)报告，许多被监禁的艺术家、作家和欧莱玛受到拷打，身体致残，甚至惨遭杀害。对农民来说，白色革命几乎没有给予他们任何好处。白色革命中的农业合作社没有向最需要种子、化肥、农具或畜力的农民提供这些东西。伊朗曾经是一个谷物出口国，现在却成为一个谷物净进口国，因为农业综合公司将农田变成面向欧洲出售水果和蔬菜的园地。农民涌入城市，以便在收入较高的工厂找到工作。政府雇员和承包商人贪污成风，他们反对白色革命的目标，但是极力养肥自身和一家老小。人们都嫉妒被国王的政府以极高工资请来的成千上万的美国顾问。

国王的反对者，特别是在西方大学里的伊朗学生往往把他描绘成一个专制暴君，或者美帝国主义的木偶。事实上，国王的野心非常大。

他梦想到1990年将伊朗的工业产值提升至意大利或法国的水平。他聚敛大批枪炮、坦克和飞机,这很难遏止苏联对其国家可能的入侵,但是足以宽慰他的高级军官,恐吓他的平民百姓,并使伊朗在1971年英国撤出波斯湾后成为当地宪兵。国王的妄自尊大表现在1967年他极尽奢华地举行本人与其妻子的加冕礼,以及1971年他庆祝伊朗君主制建立2 500周年(据报道,耗资2亿美元)。尽管国王应该为其白色革命的失败承担部分责任,但是其他因素也同样导致白色革命的受挫,其中包括:(1) 与土耳其和埃及的官僚精英相比,伊朗的官僚精英在西化改革方面经验较少,而它却面临着来自乡村地主、部落酋长、巴扎商人和欧莱玛等传统势力的更大挑战;(2) 迅速增加的石油收入带来过多财富,从而超出经济的吸纳能力;(3) 传统精英与那些依靠石油繁荣获得统治权的个人或组织分裂而且腐败;以及(4)物质主义的价值观挑战着各个社会阶层的宗教信仰。

尽管西方观察家知晓这些难题,但是他们往往低估了国王在国内遇到的反抗。事实上,美国大使馆工作人员被禁止与来自摩萨德民族阵线的政治家碰面,尽管他们与国王真正强硬的反对者相比还算比较温和。国外的伊朗学生最为聒噪;他们被轻视为没有经验,已被萨瓦克特务渗透,而且通常因过于孤立而不会回国。尽管这些学生抗议国王, 374
但是伊朗政府或巴列维基金会向其中许多人提供学费。如果国王在国内的敌人有什么意识形态色彩,那么这一色彩应该是红色,但是旧有的工人党软弱无力。令人费解的是,莫斯科支持国王政府的时间几乎与华盛顿同样长。为何专家漠视什叶派欧莱玛的“黑色”反抗呢?在1979年发行的本书第一版中,既没有“阿亚图拉”的概念,也没有阐述什叶派伊斯兰教的教职。中东史的学者和老师具有盲点;我们通常跟随流行看法(或者媒体),而没有引导和促成舆论。

卡特对人权的关切,暴露了国王政权的一个缺陷,这一缺陷本来会使此前的美国政府受到困扰,它们曾通过广泛军售而授权伊朗保卫海湾。美国多数中东问题专家往往因过于关注阿拉伯–以色列冲突而忽视了伊朗。

（二）君主政体的倾覆

进入 1978 年，正如卡特的祝酒词所言，伊朗似乎稳定，而国王的地位貌似无虞。一周后，当国王的情报局长在德黑兰的首要报纸刊登一篇攻击霍梅尼的文章时，麻烦开始了。这导致库姆宗教学员的静坐示威。他们遭到警察袭击，其中数人丧生。从这时起，骚乱每隔 40 天就爆发一次，因为在死者故去之后第 40 天举行追悼仪式是穆斯林的传统。为了应对日益蔓延的抗议，国王所做的仅仅是替换其萨瓦克主管及其首相。发生在阿巴丹剧院的一次火灾造成 477 人丧生，被普遍归咎于萨瓦克特务。9 月初，军队在德黑兰迦勒赫广场向示威人群开火，造成 300 至 1 000 人死亡，许多人受伤。这时，大不里士的首要阿亚图拉萨瑞阿特—马达瑞告诉新任首相，如果他不根据 1906 年《宪法》恢复代议制政府，并允许已在伊拉克什叶派圣城纳杰夫流亡 14 年的霍梅尼回国，骚乱仍将持续。伊朗政府不仅没有允许这位阿亚图拉回国，反倒要求伊拉克将他驱逐出境。

这一举动打击了国王，因为霍梅尼移居巴黎郊外，其他被驱逐出境的反对派领袖也在当地聚集在他的周围。这位被西方人视为倒退到中世纪的阿亚图拉很快就利用长途电话、录音带和西方电视的新闻报道传播其宗教激进主义训导。经他号召而发生的一次工人罢工险些摧毁

375 **赛义德·鲁霍拉·穆萨维·霍梅尼**

阿亚图拉·霍梅尼(1902 — 1989)，1979 年伊朗革命的领袖，生于伊朗中部霍梅因村一户生养 6 位子女的家庭，霍梅尼是其中年龄最小的一位。霍梅尼接受了什叶派传统的宗教教育，而什叶派传统强调什叶派在善恶持续斗争背景下在历史上所遭受的恶行。小学毕业后，霍梅尼接受了严格的宗教教育，其中大部分在伊朗圣城库姆进行。由于聪明睿智，训练有素，学习刻苦，他在 1930 年代就通过考核而成为一位“穆智提哈德”(博学的穆斯林律法解释者)。出于对伊朗宗教界领导阶层的尊敬，霍梅尼直到 1940 年代仍然没有在政治上活跃起来。

霍梅尼对伊斯兰教的理解强化了他的信念，即个人及其制度都应臻于至善，而且开明统治者有责任在道德上和社会上完善穆斯林的“温麦”。这一信念使他与腐败、世俗的巴列维王朝国王发生冲突，但是他还批评相当消极的伊朗宗教界。在第二次世界大战期间，霍梅尼担任什叶派的高级教职，因此其反对巴列维政权的立场更加鲜明。他宣布“政府惟有接受安拉的统治才是合法的，而安拉的统治意味着贯彻《沙里亚》”。因此，当穆罕默德·礼萨国王于1963年推行包括给予妇女选举权，并再分配土地在内的世俗化改革时，心怀不满的“毛拉”支持阿亚图拉（一个表示“真主的象征”的头衔）·霍梅尼作为他们的激进领袖。1964年，霍梅尼因拒绝改变其反对巴列维政权的立场而被逮捕和流放，最后定居巴黎。

霍梅尼被驱逐出境，这不仅没有消除他对巴列维政权的反对立场，而且使他能够在一个不受国王专制影响的安全庇护所指导革命。在这一努力过程中，他表现出高度的机敏、明智和组织才能。由于毫不怀疑自己终将获胜，他提炼了自己关于伊斯兰政府的构想，这一政府的核心将是一个强大的穆斯林导师，即“法基赫”。一俟1979年成功夺权，他就竭力将其理想主义付诸实践。

不可避免地，霍梅尼感到他必须在其理想化的伊斯兰政府和社会中作出妥协，这一点表现在伊斯兰共和国成立之后伊朗的人权记录上。起初，穆斯林统治在霍梅尼时代的伊朗呈现出复仇主义特征。另一方面，他诚恳地致力于伊朗大众，特别是穷人的福祉。他们的生活状况自1979年以来有所改善。

霍梅尼对被他称做“大撒旦”的美国的仇恨，是他憎恶国王专制的延伸。穆罕默德·礼萨国王过分依赖美国的支持。美国不仅给予了巴列维政权大量武器，而且帮助它建立某些最具压迫性的政府机构，例如臭名昭著的秘密警察萨瓦克。

伊朗的石油工业。外国公司和消费者回想起1973年阿拉伯人的石油禁运，担心再次发生石油短缺。石油价格直线上涨。随着华盛顿逐渐了解伊朗危机的严重性，卡特的参谋班子在讨论应该主动向国王提供 376

更多军事援助,还是请他退位并可能在一个自由联合政府下为其 18 岁的儿子建立摄政体制。11 月初,国王宣布实行戒严,任命一位将军担任他的首相,并禁止在通常用于哀悼侯赛因(先知的外孙)殉难的 10 天内举行任何示威。石油工人的罢工延伸到其他行业。暴民抢劫并焚烧德黑兰的商店,特别是酒铺、电影院以及西方影响的其他象征。几乎所有的王室成员、绝大多数外国人,以及许多富有的和受过教育的伊朗人离开了这个国家。集会和骚乱仍在持续。卡特的特使敦促国王组织一个将包括其政府反对派在内的联合内阁。1979 年 1 月 6 日,国王要求民族阵线的副主席沙赫普尔·巴赫提亚尔组建一届政府;10 天后,国王离开伊朗,再也没有回国。

在国王出国后,示威群众欢欣鼓舞,但是危机仍在持续,因为依然待在巴黎的霍梅尼号召伊朗人推翻巴赫提亚尔政府。当这位阿亚图拉建立伊斯兰革命委员会,并且拒绝向迫于民众压力而允许其回国的巴赫提亚尔作出妥协时,他逐渐控制了局势。在霍梅尼回国后不久,伊朗军队不再保护政府;许多士兵放下他们的武器并加入示威队伍。1979 年 2 月 11 日,国王的皇家卫队被击败,而巴赫提亚尔内阁也倒台了。美国(或者其他外界大国)再也无法进行干涉以拯救国王的政权。

(三)共和国的建立

以曾在摩萨德领导下管理被国有化的伊朗石油工业的马赫迪·巴扎尔干为首的第一届革命内阁,联合了温和的改革派与穆斯林强硬派。革命内阁呼吁罢工者返回工作岗位(绝大多数罢工者照做了),并就伊朗的未来政体举行了一次全民公决。在 3 月份举行的全民公决显示,人们几乎一致支持建立霍梅尼所倡导的伊斯兰共和国。由律师和欧莱玛组成的议会起草一部新《宪法》。革命委员会在全国范围进行剧烈变革。从炸掉纪念碑,到除去纸币中的国王头像,这些行动摧毁了王权象征物。穷人夺取并居住在被抛弃的王宫。街道被重新命名,课本被重
377 写,所有政治犯走出监狱(这些政治犯监狱很快又被填满),而旧政权的特务被审判并处决。当西方人谴责上述通常是暴力性的举动时,伊朗

人反问西方媒体为何不谴责国王政府此前犯下的更为恶劣的暴行。德黑兰的新政权很快遭到民族起义的挑战——在阿塞拜疆的土耳其人、库尔德人、阿拉伯人、俾路支人和呼罗珊的土库曼人——均争取更大的自治权。伊朗的地方势力和民族势力在危急时刻与中央政府分庭抗礼,这由来已久。革命政权必须重建军队和秘密警察——其中有些人甚至曾为国王效力——来保卫自身。根据新宪法,立法权将被赋予欧莱玛主导的麦吉里斯(即议会——译者注)。霍梅尼担任国家居于领导地位的"法基赫"(教法学家),将对有争议的案件进行裁决。但是在1979年夏秋,欧莱玛尚未完全控制政权;总理巴扎尔干和其他温和派人士力图与西方保持某些联系,而左翼的革命委员会与残存的右翼将军对新政权构成潜在威胁。

(四)"人质危机"

革命动摇了美伊关系。它暴露了华盛顿对中东政策的弱点,这一政策以德黑兰的一个稳定的亲西方的政权为基础。现在,尽管双方都在谨慎地进行和平试探,但是他们互不信任。卡特刚刚使埃及和以色列签署其和平条约实现和解,从而引发穆斯林(不仅是阿拉伯人)对萨达特的普遍愤慨。而伊朗人占领以色列驻德黑兰大使馆,并将其移交巴勒斯坦解放组织。新政权还邀请阿拉法特访问伊朗。1979年2月,一群武装分子闯入美国大使馆,但是很快被政府赶出。伊朗人回想起被废黜国王曾在1953年摩萨德达到权力顶峰时逃走,后来却在中央情报局支持下的军事政变后回国,从而密切关注出逃国王的活动。历史会重演吗?国王先后到达埃及、摩洛哥、加勒比地区和墨西哥,其健康状况更加恶化。美国将允许他入境吗?卡特政府关切仍然待在伊朗的美国人,希望国王不要入境。然而,国王的医生在10月建议他前去纽约接受特殊治疗。迫于国王好友(其中有基辛格)的压力,美国政府允许他入境。

伊朗对这一挑衅的反应来自一群女学生,接着来自一群武装男人,他们闯入美国使馆区(使馆的海军卫兵已被命令不作抵抗),并将63名美国人作为人质。他们要求美国将国王遣回伊朗接受审判,并要求美 378

国为自身在国王对伊朗人民的罪行和人权践踏中的角色道歉。美国政府和民众对这一公然违反国际法的行为感到十分愤慨。“对伊朗实施核打击”等流行口号清楚地表现了这一愤怒。绝大多数美国人强烈要求卡特教训伊朗,但是美国能在不伤及人质的同时采取什么行动呢?攻打伊朗会激怒整个穆斯林世界。华盛顿停止从伊朗购买石油,冻结存在美国银行的 110 亿美元以上的伊朗资产,要求 5 万名持有美国学生签证的伊朗人进行登记,并在其他国家(还有北大西洋公约组织、联合国和国际法院)采取各种举措向伊朗政府施压,以便后者使武装分子释放大使馆中的人质。但这些方法无一奏效。

美国政府的克制未能阻止愤怒人群冲击其驻巴基斯坦和利比亚的大使馆。逊尼派武装分子占领麦加禁寺,并控制其两周,后来沙特军队和国民卫队经过一场血战才将其夺回。什叶派激进分子在沙特阿拉伯东部示威。事实上,霍梅尼和控制大使馆的武装学生,逐渐标志着第三世界人民对西方权势的新反抗;在美国公众看来,这些人象征着美国政府在反对“好战伊斯兰教”方面的软弱无能。为何这些感受如此不同?其中一个原因是,大多数美国人对其政府的外交政策以及这些政策对其他人的影响一无所知。然而,无论伊朗和美国在 1979 年 11 月如何敌视对方,从长远来看仍将相互需要。12 月,苏联派军 10 万入侵伊朗邻国阿富汗,从而提醒了伊朗和美国。

持续 444 天之久的“人质危机”引发了重大变化:总理巴扎尔干被霍梅尼的一位公开自称的支持者所接任,苏联占领阿富汗,美国军队开进印度洋,土耳其军队接管政权从而结束了伊斯兰主义者与马克思主义者的争斗,伊拉克于 1980 年 9 月入侵伊朗,而里根在 1980 年选举中以压倒性优势战胜卡特。伊朗不能再向西方消费者出售石油,这导致失业和通货膨胀等国内困难。“人质危机”还增强了好战欧莱玛的力量而削弱了他们的对手:世俗的民族主义者、温和的改革家、马克思主义者和分离主义者。在一位世俗的民族主义者赢得伊朗总统选举之后,美国人希望他能够释放人质,但是霍梅尼使他遭到内阁和新议会中的穆斯林好战分子的羁绊。

受过西方教育的政治家，无论他们曾经多么强烈地反对国王，都未能在这一新政权中得势；但是在 1980 年 4 月美国营救人质未遂之时，当同年 9 月伊拉克入侵伊朗之际，军队恢复了其部分荣耀(还有权力)。379
一旦伊朗发现自身与伊拉克处于战争状态，并需要更多资金和武器零部件时，美国人质就不再值得劫持。在此之前，国王已经死在开罗。经过阿尔及利亚外交官的耐心调停，伊朗同意释放其余的 52 名人质(11 名人质此前已经获释)，以换取美国解冻伊朗资产，这些资产将被扣除移交第三方保管的一份，以满足针对伊朗政府的索赔请求(归还伊朗的金额约计 80 亿美元)，而美国也正式作出不再干涉伊朗内部事务的保证。伊朗担心与当选总统里根打交道，这或许加快了这一协议的签署。没有一届美国政府会协助伊朗追回在国外的已故国王的家族资产。

在人质获释之后，伊朗逐渐淡出美国人的心思。1981 年，整个中东的政治骚乱加剧了；数位阿亚图拉、总统、总理和政党领袖遭到炸弹和子弹的随意戕害。伊朗的当选总统，阿伯尔—哈桑·巴尼—萨德尔通过视察抗击伊拉克的伊朗军队而赢得一些民望，但是他逐渐被剥夺权力，最后被迫辞职并流亡法国，在那里他与日益增多的伊朗人一起策划推翻霍梅尼。尽管伊朗向阿富汗反抗者提供援助，但是令人担忧的苏联入侵并未到来。莫斯科向新政权提供了武器和顾问，新政权巩固了权力，但是变得像已故国王的政府一样。到 1979 年 8 月，政府已经建立一支后备军，即伊斯兰革命卫队，这支卫队培训着来自许多国家的穆斯林(特别是什叶派)武装分子，教授后者反叛技能。他们的努力成果将在 1980 年代的许多暴力事件中表现出来，特别是在黎巴嫩和部分海湾国家。

三、对波斯湾霸权的争夺

在 1970 年代，非共产主义的工业化国家所购买的绝大部分石油来自波斯湾沿岸诸国：阿曼、阿拉伯联合酋长国、卡塔尔、巴林、沙特阿拉伯、科威特、伊拉克和伊朗(参见地图 19.1)等国装载石油的巨型油轮通过霍尔木兹海峡与阿曼湾驶向阿拉伯海与印度洋。甚至在 1978 年之前的欧佩克第二大产油国伊朗于革命期间削减产量之后，沙特阿拉伯

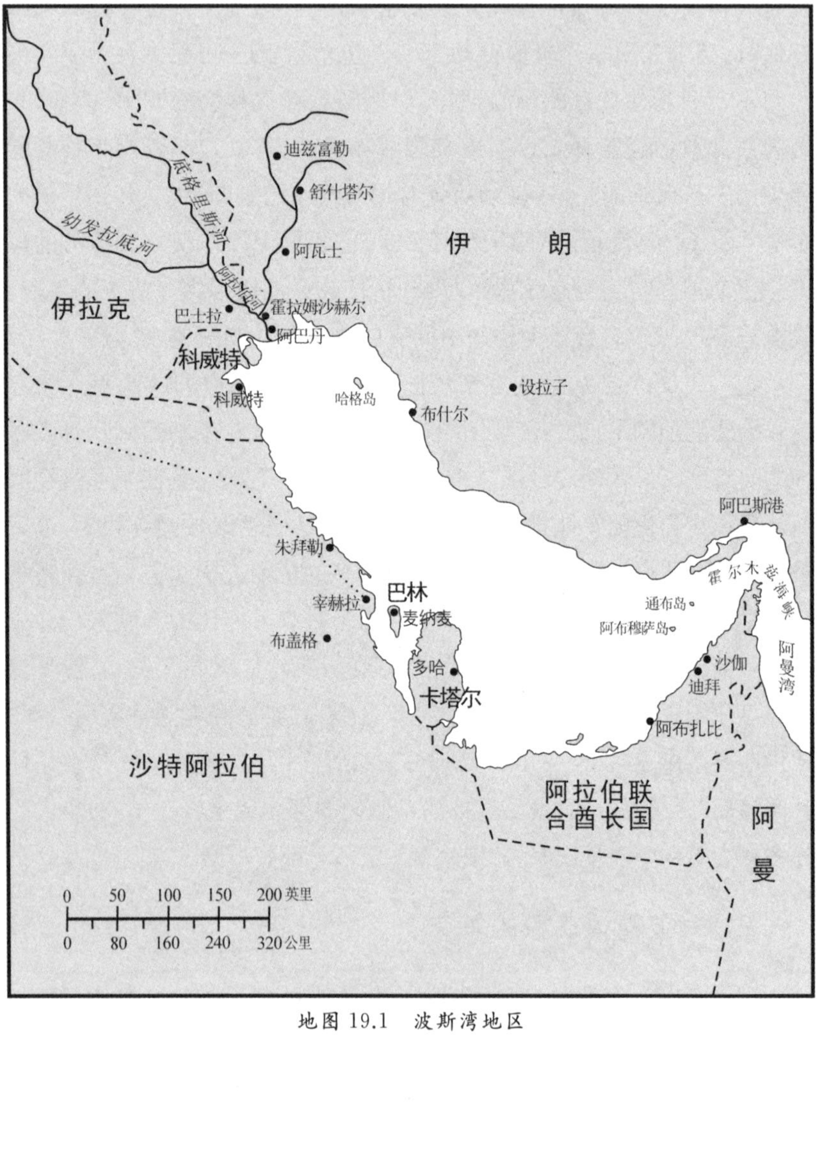
迪兹富勒
舒什塔尔
伊 朗
底格里斯河
幼发拉底河
阿瓦士
阿拉伯河
伊拉克
巴士拉
霍拉姆沙赫尔
阿巴丹
科威特
科威特
哈格岛
设拉子
布什尔
阿巴斯港
霍尔木兹海峡
朱拜勒
巴林
宰赫拉
麦纳麦
通布岛
阿布穆萨岛
布盖格
多哈
沙伽
迪拜
阿曼湾
卡塔尔
阿布扎比
沙特阿拉伯
阿拉伯联合酋长国
阿曼
0 50 100 150 200 英里
0 80 160 240 320 公里

地图 19.1 波斯湾地区

及其邻国迅速填补了这一空隙。这场革命也结束了伊朗所接替的英国
在这一地区的角色,即充当波斯湾地区的警察(自此以后,我们仅仅称波
斯湾为“海湾”)。其他国家(伊拉克除外)石油资源和石油收入巨大,本 380
国人口较少,外来务工人员众多。当时许多人担心,这些年轻的、主要是
男性的外来务工人员或许会彻底颠覆海湾的保守社会,但这并未发生。

美国政府总是强调苏联有可能经由伊朗入侵海湾地区,因为长期
以来人们认为苏联人觊觎海湾地区及其石油。而苏联政府则有充足理
由关注美国人威胁要夺占油田以防革命者的各种演说和文章。当地的 381
阿拉伯统治者,除了伊拉克外均为世袭君主,担心发生类似伊朗革命那
样的震撼事件,但是并不希望他们的土地成为美国的军事基地。当一些
美国人表露让以色列捍卫阿拉伯人的石油利益这一希望时,这些阿拉伯
人的答复是,他们对以色列扩张的恐惧甚于对苏联势力延伸的担忧。

在苏联扶植下建立的阿富汗马克思主义政权低效无能,使被激怒的苏联于 1979 年底入侵阿富汗,这多少动摇了上述看法。阿富汗群山连绵,石油资源匮乏,然而邻近巴基斯坦和伊朗,苏联大军对这个国家的入侵稍微改变了阿拉伯人的观点,也迫使美国采取措施。1980 年 1 月,卡特在国会演讲时发出警告,他将把外部势力夺占海湾地区的任何企图视为对美国核心国家利益的侵犯,并有可能导致一场战争。这个逐渐被称做卡特主义的宣言对美国而言是个冒险,当时伊朗政府所支持的一群武装分子占领美国驻伊朗(最有可能遭到入侵的国家)大使馆。回想起来,卡特主义似乎有勇无谋,因为一旦苏联入侵海湾地区,美国将缺乏投送、部署和维持一支足够庞大的作战力量的手段,以便遏制苏联入侵。没有一个海湾国家希望美国在当地建立海军或陆军基地,因为绝大部分美国海陆军人员很可能是(类似海湾国家的外来务工人员)容易造成社会难题的未婚小伙子。如果两个超级大国爆发战争,海湾诸国将会因为美国军事基地的存在而更容易遭到攻击。卡特政府准备动用埃及军队或以色列军队吗？前者在 1977 年与利比亚发生冲突时表现平平,后者虽然骁勇善战,却必定激起当地阿拉伯人的仇恨。显然,如果海湾地区需要抗击入侵者,这一责任必须由当地所建军队来

承担。这一观念促使海湾诸国购买更多武器，训练更多军队，并在新成立的海湾合作委员会中协调它们的国防计划。

超级大国并未在海湾地区发生冲突。双方均不愿冒着战争的风险而占领这片地区。1979 年至 1980 年，人们以为美国比较虚弱，但是苏联很快也变得更容易遭到打击，因为穆斯林占苏联人口的五分之一——占苏联年轻人的比重则更高。德黑兰的广播影响苏联绝大多数穆斯林，其中一些人收听伊斯兰复兴主义和民族主义的宣传。苏联人还发现，他们对阿富汗的长期占领造成大批军人阵亡，大量武器损耗，且无法平定多山的乡村，并招致大约接纳 400 万阿富汗难民的其他穆斯林国家的愤恨。然而，美国和苏联极力阻止对方成为海湾地区的支配性大国，双方均向这一地区派遣军舰和部队，并使科威特油轮悬挂美苏国旗以免遭到伊朗袭击。

382 宽泛而论，海湾诸国意识到，只有防止其中一国强大到足以控制其他所有国家的地步，它们自身的安全才能得到保障。读者或许从第十章回忆起，正是均势观念保证了欧洲在 19 世纪的和平状态。在 1970 年代，由于巴列维国王的军力逐渐增强，伊朗支配了海湾。当受到南也门（也受到苏联的间接支持）支持的一次叛乱威胁了阿曼的苏丹时，伊朗军队于 1973 年使他转危为安。当 1973 年至 1974 年反抗伊拉克的库尔德人叛乱逐渐升级时，伊朗在 1975 年伊拉克同意与伊朗共同控制阿拉伯河主航道后才停止向反叛者提供武装，伊拉克在 1980 年否认这份协定，后于 1990 年表示承认。伊斯兰革命使伊朗的优势地位不复存在，至少一度如此。沙特阿拉伯人口密度太低，而且装备不足，从而无法取代伊朗的海湾警察地位。

但是伊拉克决心取代伊朗的海湾警察地位。伊拉克的面积与人口在阿拉伯世界东部占第二位，它自 1920 年代起，利用其丰富的石油资源在经济上构建了适宜工农业发展的基础设施。从 1958 年至 1970 年的政治动荡（加上库尔德人的反叛）使其发展速度放缓，但是之后它在萨达姆·侯赛因的铁腕统治下变得更加稳定，而且发展迅速。苏联向这个国家提供武器，并与之结盟。

但是伊拉克并未发挥其潜力。如果没有民众的分裂,拥有两条大河、丰富的石油资源、沙漠、山脉和肥沃谷地的伊拉克本来能够拥有更大权势。在伊拉克穆斯林中,60%以上是什叶派,约占30%的逊尼派穆斯林不是库尔德人就是土耳其人;然而,逊尼派穆斯林却一直控制着伊拉克政权。伊拉克渴望统一阿拉伯人,如同普鲁士曾引领德国走向统一。伊拉克自1930年代起就提出对科威特的领土要求,1961年曾试图吞并科威特,并于1990年将其占领。伊拉克从未与以色列签署停战协定。它力图阻止萨达特的和平努力,并纠集其他所有阿拉伯国家的首脑共同谴责1979年签署的《埃及-以色列和约》。当埃及被阿拉伯联盟开除之后,伊拉克希望取代埃及而成为居于领导地位的阿拉伯国家。但是伊拉克如何证明自己呢?

伊拉克的回答是在1980年9月袭击革命的伊朗。总统萨达姆·侯
赛因谴责伊朗没有放弃最靠近巴格达的小块山区领土,从而违反《1975
年协议》(他曾代表伊拉克参与会谈)。伊朗还继续占据由于邻近霍尔
木兹海峡而在1971年被伊朗国王吞并(原属阿联酋)的三个海湾小岛。
伊拉克期望伊朗桀骜不驯的少数族群,特别是富含石油的库兹斯坦地
区的阿拉伯人能够起身反抗德黑兰,并协助其伊拉克解放者。伊朗出 383
于同样逻辑,希望赢得在伊拉克境内占多数的什叶派穆斯林的支持,从
而削弱伊拉克。上述策略均未奏效。双方力图利用自身的空中力量摧
毁对方的输油管道、炼油厂,并摧毁平民的战斗意志。伊拉克攻入伊朗
的库尔德斯坦省和库兹斯坦省,占领霍拉姆沙赫尔,并包围几乎被摧毁
全部炼油厂的阿巴丹。军队和平民伤亡惨重多于现代中东的任何一次
战争,而两伊战争的持续时间远远超出伊拉克人的预想。伊拉克人原
本指望利用美国"人质危机"期间伊朗的内部混乱,伊朗无法为其所继
承的美式武器库购买零部件,以及西方对伊拉克的支持而击败伊朗,但
是未能如愿。

起初,卡特政府因担心伊朗战败会增强苏联势力,从而不支持任何一方。苏联向双方出售其武器。伊拉克获得约旦、沙特阿拉伯甚至埃及的支持,但是叙利亚和利比亚则支持伊朗。换言之,维持现状的国家

倾向于巴格达，而革命国家则支持伊朗。伊朗拥有众多训练有素的军官和士兵、美式坦克和战机，人口是伊拉克的三倍。双方相持一年有余。1982 年，伊朗军队发起一次反攻。在霍梅尼的宗教感染力鼓舞下，伊朗军队（得到未成年自愿者的补充）几乎收复此前被伊拉克占领的所有领土。德黑兰要求伊拉克承担发动战争的责任，进行赔偿，并使萨达姆·侯赛因下台。

苏联人倾向于伊朗；没有与莫斯科断交的伊拉克主动向里根政府示好。尽管伊朗在口头上极力反对犹太复国主义，但是以色列在 1981 年轰炸法国人建设的即将运转的伊拉克核反应堆，并向伊朗出售武器和零部件，从而也介入这场战争；因为以色列担心如果伊拉克胜出，就会有更多的阿拉伯武装分子转而对付以色列。美国公开谴责以色列的这一行径，但是在 1986 年，众所周知的是，里根政府已经在秘密增售给伊朗导弹和武器零部件，希望以此确保黎巴嫩的什叶派武装分子释放美国人质。美国政府将武器出售所得收益通过秘密的瑞士银行账户转至尼加拉瓜的反政府武装，他们正在试图推翻珊迪尼斯塔政府。一些报告揭示，里根的国家安全委员会甚至曾敦促沙特阿拉伯和埃及协助其向伊朗提供武器零部件。为了安抚伊拉克，华盛顿向巴格达提供一些关于伊朗的并不完全准确的情报。

随着战争的延续，美国和以色列希望防止伊朗和伊拉克任何一方取得决定性胜利。但是日益延长的战事有可能使伊朗和伊拉克筋疲力尽，有可能将它们的支持者拖入战争，有可能危及装载石油通过海湾的
384 任何船只，并有可能打击海湾地区所有石油输出国的经济。伊朗和伊拉克均袭击对方和中立国的油轮。美国政府让一些科威特船只注册美国国籍，而美国海军护送这些船只躲过伊朗水雷和快艇。到 1988 年，伊朗无法购买足够的武器与零部件。而伊拉克正在使用芥子气和其他化学武器攻击伊朗及其同盟库尔德人（他们是伊拉克公民）。当一艘美国军舰击落一架伊朗客机后，居然没有遭到异口同声的抗议，德黑兰意识到自己在世界上几乎没有盟友。濒临崩溃的伊朗接受了 1987 年的呼吁停火的安理会决议。1988 年 8 月战事结束。

四、对戴维营的逃避

在敌视 30 年并与对方进行 5 次战争之后,埃及与以色列于 1977 年至1978 年媾和,因为双方需要暂缓战争——当时他们可能是这样想的。长期延续的军备竞赛与战争造成的巨大破坏,耗尽了埃及的精力,并使以色列成为一个堡垒国家。进行战争与重整军备的循环终结,这一前景鼓舞了埃及人和以色列人。《埃及-以色列和平条约》的签署,是卡特政府的最大功绩,这似乎满足了双方的基本需要:埃及阶段性收复西奈半岛(1967 年被以色列占领);包括美国人在内的一支多国部队确保双方均不能集结军队以攻击对方;外交上的相互承认;促进贸易、旅游、文化交流、交通和技术援助。美国将支持以色列与埃及的后续谈判——如果可能的话,还包括与约旦的巴勒斯坦人的谈判——以便实现以色列所统治的巴勒斯坦人的完全自治。然而,贝京政府的行为很快破坏了巴勒斯坦人自治这一承诺。

萨达特与以色列签署和平条约激起其他阿拉伯国家的愤怒,但是他轻蔑地漠视这些阿拉伯国家的引诱,并避免了他们的羞辱,即便在富含石油的国家取消对埃及的援助之时也是如此。埃及人民并不愿意抛弃阿拉伯国家而支持以色列,但是一些埃及人也已经厌倦成为每次阿以战争的血库。因此开罗流行一句谚语:巴勒斯坦人将继续抗击以色列——战至他们的最后一位埃及士兵!如果阿拉伯人果真希望羞辱埃及,使萨达特蒙受耻辱,并阻挠《戴维营协议》,他们本可以将百万埃及 385
教师、医生、工程师、熟练工人和农民遣送回国,这些人在阿拉伯诸国工作,并将所得寄回埃及。阿拉伯人没有这么做,这表明他们对埃及脑力和体力的需求,胜过他们证明自身思想纯洁的渴望。萨达特期望其他阿拉伯国家能回心转意支持埃及的和平政策。后来许多阿拉伯国家照做了,但是在 1979 年只有阿曼和苏丹支持萨达特。

如果其他阿拉伯国家并未登上这辆和平引导车,部分原因归咎于以色列政府,它利用以色列与埃及的媾和而压制居住于加沙、约旦河西岸和戈兰高地的 200 万阿拉伯人。“完全自治”,贝京总理解释道,将被赋予上述被占领土的居民，前提是巴勒斯坦人不得控制国防、警察，甚至他们的食物和牲畜所赖以生存的水供应。以色列政府通过补贴性的抵押贷款鼓励犹太人移居上述地区，旨在使任何外界大国（遑论联合国）都无法将上述地区移交占多数的阿拉伯人。

当然，巴勒斯坦民族委员会（巴勒斯坦解放组织的执行机构）也阻碍了和平进程，因为它坚持要求阿拉伯人控制整个巴勒斯坦（意味着消灭以色列）的《1964 年宪章》。没有一个人知晓巴勒斯坦解放组织将如何迫使或说服以色列人把他们的国家，哪怕把此前的巴勒斯坦委任统治地一部移交巴勒斯坦人。而以色列能够以某种方式迫使或说服巴勒斯坦人摒弃巴勒斯坦解放组织吗？双方在如何媾和方面意见分歧。

（一）萨达特遇刺

与以色列的《和约》提高了埃及人民的希望，即现在能够把某些原定用于国防的资金转移到国内建设。被收复的西奈半岛将成为移民和发展的新边疆。处于和平状态的埃及能够吸引西方投资者和游客，这是经济复苏的另一项促进因素。阿拉伯人对埃及的联合抵制自埃及签署《1979 年和约》之后开始实施，但并未阻止埃及的经济复苏。尽管外国投资依旧稀少，然而埃及的源自石油出售、苏伊士运河通行费、旅游收入和侨汇收益，的确在《戴维营协议》签署之后有所增长，从而使埃及在时隔多年后的 1980 年首次实现收大于支。然而，这一盈余并未多次出现，而且经济增长并未惠及绝大多数埃及人民。萨达特对经济问题和社会问题不感兴趣。他的开放政策仅仅有利于少数新富起来的企业家。

普通埃及人处在通货膨胀、房租和逐渐恶化的公共服务等压迫下，
386 渴望移居北非或海湾国家。祸根是人口膨胀。从 1952 年至 1982 年，埃及人口数量增长一倍有余，然而耕地面积几乎没有变化。埃及农业无法供养每年新增 100 万的本国人口。政府尽管鼓励计划生育，却又将中央财政预算的五分之一用于补贴对生活必需品的购买，以使大众能买得起面包、食糖、丁烷以及煤油。补贴惠及所有消费者，即便是埃

及富人和外国居民。劳动者的失业(或者不充分就业)压低了埃及的固定工资和临时工资。许多男人直到 30 岁或 40 岁才有钱娶妻。

因此，1980 年代初的不满情绪居高不下。许多埃及人感到萨达特的政策不能或者不会帮助他们。尽管一些埃及人(特别是受教育程度最高者)成为马克思主义者，但是科学社会主义在一个高度信教的社会中缺乏普遍吸引力。在 1967 年埃及战败之后，宗教对穆斯林和科普特人的影响均有所上升。伊斯兰组织几乎渗透到埃及人生活的方方面面。穆斯林兄弟会没有被纳赛尔的清洗所摧毁，而新的秘密组织也出现了。一些组织诉诸恐怖袭击。起初，萨达特扶植温和的穆斯林组织以对抗马克思主义者和纳赛尔主义组织，特别是在大学中。穆斯林要求在全国所有法律中适用《沙里亚》。占埃及人口十分之一的科普特人也变得更加政治化，而开罗某工人区在 1981 年 7 月爆发了激烈的宗教冲突。即便在此之前，萨达特仍然压制宗教极端分子，并通过举行全民公决来完成包括与以色列的和约在内的一些法律，以此压制对其政策的反对。1981 年 9 月，萨达特取缔穆斯林兄弟会的通俗杂志《召唤》；强制审查清真寺的布道；并且不经审判即关押 1 500 名所谓的反对派。当时美国政府每年向埃及提供 20 亿美元的经济、技术和军事援助，这主要是埃及与以色列签署和约的结果，然而许多美国人未能发觉萨达特已经丧失与其民众的联系。

在 10 月 6 日，即埃及成功横渡运河并进攻西奈半岛的以色列占领军 8 周年纪念日，萨达特与其绝大多数最高级军官正在开罗郊区的胜利之城阅兵。一辆军用卡车很可能因发生技术故障而停在检阅主席台前方。4 位士兵从车中跳出，萨达特原以为他们停车是为了向他敬礼，故起身面对他们，因此他们将自己的机枪瞄准萨达特并开火，杀害了这位总统以及他的若干助手。3 名刺客被当场击毙。警察调查挖出了一
个存在于军队内部乃至整个埃及的巨大阴谋，以及一个恐怖组织体系， 387
其中最为著名的是“赎罪与迁徙”组织(al-Takfir wa al-Hijra)。包括幸存的一名刺客在内的许多恐怖分子被审判。许多阿拉伯领导人，特别是利比亚的卡扎菲因萨达特的死亡而欢呼雀跃；只有少数埃及人哀悼

萨达特。一些埃及人力图刺杀萨达特的部分原因在于：埃及日益恶化的经济社会形势，好战伊斯兰教的复活，毫无疑问还要加上他愿意与以色列单独媾和。

副总统胡思尼·穆巴拉克，在1973年战争中的埃及空军统帅，被人民议会选为(接着举行了一次全民公决)萨达特的继任者。他宣布国家处于紧急状态，严密控制大学和新闻界，并逮捕更多激进分子。但是他又释放了萨达特所逮捕的某些政治领导人和宗教领袖。他允诺推行经济社会改革，并以损害萨达特遗产为代价，将自身与纳赛尔遗产联结起来，从而使政府恢复某些公信力。埃及与以色列关于巴勒斯坦自治的谈判时断时续，而埃及于1982年4月收复西奈半岛的其余地区。六周后，以色列入侵黎巴嫩，这导致穆巴拉克召回埃及驻特拉维夫大使，而两国关系转入“冷和平”。以色列怀疑埃及正在疏离和约，以便恢复其在阿拉伯世界的领导地位；埃及政府因以色列占领黎巴嫩南部并对约旦河西岸和加沙地带采取日益高压的政策而局促不安。埃及的确与约旦恢复了外交关系，并支持伊拉克对伊朗作战，而且欢迎亚西尔·阿拉法特于1983年访问开罗。但是与此同时，埃及接受了数十亿美元的美国援助，并继续与卡扎菲进行心理战。

1984年，埃及举行自1952年以来最为自由的议会选举。穆巴拉克的国家民主党赢得多数议席，但是反对党，特别是新华夫脱党有所发展。石油价格下跌以及1986年的安全部队骚乱使外国游客望而却步，恶化了埃及经济。埃及与美国和以色列的关系时常紧张，但是和平局面依然存在，而穆巴拉克也继续执政。其他阿拉伯国家与开罗恢复外交关系，阿拉伯联盟重新接纳埃及，穆巴拉克则在促进和平进程方面居于领导地位。

(二) 以色列不断增强的好战性

与埃及的媾和，并未使以色列对其作为阿拉伯人大海中的犹太人孤岛这一处境感到安全。以色列越发感到美国是其唯一真正的盟友。里根政府上台时带着一种观念，即它能够使反对苏联在中东扩张的包括埃及、以色列、约旦、沙特阿拉伯和巴基斯坦在内的诸多国家形成一种“战略共识”。构建这一共识的手段之一是出售武器。在萨达特刚刚遇刺身亡之后，美国参议院——在与美国的以色列公共事务委员会(AIPAC)进行竞争的白宫的压力下——以微弱多数票通过了向沙特阿拉伯出售4架载有报警与控制系统(AWACS)的飞机(即预警机——译者注)的决议。华盛顿拉拢阿拉伯诸国的行动，与以色列对阿拉伯诸国和巴勒斯坦解放组织的日益强硬的立场互为因果。自从1977年组建后，贝京政府就对所占土地上的巴勒斯坦人采取高压政策。贝京政府还扶植了一个犹太武装组织古斯·埃缪尼姆(忠诚分子集团)，旨在建立新的定居点，并增加约旦河西岸的那些既有定居点中的犹太人数量。犹太定居者拥有枪支，可以随意袭击巴勒斯坦人；巴勒斯坦人可能因携带刀具或向以色列军车投掷石块而被拘捕。 388

尽管在被占领土和其他国家的巴勒斯坦人将巴勒斯坦解放组织视为他们的代表，但是以色列认为巴勒斯坦解放组织是一个恐怖组织而从不与其进行和平谈判。如果以色列希望削弱巴勒斯坦解放组织，它就必须进攻黎巴嫩，即巴勒斯坦解放组织在1970年“黑色九月事件”后的训练中心。1975年，巴勒斯坦解放组织在起初不情愿的情况下被拖入黎巴嫩内战，而当叙利亚站在基督徒一边进行干涉，并占领巴勒斯坦人在贝鲁特近郊的特拉·扎塔尔的设防“难民营”(实际上是一个军事基地)时，巴勒斯坦解放组织遭到重创。叙利亚人在作为占领军驻扎黎巴嫩之后，逐渐站到已在黎巴嫩的贝鲁特西区等许多地区占据优势的黎巴嫩穆斯林与巴勒斯坦解放组织一边。巴勒斯坦人敢死队经常会向以色列境内的民用目标发动猛烈袭击，其中一些袭击是对杀害许多巴勒斯坦平民的以色列军事行动的报复。1978年3月，以色列国防军占领利塔尼河以南地区。联合国安理会谴责这次入侵，并组建一支4 000人的多国缓冲部队，以取代以色列国防军，并恢复黎巴嫩南部的和平。在美国的压力下，以色列内阁同意撤出以色列国防军，前提是巴勒斯坦解放组织应远离这一缓冲区。以色列人根本不信任联合国的任何维和部队；相反，他们信任萨德·哈达德的基督教民兵，萨德·哈达德是一位叛教的黎巴嫩上校，于 1979 年在南部建立了其“自由黎巴嫩共和国”。以色列将黎巴嫩南部的基督徒区纳入本国经济之中，从而提高了对黎巴嫩的兴趣。

以色列向黎巴嫩境内的巴勒斯坦解放组织据点发动间歇性空袭，
389 无视驻扎当地的联合国部队。上述袭击有些是对巴勒斯坦人袭击的报复，有些袭击则是蓄意挑起巴勒斯坦的袭击。贝京还坚持认为以色列有权轰炸黎巴嫩境内的“恐怖分子”。这一形势在 1981 年恶化了，当时巴勒斯坦人向以色列北部发射了火箭弹，而以色列炮兵则猛烈轰击沿海城市西顿和推罗，双方均强化了他们的攻击。7 月，以色列战机两次轰炸了贝鲁特，造成黎巴嫩和巴勒斯坦平民死亡数百人，受伤数千人。里根政府派出特别谈判代表菲利普·哈比卜，促成被阿拉法特、贝京以及黎巴嫩所有派别所接受的停火，但是黎巴嫩形势依旧紧张。叙利亚拒绝撤走其已部署在黎巴嫩贝卡谷地的地对空导弹，尽管以色列威胁要像其轰炸伊拉克的核反应堆那样轰炸这些导弹。

以色列正在通过其他方式表现对阿拉伯人的更大仇恨。在约旦河西岸，以色列定期关闭阿拉伯人的大中小学，驱逐亲巴勒斯坦解放组织的民选市长，并扩展犹太人定居点的面积和数量。以色列力图寻找巴勒斯坦解放组织的替代品作为谈判对手，但是几乎没有巴勒斯坦人自告奋勇。以色列将巴勒斯坦人的这一态度归咎于巴勒斯坦解放组织威胁要杀死企图与以色列合作的人，却忽视了以色列自身政策所激起的愤怒。据正在监督以色列占领的众多国际组织的说法，巴勒斯坦社会正在逐渐解体。尽管某些巴勒斯坦人日益富足，但是几乎没有巴勒斯坦人为获得更多自治权而愿与耶路撒冷直接谈判。尽管以色列使一个文官政府取代了军管政府，但这并没有缓和以色列的占领政策，也未能安抚巴勒斯坦人。相反，巴勒斯坦人在 1980 年代愈发愤怒和好战。

我们此前提到，以色列在 1981 年 6 月轰炸并清除了伊拉克的核反应堆。尽管贝京将这一交战行为辩解为对以色列安全的维护，但是其他人怀疑，面对以色列的正在运转的核反应堆以及所拥有的(未被承认的)核武器,阿拉伯人究竟有怎样的安全感。1981 年 12 月,贝京内阁正式将以色列法律的适用范围扩展至戈兰高地,这等于吞并戈兰高地。联合国安理会谴责了这两次行径,但是对此以色列轻蔑地置之不理。

贝京政府声称,它已经完成其对埃及所承担的条约义务。以色列(在美国政府的援助下)斥巨资将其武器装备从西奈半岛迁至位于内格夫沙漠的新建成的军事基地。以色列向以色列定居者提供慷慨奖赏,以便他们从西奈半岛上的住所、工厂和花园撤走,因为埃及不希望任何以色列人留在当地。当亚米特的一些定居者进行抵抗时,以色列国防军强行将顽抗定居者迁走,并在西奈半岛被移交埃及前夕用推土机清除所有建筑。1982 年 4 月,埃及收复西奈半岛其余地区,此时仅存的争议地区是亚喀巴湾岸边的 250 英亩(105 公顷)的小块土地,这块土
地包括在塔巴村的一家以色列度假旅馆,该村恰好位于国际边界线的 390
埃及一侧。具有讽刺意义的是,塔巴村因早先英国统治的埃及与奥斯曼帝国的一次争端而著名,这一争端促成 1906 年分界线,即目前将埃及与以色列隔开的“国际边界”。现在,这一新的“塔巴事件”被提交仲裁,并于 1989 年在有利于埃及的情况下获得解决。

(三) 以色列入侵黎巴嫩

黎巴嫩的冲突反复发生:基督徒与穆斯林、富人与穷人、黎巴嫩分离主义者与阿拉伯民族主义者。到 1980 年代,许多武装人员均是在战争环境中长大的青少年。1982 年 5 月,以色列轰炸了贝鲁特近郊的一处巴勒斯坦人基地,造成 25 人丧生。巴勒斯坦人炮击以色列北部,而一些不明身份人员则在巴黎杀害一位以色列外交官,在伦敦重创以色列大使。上述最后一次行动成为以色列国防军于 6 月 6 日大举入侵黎巴嫩南部的借口。以色列漠视外界为阻止这次战事所付出的全部外交努力,直插北方,把联合国军队甩在身后,并击退了巴勒斯坦解放组织和叙利亚军队。阿拉伯人死伤惨重。成千上万的黎巴嫩与巴勒斯坦平民流离失所。以色列人依靠突袭和对制空权的完全掌握,猛烈轰炸贝鲁特并摧毁位于贝卡谷地的许多叙利亚导弹。新闻和电视的广泛报道

表明以色列国防军入侵的效率——以及其人员伤亡。以色列承认其为了打击“恐怖主义者”(其中绝大多数受害者是平民)而使用了美制集束炸弹。包括埃及在内的阿拉伯国家谴责这次入侵,并谴责美国曾否决对以色列不利的两项联合国安理会决议。阿拉伯人发现美国继续向以色列提供武器装备,故指责美国人支持这次入侵。但是没有一个阿拉伯国家派军支持在黎巴嫩的叙利亚人和巴勒斯坦人。只有伊朗主动向他们伸出援助之手。到 6 月中旬,以色列国防军已经包围贝鲁特,这是以色列首次围困一个阿拉伯国家首都,但阿拉伯人却不能保卫它。苏联暴跳如雷,并发出威胁——但是并未采取行动。正在此时,伊朗人在贝卡谷地建成其革命训练中心。

华盛顿能够自由采取行动,但是里根政府在行动目的上意见分歧。国务卿亚历山大·黑格离任,这很可能是因为他本来支持以色列摧毁在黎巴嫩的巴勒斯坦解放组织。其他美国官员因以色列的入侵而感到愤怒,担心阿拉伯人可能会损害美国利益以示报复,并希望安抚黎巴
391 嫩。一些美国官员希望实现中东的全面和平。新任国务卿乔治·舒尔茨起草,并于 1982 年 9 月 1 日正式宣布了《里根和平方案》,方案要求以色列从约旦河西岸和加沙地带撤军,在这些地区举行自由选举,并经过 5 年过渡期使巴勒斯坦人实现自治,或者有可能与约旦组成联邦。以色列与巴勒斯坦解放组织均拒绝这项方案,而埃及接受这一方案,约旦则小心审视这一方案,美国人平静地将其搁置。一周后,阿拉伯国家的领导人在菲斯(摩洛哥城市——译者注)召开会议,提出他们自己的方案,建议成立巴勒斯坦国,并暗示承认以色列。美国人对阿拉伯人的这项动议置之不理。

但是每个人都在关注黎巴嫩,华盛顿对当地的政策并不连续。否决联合国安理会决议并武装以色列军队,使美国成为事实上的帮凶。美国外交官菲利普·哈比卜在穿梭于耶路撒冷、贝鲁特和开罗之后,提出了一项计划,计划提议以色列部分后撤,而巴勒斯坦人完全撤出贝鲁特西区,由美国海军陆战队、法国军队和意大利军队监督上述两个行动。各方将就建立新政府和外国军队完全撤出黎巴嫩继续展开磋商。

8 月，贝鲁特的战斗渐渐平息，从而使以色列军队得以后撤，并使巴勒斯坦解放组织撤出贝鲁特。与此同时，黎巴嫩议会——已经 10 年没有改变——为选举新的总统而开幕。唯一的总统候选人是巴沙尔·杰马耶特，马龙派的准军事组织即所谓的长枪党的一位首领。由于他在内战中与基督徒一方的联系，许多反对派议员抵制选举杰马耶特为总统的这届议会。兴高采烈的贝京希望以色列能够与基督徒主导的黎巴嫩实现持久和平。

另一方并未放弃。9 月 14 日，一枚炸弹摧毁位于贝鲁特东区的长枪党总部，包括巴沙尔·杰马耶特在内的居住者死于非命。以色列国防军立即占领贝鲁特西区，并开始清除尚在抵抗的巴勒斯坦解放组织街区，这违反了哈比卜的和平方案。以色列国防军准许长枪党进入位于夏蒂拉和撒布拉的巴勒斯坦“难民营”，在之后两天的暴行中黎巴嫩基督徒在那里屠杀了数百名巴勒斯坦男人、妇女和儿童。对此所有人都大惊失色，以色列人也不例外，他们成立一个调查屠杀起因的委员会。以色列委员会查明，以色列国防军统帅阿里尔·沙龙曾为撒布拉和夏蒂拉的屠杀提供便利，因此要求将他排除在未来所有内阁之外。美国、法国、意大利军队返回贝鲁特——这次驻扎时间较长——以便恢复和平。黎巴嫩议会选举巴沙尔的哥哥艾敏·杰马耶特担任总统。

如果黎巴嫩要实现和平，国内各派就必须改革黎巴嫩政府的组成，并使形形色色的民兵组织解除武装。外国军队——经阿拉伯联盟授权而占领黎巴嫩的叙利亚人、巴勒斯坦敢死队、以色列侵略者、联合国缓冲部队，以及法国、意大利和美国（英国也加入了）的多国部队——必须全部撤出这个国家。但是按照什么顺序呢？美国希望经所涉各方磋商而实现分阶段撤军。叙利亚希望其他国家军队无条件撤军。从 1982 392
年底至 1983 年初，黎巴嫩、以色列和美国的代表举行长期磋商，达成由舒尔特茨精心草拟的一份条约。条约很快失效，因为以色列国防军不愿撤军，除非叙利亚人和巴勒斯坦解放组织均在同一时间从他们目前所占领的黎巴嫩地区撤出。在国内遭到逊尼派伊斯兰主义者反对的阿萨德总统（他曾屠杀至少 2 万名逊尼派伊斯兰主义者，并于 1982 年将叙利亚的保守穆斯林城市哈马的一半街区夷为平地)，不愿通过从黎巴嫩撤军来帮助美国人。尽管艾敏·杰马耶特曾在 1983 年的《黎巴嫩–以色列条约》上签字，但这份条约已经成为一纸空文。

在黎巴嫩崛起的力量是此前无人关注的一支。在战争早期，外界观察家认为马龙派基督徒和逊尼派穆斯林是主要的宗教集团。西方人漠视在贝卡谷地和黎巴嫩南方部分地区占据优势的什叶派穆斯林。然而，什叶派穆斯林逐渐成为这个国家的最大派别，而其中许多人涌入贝鲁特的贫困街区以寻找工作。许多什叶派穆斯林起初欢迎以色列的入侵，希望这次入侵能够削弱黎巴嫩逊尼派和巴勒斯坦人。但是在以色列人驻扎数月之后，什叶派穆斯林转而开始反对他们。越来越多的什叶派年轻人愿意成为殉教者，赶走以色列人以及这些年轻人所认定的以色列同盟者美国军队。一系列恐怖行动接踵而至，打击了美国驻贝鲁特和科威特大使馆，美国驻贝鲁特机场的海军陆战队兵营，甚至还有法国的陆军指挥部(部分原因是法国正在向伊拉克提供武器，以打击伊朗)。美国和以色列认为什叶派武装分子藏匿于某些村庄，遂对这些村庄进行报复，致使众多黎巴嫩人流离失所，并使这些人更加仇恨外国人。美国人在海军陆战队兵营爆炸中伤亡惨重，在黎巴嫩的其他美国公民也面临着威胁，美国贝鲁特大学校长马尔科姆·科尔遭到杀害，这打击了美国执行维和使命的愿望。里根决定撤走海上第六舰队所派出的分遣队。这支分遣队很快就“从地平线上”撤走。法国、英国和意大利的分遣队也于 1984 年初撤走。

(四) 恐怖主义的盛行

什叶派和德鲁兹派民兵控制了贝鲁特西区，而黎巴嫩的战事如火
393 如荼。艾敏·杰马耶特政府无力恢复秩序，尽管它正式废除与以色列所签订的条约。内部争斗使绝大多数派别发生分裂，巴勒斯坦人也因叙利亚支持其中一派反对阿拉法特而出现分裂。在 1980 年代中期，仍然待在黎巴嫩的美国公民与其他外国公民遭到不明什叶派武装的肆意劫持，而西方政府发誓绝不向这些人交付赎金(但是有时候的确秘密交

纳了赎金)。甚至客机和一艘游轮也遭到劫持,这强化了中东的恐怖主义恶名。与巴勒斯坦解放组织相比,黎巴嫩的什叶派穆斯林对以色列人打击更大,这是真正惊人的发展;以色列人在未达成条约的情况下于1985年从黎巴嫩绝大部分地区撤军。绝大多数阿拉伯国家在外交上和资金上支持巴勒斯坦人的组织,但是纳比赫·柏瑞领导的、以世俗性为主的阿玛尔(希望)——从阿玛尔脱离出去的以伊斯兰主义特征为主的阿玛尔,特别是真主党——享有将以色列军队和西方军队赶出黎巴嫩的美誉。我们认为,什叶派成功的主要原因在于,他们愿意为了自己的事业而献出生命,而霍梅尼的教导,伊朗革命的成功,特别是公元680年穆罕默德的外孙侯赛因为反抗其压迫者而树立的榜样等鼓舞了这一意愿。

恐怖主义是在世界多数地区被实施的一种古老的战争手段,当个体和集团无力抗衡依赖军队、警察和其他传统暴力来维持其统治的强权,从而不能实现尊严、自由和公正时,恐怖主义就会出现。恐怖主义的基本目的在于,迫使其他个体与集团——以及他们的国家——采取并非自愿的政治行动,以满足恐怖分子的需要。我们在本书曾经提及,阿萨辛派采用恐怖主义反对逊尼派,埃及人在苏伊士运河采用恐怖主义反抗英国人,阿拉伯人和犹太人在巴勒斯坦采用恐怖主义相互攻击并攻击英国人,巴勒斯坦人采用恐怖主义反抗以色列人及其支持者,而什叶派穆斯林在伊朗、黎巴嫩和其他国家采用恐怖主义反对他们眼中的那些压迫者。恐怖主义者往往是充满激情和决心的、受过教育的年轻人。他们坚信他们的宗教或民族正在受到压迫,因此必须加以维护。政府也实施恐怖主义以便打击其敌人的士气。1981年,以色列对巴勒斯坦人的轰炸就是国家实施的一种恐怖主义,1982年阿萨德在哈马对其敌人的杀戮,以及1988年萨达姆对伊拉克的库尔德人的袭击也是如此。

从前,与美国人和欧洲人相比,中东的政府和民众受到恐怖主义的伤害较多,但是现在恐怖分子反击西方以便复仇。几乎所有政府均谴责恐怖主义,但是它们在如何打击恐怖主义这一问题上众说纷纭。在

这一问题上存在两个基本的思想流派：(1) 反击并震慑恐怖分子，可
394 以遏制恐怖主义；与(2) 唯有医治导致恐怖主义产生的社会环境，才能制止恐怖主义。但是，如果恐怖主义者受到其周围的太多民众的支持，如果惩罚行动未能清除恐怖主义的根源，如果无辜人质的生命危在旦夕，就很难遏制恐怖主义。里根及其强硬支持者指责卡特政府在处理伊朗的美国“人质危机”方面表现软弱，但是他自己的政府在黎巴嫩表现更糟；当时美国向一直资助黎巴嫩革命组织的伊朗出售武器，此后被迫挣脱这一尴尬丑闻。几乎不可能出台政策以医治作为恐怖主义原因的社会环境，例如旷日持久的阿以冲突、黎巴嫩内战、两伊战争、城市化和贫困等。数年来，联合国曾力图解决这些问题，但是鲜有成就，其部分原因是美国频繁地否决联合国的决议案。

五、西方政策的出台与伊斯兰政体

对民选政府而言政策很难出台，特别是美国，它的权力被白宫和国会分割。在 1980 年代，华盛顿没有明确的中东政策，而它易受犹太复国主义者和石油游说团的影响，这使它更难出台政策。对以色列而言，政策出台也是一种挑战，因为以西蒙·佩雷斯为首的工党，与在 1983 年之后由伊扎克·沙米尔领导的利库德集团组成不稳定的联合政府。在 1984 年的议会选举中，两大集团所获席位几乎相同，因此他们同意联合组阁，其中佩雷斯在 1986 年前担任总理，沙米尔则在之后两年继任总理。两人在对阿拉伯人的政策方面意见分歧：佩雷斯支持而沙米尔反对召开一次国际和平会议，这次和会很有可能会使约旦收回约旦河西岸大部分地区。沙米尔希望以色列无限期占领在 1967 年战争中所夺取的土地。巴勒斯坦人也是分裂的。一些人主张不择手段反抗以色列的占领，但是其他人则支持已经被以色列统治 20 年的那些巴勒斯坦人应该积极参与以色列政治，例如耶路撒冷的选举。巴勒斯坦人还思考他们应该在何种程度上依赖阿拉伯诸国的帮助，但是他们在 1987 年 12 月之后决定为自身事业而战。敌对双方的政策争论并未促成和平。

拥有一项政策的含义是什么？在一个特定问题上拥有一项政策的政府就已规定其目标，并选择最有可能实现这些目标的途径。当1980年代初伊朗希望在整个中东推广伊斯兰政体时，它出台一项旨在打击 395
穆斯林国家现存政府的革命性颠覆政策，即通过争取它们的“摩斯塔扎凡”(直译为“被剥夺者”，感到被中东的西化所疏远的民众)的支持，并使他们充满自我牺牲的激情来反抗压迫他们的人。这项政策在黎巴嫩一度奏效，但是在伊朗抗击伊拉克的战争中却因严峻的经济形势而破产，最后阿亚图拉·霍梅尼被迫承认伊朗无力再与伊拉克作战，而且不能再向黎巴嫩的什叶派革命组织提供资金援助。经济复苏成为伊朗的目标，而其他手段与目的更加相称。如果以色列在1980年代希望在敌对的阿拉伯世界中确保自身的生存，它认为其最佳政策应是彻底威慑以色列的敌人，以致没有一个敌人胆敢袭击以色列。但是这一手段无法确保安全，因为黎巴嫩什叶派和巴勒斯坦人没有被威慑吓倒，而逐渐强化对以色列的袭击。

里根政府起初认为能够使中东诸国形成反对苏联这一战略共识，然而这是一项误入歧途的政策，因为绝大多数中东国家对以色列，对中东其他国家和国内革命的恐惧胜过对苏联入侵的担忧。后来里根致力于使以色列、阿拉伯人、黎巴嫩国内的冲突各派通过妥协实现和平，但是这种妥协忽视双方的真正目标。再到后来，他谴责在黎巴嫩发生的劫持人质事件和其他恐怖袭击，却通过出售武器间接地与劫持人质的恐怖分子讨价还价，以便解救美国人质，以此安抚美国公众。里根采取了一种自我感觉良好的政策；而他的政策没有实现目的与手段的统一。

坦率地讲，霍梅尼时代的政策制定是有缺陷的。伊朗伊斯兰共和国在内部的、伊拉克和美国颠覆它的所有企图中幸存下来，而且它还偿还了巴列维国王所欠的70亿债务；但是伊朗伊斯兰共和国的国民经济濒临崩溃，并加速了本国最为富有和受过最好教育的公民离境。它未能使其他国家在其鼓动之下成为一个伊斯兰共和国。它声称自己能够将《沙里亚》重新确立为大地的律法，但是伊朗人依然避开它在妇女的化妆品、毒品吸食(伊朗的鸦片吸食者迅速增加)和摇滚乐方面的禁令。阿拉伯诸国继续采取导致他们彼此争吵的政策。以色列的政策使本国士气受挫,而且并未增强其安全。美国政府不知道如何处理中东的宗教激进主义,无论穆斯林的、犹太人的,还是基督徒的宗教激进主义;而美国在1983年轰炸黎巴嫩乡村和在1986年轰炸利比亚首都,力图以此压制恐怖主义,反倒激怒那些或许曾经维护美国利益的人。霍梅尼的伊斯兰共和国、梅纳伊赫·贝京和伊扎克·沙米尔的大以色列、亚西尔·阿拉法特的含糊其词与罗纳德·里根的爱国精神,均未能阐明他们的政策。

396 1989年6月,霍梅尼去世,在其鼓动下发生的中东伊斯兰革命随之终结。事实上,当伊朗的革命激情逐渐消退,而伊拉克收复它在此前丧失的土地之际,中东伊斯兰革命已经逐步衰落若干年了。伊斯兰教是一种宗教和生活方式;它并非一种政治意识形态。西方人在1979年前低估了伊斯兰教对穆斯林心理和头脑的影响;我们在1980年代则高估了这一点。在读者于本书中所学习的绝大部分时期,伊斯兰教的信仰和制度对中东民众产生了巨大影响,但是任何领导人,甚至包括穆罕默德,都不能使伊斯兰教成为穆斯林思想和行为的唯一决定因素。《沙里亚》与包括国王与总督的法令在内的其他法律体系共存。伊朗阿黑门尼德王朝的帝国传统在很长时间内与伊斯兰教中的穆罕默德观念同时存在。国内官员和将领一直在与哈里发和欧莱玛的合作中(或者竞争中)支配权力。

伊斯兰革命使“被剥夺者”得以在噤若寒蝉之后开口说话,并发泄他们对统治者和外国顾问的愤怒,后者以“现代化”为名聚敛物质财富并增强政治权力。对所有地区的大有奔头的政客而言,愤怒是一种强大工具,但是它不能制定政策,为饥饿之人提供食物,为无家可归者提供住处,赢得战争,或维护和平。伊斯兰教阐述了个人和集团生活的意义;它所教导的道德准则使人民更加遵守道德,更加仁慈和善。但是今天的世界远比《沙里亚》所脱胎的世界复杂,而人们需要许多技能来应对今天世界的挑战,无论在伊斯兰世界内部的挑战,还是存在于穆斯林与非穆斯林之间的挑战。受到"宗教激进主义"复兴影响的所有国家，必须拥有宗教智慧以便解决经济社会难题，克服冲突，并创造和平。现在，穆斯林与包括美国人在内的其他民族，应该在相互理解和尊重的基础上一起努力。

第二十章　海湾战争与和平进程

397 “冷战”于 1990 年左右结束，但是我们所生活的世界仍在发生剧烈变革，并且国家间与国家内部的冲突有所上升。人们对他们的政府，对他们的生活条件，对缺乏他人和他国本应对自身的尊重感到失望。失望导致反抗既有政府的暴动、宗教冲突和民族冲突、扩大政治参与的要求与专制政府。在 1990 年代，中东的上述问题与非洲和亚洲其他地区的这些问题相比不太明显，但是它们潜伏于表象之下，并在新千年困扰我们。在苏联解体之后，3 个高加索国家与 5 个中亚国家诞生了。共产主义在中东失去了其权势与吸引力。

与此同时，西方的新闻媒体与政客臆想出“恐怖主义”与“宗教激进主义”的新威胁。然而，中东诸族有更多理由恐惧西方的权势。他们如何看待为应对 1990 年 8 月伊拉克对科威特的入侵而在沙特阿拉伯逐渐增强的外国军事力量，以及他们如何看待 1991 年的海湾战争——在这场战争中，美国军队、欧洲军队和阿拉伯军队的联盟在空袭摧毁了伊拉克大部军力之后将伊拉克人赶走，却并未推翻他们的统治者？

阿拉伯世界感到四分五裂，毫不设防，并且因其无力主宰自己的命运而感到沮丧。许多曾希望仿效土耳其而跃进现代化的阿拉伯人逐渐认为，他们被引进的思想和方案所分裂。伊朗的伊斯兰革命提供了一

条可以遵循的新途径，但是民众对这一模板的支持并未促成阿拉伯政
府的变革。阿拉伯领导人开始在马德里和华盛顿与以色列公开谈判， 398
或在奥斯陆和其他城市举行秘密谈判。以色列在其与巴勒斯坦解放组
织谈判时打破了多年的禁忌。双方展开艰苦谈判，但是没有一方愿意
提供最能减少对方恐惧的东西。阿拉伯人的暴力和灭绝的威胁仍然萦
绕在以色列人心头，而以色列的统治和报复羁绊着公开反抗以色列士
兵的巴勒斯坦人。土耳其力图加入欧盟，但是它在处理其东南省份的
库尔德人起义时因不够尊重人权，而未能符合西方的标准。伊朗鼓吹
要向世界其他地区输出伊斯兰原则，但是其公民两次选举了其政策将
缓和国内革命以便重建伊朗社会的一位总统。

从 1990 年到 2001 年，这是战争时期，中东诸国之间和内部权力斗争的时期，恐怖主义（定义多样）袭击的时期，以色列和巴勒斯坦人的和平幻想时期。对各方而言，这是一个令人失望的时期。

一、海湾危机

一个地理事实造成一种历史畸变。直到 1960 年代，波斯湾沿岸这片富含石油和天然气的干旱土地依然人口稀少，而且主要是游牧民，不受外界重视。当中东其他地区的军官正在以共和国取代君主国时，这一地区的绝大部分依然处在部落舍赫和埃米尔的统治之下。在 1930 年代中期，形形色色的拼凑国家出现了。这些国家包括沙特阿拉伯和一些袖珍埃米尔国，其中沙特阿拉伯被伊本·沙特统一，而且因他本人或其臣民始料未及的石油发现而变得富裕，福贾伊拉因其邮票而闻名，巴林这个日益衰落的产油国则拥有发达的银行业和旅游设施。我们称每个国家为一个“民族国家”，但是卡特尔和迪拜等公国的存在源于其国民的政治忠诚吗？伊朗和伊拉克装备比较精良，石油储量丰富，而且人口众多，而众多袖珍国家虽然富含石油却无力自卫，这种并存是危险的。在 1980 年至 1988 年“两伊战争”期间，这一危险暂时消退，但是冲突的危险在“两伊战争”刚刚结束就浮出水面。

(一) 伊拉克的不满和要求

伊拉克因其在阿拉伯世界屈居亚军而心情复杂。埃及拥有更多影
399 响巨大的大学、出版社、报纸和广播电台与电视台。尽管伊拉克在1930年代和1940年代较早实现独立并拥护阿拉伯统一,然而叙利亚是阿拉伯民族主义发展的先驱。而沙特阿拉伯的石油,尽管其发现晚于伊拉克,却产量更巨大,而且储量更丰富。因此,伊拉克人感觉其他阿拉伯人(遑论非阿拉伯人)并不尊重他们。尽管许多阿拉伯国家在"两伊战争"期间向萨达姆·侯赛因提供了巨额贷款和武器,但是他们低估了伊拉克据说为了遏制德黑兰向阿拉伯世界输出伊斯兰主义的好战性而在人力和财力上付出的代价。

一个与此相关的复杂情愫是,伊拉克坚信整个西方帝国主义,特别是英国,力图通过制造一个名叫"科威特"的独立埃米尔国而阻挠伊拉克的发展。伊拉克坚持认为,科威特无权独立。在19世纪,统治科威特的萨巴赫家族承认奥斯曼帝国对科威特地区享有宗主权。然而,穆巴拉克·萨巴赫(1896－1915年在位)舍赫于1899年与英国人缔约,使后者负责科威特的防务和外交,从而使科威特摆脱了奥斯曼帝国的控制。极力保护其通往印度交通线的英国人,与波斯湾地区的其他部落首领签订了类似条约。在20世纪,当中东其他国家已经摒弃君主政治和殖民依附之后,上述条约仍然在该地区维持着一个古老的政治同盟。当1921年英国人划定其伊拉克委任统治地边界时,伊拉克领导人抱怨科威特的分离使伊拉克几乎没有海湾的出海口。伊拉克在1932年获得独立之后,立即要求调整边界。1961年英国军队撤出科威特,这时阿卜杜勒·卡瑞姆·嘎西姆力图使伊拉克人取代英国人在科威特的地位,但是其他阿拉伯国家和英国派出军队以阻止伊拉克吞并这个埃米尔国。巴格达时断时续地提出科威特在法律上是伊拉克领土,而且它从未正式承认科威特独立。

然而,在与伊朗的8年战争期间,伊拉克与其说需要土地,还不如说渴求贷款,并借了科威特150亿美元以上——伊拉克在战争结束后

既不愿归还，也无力归还这笔钱。科威特拥有尚未开发的若干岛屿，这些岛屿本来能够成为伊拉克出口石油的装载和运输基地。在1988年之后，伊拉克和伊朗均需要更多的石油收入，以便重建其遭到战争摧残的经济。提高收入需要更多产量抑或较高的出口价格，而科威特急剧增加的石油售量（按照打折价格）无助于巴格达与德黑兰。

科威特极其可观的财富，完全源自出售由外国人发现和开采的石油，这些财富主要养肥了萨巴赫家族，以及能够证明其家族长期定居科 400
威特而非来自其他阿拉伯国家或者遥远的孟加拉国或菲律宾的贫穷移民的少数科威特人。这些客居劳工无论其体力、脑力和辛劳受到何种程度的重视，都不能享有科威特人的权利。外国人即便在科威特工作40年，也很难获得该国公民权；他们的孩子也不能获得科威特公民权，即使这些人终生定居科威特。为数甚少的科威特人凭什么特殊才德而聚敛了如此巨大的财富，而绝大多数其他阿拉伯人则依旧贫困？

科威特人的回答是，他们的贝都因祖先早在18世纪就在海湾西北角附近的一个隐蔽小港定居，并在那里建立了一座小堡垒（堡垒的阿拉伯语音译为“科威特”）。1756年，定居者决定由萨巴赫家族的一位成员管理他们的事务。尽管许多科威特人仍然处于游牧状态，而且科威特国界直至20世纪才被划定，但是科威特人绝不仅仅是“拥有一面国旗的诸多部落”。一些科威特定居者经营商业、造船业、采珠业和渔业。在1930年代末，一家英美公司发现了石油，但是这个袖珍埃米尔国直至1945年（当时科威特人口总计15万）之后才成为一个石油出口国。自此之后，石油产量、国家财富和人口数量迅猛增长。

科威特人明智地将其石油收入用以修建现代基础设施，教育他们的年轻人，投资国外（预计1 000亿美元），而且为了应对可能发生的油井枯竭而拨款储蓄，并援助可能会保护科威特人免遭侵略的那些不太富裕却人口较多的阿拉伯国家。由于巴勒斯坦人占科威特居民的四分之一，因此科威特政府在经济上和政治上支持巴勒斯坦解放组织与相关的阿拉伯人事业。科威特并不依附西方，它是第一个与共产主义国家建交的海湾小国。不仅如此，科威特还是唯一拥有普选议会的海湾国家,尽管埃米尔两次解散议会,并且只有那些能够证明其祖先在1920年前定居科威特的男性才有选举权。难道科威特因其在1988年之后没有为了帮助伊拉克发展而提高油价,以及削减石油产量就应该遭到攻击吗?难道期望伊拉克偿还其贷款也有过错吗?

(二)伊拉克吞并科威特

1990年8月2日午夜之后,伊拉克军队迅速入侵并占领科威特。科威特埃米尔贾比尔·艾哈迈德·萨巴赫及其部分亲属和高级官员,加上其许多臣民逃往邻国沙特阿拉伯。他们在沙特阿拉伯呼吁国际社会,特别是美国帮助他们光复国家。伊拉克总统萨达姆·侯赛因曾谴
401 责科威特在两国共有的鲁梅拉赫油田开采伊拉克的那份石油,并企图通过过量开采石油来降低国际市场上的石油价格以减少伊拉克的收入。埃及总统胡思尼·穆巴拉克与沙特国王法赫德在7月底调停伊拉克和科威特的努力并未使这位伊拉克统治者感到满意。外国的情报人员知晓伊拉克军队正在科威特边境集结,但是几乎无人料到萨达姆将下令入侵。阿拉伯诸国无论如何争吵,却几乎从未彼此入侵。

伊拉克的入侵与随之而来的对科威特的吞并,引发了一场外交危机。其他阿拉伯国家反应迟缓;它们起初提出后来却取消召集阿拉伯领导人紧急会议。难道阿拉伯领导人漠视这一赫然存在的危险吗?如果伊拉克能够入侵一个阿拉伯同胞国家而不受惩罚,那么将如何阻止其他强国占领其弱小的邻国?相比之下,因共产主义在欧洲的溃退,以及苏联总统米克海尔·戈尔巴乔夫的默许而大受鼓舞的美国政府,迫不及待地要填补这个真空。美国政府立即谴责这次入侵,并冻结了伊拉克和科威特在美国的资产。在获得沙特政府的同意后,乔治·布什政府开始向这个沙漠王国空运部队和给养,而此前沙特阿拉伯禁止外国军队进入沙特领土——或者竭尽全力使外国驻军不引人注目。到1990年10月底,已经有超过20万美国男女军人在沙特阿拉伯东北部一些不为人知的地点安营扎寨。11月,布什将在已经运至当地的防御武装基础上增派攻击部队,从而将这支部队的人数增加一倍,现在我们

认为这一步骤表明，华盛顿决心把伊拉克军队赶出科威特。包括埃及和叙利亚在内的其他许多国家派军与美国军队组成“联盟”，参与官方所命名的“沙漠盾牌行动”。

联合国安理会通过了一系列决议，要求伊拉克从科威特无条件撤军，并要求其他成员国对伊拉克实施经济制裁，直至伊拉克无条件撤军。伊拉克无法从国外进口除了少量食品和药品以外的任何商品，也不能出售一点石油以赚取为重建被战争摧残的经济所需的资金。由于萨达姆并未随着制裁的强化而退缩，布什总统与英国首相玛格丽特·撒切尔威胁要对伊拉克采取军事行动。美国及其盟国断然拒绝约旦国王侯赛因和其他国家领导人的调停努力，坚决要求伊拉克立即无条件遵守联合国安理会决议。对萨达姆及其支持者而言，上述郑重要求是一个直接挑战；他们拒绝撤军。

相反，伊拉克抢劫科威特人的居所、学校、图书馆和企业。萨达姆 402
政权拘留了在伊拉克入侵后待在科威特的成千上万的外国公民，用汽车将其运往巴格达，并迫使其中部分人作为抵抗外国袭击的“人体盾牌”而住在伊拉克的工厂或军事基地。巴格达命令外国驻科威特大使馆撤离科威特，正式宣布科威特成为伊拉克第 19 个省，并力图抹去科威特作为一个独立国家而存在的所有证据。当地居民的所有抵抗均遭到镇压。成千上万科威特人背井离乡，逃往其他阿拉伯国家。

在科威特的外籍劳工比较悲惨，而在伊拉克的外籍劳工痛苦较小。埃及、也门、巴基斯坦、印度、斯里兰卡以及菲律宾劳工被剥夺了他们之前所赚的全部动产与资金，散乱穿过沙漠前往约旦，他们拥挤在肮脏的临时难民营中，直至他们的国家将其安全空运回国。来到科威特或伊拉克的多数外籍劳工是出身贫苦家庭的年轻男女，他们希望赚钱并将钱寄给他们的家人。现在他们一无所有，他们和那些依靠他们供养的人在回国之后面临着惨淡的就业前景，而他们的国家将无法得到之前由他们的侨汇所带来的硬通货收入。

迅速提高的油价、上升的失业率，加上反伊拉克的经济制裁造成的混乱，使本已混乱的中东经济和西方经济雪上加霜。希望派遣军队和给养以便援助"沙漠盾牌行动"的诸多政府,如何能够找到偿还他们的资金呢?德国和其他欧洲国家,以及日本、沙特阿拉伯和科威特流亡政府保证提供数十亿美元。既然如此众多的国家为军力的逐渐增强而贡献军队、坦克、飞机和资金,那么谁将进行军事决策呢?而联盟的统一又将维持多长时间呢?

联合国几乎一致反对伊拉克入侵科威特,这提高了通过这个国际组织来迅速磋商和解决其他国际争端的期望,然而外交或许连第一个问题都解决不了,遑论可能与这一问题相关的其他问题呢?萨达姆狡黠地提出,唯有其他外国军队均撤出他们目前所占领的中东土地,伊拉克军队才会撤出科威特,锋芒直指以色列和叙利亚。人们担心战事延长,这一战事的标志是空袭城市和公共工程,点燃油井和炼油厂,发射导弹,施放毒气,甚至还有细菌战。在1990年秋,以色列与巴勒斯坦人的冲突以及其他冲突有所激化。穆斯林民众会支持在谴责伊拉克行动时貌似一致的诸多政权吗?

403 (三)阿拉伯政权的合法性危机

在许多阿拉伯人(以及某些非阿拉伯穆斯林)看来,萨达姆是一位民族英雄,他傲视西方,并使每个人重新审视中东政治的运行规则。萨达姆俘获了"被剥夺者"的心灵。因受西方的漠视、以色列的镇压和其他阿拉伯人的空头许诺而愤愤不平的多数巴勒斯坦人敬仰萨达姆。在约旦和以色列所占土地上,以及较为遥远的突尼斯、利比亚和也门等地,普遍发生了支持萨达姆的示威。在那些反对伊拉克以防其逐渐控制阿拉伯世界的政权所统治的国家,主要是在叙利亚和埃及,一些人大声疾呼支持萨达姆,其行动立即遭到镇压。然而,曾遭伊拉克军队虐待并丧失其生计和侨汇的一些阿拉伯人则示威反对萨达姆。

伊拉克的政治体制,即分配权力和制定决策的方式,高度专制。国家控制着伊拉克的主要工业、所有教育机构以及宣传工具。萨达姆·侯赛因的巨幅肖像装点着街头和公共建筑。无人胆敢公开反对他的政策,未经审判的即行处决、严刑拷打和长期监禁屡见不鲜。曾经隶属于

1968 年夺取政权的萨达姆的复兴党派别,或者曾经帮助萨达姆在 1979 年就任总统的绝大多数军官和文官后来遭到清除、流放或者被迫退休。萨达姆在其周围聚拢了一个由来自其家乡提克里特的亲戚和朋友组成的派系。萨达姆的军队包括共和国卫队、"人民武装"和后备役,数量超过 100 万,是阿拉伯世界规模最大、装备最好的军队。法国、德国、苏联甚至还有美国,都曾在"两伊战争"期间向伊拉克出售武器。伊拉克在"两伊战争"期间曾对伊朗人,甚至还有伊拉克的库尔德人使用毒气,这使伊拉克军队的残酷更加臭名昭著。

为使伊朗违反联合国的制裁规定,1990 年 8 月萨达姆宣布伊拉克准备重新承认 1975 年协定,从而使伊朗与伊拉克共同控制阿拉伯河,并将伊拉克在为期 8 年的对伊朗战争中所占领的其他土地归还伊朗,此时伊拉克士兵连同他们的阵亡同伴的家属不知作何感想?萨达姆怎能在其刚刚抱怨科威特压低了伊拉克期望提高的油价之后,就主动把伊拉克的石油给予那些因伊拉克入侵科威特所造成的油价上涨而遭受损失的第三世界国家?显而易见,被萨达姆视为等同于其个人利益的伊拉克利益的变化无常,导致上述剧烈的政策转向。

但是,这场危机使我们知晓伊拉克的阿拉伯敌手什么呢?叙利亚和埃及等国政府加入惩罚伊拉克的同盟,漠视他们的民众对沙特政策 404
和美国政策的反对。约旦和也门等国政府因它们与伊拉克的经济联系,从而甘冒激怒它们的其他邻国的风险而支持萨达姆。几乎所有阿拉伯政权都对自身的合法性没有信心。绝大多数阿拉伯政权在一场危机中,会诉诸某种形式的强制来确保其国民的臣服。由于缺乏集体安全体制,所有阿拉伯国家均易遭入侵。如果富有的沙特阿拉伯需要"沙漠盾牌行动"来防止入侵(尽管伊拉克从未威胁占领沙特王国),沙特阿拉伯政府没有支持或反对其政策的任何合法权利的臣民将如何看待沙特阿拉伯政府呢?沙特人耗费巨资购买美英武器,他们如何使用这些武器?在 1990 年 8 月之前,沙特政府能够通过保卫圣城麦加和麦地那来保护其臣民,并维持其合法性。到 1991 年 1 月,整个国家被 50 万外国军队所防卫——其中多数甚至不是穆斯林。而伊拉克在其土地上没有外国军队。

二、“沙漠风暴行动”

萨达姆拒绝了联合国安理会通过的12项要求他从科威特无条件撤军的决议，而且布什拒绝与伊拉克妥协，这导致战争于1991年1月17日爆发。联盟的行动被改名为“沙漠风暴行动”，以猛烈空袭伊拉克的军事设施与众多民用目标作为开端。伊拉克起初抵抗微弱，后来用飞毛腿导弹袭击以色列（并非联盟的成员），希望把耶路撒冷拖入战争。萨达姆预计，如果以色列报复伊拉克，沙特阿拉伯、埃及和叙利亚的军队将退出联盟。在美国禁止报复的强大压力下，以色列服从了但是保留有朝一日发起反击的权利，以免巴勒斯坦人和其他阿拉伯人认为耶路撒冷软弱无能，必须躲在美国人迅速部署的一批爱国者导弹之后。在战争期间，伊拉克的飞毛腿导弹继续发射，打击了沙特阿拉伯和以色列，但是这些导弹没有战略价值。

伊拉克对联盟空袭的若干其他还击数以千计，更具杀伤力。萨达姆下令打开科威特油井喷头，将数百万加仑原油倒入海湾，威胁着海岸、野生动物甚至还有海水淡化工厂，并遏止了联盟对科威特城的两栖攻击。被伊拉克击落并俘获的联盟飞行员遭到严刑拷打，并被迫通过
405 国家电视台向伊拉克人民供认其“罪行”。许多科威特人遭到劫持，并被送至伊拉克充当抗击联盟袭击的人体盾牌。甚至伊拉克军队在撤退时点燃了科威特的油田。后来，萨达姆派出其外交部长塔瑞克·阿齐兹前往莫斯科寻求苏联的支持，以便结束战争，并企图通过这一外交途径增强伊拉克的地位。伊拉克与苏联提出了从科威特撤军的若干建议，希望以此防止伊拉克遭到入侵。但是布什及其盟友对这一协议置之不理，并郑重要求伊拉克遵守联合国安理会的所有决议。在伊拉克拒绝他们的要求后，联盟开始发动地面攻势，并于100小时内将伊拉克军队赶出了科威特。1991年2月27日，战事停息。

布什政府与美国似乎在极短时间内取得了辉煌胜利。与朝鲜战争和越南战争不同，海湾战争受到绝大多数美国人的支持。当时美国民

众希望美国政府能够使所有中东国家共同磋商，并解决他们的政治分歧。从某种程度上讲，事实的确如此。当时美国民众担心战事在伊拉克会持续下去。战事的确还在继续。当联军占领伊拉克南方一部时，当地什叶派起身反抗巴格达政权，库尔德人则在伊拉克北部发动起义。尽管联盟领导人曾支持这些暴动，但是他们并未向什叶派和库尔德人提供军事援助，其中前者可能在伊拉克南部建立一个伊斯兰共和国，而后者希望建立的自治库尔德斯坦可能导致土耳其境内的库尔德人提出类似要求。萨达姆扼杀了军队和民间推翻他的所有企图，从而未被颠覆。

相反，联盟将联合国的制裁维持近 13 年，力图强制销毁伊拉克的核武器、生物武器和化学武器，联合国的制裁尽管使伊拉克民众贫困化，却未能打击其领导人。萨达姆坚信他赢得了战争，因为他仍旧掌权，而布什却在 1992 年 11 月的总统选举中败北。伊拉克得以重建其军队和共和国卫队，并于 1993 年和 1994 年再次威胁科威特，于 1997 年和 1998 年拒绝与联合国武器核查小组合作。与此同时，100 万以上伊拉克人因制裁而死去。在抵抗数年之后，萨达姆同意联合国的一份协议，该协议允许萨达姆从 1997 年起每 6 个月出售价值 20 亿美元(被迅速提高至 50 亿美元，后来则不限数额)的伊拉克石油，以换取粮食、药品和其他必需品的进口(萨达姆及其党羽将绝大部分所得资金收入私囊)。尽管联合国核查人员每年都能进入伊拉克多数军事设施和总统官邸，华盛顿却在 1998 年要求他们撤离，美英在之后展开的轰炸行
动中伤及大批伊拉克平民。中东日益憎恶对伊拉克的禁运。到 2001 406
年，绝大多数阿拉伯国家、土耳其和伊朗开始与伊拉克进行贸易，仿佛制裁已被解除。没有一位外国人发现伊拉克存储生物武器、化学武器与核武器，而从 1998 年至 2002 年联合国核查人员甚至无法进入伊拉克。

科威特迅速扑灭其燃烧的油田，并重建了经济。1992 年，科威特举行议会选举，但仍然不允许妇女投票，而且未给予外籍劳工公民权。绝大多数曾经建设科威特经济的巴勒斯坦人被驱逐出国(禁止携带其财产)，而且不准重新入境。他们的工作被埃及人和其他国民所取代。

三、巴勒斯坦人与和平进程

我们一直所称的“阿以冲突”在1990年代演变为“巴以冲突”。以色列的支持者曾经常常将冲突归咎于阿拉伯诸国拒绝承认犹太国。但是埃及人在1979年承认以色列。约旦在1994年也承认以色列。然而,巴勒斯坦人仍然是冲突受害者。难道这是因为黎巴嫩等阿拉伯政府拒绝接纳他们吗?约旦等其他阿拉伯国家给予巴勒斯坦人公民权,并提供就业岗位。在海湾战争之前,许多巴勒斯坦人在科威特等国找到了高收入岗位。在以色列所统治的巴勒斯坦人中,有些人的确兴旺发达了,但是绝大多数人因以色列的军事占领、吞并他们的土地和歧视而饱受痛苦。巴勒斯坦人在上述两种情况下都没有在政治上和经济上被真正接纳。发生什么了,原因何在?

(一) 第一次“因提法达”

故事开始于1987年12月,当时加沙的小股儿童与青少年发起反对以色列占领军的暴动。暴动迅速波及整个被占地区,并在世界词汇库里增添了一个表示“暴动”的阿拉伯语词汇。处在以色列占领之下的巴勒斯坦人反抗变得更加协调,而且更加有力地驳斥了以色列的片面之词,即它所统治的绝大多数巴勒斯坦人生活幸福、滋润。年轻人投掷石块并焚烧轮胎,从而发起他们的“因提法达”(直译为“摆脱”),这使每个人都知晓了他们的痛苦,但是他们最为强大的手段是抵制肥皂、香烟和纺织品等以色列制成品。此前常常前往以色列寻找比在加沙地带或
407 约旦河西岸收入更高的工作的一些巴勒斯坦人现在待在家里。一座村庄拒绝向以色列当局缴税。由于巴勒斯坦解放组织自1983年起一直在突尼斯,所以“因提法达”起初是一次源自当地的自发抵抗运动。当地一些领导人对世俗主义的巴勒斯坦解放组织感到失望,遂比照真主党建立了一个穆斯林抵抗运动组织,名叫哈马斯(意为“勇气”或者“伊斯兰抵抗运动组织”)。事实业已表明,以色列曾暗中扶持哈马斯的建立,以抗衡巴勒斯坦解放组织。

这场暴动为何在1987年12月爆发？如果自1967年后遭受以色列统治的巴勒斯坦人曾经感到愤怒的话，他们为何要在20年后才力图摆脱以色列的统治？事实上，在约旦河西岸和加沙地带一直存在着或明或暗的抵抗。以色列在其20年的统治中，将巴勒斯坦人作为廉价劳动力储备和以色列工业品的市场，获取了物质利益。一些巴勒斯坦人通过参与以色列经济而富足起来，但是他们发现越来越多的犹太定居者占领了他们的土地，并利用他们稀缺的水资源。在他们与犹太定居者的关系中，对抗太多而融合过少。没人能够肯定，以色列对所占领土的逐渐同化，是否会被很可能在约旦和美国的支持下的“土地换和平”所逆转，或者导致其逻辑结果，即赤裸裸地吞并，以及以色列某些极端分子所提议的、可能强行驱逐所有巴勒斯坦人。以色列占领当局的政策以及装备精良的犹太定居者的义务警员行为，导致许多观察家发觉巴勒斯坦骚乱的征兆。

在“因提法达”爆发前夕的一件大事是于1987年11月在安曼举行的峰会，当时阿拉伯诸国领导人对巴勒斯坦事业作出空头许诺，却允许彼此与埃及恢复外交关系，后者自其在1979年与以色列单独媾和之后已孤立于其他多数阿拉伯政府。沙特、科威特，甚至还有伊拉克的大使很快便重返开罗。1989年，埃及将被阿拉伯联盟重新接纳。对巴勒斯坦人来说，不言而喻的信息是，阿拉伯诸国将不会惩罚埃及，而巴勒斯坦解放组织应该停止寻求它们的外交支持和军事援助。巴勒斯坦人开始为他们自身的自由而战斗，并赢得其他阿拉伯人的尊重，尽管有1 000多人被以色列军队杀死，或者实际上死于其他巴勒斯坦人之手，但是以色列人很少死亡，甚至几乎不承认“因提法达”所造成的任何困难。

巴勒斯坦解放组织将这次起义视为实现外交承认和国际合法性的手段。1988年7月，侯赛因国王宣布放弃约旦对约旦河西岸的领土要求，从而使这次起义合法化，并使巴勒斯坦解放组织负责向当地官员支付薪俸。同年11月，巴勒斯坦民族委员会经过表决，宣布成立独立的 408
“巴勒斯坦国”，“巴勒斯坦国”很快得到100个其他国家的外交承认。

但令一些巴勒斯坦革命者深感沮丧的是,亚西尔·阿拉法特主席公开宣布放弃恐怖主义,并主动承认以色列,以便与华盛顿展开谈判。以色列坚决反对任何把巴勒斯坦解放组织视为一个流亡政府,甚至看做一个恰当谈判对手的观念,然而许多其他人和别国坚持认为,包括一个犹太国和一个巴勒斯坦阿拉伯国在内的“两个国家的解决方案”,是解决阿以冲突的唯一途径。许多巴勒斯坦人同样反对与以色列的媾和努力;他们的暴力行为迅速阻挠了布什政府与巴勒斯坦解放组织之间的任何谅解。由于哈马斯先后协调了加沙与约旦河西岸的袭击,所以暴动仍在延续。哈马斯获得了枪炮并抵抗以色列人,因此整个被占领土上的暴力行为逐渐升级。

(二)黎巴嫩内战的结束

在 1984 年西方军队撤出时,贝鲁特的黎巴嫩政府几近瘫痪。警察荡然无存,于是形形色色的民兵组织纷纷劫持美国人、欧洲人,事实上还有沙特人甚至伊朗人为人质。自 1976 年就已在事实上分崩离析的黎巴嫩,1984 年之后穆斯林与基督徒之间的战斗少了一些,但是各个宗教派别或政治集团内部的争斗却增加了。某派系一旦似乎准备执政并恢复秩序时,它就会分裂为两个或更多相互竞争的较小集团。什叶派穆斯林在 1985 年对抗巴勒斯坦人;到 1988 年则自相残杀,一派为受到叙利亚支持的具有某些世俗色彩的阿玛尔,另一派是伊朗所支持的伊斯兰武装组织真主党。什叶派的这场内讧在叙利亚和伊朗这两个外部支持者的外交干预下才宣告结束。与此同时,马龙派,其在黎巴嫩人口中的多数派地位于 1980 年被什叶派穆斯林所取代,无法就领导人选达成一致。1988 年夏,艾敏·杰马耶特的总统任期即将结束之际,议会无法在贝鲁特召开以选举下任总统,因为诸多民兵组织阻止许多议员与会。叙利亚所驻扎的 4 万军队使大马士革能够决定黎巴嫩的下任总统,但是伊拉克支持的米歇尔·阿万将军在马龙派呼声最高,他要求所有叙利亚人撤出黎巴嫩,甚至还搬入总统府,并反对以逊尼派总理萨利姆·霍斯为首的亲叙利亚的看守政府。

1989 年 10 月，在经过一年僵持之后，沙特政府邀请所有幸存的黎
巴嫩议员（议会自 1972 年以来从未举行大选）来到塔伊夫选举新任总 409
统。他们选举为叙利亚所接受的一位温和基督徒担任总统，然而此人在就职仅 17 天后就遇刺身亡。但是黎巴嫩议会再次坚决召开并选出继任者伊尔亚斯·哈拉维。正如什叶派集团在 1988 年发生内讧一样，同属马龙派的阿万与哈拉维也于 1990 年展开激战。伊拉克在陷入对科威特的占领之后，才放弃了对阿万的支持。阿万被叙利亚所支持的哈拉维军队迅速击败，黎巴嫩人民开始缓慢重建他们的国家，而叙利亚军队直至 2005 年才撤出黎巴嫩。1991 年 5 月，黎巴嫩与叙利亚签署一份使大马士革牢固控制黎巴嫩外交和军事事务的条约。1989 年的《塔伊夫协定》提议，根据黎巴嫩政治、宗教和民兵的各个派别在该国人口的实际比重来分割权力（这比此前的规定要恰当）。黎巴嫩最终实现了和平，贝鲁特和大部分乡村也随之恢复常态。在 1985 年曾撤至以色列北部边境黎巴嫩一侧“安全区”内的以色列军队于 2000 年完全撤走。真主党的抵抗取得成功。

（三）阿以关系中的和平进程

海湾战争改变了以色列与其阿拉伯邻国和巴勒斯坦人的关系。首先，苏联改变了其中东政策。戈尔巴乔夫政府并不反对以美国为首的同盟。苏联允许其犹太公民移居国外，并与以色列恢复了外交关系，导致约 100 万苏联犹太人涌入以色列。它停止向对抗以色列和埃及的叙利亚等阿拉伯国家提供武器。它支持美国召集一次普遍和平会议的努力。接着它作为一个联盟而于 1991 年底解体，从而使美国成为能够在中东独立行事的唯一超级大国。如果以色列能够相信华盛顿支持其核心利益，那么它也能够被说服参加与叙利亚、沙特阿拉伯和约旦（携附属的、与巴勒斯坦解放组织毫无公开联系的一支巴勒斯坦人代表团）进行的和谈。阿拉伯石油输出国认识到，他们的安全仰赖与华盛顿交好，而且依靠避免对自身安全的任何威胁——这一威胁更有可能来自伊拉克或伊朗，而非来自以色列。叙利亚只要有一线希望收复在 1967 年战

争中被以色列占领的戈兰高地,它就愿意参加和平谈判。除此之外,叙利亚已经丧失其赞助者苏联,从而几乎没有其他真正的路径可走。对约旦和巴勒斯坦解放组织而言,它们此前对伊拉克政策的公开支持,已经使其在曾于资金上和外交上支持它们的石油输出国中声名狼藉。约旦和巴勒斯坦解放组织都因海湾战争而遭受损失。它们早就希望与以色列进行恰当谈判,从而增强了其谈判的倾向。

410 在8次造访中东之后,美国国务卿詹姆斯·贝克得以于1991年10月在马德里召开一次普遍和平会议。尽管阿拉伯人和以色列的强硬分子坚信马德里会议不会取得突破,但是阿拉伯人与以色列的代表在同一间屋子举行会谈这一事实本身,就是迈向和平的重要一步。多方会谈涉及整个中东的水权利、难民、经济发展和军控等诸多问题,在之后数年的不同场合继续举行,取得些许进展但是几乎未予公开。1992年至1993年,在以色列与美国先后选举产生更为开明的新任政府后双边会谈重开。但是多数消息令人不快。真主党在黎巴嫩,哈马斯在约旦河西岸与加沙武装反抗以色列的占领。针对埃及的政治领导人、科普特人和外国游客的恐怖袭击表明,极端分子的势力逐渐上升。1993年2月,恐怖主义甚至殃及美国,当时纽约世界贸易中心一部被安置的炸弹炸毁,经查系一群移居国外的埃及人所为。奥萨马·本·拉登是一位被驱逐出境的沙特百万富翁,先后在苏丹和阿富汗设立基层恐怖组织。人们普遍认为,他涉嫌策划1993年的美国世界贸易中心爆炸案和1998年8月对美国驻肯尼亚和坦桑尼亚大使馆的袭击。美国对其所怀疑的、在阿富汗的一处本·拉登基地以及位于喀土穆的一家制药厂(事实表明,该厂与本·拉登没有联系)实施报复性轰炸,但这丝毫没有遏制他诉诸的极端主义。

让我们回到1993年来讲述历史。以色列继续轰炸黎巴嫩村庄(导致50万村民流离失所),扩大其在约旦河西岸的定居点(违反以色列曾签署的《日内瓦公约》),并击伤甚至杀死巴勒斯坦示威者。以色列还先发制人拘留和拷打这些示威者,摧毁房屋,放尽他们的用水,并在加沙地带与约旦河西岸实施宵禁。和平的希望似乎再次渺茫。

（四）奥斯陆一号协议

然而，巴勒斯坦解放组织与以色列新政府尽管相互抗议，他们的代表却在挪威外交部长及其夫人的主持下举行秘密会谈，并取得不为公众所知的更大进展。在 1993 年 8 月消息泄露之后，奥斯陆同意将其调停身份移交华盛顿。9 月 13 日，以色列、巴勒斯坦解放组织和美国的外交部长在白宫草坪公开举行了正式《原则宣言》即所谓《奥斯陆一号 411
协议》的签字仪式。仪式包括美国总统比尔·克林顿、以色列总理伊扎克·拉宾与巴勒斯坦解放组织主席阿拉法特的简短发言，最后以色列和巴勒斯坦的资深领导人握手，这标志着以色列与巴勒斯坦长期敌对的结束。根据这一《宣言》，以色列将在 3 个月内从加沙地带和杰里科撤军，从而使巴勒斯坦解放组织建立一个“自治机构”，作为除耶路撒冷东城（其地位将在日后进行磋商）之外的被占领土朝完全自治迈出的第一步。在以色列军队撤出巴勒斯坦人的主要人口中心后，巴勒斯坦人将获准举行自由选举，以产生一个民族议会（其人数和权限并未被明确规定）。以色列仍将保护位于约旦河西岸与加沙地带的犹太定居点。《原则宣言》并未充分满足巴勒斯坦人的完全自治要求和以色列人的安全需要。但是如果摒弃和平进程，阿拉法特与拉宾都将一无所获。

以色列和巴勒斯坦解放组织之后的谈判并未践行《奥斯陆一号协议》。《原则宣言》没有解决重大问题，而双方也极力讨好各自的支持者。以色列军队的确撤出了犹太人并未定居的加沙和杰里科的部分地区，允许阿拉法特返回并开始组建政治机构。然而，与此同时，以色列扩大其既有犹太人定居点，从而违反《奥斯陆一号协议》的精神。巴勒斯坦的一支警察部队，主要在埃及被征召并受训，负责维持秩序，但是逐渐成为抗击以色列人的一个民兵组织。外国政府曾保证向巴勒斯坦解放组织的“自治机构”（逐渐被视为一个国家）和巴勒斯坦经济的重建提供 20 亿美元，但是这些国家因阿拉法特要求完全控制这笔钱却不公开账目而拒绝提供这笔钱的绝大部分。阿拉法特政府不仅遭受敌对当局和警察机构的羁绊，而且遇到哈马斯的公然违抗。巴勒斯坦警察在加沙大清真寺开火，并杀死12名哈马斯示威者，而其中一位死者涉嫌杀害一名以色列平民。加沙的经济形势不仅没有改善，而且恶化了。未受巴勒斯坦自治机构管辖的被占土地的形势也继续紧张。例如，一名武装的犹太定居者进入位于希伯伦始祖墓的清真寺，杀害或致残30多名穆斯林礼拜者，最后被制服并杀死。双方的不信任有所增长。

（五）和平进程中的收获与损失

《原则宣言》尽管没有给巴勒斯坦人带来和平与繁荣，却为其他阿

412 **亚西尔·阿拉法特**

关于亚西尔·阿拉法特（1929—2004）出生地的记载并不一致。一些记载认为是耶路撒冷；另一些记载则坚持在开罗。亚西尔·阿拉法特的家庭肯定是巴勒斯坦人，而且他在4岁之前住在耶路撒冷。在他8岁时其家迁居开罗。阿拉法特主要在埃及接受教育，最后就读于开罗大学。在埃及，阿拉法特在政治上逐渐活跃，而且于1946年从埃及向巴勒斯坦走私武器。

由于阿拉法特的政治活动经常干扰他的学业，因此他在1956年才获得土木工程学位并毕业。1956年苏伊士战争期间他在埃及军队服役，后来他前往科威特，并于1959年在那里建立了法塔赫。阿拉法特坚信巴勒斯坦人必须进行武装斗争才能解放他们的故乡，而不应静候阿拉伯国家替他们解放巴勒斯坦。到1965年，法塔赫在以色列境内采取了若干军事行动。

尽管以色列人一直把那些抵抗他们的人称做“恐怖分子”，但是巴勒斯坦人逐渐将阿拉法特及其战友视为英雄。他们的努力促使其他抵抗运动组织的建立，而阿拉法特使巴勒斯坦解放组织（PLO）这一保护伞组织得以统一领导上述团体。

事实表明，亚西尔·阿拉法特是历史幸存者之一。尽管他的巴勒斯坦解放组织战士还无力击败以色列，但是认为这些战士存在危险而麻烦的阿拉伯诸国也不能击败以色列。阿拉法特使巴勒斯坦敢死队团结一致采取行动，其行动规模力争引起世界关注。阿拉法特一向声称，“所有选项保

持开放，包括在必要时的武装斗争”。阿拉法特极力确保法塔赫与其他抵抗组织的暴力和“恐怖”与以色列针对整个巴勒斯坦社会的暴力和破坏相匹配。然而，由于犹太复国主义者已经控制了讲述这一斗争的话语权，因此阿拉法特与巴勒斯坦人一直被歪曲报道，而他们的行动也在缺乏深刻背景的情况下遭到不实叙述。

这一情况模糊了阿拉法特的积极成就，而且阻止了对阿拉法特动议的所有恰当反应，特别是美国政府的正确反应。例如，1988 年阿拉法特促使巴勒斯坦解放组织接受了联合国安理会《第 242 号决议》，承认以色列在其 1967 年边界内的生存权，并宣布放弃“恐怖主义”。1991 年，他支持召开马德里会议，而在 1993 年他接受了《奥斯陆协议》，并与以色列总理伊扎克·拉宾在白宫草坪上握手。尽管存在上述事实，他还是一直被称为“未能抓住和平”的人。

1996 年 1 月，在巴勒斯坦举行的、仅有的自由公平的选举中，阿拉法特以 87% 的压倒性多数当选总统。后来的事实表明，他在几乎不断遭到以色列袭击的被占领土上是一位不称职的行政管理者，但是绝大多数巴勒斯坦人依旧爱戴并尊重阿拉法特，尽管他们对其专制的总统作风越发不满。

拉伯国家与以色列的政治谈判打开了大门。约旦国王侯赛因与以色列 413
长期举行秘密和谈，但是现在他及其政府公开致力于结束两国的战争状态。1994 年 10 月，克林顿、侯赛因和拉宾在以色列与约旦的沙漠边界签署了约旦与以色列的正式和约。突尼斯和摩洛哥与以色列建立了领事级关系，而若干海湾小国也立即与犹太国开展贸易往来。绝大多数中东国家从 1994 年起开始参加一个经济发展年会，尽管批评以色列政策的阿拉伯诸国抵制 1997 年的多哈会谈。美国仍然希望叙利亚政府与以色列签署和约，以换取以色列军队从戈兰高地分阶段撤军。但是即便克林顿在 1994 年对阿萨德的一次私人访问，也并未弥合大马士革与耶路撒冷的分歧。1994 年，阿拉伯诸国召开会议以协调其外交战略，因为它们在媾和方面就像发动战争一样已经四分五裂。

1995 年 9 月，以色列与巴勒斯坦人签署了另外一个协定（通常被称作《奥斯陆二号协议》），其中包括以色列军队逐渐撤出约旦河西岸

(但是整个耶路撒冷除外)的复杂方案。《奥斯陆二号协议》在约旦河西岸设立三种区域。A 区包括约旦河西岸的 8 座城市,其中包括已被阿拉伯人控制的杰里科。巴勒斯坦当局将负责当地的内部安全和公共秩序,但是拥有犹太定居者的希伯伦部分地区除外。B 区包括约旦河西岸其他村镇,巴勒斯坦警察最终将在当地维持公共秩序,但是以色列保留维持内部安全的首要权力。C 区包括犹太定居点、无人区以及被以色列视为战略要地的地区。以色列在"最终地位"谈判之前仍然掌握 C 区内部安全的全部权力。以色列军队将在 6 个月内重新部署。以色列与巴勒斯坦人将组成联合巡逻队,而以色列将为其定居者修建旁道。巴勒斯坦人将获准选出一位总统和拥有 82 名成员的议会。耶路撒冷的阿拉伯居民无法参加竞选,但是可以在 1996 年 1 月举行的选举中投缺席选票。

以色列和巴勒斯坦的极端分子均阻挠这一和平进程。1995 年 11 月,以色列的一名宗教激进主义者在拉宾总理在一个和平集会致辞后将其刺杀。1996 年 5 月的大选表明,拉宾的继任者西蒙·佩雷斯并未获得同样广泛的支持。以色列选民使利库德集团领导人本杰明·内塔尼亚胡凭借微弱多数取代了佩雷斯及其工党政府,这在一定程度上是因为哈马斯实施了两次自杀性炸弹袭击。利库德集团此前反对与巴勒斯坦解放组织举行和平谈判(事实上最终地位谈判也被中止),但是现
414 在保证兑现以色列在《奥斯陆协议》中的承诺。内塔尼亚胡甚至同意在 1997 年 1 月从希伯伦大部分地区撤出以色列军队。然而以色列拖延归还约旦河西岸其他地区,因为内塔尼亚胡将新的针对以色列的炸弹袭击归咎于阿拉法特。尽管遭到内塔尼亚胡的许多阁员的反对,克林顿及其新任国务卿马德琳·奥尔布赖特多次力图说服内塔尼亚胡放弃所占土地,并敦促阿拉法特制止恐怖袭击。在巴勒斯坦解放组织位于被占领土的安全机构遭到以色列袭击之后,遏制哈马斯变得更加困难,阿拉法特无法制止恐怖袭击,然而华盛顿并不明白这一点。巴勒斯坦人对无法给予他们自由希望甚至还有就业希望的和平进程越发感到失望。以色列政府在哈尔·霍马(贾巴尔·阿卜杜·胡纳伊姆),即以色列

于 1967 年所吞并的耶路撒冷一部建造房屋,这表明其采取的政策是营建新的犹太人定居点,这也遭到巴勒斯坦人的憎恨。

1993 年的《原则宣言》规定,最终地位谈判将在 1998 年 5 年过渡期结束时启动,涉及如下争议问题:(1) 耶路撒冷(巴勒斯坦人与以色列人均声称将其作为自己的首都)的未来;(2) 流散巴勒斯坦人返回其家园的权利,或者接受以色列赔偿的权利;(3) 在被移交巴勒斯坦人的领土上的犹太定居点的未来;(4) 以色列与准备成立的巴勒斯坦国的最终疆界的确定;(5) 巴勒斯坦当局的地位。以色列人的专横跋扈和巴勒斯坦人的恐怖主义,都阻碍了最终地位谈判。

1999 年 5 月,以色列举行大选。工党击败利库德集团得以与从利库德集团分裂出来的若干小党联合组阁,并获得以色列籍阿拉伯人的默默支持。在单独举行的第一轮总理职位选举中,埃胡德·巴拉克轻松战胜内塔尼亚胡。克林顿希望巴拉克能够与巴勒斯坦当局和叙利亚缔结和约。然而两个和约均未达成。叙利亚的哈菲兹·阿萨德(在 2000 年去世后由其子巴沙尔继任)不会与以色列举行谈判,除非后者首先承诺将所占的戈兰高地全部归还他的国家。巴勒斯坦代表和以色列代表在加沙与以色列之间的埃雷茨交叉路口,以及在谢波德城(位于美国西弗吉尼亚),在怀伊河畔的一座种植园(在美国马里兰州——译者注)举行会谈,最后与克林顿在戴维营举行三方首脑会谈。但是和谈没有取得突破。以色列不容许巴勒斯坦人收复整个约旦河西岸和耶路撒冷东城,也不同意重新接纳自 1948 年战争以来的巴勒斯坦难民(及其后裔)。巴勒斯坦人保证限制恐怖主义,但是事实上他们依旧袭击以色列人,而以色列军队也继续惩罚他们作为报复。

在以色列的支持者看来,巴拉克在戴维营向阿拉法特主动提出的 415
建议貌似慷慨,然而事实上这些建议并不慷慨,即便是后来在塔巴会谈和沙姆沙伊赫会谈中被修改的建议也是如此。以色列原本要给予巴勒斯坦人一个无法控制自身的边界、水供应、领空以及移民进入的、遭到阉割的国家。以色列原本也不容许巴勒斯坦人拥有武器,以保护自己免遭一个曾经多次袭击他们的邻国欺凌。假使有人主动向以色列人提出上述建议,以色列人也绝对不会接受。然而,与此同时,犹太定居者继续在约旦河西岸营建新的定居点,并扩大原有定居点的规模(到2000年底,位于约旦河西岸与加沙的犹太定居者总数逾20万)。他们占据归属巴勒斯坦人的水资源,有时还包括土地,并通过新的公路穿行这一地区。

(六)第二次“因提法达”

2000年9月28日,阿里尔·沙龙将军公开高调造访圣殿山,即穆斯林所称的“尊贵禁地”,1 000多名士兵和警察陪同前往。部分原因是沙龙被绝大多数阿拉伯人视为一个屠夫,因此他的行为激怒了巴勒斯坦人,他们开始用石块并偶尔用火器袭击犹太定居点。以色列国防军实施了大规模报复性反击,造成数百名巴勒斯坦人丧生,数千人致残,其中许多人是无辜旁观者,甚至是陷入火网的孩童。根据《奥斯陆协议》,以色列与巴勒斯坦当局本应联合开展巡逻行动。然而,所发生的是以色列的军事行动,其中包括炸毁房屋,拔掉橄榄树和橘树,射击携带未引爆炸药的示威者,并向整个村庄施放催泪瓦斯。当犹太士兵与以色列籍阿拉伯平民在拿撒勒发生冲突时,以色列人心碎了,因为他们原本以为以色列的阿拉伯人绝不会反抗他们。由于以色列向此前在以色列工作的巴勒斯坦人关闭了边境,因此巴勒斯坦人不仅出现人员的死伤,而且丢掉了其生计。

这次巴勒斯坦人起义很快被称做“阿克萨暴动”(阿克萨指圣殿山上的大清真寺)。这次起义得到几乎所有阿拉伯人的支持,这些阿拉伯人呼吁他们的政府断绝与以色列的外交关系和贸易往来。只有埃及和约旦(约旦国王侯赛因因癌症驾崩,其子阿卜杜拉二世继位)与以色列保持正常关系。以色列人声称他们的安全危在旦夕,议会由于部分政
416 客得知巴拉克在戴维营公然主动提出慷慨建议而展开激烈争论。这位总理同意提前结束其任期并举行改选。事实表明,他的竞争对手并非内塔尼亚胡(他已经放弃其议席,因此没有资格参加竞选),而是阿里尔·沙龙。巴勒斯坦人和其他阿拉伯人对巴拉克感到失望,但是他们

将沙龙视为一个战犯，因为沙龙曾在1982年支持发生在撒布拉和夏蒂拉的屠杀，并在其漫长的军事生涯中参加了反对阿拉伯人的其他军事行动。在竞选中，沙龙声称他将成为能够使阿拉伯人回到和谈桌上的一位足够坚强的领袖。他以高出20个百分点的优势击败巴拉克。然而，由于这次选举没有涉及以色列议会，因此工党仍旧控制议会中的多数席位，而沙龙决定组建大联合政府，包括其外交部长西蒙·佩雷斯等工党政治家在内。这个内阁将很难出台一个统一的以色列政策，而且很难迅速与巴勒斯坦当局实现和解。仍旧以阿拉法特为首的巴勒斯坦当局因其腐败无能而在巴勒斯坦人心目中声名狼藉。真主党和哈马斯派自杀性人体炸弹潜入以色列，并射杀在约旦河西岸与加沙定居点的犹太人，从而赢得了巴勒斯坦人的支持。以色列军队反复占领加沙地带，空袭巴勒斯坦当局大楼，并且不经审判就拘留众多巴勒斯坦人。

四、伊斯兰教何去何从？

“伊斯兰教是解决办法”是1990年代的流行口号，尽管它未能解决伊朗和其他国家的难题，这些国家已经建立宗教激进主义体制。穆斯林组织经常向刚刚定居城市的中东人提供福利，而政府和既有慈善机构却没有很好地满足这些人的需要。男人蓄胡须和妇女裹头巾等穆斯林传统已经风行伊斯兰世界。在一个形势紧张的地区和时代，对宗教的高度虔诚或许能够起到积极作用。但是问题是伊斯兰教与政治的结合。

目前在约旦等鼓励大众参政的国家，伊斯兰主义政党因恶劣的经济形势，因民众对和平进程的失望，以及对美国的愤怒而赢得了选票。
在埃及，政党数量已经增加，但是那些基于宗教的政党则被取缔，对胡 417
思尼·穆巴拉克及其美国支持者的政策反抗通过恐怖行为表现出来，这些恐怖行为针对政府官员、科普特人、外国游客以及世俗学者。伊斯兰主义者在1992年选举中已经赢得了律师、医生和工程师等自由职业者的支持；后来，穆巴拉克政府不得不出台新的选举规则。但是穆巴拉克无法在宗教激进主义突然出现的任何时候都将其扑灭；1995年，一位法官力图迫使一位妇女与其丈夫离婚,理由是其夫即开罗大学某教授发表了一篇认为地方官员违反伊斯兰教的学术论文。因连年内战而精疲力尽的苏丹,其伊斯兰主义政府公然向阿拉伯世界其他地区输出鼓动家。苏丹的暴力滋长,其部分原因在于北方的阿拉伯穆斯林与南方的黑人万物有灵论者和基督徒之间的长期内战,这一冲突在1990年代依旧延续,并在新千年扩大至达尔富尔省,导致普遍的破坏、痛苦和新的难民问题。

将苏联军队赶出阿富汗的伊斯兰革命者于1987年建立了一个名叫 al-Qa'ida 的组织(即基地组织——译者注),该组织在埃及和苏丹等穆斯林国家培训其他活动分子。在阿富汗国内,塔利班(穆斯林学生)在1996年击败装备更好的民兵组织而控制该国大部,进而严格限制妇女和西化学者。在伊朗,于1997年当选总统的穆罕默德·哈塔米力图放松某些伊斯兰主义限制,并改善与西方的关系,这与根据《1979年宪法》而掌握主要权力的伊朗宗教领袖阿亚图拉·哈梅内伊的强硬政策迥然不同。

1995年,土耳其亲伊斯兰主义的繁荣党在大选中赢得足够选票,从而于数月后组建联合政府,但是繁荣党在外交上接近伊朗和利比亚,而且有可能破坏阿塔图克的遗产,从而激怒了军官,军官领导人遂于1997年主动辞职,并使世俗主义者在之后5年掌握政权。土耳其的伊斯兰主义政府和世俗主义政府同样强化了与以色列的军事联系。这一同盟对叙利亚威胁最大,叙利亚的伊斯兰革命者对阿萨德父子(均为阿拉维派)没有影响力。在以色列的邻国中,叙利亚对媾和反对最烈,特别是在其无法收复戈兰高地之时。叙利亚的绝大部分灌溉用水源于土耳其,后者的大坝目前控制着底格里斯河与幼发拉底河。普遍的水资源匮乏,或许会酿成下个世纪的战争。

伊斯兰主义者或许能够以某种方式推翻一个根深蒂固的阿拉伯政权。哈希姆家族自1921年起统治约旦,阿萨德家族自1970年起统治
418 叙利亚,阿里·阿卜杜勒·萨利赫自1978年后统治也门,穆巴拉克自1981年后统治埃及,而法赫德国王自1982年起统治沙特阿拉伯。然

而，上述国家的安全部队使这样一场革命似乎无法爆发。一个更为诱人的前景将是在刚刚建立的高加索的共和国或中亚的共和国夺取政权，在这些国家中，阿塞拜疆、哈萨克斯坦和土库曼斯坦拥有刚刚进行开采的石油资源。土耳其、沙特阿拉伯和伊朗均竞相影响这些此前被沙皇与人民委员会控制的地区。

中东的多数难题，例如人口过多、水与其他资源匮乏、贫富悬殊与工业基础设施的不足，将无法通过伊斯兰教与政治的结合而获得解决。伊斯兰主义领导人能够为他们的社会设定更高的道德标准，协助建立民主制度，并谴责未能服务其民众的统治者。然而中东穆斯林诸国的现任国王或总统，均未受到民众的广泛支持，也没有远见。没有一个人能够预测他们还能延续统治多长时间。但是缺乏合法性的中东国家将迫使其臣民寻求其他解决办法，可能是某种形式的宗教激进主义。在过去，控制着广播和电视报道的政府，能够限制民众所接收的信息，但是随着卫星电视台和“光盘”播放器的推广，遑论因特网的普及，许多中东人在未来能够了解那些可能危及其政府——以及政府的西方支持者的真相和观念。

第二十一章　反恐战争

419 2001年9月11日上午,美国东部正在安享温暖与阳光。载着上班男女的汽车涌向城市、工厂和商店。孩子们坐在开往学校的黄色大巴之上。卡车、火车、轮船和飞机正在全国各地穿梭运输。突然,一架喷气式客机撞入位于下曼哈顿的世界贸易中心北塔。起初人们以为这必定是一起严重事故,直到20分钟后另一架客机切过南塔的前部和边角时。在同一个小时内,第三架飞机撞入位于弗吉尼亚州阿灵顿的五角大楼西角。而第四架飞机在匹兹堡以东的田野坠毁。这是美国人所经历的空前的恐怖袭击。还有多少架飞机要撞?谁能策划如此暴行?他们怎样劫持美国客机并驾驶他们撞向重要建筑?他们如此行事的理由何在?

“他们为何仇恨我们?”绝大多数美国人都会提出这个疑问。为了作出回答,读者必须审视中东历史,美国对这一地区的政策,以及这些政策对中东民众的影响,尤其在之前半个世纪里。令人遗憾的是,美国人很少问及美国政府的政策是否已促进抑或阻碍中东的民主、经济发展或者人权。这类反省早已被“那些穆斯林仇恨我们的自由”等易于误导的解释所湮没。美国人一向对外交政策知之甚少。由于大众对国外状况一无所知,因此特殊利益集团,其中某些集团财源雄厚,缺少竞争,
420 主导了华盛顿对他们所关切的国外地区的决策。大众传媒、学术界、美

国国会与白宫，逐渐将这些特殊利益集团的狭隘关切视为国家利益。美国对中东政策的形成就遵循了这一模式。读者能够判定这一过程究竟怎样良好地服务于国家利益。

基地组织是那个9月早晨袭击的最大嫌疑者，这个组织、协调在诸多国家开展活动的穆斯林抵抗运动组织，首领是一位被流放的沙特商人奥萨马·本·拉登。这次令人震惊的袭击起初是19名阿拉伯武装分子的劫持行动，后来所实现的效果远远超出本·拉登的预测。这次袭击造成2 750人死亡，击碎了美国民众的无动于衷，并使全世界关注恐怖主义威胁。在数周之内，联合国通过谴责恐怖主义的决议，美国总统布什向恐怖主义宣战，他的政府逮捕并拘留数以千计的嫌犯，而美国战机轰炸包庇拉登及其训练营的阿富汗。以美国为首的一个联盟占领阿富汗大部，推翻塔利班领导的阿富汗政府，并进入邻近巴基斯坦的山区搜捕基地组织武装分子。

世界上的每个国家，包括中东国家在内，普遍公开谴责对美国的袭击和恐怖主义。然而从2001年9月至2005年4月我们在写这几句话时，在国内保持克制而在中东进行扩张的美国，逐渐使同情的支持转变为极力的反对。对诸多政府及其公民而言，主要问题是美国单方面侵入伊拉克，这场战争在2003年3月开始，据称旨在消除该国的大规模杀伤性武器，并颠覆萨达姆·侯赛因的独裁政权。大规模杀伤性武器未被发现，而“自由”和“民主”也没有在伊拉克建立。美国的占领已经激起伊拉克的逊尼派与什叶派穆斯林的强烈反抗，并可能引发一场伊拉克内战。美国的占领也使更多反美武装分子和恐怖袭击志愿者聚集在基地组织麾下。伊拉克战争很可能不会迅速结束。与此同时，对阿富汗的占领尚未稳定这个国家，也没有削弱基地组织。不仅如此，阿以冲突仍在酝酿，焦点是巴勒斯坦人对以色列统治的反抗。

一、历史视野下的现实状况

每一位史学家在撰写包括当代在内的教科书时都如履薄冰。诸多事件在中东突然发生。作出预测带有风险。有谁知道未来的一位读者 421

将把什么视为2000年至2005年间的中东大事？在之后数年所发生的事件会突出某些事件而降低其他事件的重要性。让我们通过回顾来给读者举出一例。20世纪初，一家德国公司正在修建柏林—巴格达铁路，这是一件极端重要的大事。我们的祖先坚信这一铁路将增强德国在奥斯曼帝国的势力，并打击英国、法国和俄国的利益。然而，几乎无人关注波斯政府给予一位英国公民的特许权，这个特许权导致中东第一个重大油田的发现。但是现在我们认为中东石油比一条从未建成的铁路重要得多。出于同样的逻辑，现在被我们重视的一件事是否会在2025年被看作微不足道？在把这一点告诫读者之后，我们会讲，在2005年4月我们写这几句话时有三个问题主导中东：第一个是所谓的反恐战争；第二个是美国在伊拉克的战争；第三个是以色列与巴勒斯坦之间的消耗性斗争。

二、恐怖主义

在9月11日的恐怖袭击，即被称为"9·11"事件的恐怖袭击之后数天，世界各国代表在联合国大会碰面，所有代表几乎一致认为恐怖主义一律应该受到谴责，但是他们在概念上未能达成一致。美国政府的各个部门，以及绝大多数学者均对恐怖主义的概念见仁见智；甚至连本书的两位作者也在这一问题上存在某些分歧。让我们来看中央情报局对恐怖主义的界定：个人或集团，为了达到其代表或者反对现存统治当局这一政治目的，而使用或威胁使用暴力，以便震惊或恐吓比直接受害者更为广泛的一个集团。美国及其盟友像其敌人那样有可能使用上述策略。我们相信，美国在伊拉克，以色列在其所占领土，都正在实施某种形式的国家恐怖主义。事实上，国家恐怖主义已经成为美国政府及其中东代理人的一项政策，其中多数代理人长期独裁，并不民主。

在习惯用语中，"恐怖主义"由反对一个现存政府，无论经选举产生还是独裁专制的个人或秘密组织实施。一名恐怖分子通常被认为是一个小伙子，然而实际上儿童、年龄较大者，当然还有妇女，也能实施恐怖袭击。美国人将恐怖分子描绘成一位政治倾向鲜明的、衣衫陈旧的男子,但是某些恐怖分子衣着光鲜,身为女性,而且放弃或可能隐藏其政治倾向。现在,绝大多数人知晓受到现存政府指使并资助的“国家赞助下的恐怖主义”。但是政府本身能够实施恐怖袭击吗?如果在一所学校、一家商场或一辆汽车里爆炸的一枚炸弹构成恐怖主义,那么飞机投掷的或远程发射器发射的一枚炸弹是否构成恐怖主义呢?两种行为都是蓄意的选择。两种行为都酿成没有预料到的后果。难道一方必须将受到另一方伤害的人视为恐怖分子吗?身着本国制服的陆海空军士兵能否实施恐怖袭击?对身着制服的陆海空军士兵的袭击能够称做“恐怖的”行为吗?一方是这么认为的,但是另一方呢? 422

由于美国官员和以色列官员声称他们的反恐战争已经持续数年,然而一方如何进行一场反恐战争?在第十九章中,我们讨论了结束恐怖主义的两种途径:消除恐怖主义的根源和直接打击恐怖分子。目前绝大多数西方人认为,政府不能仅仅通过教育民众、消灭贫困以及纠正不公来打击恐怖主义。但是这场斗争是执行法律、秘密反恐举措以及传统军事对抗的一部分吗?换言之,如果一方凭借警察、密探以及正规军击败了恐怖主义,那究竟哪一方的行为更类似恐怖分子?这些绝非简单问题。

我们把这些问题放在一边,因为我们的主要任务是撰写关于21世纪中东的本章。当我们探求一些人采取暴力行为的原因以及当地政府和外国政府如何应对这些暴力行为时,让我们审视中东诸多国家的政治形势、经济状况与社会环境。我们还将讨论暴力、抵抗、自我牺牲与恐怖主义的后果。

(一)土耳其

如果从地理上而不是从文化上说,土耳其是最能被称为欧亚桥梁的国家。土耳其是自上而下西化改革的先驱,不安地承继着坦泽马特与凯末尔·阿塔图克的遗产。然而,土耳其政府自2002年之后一直是以伊斯兰主义政党和总理为首的联合政府,而越来越多的土耳其公民愿意恢复伊斯兰教的习俗和律法。土耳其在文化上与阿拉伯诸国联系密切，但是事实上它也与以色列在反对叙利亚方面结为战略同盟，这主要是因为土耳其控制着底格里斯河与幼发拉底河的源头。土耳其与欧洲的经济联系也逐渐加强，并且如果它改变其损害人权的法律就有可能很快被欧盟接纳。土耳其与库尔德分离主义运动的斗争是一块绊脚石。从 1984 年起，土耳其在东南省份面临着库尔德人的反叛，后者一旦成功就将威胁土耳其的领土完整。库尔德工人党(PKK)公开进行
423 独立斗争，并在土耳其实施恐怖袭击。一些观察家认为，土耳其军队的回击战术侵犯了其库尔德公民的权利，而且可能相当于某种形式的国家恐怖。然而，在 1999 年库尔德工人党领导人被俘之后，战斗逐渐停息。目前土耳其政府允许库尔德人在学校甚至还有国家赞助的广播电台使用自己的语言，而库尔德难民正在返回家乡。库尔德工人党已经改变其名称，并且变成一个非暴力的压力集团，然而暴力事件继续发生，库尔德人的军火库已被发现，而一些库尔德武装分子已从伊拉克潜入土耳其。

2003 年，伊斯坦布尔的两座犹太教会堂同时遭到炸弹袭击，袭击者很可能是基地组织在土耳其的分支机构，这是近年来发生在土耳其的最为严重的暴行。这个国家拥有相当发达的工业经济(受益于本来有可能导致严重后果的通货膨胀)、优质的大中小学，以及一个稳定发展的民主政治体制。在 2002 年大国民议会的自由选举中，正义与发展党(伊斯兰主义的)获得 34％选票，而位列其后的共和人民党(世俗的)获得 19％。这一结果表明，世俗力量和宗教力量的分野延续至今。土耳其与希腊和其他欧洲国家的贸易往来和外交关系正在改善。在读者阅读本书之前，塞浦路斯问题或许已经得到解决，而土耳其可能已经加入欧盟。

（二）伊朗

伊朗革命距今已超过了四分之一世纪。在 7 000 万伊朗公民中，绝大多数人由于过于年轻而忘记了国王的统治。对某些伊朗人而言，特别是就绝大多数伊朗年轻人来说，伊斯兰共和国已经成为老人政权，

不复成为曾在 1979 年推翻国王，并占领美国大使馆的年轻人的思想包袱。伊朗经济受益于新的石油发现和国际市场上的油价上涨，但是自 2001 年起美元对伊朗货币的比率已经上涨 4 倍。政府已经采取举措，旨在缩小贫富差距，并纠正在土地改革等国王统治遗迹中的腐败现象。

恐怖主义不再是伊朗的难题。政府逐渐缓和其在输出伊斯兰革命方面的口号，并与基地组织保持距离，但是的确向黎巴嫩的真主党以及
美国占领下的伊拉克抵抗武装分子提供物资援助和道义支持。2001 424
年与 2003 年，美国先后入侵伊朗邻国阿富汗与伊拉克，这使许多伊朗人感到威胁，担心自身步两国后尘。布什政府开始针对伊朗发出叫嚣，这与其旨在使进攻伊拉克合理化的言辞如出一辙，从而进一步强化了伊朗人的担忧。

政府一直在逐步增强其核能力。目前伊朗政府已经掌握浓缩铀的生产技术，并有可能迅速制成其原子弹。美国政府、以色列政府、联合国和国际原子能机构向伊朗政府直接施压，力图预先阻止伊朗的核武器计划。伊朗政府坚持认为，它的计划完全是和平性质的。伊朗政府的支持者质问，为何俄罗斯、印度、巴基斯坦和以色列可以拥有核武器，而伊朗却不可以。

伊朗民众的政治参与在地方和省级层面逐步增加，而麦吉里斯(伊朗议会)尽管无法决定却能够讨论伊朗的政策。16 岁以上的伊朗男女均拥有选举权。尽管许多伊朗人渴望深化民主改革并增加个人自由，但是对伊斯兰共和国的支持依旧根深蒂固。

（三）“新月地带”的阿拉伯国家

长期以来，叙利亚是该地区最不满现状的国家，因为它坚持认为法国与英国剥夺了本应属于叙利亚的领土，其中法国把黎巴嫩变成基督徒的飞地，英国则使外约旦(后来的约旦)成为哈希姆王国；法国在委任统治叙利亚期间将亚历山大勒塔割给土耳其，以及后来以色列在此前的英国委任统治地巴勒斯坦建国。叙利亚是阿拉伯民族主义与阿拉伯社会主义思想的发源地，而且是第一个引进苏联武器与顾问的阿拉伯

国家。叙利亚军队自1976年起占领黎巴嫩,但是目前正在撤军。复兴党的一个极端派别从1966年起统治叙利亚,而任职长久的哈菲兹·阿萨德总统于2000年被其子巴沙尔接任。政府取缔任何反对派,并且依旧控制重工业和公共设施。轻工业由私人所有,而银行自2004年起被私有化。以色列人与美国政府,特别是乔治·沃克·布什认为,叙利亚威胁中东的和平与稳定,这主要是因为据说叙利亚支持恐怖主义。他们公开提出,使一个较为民主的政权(很可能意味着一个推行亲美政策的政权)取代叙利亚的独裁政权。伊拉克战争与布什的连任,已经强化叙利亚对可能发生的美国入侵的担忧。

425 黎巴嫩尽管遭受叙利亚的占领(或者说由于遭受叙利亚的占领),但已经从长期内战中复苏经济,并重建其议会民主制,尽管在2004年修改黎巴嫩宪法以便延长被普遍视为亲叙利亚分子的埃米尔·拉胡德的总统任期的企图引发了一场争论。黎巴嫩经济在1990年代增长迅猛,但自2000年后增速放缓。多数工业企业归属私人。黎巴嫩的银行、金融服务以及大学发展较好。随着黎巴嫩政府的逐渐强大,曾在内战期间滋生并崛起的私人民兵组织逐渐销声匿迹,不过什叶派所支持的真主党例外。以色列自2000年从"安全区"单方面撤军之后,就一直谴责黎巴嫩纵容对以色列领土的突袭和火箭弹打击,而以色列有时也突入黎巴嫩境内实施报复性打击。大约1.6万叙利亚军队仍然驻扎黎巴嫩。曾于2004年因抗议延长拉胡德的总统任期而辞职的黎巴嫩前总理拉菲亚·哈里里于2005年遭到暗杀,这威胁着1991年后的和平局面。许多黎巴嫩人逐渐憎恶叙利亚的长期占领。黎巴嫩人谴责叙利亚政府策划了对哈里里的暗杀(缺乏有力证据),于是组织包括逊尼派穆斯林、许多(并非全部)派别的基督徒与德鲁兹派在内的抗议示威,要求叙利亚撤军。什叶派穆斯林目前是黎巴嫩人数最多的宗教派别,他们在真主党领导下掀起反示威,支持叙利亚军队作为一支稳定力量驻扎黎巴嫩。在黎巴嫩国内外的压力下,叙利亚政府在与阿拉伯联盟会员国进行磋商之后,决定于2005年5月黎巴嫩国民议会选举之前撤出其驻黎巴嫩的其余军队。

约旦业已从一个沙漠埃米尔国成功转变为一个稳定繁荣的王国，因为它一直受到其他阿拉伯国家的政治支持，有时还受到其经济援助。约旦目前在城市化、教育、成人识字率、移动电话的使用与上网方面处于领先地位。2003 年，约旦因美国入侵伊拉克而蒙受损失，这是因为它丧失了石油来源，而且大批伊拉克难民涌入国内，导致失业率直逼 25%。

据报道，约旦正在与美国及其在伊拉克的行动进行密切的或许非常隐秘的合作。约旦的政治体制、社会体制和经济体制已经吸纳大批巴勒斯坦人。这些巴勒斯坦人与其他多数约旦人一样，怀疑美国的动机并仇视以色列。约旦政府必须平衡重要的而且往往相互冲突的利益，其中包括对美国经济援助的依赖、与以色列的友好关系，以及对憎恶上述两种情况的约旦百姓的安抚。约旦政府的成功使境内迄今没有 426
发生任何恐怖袭击。在 1999 年继位的国王阿卜杜拉二世仍旧有权任命首相、其他大臣与半数上院议员，有权解散下院或推迟其选举日期，但是他从未滥用自己的权力。

伊拉克这个阿拉伯国家处在危机的核心。伊拉克尽管在 1968 年至 2003 年处于复兴党的独裁统治之下，但是在遭受美国入侵之前依然是阿拉伯世界最为发达的国家。伊拉克人受过良好教育，而伊拉克还拥有一个庞大的自由职业者中间阶层。由于伊拉克军队装备精良，因此其他国家的许多阿拉伯人认为伊拉克是最有可能成功抗击以色列甚至美国的阿拉伯国家。与此同时，美国人与某些欧洲人谴责萨达姆政权入侵邻国，杀害成千上万的政治异己，以毒气屠戮伊拉克的某些库尔德公民，并希望保有或研发大规模杀伤性武器。具有讽刺意义的是，美国、苏联和某些欧洲国家在 1990 年伊拉克入侵科威特之前曾向萨达姆统治的伊拉克出售武器。萨达姆的生物武器研制计划的种子库源于美国，并曾获美国政府批准。在“两伊战争”中，美国卫星技术为伊拉克对伊朗人的常规进攻与毒气打击提供了目标情报。

然而，在 1991 年海湾战争结束后，克林顿政府与布什政府均延续联合国对伊拉克实施的制裁，这一制裁打击了伊拉克经济，并造成 50 多万伊拉克人丧生。他们力图孤立伊拉克，谴责萨达姆支持针对以色列和美国的恐怖袭击,因为萨达姆曾炫耀其以飞毛腿导弹打击以色列的能力,并公开向巴勒斯坦自杀性人体炸弹的家属提供资助。美国人谴责伊拉克包庇与基地组织有染的恐怖分子,并为“9·11”袭击提供便利。上述仍然未被证明的指责导致伊拉克战争,我们稍后将在本章讨论这场战争。其他阿拉伯国家与法国、德国和俄国等欧洲国家,与萨达姆统治下的伊拉克关系升温,违反制裁规定,并反对任何军事行动。

(四)沙特阿拉伯与其他海湾国家

沙特王国往往被其敌人和朋友看做美国的重要同盟和贸易伙伴。严格来说,两国并无正式同盟关系,但是数以千计的美国军队从 1990 年至 2003 年驻扎沙特阿拉伯,而许多沙特人也在美国接受先进的军事
427 训练。自从 1972 年至 1980 年沙特政府购买阿拉伯美国石油公司的全部资产之后,美国已经减少了对沙特石油管理的直接参与。目前,沙特石油出口的 40%面向中国、韩国和日本,但是美国在 2004 年初从沙特进口的原油超过了其他国家从沙特进口的原油。沙特阿拉伯根据市场形势而增减其产量,从而在稳定原油价格方面发挥重要作用。尽管沙特阿拉伯拥有世界已探明石油储量的 25%,但是它几乎总是与美国和西方其他消费国进行合作,把油价稳定在合理水平。中国等石油消费大国的需求上升,以及伊拉克的石油出口因美国入侵该国而不断下滑,这些是导致近年油价上涨的其他因素。

沙特政府仍然实行绝对君主制,国家首脑名义上是国王法赫德,但是自 1997 年起实际上是其弟弟王储阿卜杜拉。2003 年 10 月,政府公布了使咨议会一半席位经选举产生的方案,并有可能扩大民众对地方政府与省政府的政治参与,这是应对逐渐增多的、已经完成高等教育或技术培训的沙特臣民的睿智之举。尽管可能只有男性将享有选举权,但是不断壮大的沙特女权运动也正在要求获得妇女的选举权。

沙特政府的大部分合法性建立在其严格遵奉罕百里教法学派所阐述的伊斯兰教规与律法的基础之上,而瓦哈比运动依旧对许多沙特人特别是对欧莱玛和伊斯兰教“麦德莱斯”的毕业生产生影响。由于沙特

阿拉伯守护着麦加和麦地那,由于来自境外的许多阿拉伯人在这个王国的石油工业供职,因此利雅得长期以来对其他阿拉伯国家影响巨大。沙特阿拉伯的确面临着输出石油的邻国的挑战,这些国家对饮酒、夜总会以及性开放的出版物和电影的法律限制较少。

沙特阿拉伯业已面临伊斯兰主义武装分子的挑战,后者一直谴责王国的领导人道德沦丧,并听命于美国人,导致在 1996 年对美国驻霍巴塔军事人员的袭击,以及在 2003 年和 2004 年发生在利雅得的恐怖事件,在 2004 年 12 月对美国驻吉达领事馆的袭击。作为应对,沙特政府正在逐步增强其自身的安全部队。沙特政府还开始进行政治改革与教育改革,并雇佣更多的沙特臣民以取代外国工人(后者仍然占这个王国人口的四分之一强)。但是批评者声称,沙特政府继续包庇附属基地组织的武装组织,而众所周知的是奥萨马·本·拉登是沙特国民,而在 2001 年 9 月 11 日袭击美国的飞机劫持者中有 15 人是沙特国民。

也门一向与沙特阿拉伯关系紧张,部分原因是也门人及其领导人 428
是什叶派。更为重要的是,也门是阿拉伯世界最为贫困的国家,几乎没有已探明的资源,而且长期仰赖沙特阿拉伯雇佣其工人,并提供经济援助。1990 年,阿拉伯也门共和国(北也门)与也门人民民主共和国(南也门)合并,这次统一经受住了 1994 年内战的考验并延续至今。在 1990 年代,刚刚被发现的石油促进了也门经济的发展,但是人口的迅猛增长、其他石油出口国的竞争,以及政府根据国际货币基金组织建议而采取的紧缩银根的经济政策已经抵消这一发展。1997 年,也门举行总统选举与议会选举,从而也门偶尔会与约旦一起被称做朝民主政治迈进的阿拉伯国家。恐怖分子在 1992 年袭击也门社会主义者,1998 年袭击外国游客,并在 2000 年袭击一艘在亚丁湾停泊的美国驱逐舰。因此,人们并不认为也门是一个稳定的、免遭恐怖袭击的国家。

其他所有海湾国家都是海湾合作委员会成员,而且是重要的产油国。阿曼是一个人均收入高、人口很少、目前与其邻国没有争端,而且不存在恐怖主义威胁的国家。阿曼仍然是一个君主国,内阁官员与上院议员均由君主任命,而下院议员则由四分之一的阿曼成年人选举产生。该国的许多定居人口来自印度和巴基斯坦，而阿曼的历史联系一直偏向东方和南方（经由阿拉伯海）而非西方（穿越沙漠）。阿拉伯联合酋长国是由7个海湾小公国组成的、拥有可观石油、天然气资源的联盟，从而对其他阿拉伯国家造成重大的政治影响。阿联酋的土著居民不到该国人口的25%。国王任命首相和内阁，而构成这个国家的7个酋长国拥有一个联邦国家委员会（也被任命）。尽管民众的政治参与微乎其微，但是目前并不存在恐怖主义威胁。2004年10月，衰老的国王驾崩，而其子平稳继位。

卡塔尔，位于阿拉伯半岛东部的一个半岛，由于其石油收益而享有很高的人均收入。其土著阿拉伯人口大约与移入该国的人口相当，后者主要是印度人、巴基斯坦人和伊朗人。从2003年起，卡塔尔已经成为美国在海湾地区的主要驻扎地，但是与之相矛盾的是，卡塔尔却拥有半岛卫星电视台，该电视台经常抨击美国的政策，并且受到阿拉伯人的广泛好评，如果并不总是受到阿拉伯领导人青睐的话。卡塔尔还是沙
429 特人的度假胜地，他们在这里可以避开本国的一些限制。卡塔尔于1999年拥有宪法，最终将举行议会选举。

巴林是由分布于波斯湾的、位置险要的一个大岛和若干小岛构成的王国。尽管巴林享有很高的生活水平，但是其石油资源基本耗尽，因此它改为发展金融等服务，以便补偿预计下降的石油收入。巴林的统治家族属逊尼派，但是其60%以上人口则属什叶派，而10%的人口是伊朗人。这个国家自1999年起拥有一部宪法，并于2002年举行首次议会选举。近年来，伊朗不再向巴林强调此前的主权要求，而1980年代初的恐怖主义威胁已经消退。巴林人为推进民主而继续举行示威。

科威特业已从1990年至1991年的伊拉克占领中恢复元气，但是它需要耗资55亿美元来修复其遭到伊拉克军队破坏的石油设施。科威特的繁荣经济继续吸引外国移民。科威特阿拉伯人占本国人口的比重不到一半，而科威特人口包括埃及人、黎巴嫩人、土耳其人、巴勒斯坦人（少于1991年前）、巴基斯坦人与印度人。科威特尽管实行君主政治，但是自1963年起就已拥有一部宪法。在2003年举行的科威特议

会选举中,伊斯兰主义者获得多数席位。选举权以前被限制在1920年科威特臣民的后裔,后来被扩大到定居科威特满30年的男性,但是仍然不包括妇女。大约25%的人口属什叶派。当前的恐怖主义威胁不大;少数科威特年轻人越界前去伊拉克,并参加反抗美国占领的“圣战”,但是科威特流行一句话,“科威特没有恐怖主义”。

(五)埃及

胡思尼·穆巴拉克,一位在缺乏竞争对手的情况下已经胜出四次的总统,领导着尼罗河下游河谷与三角洲所容纳的7 600万以上的埃及人。在1971年宪法之下,埃及拥有一个经选举产生的人民议会。若干政党从1976年起已经进入埃及议会,但是穆巴拉克的国家民主党依旧最为强大。经济形势在1990年代有所好转,但是总体增长从2000年起业已停滞,而许多埃及人出国寻找收入更高的就业岗位。反对穆巴拉克的主要是伊斯兰主义组织,特别是已经放弃恐怖主义的穆斯林兄弟会。圣战组织,其成员曾经刺杀萨达特,并与基地组织有染,与伊斯兰解放组织都处于非法状态,并激烈抨击埃及政府与美国在反恐战 430
争中进行合作的政策。从1990年到1997年,上述两个极端组织实施了针对政治领导人、科普特人、外国定居者与游客的袭击。其中在卢克索的袭击造成大约60名欧洲游客丧生,这使好战分子在依赖旅游业维持生计的埃及公众心目中形象丑恶。埃及政府自1997年起采取严厉举措镇压基层恐怖组织。尽管华盛顿继续致力于向埃及提供每年总计近20亿美元的军事援助和经济援助,然而许多埃及人在2001年世界贸易中心遭到袭击时(其中4名劫持者是埃及人)没有掩饰他们的喜悦,许多移居国外者为基地组织效劳,而反美情绪在伊拉克战争期间已经增强。埃及人越来越要求建立一个负责、民主的政府。示威民众(根据自萨达特遇刺身亡后生效的紧急法,这是非法的)要求穆巴拉克允许他们在即将到来的2005年总统选举中拥有选择权。事实上,在2005年4月我们进行写作时,开罗大学学生已经要求废除紧急法,并要求在总统选举中拥有民主的选择权。

（六）对恐怖主义的总结

内部的暴力，包括带有恐怖主义性质的某些袭击，主要威胁伊拉克、沙特阿拉伯、也门、以色列以及巴勒斯坦人的领土。与基地组织及其分支机构相比，某些中东政府和外国政府的反恐举措对平民和他们的政府威胁更大。从事反恐的主要国家是美国、英国、以色列、巴基斯坦，以及在 2001 年和 2003 年由于先后遭受入侵而建立的阿富汗政府和伊拉克政府。它们的努力尽管在少数情况下能够迟滞却未能阻止恐怖主义。然而，在阿拉伯诸国、土耳其、伊朗，甚至还有阿富汗和巴基斯坦，舆论已经转而反对“反恐战争”。许多当地人把“反恐战争”称做“反对好战穆斯林的战争”。

在读过我们之前的章节后，读者已经明白伊斯兰教是一种生活方式——往往也是一种政治体制和社会体制——而民众的反抗通常被称做“民族主义”或“伊斯兰主义”，在非穆斯林入侵并统治穆斯林之时突然兴起。阿拉伯人、伊朗人、土耳其人、阿富汗人和巴基斯坦人为何参加反对自身信仰的一场战争呢？他们为何把这场战争等同于“解放”呢？或许布什总统与布莱尔首相认为，如果他们以亲西方的“民主政府”替代压迫性的独裁政府，那么中东恐怖主义就会销声匿迹。但是经过民主选举产生的、完全独立的中东政府，很可能会仇视曾经力图操纵

431 **奥萨马·本·拉登**

奥萨马·本·拉登（1957－2011）生于沙特阿拉伯富裕的本·拉登家族。这个家族拥有沙特阿拉伯最大的建筑公司，而且与沙特王室过从密切。奥萨马·本·拉登自幼是一位虔诚穆斯林，对穆斯林世界以外的地区了解不多。

在苏联入侵阿富汗不久，本·拉登就开始为抵抗战士筹集资金。后来他致力于他们的事业，并于 1984 年在巴基斯坦建立“家庭旅馆”，以便招待即将开赴阿富汗前线的阿拉伯战士。这很快变成进行培训、提供宗教关怀并向阿富汗输送人员和装备的一个后勤中心。到 1986 年，本·拉登正在阿富汗境内建设自己的战斗营，而他将其军事行动命名为 Al-Qa'ida，或

“基地组织”。他亲自察看与苏联人的战斗，并至少参与五次重大战斗。当时他的行动与美国的政策一致，后者向那些抗击苏联入侵者的战士提供资金支持和军事援助。

1989年，本·拉登返回沙特阿拉伯，坚信他的努力在把苏联军队赶出阿富汗的过程中发挥了主要作用。当伊拉克人入侵科威特时，本·拉登上书沙特政府，提议由他动员他在阿富汗曾经统领的战士，以抗击伊拉克人。然而，沙特人拒绝了他的请求，而是求助于美国人。本·拉登反对这一选择，该选择导致成千上万的非穆斯林军队被部署在阿拉伯半岛的圣地。

1991年，本·拉登离开沙特阿拉伯，并最终返回当时处于塔利班统治之下的阿富汗。1996年，他发布其第一份“巴彦”（公开宣言），在宣言中警告美国从阿拉伯半岛撤军，否则曾经打败苏联的战士将对美国宣战。这一威胁兑现在1998年对美国驻东非大使馆的袭击，以及2000年在也门对美国“科尔”号军舰的袭击。

尽管本·拉登将美国在阿拉伯半岛的驻军视为渎圣行为，但是这并非他仇视美国人的唯一原因。他已经逐渐把美国对巴勒斯坦和伊拉克的政策，以及美国对埃及、约旦和沙特阿拉伯独裁政权的扶植视为西方对伊斯兰世界战争的一部分。在他看来，在9月11日所发动的对五角大楼和世界贸易中心的袭击本质上是报复行为。在西方人看来，他于2001年变成人所共知并且最受通缉的“恐怖主义头头”。自此之后，美国政府一直追捕他，尽管力度有所变化，因为伊拉克战争使美国对阿富汗的入侵相形见绌。

本·拉登在“9·11”事件之后通过半岛电视台发表一次谈话。这次谈话在2001年10月21日被录制，后来于2002年2月被美国有线电视新闻网重播。本·拉登在这次谈话中声称：“如果把那些杀害我们儿子的人处死算是恐怖主义，那么就让历史来见证我们是恐怖分子吧。”

它们的西方国家，并支持公开反抗西方的人。对阿富汗的入侵的确促成哈米德·卡尔扎伊在2004年10月的正式当选，但是这个国家仍然因民族、部落和派系的纷争而四分五裂。2005年，一些伊拉克选民采取 432

了试探性步骤,但是内阁的建立历时 3 月有余。美国占领当局将不会容忍一个反对美国在其本国驻军的伊拉克政府。

三、伊拉克战争

在 1991 年联盟将伊拉克军队赶出科威特之后,一些人在思考联盟原本是否应该延续战事,攻入伊拉克,并推翻萨达姆·侯赛因。老布什总统拒绝这样做,他声称这将把美国拖入致命的泥潭。相反,美国及其盟友同意停火,允许伊拉克军队拥有直升机与其他轻武器,避免援助反叛巴格达的库尔德人和什叶派阿拉伯人(期望获得外界援助),并维持联合国安理会对伊拉克的贸易制裁,直至这个世界组织的核查人员能够确信伊拉克政府没有拥有核武器、生物武器和化学武器(即"大规模杀伤性武器")。伊拉克的权势受到两块"禁飞区"的进一步限制,这两块"禁飞区"禁止伊拉克飞机在各占该国三分之一的北部和南部飞行,尽管联合国从未授权作出这样一种限制。美国飞机与远程导弹于 1993 年、1996 年和 1998 年袭击伊拉克,而且还存在某些背叛以及对伊拉克军事力量的极力破坏。仅仅制裁本身就使伊拉克人民难以获得重要供给,导致约 50 万人因营养不良和若干疾病而丧生。最后,联合国与伊拉克签订一份协议,这份协议准许伊拉克出售石油以换取食物和药品,但是这项"石油换食品"协议几乎没有减轻绝大多数伊拉克人的痛苦,而且很可能填满了双方高官的口袋。克林顿政府与共和党主导的国会草拟了入侵伊拉克的方案,但是华盛顿的内部难题使美国政府没有精力采取这一行动。

(一) 布什与新保守主义者

2000 年,乔治·沃克·布什当选总统,这增加了美国对伊拉克动武的可能性。在布什政府中,存在一个影响巨大的所谓"新保守主义者"
433 集团:保罗·沃尔福威茨、理查德·普尔与道格拉斯·菲特,以及其他人。担任代理国防部长的沃尔福威茨曾在 1992 年拟定《国防规划纲要》,向五角大楼提出军事方针建议:(1) 美国的政策应该极力防止出现一个敌对的超级大国;(2) 美国的政策应捍卫美国的利益,并推广美国的价值观;(3) 美国的政策应该在无法组织集体行动之时采取单边“军事”行动。1996 年,普尔在菲特以及其他人的协助下,为以色列的利库德集团撰写了一份名为《一次彻底的变革:保卫疆域的一种新战略》的、具有同样倾向的政策大纲。这份政策大纲建议以色列与土耳其和约旦进行合作,以便遏制、搅乱并最大限度降低多种威胁,特别是叙利亚这一威胁。以色列应该强化在巴勒斯坦区域迅猛追捕恐怖分子的权利,并扶植他人作为替代亚西尔·阿拉法特的领导人。以色列还应该与美国政府构建全新关系,放弃追求与阿拉伯人的全面和平,并在可能的情况下协助约旦在伊拉克复辟哈希姆王朝,从而削弱叙利亚和伊朗。内塔尼亚胡总理统治的以色列没有接受这份“新战略”。以色列没有与土耳其和约旦举行定期磋商,但是它的确不再把阿拉法特看做一名谈判对手,而且逐渐疏离任何可能催生一个独立巴勒斯坦国的和平进程。

显而易见,新保守主义者几乎不借用外交力量。长期以来,在许多国家中,在处理国际关系方面的两种截然不同的派别不断发展,并竞相出头。一派主张在国际争端发生后首选外交和调停。他们愿意支持且强化国际法,并使联合国保持良好状态,希望在世界范围内提升人权与尊严。在第二次世界大战结束不久的美国,许多重要的民主党人和共和党人支持这一立场,尽管某些同样重要的民主党人和共和党人并非如此。与之对立的派别则认为,外交居于正面,而处在其背后的武力意味着军事力量以及动用军事力量的意志,两者结合,解决国际争端。包括新保守主义者在内的该派支持者蔑视国际法,而且认为联合国惹人生厌。他们坚持认为,美国能够赢得任何一次斗争,只要美国果真愿意这样做,而他们将美国在越南战争中的失败归咎于意志的丧失。新保守主义者赞赏以色列的果敢自信,以及他们为了维持对 1967 年之后所占领土的控制而付出的努力。因此,新保守主义者与以色列的右翼政党,特别是利库德集团结成了同盟。

新保守主义者提倡他们所称的《新的美国世纪计划》,并在 1998 年给比尔·克林顿写了一封公开信,建议他剥夺萨达姆·侯赛因的权力。

与沃尔福威茨、普尔和菲特结成同盟的，有国家安全事务犹太协会、华盛顿近东政策研究中心及其母组织、美国以色列公共事务委员会、《评
434 论》、《国家评论》、《新共和国》与《华盛顿时报》。许多狂热的基督徒支持上述集团，因为他们坚信所有犹太人必须在“末日审判”到来之前聚集于以色列。

绝大多数美国人认同华盛顿应该推广美国的价值观，并捍卫美国的利益。他们不大可能赞成单方面颠覆叙利亚政府或者入侵伊拉克，这些行动是新保守主义者在整个中东推广民主体制企图的一部分。在2000年总统选举之前，乔治·沃克·布什与迪克·切尼均担任石油公司执行官，渴望保证对中东石油的获取这一美国的现实利益；但是两人都受到新保守主义鼓吹的影响，新保守主义者鼓吹通过扩张美国的势力和统治，即他们所称的自由和民主来打击恐怖主义。布什在当选总统之后，几乎漠视即将离任的克林顿总统关于基地组织威胁的警告，而是锁定萨达姆所统治的、据说拥有大规模杀伤性武器的伊拉克。这些武器对美国构成臆想的威胁，很容易给美国人留下深刻印象；新保守主义者关于强化美以同盟关系的渴望是更加有力的兜售。

在世界贸易中心和五角大楼遭受恐怖袭击之后，美国政府开始准备入侵阿富汗，以抓捕奥萨马·本·拉登与基地组织的训练营。其他许多国家主动与布什政府合作应对恐怖主义威胁，这一威胁容易被欧亚国家所觉察。而对阿富汗的入侵和占领由一个多国联盟执行，特别是其中还包括此前支持塔利班的巴基斯坦。塔利班政权逃出喀布尔，接着一个新政府被拼凑而成，其中前国王穆罕默德·扎西尔担任君主，哈米德·卡尔扎伊成为首相。这个国家尽管尚未实现真正统一，却在2003年秘密召开一次部落会议，并于2004年进行选举。

历史研究者知道，英国与俄国均未能征服阿富汗人。在其他许多亚非国家中，布什政府与穆斯林(以及非穆斯林)统治者结成同盟，打击勾结基地组织的反叛集团。上述军事上和外交上的努力构成了“反恐战争”。尽管尚不能确定通过轰炸城市，并派军队进入能否击败“恐怖主义”，但是“反恐战争”这一口号或政策受到美国人和欧洲人的广泛支

持。其他战略包括强化治安，秘密向恐怖分子在当地的敌人提供武器，并清除使恐怖主义作为一种手段或作为一种信条而滋生的条件。

美国人不应认为，反抗其政治抱负的任何行动必定构成恐怖主义。如果美国人果真希望获得资源，销售他们的农产品和制成品，促成政治 435
和军事合作，以及实现世界和平，他们就必须审视自己在过去半个世纪所采取的中东政策。我们相信，他们能够发现其中某些政策触怒中东诸多民众与政府，从而激起反美主义，以及针对美国及其盟友的暴力活动。如果华盛顿果真希望打击恐怖主义，它就必须改变自身的态度和政策，但是2000年与2004年的总统选举使我们怀疑，对美国的中东政策的任何反省是否能够迅速出现。

（二）对伊拉克的入侵

就在华盛顿准备发动阿富汗战争之际，其最为著名的新保守主义者保罗·沃尔福威茨鼓吹入侵伊拉克，这可能是改变反对美国与以色列的所有阿拉伯政府的第一步。控制伊拉克的石油是美国的另一个目标。他很快使国防部长拉姆斯菲尔德与副总统切尼站到他的一边。布什总统很快同意，将原本能够用于打击基地组织的资源转向用于入侵伊拉克。伊拉克经常被指勾结恐怖组织，但是这一点从未获得证明。2002年10月，美国参众两院以压倒性多数通过授权布什派军队进攻伊拉克的决议。布什政府坚持认为，伊拉克拥有并将动用大规模杀伤性武器，这一看法得到美国参众两院的赞同。在美国的压力下，联合国安理会也通过决议，要求伊拉克说明并交出其核武器、生物武器和化学武器，否则将“面临严重后果”。已于1998年被克林顿政府勒令撤离伊拉克的联合国核查小组被派回伊拉克寻找其大规模杀伤性武器，但是他们一无所获。布什政府声称，联合国核查小组正在遭到伊拉克政权欺骗并且永远无法成功。华盛顿加快其宣传攻势、外交努力和军事准备。

2003年3月20日，美英联军空袭并入侵伊拉克，伊拉克战争爆发，未来的历史学家将争辩这场战争的根本原因。一种动机是获得伊

土耳其
伊 朗
叙利亚
约旦
沙特阿拉伯
科威特
波斯湾
底格里斯河
幼发拉底河
摩苏尔
埃尔比勒
基尔库克
苏莱曼尼亚
提克里特
萨迈拉
巴古拜
巴格达
费卢杰
拉马迪
卡尔巴拉
希拉
库特
纳杰夫
迪瓦尼耶
阿马拉
塞马沃纳
西里耶
巴士拉

地图 21.1　伊拉克

拉克的油田和石油设施。另一种被声称的理由是推翻萨达姆的独裁统治,并以一个民主政府取而代之,而且增进自由和人权。不仅如此,乔治·沃克·布什因萨达姆力图刺杀其父而满怀怨恨。发现并销毁伊拉克的大规模杀伤性武器,是公众所闻的根本原因(这些大规模杀伤性武器将永远不会被找到,而美国之后的一份报告承认,这些大规模杀伤性武器的确子虚乌有)。新保守主义者希望推翻伊拉克、伊朗与叙利亚的政权,或者至少使其实现中立,并增进以色列的权势与安全。美国人预 436
计战事短促。艾哈迈德·卡拉比,领导着美国所支持的伊拉克国民代表大会的一位流亡伊拉克人,使美国政客坚信,美国入侵者将被当做解放者来欢迎,而他甚至能够促成伊拉克与以色列缔结和约。布什政府坚信,伊拉克战争将是一场受到人民支持的战争,并将保证政府于2004 年获得连任。

侵略军很快击败伊拉克军队,并将萨达姆·侯赛因与复兴党赶下 437
政坛。在“威慑与恐吓”行动中,空袭与导弹摧毁诸多据点,以及伊拉克人的住所、商店、学校和公路。尽管法国、德国、俄罗斯,甚至还有加拿大反对这场战争,但美国人还是拼凑了一个“自愿者同盟”,其中包括来自 40 个国家的、至少是象征性的军队。起初,联盟伤亡微乎其微。没有一家媒体报道有多少伊拉克士兵——或者平民——丧生、致残或失踪。坐落于巴格达某大广场的一尊萨达姆塑像被推倒,而这一场景的照片被播放出来以表明民众极度憎恶这位失势暴君,然而事实上正是侵略者摧毁了这尊塑像。联盟在萨达姆的一处官邸建立占领当局。雄心勃勃的重建方案被公布于众。伊拉克军队与警察的残余部分被解散。这些举措犯了愚蠢的错误:美国人没有拉拢伊拉克武装力量站到入侵者一边,反而使他们失业、贫困并渴望参加武装抵抗运动组织。

事实很快表明,联盟,特别是美国人根本不知道如何在这个国家,甚至在拥有 600 万居民的巴格达恢复秩序。强盗闯入伊拉克国家博物馆、国家图书馆和档案馆以及多数政府办公室(美国军队袖手旁观,只是保卫石油部办公大楼)。学校仍旧关闭。巴格达的电力供应被切断,只是缓慢并局部恢复供电。诊所与医院缺乏基本的医疗用品。由于防腐厂遭到毁坏,未经处理的污水流入底格里斯河。由于没有执勤的警察,成群无赖闯入住宅,绑架平民,盗走汽车,并大肆侮辱胆敢走上街头的妇人与少女。没有一个人保护伊拉克的武器库。由于伊拉克边境无人驻防,因此来自其他国家的志愿者很快就与希望从美国军队之手解放其祖国的伊拉克人并肩作战。

尽管布什于 2003 年 5 月 1 日宣布战争结束,但是起义者逐渐加强其反抗行动,而越来越多的美国军人与英国军人丧生。位于巴格达西北方"逊尼派三角区"的若干城镇,在萨达姆统治时期曾经权势赫赫,现在成为抵抗的主要中心,而联军在直升机、坦克和迫击炮的支援下攻入这一地区。什叶派占主体的城市,例如巴士拉、库法、纳杰夫与萨德尔城(之前的萨达姆城)也发动起义。自杀性人体炸弹与汽车炸弹持续增多,而联军士气骤然下降。有多少伊拉克平民遭到杀戮或致残,有多少人死于因卫生条件糟糕或者营养摄入不足而导致的疾病,有多少人的住宅遭遇强盗劫掠或者受到摧毁,以及有多少人在邻国避难,这些都无
438 人知晓。2004 年 5 月,无人不晓的是,数千伊拉克人曾被逮捕,并在未经审判的情况下遭到监禁,美国军人在阿布·哈莱布监狱(萨达姆的最为庞大也最骇人听闻的监狱之一)拷打并羞辱那些囚犯。之后进行的独立调查与政府调查员已经认定,"虐囚事件"不仅发生在阿布·哈莱布监狱,而且发生在美国所管理的阿富汗监狱,与位于古巴的关塔那摩监狱。布什政府还把某些囚犯"输出"到那些虐囚国家。美国政府已经承认,39 名囚犯在处于美国人看管期间死于非命。上述行径一律违反国际法。与此同时,位于巴格达西北方逊尼派三角区的都市与城镇开始成为起义者的据点。当 2004 年 5 月进攻受挫后,联军于同年 11 月侵入法鲁贾,赶走当地多数平民,重创医院、学校、清真寺、商店和住宅,并击毙被围其中的数千名起义者。2005 年 1 月 30 日,伊拉克进行议会选举。尽管多数操阿拉伯语的逊尼派抵制选举,但是什叶派与库尔德人的大批选民参加选举,并选出一个国民议会;议员毫无疑问主要是什叶派和库尔德人。各派历经数月的扭捏作态和讨价还价之后选出他们的领导人:一位库尔德人总统、两位副总统(一位属逊尼派,另一位属

什叶派)和一位什叶派总理。与此同时,伊拉克的暴力事件继续发生,而美国人依旧控制着安全部队与石油资源。国民议会的主要任务将是起草一部持久宪法,而这一工作在 2005 年 4 月似乎进展得很慢,很慢。

阿拉伯民众几乎一致反对美英占领伊拉克,尽管某些阿拉伯国家继续为美英的军队调动与飞越领空提供便利。许多人怀疑,与华盛顿的新保守主义者保持密切思想联系的以色列是否暗中参与这场战争。难道伊拉克已经成为以色列人与巴勒斯坦人新的斗争前沿吗?

四、对巴勒斯坦的再次角逐

尽管 1990 年代标志着,许多局外人与若干中东人希望解决犹太人与阿拉伯人对巴勒斯坦的持续一个世纪争夺的时代,但是 21 世纪的若干事件已经粉碎这些期望。以色列人与巴勒斯坦人已经因斗争重开而遭受损失。戈尔德施密特教授认为,双方都应为以色列所称的“这种形势”,和巴勒斯坦人所说的“阿克萨暴动”承担责任。他指出,负责的双方领导阶层已经瓦解,从而使极端分子占据上风。戴维森教授认为,主 439
要问题在于以色列领导人更渴望保有土地(主要是约旦河西岸),而非实现持久、公正的和平。以色列政府的行为比其言辞更为重要;以色列政府的行为——而非其承诺——反映其目的。我们在描述和平进程中断时,作为作者,我们会坦率直陈我们相异的观点,并阐明我们为何存在这些分歧。一位教师不仅应当告诉读者思考什么,更应向读者表明如何思考。这一原则同样适用于本书作者。读者将对此进行评判。

(一)“和平进程”的中断

和平进程的概念难以描述。冲突可能是公开且激烈的,或者秘密与温和的。冲突可能包括武装冲突,或者只是口头争论。一些冲突能够通过调停、仲裁或者耐心的外交获得解决。但是,如果各方未能在一定程度上追求冲突的解决并愿意作出某些让步,那么解决冲突的方案就不会出现。各方还必须预计从解决冲突的方案中获得好处。如果媾和是分阶段进行的话,例如 1977 年至 1982 年埃及与以色列的媾和,那么双方需要在各个阶段获得收益，而且预计这些好处能够延续下去。如果各方的国家元首或者政府首脑公开领导谈判，那么各方必须准备由级别较低的外交官秘密下注，这些外交官理解对手的需要，并且能够建议作出不至危害国家安全的妥协。

在克林顿执政时期，美国政府在以色列与包括以阿拉法特为首的巴勒斯坦当局在内的阿拉伯诸政府之间的谈判中扮演了重要角色。以美国为中间人的和谈可能被认为取得了部分成果，其中包括 1995 年的《约旦–以色列和平条约》，以及 1997 年以色列与巴勒斯坦当局签署的《希伯伦协定》。《奥斯陆一号协议》与《二号协议》具有争议。戈尔德施密特感到，它们是进步的步骤，受到后来事件的阻碍。戴维森认为，它们具有内在缺陷。它们推迟了"最终地位"谈判的若干问题，而这些问题需要立即加以处理。它们从一开始就注定失败，因为以色列在刚刚签署《奥斯陆一号协议》与《二号协议》之后就在其所占领土继续扩大已有定居点，而这时美国不愿向以色列施压。戈尔德施密特还补充道，双方均刻意实施了针对对方平民的恐怖袭击。

1998 年，叙利亚与以色列的谈判，因在划分其未来疆界方面各持
440 己见而宣告破裂；最为显著的失败是 2000 年 7 月的戴维营首脑会晤，这次会晤由克林顿主持，阿拉法特与巴拉克参加。多数美国人指责阿拉法特没有接受巴拉克所提出的、貌似慷慨的条件，即本来会使以色列军队撤出几乎整个约旦河西岸与加沙地带，并使巴勒斯坦人控制位于耶路撒冷旧城的基督徒圣地与穆斯林圣地。然而，巴拉克主动提出的条件其实会制造若干飞地，并非一个能够生存的、独立自主的巴勒斯坦国。阿拉法特因强调巴勒斯坦人的"回归权利"而受到指责，而联合国大会自 1948 年之后已经数次通过决议重申这一要求。我们怀疑，目前在世的许多巴勒斯坦人真的会利用这一要求，而在事实上成为以色列籍阿拉伯人的类似者，但是阿拉法特是一位必须顾及其选民的政治家。他不能漠视数百万巴勒斯坦难民基于国际法与联合国决议而享有的权益。另一方面，人们能够理解，绝大多数以色列人为何希望维持在其国家占据主导地位的犹太特征，以及许多以色列人与美国人为何憎恶阿

拉法特在戴维营时毫不妥协的谈判风格。人们常常忘记了,以色列与巴勒斯坦人的谈判代表之后在克林顿的“跨越方案”支持下,在沙姆沙伊赫与塔巴会面,并在解决方案(安抚巴勒斯坦人的一个词汇)的细节方面取得更多进展。克林顿与其首席谈判代表丹尼斯·罗斯曾声称,在 2000 年,双方比他们在以往的任何时候或从那时至今的任何时间都更接近于达成和约。

(二)冲突的加剧

令人遗憾的是,克林顿卸任了,而乔治·沃克·布什带着一个截然不同的议事日程入主白宫,这一日程反映出他是致力于建立大以色列的一名狂热基督徒。在保罗·沃尔福威茨等新保守主义者与自封的现实主义者康多莉扎·赖斯的影响下,布什致力于削弱阿拉法特,他把在戴维营首脑会议失败后重新开始的暴力事件归咎于阿拉法特,这些暴力事件导致以色列的激烈报复,并使强硬派沙龙当选以色列总理。沙龙(布什称其为“和平之人”,这激怒了回想起以色列对夏蒂拉和萨布拉屠杀时曾经谴责沙龙的所有人)成为白宫的常客,而阿拉法特被认定为恐怖主义的支持者,不再受到邀请。“跨越方案”被束之高阁。后来,美国在与俄罗斯、欧洲人和联合国举行磋商后起草了“路线图”和平计划,尽管“路线图”计划与克林顿的方案相比对以色列更为有利,但是因以色列拒绝停止扩大其在约旦河西岸的定居点而搁浅。美国政府不再积极担任以色列人与巴勒斯坦人的可信中间人。

“9 · 11”恐怖袭击使美国与以色列在布什最初所称的反恐“十字军 441
征讨”(布什后来获悉该词对穆斯林的贬低之意,故重新命名为“战争”)中团结一致。一些巴勒斯坦人把炸弹绑在身上,并在等待进入一家生意兴隆的迪斯科舞厅的以色列青少年中,或者在耶路撒冷的公共汽车乘客中,或者在阿拉伯人和犹太人都经常光顾的海法饭店的顾客中引爆自己,此时美国人与以色列人怀有同样的恐惧。他们漠视了导致上述袭击的社会环境。以色列在占领约旦河西岸与加沙地带的 37 年中,没收了阿拉伯人的土地和淡水,夷平他们的住宅,并且为了给犹太定居者腾出空间而破坏农田。以色列对整座整座城镇长期实施宵禁，并设置数百个检查站和路障，它们阻碍了所占领土上的阿拉伯人的贸易与通行。一个国家应该捍卫其疆界，并保护其公民不受恐怖主义伤害，但是上述政策旨在永久殖民和最终吞并这片土地。

读者从我们所讲述的第一次“因提法达”中知晓，巴勒斯坦人为反抗以色列的占领而采取了暴力的或非暴力的反抗行动，但是在1994年，定居于以色列所占约旦河西岸的美籍犹太宗教激进主义者巴鲁克·格尔茨坦走进希伯伦一座清真寺，并残杀29名礼拜者之前，自杀性炸弹袭击从未发生。定居于以色列所占领土上的正统犹太教徒在这一事件发生后逐渐将巴鲁克·格尔茨坦视为一位烈士和英雄。随着巴勒斯坦人暴力活动的升级，特别是在2000年谈判破裂之后，以色列采取了大规模逮捕、定点清除与摧毁巴勒斯坦自杀性人体炸弹家属的住宅等政策。以色列人还开始修建阻止恐怖主义的隔离墙。

这堵墙以色列称之为“安全篱笆”，是一系列电子监控的防卫设施，包括混凝土墙体，与装有倒刺的铁丝网，高达9米(28英尺)。以色列多数政党(及其国外支持者)支持修筑这堵墙。起初，一些巴勒斯坦人误以为隔离墙将沿着1967年前的边界而设置，故支持隔离墙的修建。然而，以色列人已把这堵墙深深楔入所占领土，占据国际公认的、属于未来巴勒斯坦国的土地。2004年，海牙国际法庭宣布，隔离墙的修建违反国际法，但是沙龙政府对这一裁决置若罔闻。隔离墙制造了一个实际上将约旦河西岸的城市与乡村分割为诸多小块的有形障碍。隔离墙的完工将把350万巴勒斯坦人挤压进诸多隔都之内，这些隔都失业率居高不下(2004年，约旦河西岸和加沙分别为50%和60%)，缺乏发展所需的资源，造成无限期贫困。巴勒斯坦人不仅受到以色列士兵，还受到装备精良的定居者的虐待。以色列人坚信隔离墙已经减少自杀性
442 炸弹袭击，但是它们尚未停止，而且其他形式的暴力反抗例如向以色列都市和城镇发射的导弹和迫击炮弹业已增多，从而使以色列人感到更不安全。以色列最高法院已经作出必须清除部分隔离墙的裁决，但是隔离墙的修建甚至在我们写作时仍在进行。

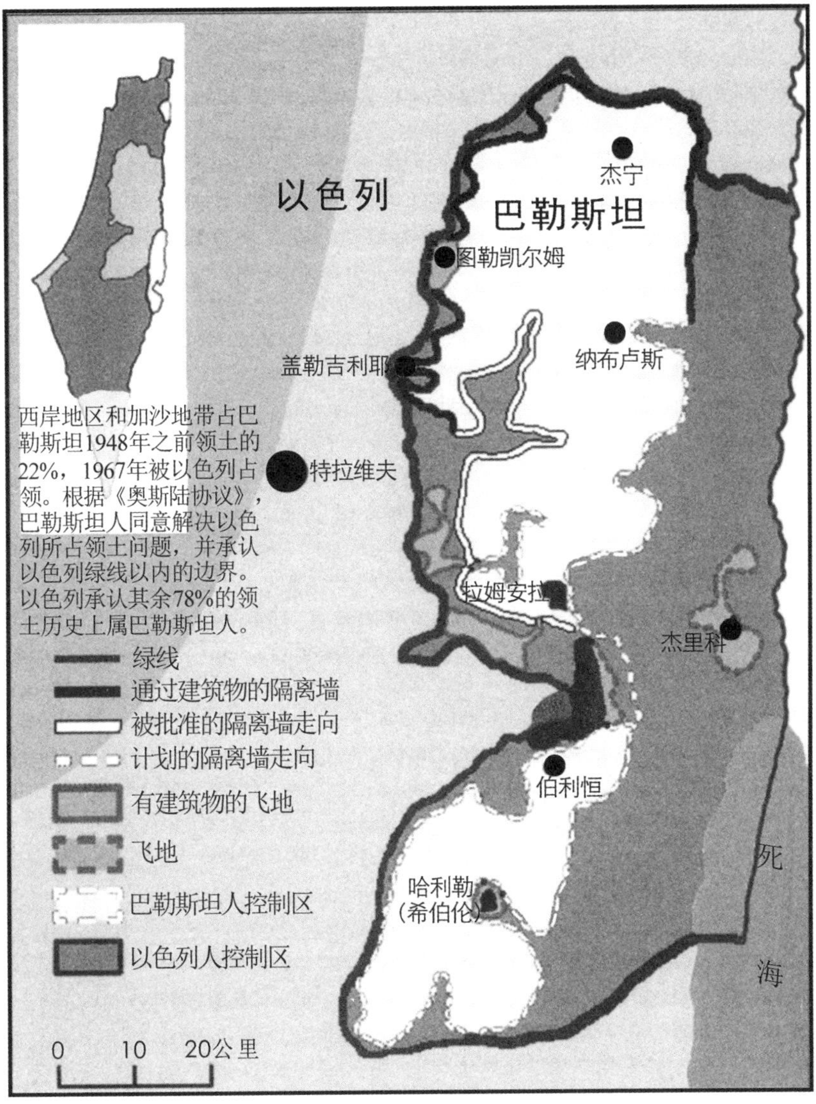
以色列
巴勒斯坦
杰宁
图勒凯尔姆
纳布卢斯
盖勒吉利耶
特拉维夫
拉姆安拉
杰里科
伯利恒
哈利勒
(希伯伦)
死
海
西岸地区和加沙地带占巴勒斯坦1948年之前领土的22%，1967年被以色列占领。根据《奥斯陆协议》，巴勒斯坦人同意解决以色列所占领土问题，并承认以色列绿线以内的边界。以色列承认其余78%的领土历史上属巴勒斯坦人。
绿线
通过建筑物的隔离墙
被批准的隔离墙走向
计划的隔离墙走向
有建筑物的飞地
飞地
巴勒斯坦人控制区
以色列人控制区
0
10
20公里

地图 21.2　隔离墙

如果说美国人和以色列人对自杀性人体炸弹袭击之后的场景感到
443 震惊，那么阿拉伯人在看到以色列坦克隆隆驶入杰宁和纳布卢斯大街，推土机夷平加沙的恐怖分子嫌疑人住宅，直升机向人口稠密的市中心发射导弹，以及军队围困位于伯利恒的耶稣诞生教堂等电视画面时，与巴勒斯坦人感到同样愤怒和憎恶。犹太复国主义者的宣传列举因巴勒斯坦的自杀性人体炸弹而丧生或致残的无辜以色列人数量，而半岛电视台等阿拉伯卫星电视台则把如下观点传送到千家万户，即以色列士兵所杀害的众多巴勒斯坦人，包括许多妇女和儿童在内，至少 3 倍于以色列的死亡人数。以色列狙击手朝一群巴勒斯坦人开火，造成一名 12 岁男童丧生(尽管其父极力掩护他)，这一画面引起举世关注。几乎与此同时，巴勒斯坦人抓获两名年轻的以色列后备役士兵，把他们带到杰宁警察局，将其杀害，并将他们的尸体扔到欢庆的人群中间，而许多人用手蘸着死者的血液。

以色列经济因缺乏投资和旅游收入而遭受损失。巴勒斯坦人的经济也直线下降，因为以色列的封锁切断了他们与外界的贸易，并使许多巴勒斯坦人无法前往以色列工作。阿拉法特是唯一原本能够给以色列带来为巴勒斯坦人所接受的和约的巴勒斯坦领导人，现在却成为在其拉马拉总统官邸的囚徒。在美国的坚持之下，他先后任命马哈茂德·阿巴斯与艾哈迈德·库赖担任其总理。但是以色列人在恐怖主义仍然持续的情况下拒绝与巴勒斯坦当局的任何人进行谈判。然而，由于以色列人把所有抵抗——无论暴力的还是非暴力的——均称做恐怖主义，因此许多观察家指出，事实上以色列希望扼杀对其占领的任何反抗。哈马斯(巴勒斯坦人的首要穆斯林抵抗组织)或真主党(获得叙利亚与伊朗的支持)所实施的袭击越来越多，而两个组织都不听从巴勒斯坦当局。

接着，阿拉法特于 2004 年 11 月 11 日死于不明疾病。在西方人和以色列人看来，这使他们甩掉包袱，并朝着新的而且据说更具建设性的方向启动“和平进程”。这种观点的主要依据基于一个站不住脚的假设，即阿拉法特是和平的主要障碍。无论如何，阿拉法特的死亡的确促成巴勒斯坦新的总统选举。西方新闻界认为，这次选举是一个巨大进步，而事实上，阿拉伯世界的直接选举可谓凤毛麟角。但是这次选举对巴勒斯坦意义如何呢？首先也是最重要的是，这次选举发生在目前以色列的占领环境之中。以色列当局限制除了受到西方支持的总统竞选人马哈茂德·阿巴斯之外的其他人的竞选活动。少数巴勒斯坦选民响应哈马斯与伊斯兰圣战组织的号召，抵制这次选举。此外，多数巴勒斯 444
坦人并未定居被占领土；相反，他们是离散的巴勒斯坦难民，他们不能投票，尽管竞选成功者将就他们的权利与以色列进行谈判。

法塔赫领导人马哈茂德·阿巴斯在竞选中胜出。此时我们正在写作，戴维森预计阿巴斯将面临两种选择。他能做以色列与美国想做的事：停止武装抵抗，并接受将被局外人称做一个国家的相互孤立的诸多小块领土。这样一种政策将很有可能引发巴勒斯坦内战，而他很可能在其总统任期届满之前就死于非命。或者他能够力图包容武装组织的抵抗活动，可能引导它们放弃自杀性人体炸弹袭击，与此同时则主动要求谈判。以色列人将把他视为新的“恐怖主义”领导人，而这毫无疑问会得到布什政府的支持。具有讽刺意义的是，以色列人和美国人已经如此主导了“和平进程”，以至于无论多么令人满意的巴勒斯坦的选举，都会造就一个几乎无能为力的领导人。

尽管戈尔德施密特也认为巴勒斯坦人的“恐怖主义”不及犹太定居者、以色列国防军和美国人的恐怖主义，但是阿巴斯的竞选成功，或许能够使双方略微带有一些温和色彩。以色列政府公开声称，它将清除其在加沙的定居点；西蒙·佩雷斯（一位工党领袖）是沙龙的副总理；而在约旦河西岸与加沙的绝大多数巴勒斯坦人，则渴望哈马斯的伊斯兰主义武装分子或以色列人暂时停止暴力活动。埃及与土耳其以比美国更为有效的方式主动提出进行调停。在 2005 年 4 月我们正在写作时，实现和平的机会比 2000 年之后的任何时间都要好。

（三）外部势力的介入

我们已经讨论过，以色列人与巴勒斯坦人均拥有影响巨大的外界支持者。美国政府逐步增加对以色列的武器供应,并在反恐战争中强化与犹太国的战略协调。这种协调已经达到以色列与美国的利益疆界似乎已经消失的程度。2004 年 9 月,美国国防部的一位分析家被指控将美国关于伊朗的绝密文件经由美国以色列公共事务委员会移交给以色列。犹太复国主义者与新保守主义者进行合作,力图强化美国民众对以色列的支持。一个名叫“校园看守”的组织最近甚至锁定研究中东的教授,如果他们认定这些教授的网站与公开讲话支持阿拉伯人,批评美国对中东的政策,或者仇视以色列的话。在“校园看守”组织的影响下,一些国会议员已经提出一项议案,要求政府任命一个监督委员会,
445 以便管理受到联邦政府资助的、关于外国语言和地区的研究机构,蓄意打击支持阿拉伯人的教师。

阿拉伯诸国一直在口头上(而非军事上)支持巴勒斯坦人的抵抗,并抨击美国和以色列采取的某些压迫政策。它们尚未有效利用其对石油的控制而影响美国与欧洲的政策和做法。2002 年 3 月,沙特阿拉伯在阿拉伯联盟的一次会议上迈出重要一步,即提出一项全面方案,方案原本将要主动提出给予以色列和平与外交承认,以换取以色列军队撤出在 1967 年所占的土地。而以色列漠视这一方案,怀疑该方案并不真正渴求和平。以色列的确与北非国家存在贸易关系,但是以色列人与卡塔尔的试探性接触已经不复存在。以色列与埃及依然保持外交关系,但是关系冷淡;以色列与约旦的关系在政府层面比较友好,但在民间层面则并非如此。阿拉伯人普遍认为,以色列正在培训美国人,以便讯问、拷打和折磨伊拉克囚犯。以色列支持位于伊拉克和土耳其境内的库尔德人,而且深度参与(但是秘密地)伊拉克战争。以色列人认为伊朗是一种不断成长的冲突因素,而且警惕伊朗的核武器计划及其导弹不断提高的射程和准确性。这场冲突日益演变为穆斯林与犹太人的冲突,这对世界上迄今从未参与阿以冲突的诸多地区的民众而言构成潜在危险。与民族冲突相比,宗教冲突可能更加情绪化,也更难获得解决。

戴维森认为,绝大多数巴勒斯坦人希望在约旦河西岸与加沙地带建立一个独立自主、能够生存的国家。目前他们愿意放弃自己对占史

上祖国面积78%的领土要求。难道他们还应被迫为剩余的22%领土而斗争吗？以色列人声称要争取其阿拉伯邻国的承认，并确保以色列人的安全。但是他们顽固迷恋所占领土(也许是其不安全的主要根源)，他们依旧向这片土地移民，与此同时，他们还摧毁了巴勒斯坦的公民社会，这表明以色列人的真正目标是建立一个"大以色列"，而不是建立一个和平的、安全的以色列。基于恐惧的一种政策会成为使恐惧增长的条件。如果以色列果真需要和平，那么它应该作出实现和平所需的妥协。如此毫无保留支持以色列的美国布什政府、美国犹太人和狂热基督徒的真实目的是什么？难道这一政策有利于以色列的长久安全吗？

戈尔德施密特认为，巴勒斯坦人与以色列人都曾犯过使他们更不安全的错误。一方的暴力行为与恐怖袭击招致另一方的报复。无论以色列人的还是巴勒斯坦人的单方面让步，都被视为软弱，而且常常导致新的暴力事件。以色列对安全的极度关注，源于犹太人对生存的优先 446
考虑，这种优先考虑始终存在，并在希特勒屠杀犹太人之后得到强化；而巴勒斯坦民族宪章继续号召摧毁以色列，尽管存在修改宪章的多次请求。巴勒斯坦人对以色列殖民的恐惧，是阿拉伯人对西方帝国主义忧虑的一部分，目前美国对伊拉克的入侵和占领强化了这一忧虑。以色列人和巴勒斯坦人只有都作出系列让步，才能实现和平。双方只有逐渐认识到这一不断持续而且毫无限制的战争所造成的巨大代价与可怕后果，他们才会抑制自身的极端倾向。

五、结束语

在阅读从伊斯兰教兴起到现今的中东历史时，读者或许已经注意到自己将多少注意力放在冲突，特别是放在战争上面。当读者概览任何地区或国家的历史时，都有可能关注其斗争，而忽视其文化成就与其民众的日常生活。在这本书中，在距现今大事越近的时期，我们所讲述的中东冲突就越多：美国与苏联的较量，石油生产者与消费者的矛盾，伊斯兰主义者与世俗主义者的对抗，基督徒与穆斯林的不和，什叶派与逊尼派的相争，阿拉伯人与以色列人的冲突。地图21.3显示了中东诸

地图 21.3 2005 年的中东

国政区图;它并未表明各国的实际控制地。例如,戈兰高地、约旦河西岸和加沙地带自 1967 年以来被以色列占领,而黎巴嫩自 1976 年之后被叙利亚占领,伊拉克自 2003 年起被美国占领。

本书作者往往通过列举简述他们的观点。我们的最后一次列举总结我们眼中的中东冲突的主要原因:(1) 从以宗教和对神启律法的遵奉为基础的共同体,向执行人定法律,以便增进其在现世的安全与福祉的民族国家的过渡并不彻底;(2) 由此导致中东许多民族的一种信念,即他们的政府非法,因此无法受到诚心服从;(3) 曾经遭受征服并决心永远不再丧失其独立的、高度能言善辩的民族(或国家)对尊严和自由的追求;(4) 外国政府与个人的插手,他们并未认清中东诸多民族的期待与恐惧,而且最为糟糕的是,利用这些民族以便谋求自身利益(正如我们在伊拉克战争中所看到的);(5) 大规模杀伤性武器越来越集中于那些动荡而且脆弱的国家;(6) 全世界对食物、淡水和化石能源的需求 447
上升,而可供利用的数量则下降;(7) 某些国家的人口过多,以及少数极端富裕者与众多穷人之间的差距不断扩大;(8) 巴以冲突未能得到遏制与解决。

中东是动荡世界中最为混乱的地区。中东各族不仅彼此相争,而且内部也不安宁。他们怀疑外国人并不理解他们。我们希望本书能够帮助读者更好地理解他们。这就是全部吗? 读者将在 21 世纪度过自己的成年时期。我们将与其他大国,与以色列犹太人、阿拉伯人、伊朗人、土耳其人、库尔德人和亚美尼亚人,以及数十亿其他人民共同拥有“地球宇宙飞船”。读者将如何与他们相处? 读者可以继续研究他们的 448
文化与读者自身——并不带着证明“我们是正确的,而你们是错误的”这一幼稚渴望,相反,应该具有增进中东人与西方生活方式的真诚对话这一成熟期待。

我们可以学习中东人的许多东西:好客、慷慨、牢固的家庭纽带,与真诚理解他人的需要和感受。但是我们估计冲突仍将继续。不要期望找到简单的解决途径。一定要注意在这一地区的各种纠纷与冲突中各方所宣称的利益与关切,探寻各方所未明言的希望与恐惧,并务必谨慎。对于克服或者至少遏制争吵的介入各方,我们应不吝赞赏。

读者业已明白,中东地区一向容易遭受入侵和剥削,无法免遭当地和外国统治者野心的侵害,而且因其自然资源和关键位置而受到重视。中东已经造就大量不成比例的学者与诗人,艺术家与建筑师,哲学家与先知。我们称中东为人类文明的摇篮。我们祝愿它不会变成人类文明的坟茔。

大 事 年 表

570 年	穆罕默德诞生；埃塞俄比亚人入侵阿拉伯半岛西部。	449
603－628 年	拜占庭帝国与波斯萨珊王朝发生战事。	
610 年	穆罕默德开始以安拉名义传布启示。	
619 年	赫蒂彻与阿布·塔里卜去世。	
622 年	穆罕默德及其追随者从麦加移居麦地那（即“徙志”），并在麦地那建立第一个穆斯林温麦。	
624 年	穆斯林在巴德尔击败麦加异教徒。	
625 年	麦加人在“伍侯德之战”中获胜。	
627 年	穆斯林在壕沟战役中挫败了麦加人的攻势。	
628 年	穆罕默德与麦加异教徒订立了《侯德比耶停战协定》。	
630 年	麦加的异教徒首领改宗伊斯兰教。	
630－632 年	阿拉伯部落代表团向穆罕默德表示臣服。	
632 年	穆罕默德逝世；穆罕默德的追随者推举阿布·伯克成为首任哈里发；阿拉伯部落出现叛乱（“里达”）。	
633 年	穆斯林军队平息“里达”，并控制阿拉伯半岛全境。	
634 年	穆斯林击败拜占庭军队，并开始征服阿拉伯半岛以外地区；欧默尔接替阿布·伯克的哈里发之位。	
636 年	阿拉伯人在“雅姆克战役”中击败拜占庭人。	

637 年	阿拉伯人在“卡迪西亚战役”后占领萨珊帝国的首都泰西封与波斯西部。
639－642 年	阿拉伯人从拜占庭帝国手中夺占埃及。
640 年	阿拉伯军队在巴士拉和库法建设城市。
644 年	欧默尔遇刺身亡;舒拉会议推举奥斯曼继任哈里发。
450 651 年	萨珊王朝末代皇帝去世,阿拉伯人完成了对波斯的征服。
653 年	奥斯曼确定《古兰经》标准本。
656 年	反叛者杀死奥斯曼;阿里宣布继任哈里发;“骆驼之战”首开穆斯林内战(即“菲特那”)的先河。
657 年	穆阿维叶与阿里在绥芬大战;阿鲁兹仲裁。
659 年	仲裁对阿里不利,哈瓦立及派亦反对阿里。
661 年	阿里被哈瓦立及派刺死,阿里长子哈桑向穆阿维叶表示臣服。
661－750 年	定都大马士革的倭马亚王朝。
667 年	阿拉伯人渡过阿姆河进入突厥人聚居的河中地区。
669－678 年	阿拉伯人首次围攻君士坦丁堡。
680 年	穆阿维叶指定其子叶齐德作为继承人并死去;侯赛因反抗倭马亚王朝,并在卡尔巴拉蒙难。
682－692 年	阿卜杜拉·伊本·祖拜尔在麦加被拥立为哈里发,南北阿拉伯人分庭抗礼,伊斯兰世界第二次内战(即“菲特那”)爆发。
684 年	亲倭马亚王朝的南方阿拉伯人打败北方阿拉伯人。
685－687 年	穆赫塔尔领导麦瓦利在库法发动起义。
685－705 年	哈里发阿卜杜勒·马立克恢复秩序,重新开始征服,并使官僚体系和货币阿拉伯化。
708－715 年	阿拉伯人征服信德、河中地区与西班牙。
717－720 年	哈里发欧默尔二世实现了阿拉伯人与麦瓦利的地位平等。

720－759年	阿拉伯人征服法兰西南部。
724－743年	哈里发希沙姆再次改革财政体制。
732年	欧洲人在都尔战胜阿拉伯人。
747年	阿布·穆斯林在什叶派麦瓦利支持下在呼罗珊发动了阿拔斯派起义。
749年	阿拔斯派占领库法，并拥戴阿布·穆斯林为哈里发。
750年	阿拔斯派杀死倭马亚王朝哈里发，倭马亚王朝灭亡。
750－1258年	定都伊拉克的阿拔斯王朝。
751年	阿拉伯人击败中国人；造纸术传到中东。
756－1030年	定都科尔多瓦的后倭马亚王朝。
762年	巴格达成为阿拔斯王朝新都。
786－809年	哈里发哈伦·拉希德在位。
809－813年	艾敏与马蒙的夺位之争。
813－833年	依靠什叶派支持的马蒙建立智慧宫，鼓励翻译古希腊典籍，并支持穆尔太齐勒派。 451
825年	阿拉伯人入侵西西里岛。
833－842年	哈里发穆尔太绥姆增加了对突厥奴隶的引入。
874年	什叶派第十二任伊玛目穆罕默德·蒙特宰尔隐遁。
874－999年	统治河中地区和呼罗珊的萨曼王朝。
901－906年	卡尔马特派蹂躏叙利亚和伊拉克；后来洗劫麦加。
909年	法蒂玛人夺取突尼斯政权，并建立法蒂玛哈里发国家。
932－1062年	统治波斯与伊拉克的白益王朝。
945年	白益人占领巴格达。
956年	塞尔柱突厥人改宗伊斯兰教。
960－1302年	塞尔柱王朝统治河中地区，既而扩张至波斯、伊拉克和安纳托利亚。
962－1186年	加兹尼王朝统治呼罗珊，后来其势力延伸至印度。
969－1171年	法蒂玛王朝统治埃及，有时也控制叙利亚和希贾兹。

971 年　爱资哈尔大学在开罗成立。

996－1021 年　受到德鲁兹派崇拜的法蒂玛王朝哈里发哈基姆在位。

998－1030 年　加兹尼王朝埃米尔，印度征服者马哈茂德在位。

1055 年　塞尔柱人控制巴格达。

1061－1091 年　诺曼人从阿拉伯人手中抢占西西里岛。

1071 年　塞尔柱人在“曼齐卡特战役”中打败拜占庭人，并涌入安纳托利亚。

1085 年　西班牙基督徒攻占托莱多。

1090 年代　阿萨辛派（什叶派伊斯兰教伊斯玛仪派中一个专事暗杀的极端派别，又称尼扎里耶派——译者注）在波斯和叙利亚崛起。

1092 年　马立克去世，塞尔柱帝国分裂。

1096 年　第一次十字军东征开始。

1097－1098 年　十字军长期围困并攻占安条克。

1099 年　十字军在耶路撒冷建立拉丁王国。

1127 年　塞尔柱王朝前军官伊马德丁·赞吉攻克摩苏尔。

1144 年　赞吉率领穆斯林攻克十字军所建的埃德萨国。

1146－1174 年　赞吉之子努尔丁统治叙利亚。

1147－1149 年　第二次东征的十字军未能重新占领埃德萨。

1171－1193 年　定都开罗的撒拉丁在位。

452 1171－1250 年　阿尤布王朝统治埃及，1174－1260 年统治叙利亚。

1180－1225 年　阿拔斯王朝哈里发的短暂复兴。

1187 年　萨拉丁在“赫淀战役”中击溃十字军，并收复耶路撒冷。

1189－1193 年　第三次东征的十字军占领阿克，但未能攻克耶路撒冷。

1202－1204 年　第四次东征的十字军占领君士坦丁堡。

1206－1227 年　蒙古征服者成吉思汗在位。

1218－1221 年　第五次十字军东征埃及。

1220 年	成吉思汗击败花剌子模突厥人,并侵入呼罗珊。
1228－1229 年	第六次东征的十字军与穆斯林缔约,规定基督徒在未来 10 年内保有耶路撒冷和圣地的其他城市。
1236 年	西班牙基督徒攻克科尔多瓦。
1243 年	蒙古人在“寇斯·达赫战役”中打败塞尔柱人。
1248－1254 年	第七次十字军东征埃及,被马木鲁克击退。
1250－1517 年	马木鲁克苏丹国(1260－1516 年统治叙利亚与希贾兹)。
1256 年	旭烈兀所率蒙古军队摧毁波斯的阿萨辛派据点。
1256－1349 年	波斯的伊儿汗国。
1258 年	旭烈兀军队洗劫巴格达,阿拔斯王朝倾覆。
1260 年	马木鲁克王朝在艾因·扎鲁特击败蒙古军队。
1270 年	第八次十字军东征突尼斯。
1291 年	马木鲁克王朝收复阿克。
1295－1304 年	合赞汗统治伊儿汗国,并皈依伊斯兰教。
1299－1923 年	奥斯曼帝国。
1326 年	奥斯曼人在长期围困后攻克布鲁萨并迁都于此。
1354 年	奥斯曼人渡过达达尼尔海峡并占领安卡拉。
1361 年	奥斯曼人占领亚德里亚堡。
1369－1405 年	跛子帖木儿征服中亚、西南亚,并建立帖木儿帝国。
1371 年	奥斯曼人征服保加利亚和马其顿。
1389 年	奥斯曼人在科索沃打败塞尔维亚人。
1389－1402 年	奥斯曼苏丹巴叶济德一世在位。
1391－1398 年	奥斯曼人首次围攻君士坦丁堡。
1396 年	奥斯曼人在尼科堡击败十字军。 453
1397－1398 年	巴叶济德一世占领科尼亚和穆斯林聚居的安纳托利亚。
1400－1401 年	帖木儿蹂躏叙利亚并侵入安纳托利亚。
1402 年	帖木儿在安卡拉击败奥斯曼人,并俘获巴叶济德一世。

1402－1413 年	奥斯曼帝国的空位与内战时期。
1415 年	穆罕默德一世遭到大规模反叛；奥斯曼人重新占领伊兹密尔。
1444 年	十字军入侵巴尔干半岛，在瓦尔纳与奥斯曼人的战斗中败北。
1451－1481 年	“征服者”穆罕默德二世在位。
1453 年	奥斯曼帝国攻占君士坦丁堡，拜占庭帝国灭亡。
1480－1481 年	奥斯曼人占领意大利南部。
1492 年	基督徒占领格拉纳达，并将犹太人和穆斯林驱逐出西班牙。
1501－1736 年	萨法维王朝统治波斯和伊拉克部分地区。
1507－1622 年	葡萄牙人占据海湾地区的霍尔木兹。
1514 年	奥斯曼人在查尔迪然击败萨法维人。
1516 年	奥斯曼人击败马木鲁克并占领叙利亚。
1517 年	奥斯曼人占领埃及，之后又夺取了麦地那和麦加。
1520－1566 年	奥斯曼苏丹苏莱曼大帝在位。
1529 年	奥斯曼人首次围攻维也纳。
1535 年	奥斯曼帝国与法国缔约，首次给予后者领事裁判权。
1571 年	基督徒在勒邦多打败奥斯曼海军；突厥人占领塞浦路斯。
1578－1639 年	奥斯曼帝国与萨法维王朝为争夺伊拉克和阿塞拜疆而展开了旷日持久的斗争。
1587－1629 年	萨法维王朝国王阿拔斯一世在位。
1606 年	奥斯曼帝国在条约中首次承认哈布斯堡王朝的对等地位。
1616 年	英国东印度公司开始与波斯通商。
1638 年	奥斯曼苏丹穆拉德四世废除了“德米舍梅”制度（定期征募并训练基督徒儿童的制度——译者注）。
1645－1670 年	奥斯曼帝国与威尼斯在东地中海爆发战争。

1656－1678年	奥斯曼帝国维齐尔穆罕默德·科普吕律开始改革。
1682－1699年	奥斯曼帝国与奥地利哈布斯堡王朝开战。
1683年	奥斯曼帝国第二次围攻维也纳。
1699年	《卡洛维兹和约》签署，奥斯曼帝国将匈牙利割让给了哈布斯堡王朝。
1703－1730年	奥斯曼苏丹艾哈迈德三世在位时期即“郁金香时代”。
1718年	《帕萨罗维兹条约》签署，奥斯曼帝国割让巴尔干半 454 岛部分地区。
1722年	阿富汗人入侵波斯，削弱了萨法维王朝。
1729年	奥斯曼帝国出现土耳其文印刷所。
1736年	纳迪尔将阿富汗人赶出波斯并登基。
1739年	纳迪尔国王从莫卧儿人之手夺取德里；《贝尔格莱德条约》将巴尔干半岛部分土地归还奥斯曼帝国。
1747年	纳迪尔国王遇刺身亡，波斯陷入混乱之中。
1768－1774年	第一次俄土战争。
1774年	《库楚克-凯纳吉和约》增强了俄国在黑海和巴尔干地区的地位，并为俄罗斯人声称保护东正教徒奠定了基础。
1789－1807年	奥斯曼苏丹谢里姆三世在位，实行“尼扎姆·贾迪德”（即新政——译者注）。
1794－1925年	恺伽王朝统治波斯。
1798年	拿破仑侵占埃及。
1799年	拿破仑在未能夺取阿克之后返回法国；蒙特内格罗宣布脱离奥斯曼帝国而独立。
1802年	《亚眠和约》使奥斯曼帝国重新控制了埃及。
1804年	塞尔维亚人发动首次民族起义。
1805－1849年	穆罕默德·阿里统治埃及。
1806－1812年	奥斯曼帝国再次与俄国开战。
1807－1808年	近卫军团废黜谢里姆三世，结束了新政。

1808－1839 年	奥斯曼苏丹马哈茂德二世在位。
1811 年	穆罕默德·阿里消灭了马木鲁克，打击了阿拉伯半岛的瓦哈比派。
1812 年	《布加勒斯特和约》使俄国获得了比萨拉比亚。
1814 年	英国与波斯缔约，前者保证后者免受俄国侵略。
1817 年	奥斯曼帝国承认米洛斯·奥布瑞诺维奇为塞尔维亚统治者。
1820 年	穆罕默德·阿里开始征服苏丹；英国与海湾地区的阿拉伯舍赫首次缔约。
1821－1829 年	希腊独立战争。
1826 年	马哈茂德二世屠杀近卫军团。
1827 年	欧洲人在纳瓦里诺岛消灭了奥斯曼帝国与埃及的联合舰队。
1827－1829 年	第四次俄土战争。
1829 年	《亚德里亚堡和约》签署，奥斯曼帝国允许塞尔维亚自治，承认希腊独立，并将巴尔干半岛部分土地割让给俄国。
455 1831 年	穆罕默德·阿里之子易卜拉欣入侵叙利亚。
1833 年	《温卡尔—伊斯克列斯条约》允许俄国朝觐者通过黑海海峡；作为补偿，条约确保奥斯曼帝国的领土完整。
1838 年	《英土商约》降低了奥斯曼帝国的进口关税。
1839 年	易卜拉欣在亚历山大再次击败奥斯曼帝国舰队；阿卜杜勒·麦吉德发布“花厅御诏”，允诺进行行政财政改革；英国占领亚丁。
1840 年	欧洲列强承认穆罕默德·阿里统治下的埃及享有自治地位。
1841 年	欧洲列强签署《海峡通行公约》。
1848－1896 年	波斯国王纳绥尔丁在位。

1851－1857 年	开罗—亚历山大—苏伊士铁路建成通车。
1853－1856 年	俄国占领罗马尼亚引发克里木战争，英法在战争中帮助奥斯曼帝国打败俄国。
1854 年	埃及总督赛义德授权法国公司开凿苏伊士运河。
1856 年	《巴黎和约》签署，俄国将比萨拉比亚归还奥斯曼帝国，并使黑海非军事化；奥斯曼帝国诏书给予穆斯林、犹太人和基督徒平等地位。
1863－1879 年	埃及赫迪威伊斯梅尔在位。
1865 年	奥斯曼帝国设立公债管理局。
1866 年	叙利亚新教大学即贝鲁特美国大学成立；埃及首届国会开幕；克里特人叛乱。
1869 年	苏伊士运河通航。
1873 年	波斯国王特许(后来却收回成命)路透的英国公司在波斯铺设铁路开采矿山。
1875 年	伊斯梅尔将埃及的苏伊士运河股份卖给英国；波斯尼亚和黑塞哥维那的反叛引发了巴尔干危机；塞尔维亚与蒙特内格罗对奥斯曼帝国宣战。
1876 年	青年奥斯曼党控制政权；巴尔干反叛被镇压；奥斯曼帝国宪法出台；埃及债务委员会成立，随后出现双重监督。
1876－1909 年	奥斯曼苏丹阿卜杜勒·哈米德二世在位。
1877－1878 年	俄国在俄土战争中占领罗马尼亚、保加利亚、色雷斯和东安纳托利亚一部。
1878 年	《圣斯蒂法诺条约》签署，大保加利亚建立；奥斯曼帝国宪法宣告中止；《柏林条约》缩小了保加利亚的领土，并削弱了俄国在巴尔干的势力；埃及出现欧洲人内阁。 456
1879 年	埃及军官政变削弱了双重控制；欧洲人迫使苏丹以陶菲克接任伊斯梅尔。

1881 年	欧洲人控制了奥斯曼帝国公债;埃及民族主义军官接管了政府;法国占领突尼斯。
1881－1885 年	穆罕默德·艾哈迈德在苏丹领导了马赫迪起义。
1882 年	英国占领埃及并镇压民族运动。
1883－1907 年	英国驻开罗总领事克罗默勋爵改革财政并兴修水利,强化了英国对埃及的控制。
1885 年	马赫迪起义军完全控制了苏丹。
1888 年	《君士坦丁堡公约》规定苏伊士运河向所有船舶开放。
1890 年	波斯国王将烟草专卖权转让给了英国公司。
1892 年	全国范围的抵制烟草运动迫使波斯国王回购烟草专卖权。
1896 年	波斯国王纳绥尔丁遇刺身亡;旨在推翻阿卜杜勒·哈米德二世的青年土耳其党军事政变流产;赫茨尔《犹太国》出版。
1897 年	首届犹太复国主义代表大会在巴塞尔召开;奥斯曼人击败希腊人。
1898 年	英埃联军再次占领苏丹。
1899－1956 年	英埃共管苏丹。
1901 年	英国公司(后改称“英伊石油公司”)获准在波斯西南部勘探石油。
1901－1953 年	伊本·沙特在位,起初统治纳季德,后来控制了整个沙特阿拉伯。
1902 年	奥斯曼帝国特许德国公司修建巴格达铁路。
1904 年	《英法协约》结束了两国在埃及的对抗。
1906 年	波斯革命迫使国王颁布宪法。
1907 年	《英俄协约》划分了在波斯的势力范围;波斯新任国王企图废除宪法。
1908 年	“统一与进步委员会”发动革命,奥斯曼帝国宪法得

以恢复;奥地利兼并波斯尼亚;保加利亚宣布独立;波斯开始大规模开采石油。

1909 年　奥斯曼帝国的反革命遭到镇压,阿卜杜勒·哈米德被废黜;俄军占领大不里士与德黑兰,但是波斯宪法依旧有效。

1910 年　阿尔巴尼亚人反抗奥斯曼帝国的统治。 457

1911 年　俄国的压力挫败了波斯的财政改革;意大利入侵利比亚;基奇纳掌握埃及政权。

1912 年　奥斯曼帝国放弃利比亚;塞尔维亚与保加利亚在第一次巴尔干战争后占据了奥斯曼帝国欧洲部分残存的绝大部分土地。

1913 年　奥斯曼帝国"统一与进步委员会"执政;奥斯曼帝国在第二次巴尔干战争中击败保加利亚;阿尔巴尼亚独立;德国人向伊斯坦布尔派遣军事代表团。

1914 年　奥斯曼帝国加入德国一边参加第一次世界大战;英国兼并塞浦路斯,入侵伊拉克南部,并宣布埃及为其保护国。

1915 年　奥斯曼帝国袭击苏伊士运河;麦克马洪向哈希姆人保证,只要后者反抗奥斯曼帝国的统治,英国便会支持阿拉伯人独立。

1916 年　《赛克斯—皮科特协定》签署;阿拉伯人开始反抗土耳其人的统治。

1917 年　英国占领伊拉克和巴勒斯坦,并发布《贝尔福宣言》。

1918 年　阿拉伯人占领大马士革,并建立由费萨尔领导的临时政府;奥斯曼帝国兵败投降;协约国军队占领奥斯曼帝国战略要地。

1919 年　筹划中的《英伊条约》激起民愤;埃及爆发反抗英国的起义;巴黎和会派出金—克雷恩代表团;凯末尔(阿塔图克)抵抗入侵土耳其的希腊军队。

1920 年	《圣雷莫协定》将巴勒斯坦和伊拉克划为英国的委任统治区,法国则对叙利亚实行委任统治;奥斯曼帝国签署《色佛尔和约》,而凯末尔则拒绝承认;费萨尔被废黜;巴勒斯坦发生起义;伊拉克出现暴动。
1921 年	礼萨汗夺取波斯政权;英国扶持费萨尔为伊拉克国王,扶持阿卜杜拉为外约旦(不包括巴勒斯坦)埃米尔。
1922 年	英国终止埃及的保护国地位,同时保留四项特权;土耳其的凯末尔主义者赶走入侵的希腊人。
1923 年	凯末尔废除奥斯曼苏丹制度,宣布成立土耳其共和国;《洛桑条约》废除领事裁判权,结束了协约国军队对土耳其的占领;埃及宪法公布,并开始选举。
1923－1938 年	凯末尔·阿塔图克担任土耳其总统。
1924 年	凯末尔废除哈里发制度;伊本·沙特从哈希姆人手中夺取希贾兹。
458 1925－1941 年	波斯礼萨汗在位,并改国名为伊朗。
1928－1929 年	“哭墙事件”;巴勒斯坦的阿拉伯人举行暴动。
1930 年	《帕斯菲尔德白皮书》谴责犹太人移居巴勒斯坦并购置土地,称此举酿成阿拉伯人的暴动。
1932 年	伊拉克赢得独立,但英国保留军事基地和石油利益;沙特阿拉伯王国成立。
1936 年	《蒙特勒公约》使土耳其控制了黑海海峡;巴勒斯坦阿拉伯人起义;《英埃条约》签订,削弱了英国对埃及的控制。
1937 年	皮尔委员会呼吁巴勒斯坦实行分治,遭到阿拉伯人反对。
1939 年	英国政府发布白皮书,限制犹太人移居巴勒斯坦;第二次世界大战爆发后,中东多数国家宣布中立。
1941 年	英军镇压伊拉克民族起义,占领叙利亚和黎巴嫩;英

国和苏联入侵伊朗，并废黜礼萨汗。

1941－1979年　伊朗国王穆罕默德·礼萨·巴列维在位。

1942年　英国迫使埃及国王法鲁克任命亲同盟国的内阁；盟国在阿拉曼遏制了德军攻势；犹太复国主义者提出《比尔特摩纲领》。

1943年　黎巴嫩基督徒和穆斯林达成民族宪章。

1945年　阿拉伯联盟成立；联合国成立；巴勒斯坦的犹太人反抗英国人；法国放弃对叙利亚和黎巴嫩的委任统治。

1946年　联合国迫使苏联放弃阿塞拜疆；英美调查委员会访问巴勒斯坦；外约旦独立。

1947年　杜鲁门主义保证援助希腊和土耳其抵抗苏联；英国将巴勒斯坦委任统治地转交联合国，联合国则设立巴勒斯坦问题特别委员会；联合国大会通过巴勒斯坦分治方案。

1948年　英军撤出巴勒斯坦，以色列宣布建国；阿拉伯军队发动进攻但却败北；绝大多数巴勒斯坦阿拉伯人逃亡。

1949年　阿拉伯国家与以色列签署《停火协议》；阿卜杜拉兼并约旦河西岸，建立约旦哈希姆王国；叙利亚出现三次政变。

1950年　土耳其民主党击败共和人民党。

1951年　摩萨德将英伊石油公司国有化；埃及废除1936年的 459
《英埃条约》；阿卜杜拉遇刺身亡。

1952年　埃及暴民在开罗纵火；纳赛尔发动军事政变，废黜法鲁克并进行土地改革。

1952－1999年　约旦国王侯赛因在位。

1953年　巴列维国王的党羽在美国支持下推翻摩萨德。

1954年　旨在开发伊朗石油的外国联合公司成立；《英埃协议》规定英国军队应在1956年前撤出苏伊士运河。

1954－1970年　加马尔·阿卜杜勒·纳赛尔担任埃及总统。

1955 年	《巴格达条约》签署；以色列入侵加沙；埃及购买苏联武器；美国主动表示愿向埃及提供用于修建阿斯旺大坝的贷款。
1956 年	美国宣布不向埃及提供修建大坝所需的贷款；纳赛尔宣布苏伊士运河公司国有化；英国、法国和以色列入侵埃及，但是联合国强烈要求三国从苏伊士运河和西奈半岛撤军；联合国派出紧急部队。
1957 年	美国出台艾森豪威尔主义；侯赛因推翻约旦的阿拉伯民族主义政府。
1958 年	埃及和叙利亚组成阿拉伯联合共和国；伊拉克发生军事政变，君主制被废除；美国干涉黎巴嫩内战。
1960 年	土耳其出现军事政变；石油输出国组织在巴格达成立，以便阻止油价下跌。
1961 年	科威特独立；土耳其出台新的共和国宪法；叙利亚退出阿拉伯联合共和国。
1962 年	也门发生军事政变，伊玛目被废黜，内战由此爆发，并招致埃及的军事干涉。
1963 年	伊朗国王宣布进行“白色革命”。
1964 年	阿拉伯国家和以色列争夺约旦河水；巴勒斯坦解放组织在开罗成立。
1964－1975 年	沙特国王费萨尔在位。
1965－1966 年	巴勒斯坦人在叙利亚支持下突袭以色列，以色列则进攻约旦。
1967 年	苏联提供虚假情报，声称以色列已在叙利亚边境部署重兵；纳赛尔要求联合国部队撤出西奈半岛，并禁止以色列船只通行亚喀巴湾；以色列在“闪电战”中突袭并击败阿拉伯国家，占领西奈半岛、约旦河西岸，以及叙利亚的戈兰高地；联合国呼吁双方停火，相互承认，并要求以色列从所占领土上撤军；英军撤

出亚丁和阿拉伯半岛南部；埃及从也门撤军。

1969 年　亚西尔·阿拉法特当选巴勒斯坦解放组织领导人；纳赛尔宣布对以色列开展消耗战；卡扎菲在利比亚发动军事政变。 460

1970 年　埃及部署苏联武器；埃及、以色列和约旦接受了罗杰斯提出的暂时停火计划；间接的和谈以失败告终；约旦镇压了巴勒斯坦人起义；纳赛尔逝世。

1970－2000 年　哈菲兹·阿萨德担任叙利亚总统。

1970－1981 年　安瓦尔·萨达特担任埃及总统。

1971 年　最后一批英军撤出海湾地区。

1972 年　萨达特命令绝大多数苏联顾问离开埃及。

1973 年　埃及和叙利亚商定在西奈半岛和戈兰高地突袭以色列；以色列在初期受挫后侵入叙利亚并横渡苏伊士运河；美国和苏联要求停火；阿拉伯产油国对以色列和亲以色列国家实行禁运、提价和减产；日内瓦和会召开。

1974 年　基辛格促使以色列、埃及和叙利亚达成脱离军事接触的协定；阿拉伯国家承认巴勒斯坦解放组织为巴勒斯坦人民唯一合法代表；联合国大会邀请阿拉法特前去演讲。

1975 年　沙特国王费萨尔遇刺身亡，哈立德继任国王；黎巴嫩内战爆发；埃及和以色列签署了关于西奈半岛的《临时协定》；联合国大会认定犹太复国主义为种族主义。

1976 年　叙利亚干涉黎巴嫩内战；试图结束黎巴嫩内战的阿拉伯领导人会议在利雅得召开，会议决定由叙利亚军队实施维和任务。

1977 年　贝京当选以色列总理；萨达特飞抵耶路撒冷并在以色列国会发表演讲；埃及和以色列在开罗开始和谈。

1978 年　以色列入侵黎巴嫩南部,联合国部队则开进这一地区;卡特邀请贝京和萨达特前往戴维营举行会晤,并草签《和平协议》;南北也门出现多次政变;当工人罢工切断伊朗石油出口之时,被流放的霍梅尼号召民众反抗国王。

1979 年　伊朗国王任命巴赫提亚尔为首相并离境;霍梅尼回国并宣布成立伊斯兰共和国;石油短缺导致油价飞涨;埃及与以色列签署《和约》,导致其他阿拉伯国家与埃及断交;萨达姆·侯赛因正式掌握伊拉克政权;伊朗的武装学生占领美国大使馆并劫持馆内美国人;穆斯林革命者占领禁寺;苏联入侵阿富汗。

1980 年　美国的外交压力和军事行动未能解救在伊朗被劫持
461 的人质;伊朗国王在流放途中死去;土耳其发生军事政变;伊拉克入侵伊朗,导致油价继续飙升。

1981 年　美国与伊朗在阿尔及利亚调停下达成协议,美国解冻伊朗资产,以换取伊朗释放美国人质;贝京连任总理;以色列轰炸伊拉克的核反应堆;萨达特在阅兵时遇刺身亡,胡思尼·穆巴拉克继任总统;美国国会同意将预警机出售给沙特阿拉伯;以色列兼并戈兰高地。

1982 年　伊朗击退伊拉克军队;以色列将西奈半岛归还埃及;沙特国王哈立德去世,法赫德继任;以色列入侵黎巴嫩,赶走叙利亚军队和巴解武装,并围困贝鲁特;巴解武装在美国、法国和意大利军队监督下撤走;当选但尚未就职的总统巴希尔·杰马耶特被炸死;由于黎巴嫩基督徒屠杀巴勒斯坦难民,以色列军队开进贝鲁特西部;以色列与黎巴嫩开始和谈。

1983 年　以色列和黎巴嫩在美国调停下签署和约,和约要求所有外国军队撤出黎巴嫩,但叙利亚拒绝撤军;以色列军队撤至阿瓦利河;驻扎贝鲁特的美国海军陆战队兵营与法军指挥部被汽车炸弹摧毁;伊扎克·沙米尔接替贝京的总理职位。

1984 年　贝鲁特美国大学校长马尔考姆·科尔遇刺身亡;什叶派武装接管贝鲁特,西方维和部队撤出;以色列举行大选,大联合政府成立,西蒙·佩雷斯与伊扎克·沙米尔先后担任总理。

1985 年　以色列从黎巴嫩撤军,但仍控制由其单方面划定的南部边境安全区;什叶派武装分子劫持泛美航空公司客机,并要求以色列释放其关押的黎巴嫩囚犯;巴勒斯坦人袭击了塞浦路斯的以色列人,随后以色列轰炸了在突尼斯的巴解组织总部。

1986 年　里根下令轰炸利比亚首都的黎波里;美英被劫人质在黎巴嫩遇害;美国海军分析家承认曾向以色列出售文件;德黑兰披露了关于美国对伊朗出售武器的密谈,美国将所得收益用于援助尼加拉瓜的反政府武装。

1987 年　伊朗军队包围巴士拉;总统委员会证实美国通过以色列对伊朗出售武器,并将所获收益用来援助尼加拉瓜的反政府武装;在“两伊战争”正酣之际美国承诺保护海湾的科威特船只;联合国安理会通过《第598 号决议》,要求两伊停战;有更多的美国公民在黎 462
巴嫩遭到劫持;巴勒斯坦人在加沙和约旦河西岸举行反抗以色列占领的起义。

1988 年　美国海军介入激烈的海湾战事;伊拉克和伊朗接受《第 598 号决议》,“两伊战争”结束;黎巴嫩议会未能就新总统人选达成一致,黎巴嫩依旧由两个政府并行管理;当巴勒斯坦人反抗以色列占领的起义持续进行时,侯赛因国王否认约旦意欲重新控制约旦河西岸；以色列举行大选，利库德集团和工党联合执政；巴勒斯坦民族委员会宣布成立独立的巴勒斯坦国；阿拉法特正式放弃恐怖主义并承认以色列；美国开始直接与巴勒斯坦解放组织代表对话。

1989 年　沙米尔呼吁约旦河西岸与加沙选出与以色列进行谈判的领导人，但是拒绝与巴勒斯坦解放组织谈判；埃及总统穆巴拉克与美国国务卿贝克提出和平方案；阿亚图拉·霍梅尼去世，哈梅内伊继任伊朗法基赫；议长哈希米·拉夫桑贾尼就任总统；黎巴嫩议会在沙特阿拉伯举行会议。

1990 年　大批苏联犹太人移居以色列，为此阿拉伯领导人举行紧急会议；南北也门统一；沙米尔领导的大联合政府倒台；以色列的宗教政党加入由沙米尔领导的右翼联盟；伊拉克军队入侵并占领科威特；联合国安理会谴责伊拉克并实施经济制裁；以美国为首的多个国家在“沙漠盾牌行动”中向沙特阿拉伯投送兵员和物资。

1991 年　驻沙特阿拉伯的、以美国为首的多国部队开始对伊拉克展开大规模空袭；伊拉克用飞毛腿导弹袭击以色列和沙特阿拉伯；多国部队的大规模地面突击加快了伊拉克从科威特的撤军；伊拉克的库尔德人与什叶派暴动以失败告终；联合国坚持要求伊拉克销毁核生化武器；以色列和阿拉伯国家开始马德里和谈。

1992 年　以色列举行大选，工党上台；伊扎克·拉宾组成小联合政府，并授权代表在奥斯陆与巴勒斯坦解放组织秘密谈判。

1993 年　巴勒斯坦解放组织和以色列的代表在白宫草坪签署《原则宣言》。《宣言》规定，在以色列军队撤出后，加沙和杰里科的巴勒斯坦人,最终包括约旦河西岸其余地区的巴勒斯坦人,将通过选举产生巴勒斯坦议会,享有自治权。

1994年　巴勒斯坦解放组织和以色列就撤军、选举和犹太人 463
在所占领土上的定居点等问题举行谈判;阿拉法特返回加沙;约旦和以色列签署《和约》;以色列和叙利亚在美国努力下开始和谈;尽管遭到伊斯兰极端分子的反对,其他阿拉伯国家也开始与以色列举行和谈。

1995年　巴勒斯坦解放组织与以色列就后者分阶段撤军达成一致;拉宾被以色列极端分子杀害;土耳其的伊斯兰主义政党在议会选举中获得多数席位,并上台组阁。

1996年　约旦河西岸与加沙经选举产生巴勒斯坦自治政府;以色列举行选举,利库德集团以微弱多数上台组阁,本杰明·内塔尼亚胡出任总理;以色列与巴勒斯坦解放组织的谈判陷入僵局,焦点是犹太人定居点、耶路撒冷走廊,以及控制恐怖主义;伊拉克军队入侵库尔德人自治区,招致美国报复;塔利班控制了阿富汗绝大多数地区。

1997年　以色列放弃希伯伦绝大多数地区;土耳其军官要求伊斯兰主义政党下台;伊拉克试图阻止联合国武器核查人员进入关键地点,引发了与美国的冲突;哈塔米当选伊朗总统;耶路撒冷和卢克索发生恐怖袭击,和平努力受到打击。

1998年　尽管联合国秘书长科菲·安南进行了外交斡旋,但是伊拉克政府依旧禁止联合国核查大规模杀伤性武器;美英再次空袭伊拉克,联合国核查人员离开伊拉克。

1999年　利库德集团在选举中落败,埃胡德·巴拉克领导的工党与议会小党组成联合政府；侯赛因去世，阿卜杜拉二世继任约旦国王；土耳其发生强烈地震。

2000 年　哈菲兹·阿萨德去世，其子巴沙尔继任叙利亚总统；以色列与巴勒斯坦举行和谈，但是参加戴维营峰会的巴拉克与阿拉法特未能达成最终和约；阿里尔·沙龙造访圣殿山，引发巴勒斯坦人新的起义即“阿克萨暴动”。

2001 年　阿里尔·沙龙当选以色列总理；巴以冲突加剧；哈塔米连任伊朗总统，但是穆斯林保守派依旧控制司法和警察系统；伊斯兰极端主义武装分子劫持 4 架美国客机并迫使其中两架撞向世贸中心大楼，另外一架撞向五角大楼，2 750 人因此丧生；美国领导的多
464 国部队进攻阿富汗，目的在于推翻塔利班政权并追捕奥萨马·本·拉登，但是拉登躲过了追捕，并公布挑衅性录像。

2002 年　致力于“反恐战争”的乔治· W.布什总统将伊朗、伊拉克和朝鲜定为“邪恶轴心”；鉴于“阿克萨暴动”仍在持续，沙龙遂命令以色列坦克开进约旦河西岸城市，至少造成 1 500 名巴勒斯坦人丧生；沙特阿拉伯提议完全承认以色列，并实现各个方面正常化，以换取以色列从 1967 年战争中所占领土上撤军，但是这一提议遭到以色列拒绝；以色列诸多地区受到巴勒斯坦自杀性炸弹袭击；为防止恐怖袭击，以色列开始修建将约旦河西岸隔离在外的“安全篱笆”（隔离墙）；基地组织袭击了突尼斯的一座犹太会堂和肯尼亚的一家旅馆；联合国核查人员重返伊拉克调查大规模杀伤性武器。

2003 年　尽管伊拉克进行了合作，但是联合国核查人员没有找到大规模杀伤性武器；美国国务卿科林·鲍威尔则

声称伊拉克人存在大规模的欺诈行为；阿拉法特先后任命穆罕默德·阿巴斯与艾哈迈德·库赖担任巴勒斯坦总理；为了推翻萨达姆·侯赛因，美英对伊拉克发动了大规模空袭，并侵入伊拉克国土，但却并未发现大规模杀伤性武器；在与欧盟、俄罗斯以及联合国进行磋商之后，布什公布了旨在重启巴以和谈的"路线图"；以美国为首的多国部队在巴格达建立了伊拉克临时管制委员会；伊拉克人抵抗美英侵略军；利雅得和伊斯坦布尔分别出现了针对外国人和针对犹太会堂的恐怖袭击；利比亚政府承认为 1988 年的"洛克比空难"负责，并同意在美国取消对利比亚的制裁后终止其核武器计划；恐怖分子炸毁马德里的市郊火车，造成 200 人丧生，新上台的西班牙内阁随后宣布西班牙军队将撤出伊拉克；驻伊拉克美军在提克里特一个地下洞穴中俘虏了萨达姆·侯赛因。

2004 年　土耳其提出愿向以色列输送淡水，以换取后者的武器；沙龙宣布以色列将从加沙撤军；以色列在 3 月和 4 月分别暗杀哈马斯两任领导人；美国向伊拉克临时政府移交"主权"；国际法庭谴责以色列修建的隔离墙，而联合国大会也通过决议要求拆除隔离墙；联邦调查局调查在五角大楼中的以色列间谍，及其与美国以色列公共事务委员会可能的勾结；以色列宣布将在约旦河西岸修建新的犹太人定居点，从而违反了美国的"路线图"；阿拉法特去世。

2005 年　马哈茂德·阿巴斯在 1 月 9 日的巴勒斯坦选举中继 465
任阿拉法特的总统职位；沙龙表示，如果阿巴斯取缔哈马斯和其他涉嫌针对以色列的恐怖活动的组织，以色列军队和犹太人定居点会撤出加沙地带并重开和谈；哈马斯和伊斯兰圣战组织支持阿巴斯的停火请求;伊拉克频发针对美军士兵和伊拉克警察的袭击;尽管面临威胁,除绝大多数逊尼派穆斯林之外的伊拉克选民依旧在1月30日外出投票,但是议会受到不同派系的掣肘,在经过长期磋商后才决定各位部长人选,伊拉克的什叶派穆斯林与库尔德人把持了新政府;黎巴嫩前总理拉菲克·哈里里在贝鲁特遇害,从而引发了反叙利亚和亲叙利亚的游行示威,而叙利亚决定在黎巴嫩举行议会选举之前撤军;埃及人要求穆巴拉克允许反对派候选人参加定期举行的总统竞选;为了终止伊朗的核武器研制计划,美国向伊朗施加了巨大压力。

术语表与参考文献

术 语 表

阿巴丹(Abadan):伊朗主要炼油厂所在地。 467

马哈茂德·阿巴斯(Abbas, Mahmud):巴勒斯坦总理(2003 年)和总统(2005 —)。

阿拔斯一世沙(Abbas I, Shah):萨法维王朝统治者(1587 — 1629 年在位)。

阿拔斯二世赫迪威(Abbas II, Khedive):埃及总督(1892 — 1914 年在任)。

阿拔斯王朝(Abbasid dynasty,750 — 1258 年):伊斯兰教先知穆罕默德叔父阿拔斯的后裔所建王朝,统治着以巴格达为中心的穆斯林世界大部分地区。

阿卜杜拉(Abd al-Ilah):伊拉克摄政者(1939 — 1953 年)。

阿卜杜拉(Abdallah):麦加埃米尔侯赛因之子,曾参与阿拉伯人大起义,后担任外约旦埃米尔(1921 — 1951 年在位)。

阿卜杜拉(Abdallah):沙特王储(1997 —)(2005 年就任国王——译者注)。

阿卜杜拉二世(Abdallah II):约旦国王(1999 —)。

阿卜杜勒·伊本·祖拜尔(Abdallah ibn al-Zubayr):自公元 683 年起盘

踞麦加并挑战倭马亚王朝,692 年被杀。

阿卜杜勒·马立克(Abd al-Malik,685－705 年在位):结束第二次内战的倭马亚王朝哈里发。

穆罕默德·阿卜杜(Muhammad Abduh):埃及的伊斯兰教改革家(1905 年逝世)。

阿卜杜勒·哈米德二世(Abdulhamid II):奥斯曼帝国苏丹(1876－1909 年在位),他支持泛伊斯兰主义并反对君主立宪政体。

阿卜杜勒·迈吉德一世(Adulmejid I):奥斯曼帝国苏丹(1839－1861 年在位)。

阿布·伯克(Abu-Barkr):首任哈里发(632－634 年),他平息部落反叛并开始征伐阿拉伯半岛以外地区。

阿布·哈莱布(Abu Ghraib):巴格达近郊的大型监狱,美军士兵曾在此地犯下虐待伊拉克囚犯的罪行。

阿布·贾法尔·曼苏尔(Abu-Ja'far al-Mansur):参见曼苏尔。

阿布·穆斯林(Abu-Muslim):波斯人,阿拔斯派起义的领导人(754 年死去)。

阿布·塔里卜(Abu-Talib):伊斯兰教先知穆罕默德的伯父与保护者(619 年逝世)。

阿黑门尼德王朝(Achaemenid,公元前 550－330 年):波斯王朝。

亚丁(Aden):位于红海与阿拉伯海之间的港口城市,1839－1967 年被英国统治,现今与也门共和国合并。

468 **贾马伦丁·阿富汗尼(al-Afghani, Jamal al-Din)**:影响巨大的泛伊斯兰主义倡导者与伊斯兰教改革家(1897 年逝世)。

阿格拉布王朝(Aghlabid dynasty,800－909 年):统治突尼斯的阿拉伯王朝。

阿赫德(al-Ahd):奥斯曼帝国军队中的阿拉伯军官在第一次世界大战前夕和期间所建的民族主义秘密协会。

艾哈迈德·伊本·罕百里(Ahmad ibn Hanbal):伊斯兰教法学家和教义学家(855 年去世)。

艾哈迈德·伊本·土伦(Ahmad ibn Tulun):突厥人,建立埃及土伦王朝(868－908年)。

艾哈迈德沙(Ahmad Shah):波斯恺伽王朝末代君主(1909－1925年在位)。

艾哈迈德三世(Ahmed III):"郁金香时代"的奥斯曼帝国苏丹(1703－1730年在位)。

《金字塔报》(*al-Ahram*):影响巨大的开罗日报。

阿以莎(Aisha):阿布·伯克之女,伊斯兰教先知穆罕默德众妻之一,在骆驼之战中反对阿里(656年)。

阿拉维派(Alawi):什叶派伊斯兰教分支,盛行于叙利亚北部部分地区。

阿勒颇(Aleppo):叙利亚北部城市。

亚历山大大帝(Alexander the Great):马其顿统帅与帝国创建者(公元前323年去世)。

亚历山大勒塔(Alexandretta):地中海某港口及其腹地,现名伊斯肯德仑,为土耳其所据,但是叙利亚声称对其享有主权。

亚历山大里亚(Alexandria):位于地中海沿岸的埃及城市。

阿里(Ali):第四任正统哈里发(656－661年在位),被什叶派伊斯兰穆斯林尊为先知穆罕默德归真之后的首任伊玛目(领袖)。

阿立德(Alid):将阿里及其后裔尊为伊斯兰教伊玛目的派别。

阿里亚(aliya):犹太人移入巴勒斯坦。

埃德蒙·奥林伯(Allenby, Edmund):第一次世界大战期间埃及远征军统帅,占领巴勒斯坦,后担任英国驻埃及与苏丹的高级专员(1919－1925年)。

伊噶尔·阿隆(Allon, Yigal):以色列将领与政治领导人(1980年去世)。

阿玛尔(Amal):以纳比赫·博瑞为首的受到叙利亚支持的黎巴嫩什叶派激进组织。

美国以色列公共事务委员会(American Isreal Public Affairs Committee):影响巨大的游说议员的亲以色列组织。

艾敏(Amin)：阿拔斯王朝哈里发(809－813年在位)。

埃米尔(amir)：穆斯林统治者或君主。

埃米尔·伊儿—穆赫门尼(amir al-muminin)：信士的长官，系哈里发的一个头衔。

安曼(Amman)：约旦首都。

阿慕尔·伊本·阿绥(Amr ibn al-As)：早期阿拉伯人统帅，征服埃及，并代表穆阿维叶参加阿兹鲁和谈(663年去世)。

安纳托利亚(Anatolia)：位于地中海、黑海和爱琴海之间的一个半岛。

英美联合调查团(Anglo-American Committee of Inquiry)：在1946年调查巴勒斯坦的代表团，强烈建议延续委任统治制度，并容许10万犹太人移入巴勒斯坦。

469 **《英埃条约》(*Anglo-Egyptian Treaty*)**：1936年签署的、规定英国在埃及军事地位的条约，1951年被埃及废除，1954年被正式终止。

《英国—奥斯曼商务专约》(*Anglo-Ottoman Commercial Convention*)：1838年签署的限定奥斯曼帝国进口关税的条约。

英国—波斯石油公司(Anglo-Persian Oil Company)：牢牢控制伊朗石油勘探、开采和精炼的公司；后改名英国—伊朗石油公司；1951年被摩萨德国有化。

安卡拉(Ankara)：(1) 1402年帖木儿打败巴耶济德一世之地；(2) 1923年以来土耳其的首都。

辅士(ansar)：皈依伊斯兰教的麦地那人。

安条克(Antioch)：位于安纳托利亚南部的古代城市；基督教的早期中心。

反闪米特主义(anti-Semitism)：泛指对犹太人的歧视或迫害。

亚喀巴(Aqaba)：(1) 隶属红海的海湾；(2) 约旦南部某城市。

阿克萨(al-Aqsa)：耶路撒冷的一处重要清真寺。

阿克萨暴动(al-Aqsa Intifida)：反抗以色列占领的巴勒斯坦人起义(2000－　)。

阿拉伯人(Arab)：(1) 以阿拉伯语为母语的人；(2) 认同阿拉伯文化传

统的人;(3) 阿拉伯半岛的居民;(4) 阿拉伯语和阿拉伯文化占主导的国家的国民;(5) 饲养骆驼的游牧民。

阿拉伯高等委员会(Arab Higher Committee): 20 世纪 30 年代巴勒斯坦的民族主义组织。

阿拉伯国家联盟(Arab League): 阿拉伯诸国在 1945 年所建的政治同盟。

阿拉伯军团(Arab Legion): 外约旦(或约旦)军队的旧称。

阿拉伯解放军(Arab Liberation Army): 在 1948 年抗击以色列的叙利亚—巴勒斯坦组织。

阿拉伯民族主义(Arab nationalism): 致力于统一所有阿拉伯国家并使它们摆脱非阿拉伯国家控制的运动。

阿拉伯人起义(Arab Revolt): 1916 — 1918 年反抗奥斯曼帝国统治的阿拉伯人起义,受到英国支持,主要发生在希贾兹。

阿拉伯社会主义(Arab socialism): 支持政府控制阿拉伯经济的一种意识形态。

阿拉伯社会主义联盟(Arab Socialist Union): 埃及政党(1962 — 1977 年)。

阿拉伯半岛(Arabia): 阿拉伯人的故乡,周围环以红海、阿拉伯海、海湾和“新月地带”。

阿拉伯的(Arabic): (1) 阿拉伯人所操的闪米特语;(2) 与阿拉伯人的文化相关的。

阿拉法特(Arafat): 麦加附近的平地。

亚西尔·阿拉法特(Arafat, Yasir): 巴勒斯坦的阿拉伯民族主义者,法塔赫创建者,巴勒斯坦解放组织主席,巴勒斯坦权力机构总统(1996 — 2004 年在任)。

阿拉马语(Aramaic): 古代闪米特语。

阿拉伯—美国石油公司(Aramco): 曾在沙特阿拉伯建立石油工业的公司。

阿拉马人(Aramean): 以阿拉马语为母语的人。

阿里乌派(Arian)：早期基督教派别之一，认为耶稣只是常人，其属性与上帝不同。

阿卜杜勒·萨拉姆·阿里夫(Arif, Abd al-Salam)：伊拉克的阿拉伯民族主义领袖(1958年、1963—1966年)。

470 **亚美尼亚(Armenia)**：(1) 安纳托利亚东部的山区；(2) 亚美尼亚人所建王国，在11世纪被突厥人征服。

雅利安人(Aryan)：指印欧语族(常常与闪族人一词并列)。

阿萨比亚(asabiya)：牢固的集团意识。

哈菲兹·阿萨德(al-Asad, Hafiz)：叙利亚总统(1970—2000年在任)；其子巴沙尔·阿萨德继任总统。

安萨里(al-Ash'ari)：反对穆尔太其勒派的伊斯兰教义学家(935年去世)。

阿什肯兹犹太人(Ashkenazim)：最近的先辈来自东欧或中欧的犹太人。

阿萨辛派(Assassin)：什叶派伊斯兰教分支伊斯玛仪派的好战分子，反对塞尔柱王朝及其他逊尼派统治者(1092—1256年)。

聂斯托利派(Assyrian)：叙利亚、伊拉克和伊朗等地的景教徒。

阿斯旺(Aswan)：(1) 上埃及某城市；(2) 1958—1970年苏联为埃及援建的高坝所在地。

阿塔图克(Ataturk)：参见穆斯塔法·凯末尔。

消耗战(Attrition, War of)：1969—1970年埃及与以色列之间炮战和空战。

米歇尔·阿万(Awn, Michel)：1988—1990年自称黎巴嫩总统的马龙派将军。

阿亚图拉(Ayatollah)：什叶派伊斯兰教欧莱玛给予德高望重教法学家的尊称。

艾因·扎鲁特(Ayn Jalut)：1260年马木鲁克击败蒙古人的关键战役所在地。

阿尤布王朝(Ayyubid dynasty)：萨拉丁及其后裔在埃及(1171—1250

年)和叙利亚(1174－1260年)所建王朝。

阿塞拜疆(Azerbaijian)：伊朗西北部的山区。

爱资哈尔(al-Azhar)：位于开罗的一处伊斯兰教清真寺兼大学。

巴德尔(Badr)：也门伊玛目(1962年),被军事政变推翻。

巴德尔战役(Badr, Battle of)：伊斯兰教先知穆罕默德首次打败麦加人的战役(624年)。

巴格达(Baghdad)：伊拉克首都;阿拔斯王朝首都(762－1258年)。

巴格达条约组织(Baghdad Pact)：1955年成立的反共产主义军事联盟,后改名中央条约组织。

巴林(Bahrain)：(1)位于海湾的岛国;(2)在哈里发时代的阿拉伯半岛东部。

巴赫什伊什(bakhshish)：赠礼、小费、贿赂或服务费。

沙普尔·巴赫提亚尔(Bakhtiar, Shapur)：伊朗最后一任被国王任命的首相(1979年)。

《贝尔福宣言》(Balfour Declaration)：1917年英国外交大臣发出的关于支持在巴勒斯坦建立犹太人民族家园的官方声明。

巴尔干半岛(Balkans)：东南欧的多山地区。

万隆会议(Bandung Conference)：1955年在印度尼西亚举行的亚洲和中东领导人会议。

巴列夫防线(Bar Lev Line)：以色列在苏伊士运河东岸所设防线,在1973年10月被埃及突破。

埃胡德·巴拉克(Barak, Ehud)：以色列总理(1999－2001年)。

巴尔麦克家族(Barmakid)：阿拔斯王朝早期的波斯血统维齐尔家族。

马哈茂德·萨米·巴鲁迪(al-Barudi, Mahmud)：支持埃及民族主义的 471
首相(1882年)。

巴士拉(Basra)：欧麦尔在伊拉克南部所建的驻军城市。

巴斯特(bast)：个人或组织在清真寺或其他公共场所避难拒捕的波斯传统。

复兴党(Ba'th)：阿拉伯民族主义兼社会主义的政党,自20世纪60年代起统治叙利亚和伊拉克(1968－2003 年)。

拜伯尔斯(Baybars)：马木鲁克统帅和苏丹(1260－1277 年在位)。

巴耶济德一世(Bayezid I)：奥斯曼帝国苏丹(1389－1402 年在位),征服巴尔干半岛和安纳托利亚。

巴耶济德二世(Bayezid II)：奥斯曼帝国苏丹(1481－1512 年在位)。

智慧宫(Bayt al-Hikma)：阿拔斯王朝时期的穆斯林学术中心。

巴扎(bazaar)：(1) 大型工商业中心;(2) 城市商人阶层,特别是伊朗城市中的商人阶层。

马赫迪·巴扎尔干(Bazargan, Mehdi)：伊朗伊斯兰革命后的首任总理。

贝都因人(Bdouin)：饲养骆驼的阿拉伯游牧民。

梅纳伊赫·贝京(Begin, Menachem)：以色列右翼政党利库德集团领导人和以色列总理(1977－1983 年在任)。

贝鲁特(Beirut)：港口城市,商业中心,与黎巴嫩首都。

拜克塔什(Bektashi)：苏菲教团,盛行于奥斯曼帝国近卫军团。

大卫·本—古里安(Ben-Gurion, David)：犹太复国主义先驱、作家、政治家、以色列国防部长兼总理(1948－1953 年与 1955－1963 年在任)。

柏柏尔人(Berber)：北非土著。

《柏林条约》(*Berlin, Treaty of*)：1878 年 8 月签署的明确结束俄土战争的和约,取代了《圣·斯蒂法诺和约》。

柏林—巴格达铁路(Berlin-to-Baghdad Railway)：在第一次世界大战前被提议修建的铁路线,如果建成将增强德国在奥斯曼帝国的地位。

福柯·伯纳德特(Bernadotte, Folke)：瑞典籍联合国调停人,在 1948 年巴勒斯坦战争中遇刺身亡。

比拉勒(Bilal)：伊斯兰教先知穆罕默德的首位宣礼员,埃塞俄比亚的一位黑人。

《比尔特摩纲领》(*Biltmore Program*)：1942 年美国的犹太复国主义者通过的决议,公开要求在巴勒斯坦建立一个犹太国家。

比鲁(BILU)：俄国的早期犹太复国主义组织。

奥萨马·本·拉登(Bin Laden, Osama)：基地组织头目，原籍沙特阿拉伯，于 2001 年前活动于阿富汗。

比卡(Biqa')：位于黎巴嫩东部的什叶派穆斯林居多数的谷地。

黑羊土库曼王朝(Black Sheep Turcomans, 1378 － 1469 年)：统治波斯的什叶派突厥穆斯林王朝。

博斯普鲁斯海峡(Bosporus)：连接黑海与马尔马拉海的海峡。

《跨越文件》(*Bridging Document*)：美国总统克林顿提出的折中方案，该方案在 2001 年塔巴和谈期间被送交以色列和巴勒斯坦人。

英国代办处(British Agency)：1914 年之前英国驻开罗的主要政府官员和外交官的办事处和住所；后改称官邸，现名英国大使馆。

拉尔夫·本奇(Bunche, Ralph)：美国外交官兼联合国驻巴勒斯坦调停 472
人(1948 － 1949 年)。

布鲁萨(Bursa)：安纳托利亚西北部城市，奥斯曼帝国早期都城。

白益王朝(Buyid dynasty, 932 － 1055 年)：居住于里海以南的波斯什叶派穆斯林所建王朝，后征服并统治波斯与伊拉克；又名布韦希王朝。

拜占庭帝国(Byzantine Empire)：东罗马帝国(330 － 1453 年)，定都君士坦丁堡，信仰希腊正教。

开罗(Cairo)：埃及首都，法蒂玛王朝在 969 年所建。

哈里发(caliph)：伊斯兰教先知穆罕默德的继承人，担任"温麦"的首领。

哈里发国家(caliphate)：以哈里发为首的政治机构。

"骆驼之战"(Camel, Battle of the)：穆斯林军队间的首次冲突(656 年)，阿里在此役中击败塔勒哈、祖拜尔与阿以莎。

戴维营(Camp David)：(1) 美国总统的度假场所，位于马里兰州北部；(2) 1978 年 9 月贝京、卡特与萨达特举行激烈和谈的地点；(3) 埃及—以色列协定或 1979 年和约的限定词；(4) 2000 年 7 月阿拉法特、巴拉克和克林顿举行无果而终和谈的地点。

迦南人(Canaanite)：在希伯来人到来之前居住于巴勒斯坦的闪米特人。

治外法权或领事裁判权(Caputulations)：穆斯林国家给予西方国家国民的特权，使后者在穆斯林国家境内免受当地法律管辖并免交赋税。

卡尔顿勋爵(Caradon, Lord)：起草联合国安理会《第 242 号决议》的英国外交官。

卡特主义(Carter Doctrine)：美国政府的一份外交声明，指出外国对波斯湾的任何侵略都被视作对美国核心利益的侵犯。

高加索山脉(Caucasus)：位于黑海和里海之间的山脉。

中央条约组织(Central Treaty Organization[CENTO])：参见巴格达条约组织。

艾哈迈德·卡拉比(Chalabi, Ahmad)：伊拉克国民代表大会领导人，支持美国入侵伊拉克。

卡尔西顿(Chalcedon)：公元 451 年基督教主教会议所在地，希腊正教主教在此谴责一性派基督徒对基督属性的看法。

查尔蒂然战役(Chaldiran, Battle of)：奥斯曼帝国打败波斯萨法维王朝的重大战役(1514 年)。

“挚爱锡安者”组织(Chovevei Tzion)：俄国的早期犹太复国主义组织。

丘吉尔白皮书(Churchill White Paper)：1922 年英国关于巴勒斯坦政策的官方声明，根据巴勒斯坦的吸纳能力来限制犹太人的移入人数。

西里西亚(Cilicia)：安纳托利亚西南部，又名小亚美尼亚。

契尔克斯人(Circassian)：黑海东岸的高加索山区土著(或其后裔)。

统一与进步委员会(Committee Union and Progress)：参见青年土耳其党。

君士坦丁(Constantine)：改宗基督教的罗马皇帝(公元 306 — 337 年在位)。

君士坦丁堡(Constantinople)：博斯普鲁斯海峡与马尔马拉海沿岸城市，原名拜占庭，后成为拜占庭帝国(公元 330 — 1204 年与 1262 — 1453 年)首都与奥斯曼帝国(1453 — 1922 年)首都；自 1923 年起改名伊斯坦布尔。

473 **立宪派(Constitutionlists)**：他们认为政府应确认一系列基本法以限制

君主权力;常常特指 1906 年前后的波斯民族主义者。

科普特人(Copt):埃及的(或埃塞俄比亚的)一性派基督徒。

科尔多瓦(Cordoba):西班牙城市,后倭马亚王朝(756 — 1030 年)首都。

哥萨克(Cossack):(1)俄国南部的骑兵;(2)在 1921 年前由俄国哥萨克训练并主要受其指挥的波斯士兵。

查尔斯·克雷恩(Crane, Charles):美国制造商兼慈善家;金–克雷恩代表团成员(1919 年)与伊本·沙特的顾问。

克里木半岛或克里米亚半岛(Crimea):位于黑海北部的半岛,先后隶属突厥人、俄国人和乌克兰人。

克里木战争或克里米亚战争(Crimean war):1853 — 1856 年在中东发生的大国间的帝国主义战争,英国、法国和奥斯曼帝国在战争中击败俄国。

克罗默勋爵(Cromer, Lord):英国驻埃及总领事(1883 — 1907 年),财政改革家,受到埃及民族主义者憎恨。

十字军东征(Crusades):11 — 15 世纪欧洲基督徒军队对穆斯林(有时也针对希腊正教徒)的征伐。

泰西封(Ctesiphon):萨珊王朝首都,位于现代巴格达的南部。

科尔晨勋爵(Cruzon, Lord):英国在 1923 年洛桑会议上的主要代表。

塞浦路斯(Cyprus):在安纳托利亚和叙利亚附近的地中海岛屿。

昔兰尼加(Cyrenaica):利比亚东部。

大马士革(Damascus):叙利亚首都;早期倭马亚王朝(661 — 750 年)首都。

德拉齐舍赫(Darazi, Shaykh):叙利亚德鲁兹派创始人。

达达尼尔海峡(Dardanelles):连接爱琴海与马尔马拉海的海峡。

摩西·达扬(Dayan, Moshe):以色列将领和政治领导人(1915 — 1981 年)。

达彦·亚辛(Dayr Yasin):耶路撒冷近郊的巴勒斯坦村庄,伊尔贡曾在此屠杀阿拉伯平民(1948 年)。

《原则宣言》(Declaration of Principles)：1993 年巴勒斯坦代表、以色列代表与美国代表所签宣言的正式名称。

苏莱曼·德米瑞拉(Demirel, Suleyman)：土耳其政治领导人与总统(1993－2000 年在任)。

民主党(Democrat Party)：20 世纪 50 年代的土耳其某政党。

沙漠盾牌(Desert Shield)：美国对 1990 年在沙特阿拉伯的多国军事力量部署的称谓,该行动旨在反对伊拉克占领科威特。

沙漠风暴(Desert Storm)：美国对 1991 年多国部队袭击伊拉克并将伊拉克军队赶出科威特这一军事行动的称谓。

德米舍梅制度(devshirme)：奥斯曼帝国带走基督教男童,使其改宗伊斯兰教,并对他们进行军事行政训练的制度。

宰赫兰(Dhahran)：阿拉伯半岛东部城市,1938 年沙特第一口油井所在地。

大流散(diaspora)：一群人被赶出其故乡并流向世界多个地区,通常指犹太人但是有时也指亚美尼亚人或巴勒斯坦人。

474 **丹沙微事件(Dinshaway Incident)**：英国针对埃及农民的暴行(1906 年)。

迪万(diwan)：(1) 在早期征服时期分享战利品的阿拉伯军队名单;(2) 部长或大臣会议;(3) 诗集。

岩石清真寺(Dome of the Rock)：位于耶路撒冷的伊斯兰教圣地,公元 692 年被建于犹太圣殿所在地;亚伯拉罕献祭与伊斯兰教先知穆罕默德奇迹般“夜行升霄”的地点。

德鲁兹派(Druze)：在叙利亚、黎巴嫩和以色列的某些阿拉伯人所信奉的秘密教派,创始人是德拉齐舍赫,他宣扬法蒂玛王朝哈里发哈基姆系最后一位具有安拉所赋予神性的人。

双重控制(Dual Finacial Control)：英国和法国对埃及经济的联合管理(1876－1882 年)。

安东尼·艾登(Eden, Anthony)：1956 年“苏伊士运河事件”期间的英国首相。

埃德萨(Edessa)：美索不达米亚西北部城市与十字军国家(1098－1144年)。

埃及远征军(Egyptian Expeditionary)：在第一次世界大战期间攻占巴勒斯坦和叙利亚的英国部队。

埃拉特(Eilat)：亚喀巴湾岸边的以色列港口。

艾森豪威尔主义(Eisenhower Doctrine)：1957年美国政府反对共产主义在中东蔓延的正式声明。

厄尔布尔士山脉(Elburz)：伊朗北部山脉。

埃米尔国(emirate)：埃米尔所统治的国家。

恩维尔(Enver)：青年土耳其党的革命领袖(1922年死去)。

厄尔特格鲁尔(Ertogrul)：相传可能是突厥圣战者领袖(约1280年死去),奥斯曼一世之父。

厄尔祖鲁姆(Erzurum)：安纳托利亚东部城市;1919年土耳其民族主义者大会所在地。

列维·艾什科尔(Eshkol, Levi)：以色列总理(1963－1969年在任)。

埃塞俄比亚(Ethiopia)：东非国家,自公元4世纪以来以基督徒为主,直至伊斯兰教先知穆罕默德时代仍干预阿拉伯人的政事。

幼发拉底河(Euphrates)：伊拉克两条大河中位置偏西的一条。

柯南·埃弗雷(Evren, Kenan)：1980年恢复土耳其秩序的政变领袖。

法赫德(Fahd)：沙特阿拉伯国王(1982－2005年在位)。

法基赫(faqih)：(1) 伊斯兰教法学家;(2) 根据1979年伊朗宪法,为最高立法者;(3) 阿亚图拉·霍梅尼与哈梅内伊的官衔。

法拉比(al-Farabi)：穆斯林哲学家与伊斯兰教义学家(950年去世)。

法鲁克(Faruq)：埃及末代国王(1936－1952年在位)。

法塔赫(al-Fatah)：亚西尔·阿拉法特所建的巴勒斯坦游击队。

法塔特(al-Fatat)：早期阿拉伯民族主义的学生组织。

法蒂玛(Fatima)：伊斯兰教先知穆罕默德之女,阿里之妻。

法蒂玛王朝(Fatimid)：信奉什叶派伊斯兰教分支伊斯玛仪派的阿拉 475
伯人建立的王朝,自称阿里与法蒂玛的后裔,统治着北非(909－972

年)和埃及(969－1171年),并声称对叙利亚、希贾兹和也门拥有统治权。

费萨尔(Faysal): 沙特阿拉伯国王(1964－1975年在位)。

费萨尔一世(Faysal I): 阿拉伯人大起义领导人即麦加沙里夫·侯赛因之子,系阿拉伯人在大马士革所建临时政府的首脑(1918－1920年在位);在被法国废黜之后,他担任伊拉克国王(1921－1933年在位)。

费萨尔二世(Faysal II): 伊拉克末代国王(1939－1958年在位)。

达玛德·菲瑞德(Ferid, Damad): 奥斯曼帝国首相,受到奥斯曼苏丹与西方列强的支持(1919－1920年)。

新月地带(Fertile Crescent): 从地中海东岸,经叙利亚和美索不达米亚,直至波斯湾的这一地区的现代称谓。

菲斯(fez): 后期奥斯曼帝国及其若干继承国的男性官员所戴的深红色无檐帽;在土耳其为凯末尔·阿塔图克所禁止。

菲达因(fedaiyin): 突击队或敢死队,通常指抗击以色列的巴勒斯坦人或指什叶派伊斯兰教武装。

菲赫(fiqh): 伊斯兰教法学。

菲特那(fitna): 指早期伊斯兰史上的几次内战。

四项保留条款(Four Reserved Points): 英国在单方面承认埃及独立时的限制条件(1922年)。

十四点原则(Fourteen Points): 美国总统威尔逊所提方案,旨在解决引发第一次世界大战的若干问题,其中呼吁所有民族一律拥有自决权。

苏莱曼·弗朗基亚(Franjiya, Sulayman): 黎巴嫩总统(1970－1976年在任)。

自由意志论(free will): 与"安拉前定说"相反的宗教信条,指安拉创造人类但人类能够主宰自身行为。

福阿德一世(Fuad I): 埃及苏丹与国王(1917－1936年在位)。

弗斯塔特(Fustat): 埃及早期伊斯兰史上的阿拉伯驻军城市;后来成为一处行政中心,位于现代开罗的附近。

加百利(Gabriel)：在伊斯兰教信条中指将《古兰经》传达给伊斯兰教先知穆罕默德的天使。

加利利(Galilee)：以色列北部山区，包括众多阿拉伯村庄。

驻军城市(garrison town)：正统哈里发为安顿阿拉伯士兵而建立的巴士拉、库法或弗斯塔特等城市。

拉希德·阿里·盖拉尼(al-Gaylani, Rashid Ali)：1941年伊拉克的阿拉伯民族主义政权领袖，后被英国人颠覆。

加沙地带(Gaza Strip)：巴勒斯坦西南部的小块地区，在1948年被埃及军队占领，在1948－1956年与1957－1967年由阿拉伯人定居并受到埃及管辖，1956年和1967年被以色列占领，1967－1994年受到以色列统治，此后由巴勒斯坦解放组织管辖。

日内瓦会议(Geneva Conference)：1973年12月由以色列、埃及与约旦参加，并由美国和苏联联合担任主席的会议。

古兹拉体育俱乐部(Gezira Sporting Club)：开罗某排他性的社会组织。

加萨尼部落(Ghassanids)：前伊斯兰时代的阿拉伯部落，在公元5至7 476
世纪改宗基督教并依附于拜占庭帝国。

阿布·哈米德·哈扎里(al-Ghazali, Abu-Hamid)：重要的伊斯兰教义学家(1111年去世)。

加齐(ghazi)：穆斯林圣战者。

加兹纳(Ghazna)：阿富汗城市，加兹尼帝国勃兴之地。

加兹尼帝国(Ghaznavid)：突厥人帝国，包括阿富汗与伊朗和中亚的部分地区，并征服印度大部(977－1186年)。

古拉姆(ghulam)：通常指波斯萨法维王朝行政军事领域的男性奴隶。

直布罗陀(Gibraltar)：(1)西班牙南部山地；(2)连接大西洋与地中海的海峡(直布罗陀原名塔里克山，为征服西班牙的柏柏尔穆斯林所命名)。

吉蒂走廊(Gidi Pass)：西奈半岛西部的战略要地，在1956年和1967年曾被以色列占领，一支联合国部队在1975年取代以色列国防军在此地驻扎。

约翰·巴高特·格鲁勃(Glubb, John Bagot):英国人,约旦阿拉伯军团的指挥官,在 1956 年被解职。

高克图尔克(Gokturk):公元 6 世纪位于亚洲的突厥帝国。

戈兰高地(Golan Heights):叙利亚西南部山区,自 1967 年起被以色列占领,在 1973 年曾是激烈战场。

金帐汗国(Golden Horde):伊斯兰化蒙古人所建帝国,以突厥人为主体,从 13 至 15 世纪统治俄罗斯。

格兰纳达(Granada):西班牙最后一个伊斯兰国家的首都。

大国民议会(Grand National Assembly):土耳其共和国的代议机构。

大汗(Great Khan):13 世纪蒙古帝国最高统治者的头衔。

"丝绸之路"(Great Silk Route):从中国经由中亚草原和山路抵达伊朗的贸易通道。

"希腊火"(Greek fire):先后被拜占庭和穆斯林的水手所使用的、旨在摧毁敌船的流体,触水即燃,可能是石脑油的衍生物。

希腊正教(Greek Orthodox):基督教分支,承认君士坦丁堡牧首的宗教权威,并拥护公元 325 年尼西亚宗教会议和公元 451 年卡尔斯顿宗教会议所确立的基督教信条。

海湾战争(Gulf War):(1) 两伊战争(1980 — 1988 年);(2) 以美国为首的联军旨在迫使伊拉克从科威特撤军的军事行动(1991 年)。

古斯·埃缪尼姆(Gush Emunim):在约旦河西岸的以色列宗教正统分子组织。

乔治·哈巴斯(Habash, George):巴勒斯坦阿拉伯人所建的马克思主义组织即解放巴勒斯坦人民阵线组织的领导人。

菲利普·哈比卜(Habib, Philip):美国人,1981 — 1982 年曾在叙利亚、黎巴嫩和以色列之间斡旋。

哈布斯堡家族(Habsburg):在 1273 — 1806 年统治神圣罗马帝国并在 1918 年以前君临奥地利的德意志家族。

477 **《圣训》(*hadith*)**:关于伊斯兰教先知穆罕默德言行或经他认可的圣门弟子行为的记录,具有值得信赖的传述体系;因此成为伊斯兰教法

《沙里亚》的法律渊源之一。

哈嘎纳赫(Haganah):在巴勒斯坦的犹太代办处武装(1920－1948年)。

夏贾或哈贾尔(Hagar):亚伯拉罕第二位妻子,阿拉伯人的祖先即以实玛利之母。

海法(Haifa):以色列的主要港口城市。

哈只(hajj):伊斯兰教关于朝觐麦加的功修,或者指完成朝觐功修的穆斯林。

哈贾只(al-Hajjaj):伊拉克总督(714年死去)。

哈基姆(al-Hakim):法蒂玛王朝哈里发(996－1021年在位),受到德鲁兹派尊崇。

哈马斯(Hamas):巴勒斯坦的伊斯兰主义组织。

哈姆达尼家族(Hamdanid dynasty):公元10世纪统治阿勒颇与摩苏尔的阿拉伯家族分支。

哈奈菲教法学派(Hanafi):最为盛行的逊尼派教法学派,源于伊拉克,强调公议是伊斯兰教法沙里亚的渊源之一。

罕百里教法学派(Hanbali):逊尼派教法学派,非常保守,要求行为准则一律以《古兰经》和《圣训》为依据。

哈尼夫(Hanif):在伊斯兰教诞生之前独尊安拉的阿拉伯人。

伊尔亚斯·哈拉维(Harawi,Ilyas):黎巴嫩总统(1989－1995年在任)。

穆斯林闺房(harem):穆斯林妇人或少女的卧室,非亲属男性不得进入。

霍马(Har Homa):1997年以色列内塔尼亚胡内阁在耶路撒冷郊区新建的犹太定居点,这激怒了众多巴勒斯坦人,他们将这座城市称作贾巴尔·阿布·胡娜姆。

哈伦·拉希德(Harun al-Rashid):阿拔斯王朝哈里发(786－809年在位)。

哈萨(al-Hasa):位于波斯湾沿岸的沙特阿拉伯富油区。

哈桑(Hasan):阿里与法蒂玛的长子,被阿里指定为继承人,但是穆阿维叶以优厚待遇使其隐退;被什叶派伊斯兰教尊奉为第二任伊玛目

(公元 669 年故去)。

哈希姆人(Hashimite):(1) 哈希姆的后裔;(2) 倭马亚王朝末期什叶派激进麦瓦利的支持者即哈希姆派;(3) 希贾兹(1916－1925 年)、叙利亚(1918－1920 年)、伊拉克(1921－1958 年)和约旦(1921－)的统治家族。

哈斯卡拉(Haskala):18 至 19 世纪的犹太启蒙运动时代。

希伯来语(Hebrew):古代和现代以色列人所操的一种闪米特语。

希伯伦(Hebron):位于朱迪亚(约旦河西岸)的城市,受到犹太人和穆斯林的尊崇,1994 年一位犹太定居者在此杀害诸多巴勒斯坦人。

“希腊化”的(Hellenistic):与以希腊语为主要文学语言和官方语言的地中海地区的社会和文化相关的。

希拉克略(Heraclius):拜占庭帝国皇帝(公元 610－641 年),他击败萨珊帝国,但是后来被阿拉伯人夺去叙利亚和埃及。

478 **哈蒙峰(Hermon):**叙利亚西南部山峰,其部分地区自 1967 年之后被以色列占领;在 1973 年成为激烈战场。

赫鲁特党(Herut):以色列右翼政党,贝京在 1983 年以前为该党领导人;现为构成利库德集团的政党之一。

西奥多·赫茨尔(Herzl, Theodor):作家,政治犹太复国主义奠基人(1904 年去世)。

摩西·赫斯(Hess, Moses):德意志的早期社会主义者,倡导建立犹太国(1875 年去世)。

希贾兹(Hijaz):位于阿拉伯半岛西部的多山地带。

徙志(Hijra):公元 622 年(伊斯兰教历元年)伊斯兰教先知穆罕默德及其追随者从麦加迁往麦地那。

希沙姆(Hisham):倭马亚王朝哈里发(724－743 年在位)。

希斯塔德鲁特(Histadrut):以色列总工会,拥有大量企业,并管理医疗保险事业。

真主党(Hizballah):尊奉什叶派伊斯兰教的黎巴嫩伊斯兰主义政党,拥有强大的民兵武装。

耶稣墓(Holy Sepulcher)：通常指位于耶路撒冷的耶稣埋葬地及一处大教堂。

候德比耶协定(Hudaybiya)：公元628年伊斯兰教先知穆罕默德与麦加人缔结的条约,条约允许穆斯林迁士朝觐麦加。

旭烈兀(Hulegu)：蒙古统治者(1265年死去),成吉思汗之孙,征服波斯和伊拉克,并建立伊儿汗国。

《温卡尔—伊斯克列斯条约》(*Hunkar-Iskelesi*)：1833年签订的使奥斯曼帝国事实上沦为俄国保护国的条约。

侯赛因(Husayn)：阿里与法蒂玛的幼子,在卡尔巴拉反抗倭马亚王朝时遇难(公元680年),因此被什叶派穆斯林尊崇为殉道者侯赛因。

侯赛因(Husayn)：麦加埃米尔兼沙里夫(1908－1924年在位),希贾兹国王(1916－1924年在位),与1916－1918年反抗奥斯曼帝国统治的阿拉伯人大起义领袖。

侯赛因(Husayn)：约旦国王(1952－1999年在位)。

侯赛因·卡米勒(Husayn Kamil)：埃及苏丹(1914－1917年在位)。

侯赛因—麦克马洪通信(Husayn-Mcmahon Correspondence)：麦加埃米尔侯赛因与英国驻开罗高级专员麦克马洪(1915－1916年在任)的往来信件,麦克马洪为换取阿拉伯人反抗奥斯曼帝国统治而在信中承诺支持阿拉伯人独立。

哈吉·艾敏·侯赛因(al-Husayni, Hajj Amin)：耶路撒冷穆夫提,与巴勒斯坦早期民族主义领导人(1974年逝世)。

伊本(ibn)：通常用于阿拉伯人的名字之中,表示“某某之子”。

伊本·赫勒敦(Ibn Khaldun)：著名史学家与社会思想家(1406年逝世)。

伊本·鲁世德(Ibn Rushd)：穆斯林哲学家,即拉丁文中著名的阿维罗伊(1198年去世)。

伊本·沙特(Ibn Sa'ud)：阿拉伯领导人,在1902－1930年间征服阿拉伯半岛大部,沙特阿拉伯的统治者(1932－1953年在位),又称阿卜杜勒·阿齐兹·伊本·阿卜杜勒·拉赫曼。

伊本·西拿(Ibn Sina):穆斯林哲学家、伊斯兰教义学家与科学家(1037年逝世);即拉丁文中著名的阿维森纳。

479 **易卜拉欣(Ibrahim)**:穆罕默德·阿里之子,叙利亚征服者与总督(1832—1840年在任),也是埃及总督(1848年在任)。

尔德·阿祖哈(Id-al-Adha):穆斯林宗教节日“宰牲节”的阿拉伯语音译,旨在纪念易卜拉欣(即亚伯拉罕——译者注)遵从安拉命令而准备以其子以实玛利(伊斯玛仪)作为牺牲;为朝觐月的第10天(即伊斯兰教历的十二月十日——译者注)。

尔德·费图尔(Id-al-Fitr):穆斯林宗教节日“开斋节”的阿拉伯语音译,在莱麦丹月即斋月结束后举行。

伊智提哈德(ijtihad):创制即通过推理来证明伊斯兰教法中的某项原则。

伊赫万(Ikhwan):(1) 伊本·沙特麾下的定居化贝都因士兵;(2) 穆斯林兄弟会成员。

伊儿汗国(Il-Khanid):1256—1349年统治波斯的蒙古人王朝。

伊玛目(imam):(1) 穆斯林的宗教领袖或政治头领;(2) 什叶派伊斯兰教所承认的从阿里开始的一系列领袖;(3) 穆斯林在清真寺做礼拜时的领拜人。

《帝国诏书》(*Imperial Rescript*):1856年奥斯曼帝国颁布的公告,保证臣民无论宗教信仰如何都享有平等权利和地位。

伊诺努(Inonu):(1) 土耳其在安纳托利亚西部两次打败希腊人的地方(1921年);(2) 领导上述战役的土耳其领导人伊斯梅特以该地为姓。

因提法达(intifada):(1) 巴勒斯坦人反抗以色列占领的起义(1987—1990年);(2) 巴勒斯坦人在2000年阿里尔·沙龙造访阿克萨清真寺之后掀起的暴动。

伊克塔(iqta'):统治者赐封给其附庸的土地,前提是后者应提供军事或行政服务。

伊朗(Iran):波斯在1935年之后的名称。

伊朗—尼加拉瓜反政府武装事件(Iran-Contra Affair)：1986 年里根政府为使黎巴嫩的美国人质获释而向伊朗出售武器,并将所得收益赠给尼加拉瓜的反政府武装。

两伊战争(Iran-Iraq War)：伊朗和伊拉克之间的意识与领土冲突(1980—1988 年)。

伊拉克(Iraq)：在阿拉伯文中指美索不达米亚即两河流域。

伊拉克国民代表大会(Iraqi National Congress)：以艾哈迈德·哈拉比为首的一个组织,2003 年艾哈迈德·哈拉比支持美国入侵伊拉克以便颠覆萨达姆·侯赛因政权。

伊尔供或犹太民族武装组织(Irgun Tzvei'umi)：犹太复国主义右翼游击队,该组织以贝京为首,直至 1948 年依旧活动频繁。

伊斯法罕(Isfahan)：伊朗中部城市,1597—1736 年为萨法维王朝首都。

伊斯玛仪(Ishmael)：相传为阿拉伯人的先祖。

伊斯兰教(Islam)：目前盛行于中东以及亚非诸多地区的一种宗教,崇拜向一系列先知显现的唯一真神安拉,而奉安拉之名传布《古兰经》的穆罕默德则是封印的先知。

伊斯兰集团(Islamic Group)：埃及伊斯兰主义的秘密组织。

伊斯兰共和党(Islamic Republican Party)：1979—1987 年伊朗伊斯兰共和国的主要政党。

伊斯兰主义的(Islamist)：形容词,表示鼓吹建立严格依照伊斯兰教法进行统治的政体的任何组织或个人。 480

伊斯玛仪(Isma'il)：什叶派伊斯兰教分支七伊玛目派所承认的最后一任伊玛目。

赫迪威伊斯玛仪(Isma'il, Khedive)：埃及总督(1863—1879 年在任)。

伊斯玛仪沙(Isma'il Shah)：波斯萨法维王朝创建者(1501—1524 年在位)。

伊斯玛仪派(Isma'ili)：即什叶派伊斯兰教分支七伊玛目派。

伊斯梅特(Ismet)：土耳其将领、1923 年洛桑会议上的土耳其代表与共和国总统(1938－1950 年与 1961－1965 年在任),姓伊诺努。

伊斯纳德(isnad):《圣训》传述人。

以色列(Isreal):(1) 雅各及其后裔的姓氏;(2) 古代位于北部的犹太人王国;(3) 位于巴勒斯坦地区的现代犹太国。

以色列人(Israelites):雅各的后裔,或曰犹太人;现代以色列国的公民。

伊斯坦布尔(Istanbul):君士坦丁堡的现名。

伊兹密尔(Izmir):安纳托利亚西部城市,旧名萨米尔纳。

弗拉基米尔·雅博廷斯基(Jabotinsky,Vladimir):犹太复国主义右翼组织修正主义派的创建人(1940 年死去)。

雅各派(Jacobite):叙利亚的一性派基督徒。

雅法(Jaffa):巴勒斯坦/以色列的海港,现为特拉维夫一部。

伊斯兰解放党(al-Jama'a al-Islamiya):盛行于埃及等国的伊斯兰主义政治组织。

耶尼切里(janissary):奥斯曼帝国征召的改宗伊斯兰教的基督徒步兵,使用火器。

古纳·雅林(Jarring, Gunnar):1967－1971 年联合国在以色列与阿拉伯诸国之间的调停人。

杰姆(Jem):奥斯曼帝国苏丹巴耶济德二世的兄弟和敌人(1495 年死去)。

杰马尔(Jemal):青年土耳其党领袖和叙利亚总督(1922 年死去)。

成吉思汗(Jenghiz Khan):蒙古战士、征服者与亚洲大部的统治者(1227 年去世)。

耶路撒冷(Jerusalem):朱迪亚或约旦河西岸的重要城市;犹太人、基督徒和穆斯林的重要宗教中心;被以色列宣布为该国首都。

犹太代办处(Jewish Agency):建立于委任统治时期的巴勒斯坦,旨在与英国合作以便建立犹太人的民族家园;后来负责帮助犹太人移入并定居巴勒斯坦。

犹太民族基金会(Jewish National Fund):巴勒斯坦/以色列的购买并开发土地的犹太复国主义组织,成立于 1901 年。

为捍卫伊斯兰教而抗击侵略者；(2) 穆斯林同内心的恶念，以及同伴和温麦中的恶行进行斗争；(3) 若干伊斯兰主义组织的名称。

精灵(jinn)：穆斯林认为，精灵是居于大地没有形象能行善恶的受造之物。

吉兹耶(jizya)：在19世纪之前穆斯林统治区内的男性非穆斯林所缴 481
纳的人头税。

约旦哈希姆王国(Jordan, Hashimite Kingdom of)：由外约旦埃米尔国和巴勒斯坦的阿拉伯区部分地区合并而成的国家，其中巴勒斯坦的阿拉伯区在1948年被阿卜杜拉吞并。

约旦河(Jordan River)：流经叙利亚、约旦和以色列的一条河流。

朱迪亚(Judea)：巴勒斯坦/以色列的东部山区。

艾敏·杰马耶特(Jumayyil, Amin)：黎巴嫩总统(1982－1988年在任)。

巴沙尔·杰马耶特(Jumayyil, Bashir)：黎巴嫩长枪党著名领导人，在1982年当选黎巴嫩总统，但是尚未就职就遭到杀害。

卡玛尔·祖姆布劳特(Jumblat, Kamal)：黎巴嫩德鲁兹派领袖(1977年去世)。

居纳伊德·舍赫(Junyd, Shaykh)：土库曼人，什叶派的苏菲领导人，阿塞拜疆地区的萨法维人头领(1460年死去)，波斯国王伊斯玛仪的祖父。

军迪沙普洱(Jundishapur)：萨珊帝国时期与伊斯兰教诞生后的学术中心。

正义党(Justice Party)：土耳其的保守政党(1961－1980年)。

正义与发展党(Justice and Development Party)：土耳其温和的伊斯兰主义组织，从2002年开始执政。

克尔白(Ka'ba)：位于麦加的伊斯兰教圣地，内有黑石，为朝觐的主要去处，也是穆斯林礼拜的朝向。

喀布尔(Kabul)：阿富汗首都。

卡尔卜部落(Kalb)：伊斯兰诞生后初期阿拉伯半岛南部的重要部落。

穆斯塔法·卡米勒(Kamil, Mustafa)：埃及民族主义者(1908 年去世)。

卡普·库勒拉(Kapu, Kulla)：后宫仆役;奥斯曼帝国苏丹的行政或军事官员,因此属于奥斯曼帝国的统治阶层。

卡拉马(Karama)：约旦村庄,1968 年以色列人曾袭击该村而巴勒斯坦游击队自称获胜。

卡尔巴拉(Karbala)：伊拉克城市,公元 680 年侯赛因起义并殉难之地;此后成为什叶派穆斯林的朝觐去处。

《卡洛维兹条约》(*Karlowitz*)：1699 年签署的规定奥斯曼帝国将匈牙利割给奥地利的条约。

哈米德·卡尔扎伊(Karzai, Hamid)：阿富汗领导人,在 2004 年当选总统。

阿卜杜勒·拉赫曼·卡瓦基比(al-Kawakibi, Abd al-Rahman)：阿拉伯民族主义作家(1902 年去世)。

穆斯塔法·凯末尔(阿塔图克)(Kemal, Mustafa[Ataturk])：土耳其将领,土耳其民族主义领袖,推行西化改革的总统(1938 年逝世)。

凯末尔主义(Kemalism)：凯末尔阐述的关于土耳其民族主义和西化改革的诸多原则。

赫蒂彻(Khadija)：穆罕默德的第一任妻子(619 年逝世)。

哈立德·伊本·瓦立德(Khalid ibn al-Walid)：阿拉伯将领;征服阿拉伯半岛、叙利亚、伊拉克和波斯。

阿亚图拉·赛义德·阿里·哈梅内伊(Khamanei, Ayatollah Seyed Ali)：霍梅尼的继任者,伊朗法基赫。

哈拉吉(kharaj)：农民缴纳的土地税。

482 **哈瓦立及(Kharijite)**：反对阿里在绥芬战场接受仲裁(657 年)并将其刺死(661 年)的“出走者”;后成为无政府主义组织,主张任何无罪穆斯林均有资格成为哈里发。

喀土穆(Khartum)：(1) 苏丹首都;(2) 1967 年反对与以色列媾和的阿拉伯国家领导人在此地召开会议。

穆罕默德·哈塔米(Khatami, Mohammad)：伊朗总统(1997 —)

(2005 年卸任——译者注)。

科萨部落(Khazar):里海北岸的突厥部落,在公元 8 世纪改宗犹太教。

赫迪威(khedive):1867—1914 年埃及总督的头衔。

阿亚图拉·鲁霍拉·霍梅尼(Khomeini, Ayatollah Ruhollah):1978—1979 年伊朗伊斯兰革命领袖,与 1979—1989 年伊朗法基赫。

呼罗珊(Khurasan):里海东岸的波斯省份;早期伊斯兰史上多次暴动的中心。

库兹斯坦(Khuzistan):伊朗西南部的富油省份。

花剌子模(Khwarizm):咸海南岸地区。

花剌子模王朝(Khwarizm-Shah):1077—1231 年位于中亚的突厥王朝,被成吉思汗击败。

基布兹(kibbutz):以色列的犹太人定居点,起初从事农业生产,现在主要经营工业,多数财产归集体所有。

肯迪(al-Kindi):穆斯林哲学家兼科学家(873 年逝世)。

金—克雷恩代表团(King-Crane Commission):1919 年巴黎和会派出的美国代表团,旨在弄清叙利亚人与巴勒斯坦人的渴望,但是其同情阿拉伯民族主义的调查报告却未被采纳。

基齐纳勋爵(Kitchener, Lord):1896—1898 年重新占领苏丹的英埃联军统帅,后来担任英国驻埃及总领事(1911—1914 年在任)。

凯兹巴什(Kizilbash):突厥什叶派穆斯林,特指萨法维骑兵。

尼赛特(Knesset):以色列的一院制立法机构。

科尼亚(Konya):安纳托利亚南部城市,1077—1300 年罗姆苏丹国都城。

科普吕律家族(Koprulu):奥斯曼帝国的维齐尔家族。

科索沃战役(Kosovo, Battle of):1389 年奥斯曼帝国击败塞尔维亚的地点。

库法(Kufa):欧麦尔所建的伊拉克驻军城市;后来成为一处重要的商业和文化中心。

库菲亚(kufiya):阿拉伯半岛与新月地带部分地区的男人所裹的白色

或彩色头巾。

库奈特拉(Kunaitra): 戈兰高地主要城市,在1967年被以色列占领,在1973年10月成为战场,1974年以色列将其归还叙利亚。

库尔德人(Kurd): 聚居于土耳其东南部、伊拉克北部、伊朗西北部和叙利亚部分地区的语言—文化集团。

库尔德工人党(Kurdish Workers Party): 1984－1999年在土耳其东南部发起暴动的库尔德独立主义组织。

483 **库尔德斯坦(Kurdistan):** 1920年《色佛尔条约》所设计的自治邦,迄今仍为众多库尔德民族主义者所渴求。

科威特(Kuwait): 富含石油的海湾公国,在1990年8月至1991年2月曾被伊拉克占领。

工党联盟(Labor Alignment): 以色列的工人党联盟,在1977年前执政,在1984－1990年与利库德集团联合组阁,在1992－1996年与1999－2002年执政。

埃迈尔·拉胡德(Lahud, Emile): 黎巴嫩总统(?－2004年),受到叙利亚支持。

莱赫米部落(Lakhmid): 在伊斯兰教诞生前夕伊拉克附近的重要阿拉伯部落,常依附于萨珊帝国。

迈尔斯·拉姆普森爵士(Lampson, Sir Miles): 英国驻埃及高级专员与大使(1934－1936年在任)。

洛桑(Lausanne): (1) 1923年土耳其与协约国举行会议并签署取代《色佛尔条约》的协议所在地;(2) 1949年以色列与阿拉伯国家在此举行无果而终的和谈。

托马斯·爱德华·劳伦斯(Lawrence, T. E.): 支持阿拉伯人大起义的英国情报部门官员;天才的作家,与阿拉伯民族主义的支持者(1935年去世)。

勒帮多战役(Lepanto, Battle of): 欧洲海军战胜奥斯曼帝国海军的战役(1571年)。

利凡特的(Levantine): 关于利凡特即地中海东岸的,或者关于利凡特人的，特别是关于利凡特非穆斯林的。

利库德集团(Likud)：以色列右翼政党联盟，在1977－1984年执政，在1984－1990年与2001－2003年与工党联合组阁，在1990－1992年、1996－1999年与2003－2004年与宗教党联合执政。

大支尔格会议(Loya Jirga)：阿富汗诸部落会议，在2003年尤其著名。

马其顿(Macedonia)：位于希腊北部与南斯拉夫南部之间的争议很大的地区。

马德哈布(madhhab)：逊尼派宗教学校。

麦德莱斯(madrasa)：穆斯林学校，尤指法律学校。

马赫迪(mahdi)：被引上正道的人，末日审判的先兆。

苏丹的马赫迪(Mahdi of Sudan)：穆罕默德·艾哈迈德(1885年死去)，成功领导了苏丹反抗埃及统治的起义。

马哈茂德二世(Mahmud II)：推行西化改革的奥斯曼帝国苏丹(1808－1839年在位)。

加兹纳的马哈茂德(Mahmud of Ghazna)：加兹尼王朝统治者(998－1030年在位)。

麦吉里斯(Majlis)：伊朗的两院制立法机构。

马立克教法学派(Maliki)：逊尼派教法学派，源自麦地那，倚重《圣训》作为重要的法律渊源。

马立克沙(Malikshah)：塞尔柱帝国苏丹(1072－1092年在位)。

马木鲁克(mamluk)：(1) 从军的突厥奴隶或契尔克斯奴隶；(2) 在1250－1517年统治埃及，于1260－1516年统治叙利亚，直至19世纪仍统治某些地区的(被抓捕而来的)军事寡头。

马蒙(Mamun)：阿拔斯王朝哈里发(813－833年在位)。

委任统治(mandate)：(1) 国际联盟给予某西方大国的对德国殖民地 484
或奥斯曼帝国原有领土的代理统治权，以便为这些地区最终实现自治准备条件；(2) 处于这种监护关系之中的某国。

摩尼教(Manichaeism)：公元3世纪时波斯人摩尼所创立的二元论宗教，强调通过精神层面的各种苦修使肉体摆脱灵魂的束缚，曾盛行于伊拉克、波斯与中亚和东亚的部分地区。

阿布·贾法·曼苏尔(al-Mansur, Abu-Ja'far)：开始营建巴格达的阿拔斯王朝哈里发(754－775年在位)。

曼齐卡特战役(Manzikert, Battle of)：塞尔柱人击败拜占庭人的战役(1071年)。

马帕伊(Mapai)：以色列工党温和派。

接界(marches)：两国或两种文化区的交界地带。

马龙派(Maronite)：基督教分支,主要分布于黎巴嫩北部,坚持基督一位两性论是其独特信仰,自十字军东征之后已加入天主教。

马尔瓦尼一世(Marwan I)：倭马亚王朝哈里发(684－685年在位)。

马克思主义(Marxism)：卡尔·马克思等人所创立的社会主义思想体系,强调必须通过革命推翻资本主义并建立无产阶级专政的国家机器,而无产阶级专政的国家机器后来将被没有阶级差别的和谐社会所取代;中东的若干领导人在不同时期曾拥护这一思想体系。

麦瓦拉(mawla,"麦瓦利"[mawali]是其复数形式)：(1)阿拉伯部落的依附民,受到部落保护但不能享有部落民的所有权利;(2)在阿拉伯人征服早期皈依伊斯兰教的非阿拉伯人。

亨利·麦克马洪(McMahon, Henry)：英国驻埃及高级专员(1914－1916年在任),他开始与侯赛因通信。

麦加(Mecca)：伊斯兰教先知穆罕默德诞生地,位于阿拉伯半岛西部的主要商业中心和朝觐地点。

麦地那(Medina)：位于阿拉伯半岛西北部的农耕绿洲,旧名叶斯理卜,伊斯兰教先知穆罕默德及其追随者在公元622年抵达那里。

穆罕默德一世(Mehmet I)：奥斯曼帝国苏丹(1413－1421年在位)。

穆罕默德二世(Mehmet II)：奥斯曼帝国苏丹(1451－1481年在位),征服君士坦丁堡。

穆罕默德·阿里(Mehmet Ali)：阿尔巴尼亚冒险家,在1805－1849年统治埃及并推行诸多西化改革。

果尔达·梅厄(Meir, Golda)：以色列总理(1969－1974年在任)。

梅尔辛(Mersin)：安纳托利亚南部的港口城市。

美索不达米亚(Mesopotamia)：希腊语，指底格里斯河与幼发拉底河之间的土地，特别是伊拉克。

弥赛亚(Messiah)：《圣经》认为弥赛亚是犹太人所渴盼的救世主，而基督徒认为耶稣基督就是弥赛亚。

中东供应中心(Middle East Supply Center)：英国于第二次世界大战期间在开罗设立的机构，负责协调阿拉伯诸国与伊朗的生产和分配。

米德哈特(Midhat)：奥斯曼帝国的自由主义改革家(1884 年死去)。 485

米勒特(millet)：奥斯曼帝国的根据宗教信仰划分的政治-社会集团，其首领由苏丹任命。

弥尔纳勋爵(Milner, Lord)：英国政治家，在 1919 年率领英国代表团赴埃及进行调查，后来与赛义德·扎格鲁尔举行谈判，但以失败告终。

买那瑞特(minaret)：清真寺叫拜塔的突厥语音译，宣礼员每日五次站在其上呼唤穆斯林履行拜功。

密特拉教(Mithraism)：古代波斯宗教，包括仅限男人参与的多种神秘仪式；在罗马帝国士兵中广泛流传，并在公元 3 世纪对抗基督教。

米特拉走廊(Mitla Pass)：位于西奈半岛西部的战略要地，在 1956 年和 1967 年被以色列占领，联合国缓冲部队于 1975 年取代以色列军队而驻扎该地。

混合法庭(Mixed Courts)：1876—1949 年埃及审理涉外民事案件的特殊法庭。

米兹腊希犹太人(Mizrachim)：祖先来自西班牙、葡萄牙以及伊斯兰世界的犹太人。

穆罕默德·礼萨沙·巴列维(Mohammad Reza Shah Pahlavi)：伊朗国王(1941—1979 年在位)。

毛拉(mollah)：波斯的伊斯兰教宗教学者。

蒙古人(Mongol)：来自东北亚的游牧骑兵；在 13 世纪征服亚洲大部的成吉思汗及其后裔所统治的部落联盟成员。

一性派(Monophysite)：主要分布于中东的基督教分支，该派认为基督唯有一种属性，即彻底的神性；该派观点遭到公元 451 年卡尔斯顿主教会议的谴责。

一神信仰(Monotheistic)：仅崇拜一神的宗教，例如犹太教、基督教和伊斯兰教。

摩里亚半岛(Morea)：伯罗奔尼撒半岛或希腊南部。

穆罕默德·摩萨德(Mosaddiq, Mohammad)：伊朗民族主义的首相(1951－1953 年在任)，他将英伊石油公司国有化，后来被国王、英国人和美国中央情报局所策划的政变所推翻，1967 年逝世。

清真寺(mosque)：穆斯林共同履行拜功的场所。

摩斯塔扎凡(mostaz'afan)：在西化政策中的被剥夺者。

摩苏尔(Mosul)：伊拉克北部城市。

穆阿维叶(Mu'awiya)：倭马亚王朝哈里发(公元 661－680 年在位)。

胡思尼·穆巴拉克(Mubarak, Husni)：埃及总统(1981－　)。

摩德洛斯(Mudros)：爱琴海岛屿，1918 年奥斯曼帝国在此向协约国投降。

穆安津(muezzin)：通常站在清真寺顶或宣礼塔阳台上呼唤其他穆斯林共同履行拜功的男性。

穆夫提(mufti)：(1) 逊尼派穆斯林的法律顾问；(2) 在现代指逊尼派伊斯兰国家欧莱玛的首领。

486 **莫卧儿帝国(Mughal)：**参见帖木儿王朝。

穆罕默德(Muhammad)：阿拉伯宗教领袖，生于麦加，伊斯兰教“温麦”的缔造者，被穆斯林视为安拉的使者，其传布的启示被记录在《古兰经》之中。

穆罕默德(Muhammad)：花剌子模国统治者，被成吉思汗击败。

穆罕默德·蒙塔泽尔(Muhammad al-Muntazar)：什叶派伊斯兰教分支十二伊玛目派所承认的最后一任伊玛目，该派认为他在公元 874 年左右进入隐遁状态，但有朝一日将重返人间。

穆罕默德·伊本·阿卜杜勒·瓦哈卜(Muhammad ibn Abd al-Wahhab)：18 世纪瓦哈卜派创建者。

穆哈泰希(muhtasib)：穆斯林市场检察官。

穆智提哈德(mujtahid)：阐释伊斯兰教法沙里亚的博学穆斯林，尤指什叶派教法学家。

穆赫塔尔(Mukhtar)：公元 685 — 687 年库法起义领袖。

穆尔太宰姆或包税人(multezim)：奥斯曼帝国征税者，政府允许其自留所征税收的一部分。

穆拉德一世(Murad I)：奥斯曼帝国苏丹(1360 — 1389 年在位)。

穆拉德二世(Murad II)：奥斯曼帝国苏丹(1421 — 1451 年在位)。

穆拉德四世(Murad IV)：奥斯曼帝国苏丹(1623 — 1640 年在位)。

穆鲁沃(muruwwa)：伊斯兰教诞生之前阿拉伯人的道德准则。

穆斯林(Muslim)：(1) 安拉意志的顺从者；(2) 相信安拉曾向穆罕默德颁降《古兰经》的人。

穆斯林兄弟会(Muslim Brothers, Society of the)：在埃及(1930 — 1952 年)以及其他一些阿拉伯国家的势力强大的政治组织，主张建立伊斯兰主义的政治和社会体制，并抵制西方政治与文化的影响。

穆尔太其勒派(Mu'tazila)：唯理主义伊斯兰教义学派，强调《古兰经》受造于安拉。

纳迪尔·阿夫沙尔(Nader Afshar)：军事统帅，波斯国王(1736 — 1747 年在位)，他赶走阿富汗侵略者，并征服印度一部。

穆罕默德·纳吉布(Nagib, Muhammad)：1952 年埃及革命名义上的领导人。

穆斯塔法·纳哈斯(al-Nahhas, Mustafa)：1927 — 1952 年埃及华夫脱党领导人。

纳杰夫(Najaf)：伊拉克城市，公元 661 年阿里遇难之地，因此成为什叶派穆斯林的朝觐中心。

加麦尔·阿卜杜勒·纳赛尔(Nasir, Gamal Abd al-)：推翻埃及君主制的 1952 年革命的领导人；后来担任总理，接着成为总统(1954 — 1970 年在任)。

纳赛尔主义(Nasirism)：西方人对纳赛尔的政治哲学与政治方案的称

谓,它包括民族主义、中立主义和阿拉伯社会主义。

纳绥尔丁沙(Nasiruddin Shah): 波斯恺伽王朝国王(1848－1896 年在位)。

纳赛尔(Nasser): 参见加麦尔·阿卜杜勒·纳赛尔。

《民族宪章》(National Charter): 1962 年阐述阿拉伯社会主义目标的埃及官方文件。

487 **民族(解放)阵线(National [Liberation] Front):** 1967 年获得成功的亚丁独立主义组织。

《民族宪章》(*National Pact*): 1943 年黎巴嫩各宗教政治派别关于权力划分的协定。

祖国党(National Party): 在 1881－1882 年由奥拉比领导,在 1895－1908 年以穆斯塔法·卡米勒为首的一个组织,旨在使埃及摆脱外国控制并赢得独立。

全国宗教党(National Religious Party): 以色列保守犹太人的政党。

民族主义(nationalism): (1) 一群人旨在维持或建立共同国家的渴望;(2) 强调效忠民族国家或倡导民族独立的意识形态。

民族主义党(Nationalist Party): 第二次世界大战后叙利亚的主要政党。

内格夫沙漠(Negev): 以色列南部的沙漠。

新保守主义者(Neoconservative): 以美国人为主的某政治集团成员,鼓吹在中东强硬推行对美有利的政策,强调支持以色列并入侵伊拉克。

新柏拉图主义派(Neoplatonist): 某哲学体系的支持者,该派出现于公元 3 世纪,以柏拉图的思想为基础,盛行于阿拉伯人征服之前的中东地区。

聂斯托利派(Nestorian): 基督教分支,该派认为基督兼具神性人性且两种属性相互独立,这一观点遭到公元 430 年以弗所宗教会议的谴责。

本杰明·内塔尼亚胡(Netanyahu, Benjamin): 以色列总理(1996－1999 年在任)。

青年奥斯曼党(New Ottomans)：19 世纪 70 年代奥斯曼帝国某政治组织，倡导制定《宪法》，建立立宪政体并推行其他西化改革。

尼西亚(Nicaea)：安纳托利亚西北部城市，公元 325 年基督教大会所在地，这次会议接受了关于上帝属性的圣父圣子圣灵三位一体信仰。

“9·11”事件(9/11 or Nine-Eleven)：阿拉伯武装人员实施的袭击，他们劫持美国客机并使它们撞入纽约世界贸易中心与华盛顿五角大楼，“9·11”事件因袭击日期而得名。

尼扎姆·贾迪德(nizam-i-jedid)：奥斯曼帝国苏丹谢里姆三世颁布的军事改革方案，但在 1807 年被耶尼切里，即近卫军团粉碎。

禁飞区(no-fly zones)：1991－2003 年美国所设立的禁止伊拉克军机飞行的空域。

《花厅御诏》(*Noble Rescript of the Rose Chamber*)：1839 年奥斯曼帝国苏丹颁布的诏书，承诺进行司法和行政改革；标志着坦泽马特时代的开端。

努尔丁(Nur al-Din)：统治摩苏尔与大马士革的赞吉王朝苏丹(1146－1174 年在位)。

努瑞·赛义德(Nuri al-Sa’id)：亲西方的伊拉克领导人，在 1958 年革命中被杀。

“十月战争”(October War)：1973 年埃及与叙利亚发动的战争，旨在收复自 1967 年之后被以色列占领的土地；又名赎罪日战争或斋月战争。

欧列姆(olim)：移居巴勒斯坦的犹太人。

石油输出国组织(欧佩克)(Organization of Petroleum Exporting 488
Countries[OPEC])：1960 年成立的旨在确保最低石油价格的组织。

乌尔汗(Orhan)：奥斯曼帝国苏丹(1326－1360 年在位)。

奥斯陆(Oslo)：(1) 1992－1993 年以色列与巴勒斯坦解放组织举行秘密会谈的地点；(2)《奥斯陆一号协议》指 1993 年签署的《原则宣言》；(3)《奥斯陆二号协议》指 1995 年以色列与巴勒斯坦解放组织签署的协定。

奥斯曼一世(Osman I)：奥斯曼帝国首任苏丹(约 1280 － 1326 年在位)。

奥斯曼的(Osmanli)：与奥斯曼一世后裔,或与奥斯曼帝国军人和行政官员,或与奥斯曼人的语言相关的。

奥斯曼地方分权党(Ottoman Decentralization)：在第一次世界大战前温和的阿拉伯民族主义者所支持的自由主义政党。

奥斯曼帝国(Ottoman Empire)：多民族的伊斯兰国家(1299 － 1922 年),兴起于安纳托利亚西北部,后征服巴尔干半岛、西南亚大部、埃及与北非沿海地区。

奥斯曼主义(Ottomanism)：早期倡导西化者所支持的对奥斯曼帝国的认同(与分离主义的民族主义对立)。

阿姆河(Oxus River)：发源自帕米尔山脉并向西北流入咸海的中亚河流。

图尔古特·奥扎尔(Ozal, Turgut)：土耳其总理(1983 － 1989 年在任)与总统(1989 － 1993 年在任)。

巴列维(Pahlavi)：(1) 伊斯兰教诞生前的波斯语;(2) 1925 － 1979 年的伊朗王族。

巴勒斯坦(Palestine)：(1) 地理名词,指叙利亚南部;(2) 1922 － 1948 年英国的委任统治地;(3) 许多阿拉伯人倾向于用该词来表示目前被以色列国占领的部分或全部土地。

巴勒斯坦(自治)权力机构(Palestine [Self-Governing] Authority)：根据奥斯陆一号协议而建立的政治机构,用以管理以色列移交给巴勒斯坦人的地区。

巴勒斯坦解放组织(Palestine Liberation Organization[PLO])：1964 年阿拉伯诸国建立的组织,目前庇护着巴勒斯坦绝大多数军事、政治、经济和社会组织。

巴勒斯坦人(Palestinian)：巴勒斯坦地区的居民;该词现指生活在巴勒斯坦的人、来自巴勒斯坦的人或巴勒斯坦难民的后裔。

帕尔米拉(Palmyra)：古代阿拉伯城市,位于叙利亚中部,在公元 3 世纪挑战罗马帝国的权威。

泛阿拉伯主义(pan-Arabism):旨在将全体阿拉伯人联合在一个国家中的运动。

泛伊斯兰主义(pan-Islam):倡导统一全体穆斯林的思想或行动,受到奥斯曼帝国某些苏丹和某些深受爱戴的领导人支持。

大斯拉夫主义(pan-Slavism):旨在统一所有斯拉夫人的运动,尤指在俄国主导下统一全体斯拉夫人的运动。

大突厥主义(pan-Turanism):旨在统一操突厥语所有民族的运动。

巴黎和会(Paris Peace Conference):第一次世界大战结束后,获胜的协约国为重建欧洲和中东的和平而召开的会议。

安息或帕提亚王朝(Parthian):在萨珊王朝之前的波斯王朝(公元前248年—公元227年)。

巴勒斯坦分治方案(Partition Plan for Palestine):将巴勒斯坦委任统 489
治地分割为犹太国和阿拉伯国的建议,1947年被联合国大会通过。

《帕斯菲尔德白皮书》(Passfield White Paper):英国政府的报告,认为犹太人和阿拉伯人均应为1929年发生在巴勒斯坦的哭墙骚乱负责。

皮尔调查团(Peel Commission):在1937年造访巴勒斯坦的英国代表团,首次提议将巴勒斯坦分割为犹太国和阿拉伯国。

人民议会(People's Assembly):1971年以来经普选产生的埃及议会。

也门人民民主共和国(People's Democratic Republic of Yemen):对先后出现的亚丁与亚丁保护国、南也门联邦与南也门的称谓(1969－1990年)。

西蒙·佩雷斯(Peres, Shim'on):以色列总理(1984－1986年在任)、工党主席(1977－1992年在任)、外交部长(1992－1996年在任)与代总理(1995－1996年在任)。

常设委任统治委员会(Permanent Mandates Commission):监督委任统治地行政的国际联盟机构。

波斯(Persia):1935年前伊朗的名称。

波斯湾(Persian):将伊朗与阿拉伯半岛隔开,并连接阿拉伯河与阿拉伯海的水域。

波斯湾战争(Persian Gulf War)：参见海湾战争。

石油美元(petrodollars)：石油输出国赚取的美元。

长枪党(Phalanges)：致力于维护马龙派基督徒在黎巴嫩优势地位的准军事组织。

列奥·平斯科(Pinsker, Leo)：俄国的犹太复国主义者，著有《自我解放》一书(1882 年)。

集体迫害(pogrom)：对犹太人的有组织屠杀。

解放巴勒斯坦人民阵线(Popular Front for the liberation of Palestine)：巴勒斯坦的马克思主义组织，因其劫持飞机而著名，领导人为乔治·哈巴斯。

赛义德港(Port Said)：埃及城市，位于苏伊士运河与地中海的交汇处。

积极中立主义(positive neutralism)：纳赛尔的政策之一，内容是既不与共产主义国家结盟，也不站在西方国家一边，但是努力促成两大阵营的和解。

前定(predestination)：对安拉已然确定所有世人未来遭遇的笃信；与自由意志相反。

虔诚者约翰(Prester John)：相传是东亚或埃塞俄比亚的一位信奉基督徒的统治者，中世纪西方某些基督徒将其视为反对穆斯林的潜在盟友。

旁遮普(Punjab)：印度半岛西北部某地区，现位于巴基斯坦境内。

穆阿迈尔·卡扎菲(al-Qadhafi, Mu'ammar)：利比亚总统(1969 —)。

卡迪(qadi)：穆斯林法官。

卡迪西亚(Qadisiya)：伊拉克中部地区，公元 637 年阿拉伯人在此击败萨珊波斯人。

基地组织(al-Qa'ida)：以奥萨马·本·拉登为首的伊斯兰主义武装组织网络。

490 **恺伽王朝(Qajar dynasty)**：1794 — 1925 年统治波斯的突厥家族。

卡纳特(qanat)：输送灌溉用水的暗渠。

卡侬(qanun)：统治者的敕令，一般违反伊斯兰教法沙里亚。

卡尔马特派(Qarmatian)：什叶派伊斯兰教分支伊斯玛仪派的成员，公元10世纪曾在巴林和阿拉伯半岛建立据说实行共产共妻的共和国。

阿卜杜勒·卡瑞姆·嘎西姆(Qasim, Abd al-Karim)：伊拉克总统(1958－1963年在任)，在阿拉伯政治中对抗纳赛尔。

考姆(qawm)：阿拉伯部落的阿拉伯语音译。

凯伊部落(Qays)：在伊斯兰教诞生后初期居住于阿拉伯半岛北部的阿拉伯部落，系卡尔卜部落的敌人。

库姆(Qom)：伊朗什叶派伊斯兰教的宗教和文化中心。

忽必烈汗(Qubilai Khan)：13世纪末蒙古统治者(即元世祖——译者注)。

《古兰经》(Quran)：在穆斯林看来，《古兰经》是安拉经由天使加百利颁降给先知穆罕默德的启示记录，系伊斯兰教法文学和文化的主要渊源之一；又名《可兰经》。

艾哈迈德·库赖(Quray, Ahmad)：巴勒斯坦自治机构总理(2003－2004年在任)。

古莱西部落(Quraysh)：在阿拉伯半岛西北部特别是在麦加居于领导地位的部落。

拉巴特峰会(Rabat Summit)：1974年阿拉伯诸国领导人会议，会议承认巴勒斯坦解放组织为巴勒斯坦人的唯一合法代表。

伊扎克·拉宾(Rabin, Yitzhak)：以色列总理(1974－1977年与1992－1995年在任)。

阿里·阿克巴·哈希米·拉夫桑贾尼(Rafsanjani, Ali Akbar Hashimi)：伊朗总统(1989－1997年在任)。

“莱麦丹月”(Ramadan)：阿拉伯历某月(伊斯兰教历九月——译者注)，穆斯林在当月每天从日出到日落期间戒绝饮食和性交，以此纪念安拉降示给先知穆罕默德的最初几条启示。

拉马拉(Ramallah)：约旦河西岸的巴勒斯坦城市，位于耶路撒冷以北。

拉希德王朝(Rshid dynasty)：在20世纪初统治阿拉伯半岛东北部并与沙特家族为敌的王朝。

正统哈里发(Rashidun caliphs)：逊尼派穆斯林所承认的作为先知穆罕默德继承人的“温麦”领袖：阿布·伯克、欧麦尔、奥斯曼与阿里。

拉伊亚(re'aya)：奥斯曼帝国的臣民阶层成员。

巴勒斯坦难民(refugees, Palestinian)：在 1948 年战争或 1967 年战争中被迫离开家园的阿拉伯人,其家乡现处于以色列统治之下。

共和人民党(Republican People's Party)：1923 年凯末尔·阿塔图克所建自由主义的土耳其政党。

穆斯塔法·雷什德(Reshid, Mustafa)：坦泽马特时代早期推行西化改革的奥斯曼改革家(1858 年去世)。

修正主义派(Revisionist Party)：雅博廷斯基所建立的犹太复国主义右翼组织。

革命卫队(Revolutionary Guards)：伊朗人组建的活跃于许多中东国家的伊斯兰主义武装组织。

491 **礼萨·巴列维(Reza Shah Pahlavi)**：伊朗统治者(1925－1941 年在位)。

罗德岛(Rhodes)：地中海岛屿;1949 年阿拉伯诸国与以色列曾在此举行“擦边”会谈,斡旋者是拉尔夫·本奇。

里达(ridda)：在伊斯兰教先知穆罕默德去世之后,诸多阿拉伯部落反叛麦地那的统治,这场叛乱后来被哈里发阿布·伯克平息。

利雅得(Riyadh)：沙特阿拉伯首都;1976 年阿拉伯领导人在此举行会谈,力图结束黎巴嫩内战;2003－2004 年该地发生针对美国人的恐怖袭击。

《和平路线图》(*Road Map*)：2002 年乔治·沃克·布什与欧盟、俄罗斯和联合国提出的关于以色列–巴勒斯坦分阶段实现和平的方案,但是遭到以色列拒绝。

《罗杰斯和平方案》(*Rogers Peace Plan*)：1969－1970 年美国提出的旨在结束消耗战的建议,方案要求以色列归还自 1967 年后占领的领土,并要求阿拉伯人承认以色列。

罗姆(Rum)：(1) 安纳托利亚一词的阿拉伯语、波斯语和土耳其语音译;(2) 希腊正教徒的总称。

鲁梅拉赫(Rumayla)：伊拉克和科威特分享的大型油田。

侯赛因·鲁什迪(Rushdi，Husayn)：埃及首相(1914－1919年在任)。

俄土战争(Russo-Turkish War)：1877－1878年俄国与奥斯曼帝国的冲突,后者在这场战争中丧失安纳托利亚与巴尔干半岛的部分土地。

赛伯伊(Saba)：阿拉伯半岛的古代王国,位于也门。

萨巴赫家族(Sabah，Al-)：科威特的统治家族。

萨布拉(Sabra)：(1)以色列的犹太土著;(2)位于贝鲁特的在1982年遭到屠杀的巴勒斯坦难民营。

安瓦尔·萨达特(al-Sadat，Anwar)：埃及总统(1970－1981年在任)。

萨达姆·侯赛因(Saddam Husayn)：伊拉克总统(1979－)(2003年被美国推翻——译者注),发动两伊战争(1980－1988年),在1990年入侵科威特,并导致"沙漠风暴行动"。

萨法维王朝(Safavid dynasty)：阿塞拜疆的突厥家族,起初为逊尼派穆斯林,1501－1736年统治波斯,支持什叶派伊斯兰教分支十二伊玛目派,并发展波斯文化。

萨法德(Safed)：以色列北部城市。

赛义德(Sa'id)：埃及总督(1854－1863年在任)。

萨拉丁(Salah al-Din)：库尔德军事冒险家,从法蒂玛王朝手中夺取埃及,从赞吉王朝手中夺取叙利亚,于1187年击败十字军,并为伊斯兰世界收复耶路撒冷,但是未能将十字军赶出阿克城,1171－1192年在位(阿尤布王朝开国君主——译者注)。

萨拉姆或色兰(salam)："和平"一词的阿拉伯语,有时包含"休战"之意;也是穆斯林的问候语。

萨拉特(salat)：伊斯兰教拜功。

萨曼王朝(Samanid dynasty)：波斯人所建王朝,在9世纪末占领呼罗珊与河中地区,后引进加兹尼人与塞尔柱人等突厥游牧部落充当边疆守卫。

撒玛利亚(Samaria)：《圣经》提及的地名,一些以色列人对约旦河西岸北部的称谓。

撒马尔罕(Samarquand)：河中地区的主要城市。

492 **萨马拉(Samarra)**：伊拉克北部城市；阿拔斯王朝首都(公元 836－889 年)。

萨姆村(al-Samu')：阿拉伯村庄，在 1966 年因巴勒斯坦人袭扰以色列边境而遭到以色列的残酷报复。

赫伯特·塞缪尔爵士(Samuel, Sir Herbert)：英国驻巴勒斯坦高级专员(1920－1925 年在任)。

圣雷蒙会议(San Remo)：1920 年英国和法国划分委任统治地边界的会议。

梵语(Sanskrit)：印度的经典用语。

圣斯蒂法诺(San Stefano)：伊斯坦布尔近郊的村庄；1878 年 2 月俄国与奥斯曼帝国曾在此签署一项将会增强俄国在巴尔干半岛地位的条约，后条约被废止。

萨珊王朝(Sasanid dynasty)：公元 227－651 年统治波斯的王朝。

沙特·伊本·阿卜杜勒·阿齐兹(Sa'ud ibn Abd al-Aziz)：沙特阿拉伯国王(1953－1964 年在位)。

沙特家族(Sa'ud dynasty)：统治纳季德的阿拉伯家族，自穆罕默德·伊本·沙特(1746－1765 年在位)起开始支持瓦哈比派信条；在 20 世纪统治阿拉伯半岛大部的家族。

沙特阿拉伯(Saudi Arabia)：沙特家族所统治的位于阿拉伯半岛的王国。

萨瓦克(SAVAK)：伊朗国王穆罕默德·礼萨·巴列维统治时期的秘密警察。

斯考普斯山(Scopus, Mount)：位于耶路撒冷东北方向的山丘，希伯来大学最初的校园与哈达萨医院所在地，在 1949－1967 年为约旦控制区所包围。

联合国安理会第 242 号决议(Security Council Resolution 242)：1967 年 11 月联合国安理会通过的旨在实现阿拉伯人与以色列和平的原则声明，双方对决议虽表示接受但是解释不同。

联合国安理会第 338 号决议(Security Council Resolution 338)：联合国安理会关于结束 1973 年十月战争的停火决议,呼吁以色列与阿拉伯人举行直接和谈。

联合国安理会第 598 号决议(Security Council Resolution598)：联合国安理会通过的要求结束两伊战争的决议,伊拉克和伊朗分别在 1987 年和 1988 年表示接受。

谢里姆一世(Selim I)：奥斯曼帝国苏丹(1512 — 1520 年在位),征服叙利亚、埃及与希贾兹。

谢里姆二世(Selim II)：奥斯曼帝国苏丹(1566 — 1574 年在位)。

谢里姆三世(Selim III)：奥斯曼帝国推行改革的苏丹(1789 — 1807 年在位)。

塞尔柱(Seljuk)：(1) 公元 956 年皈依伊斯兰教的中亚突厥部落领袖;(2) 塞尔柱的后裔或统治家族。

闪米特语的或闪米特人的(Semitic)：关于亚非语系(即闪含语系——译者注)某亚族的,包括阿拉伯语和希伯来语在内,以辅音字母拼写,其语法和词法强调通过增加前后缀构成新词,或者与闪米特人有关的。

《军队脱离接触协定》(*Separation-of-Forces Agreement*)：基辛格提出的确保以色列军队撤出其在十月战争中所占部分领土的方案。

塞尔维亚(Serbia)：位于巴尔干半岛的古代王国,在 1918 — 1991 年为南斯拉夫一部;现为独立共和国。

什叶派伊斯兰教分支七伊玛目派(Seven-Imam Shi'i)：坚信始于阿里终于伊斯玛仪的七人为"温麦"真正领袖即伊玛目的穆斯林;又名伊斯玛仪派。

《色佛尔条约》(*Sèvres, Treaty of*)：1920 年协约国迫使奥斯曼帝国签 493
署的最终失效的条约;后被《洛桑条约》所取代。

沙斐仪教法学派(Shafi'i)：逊尼派伊斯兰教教法学派,源自开罗,广泛采用类比方法。

舍哈代(shahid)：伊斯兰教法规定的职业证人。

舍哲尔·杜尔(Shajar al-Durr)：1250 年埃及女王。

萨满(Shaman)：皈依伊斯兰教前的突厥神汉或卜士，人们相信他们能够沟通死者，治愈伤口，并保存部落知识。

伊扎克·沙米尔(Shamir, Yitzhak)：以色列总理(1983 — 1984 年与 1986 — 1992 年在任)，利库德集团主席，曾担任斯特恩帮首领。

凯米勒·沙穆恩(Sham'un, Kamil)：黎巴嫩总统(1952 — 1958 年在任)。

《沙里亚》或伊斯兰教法(*Shari'a*)：关于穆斯林所应遵循行为的严密法律体系，其法律渊源主要是《古兰经》和《圣训》，其次是类比、公议和判例。

沙里夫(sharif)：伊斯兰教先知穆罕默德的后裔。

萨姆沙伊赫(Sharm al-SDhaykh)：位于西奈半岛南部的设防据点，靠近蒂朗海峡。

阿里尔·沙龙(Sharon, Ariel)：以色列将领，1982 年以色列入侵黎巴嫩时期的国防部长，被指曾为萨布拉和夏蒂拉屠杀提供便利；以色列总理(2001 —　)(2006 年卸任——译者注)。

夏蒂拉(Shatila)：位于贝鲁特的巴勒斯坦难民营，在 1982 年曾遭到屠杀。

阿拉伯河(Shatt al-Arab)：底格里斯河与幼发拉底河的合流河，在两伊战争期间受到争夺。

舍赫(shaykh)：(1) 阿拉伯部落首领；(2) 统治者；(3) 穆斯林学者。

伊斯兰教舍赫(shaykh al-Islam)：奥斯曼帝国时期苏丹所任命的最高法律官员兼宗教领袖。

撒旦(Shytan)：被穆斯林视为魔鬼。

什叶派(Shi'i)：坚信先知穆罕默德曾把“温麦”领导权移交阿里并赋予其特殊权力和认识能力的穆斯林。

阿迪卜·什莎克里(Shishakli, Adib)：叙利亚总统(1949 — 1954 年在任)。

朔法尔(shofar)：犹太人在宗教节日吹奏的羊角号。

艾哈迈德·苏卡伊瑞(al-Shuqayri, Ahmad)：巴勒斯坦解放组织的第一位领导人(1964－1968 年在任)。

舒拉(shura)：公元 644 年哈里发欧麦尔指定召开的旨在选出其继任者的会议。

穿梭外交(shutter diplomacy)：1974－1975 年基辛格采取的调停阿拉伯诸国和以色列的方法。

舒欧比耶运动(Shu'ubiya)：公元 9 世纪波斯人旨在拥有与阿拉伯人同等权力和地位的文学复兴运动。

西顿(Sidon)：黎巴嫩南部城市。

绥芬战役(Siffin, Battle of)：公元 657 年阿里支持者与希望为奥斯曼报仇的穆阿维叶支持者进行的一场非决定性战役。

信德(Sind)：印度河下游谷地,现在巴基斯坦境内。

希帕西(sipahi)：奥斯曼帝国的以提玛尔为经济基础的骑兵。 494

斯坎德贝格(Skanderbeg)：15 世纪阿尔巴尼亚统帅。

萨米尔纳(Smyrna)：参见伊兹密尔。

索古德(Sogut)：安纳托利亚西北部小镇,奥斯曼帝国勃兴之地。

斯特恩帮或以色列自由战士组织(Stern Gang)：犹太复国主义组织,与伊尔供决裂,直至 1949 年仍然专事游击战。

"苏伊士运河事件"(Suez Affair)：1956 年在纳赛尔将苏伊士运河公司国有化之后英国、法国和以色列联合入侵埃及的事件。

苏伊士运河(Suez Canal)：连接地中海与红海的人工水道。

苏菲的(Sufi)：与穆斯林神秘主义者相关的,或者与穆斯林神秘主义的信仰、行为或组织相关的。

苏菲主义(Sufism the Magnificent)：有组织的穆斯林神秘主义。

苏莱曼大帝(Suleyman)：奥斯曼帝国苏丹(1520－1566 年在位)。

苏尔和(sulh)：实现全面和平。

苏丹(sultan)：包括塞尔柱帝国和奥斯曼帝国在内的多个伊斯兰国家统治者的头衔。

逊奈或圣训(sunna)：关于穆斯林正确信仰或行为的穆罕默德言行;因此成为伊斯兰教法中仅次于《古兰经》的第二法律渊源。

逊尼派(Sunni):(1) 承认继承穆罕默德的历代哈里发的合法性,并遵循在早期哈里发时代产生的某教法学派的穆斯林;(2) 谨遵伊斯兰教先知穆罕默德“逊奈”之人。

《赛克斯—皮科特协定》(*Sykes-Picot*):1916 年英国、法国与俄国签署的企图瓜分奥斯曼帝国的秘密条约。

叙利亚(Syria):(1) 地中海东岸地区,包括土耳其南部部分地区、叙利亚共和国、黎巴嫩、以色列、约旦和西奈半岛北部,又称利凡特;(2) 叙利亚共和国。

叙利亚新教大学(Syrian Protestant College):贝鲁特美国大学在 1920 年前的旧称。

塔巴塔拜(Tabatabai):参见赛义德·兹雅尔丁·塔巴塔拜。

大不里士(Tabriz):阿塞拜疆城市,萨法维王朝初期的首都。

塔希尔王朝(Tahirid dynasty):公元 820 — 873 年统治波斯东部的王朝。

塔伊夫(Taif):阿拉伯半岛西部山城,位于麦加附近;1989 年关于重构黎巴嫩政治秩序的会议所在地。

塔拉特(Talat):青年土耳其党影响巨大的领导人(1921 年死去)。

塔利班(Taliban):1996 — 2001 年控制阿富汗大部的伊斯兰主义组织。

坦泽马特(Tanzimat):奥斯曼帝国政府推行的大规模西化改革方案,尤指 1839 — 1876 年期间。

陶菲克(Tawfiq):埃及总督(1879 — 1892 年在任)。

德黑兰(Tehran):1794 年以来波斯/伊朗的首都。

特拉维夫(Tel Aviv):以色列的海滨城市与商业中心。

犹太圣殿(Temple):在《圣经》时代建于耶路撒冷的用于礼拜的主要犹太殿堂之一。

495 **恐怖主义(Terrorism)**:个人、组织或政府通过使用或威胁使用暴力而恐吓或胁迫比直接受害者范围更大的另一集团;通常为宣传用词。

色雷斯(Thrace):爱琴海北岸地区。

底格里斯河(Tigris):伊拉克两条大河中位置靠东的河流。

提玛尔(timar)：奥斯曼帝国苏丹以受封者提供兵役为条件而封赐的土地。

跛子帖木儿(Timur Leng)：中亚突厥人,征服呼罗珊、波斯、伊拉克与叙利亚(1369－1405年在位)。

帖木儿王朝(Timurid dynasty)：帖木儿及其后裔所建王朝,在15世纪统治中亚,后控制印度并被称作莫卧儿王朝。

蒂朗海峡(Tiran)：连接亚喀巴湾与红海的海峡。

"烟草抵制运动"(Tobacco Boycott)：1891－1892年波斯人拒绝购买烟草的有组织运动,起因是波斯国王纳绥尔丁将波斯烟草的加工出售特许权卖给一家英国公司。

横贯伊朗的铁路(Trans-Iranian Railway)：连接里海与海湾的铁路线,建于伊朗国王礼萨统治时期。

外约旦(Transjodan)：1921年英国将其巴勒斯坦委任统治地的约旦河东岸地区分离出来而建立的埃米尔国或公国。

河中地区(Transoxiana)：位于阿姆河东北方向的地区,在公元8世纪被阿拉伯人占领,后来接连受到突厥人和蒙古人的入侵。

"壕沟战役"(Trench, Battle of the)：公元627年麦加人围攻麦地那穆斯林但以失败告终的战役。

部落(tribe)：拥有真实的或相传的共同祖先,以及共同传统、共同习俗和共同头领的人群(通常为游牧人群)。

的黎波里(Tripoli)：(1) 黎巴嫩北部城市;(2) 12世纪的十字军国家;(3) 利比亚首都。

杜鲁门主义(Truman Doctrine)：1947年美国发出的关于承诺援助希腊和土耳其以抵制共产主义侵略的政策声明。

伊朗人民党(Tudeh)：支持共产主义的伊朗工人党。

突厥人(Turk)：(1) 突厥语族;(2) 土耳其国民。

突厥的(Turkish)：与突厥人的语言和文化相关的。

什叶派伊斯兰教分支十二伊玛目派(Twelve-Imam Shi'i)：坚信本应由阿里及其后裔领导"温麦",而且其中第十二任领袖尽管处于隐遁状态却终将重返人间匡扶正义的穆斯林;又称伊玛米派、贾法里派。

欧拜杜拉(Ubaydallah):法蒂玛王朝开国君主,公元 909－934 年在位,都城是位于现代突尼斯附近的马赫迪耶;被其追随者称作马赫迪(被引上正道的人)。

"伍侯德战役"(Uhud, Battle of):公元 625 年麦加人击败穆斯林的战役。

回纥人或回鹘人(Ughur):居住于中国西北部的突厥语族,在公元 8 世纪与 9 世纪曾建立庞大王国。

欧莱玛(ulama):穆斯林学者与法官。

欧麦尔一世(Umar I):第二任正统哈里发(公元 634－644 年在位);阿拉伯早期征服运动的领袖。

496 **欧麦尔二世(Umar II):**倭马亚王朝哈里发(公元 717－720 年在位),他减少了对改宗伊斯兰教的非阿拉伯人的歧视。

倭马亚王朝(Umayyad dynasty):古莱西部落的倭马亚氏族所建王朝,公元 661－750 年定都大马士革,公元 756－1030 年定都科尔多瓦。

温麦(*umma*):穆斯林在政治上、社会上和精神上的共同体。

东仪天主教徒(Uniat Catholics):隶属罗马天主教会的中东多个基督教分支的信徒。

阿拉伯联合埃米尔国(United Arab Emirates):海湾诸公国所建联盟。

阿拉伯联合共和国(United Arab Republic):埃及与叙利亚合并后的国家(1958－1961 年)。

实现脱离接触的联合国观察部队(United Nations Disengagement Observe Force):从 1974 年起驻扎叙利亚与以色列交界的国际部队。

联合国紧急部队(United nations Emergency force [UNEF]):1957－1967 年与 1974－1979 年驻扎埃及与以色列之间的国际部队。

联合国救济与工程署(United Nations Relief and Works Agency[UNRWA]):自 1949 年起向巴勒斯坦难民提供帮助和教育的国际机构。

艾哈迈德·奥拉比(Urabi, Ahmad):埃及将领与埃及民族主义者,在 1881－1882 年反抗双重控制的民众起义领袖。

奥斯曼(Uthman):第三任正统哈里发(公元 644 — 656 年在位)。

乌兹别克人(Uzbeks):中亚突厥人,在 16 世纪与波斯萨法维王朝为敌。

爱列奥特锐洛斯·维尼兹洛斯(Venizelos, Eleutherios):1919 — 1922 年希腊入侵安纳托利亚期间的希腊首相,强烈鼓吹建立大希腊。

维齐尔(vizier):伊斯兰国家的大臣或部长。

瓦迪(wadi):谷地或流域。

华夫脱(wafd):(1) 1919 年赴巴黎和会的埃及民间代表团;(2) 1923— 1952年埃及的主要民族主义政党,1978 年重建。

瓦哈比派(Wahhabi):穆罕默德·伊本·阿卜杜勒·瓦哈卜创立的禁欲主义的伊斯兰教支派,目前在沙特阿拉伯居于主导地位。

“哭墙事件”(Wailing Wall Incident):1929 年发生于耶路撒冷的骚乱,导致阿拉伯人对巴勒斯坦犹太人的广泛袭击。

隔离墙(Wall, the):以色列自 2002 年起在约旦河西岸修建的“安全篱笆”,旨在将巴勒斯坦人聚居区与以色列国和犹太定居点隔离开来。

瓦克夫(waqf):穆斯林捐赠的土地或其他财产,通常用于慈善目的或表示信仰虔诚。

大规模杀伤性武器(Weapons of Mass Destruction):生物武器、化学武器或核武器,特指在 2003 年美国入侵伊拉克之前伊拉克被指拥有而实际并未拥有的武器。

哈伊姆·魏茨曼(Weizmann, Chaim):英国的犹太复国主义领袖,促成《贝尔福宣言》的发布;以色列首任总统(1948 — 1952 年在任)。

繁荣党(Welfare Party):土耳其的伊斯兰主义政党,在 1995 年大选中赢得多数议席,并在 1995 — 1997 年建立联合政府。

约旦河西岸(West Bank):巴勒斯坦阿拉伯人的聚居区,在 1948 年被 497
约旦吞并,在 1967 年被以色列占领,被某些以色列人称作“朱迪亚与撒玛利亚”;部分地区自 1996 年起由巴勒斯坦自治机构进行管理。

西墙(Western Wall):位于耶路撒冷的犹太第二圣殿残迹,受到犹太人热爱,有时被误称为哭墙。

《白皮书》(*White Paper*)：1939 年英国发出的关于限制犹太人移入巴勒斯坦委任统治地和土地购置权利的政策声明，遭到犹太复国主义者反对。

白色革命(White Revolution)：1963 年伊朗国王宣布的广泛改革方案。

雷吉纳德·卫盖特(Wingate, Sir Reginald)：英国驻埃及高级专员(1916－1919 年在任)。

雅米特(Yamit)：以色列工业城市，建于以色列曾占领的西奈半岛，在 1982 年西奈半岛被移交埃及之前被摧毁。

雅姆克河(Yarmuk River)：约旦河支流，公元 636 年阿拉伯人在此获胜。

叶斯里卜(Yathrib)：麦地那旧称。

叶齐德一世(Yazid I)：倭马亚王朝哈里发(680－683 年在位)。

也门(Yemen)：(1) 阿拉伯半岛西南部山区；(2) 也门阿拉伯共和国或"北也门"的俗称；(3) 也门人民民主共和国或"南也门"的俗称；(4) 1990年南北也门合并后的也门共和国的俗称。

"赎罪日战争"(Yom Kippur War)：参见十月战争。

青年埃及党(Young Egypt)：20 世纪 30 年代的埃及民族主义政党。

青年土耳其党(Young Turks)：土耳其民族主义组织，在 1908 年控制奥斯曼帝国政权，恢复奥斯曼帝国宪法，并开始推行西化改革；统一与进步委员会是其主要机构。

赛义德·扎格鲁尔(Zaghlul, Sa'd)：埃及民族主义领袖(1927 年逝世)。

宰卡特或天课(*zakat*)：指全体穆斯林必须缴纳其收入或财产的一定份额，作为一种税收或者对贫苦者的施舍。

栽德(Zayd)：什叶派伊斯兰教第五任伊玛目，什叶派伊斯兰教分支栽德派的创始人，在公元 8 世纪早期曾领导起义但是失败。

栽德·伊本·哈礼萨(Zayd ibn Haritha)：伊斯兰教先知穆罕默德的养子。

什叶派伊斯兰教分支栽德派(Zaydi Shi'i)：坚信栽德曾将其对"温麦"的统治权传给其指定继承人的穆斯林。

宰纳卜(Zaynab)：原为伊斯兰教先知穆罕默德养子载德·伊本·哈礼萨之妻，后与载德·伊本·哈礼萨离异并嫁给穆罕默德。

赞吉(Zengi)：1127－1146年在摩苏尔建国的突厥将领。

精迪格(zindiq)：(1)穆斯林中带有异端倾向者；(2)(被捕获的)摩尼教徒，或信奉伊斯兰教诞生前夕的波斯宗教者。

锡安主义或犹太复国主义(Zionism)：(1)倡导犹太人团结的民族主义思想；(2)旨在建立或维护犹太国的运动，特别是在巴勒斯坦/以色列建立或维护犹太国的运动。

锡安主义者(Zionist)：犹太复国主义者。

赛义德·兹雅尔丁·塔巴塔拜(Ziya al-Din Tabatabai, Sayyid)：1921年波斯民族起义的民间领袖，他促使礼萨控制波斯政权。

齐亚德·伊本·阿比海(Zaiyad ibn Abihi)：哈里发穆阿维叶统治时期的伊拉克总督。

琐罗亚斯德教(Zoroastrianism)：伊斯兰教诞生前的波斯宗教，公元前 498
6世纪由琐罗亚斯德创立，宣扬至高神祇的存在与善恶之间的永恒斗争。

祖拜尔(Zubayr)：圣门弟子之一，在公元656年的"骆驼战役"中反对阿里并遇难；阿卜杜勒·伊本·祖拜尔之父。

参考文献

笔者所撰拙著已向读者(主要是大学生，其次是公众)讲述中东历 499
史，而我们也向大家推荐经过筛选的具有可读性与可靠性的一些书籍和其他资料。正如《圣经·旧约全书》"传道书"卷所言："著书多，没有穷尽"(原文参见该卷第12章第12节："我儿，还有一层，你当受劝诫：著书多，没有穷尽；读书多，身体疲倦。"——译者注)，挑选参考文献并非易事。除此之外，我们还特别关注著名而且实用的网站。

质量上乘的伊斯兰史综述，包括 Ira M. Lapidus, *History of Islamic Societies*, 2nd ed. (New York: Cambridge University Press, 2002); Albert Hourani, *History of the Arab Peoples* (Cambridge,

MA: Harvard University Press, 1991); 与 John Esposito, ed., *The Oxford History of Islam* (Oxford: Oxford University Press, 1999). Marshall Hodgson, *The Venture of Islam*, 3 vols. (Chicago: University of Chicago Press, 1974) 是一本出类拔萃的综合性论著,不过估计只有高年级大学生才能读懂全书——甚至只能读懂该书的部分内容。

读者可以结合原始资料的翻译版本来阅读笔者所撰的这本科普性教科书,例如: Marvin E. Gettleman and Stuart Schaar, eds., *The Middle East and Islamic World Reader* (New York: Grove Press, 2003); Bernard Lewis, *Islam: From the Prophet Muhammad to the Capture of Constantinople*, 2 vols. (New York: Harper & Row, 1974); William H. McNeill and Marilyn Waldman, *The Islamic World* (Chicago: University of Chicago Press, 1983); 与 F. E. Peters, *A Reader on Classical Islam* (Princeton: Princeton University Press, 1994). Drs. Waldman and William A. Graham 编写了实用的原始资料集 *Islamfiche*, 该书由 The Islamic Teaching Materials Project 出版,由 Inter Documentation of Zug (Switzerland) 销售。

一般研究的工具书

Jere Bacharach's *Middle East Studies Handbook*, 2nd ed. (Seattle: University of Washington Press, 1986), 是不错的学生用工具书,内含朝代表、统治者列表、地图、年表、缩略词和其他资料。
500 Trevor Mostyn and Albert Hourani, eds., *Cambridge Encyclopedia of the Middle East and North Africa* (Cambridge: Cambridge University Press, 1988)是比较专业的研究参考书。menic.utexas.edu 是得克萨斯大学中东网络信息中心(The Middle East Network Information Center at the University of Texas)的网址,语言表述非常清晰,包括中东地区多个国家、社会和文化的信息,链接多家日报,专版

报道巴以冲突与“9·11”事件。它与佩里图书馆地图集(the Perry-Castaneda Library Map Collection)的链接使其成为地理学家与历史学家的重要资料来源。北帕克大学(North Park University)历史系所编世界史年表在记录伊斯兰教史和中东史时广泛链接扼要的叙述,翻译版本的原始资料、地图和图片,网址是 campus.northpark.edu/history/webchron。

笔者在撰写本书时常常参考 *The Encyclopaedia of Islam*, 2nd ed. (Leiden: Brill, 1954 – 2004), 该书共 12 卷,有 11 卷现已入盘。The *Encyclopedia Judaica*, 16 vols. (Jerusalem: Keter Publishing House, 1972),其最新版本已经入盘 (Shaker Heights, Ohio: Judaica Multimedia, 1997), 与 John Esposito, éd., *Oxford Encyclopedia of the Modern Islamic World*, 4 vols. (New York and London: Oxford University Press, 1995), 也均有价值。历史地图集参见 David Nicolle, *Historical Atlas of the Islamic World* (New York: Checkmark Books, 2003); Ismail R. al-Faruqi and Lois Lami' al-Faruqi, *Cultural Atlas of Islam* (New York: Macmillan, 1986); 与 Francis Robinson, *Atlas of the Islamic World Since 1500* (New York: Facts on File, 1982)。关于学术论文和书籍章节的汇编,读者可以参阅 the *Index Islamicus* (London: Mansell, 1955 –)。我们推荐使用涵盖 1906 年至 1997 年资料的入盘版本。少数图书馆每年更新一次所储资料,纸质书籍则过于笨重。

第一章

若干研究中东的著名学者已阐述他们对历史的看法: Sir Hamilton Gibb, *Studies on the Civilization of Islam*, eds. Stanford J. Shaw and William R. Polk (Boston: Beacon Press, 1962); Albert Hourani, *Islam in European Thought* (Cambridge: Cambridge University Press, 1991); 与 Bernard Lewis, *History—Remembered, Recovered, Invented* (Princeton: Princeton University Press, 1975)。

Nancy E. Gallagher, *Approaches to the History of the Middle East* (Reading, UK: Ithaca Press, 1997); 与 Thomas Naff, éd., *Paths to the Middle East: Ten Scholars Look Back* (Albany: State University of New York Press, 1993) 是近年来综述中东史学家观点的著作。

Stephen H. Longrigg and James Jankowski, *The Middle East: A Social Geography* (Chicago: Aldine, 1970)仍属介绍中东地理环境的权威著作。接下来大学生应阅读 Colbert C. Held, *Middle East Patterns: Places, Peoples, and Politics*, 3rd ed. (Boulder: Westview Press, 2000)。Dale Eickelmann, *The Middle East and Central Asia: An Anthropological Approach*, 4th ed. (Upper Saddle
501 River, NJ: Prentice-Hall, 2002),考察中东主要的社会与文化。关于人种学资料,初学者可以参考 Joyce Moss and George Wilson, *Peoples of the World: The Middle East and North Africa* (Detroit: Gale Research, 1992)。

第二章

穆罕默德诞生前的中东历史仍然存在诸多未解之谜。William W. Hallo and William Kelly Simpson, *The Ancient Near East: A History*, 2nd ed. (New York: Harcourt Brace Jovanovich, 1997)是目前介绍这一时期历史的经典之作。另见 Milton Covensky's *The Ancient Near Eastern Tradition* (New York: Harper 8c Row, 1966); 与 Jacquetta Hawkes, *The First Great Civilizations* (New York: Knopf, 1973). George Ostrogorsky, *History of the Byzantine State*, trans. Joan Hussey (New Brunswick, NJ: Rutgers University Press, 1986),详细论述拜占庭史。初学者或许更青睐 John Julius Norwich, *Byzantium: The Early Centuries* (New York: Alfred A. Knopf, 1989) 与此后的著作,或者 Tamara Talbot Rice, *Everyday Life in Byzantium* (New York: Dorset Press, 1987)。关于中东的基督教派别,参见 Aziz S. Atiya, *A History of Eastern*

Christianity (South Bend, IN: Notre Dame University Press, 1968)。关于琐罗亚斯德教,参见 Janet Kestenberg Amighi, *The Zoroastrians of Iran* (New York: AMS Press, 1990); Mary Boyce, *The Zoroastrians: Their Religious Beliefs and Practices* (New York: Routledge, 1985); 与 Peter Clark, *Zoroastrianism: An Introduction to an Ancient Faith* (Brighton, U. K.: Sussex Academic Press, 1998)。读者可以浏览 G. W. Bowersock, Peter Brown, and Oleg Grabar, eds., *Late Antiquity* (Cambridge, MA: Harvard University Press, 1999),该书收录了大量论文和词条。

读者需要重视关于伊朗(或波斯)的概略性著作。对初学者而言, Elton Daniel, *History of Iran* (Westport, CT: Greenwood Press, 2000)很可能是最适宜阅读的著作。高年级大学生应该参阅 *The Cambridge History of Iran*, 8 vols. (Cambridge: Cambridge University Press, 1968 — 1991)。The *Encyclopedia Iranica*, edited by Ehsan Yarshater (London: Routledge and Kegan Paul, 1982 — 1992; Costa Mesa, CA: Mazda Publishers, 1993 —)目前已编至第12卷或曰《历史编纂学》,价值越来越高。读者还可以在线阅读此书,网址是 www.iranica.com/articlenavigator/alphabetical/bodya.html。伊斯兰理事协会(The Islam Chamber Society)也设有研究伊朗历史的网址,其中包括故事、插图和资料。关于利凡特地区即通常所说的"大叙利亚"的历史,也有相当难度,不过读者可以首先参阅 William W. Harris, *The Levant: A Fractured Mosaic* (Princeton: Markus Wiener Publishers, 2003),该书全面考察了利凡特地区。

Robert G. Hoyland, *Arabia and the Arabs: From the Bronze Age to the Coming of Islam* (London & New York: Routledge, 2001); 与 Jan Retsô, *The Arabs in Antiquity: Their History from the Assyrians to the Umayyads* (London & New York: RoutledgeCurzon, 2003)考察了伊斯兰教诞生前的阿拉伯人。Richard Bulliet's *The Camel and the Wheel* (Cambridge, MA:

502 Harvard University Press, 1975)是一本关于驯养骆驼的生动著作。关于阿拉伯人的早期诗歌,即通常所说的"前伊斯兰时代"的诗歌,参见 Arthur J. Arberry's *The Seven Odes* (New York: Macmillan, 1957)。

Hugh Kennedy, *The Prophet and the Age of the Caliphates*, 2nd ed. (London and New York: Pearson Longman, 2004); Bernard Lewis, *The Arabs in History* (London: Hutchinson, 1950; 6th éd., 2002); John J. Saunders, *A History of Medieval Islam* (New York: Routledge, 1978); 与 W. Montgomery Watt, *The Majesty That Was Islam* (New York: Praeger Publishers, 1974)考察了阿拉伯人的早期历史。读者可以先学习桑德斯(Saunders)的著作。

第三章

关于伊斯兰教先知穆罕默德的生平,读者可以首先参阅 W. Montgomery Watt's *Muhammad: Prophet and Statesman* (London: Oxford University Press, 1961),接着试读 Maxime Rodinson's *Mohammed* (New York: Pantheon, 1974)。Martin Lings, *Muhammad: His Life Based on the Earliest Sources* (New York: Inner Tradition International, 1983); 与 Karen Armstrong, *Muhammad: Biography of the Prophet* (San Francisco: HarperCollins, 1992)比较贴近穆斯林的精神生活。在穆斯林学者所著的众多先知传记中,对非穆斯林而言最易阅读的是 Seyyed Hossein Nasr, *Muhammad: Man of Allah* (London: Muhammadi Trust, 1982); 与 Rafiq Zakaria, *Muhammad and the Quran* (New York and London: Penguin, 1991)。

尽管《古兰经》不可能被原汁原味地译出,但是其英语译本对不懂阿拉伯语的读者而言仍有裨益。Arthur J. Arberry, *The Koran Interpreted*, 2 vols. (New York: Macmillan, 1955)的翻译最具文学色彩;Bell's *Introduction to the Qur'an*, revised by W. Montgomery Watt (Chicago: Aldine, 1970)的翻译从学术角度上讲最为准确。笔

者鼓励大学生聆听《古兰经》的诵读。对于母语是英语的非穆斯林而言，利用 Michael Sells, *Approaching the Quran: The Early Revelations* (Ashland, OR: White Cloud Press, 1999)内设的光盘是聆听《古兰经》诵读的捷径。

第四章

西方学者论述伊斯兰教信仰与功修的著作往往流露出容易激怒穆斯林的那种傲慢，而穆斯林学者所撰著作可能将信仰介绍和宗教灌输混为一谈。西方学者著作中的例外情况包括 Daniel W. Brown, *A New Introduction to Islam* (Malden, MA: Blackwell, 2004); Frederick M. Denny, *An Introduction to Islam*, 2nd ed. (New York: Macmillan, 1994); John Esposito, *Islam: The Straight Path*, 3rd ed., revised (New York: Oxford University Press, 2004)与 Richard C. Martin, *Islamic Studies: A History of Religions* Approach, 2nd ed. (Upper Saddle River, NJ: Prentice-Hall, 1996)。穆斯林学者的 503
此类著作参见 Imam Feisal Abdul Rauf, *What's Right with Islam: A New Vision for Muslims and the West* (San Francisco: Harper, 2004); Seyyed Hossein Nasr, *The Heart of Islam: Enduring Values for Humanity* (New York: HarperCollins, 2004); 与 Fazlur Rahman, *Islam*, 2nd ed. (Chicago: University of Chicago Press, 1979)。关于伊斯兰教的许多著作似乎存在忽视什叶派伊斯兰教的情况，但是 Moojan Momen's *An Introduction to Shi'i Islam: The History and Doctrines of Twelver Shi'ism* (New Haven and London: Yale University Press, 1985), 与 Roy Mottahedeh's *The Mantle of the Prophet* (New York: Simon & Schuster, 1985)不在其列。Ali Shari'ati, *Hajj*, 2nd ed., trans. Ali A. Behzadnia and Najla Denny (Houston: Free Islamic Literatures, 1978); David E. Long, *A Survey of the Contemporary Makkah Pilgrimage* (Albany: SUNY Press, 1979); Ian R. Netton, ed., *Golden Roads:*

Migration, Pilgrimage, and Travel in Mediaeval and Modern Islam (Richmond, UK: Curzon Press, 1993);与 E E. Peters, *The Hajj: The Muslim Pilgrimage to Mecca and the Holy Places* (Princeton: Princeton University Press, 1994)论述了朝觐仪式。福德汉姆大学(Fordham University)的网站"Click2Religion"包括原始资料的节选译本、地图、插图等与伊斯兰教史相关的资料。其中一项链接阐释一手资料与二手资料的区别。名叫"Introducing Islam"的一家穆斯林网站介绍伊斯兰教史、伊斯兰教五功、《古兰经》、《圣训》,并讨论其他问题,网址是 www.islamonline.net/English/introducingislam/index.shtml。

第五章

关于早期哈里发,参见 Wilferd Madelung, *The Succession to Muhammad* (New York: Cambridge University Press, 1997),以及 C. E. Bosworth, *The Arabs, Byzantium and Iran* (Aldershot, UK: Variorum Reprints, 1996);与 Martin Hinds, *Studies in Early Islamic History* (Princeton: Darwin Press, 1996)。关于欧麦尔和穆阿维叶(以及早期哈里发国家其他"伟人")的扼要易懂传记,读者可以参阅 Philip Hitti, *Makers of Arab History* (New York: Harper & Row, 1968). Sir John Bagot Glubb, *The Great Arab Conquests* (London: Hodder & Stoughton, 1963; Englewood Cliffs, NJ: Prentice-Hall, 1964)是介绍阿拉伯人早期征服的一本英文著作,读者应结合 Fred Donner's *The Early Islamic Conquests* (Princeton: Princeton University Press, 1980)来读。关于本章、第六章与第七章所讲述的历史,准备撰写相关研究报告或毕业论文的大学生应该认真阅读 R. Stephen Humphreys, *Islamic History: A Framework for Inquiry* (Princeton: Princeton University Press, 1991),因为这本著作阐释重大的历史问题,并评述穆斯林学者与非穆斯林学者迄今的研究状况。穆斯林学者协会(The Muslim Student Association)的网站

www.usc.edu/dept/MSA/politics/firstfourcaliphs.html 则包括四大正统哈里发的传记。

第六章 504

关于全盛时期的哈里发国家，参见 Sir John Bagot Glubb：*The Empire of the Arabs* (Englewood Cliffs, NJ: Prentice-Hall, 1963), *The Course of Empire* (London: Hodder and Stoughton, 1965), 与 *Haroon er-Rasheed and the Great Abbasids* (London: Hodder and Stoughton, 1976) 等史学著作。新近出版的学术专著包括 C. E. Bosworth, *The History of the Saffarids of Sistan* (Costa Mesa, CA: Mazda Publishers, 1994); Richard W. Bulliet, *Conversion to Islam in the Medieval Period: An Essay in Quantitative History* (Cambridge, MA: Harvard University Press, 1979); Gerald R. Hawting, *The First Dynasty of Islam*, 2nd ed. (London: Routledge, 2000); Hugh Kennedy, *The Early Abbasid Caliphate* (London: Croom Helm; Totowa, NJ: Barnes & Noble, 1981); Jacob Lassner, *The Shaping of Abbasid Rule* (Princeton: Princeton University Press, 1980); Michael Morony, *Iraq After the Muslim Conquest* (Princeton: Princeton University Press, 1984); Roy Mottahedeh, *Loyalty and Leadership in an Early Islamic Society* (Princeton: Princeton University Press, 1980); 与 Moshe Sharon, *Black Banners from the East: The Establishment of the Abbasid State* (Jerusalem: Magnes Press, 1985). Oleg Grabar, *The Formation of Islamic Art*, rev. ed. (New Haven: Yale University Press, 1987) 是关于历史与艺术的重要著作。www.umich.edu/~iinet/worldreach/assets/docs/crusades/BackArab.html 是不错的网站，不仅讨论全盛时期的哈里发国家，而且涉及拜占庭帝国与十字军东征。

第七章

Clement Dodd 修订了 Roderic Davison 所著 *Turkey*, 3rd ed. (Huntingdon, UK: Eothen Press, 1998),使该书成功介绍了突厥历史, Claude Cahen's *Pre-Ottoman Turkey*, trans. J. Jones-Williams (London: Sidgwick & Jackson; New York: Taplinger, 1968)则论述了突厥人的早期历史。另外,www.allaboutturkey.com 是关于突厥历史的英文网站。

西方学者已经从自身视角充分论述了十字军东征。读者可以先看 Hans Eberhard Mayer, *The Crusades*, trans. John Gillingham (New York and Oxford: Oxford University Press, 1972), 接着参阅 Steven Runciman 所撰写的通俗易懂著作 *History of the Crusades*, 3 vols. (Cambridge: Cambridge University Press, 1951 — 1954)。Philip K. Hitti, ed. and trans., *An Arab-Syrian Gentleman and Warrior in the Period of the Crusades* (New York: Columbia University Press, 1929; 1964 年再版)则从穆斯林角度审视十字军东征。Amin Maalouf, *The Crusades Through Arab Eyes*, trans. Jon Rothschild (New York: Schocken Books, 1985) 非常易懂。关于萨拉丁的著作很多,笔者建议读者参看 Geoffrey Regan, *Saladin and the Fall oflerusalem* (London: Croom Helm, 1987)。

读者可以从 René Grousset, *The Empire of the Steppes*, trans. Naomi Walford (New Brunswick, NJ: Rutgers University Press, 1970); Leo de Hartog, *Genghis Khan: Conqueror of the World*
505 (London: Tauris, 1989); 与 David Morgan, *The Mongols* (Oxford: Basil Blackwell, 1986)等著作中获取关于蒙古人的背景知识。Bertold Spuler's *History of the Mongols*, trans. Helga Drummond and Stuart Drummond, reprint ed. (New York: Dorset Press, 1989)汇编并翻译了某些现存史料。Ann Lambton, *Continuity and Change in Medieval Persia* (London: Tauris, 1988)这一专题讲稿论从阐述波斯人在蒙古人

入侵之后如何调整并幸存的历史。关于蒙古人的技术，参见如下网址：http:// www.uwgb.edu/ dutchs/ WestTech/ xmongol.htm。

第八章

诸多作者，无论穆斯林抑或西方人，已经概述伊斯兰文明。除了前引著作之外，还包括 Sewed Hossein Nasr, *Islamic Life and Thought* (Mbany: SUNY Press, 1985)；与 Gustave Von Grunebaum, *Medieval Islam*, 2nd ed. (Chicago: University of Chicago Press, 1953；可供在线阅读)。C. E. Bosworth and Joseph Schacht, eds., *The Legacy of Islam* (London and New York: Oxford University Press, 1974)；John R. Hayes, ed., *The Genius of Arab Civilization: Source of the Renaissance*, 2nd ed. (Cambridge, MA: MIT Press, 1983)；Bernard Lewis, ed., *Islam and the Arab World* (New York: Knopf, 1976)；与 Francis Robinson, ed., *The Cambridge Illustrated History of the Islamic World* (Cambridge: Cambridge University Press, 1996)则凝聚了合作者的辛劳。

关于伊斯兰教法沙里亚，参见 Joseph Schacht, *An Introduction to Islamic Law* (London: Oxford University Press, 1964)；与 Noel J. Coulson, *A History of Islamic Law* (Edinburgh: University of Edinburgh Press, 1965)。Ann K. S. Lambton, *State and Government in Medieval Islam* (London: Oxford University Press, 1981)论述了这一时期的政治思想。关于伊斯兰教教义学，笔者建议大家首先参看 W. Montgomery Watt, *Islamic Philosophy and Theology* (Edinburgh: University of Edinburgh Press, 1962; reprint ed., 1985). Seyyed Hossein Nasr, *Sufi Essays* (Albany: SUNY Press, 1972)；James Fadiman and Robert Frager, *Essential Sufism* (San Francisco: Harper, 1997)；与 Annemarie Schimmel, *Mystical Dimensions of Islam* (Chapel Hill: University of North Carolina Press, 1975)对苏菲主义的论述不带歧视色彩。Julian Baldick's

Mystical Islam (New York and London: NYU Press, 1989)是近年出版的概述苏菲派历史的著作。John Renard's *Seven Doors to Islam* (Berkeley: University of California Press, 1996)综述了伊斯兰教的信仰。佐治亚大学教授 Alan Godlas 精心制作了一个关于伊斯兰教史和伊斯兰制度(包括新闻和评述)的网站: www. arches. uga. edu/～godlas/home.html。

Leila Ahmed, *Women and Gender in Islam* (New Haven and London: Yale University Press, 1992)是权威的伊斯兰世界妇女史著作。关于这一时期伊斯兰世界的妇女,参阅 Wiebke Walther, *Women in Islam: From Medieval to Modern Times*, 2nd ed. (New York: Marcus Wiener, 1993)。另见一家穆斯林网站: http://womenshistory.about.com/od/islamandwomen。

506 关于伊斯兰各民族的文学,参见 Edward G. Browne, *A Literary History of Persia*, 4 vols. (Cambridge: Cambridge University Press, 1928); Sir Hamil-ton Gibb, *Arabic Literature: An Introduction*, 2nd ed. (Oxford: Clarendon Press, 1963); Reynold A. Nicholson, *A Literary History of the Arabs* (New York: Scribner's, 1907); 与 James Kritzeck, *Anthology of Islamic Literature* (New York: Holt, Rinehart, and Winston, 1964)。伊本·赫勒敦的《历史绪论》(Ibn Khaldun's *Muqaddimah*)已由弗朗茨·罗森塔尔(Franz Rosenthal)译成英文,共计 3 卷(New York: Bollingen, 1958),而 N. I. Dawood (Princeton: Princeton University Press, 1967)则刊出《历史绪论》的删节本。Ernst Grube's *The World of Islam* (New York and Toronto: McGraw-Hill, 1966)是关于伊斯兰艺术的图文并茂的著作。

Andrew M. Watson, *Agricultural Innovation in the Early Islamic World* (Cambridge: Cambridge University Press, 1983); Sewed Hossein Nasr, *Islamic Science: An Illustrated Study* (London: World of Islam Festival, 1976); 与 Donald R. Hill,

Islamic Science and Engineering (Edinburgh: Edinburgh University Press, 1993)集中讨论了这一时期穆斯林的某些科技成就。

第九章

这本教科书关于火器历史的论述依据 Carlo M. Cipolla, *Guns, Sails, and Empire* (New York: Minerva Press, 1965), 以及前文引述的 Hodgson, *The Venture of Islam*。

Bertold Spuler in *The Mongols in History* (New York: Praeger, 1971)论述了蒙古史的伊儿汗国阶段。Sir John Bagot Glubb, *Soldiers of Fortune: The Story of the Mamlukes* (New York: Stein & Day, 1973)简要介绍了马木鲁克。接下来读者应参阅 Daniel Pipes, *Slave Soldiers and Islam: The Genesis of a Military System* (New Haven: Yale University Press, 1981)。关于马木鲁克,参见英国一家史料确凿的穆斯林网站: http://muslimheritage.com/uploads/mamluk.pdf。Beatrice Forbes Manz 的 *The Rise and Fall of Tamerlane* (Cambridge: Cambridge University Press, 1989) 与 http://www.geocities.com/Athens/5246/Timur.html#timurid.html 讲述了帖木儿帝国的早期历史。

Stanford J. Shaw (with Ezel Kural Shaw in Volume 2), *History of the Ottoman Empire and Modern Turkey*, 2 vols. (London, New York, and Melbourne: Cambridge University Press, 1976－1977)主要依据突厥语史料,综述了奥斯曼帝国史。由于初学者或许难以应付 Stanford J.Shaw 的这本著作,因此我们建议大家阅读 Jason Goodwin, *Lords of the Horizon: A History of the Ottoman Empire* (London: Chatto & Windus, 1998); Raphaela Lewis, *Everyday Life in Ottoman Turkey* (London: Batsford; New York: G. E Putnam's Sons, 1971); Justin McCarthy, *The Ottoman Empire: An Introductory History to 1923* (London and New York: Longman, 1997); 与 Andrew Wheatcroft, *The Ottomans* (New York: Viking,

1993)。关于奥斯曼帝国史的最佳综合性网站,参见 http://www.wsu.edu:8080/~dee/OTTOMAN/CONTENTS.HTM。

507 Steven Runciman's *The Fall of Constantinople, 1453* (Cambridge: Cambridge University Press, 1965)生动描述了奥斯曼人征服伊斯坦布尔的过程。关于奥斯曼帝国苏丹穆罕默德二世,参阅 Franz Babinger, *Mehmed the Conqueror and His Time*, ed. William C. Hickman, trans. Ralph Manheim (Princeton: Princeton University Press, 1977)。Andre Clot, *Suleiman the Magnificent* (New York: New Amsterdam, 1992)研究了奥斯曼帝国另一位伟大苏丹即苏莱曼大帝。另见 Paul Cole, *The Ottoman Impact on Europe* (London: Thames & Hudson, 1968); Halil Inalcik, *The Ottoman Empire: The Classical Age, 1300 – 1600*, 2nd ed. (New Rochelle, NY: Caratzas Publishing, 1989); 与 L. S. Stavrianos, *The Balkans Since 1453* (New York: Rinehart & Co., 1958)。历史学家正在研究奥斯曼帝国的经济社会走向,特别是奥斯曼帝国城市史,例如, Edhem Elhem, Daniel Goffman, and Bruce Masters, eds., *The Ottoman City Between East and West* (New York: Cambridge University Press, 1999)就借鉴了先前的研究成果。关于奥斯曼帝国的艺术史,参见 http://www.easterncorner.com/art-history.htm。

Roger M. Savory, *Iran Under the Safavids* (Cambridge: Cambridge University Press, 1980)是论述波斯萨法维王朝史的权威著作。关于伊斯法罕的艺术和建筑,参阅 Wilfrid Blunt, *Isfahan: Pearl of Persia* (New York: Stein & Day, 1966)。http://isfahan.apu.ac.uk 提供了关于伊斯法罕的某些图片,读者可以参看。关于波斯萨法维王朝与奥斯曼帝国的关系,参见 Adel Allouche, *The Origins and Development of the Ottoman-Safavid Conflict* (Berlin: Klaus Schwarz Verlag, 1983)与 Michel Mazzaoui, ed., *Safavid Persia and Her Neighbors* (Salt Lake City: University of Utah Press, 2003)。J. J. Saunders, ed., *The Muslim World on the Eve of Europe's*

Expansion (Englewood Cliffs, NJ: Prentice-Hall, 1966) 提供了某些原始性与可读性资料的译文。

第十章

“东方问题”是日渐消失的“欧洲外交史学家”的研究内容之一。M. S. Anderson, *The Eastern Question* (London: Macmillan; New York: St. Martin's Press, 1966)的论述尽管全面却很艰涩。对大学生而言, A. L. Macfie, *The Eastern Question*, rev. ed. (London: Longman, 1996)比较浅显。关于英国对中东的政策,参见 Marvin Swartz, *The Politics of British Foreign Policy in the Era of Disraeli and Gladstone* (New York: St. Martin's Press, 1985)与 Sir Charles Webster, *The Foreign Policy of Palmerston*, 2 vols. (London: G. Bell, 1951; reprinted 1969)。Edward Ingrams 所撰系列著作重点考察波斯: *Persia: Beginnings of the Great Game in Asia*, 1828 — 1834 (Oxford: Clarendon, 1979); *Commitment to Empire* (Oxford: Clarendon, 1981); 与 *Britain's Persian Connection*, *1798 —1828* (Oxford: Clarendon, 1992)。关于英国和法国在中东的斗争,参见 John Marlowe [pseud.], *Perfidious Albion* (London: Elek, 1971)。关于英法在埃及的活动,参阅 David S. Landes, *Bankers and Pashas* (Cambridge, MA: Harvard University Press, 1958)。关于英国与俄国在亚洲的竞争,参见 Peter Hopkirk,
The Great Game: The Struggle for Empire in Central Asia (New 508
York: Kodansha International, 1994)。利昂·卡尔·布朗(Leon Carl Brown)所著 *International Politics and the Middle East: Old Rules, Dangerous Game* (Princeton: Princeton University Press, 1984)认为,“东方问题”的游戏规则影响了当代中东的政策和政治。http://www.lib.msu.edu/sowards/balkan/lect10.htm 收录的一次演讲介绍了更多细节。这一网站还提供了一份实用的参考书目。

关于 18 和 19 世纪的中东,参见(前引书除外)P. M. Holt,

Egypt and the Fertile Crescent, 1516 — 1922 (Ithaca: Cornell University Press, 1966); Thomas Naff and Roger Owen, eds., *Studies in Eighteenth-Century Islamic History* (Carbondale and Edwardsville: Southern Illinois University Press, 1977); William Polk and Richard Chambers, eds., *The Middle East in the Nineteenth Century* (Chicago: University of Chicago Press, 1967); Man Palmer, *The Decline and Fall of the Ottoman Empire* (New York: M. Evans & Co., 1992); 与 M. E. Yapp, *The Making of the Modern Middle East, 1792 — 1923* (New York and London: Longman, 1987)。

Albert Hourani, Philip S. Khoury, and Mary C. Wilson 合编的 *The Modern Middle East*, 2nd ed. (New York and London: I. B. Tauris, 2004)以一种便于理解的方法收录了从“东方问题”到“因提法达”期间中东历史的学术论文与书籍章节。另一部著作即 Edmund Burke III, ed., *Struggle and Survival in the Modern Middle East* (Berkeley and Los Angeles: University of California Press, 1993)收录了关于中东男女的传记概略,这些男人和妇女生活在 19 或 20 世纪,其中多数人是“平民百姓”,但是少数人相当出名。读者要将这本书与 Robert E Pearson's *Through Middle Eastern Eyes*, 4th ed. (New York: Apex Press, 2002)进行比照。原始资料的英语译本包括: M. S. Anderson, ed., *The Great Powers and the Near East, 1774 — 1923* (London: Edward Arnold, 1970); 与 J. C. Hurewitz, ed., *The Middle East and North Africa in World Politics*, 2 vols. (New Haven: Yale University Press, 1975)。

第十一章

为了综览埃及现代史,读者应首先参阅 Arthur Goldschmidt, *Modern Egypt: The Formation of a Nation State*, 2nd ed. (Boulder: Westview Press, 2004), 接着要看 E. J. Vatikiotis,

History of Modern Egypt from Muhammad Ali to Mubarak, 4th ed. (Baltimore and London: Johns Hopkins University Press, 1991)。关于现代埃及的文化变革,参见 Nadav Safran, *Egypt in Search of Political Community* (Cambridge, MA: Harvard University Press, 1961; reprinted 1981)。Christopher Herold, *Bonaparte in Egypt* (New York: Harper & Row, 1962); Khalid Fahmy, *All the Pasha's Men: Mehmed Ali. His Army and the Making of Modern Egypt* (New York: Cambridge University Press, 1997); 与 Helen Rivlin, *The Agricultural Policy of Muhammad Ali in Egypt* (Cambridge, MA: Harvard University Press, 1961)可以勾勒埃及的早期西化历程。Ehud R. Toledano, *State and Society in Mid-Nineteenth-Century* 509 *Egypt* (New York: Cambridge University Press, 1990)论述了穆罕默德·阿里去世后的埃及。Zachary Karabell's *Parting the Desert: The Creation of the Suez Canal* (New York: Alfred A. Knopf, 2003)是新近出版的论述苏伊士运河的上乘著作。关于穆罕默德·阿里和苏伊士运河的网上资料,读者可以分别参见 http://i-cias.com/e.o/muhammad_ali.htm 与 http://www.touregypt.net/suezcanal.htm。

为了研究奥斯曼帝国的西化,大家应该首先阅读 Bernard Lewis, *The Emergence of Modern Turkey*, 3rd ed. (London and New York: Oxford University Press, 2002); 与 Erik Jan Zurcher, *Turkey: A Modern History* (London: I. B. Tauris, 1993; New York: St. Martin's Press, 1994)。关于奥斯曼帝国苏丹谢里姆三世,参阅 Stanford J. Shaw, *Between Old and New* (Cambridge, MA.: Harvard University Press, 1971)。关于坦泽马特时代,参见 Roderic H. Davison, *Reform in the Ottoman Empire, 1856 — 1876* (Princeton: Princeton University Press, 1963; reprinted 1972); Carter V. Findley, *Bureaucratic Reform in the Ottoman Empire: The Sublime Porte, 1789 — 1922* (Princeton: Princeton University Press, 1980), 与 *Ottoman Civil Officialdom: A Social History*

(Princeton: Princeton University Press, 1989); 以及 Serif A. Mardin, *The Genesis of Young Ottoman Thought* (Princeton: Princeton University Press, 1962)。Niyazi Berkes, *The Development of Secularism in Turkey* (Montreal: McGill University Press, 1964)也很有价值。Leila Fawaz, *An Occasion for War: Civil Conflict in Lebanon and Damascus in 1860* (Berkeley: University of California Press, 1994), 通过描述一个实例来说明西化改革的消极后果。关于坦泽马特的网站,参见 http://i-cias.com/e.o/tanzimat.htm。

关于 19 世纪的波斯, 参阅 Abbas Amanat, *Pivot of the Universe: Nasir al-Din Shah Qajar and the Iranian Monarchy* (Berkeley: University of California Press, 1997); Ann K. S. Lambton, *History of Qajar Persia* (London: I. B. Tauris, 1987); Guity Nashat, *The Origins of Modern Reform in Iran* (Urbana: University of Illinois Press, 1981) 与 A. Reza Sheikholeslami, *Structure of Central Authority in Qajar Iran, 1871 – 1896* (Atlanta: Scholars Press, 1997)。在 http://www.iranchamber.com/history/qajar/qajar.php and http://www.qajarpages.org/可以找到关于恺伽王朝的网上资料。

Robert G. Landen, ed., *The Emergence of the Modern Middle East* (Cincinnati: Van Nostrand Reinhold, 1970) 与 George Lenczowski, ed., *The Political Awakening of the Middle East* (Englewood Cliffs, NJ: Prentice-Hall, 1970)是两本关于本章以及此后章节的实用资料集。

第十二章

Peter Mansfield, *The British in Egypt* (New York: Holt, Rinehart & Winston, 1972); Afaf Lutfi al-Sayyid [Marsot], *Egypt and Cromer: A Study in Anglo-Egyptian Relations* (London: John Murray, 1968; New York: Praeger, 1969) 与 Robert Tignor,

Modernization and British Colonial Rule in Egypt, 1882 – 1914 (Princeton: Princeton University Press, 1966)讨论了英帝国主义鼎 510
盛时期埃及民族主义的兴起。关于奥拉比，参见 Alexander Schölch, *Egypt for the Egyptians!* (London: Ithaca Press, 1981)的相关章节。Juan R. Cole's *Colonialism and Revolution in the Middle East: Social and Cultural Origins of Egypt's Urabi Movement* (Princeton: Princeton University Press, 1993)则阐发了新的见解。http://reference.allrefer.com/country-guide-study/egypt/egypt37.html 是关于埃及的一家实用网站。

关于土耳其民族主义，参见 David Kushner, *The Rise of Turkish Nationalism, 1876 – 1908* (London: Frank Cass, 1977)与前引 Niyazi Berkes, Bernard Lewis, and Stanford and Ezel Kural Shaw 的著作。Joan Haslip's *The Sultan* (New York: Holt, Rinehart & Winston, 1958)是一本关于奥斯曼苏丹阿卜杜勒·哈米德的流行传记。M. Sukru Hanioglu, *The Young Turks in Opposition* (New York: Oxford University Press, 1995) 讲述执政之前的统一与进步委员会；关于之后的统一与进步委员会，参阅 Feroz Ahmad, *The Young Turks: The Committee of Union and Progress in Turkish Politics, 1908 –1914* (Oxford: Clarendon Press, 1969); Ahmet Kansu, *The Revolution of 1908 in Turkey* (Leiden: Brill, 1997)以及 Erik Jan Zurcher, *The Unionist Factor: The Role of the Committee of Union and Progress in the Turkish National Movement, 1905 – 1926* (Leiden: E. J. Brill, 1984)。关于埃及与土耳其，另见 William Haddad 与 William Ochsenwald 合编的论文集 *Nationalism in a Nonnational State* (Columbus: Ohio State University Press, 1977; 1986 年再版)。论述土耳其民族主义的见解中肯且论据确凿的论文，参见 http://www.mtholyoke.edu/acad/intrel/ayse.htm。

关于贾马伦丁·阿富汗尼，参见 Nikki Keddie, *Sayyid]areal al-Din "al-Afghani"* (Berkeley and Los Angeles: University of

California Press, 1972)。关于早期波斯民族主义或伊朗民族主义,埃迪(Keddie)已经撰写大量论文,不过读者还可参阅笔者在其他场合提及的 Algar 与 Cottam 的研究成果。Janet Afari, *The Iranian Constitutional Revolution, 1906 — 1911* (New York: Columbia University Press, 1996); Mangal Bayat, Iran's First Revolution: Shi'ism and the Constitutional Revolution of 1905 — 1909 (New York: Oxford University Press, 1991)与 Vanessa Martin, *Islam and Modernism in the Iranian Revolution of 1906* (London: I. B. Tauris, 1989; Syracuse, NY: Syracuse University Press, 1989)论述了波斯立宪运动。第一次世界大战期间的波斯历史颇受忽视,但是读者可以参阅 Mohammad Gholi Maid's *The Great Famine and Genocide in Persia, 1917 —1919* (Lanham, MD: University Press of America, 2003)。关于海湾诸公国的兴起,参见 Frederick E Anscombe, *The Ottoman Gulf: The Creation of Kuwait, Saudi Arabia, and Qatar* (New York: Columbia University Press, 1997),该书驳斥了伊拉克对科威特提出的领土要求。

第十三章

关于阿拉伯民族主义的起源和崛起,George Antonius's *The Arab*
511 *Awakening* (Philadelphia and New York: J. E Lippincott, 1939; many reprints)是经典之作。Sylvia Kedourie 已在其著作 *Arab Nationalism: An Anthology* (Berkeley: University of California Press, 1976)的导言中,纠正了 George Antonius 著作中的若干细节错误。另见 Youssef M.Choueiri, *Arab Nationalism: A History* (Oxford, UK, and Malden, MA: Blackwell, 2000); David Dean Commins, *Islamic Reform: Politics and Social Change in Late Ottoman Syria* (New York: Oxford University Press, 1990); Albert Hourani, *Arabic Thought in the Liberal Age, 1798 — 1939* (Cambridge: Cambridge University Press, 1983); James Jankowski,

ed., *Rethinking Nationalism in the Arab Middle East* (New York: Columbia University Press, 1997); Hasan Kayali, *Arabs and Young Turks: Ottomanism, Arabism, and Islamism in the Ottoman Empire, 1908 - 1918* (Berkeley: University of California Press, 1997); Rashid Khalidi et al., eds., *The Origins of Arab Nationalism* (New York: Columbia University Press, 1991); Philip S. Khoury, *Urban Notables and Arab Nationalism in the Politics of Damascus* (Cambridge: Cambridge University Press, 1984)以及 Zeine N. Zeine, *Emergence of Arab Nationalism* (Beirut: Khayat's, 1966)。关于阿拉伯现代史,另见主要参考前引拉皮德斯(Lapidus)研究成果的 http://arabworld.nitle.org/texts。

Elie Kedourie in *England and the Middle East, 1914 - 1921* (London: Bowes and Bowes, 1956), *The Chatham House Version and Other Middle Eastern Studies* (London: Weidenfeld & Nicolson, 1970), 与 *In the Anglo-Arab Labyrinth* (London, New York, and Melbourne: Cambridge University Press, 1976)论述了第一次世界大战期间英国与阿拉伯人的关系。为了平衡克杜里(Kedourie)对阿拉伯民族主义的憎恶,读者可参阅 C. Ernest Dawn, *From Ottomanism to Arabism* (Urbana, Chicago, and London: Rashid University of Illinois Press, 1973); Khalidi, *British Policy Toward Syria and Palestine* (London: Ithaca Press, 1980); 与 A. L. Tibawi, *Anglo-Arab Relations and the Question of Palestine* (London: Luzac, 1977)。Isaiah Friedman 在其著作 *Palestine: A Twice-Promised Land?* (New Brunswick, NJ: Transaction Publishers, 2000)第一卷中的观点则比较接近克杜里(Kedourie)的看法。

关于第一次世界大战期间和战争结束后的中东外交,参见 Briton Cooper Busch, *Britain, India, and the Arabs, 1914 - 1921* (Berkeley: University of California Press, 1971); David Fromkin, *A*

Peace to End All Peace: Creating the Modern Middle East (New York: Henry Holt, 1989; reprint 2000); Elizabeth Monroe, *Britain's Moment in the Middle East, 1914 – 1971*, 2nd ed. (Baltimore: Johns Hopkins University Press, 1981)与 Howard M. Sachar, *Emergence of the Middle East*, 1914 – 1924 (New York: Knopf, 1969)。

关于英国人统治时期的伊拉克,参阅 Reeva Simon, *Iraq Between the Two World Wars: The Creation and Implementation of a Nationalist Ideology* (New York: Columbia University Press, 1986)与 Peter Sluglett, *Britain in Iraq, 1914 – 1932* (London: Ithaca Press, 1976)。关于叙利亚,参阅 Philip S. Khoury, *Syria and the French Mandate: The Politics of Arab Nationalism, 1920 – 1945* (Princeton: Princeton University Press, 1986)。为了比较伊拉克和叙利亚,读者可以参阅 Eliezer Tauber, *The Formation of Modern Syria and Iraq* (London: Frank Cass, 1995)。

512 **第十四章**

随着本书开始讲述现代史,我们也要推荐一些论述 20 世纪中东史各个领域的综合性书籍。William Cleveland, *History of the Modern Middle East*, 3rd ed. (Boulder: Westview Press, 2004); James L. Gelvin, *The Modern Middle East: A History* (New York: Oxford University Press, 2005); Mehran Kamrava, *The Modern Middle East: A Political History Since the First World War* (Berkeley and Los Angeles: University of California Press, 2005)与 Malcolm Yapp, *The Near East Since the First World War* (New York: Longman, 1996)尽管过于详尽,却是关于这一时期政治史的实用著作。

对 Lord Kinross 所著 *Ataturk* (London: Weidenfeld & Nicolson, 1964; New York: William Morrow, 1965)而言,讲述 20 世纪中东最为著名的西化改革家(即穆斯塔法·凯末尔——译者注)生平与性格的

著作是无出其右的。不过读者还可参阅 Andrew Mango's scholarly *Ataturk* (Woodstock, NY: Overlook Press, 2000)。http://www.gazi.edu.tr/ataturk.html 是一家土耳其语网站,节录了阿塔图克的讲话。关于土耳其学者对凯末尔时代的看法,参阅 Halide Edib [Adivar], *Turkey Faces West* (New Haven: Yale University Press, 1930; reprinted 1973); Irfan Orga, *Phoenix Ascendant: The Rise of Modern Turkey* (London: R. Hale, 1958) 与 Ahmed Amin Yalman, *Turkey in My Time* (Norman: University of Oklahoma Press, 1956)。Nicole 与 Hugh Pope 所著 *Turkey Unveiled: A History of Modern Turkey* (Woodstock, NY: Overlook Press, 1997)是一部深受喜爱的通史著作。http://vlib.iue.it/history/asia/Turkey/ 是一家关于土耳其的普通网站,包含一些地图和参考书目。

由于巴列维王朝颇具争议,因此客观评价波斯国王礼萨汗的史书出现较晚。读者可以参见 Cyrus Ghani, *Iran and the Rise of Reza Shah: From Qajar Collapse to Pahlavi Rule* (London and New York: I. B. Tauris, 1998) 与 Mohammad Gholi Maid, *Great Britain and Reza Shah: The Plunder of Iran* (Gainesville: University Press of Florida, 2001)。另见 Amin Banani, *The Modernization oflran, 1921 -1941* (Stanford: Stanford University Press, 1961)。关于伊朗现代史综述,参阅 Richard Cottam, *Nationalism in Iran*, 2nd ed. (Pittsburgh: University of Pittsburgh Press, 1979) 与 Nikki Keddie and Richard Yann, *Modern Iran: Roots and Results of Revolution* (New Haven: Yale University Press, 2003)。Homa Katouzian 已写出一本综合性传记 *Musaddiq and the Struggle for Power in Iran* (London and New York: I. B. Tauris, 1990)。接下来读者可以参阅 Mark Gasiorowski 所编的 *Mohammad Mosaddeq and the 1953 Coup in Iran* (Syracuse, NY: Syracuse University Press, 2004)。关于1987年前伊朗的网络资源,参见 http://lcweb2.1oc.gov/frd/cs/irtoc.html。

David Howarth's *The Desert King* (New York: McGraw-Hill, 1964) 与 Leslie McLaughlin's *Ibn Saud: Founder of a Kingdom* (New York: St. Martin's Press, 1993)是讲述伊本·沙特生平的一流著作。关于沙特阿拉伯崛起的介绍,参见 Joseph Kostiner's: *The*
513 *Making of Saudi Arabia, 1916 – 1936: From Chieftaincy to Monarchical State* (New York: Oxford University Press, 1993); H. St. John Philby's *Sa'udi Arabia* (London: Benn; New York: Praeger, 1955); Karl Twitchell's *Saudi Arabia, with an Account of the Development of Its Natural Resources*, 3rd ed. (Princeton: Princeton University Press, 1958) 与 James Wynbrandt's *A Brief History of Saudi Arabia* (New York: Checkmark Books, 2004)。R. Bayly Winder, *Saudi Arabia in the Nineteenth Century* (New York: St. Martin's, 1965) 与 William Ochsenwald, *Religion, Society, and State in Arabia: The Hijaz Under Ottoman Control* (Columbus: Ohio State University Press, 1984)则探讨沙特阿拉伯崛起的历史背景。关于石油,参见 Daniel Yergin 所著 *The Prize: The Epic Quest for Oil, Money, and Power* (New York: Simon & Schuster, 1991)的相关章节。关于沙特阿拉伯与美国的交往,参阅 Parker T. Hart, *Saudi Arabia and the United States* (Bloomington: Indiana University Press, 1998)。关于 1992 年之前沙特阿拉伯的网络资源,参见 http://lcweb2.loc.gov/frd/cs/satoc.html。

第十五章

两卷本 *Cambridge History of Egypt* (New York: Cambridge University Press, 1998) 论述自阿拉伯征服以来的埃及历史,是经协力完成的对学者和学生均有裨益的一部著作,其中第一卷主编为卡尔·佩特里(Carl Petry);第二卷主编为戴利(M. W. Daly)。Selma Botman, *Egypt from Independence to Revolution, 1919 – 1952* (Syracuse, NY: Syracuse University Press, 1991) 是讲述 20 世纪上

半叶埃及历史的上乘著作。高年级大学生可以从 Arthur Goldschmidt、Amy Johnson 与 Barak Salmoni 合编的 *Re-Envisioning Egypt* (Cairo: American University in Cairo Press, 2005)获得收益。关于这一时期埃及史的其他著作包括 Joel Beinin and Zachary Lockman, *Workers on the Nile: Nationalism, Communism, Islam and the Egyptian Working Class* (Princeton: Princeton University Press, 1987); Israel Gershoni and James Jankowski, *Egypt, Islam, and the Arabs: The Search for Egyptian Nationhood, 1900 — 1930* (New York: Oxford University Press, 1986); Afaf Lutfi al-Sayyid Marsot, *Egypt's Liberal Experiment, 1922 — 1936* (Berkeley: University of California Press, 1977); Richard Mitchell, *The Society of Muslim Brothers* (London and New York: Oxford University Press, 1969; 1993 年再版); Charles Smith, *Islam and the Search for Social Order in Modern Egypt: A Biography of Muhammad Husayn Haykal* (Albany: SUNY Press, 1983); William Stadiem, *Too Rich: The High Life and Tragic Death of King Farouk* (New York: Carroll and Graf, 1991)以及 Robert L. Tignor, *State, Private Enterprise, and Economic Change in Egypt, 1918 — 1952* (Princeton: Princeton University Press, 1984)。

关于埃及君主制的倾覆,笔者建议读者首先参阅 Joel S. Gordon, *Nasser's Blessed Movement: Egypt's Free Officers and the July Revolution* (Cairo: American University in Cairo Press, 1996), 接着查看 Khaled Mohi El Din, *Memories of a Revolution* (Cairo: American University in Cairo Press, 1995); Gamal Abdel Nasser, *Egypt's Liberation: The Philosophy of the Revolution* (Washington, DC: Public Affairs, 1955); Mohamed Neguib, 514
Egypt's Destiny: A Personal Statement (London: Gollancz; Garden City, NY: Doubleday, 1955); 以及 Anwar El Sadat, *Revolt on the Nile* (London: Allan Wingate; New York: John Day, 1957)等人的

叙述。关于1990年12月之前埃及的网络资源，参见 http://lcweb2.1oc.gov/frd/cs/egtoc.html。

第十六章

关于争夺巴勒斯坦的文献数量巨大，但是很难将学术著作与宣传资料区别开来。比较典型的学术著作包括：Ian Bickerton and Carla L. Klausner, *A Concise History of the Arab-Israeli Conflict*, 4th ed. (Paramus, NJ: Prentice-Hall, 2005)。读者也可登录 SafariX 在线阅读 Anton La Guardia, *War Without End: Israelis, Palestinians, and the Struggle for a Promised Land* (New York: St. Martin's Press, 2001); Benny Morris, *Righteous Victims: A History of Zionist-Arab Conflict, 1881 — 1999* (New York: Knopf, 1999); Howard M. Sachar, *Europe Leaves the Middle East, 1936 — 1954* (New York: Knopf, 1972); Charles D. Smith, *Palestine and the Arab-Israeli Conflict*, 5th ed. (New York: St. Martin's Press, 2004)与 Mark Tessler, *A History of the Israeli-Palestinian Conflict* (Bloomington: Indiana University Press, 1994)。Walter Laqueur and Barry Rubin, eds., *Israel-Arab Reader*, 6th ed. (New York: Penguin, 2001)是一本比较易懂的文件汇编。关于这场冲突的观点公允的网络资源，参见 news bbc.co.uk/hi/english/static/in_depth/world/2001/israel_and_palestinians/timeline/。

关于对巴勒斯坦早期争夺的个人叙述，参见阿拉伯人罗伯特·约翰与萨米·哈达威(Robert John and Sami Hadawi)的描述 *Palestine Diary*, 2 vols. (New York: New World Press, 1970)、英国人罗纳德·斯托尔思(Ronald Storrs)的描述 *Orientations* (London: Ivor Nicholson & Watson, 1937)与犹太复国主义者哈伊姆·魏茨曼(Chaim Weizmann)的描述 *Trial and Error* (New York: Harper, 1949)。关于英国对巴勒斯坦的委任统治，参阅 Tom Segev, *One Palestine, Complete: Jews and Arabs Under the British Mandate*, *trans*. Haim Watzman (New York: Henry Holt, 2000); Naomi Shepherd, *Ploughing Sand: British Rule in Palestine, 1917 —1948* (New Brunswick, NJ: Rutgers University Press, 2000)与 Bernard Wasserstein, *The British in Palestine: The Mandatory Government and the Arab-Israeli Conflict, 1917 —1929*, 2nd ed. (Oxford, UK, and Cambridge, MA: Blackwell, 1991)。William Roger Louis, *The British Empire in the Middle East, 1945 — 1951* (Oxford: Clarendon Press, 1984)则从更为广阔的视角考察英国对巴勒斯坦的政策。关于英国对巴勒斯坦委任统治的网络资源,http://www.mideastweb.org/mandate.htm 这一网站链接了本章所提及的诸多文件。

关于以色列通史,Ahron Bregman, *A History of Israel* (New York: Palgrave Macmillan, 2003); Yossi Beilin, *Israel: A Concise Political History* (New York: St. Martin's Press, 1994); Martin Gilbert, *Israel: A History* (New York: William Morrow, 1998) 与 Nadav Safran, *Israel: The Embattled Ally* (Cambridge, MA: Belknap Press, 1978)是最佳著作,而且对本书的此后章节也有益处。Abba Eban, *My Country* (New York: Random House, 1972)与 Amos Elon, *The Israelis: Founders and Sons*, rev. ed. (New York: 515
Penguin Books, 1983)尤其具有可读性。Shlomo Avineri, *The Making of Modern Zionism* (New York: Basic Books, 1981); Simha Flapan, *Zionism and the Palestinians* (London: Croom Helm, 1979); Rafael Medoff, *Zionism and the Arabs: An American Jewish Dilemma, 1898 —1948* (Westport, CT: Praeger, 1997)与 David Vital 所撰写的三本史学著作 *The Origins of Zionism* (New York: Oxford University Press, 1980), *Zionism*: The Formative Years (Oxford: Clarendon Press, 1982)和 *Zionism: The Crucial Phase* (Oxford: Clarendon Press, 1987)论述了犹太复国主义史。笔者建议将 Arthur Hertzberg, ed., *The Zionist Idea* (Philadelphia: Jewish Publication Society, 1997)作为补充阅读的材料。希伯来大学的犹太

研究中心(The Jewish studies program at the Hebrew University of Jerusalem)网站非常出色,其新网址将变为 http://www.dinur.org。关于 1988 年 12 月之前的以色列史,参见 http://lcweb 2.loc.gov/frd/cs/iltoc.html。

Yehoshua Porath's *The Emergence of the Palestinian National Movement, 1918 – 1929* (Jerusalem: Hebrew University Press, 1973) 与 *The Palestine Arab National Movement, 1929 – 1939*, Vol. 2: From Riots to Rebellion (London: Frank Cass, 1978)勾勒出巴勒斯坦的阿拉伯人登上政治舞台的历程。另见 Baruch Kimmerling and Joel Migdal, *The Palestinian People: A History* (Cambridge, MA: Harvard University Press, 2003); Philip Mattar, *The Mufti of Jerusalem: AI-Hajj Amin al-Husayni and the Palestinian National Movement*, 2nd ed. (New York: Columbia University Press, 1992) 与 Muhammad Y. Muslih, *The Origins of Palestinian Nationalism* (New York: Columbia University Press, 1988)。或许读者还需要阅读 Walid Khalidi, ed., *From Haven to Conquest* (Beirut: Institute for Palestine Studies, 1971)。另见前引 Antonius and Tibawi 的著作与 Sami Hadawi, *Bitter Harvest: Palestine Between 1914 and 1967* (New York: New World Press, 1961) 以及 Rashid Khalidi, *Palestinian Identity: The Construction of Modern National Consciousness* (New York: Columbia University Press, 1997)。David Hirst, *The Gun and the Olive Branch: The Roots of Violence in the Middle East*, 2nd ed. (London and Boston: Faber & Faber, 1984)一书支持巴勒斯坦的阿拉伯人。关于这一时期的巴勒斯坦妇女,参见 Ellen L. Fleischmann, The Nation and *Its "New" Women: The Palestinian Women's Movement, 1920 – 1948* (Berkeley: University of California Press, 2003)。相关内容参见一家巴勒斯坦网站的评述,网址是 http://www.palestine-net.com/history/。

Yehuda Bauer, *From Diplomacy to Resistance: A History of*

Jewish Palestine, 1939 – 1945 (New York: Atheneum, 1973); Michael J. Cohen, *Palestine and the Great Powers, 1945 – 1948* (Princeton: Princeton University Press, 1982); Martin Jones, *Failure in Palestine: British and US Policy After the Second World War* (London and New York: Mansell, 1986); William Roger Louis and Robert W. Stookey, *End of the Palestine Mandate* (London: Tauris, 1986); Richie Ovendale, *Britain, the US, and the End of the Palestine Mandate* (London: Royal Historical Society, 1989)论述了英国在委任统治巴勒斯坦的最后岁月所采取的政策。关于美国对犹太复国主义的支持,参阅 Peter M. Grose, *Israel in the Mind of America* (New York: Knopf, 1983)以及与其观点相左的Lawrence
Davidson, *America's Palestine: Popular and Official Perceptions* 516
from the Balfour Declaration to Israeli Statehood (Gainesville: University Press of Florida, 2001)。相关网址是 http://www.jewishvirtuallibrary.org/jsource/ustoc.html。

第十七章

关于 1948 年巴勒斯坦战争,或以色列国独立战争,参阅 Eugene Rogan and Avi Shlaim 合编的 *The War for Palestine: Rewriting the History of 1948* (New York: Cambridge University Press, 2001)。接下来读者可参看 David Tal, *War in Palestine 1948: Strategy and Diplomacy* (London and New York: Routledge, 2004)。关于修正主义史学家的解释,读者首先应参阅 Ilan Pappé, *The Making of the Arab-Israeli Conflict, 1947 – 1951* (London: I. B. Tauris, 1994)。关于约旦人的描述,参见 Ma'n Abu Nuwar, *The Jordanian-Israeli War, 1948 – 1951: A History of the Hashemite Kingdom of Jordan* (London: Garnet Press, 2002)。约翰·巴高特·格鲁勃爵士(Sir John Bagot Glubb)在其著作 *The Story of the Arab Legion* (London: Hodder & Stoughton, 1948) 与 *A Soldier with the Arabs*

(London: Hodder & Stoughton, 1957; New York: Harper Brothers, 1958)中极力为自己的角色进行辩解。Benny Morris, *The Road to Jerusalem: Glubb Pasha, Palestine, and the Jews* (London: I. B. Tauris; New York: Palgrave Macmillan, 2002)论述了约翰·巴高特·格鲁勃爵士的角色。The *Journal of Palestine Studies* 已经出版 Fawzi al-Qawuclji (1972 年版)与 Gamal Abd al-Nasir (1973 年版)等阿拉伯领导人的相关自传。另见 Larry Collins and Dominique Lapierre, *O Jerusalem!* (New York: Simon & Schuster, 1972)。关于 1948 年战争的后果,参阅 Bruce Maddy-Weitzman, *The Crystallization of the Arab State System, 1945 — 1954* (Syracuse, NY: Syracuse University Press, 1993); Don Peretz, *Israel and the Palestine Arabs* (Washington, DC: Middle East Institute, 1956) 与 Nadav Safran, *From War to War* (New York: Pegasus, 1969)。关于以色列与阿拉伯人的关系,本杰明·莫里斯(Benny Morris)的三本著作 *The Birth of the Palestinian Refugee Problem* (New York and Cambridge: Cambridge University Press, 1987); *1948 and After: Israel and the Palestinians* (New York: Oxford University Press, 1990) 与 *Israel's Border Wars, 1949 — 1956: Arab Infiltration, Israeli Retaliation, and the Countdown to the Suez War* (New York: Oxford University Press, 1993) 在以色列修正主义史学界居于领先地位。关于巴勒斯坦难民问题,一位以色列学者近来也加入了研究队伍,参见 Yoav Gelber, *Palestine 1948: War, Escape, and the Emergence of the Palestinian Refugee Problem* (Brighton, UK, and Portland, OR: Sussex Universities Press, 2001)。关于巴勒斯坦学者的观点,参见 Nur Masalha's *Expulsion of the Palestinians* (Washington, DC: Institute for Palestine Studies, 1992)。在阿拉伯人逃离以色列的同时,大批犹太人也从阿拉伯诸国移入以色列。关于这一问题参见 Norman Stillman, *The Jews of Arab Lands in Modern Times* (Philadelphia: Jewish Publication Society, 1991)。

关于建国初期的以色列，参见 David Ben Gurion, *Rebirth and Destiny of Israel*, trans. *Mordekhai Nurock* (New York: Philosophical Library, 1954); Simha Flapan, *The Birth of lsraeh Myths and Realities* (New York: Pantheon Books, 1987); Zeev Sternhell, *The Founding Myths of Israel* (Princeton: Princeton University Press, 1998) 以及关于本-古里安的两个网站 http://www.jewishvirtuallibrary.org/jsource/biography/ben_gurion.html 和 http://www.palestinere membered.com/Acre/Famous-Zionist-Quotes/Story638.html。关于这一时期的阿拉伯诸国，参阅 Malek Mufti, *Sovereign Creations: Pan-Arabism and Politics* (Ithaca: Cornell University Press, 1996) 以及 Matthew Eliot, "*Independent Iraq*": *The Monarchy and British Influence, 1941—1958* (London: I. B. Tauris, 1996)。关于泛阿拉伯主义的网站是 http://www.infoplease.com/ce6/history/A0837455.html。 517

关于 1956 年苏伊士运河事件的背景，参阅 Erskine Childers, *The Road to Suez: A Study in Western-Arab Relations* (London: Macgibbon & Kee, 1962); Sir Anthony Eden, *The Suez Crisis of 1956* (Boston: Beacon Press, 1968); Mohamed H. Heikal, *Cutting the Lion's Tail* (New York: Arbor House, 1987); Keith Kyle, *Suez* (London: Weidenfeld & Nicholson, 1991); William Roger Louis and Roger Owen, eds., *Suez 1956: The Crisis and Its Consequences* (New York: Oxford University Press, 1989) 以及相关网站 http://www.spartacus.schoolnet.co.uk/COLDsuez.htm。

Kirk Beattie, *Egypt During the Nasser Years* (Boulder: Westview Press, 1994); R. Hrair Dekmejian, *Egypt Under Nasir: A Study in Political Dynamics* (Mbany: SUNY Press, 1971); P. I. Vatikiotis, *Nasser and His Generation* (New York: St. Martin's Press, 1979); Peter Woodward, *Nasser* (London: Longman's, 1992) 以及网站 http://www.geocities.com/CapitolHill/Lobby/527 0/bio.

htm论述了加麦尔·阿卜杜勒·纳赛尔及其政策。Charles D. Cremeans, *The Arabs and the World: Nasser's Nationalist Policy* (New York: Praeger, 1963)倾向于赞成纳赛尔的阿拉伯政策。Mohamed Heikal, *The Cairo Documents* (Garden City, NY: Doubleday, 1972)重点考察纳赛尔与外国领导人的关系。关于纳赛尔与美国政府的关系,可以比照Miles Copeland [pseud.], *The Game of Nations* (New York: Simon & Schuster, 1969)与Wilbur Crane Eveland, *Ropes of Sand: America's Failure in the Middle East* (London and New York: W. W. Norton, 1980)。关于这一时期阿拉伯世界内部的政治斗争,请继续参阅Patrick Seale, *The Struggle for Syria: A Study of Postwar Arab Politics, 1945－1958*, rev. ed. (London: Tauris, 1987)与Malcolm H. Kerr, *The Arab Cold War: Gamal Abd al-Nasir and His Rivals, 1958－1970*, 3rd ed. (London: Oxford University Press, 1971)。

Uriel Dann, *Iraq Under Qassem: A Political History, 1958－1963* (London: Pall Mall; New York: Praeger, 1969)倾向于支持纳赛尔在伊拉克的竞争对手。Dann也撰写*King Husayn and the Challenge of Arab Radicalism: Jordan, 1955－1967* (New York: Oxford University Press, 1989)一书。关于约旦的著作包括Kamal Salibi, *The Modern History of Jordan* (London: I. B. Tauris, 1993)与Robert Satloff, *From Abdullah to Husayn: Jordan in Transition* (New York: Oxford University Press, 1994)。Fahim Qubain, *Crisis in Lebanon* (Washington, DC: Middle East Institute, 1961)是讲述1958年黎巴嫩内战的经典之作。A. L. Tibawi, *A Modern History of Syria, Including Lebanon and Palestine* (London: Macmillan; New York: St. Martin's Press, 1969)对叙利
518 亚进行了较好的论述。关于复兴党的著作包括Raymond A. Hinnebusch, *Authoritarian Power and State Formation in Ba'thist Syria* (Boulder: Westview Press, 1990); Robert W. Olson, *The*

Ba'th and Syria, *1947 to 1982* (Princeton: Kingston Press, 1982)。另见 http://i-cias.com/e.o/baath.htm (系"东方百科全书"The Encyclopedia of the Orient 的一个条目),该网站还包括现代中东其他领域的有用条目。

关于导致 1967 年"六月战争"的系列事件,参见 Ibrahim Abu-Lughod, ed., *The Arab-Israeli Confrontation of June 1967: An Arab Perspective* (Evanston, IL: Northwestern University Press, 1970); Walter Laqueur, *The Road to Jerusalem* (New York: Macmillan, 1968)与 Kennett Love, *Suez: The Twice-Fought War* (New York and Toronto: McGraw-Hill, 1969)。吴丹自传在其死后于 1978 年出版,极力将本人的部分责任推到纳赛尔头上;但是联合国紧急部队指挥官 Major General Indar Jit Rickye 的自传 *The Sinai Blunder* (London: Frank Cass, 1980)则纠正了吴丹自传的不实之处。亲以色列的一些网站也解释了 1967 年六月战争的起因,例如 http://www.pale stinefacts.org/pf_1948 to 1967_sixday_backgd.php。

第十八章

由于以色列与阿拉伯诸国相比更多地为外国记者提供了采访便利,因此我们所接触的文献多数从以色列的角度来审视 1967 年的"六月战争"。读者首先应参阅 Eric M. Hammel's *Six Days in June: How Israel Won the 1967 Arab-Israeli War* (New York: Scribner's, 1992)。该书主要讲述以色列,同时也论及阿拉伯领导人及其武装力量。Michael Oren's *Six Days of War: June 1967* (New York: Oxford University Press, 2002)倾向于支持以色列,但是不失学术性;不过大学生或许更青睐 Jeremy Bowen's *Six Days: How the 1967 War Shaped the Middle East* (London & New York: Simon & Schuster, 2003)或者论述详尽的亲以色列网站,例如 http://www.jewishv irtuallibrary.org/jsource/History/1967toc.html。两名记者(Vick Vance 与 Pierre Lauer)曾采访约旦国王侯赛因,并描述约旦在

战争中的地位,参见 *My "War" with Israel*, trans. J. E Wilson and W. B. Michaels (New York: Morrow; London: Own, 1969)。

关于阿拉伯人对 1967 年六月战争的反应,详见 Halim Barakat 的小说 *Days of Dust*, trans. *Trevor Le Gassick* (Wilmette, IL: Medina University Press International, 1974)。Walter Z. Laqueur's *The Struggle for the Middle East*, rev. ed. (New York: Macmillan, 1972) 是这一时期亲以色列并反对苏联的描述。Michael Confino and Shimon Shamir, eds., *The USSR and the Middle East* (Jerusalem: Israel Universities Press, 1973) 分析了苏联的政策。Maxime Rodinson, Israel and the Arabs, trans. *Michael Perl* (New York: Pan-theon, 1968); Hisham Sharabi, *Palestine and Israel: The Lethal Dilemma* (New York: Pegasus Press, 1969)与 David Waines, *The Unholy War: Israel and Palestine, 1897 —1971* (Wilmette, IL: Medina University Press International, 1971)抨击了 1967 年"六月战
519 争"期间和战后美国支持以色列的政策。巴勒斯坦人的个人描述包括 Leila Khaled's *My People Shall Live: The Autobiography of a Revolutionary*, ed. George Hajjar (London: Hodder & Stoughton, 1973) 与 Fawaz Turki, *Soul in Exile: Lives of a Palestinian Revolutionary* (New York: Monthly Review Press, 1988)。关于巴勒斯坦人政治的概述,参见 Yazid Sayigh, *Armed Struggle and the Search for State: The Palestine National Movement, 1949 — 1993* (Oxford: Clarendon Press, 1997)。关于巴勒斯坦解放组织的历史和文件,参阅 http://www.palestine-un.org/info/frindex.html。关于阿拉法特的生平与政策,参见网站 http://electronicintifada.net/v2/article3288.shtml(支持阿拉法特) 与 http://www.jewishvirtuallibrary.org/jsource/biography/arafat.html (敌视阿拉法特)。

关于 1973 年"十月战争"(或赎罪日战争)的著作数不胜数。关于阿拉伯国家的战前情况,参见 Mohamed Heikal, *The Road to Ramadan* (New York: Quadrangle, 1975); 关于以色列的战前情况,

参阅 Michael Handel, Perception, Misperception, and *Surprise: The Case of the Yom Kippur War* (Jerusalem: Hebrew University Press, 1975)。关于战争中的重要事件,我们推荐读者参阅埃及人 Saad al-Shazly 的 *The Crossing of the Suez* (San Francisco: American Mideast Research, 1980)中抨击萨达特的描述和 Chaim Herzog 的两部著作 *The War of Atonement* (Boston: Little, Brown, 1975) 与 *The Arab-Israeli Wars* (New York: Random House, 1982); Abraham Rabinovich 所撰具有新闻性质但是非常详尽的 *The Yom Kippur War: The Epic Encounter That Transformed the Middle East* (New York: Schocken, 2004) 以及 Howard Blum's *The Eve of Destruction: The Untold Story of the Yom Kippur War* (New York: Perennial, 2003)。关于政治方面,参阅 Walter Z. Laqueur, *Confrontation: The Middle East War and World Politics* (London: Abacus; New York: Quadrangle, 1974); Richard Parker, *The October War: A Retrospective* (Gainesville: University Press of Florida, 2001) 以及 Naseer Aruri 汇编的论文集 *Middle East Crucible: Studies on the Arab-Israeli War of 1973* (Wilmette, IL: Medina University Press International, 1975)。关于"十月战争"的亲以色列网站,参见 http://www.jewishvirtuallibrary.org/jsource/History/1973toc.html,读者应将其与 http://www.counterpunch.org/faruquil015200 3.html 对比参阅。

Edward Sheehan 所撰 *The Arabs, Israelis, and Kissinger* (New York: Reader's Digest Press, 1976) 赞扬基辛格在"十月战争"结束后的和平谈判中发挥的作用;而 Matti Golan's *Secret Conversations of Henry Kissinger* (New York: Quadrangle, 1976)则抨击基辛格。关于美国政策的概述,读者应比照参阅 Joseph Churba, *The Politics of Defeat: America's Decline in the Middle East* (New York: Cyrco Press, 1977) 与 Cheryl A. Rubenberg, *Israel and the American National Interest* (Urbana: University of Illinois Press, 1986)。关于

十月战争结束后的和平进程概述,http://www.palestinefacts.org/pf_1967to1991_ykwar_agreements.php 论及以色列的立场,而 http://www.ahram.org.eg/acpss/eng/ahram/2004/7/5/stud8.htm 则谈到战争对埃及的影响。

致力于中东和平的若干重要人物在著作中为自己辩解。参见 Henry Kissinger, in *Years of Upheaval* (Boston: Little, Brown,
520 1982); Golda Meir in *My Life* (New York: Dell, 1976)以及 Boutros Boutros-Ghali in *Egypt's Road to Jerusalem* (New York: Random House, 1997)。

在 1973 年之后,石油输出国组织欧佩克与中东石油很受关注。参阅 Dankwart Rustow and John R. Mugno, *OPEC: Success and Prospects* (New York: New York University Press, 1976); Ragaei El Mallakh, ed., *OPEC: Twenty Years and Beyond* (Boulder: Westview Press, 1982) 以及 Benjamin Shwadran, *Middle Eastern Oil Crises Since 1973* (Boulder: Westview Press, 1986)。石油输出国组织欧佩克的网站是 http://www.opec.org/。

Jimmy Carter, *Keeping Faith: Memoirs of a President* (New York: Bantam, 1982); Moshe Dayan, *Breakthrough: A Personal Account of the Egypt-Israel Peace Negotiations* (New York: Knopf, 1982); Mohamed Ibrahim Kamel, *The Camp David Accords* (London and Boston: Routledge & Kegan Paul, 1986); William B. Quandt, *Camp David: Peace-making and Politics* (Washington, DC: Brookings Institution, 1986) 以及 Shibley Telhami, *Power and Leadership in International Bargaining: The Path to the Camp David Accords* (New York: Columbia University Press, 1990).从不同立场论述 1978 年的埃以和谈。http://www.pbs.org/wgbh/amex/carter/peopleevents/e_peace.html 强调卡特的作用。关于《戴维营协议》的文本,参见 http://www.jewishvirtuallibrary.org/jsource/Peace/camp_david_acc ords.html。

Latif Abul-Husn, *The Lebanese Conflict: Looking Inward* (Boulder: Lynne Rienner, 1998); Robert Fisk, *Pity the Nation*, rev. ed. (New York: Thunder's Mouth/Nation Books, 2002); Walid Khalidi, *Conflict and Violence in Lebanon* (Cambridge, MA: Harvard University Press, 1979)与 Itamar Rabinovich, *The War for Lebanon, 1970－1985*, rev. ed. (Ithaca: Cornell University Press, 1985)是迄今我们所参阅的关于黎巴嫩内战的上乘著作。Jean Said Makdisi, *Beirut Fragments: A War Memoir* (New York: Persea Books, 1990)记录了触动人心的个人描述。另见 http://ddc. a ub. edu.lb/projects/pspa/conflict-resolution.html。

第十九章

中东家庭手工业的专家因受已故阿亚图拉·霍梅尼的影响而开始著书讨论伊斯兰教及其复苏;读者最好首先阅读一位非专业人员的著作: Karen Armstrong, *Islam: A Short History* (New York: Modern Library, 2002)。另见 John L. Esposito, *The Islamic Threat: Myth or Reality*, 3rd ed. (New York: Oxford University Press, 1999); Yohanan Friedman, *Tolerance and Coercion in Islam: Interfaith relations in the Muslim Tradition* (Cambridge: Cambridge University Press, 2003); Michael Gilsenan, *Recognizing Islam: Religion and Society in the Modern Arab World*, 2nd ed. (New York: I. B. Tauris, 2000); Ed Hotaling, *Islam Without Illusions* (Syracuse, NY: Syracuse University Press, 2003)以及 Malise Ruthven, *Islam in the World*, 2nd ed. (New York: Oxford University Press, 2000)。现代穆斯林论集包括 John J. Donohue and 521
John L. Esposito, eds., *Islam in Transition: Muslim Perspectives* (New York and Oxford: Oxford University Press, 1982)以及 Yvonne Yazbeck Haddad, ed., *Contemporary Islam and the Challenge of History* (Chicago: Kazi Publications, 1996)。政治恐怖

主义是专家学者青睐的另一课题；在 20 世纪 80 年代，Robin Wright, *Sacred Rage: The Wrath of Militant Islam*, rev. ed. (New York: Simon & Schuster, 1986) 与中东联系最密。读者还可参阅 Juan R. Cole and Nikki Keddie, eds., *Shi'ism and Social Protest* (New Haven: Yale University Press, 1986)。针对西方人对于中东的认识误区，Edward Said 撰写多部著作：*Orientalism* (New York: Pantheon Books, 1978) 针对学者；*The Politics of Dispossession: The Struggle for Palestinian Self-Determination, 1969 — 1994* (New York: Vintage Books, 1995) 针对政策制定者；而 *Covering Islam* (New York: Pantheon Books, 1981) 针对新闻工作者。

在 1979 年伊朗革命期间，整个中东也很不安宁。David W. Lesch, *1979: The Year that Shaped the Middle East* (Boulder: Westview Press, 2001) 描述了中东喧嚣骚乱的 1979 年。学者们从不同角度论述伊朗革命。读者要特别关注 Geneive Abdo and Jonathan Lyons, *Answering Only to God: Faith and Freedom in Twenty-first-Century Iran* (New York: Touchstone Books, 2000); Ervand Abrahamian's *Iran Between Two Revolutions* (Princeton: Princeton University Press, 1982) 及其 *Khomeinism: Essays on the Islamic Republic* (Berkeley: University of California Press, 1993); Said Amir Arjomand, *The Turban for the Crown: The Islamic Revolution in Iran* (New York: Oxford University Press, 1988); Shaul Bakhash, *The Reign of the Ayatollahs: Iran and the Islamic Revolution* (New York: Basic Books, 1984) 与 Robin Wright, *In the Name of God: The Khomeini Decade* (New York: Simon & Schuster, 1989) 以及 *The Last Great Revolution: Turmoil and Transformation* (New York: Knopf, 2000)。David Harris, *The Crisis: The President, the Prophet, and the Shah* (Boston: Little, Brown, 2004); Stephen Kinzer, *All the Shah's Men: An American Coup and the Roots of Middle East Terror* (Hoboken, NJ: Wiley,

2003)；以及 Kenneth Pollack, *The Persian Puzzle: The Conflict Between Iran and America* (New York: Random House, 2004) 论述了美国的政策。关于"人质危机"，参阅 David Farber, *Taken Hostage: The Iran Hostage Crisis and America's First Encounter with Radical Islam* (Princeton and Oxford: Princeton University Press, 2005)。关于"两伊战争"，参见 Shahram Chubin, *Iran and Iraq at War* (Boulder: Westview Press, 1988)；Stephen C. Pelletiere, *The Iran-Iraq War: Chaos in a Vacuum* (New York: Praeger, 1992)；还有 Adam Tarock, *The Superpowers' Involvement in the Iran-Iraq War* (Commack, NY: Nova Science Publications, 1998)。关于伊朗—尼加拉瓜反政府武装事件的官员描述，参见 Lawrence E. Walsh, *Iran-Contra: The Final Report* (New York: Times Books, 1992)及其自传 *Firewall: The Iran Contra Conspiracy and Coverup* (New York: W. W. Norton, 1997)。Richard Secord 则在 *Honored and Betrayed: Irangate, Covert Affairs, and the Secret War in Laos* (New York: Wiley, 1992)一书中进行了辩解。关于霍梅尼传记的网站是 http://www.totse.com/en/politics/terrorists_and_freedom_fighters/ayal.html；关于伊朗革命的网站是 http://www.totse.com/en/politics/terrorists_and_freedom_fighters/ayal.html；关 522
于人质危机的网站是 http://www.pbs.org/wgbh/amex/carter/peopleevents/e_hostage.html；关于"两伊战争"的网站是 http://users.erols.com/mwhite28/iraniraq.htm；关于伊朗—尼加拉瓜反政府武装事件的网站是 http://www2.gwu.edu/~nsarchiv/nsa/publications/irancontra/irancon.html。

Saad Eddin Ibrahim, *The New Arab Social Order: A Study of the Impact of Oil* (Boulder: West-view Press, 1982)；Malcolm Kerr and Sayyid Yassin, *Rich and Poor States in the Middle East: Egypt and the New Social Order* (Boulder: Westview Press, 1982)；David Lamb, *The Arabs: Journeys Beyond the Mirage*, 2nd ed. (New

York：Vintage，2002)；Kenan Makiya，*Cruelty and Silence：War，Tyranny，Uprising，and the Arab World*（New York：W. W. Norton，1993）以及 Man R. Taylor，*The Arab Balance of Power*(Syracuse，NY：Syracuse University Press，1982)论述了 20 世纪 80 年代阿拉伯诸国的发展。

关于埃及已故总统萨达特的不失可读性的学术专著，参见 Raymond Hinnebusch，Jr.，*Egyptian Politics Under Sadat*，2nd ed.(Boulder：Lynne Rienner，1988)；接下来读者可以参阅 Kirk Beattie，*Egypt During the Sadat Years*（New York：Palgrave，2000)。关于萨达特在叙利亚的竞争对手阿萨德，参阅 Patrick Seale，*Asad：The Struggle for the Middle East*（Berkeley and Los Angeles：University of California Press，1988）或 Lisa Wedeen，*Ambiguities of Domination*（Chicago：University of Chicago Press，1999)。关于伊拉克，参见 Marion Farouk-Sluglett and Peter Sluglett，*Iraq Since 1958：From Revolution to Dictatorship*，rev. ed.（London：I. B. Tauris，1991）与网站(现从 1988 年开始) http://lcweb2.1oc.gov/frd/cs/iqtoc.html。关于沙特阿拉伯的通俗介绍，参见 Sandra Mackey's *The Saudis：Inside the Desert Kingdom*（New York：NAL/Dutton，1990)。

论述 20 世纪 80 年代以色列的上乘著作，参见 Thomas Friedman，*From Beirut to Jerusalem*，2nd ed.（New York：Anchor Books，1995)；Amos Oz，*In the Land of Israel*，trans. Maurie Goldberg-Bartura（New York：Vintage Books，1983)；Don Peretz，*The Governments and Politics of Israel*，3rd ed.（Boulder：Westview Press，1997)；David K. Shipler，*Arab and Jew：Wounded Spirits in a Promised Land*，rev. ed.（New York：Penguin，2002)；Bernard Wasserstein，*Israelis and Palestinians*（New Haven：Yale University Press，2003)；Yoram Hazony，*The Jewish State：The Struggle for the Israel's Soul*（New York：Basic Books，2001）以及 Jan Selby，*Water，Power，and Politics in the Middle East：The*

Other Israeli-Palestinian Conflict (New York and London: I. B. Tauris, 2003)。除了前引 Gilmour and Rabinovich 的著作之外,关于以色列入侵黎巴嫩的著作还包括 George Ball, Error and Betrayal in Lebanon: *An Analysis of Israel's Invasion of Lebanon and the Implications for US-Israeli Relations* (Washington, DC: Foundation for Middle East Peace, 1984); Ze'ev Schiff and Ehud Yaari, *Israel's Lebanon War, trans. Ina Friedman* (New York: Simon & Schuster, 1984) 与 Jonathan C. Randal, *Going All the Way: Christian Warlords, Israeli Adventurers, and the War in Lebanon* (New York: Viking, 1983)。关于以色列入侵黎巴嫩的政治后果,详见 Robert O. Freedman, ed., *The Middle East After the Israeli Invasion of Lebanon* (Syracuse, NY: Syracuse University Press, 1985)。关于以色列的观点,参见 http://www.jewishvirtuallibrary. 523 org/jsource/History/lebtoc.html;关于犹太批评者的观点,参见 http://www.doublestandards.org/rosel.html;另见关于撒布拉与夏蒂拉屠杀的网站 http://www.specialoperations.com/mout/pfg.html 以及 http://www.mediamonitors.net/timllewell yn3.html on the Sabra and Shatila massacre。

妇女觉悟的提高,为研究中东增加了一个重要维度。读者可以首先参阅 Geraldine Brooks's *Nine Parts of Desire: The Hidden World of Islamic Women* (New York: Anchor Books, 1995);接下来参见 Leila Ahmed 极富学术价值的 *Women and Gender in Islam*, cited earlier 以及两部文集 Lois Beck and Nikki Keddie, eds., *Women in the Muslim World* (Cambridge, MA: Harvard University Press, 1978) 和 Elizabeth Warnock Fernea and Basima Qattan Bezirgan, eds., *Middle Eastern Muslim Women Speak* (Austin: University of Texas Press, 1977)。另见 Elizabeth Warnock Fernea, ed., *Women and the Family in the Middle East* (Austin: University of Texas Press, 1985); Fatima Mernissi, *Islam and Democracy: Fear of the*

Modern World (Reading, MA: Addison- Wesley, 1992)以及 Margaret Meriwether and Judith Tucker, *Social History of Women and Gender in the Modern Middle East* (Boulder: Westview Press, 1999)。关于这一时期的巴勒斯坦妇女,参见 Julie Peteet, *Gender in Crisis: Women and the Palestinian Resistance Movement* (New York: Columbia University Press, 1991)。中东妇女研究协会(The Association for Middle East Women's Studies)的网址是 http://www.amews.org/。另见 http://www.albany.edu/history/middle-east/society.htm。

第二十章

Samir al-Khalil [pseud.], *Republic of Fear: The Inside Story of Saddam's Iraq*, 3rd ed. (Berkeley: University of California Press, 1998)是论述"海湾战争"前伊拉克政治的基础读物。关于"海湾战争"以及其直接后果的著作数量巨大。我们推荐读者首先参阅 Deborah Amos, *Lines in the Sand: Desert Storm and the Remaking of the Arab World* (New York: Simon & Schuster, 1992); Mberto Bin, Richard Hill, and Archer Jones, *Desert Storm: A Forgotten War* (Westport, CT: Praeger, 1998); Majid Khadduri and Edmund Ghareeb, *War in the Gulf, 1990 —1991: The Iraq-Kuwait Conflict and Its Implications* (New York and Oxford: Oxford University Press, 1997)以及 *Triumph Without Victory: The Unreported History of the Persian Gulf War* (New York: Times Books, 1993)。关于科威特,参阅 Jill Crystal 撰写的两本著作: *Kuwait* (Boulder: Westview Press, 1991)以及 *Oil and Politics in the Gulf Rulers and Merchants in Kuwait and Qatar* (Cambridge: Cambridge University Press, 1990)。美国公共广播公司开设的关于"海湾战争"的网站是 http://www.pbs.org/wgbh/pages/frontline/gulf/。

论述第一次"因提法达"的著作包括 Samih K. Farsoun, *Palestine*

and the Palestinians (Boulder: Westview Press, 1997); Robert Hunter, *The Palestinian Uprising: A War by Other Means* (Berkeley: University of California Press, 1991); Don Peretz, *Intifada: The Palestinian Uprising* (Boulder: Westview Press, 1990)以及 Ze'ev Schiff and Ehud Yaari, *Intifada: The Palestinian Uprising; Israel's Third Front* (New York: Simon & Schuster, 1990)。Glenn Frankel, *Beyond the Promised Land: Jews and Arabs on the Hard Road to a New Israel* (New York: Simon & Schuster, 1994) 从较为开阔的视角进行论述;而 Geoffrey Kemp and Jeremy Pressman, *Point of No Return: The Deadly Struggle for Middle East Peace* (Washington, DC: Carnegie Endow- ment for International Peace, 1997)的观点则不太乐观。关于"因提法达"的总体评述,参见 William B. Quandt, *Peace Process: American Diplomacy and the Arab-Israeli Conflict Since 1967*, rev. ed. (Berkeley: University of California Press, 2001)。反映以色列对"因提法达"立场的网站是 http://www.jewishvirtuallibrary.org/jsource/History/intifada.html。对巴勒斯坦人来说观点相对公允的网站是 http://www.merip.org/palestineisrael_primer/intifada-87-pal-isr-primer.html。关于《奥斯陆一号协议》的网站是 http://www.iap.org/oslo.htm 和 http://www.odaction.org/oslotroub le.html; 关于《奥斯陆二号协议》的网站是 http://www.jewishvirtuallibrary.org/jsource/Peace/in terimtoc.html 以及 http://www.passia.org/palestine_facts/MAPS/Oslo-2.html。 524

关于2000年戴维营谈判的失败,参阅 Bill Clinton 的 *My Life* (New York: Alfred A. Knopf, 2004) 以及 Dennis Ross's *The Missing Peace: The Inside Story of the Fight for Middle East Peace* (New York: Farrar, Straus & Giroux, 2004)。上述著作往往将谈判的失败归咎于亚西尔·阿拉法特。另见 Clayton E. Swisher, *The Truth About Camp David: The Untold Story of the*

Collapse of the Middle East Peace Process (New York: Nation Books, 2004)。关于2000年戴维营峰会之前美国官员举行的一次记者招待会,参见美国有线电视新闻网: http://www.cnn.com/SPECIALS/2000/campdavid2000/story/overview/。关于亲以色列的论述,参见 http://www.cnn.com/SPECIALS/2000/campdavid2000/story/overview/。有关支持巴勒斯坦人的论文,参见 http://www.wrmea.com/html/faq.htm 和 http://www.nybooks.com/articles/14380。

关于叙利亚,参见 Nikelaos van Dam, *The Struggle for Power in Syria* (London: I. B. Tauris, 1996) 以及 Eyal Ziser, *Asad's Legacy: Syria in Transition* (New York: NYU Press, 2001)。关于伊拉克,参见 Phebe Marr, *The Modern History of Iraq*, 2nd ed. (Boulder: Westview Press, 2004) 以及 Charles Tripp, *A History of Iraq*, 2nd ed. (New York and Cambridge: Cambridge University Press, 2002)。关于黎巴嫩,参阅 Charles Winslow, *Lebanon: War and Politics in a Fragmented Society* (London and New York: Routledge, 1996)。关于约旦,我们推荐读者参阅 Philip Robins, *A History of Jordan* (Cambridge: Cambridge University Press, 2004)。Mary Anne Weaver, *Portrait of Egypt* (New York: Farrar, Straus and Giroux, 1999); Geneive Abdo, *No God but God: Egypt and the Triumph of Islam* (Oxford: Oxford University Press, 2000) 与 Saad Eddin Ibrahim, *Egypt, Islam, and Democracy: Twelve Critical Essays*, 2nd ed. (Cairo: American University in Cairo Press, 2002) 论述了20世纪90年代的埃及。Henri J. Barkey, *Turkey's Kurdish Question* (Lanham, MD: Rowman and Littlefield, 1998) 与 Robert Olson, ed., *The Kurdish National Movement in the 1990s* (Lexington: University of Kentucky Press, 1996)论及土耳其的库尔德人问题。关于土耳其库尔德人问题的网站是http://www.fas.org/asmp/profiles/turkey_background_kurds.htm。Mehmet

Ugur, *The European Union and Turkey: An Anchor-Credibility Dilemma* (Aldershot, UK: Ashgate, 1999)分析了土耳其再三被推 525
迟加入欧盟这一问题。关于 2000 年欧盟官方报告的网站是 http://www.hrw.org/reports/2000/turkey2/。

关于 4 位外国旅行者对中东的描述,参阅 Christopher De Bellaigne, *In the Rose Garden of the Martyrs: A Memoir of Iran* (London: HarperCollins, 2004); Elizabeth Warnock Fernea and Robert A. Fernea, *The Arab World: Forty Years of Change* (New York: Anchor Books, 1997); Tony Horwitz, *Baghdad Without a Map* (New York: Dutton, 1991) 以及 Tim Mackintosh-Smith, *Travels in Dictionary Land* (London: John Murray, 1997)。

第二十一章

在目前论及中东政治的所有教材之中,最为优秀的当属 James Bill and Robert Springborg, *Politics in the Middle East*, 5th ed. (New York: Addison-Wesley, 2000); Raymond Hinnebusch, *International Politics of the Middle East* (Manchester, UK: Manchester U. Press, 2003) 与 David E. Long and Bernard Reich, eds., *The Government and Politics of the Middle East and North Africa*, 4th ed. (Boulder: Westview Press, 2002)。关于中东经济,参阅 Man Richards and John Waterbury, *A Political Economy of the Middle East: State, Class, and Economic Development*, 2nd ed. (Boulder: Westview Press, 1998) 以及 Roger Owen, *State, Power, and Politics in the Making of the Modern Middle East*, 3rd ed. (London and New York: Routledge, 2004)。Robert O. Freedman 所编论文集 *The Middle East Enters the Twenty-first Century* (Gainesville: University Press of Florida, 2002)汇聚了千年之交的一流中东学者的学术成果。

论及"9·11"事件等恐怖袭击的著作数量众多,但是"9·11"事件调查委员会(The 9/11 Commission Report)的报告 *Final Report of the Na-tional Commission on Terrorist Attacks upon the United States* (New York: W. W. Norton, 2004) 才是读者最好的研究出发点,因为报告不仅表述清晰,论证透彻,而且包含参考资料,并提供在线阅读(网站: www.9－11commission.gov/report/911Report.pdf)。关于恐怖主义的深入研究成果包括 Mitchell Young, ed., *The War on Terrorism* (San Diego: Greenhaven Press, 2003)。该书是一本论文集,有些论文支持而有些论文抨击美国在“反恐战争”中的政策; Stephen Zunes, *Tinderbox: US Middle East Policy and the Roots of Terrorism* (Monroe, ME: Common Courage Press, 2002)是一本论证有力的著作,作者坚称美国的政策导致恐怖主义威胁升级。关于真主党以及黎巴嫩的相关背景,参见 Judith Palmer Harik, *Hezbollah: The Changing Face of Terrorism* (London and New York: I. B. Tauris, 2004)。论述“反恐战争”的已出版的其他著作不胜枚举。网上资料众多,读者可以首先参阅内容详尽的海军研究生学院网站(Naval Postgraduate School site): http://library.nps.navy.mil/home/terrorism.htm。

关于新保守主义派, John Ehrman, *The Rise of Neoconservatism: Intellectuals and Foreign Affairs, 1945－1994* (New Haven: Yale University Press, 1995)是论述该派起源的最佳著作。Jim Mann, *The Rise of the Vulcans: The History of Bush's War Cabinet* (New York: Viking, 2004) 与 Bob Woodward 撰写的两部著作 *Bush at War* (New York: Simon & Schuster, 2002) 以及 *Plan of Attack* (New York: Simon & Schuster, 2004)研究了乔治·沃克·布什政府。Kenneth M. Pollack's *The Threatening Storm: The Case for Invading Iraq* (New York: Random House, 2002)很可能是对布什政策制定班子影响最大的著作,但是布什政府的政策制定者或许没有注意肯尼思· M. 波拉克(Kenneth M. Pollack)的提醒,即美国需要争取联合国安理会的支持,而最近波拉克也开始公开指责布什的政策。

526

接下来读者可以参阅Rashid Khalidi's *Resurrecting Empire: Western Foot-prints and America's Perilous Path in the Middle East* (Boston: Beacon Press, 2004)，这是一本表述清晰令人信服的著作，指出美国在中东实施的策略实际上是对帝国政策的致命回归。对其进行补 充的著作是 Zbig-niew Brzezinski's *The Choice: Global Domination or Global Leadership* (New York: Basic Books, 2004)，该书研究整个世界，但是用大量篇幅论述中东。其他两部著作 Richard A. Clarke's *Against All Enemies: Inside America's War on Terror* (New York: Free Press, 2004) 与 Anonymous (Michael Scheuer), *Imperial Hubris: Why the West Is Losing the War on Terror* (Washington, DC: Brassey's, 2004) 的观点基本一致。另见 http://news.bbc.co.uk/1/hi/world/americas/4034833.stm。Raphael Israeli, The Iraq War: Hidden Agendas and Babylonian Intrigue (Brighton, UK, and Portland, OR: Sussex Academic Press, 2004)支持美国对伊拉克动武。Tareq Ismaeil and William W. Haddad, eds., *Iraq: The Human Cost of History* (London and Sterling, VA: Pluto Press, 2004)则反对美国开战。伊拉克战争中的最大丑闻是美军的虐囚事件。官方观点参见 Steven Strasser, ed., *The Abu Ghraib Investigations: The Official Report of the Independent Panel and Pentagon on the Shocking Prisoner Abuse in Iraq* (New York: Public Affairs, 2004)。官方性较少而系统性较强的著作是 Mark Danner's Torture and Truth: America, *Abu Ghraib*, *and the War on Terror* (New York: New York Review Books, 2004)。对伊拉克战争进行精彩抨击的著作是 Seymour M. Hersh, *Chain of Command: The Road from 9/11 to Abu Ghraib* (New York: HarperCollins, 2004)。Anthony Cordesman's *The Iraq War: Strategy, Tactics, and Military Lessons* (Westport, CT: Praeger, 2003)从技术角度分析了伊拉克战争的早期战事。密歇根大学(University of Michigan)某课程已经开设一个关于伊拉克战争的有用网站 http://www.lib.umich.

edu/ govdoc s/ iraqwar/ html。根据 http:// www.motherjones.com/ news/ update/ 2004/ 02/ 02_402.html 提供的信息可知，前总统克林顿与总统布什（2009 年卸任——译者注）对伊拉克大规模杀伤性武器的估计都有夸张之处，不过读者还要参阅美国中央情报局网站 http:// www. cia. gov / terr orism / 。http: // www. ips-dc. org / iraq / failedtransition/ transition.pdf 提供了关于伊拉克战争损耗的图解，且不断更新。

论述近年来以色列与巴勒斯坦人冲突的著作数量巨大。关于支持以色列的著作，读者应首先参阅 Itamar Rabinovich, *Waging Peace: Israel and the Arabs, 1948 —2003, updated and revised* (Princeton: Princeton University Press, 2003) 该书是对这篇参考文献中前引各种
527 书籍的补充。接下来读者应参阅 Ephraim Karsh, *Arafat's War: The Man and His Battle for Israeli Conquest* (New York: Grove Press, 2003)，可以预见的是该书敌视巴勒斯坦解放组织的已故领导人亚西尔·阿拉法特。抨击以色列的著作有 Edward Abboud, *Invisible Enemy: Israel, Politics, Media, and American Culture* (Reston, VA: Vox Publishing, 2001)。该书坚持认为以色列并非代表美国国家利益的一个盟国，而以色列的一位知名学者 Tanya Reinhart, *Israel / Palestine: How to End the War of 1948* (New York: Seven Stories Press, 2002)则认为以色列的政策犯了致命错误。与之观点类似的 Richard Ben Cramer, *How Israel Lost: The Four Questions* (New York: Simon & Schuster, 2004)在文风上却要新颖得多。以色列士兵越来越不情愿在所占领土上服役，这是以色列社会瓦解的征兆之一。参见 Ronit Chacham, *Breaking Ranks: Refusing to Serve in the West Bank and the Gaza Strip* (New York: Other Press, 2003)。Jan Selby, *Water, Power, and Politics in the Middle East: The Other Israeli-Palestinian Conflict* (New York: I. B. Tauris, 2003)表明水在权力争夺中的重要地位。另见 Edward W. Said 在其死后出版的论文集 *From Oslo to Iraq and the Road Map*

(New York: Pantheon Books, 2004)。我们强烈建议读者参看 Bernard Wasserstein, *Israelis and Palestinians: Why Do They Fight? Can They Stop?* 2nd ed. (New Haven and London: Yale University Press, 2004)。Donna Rosenthal's *The Israelis: Ordinary People in an Extraordinary Land* (New York: Perennial, 2003)从总体上讲亲以色列,但是也知晓以色列的文化分裂。论述以巴冲突的不断更新的网站是 http://www.mideastweb.org/briefhistory.htm. http://www.merip.org/palestine-israel_primer/toc-pal-isr-primer.html 是一家亲巴勒斯坦的网站,也经常更新。http://www.alaqsaintifada.org/是巴勒斯坦的一家网站。关于以色列对巴勒斯坦人暴动的论述,参见 http://www.palestinefacts.org/pf_1991to_now_alaqsa_start.php。关于巴勒斯坦总统马哈茂德·阿巴斯,参见 http://www.jewishvirtuallibrary.org/jsource/biography/Abbas.html 或者 http://student.cs.ucc.ie/cs1064/jabowen/IPSC/php/authors.php?auid=366 列出的众多条目。

近年来关于政治伊斯兰的著作包括 Akbar Ahmed, *Islam Today: A Short Introduction to the Muslim World* (London and New York: I. B. Tauris, 2001); Raymond William Baker, *Islam Without Fear: Egypt and the New Islamists* (Cambridge, MA: Harvard University Press, 2003); Lawrence Davidson, *Islamic Fundamentalism: An Introduction* (Westport, CT: Greenwood Press, 2003); Noah Feldman, *After Jihad: America and the Struggle for Islamic Democracy* (New York: Farrar, Straus and Giroux, 2003); Gilles Keppel, *Jihad: The Trail of Political Islam* (Cambridge, MA: Belknap Press, 2002); Bruce B. Lawrence, *Shattering the Myth: Islam Beyond Violence*, 3rd ed. (Princeton: Princeton University Press, 2000); John Miller and Aaron Kenedi, eds., *Inside Islam: The Faith of the People and the Conflicts of the World's Fastest-Growing Religion* (New York: Marlowe, 2002)。

http://www.bl.uk/collections/social/rdp-islf.html 有网上的大英图书馆参考文献。关于穆斯林著作的英文译本,参见 John Esposito and
528 John Voll, eds., Makers of *Contemporary Islam* (Oxford and New York: Oxford University Press, 2001) 以及 Charles Kurzman, ed., *Liberal Islam: A Sourcebook* (Oxford and New York: Oxford University Press, 1998)。

欢迎读者致信 Westview Press,地址是 5500 Central Avenue, Boulder, CO 80301;或者劳伦斯·戴维森(Lawrence Davidson),地址是 c/o Department of History, West Chester University, West Chester, PA 19383;或者阿瑟·戈尔德施密特(Arthur Goldschmidt),地址是 108 Weaver Building, Penn State University, University Park, PA 16802-5500,以便就这份参考文献日后的增删改提出宝贵建议。

附　　录

表 A.1　中东诸国的基本数据 530

国　名	土地面积(平方英里/平方公里)	人口(2004年中的估计)	语　　言	宗　　教
巴林	240/665	677 886	阿拉伯语 波斯语	56%什叶派 37%逊尼派 7%基督徒
塞浦路斯	3 572/9 250	775 927	希腊语 土耳其语	78%基督徒 18%逊尼派
埃及①	386 900/1 001 450	76 117 421	阿拉伯语	94%逊尼派 6%基督徒
伊朗	636 293/1 648 000	67 503 205	波斯语 阿塞拜疆语 库尔德语	95%什叶派 4%逊尼派 1%基督徒
伊拉克	167 920/437 072	25 374 691	阿拉伯语 库尔德语 土耳其语	60%什叶派 37%逊尼派 3%基督徒

① 埃及的面积和人口不包括加沙地带，2004 年加沙地带人口估计有 1 324 991，土地面积为 139 平方英里/360 平方公里。

（续表）

国　名	土地面积(平方英里/平方公里)	人口(2004年中的估计)	语　　言	宗　　教
以色列①	8 020/20 770	6 199 006	希伯来语 阿拉伯语	82%犹太教徒 14%逊尼派 2%基督徒
约旦②	34 573/92 300	5 611 202	阿拉伯语	92%逊尼派 6%基督徒
科威特	6 880/17 820	2 257 549	阿拉伯语	50%逊尼派 30%什叶派 6%基督徒
黎巴嫩	4 015/10 400	3 777 218	阿拉伯语 法语	38%基督徒 32%什叶派 21%逊尼派 7%德鲁兹派
利比亚	679 536/1 759 540	5 631 585	阿拉伯语	97%逊尼派
阿曼	82 030/212 460	2 903 165	阿拉伯语	64%伊巴迪教徒 22%逊尼派 13%印度教徒
531 卡塔尔	4 468/11 437	840 290	阿拉伯语	92%逊尼派 4%基督徒 2%印度教徒
沙特阿拉伯	865 000/1 960 582	25 795 938	阿拉伯语	95%逊尼派 5%什叶派
苏丹	967 491/2 505 810	39 148 162	阿拉伯语 多种语言	70%逊尼派 20%万物有灵论者 5%基督徒
叙利亚	71 498/185 180	18 016 874	阿拉伯语	70%逊尼派 15%基督徒 12%阿拉维派 3%德鲁兹派

① 以色列和叙利亚的面积与人口根据其1967年6月4日的边界进行统计。

② 约旦的面积和人口不包括约旦河西岸,2000年约旦河西岸人口估计有2 311 204,面积为2 263平方英里/5 860平方公里。

（续表）

国　名	土地面积(平方英里/平方公里)	人口(2004年中的估计)	语　　言	宗　　教
土耳其	300 947/780 580	68 893 918	土耳其语 库尔德语	99%逊尼派和什叶派①
阿拉伯联合酋长国	32 375/82 880	2 523 915	阿拉伯语 波斯语	78%逊尼派 18%什叶派 4%基督徒
也门	203 850/527 970	20 024 867	阿拉伯语	99%逊尼派和什叶派

来源：2005 Time Almanac (Boston：Information Please，2004)。

表 A.2　巴勒斯坦人的分布 532

约旦	2 598 104
黎巴嫩	387 766
叙利亚	394 695
埃及	57 500
沙特阿拉伯与海湾国家	287 499
科威特与其他海湾国家	151 959
其他阿拉伯国家	113 358
以色列(1967 年之前的边界内)	1 012 741
约旦河西岸	2 311 204
加沙地带	1 324 991
其他国家	511 355
在历史上的巴勒斯坦境内总计	4 311 692
在历史上的巴勒斯坦境外总计	4 502 236
世界上的巴勒斯坦人口总计	8 813 928

来源：Al-Jazeera website；CIA Fact Books。

① 土耳其和也门没有单独统计逊尼派和什叶派穆斯林的人数。

索　　引

（索引条目后页码为原书页码，即本书的边页码）

B

C

G

H

K

L

M

P

Q

R

S

T